Organizational Behavior

조직행동

박영배

도서출판 청람

OB Lounge 1

못난 오이

담장 밖 남새밭에 찬거리로
오이를 따러 나왔다.
오이넝쿨 속 깊이 헤집어 봐도
굵고 실하게 생긴 놈은
이제 눈에 띄지 않았다.
가늘고 휘어진 놈 서넛이
무슨 큰 죄라도 지은 양
작은 몸뚱이 잔뜩 웅크리고 숨어서
내 눈치를 살폈다.
옆 두렁 풋고추만 한 움큼 따서
오이 대신 소쿠리에 담았다.
남새밭 오이넝쿨 속에는
맛 다른 늦여름 볕 담뿍 받으며
올 해에도
못난 오이 몇 놈만 남았다.

■ 머 리 말 ■

조직행동론(Organizational Behavior: OB)은 조직시스템과 그 구성원의 행동을 함께 다루는 학문이다. 조직행동론이 짧은 기간에 빠르게 발전할 수 있었던 것은 현대의 조직사회에서 가장 중요하게 인식되고 있는 조직과 사람의 융화에 관한 문제를 해결하는 데 결정적으로 기여하였기 때문이다.

조직행동론은 실천적인 학문으로서 조직행동을 체계적으로 이해하고 예측하고 통제하는 데 중점을 둔다. 그러나 조직행동론의 역할이 조직행동을 단순히 연구·분석하는 것에 머문다면 실용학문으로서의 입지를 굳건히 할 수가 없다. 조직행동론은 현대사회의 급변하는 환경 속에서 다양한 변화압력에 시달리고 있는 조직들의 현실적 문제를 현명하게 풀어냄으로써 그 실천적 가치를 더하고 있는 것이다.

조직행동론은 조직행동을 개인행동과 집단행동 그리고 환경에 대해 조직시스템 자체가 행동의 주체가 되는 조직시스템행동으로 나누어 분석하는 것이 일반적이다. 따라서 책 내용을 이러한 분석수준에 맞추어 4개 Part 14개 Chapter로 구성하였다.

첫째 Part는 조직행동론의 기초에 해당하는 부분으로서 조직행동론의 가치와 목표, 학문적 배경과 성격, 역사적 성립배경과 발전과정 등을 다룬다.

둘째 Part는 개인수준의 조직행동에 초점을 둔다. 먼저 개인행동의 형성요인과 행동차이를 불러오는 개인의 신상특성, 능력, 창의성 등에 대해 알아보고, 개인행동을 이해하는 데 핵심이 되는 지각, 학습, 태도, 스트레스, 동기부여 등을 중점적으로 살펴본다.

셋째 Part는 집단수준의 조직행동을 다룬다. 집단행동의 기초가 되는 집단의 성격과 분석체계를 이해한 다음에, 집단과정의 핵심 주제인 리더십, 커뮤니케이션, 협상, 의사결정, 갈등, 권력, 조직정치 등에 대해 살펴본다.

넷째 Part는 조직시스템수준의 조직행동을 다룬다. 여기에서는 조직시스템행동의 기초로서 조직구조설계와 조직구조형태에 대해 알아보고, 조직시스템행동의 동태적 측면을 보여주는 조직과정으로서 조직문화, 학습조직, 조직변화, 조직개발 등에 대해 중점적으로 살펴본다.

이 책은 이상과 같은 조직행동의 분석수준별 학습주제에 맞추어 관련분야에서 축적되어 온 다양한 이론과 원리들 중에서 현재 보편적으로 수용되고 있는 내용을 귀납적으로 정리하였다. 그리고 어느 특정 학파의 이론이나 주장에 치우침이 없이 객관적인 입장에서 조직행동의 전반적인 지식을 가능한 한 상세하게 전달하려고 노력하였다. 최근에 조직행동을 다루는 책들의 내용이 지나치게 방대하고 복잡하여 읽고 이해하기가 쉽지 않다는 생각이다. 따라서 다양한 주장과 쟁점들을 되도록 간략하게 정리하는 데 많은 시간을 들였다. 또한 전문서로서의 기품을 유지하면서 난해하지 않도록 평이하게 서술하려고 적지 않게 고심하였다.

각 Chapter 앞부분에 배치한 'Key Word'와 '학습중점'은 관련 내용의 주요 개념을 이해하고 학습방향을 미리 파악하는 데 도움이 될 것이다. 그리고 Chapter 중간에 자리한 'OB Humor' 코너에서는 의미 있는 유머로 책을 읽는 데 오는 지루함을 덜도록 하였으며, Chapter 말미의 'OB Story & Case' 코너에는 시사성이 큰 글을 적당하게 정리하여 놓음으로써 가벼운 읽을거리나 학습사례로 활용할 수 있게 하였다. 여기에서는 문제의 답을 찾기보다는 깊이 생각하고 시야를 넓히는 계기로 삼는 것도 좋을 것이다. 이 코너들에 실려 있는 글은 저자의 집필의도와 편집방식에 적합하게 일부 문장과 용어를 수정하였거나 전체 내용을 요약하였음을 밝혀둔다. 책 속에 띄엄띄엄 넣어둔 졸시(拙詩) 몇 편은 독자들과 정서적 교감을 바라는 저자의 소박한 마음을 담아놓은 것으로 이해하면 고맙겠다.

저자는 이 책을 준비하는 데 나름으로 많은 시간과 노력을 기울였으나 사실상 부족한 점이 많을 것이다. 책에서 다루어야 할 내용이 빠졌거나 다루고 있더라도 미흡한 부분에 대해서는 질책과 조언을 겸허히 받아들여 계속 보완해 나갈 것을 약속한다.

이 책이 세상에 나오기까지 많은 분들의 도움이 있었다. 출판의 전 과정에서 헌신적 노고를 아끼지 않으신 도서출판 청람의 이수영 사장님과 임직원 여러분께 감사드린다. 그리고 집필과정에서 따뜻한 격려와 함께 소중한 조언을 주신 여러 교수님들, 늘 가까이서 진심 어린 눈길을 보내주시는 지인들께 고마운 마음을 전한다.

대학에서 조직행동을 연구하고 가르치면서 보낸 시간이 제법 많이 흘렀다. 그 동안 가족의 희생이 컸다. 책 쓰는 일에 몰두하면서 오래전부터 이들을 위해 마음에 묻어두고 있는 작은 다짐을 아직도 실천하지 못하고 있다. 힘든 일을 언제나 담담하게 받아주는 아내, 의젓한 아들, 여전히 귀엽기만 한 딸에게 공(功)을 돌린다.

2016년 봄

저 자

■ 차 례 ■

Chapter 06 동기부여

Part 3 | 집단수준의 조직행동

Chapter 07 집단의 성격과 분석체계

Chapter 08 리더십

Chapter 09 커뮤니케이션과 협상

조 · 직 · 행 · 동

Part 01

조직행동의 기초

Organizational Behavior

Organizational Behavior

Chapter 01

Organizational Behavior

조직행동론의 성격과 발전

Key Word

- 조직행동론(組織行動論, Organizational Behavior)
- 고전이론(古典理論), 인간관계론(人間關係論), 수정이론(修正理論), 상황이론(狀況理論)
- 행동과학(行動科學, Behavioral Science)

학습중점

- 조직행동론의 중요성, 목표, 가치를 숙지한다.
- 조직행동론의 학문적 배경을 이해한다.
- 조직행동론의 학문적 성격을 숙지한다.
- 조직행동의 분석수준과 분석대상을 이해한다.
- 조직행동론의 성립배경과 발전과정을 이해한다.

1-1 | 조직행동론의 의의와 목표

1. 조직행동론의 중요성과 가치

1) 조직과 조직행동론의 중요성

오늘날 인류사회가 지속적으로 발전하는 데 있어 중추적인 역할을 담당하고 있는 것은 곧 조직이다. 경제적 생산과 보건위생, 교육과 환경보호, 그리고 기술개발과 새로운 지식의 추구 등과 같이 사회의 존속과 발전에 필요한 제반 활동은 모두 일련의 크고 작은 조직들을 통해 이루어진다. 따라서 조직이 이러한 활동을 보다 효율적으로 수행하게 만드는 일은 전체 사회의 안정과 발전을 위해 매우 기본적이고 중요한 문제라고 할 수 있다. 드러커(P.F. Drucker)가 "세계는 이제 조직사회(society of institutions)로 전환되었다"고 오래 전부터 강조한 것도 바로 이와 같은 이유에서이다[Drucker, 1974: 3-4].

현대사회에서 조직의 역할이 중요한 또 하나의 이유는 우리의 생활과 직접 · 간접으로 관련을 맺고 있기 때문이다. 사람들은 누구나 어떤 형태로든지 조직을 거치면서 살아간다. 대부분의 사람들은 병원의 분만실에서 태어나, 성장하면서 유치원 · 학교 · 군대 · 예식장을 거치게 되며, 성인이 된 후에는 여러 종류의 직장에서 일을 한다. 또 살아가는 동안에 병원 · 관공서 · 은행 · 보험회사 · 종교단체 · 자선단체 등과 같은 또 다른 형태의 조직들과 관계를 맺는다. 조직은 가정과 마찬가지로 우리에게 삶의 가치를 일깨워 주고, 생활에 필요한 모든 것을 제공해 주는 존재인 것이다. 따라서 오늘날의 조직은 한 사회가 존속 · 발전하는 데 있어서 중요한 역할을 수행할 뿐만 아니라, 생활의 장으로서 사람들의 삶에 필요한 생활환경을 제공하는 면에서도 절대적으로 중요하다.

이렇듯 현대의 '조직화된 사회(organized society)'에서 필연적인 존재가 되고 있는 조직은 한편으로는 여러 활동을 효율적으로 수행하여 사회를 유지하고 발전시켜야 하며, 다른 한편으로는 조직 속의 인간, 즉 '조직인(organizational man)'

으로 살아가는 사람들에게 보다 나은 생활환경을 제공해야 한다는 당위성을 지니게 되었다.

그러면 조직이 이렇게 중요한 과업을 성공적으로 달성하기 위해서는 어떻게 해야 하는가? 조직을 실제로 운영하거나 연구하는 사람들은 자연스럽게 이러한 문제에 관심을 기울이게 되었다. 그리하여 이들은 조직을 보다 효율적으로 운영해 나가는 것이 무엇보다 중요하다고 생각하고 그에 어울리는 조직의 관리원칙과 편성원리를 개발하는 데 심혈을 기울였다. 그러나 이러한 노력이 조직 자체의 효율성을 높이는 데는 크게 기여하였으나 조직의 진정한 목적에는 오히려 역행하는 결과를 낳게 되었다. 즉 조직이 엄격한 규칙 · 규정 · 절차 등을 지나치게 중시함에 따라 이것이 수단이 아닌 목적으로 되는 현상이 나타났을 뿐만 아니라, 구조화된 조직 안에서 집권화가 과도하게 이루어짐으로써 일방적이고 획일적으로 구성원의 복종을 요구하는 역기능을 초래하였던 것이다. 그리하여 일단의 사람들은 조직이 인류의 삶을 보다 행복하게 만들어 주기는커녕 물질적 욕망만을 자극함으로써 인류를 인간성을 상실한 노예의 상태로 전락시키고 있다고 개탄하면서 조직의 역할과 중요성에 대해 회의를 갖기 시작하였다.

그러나 이러한 우려 속에서도 현대의 사회조직은 그동안 인류의 삶의 질을 크게 향상시켰고 아울러 사회의 발전을 주도해 왔다는 점을 부인할 수 없다. 조직의 이러한 역할은 앞으로 더욱 확대될 것이고 사람들 또한 조직의 역할에 대해 보다 큰 기대를 갖게 될 것이다. 따라서 조직의 부족한 점이나 부정적인 측면을 들추어내는 일은 조직을 사회와 인류에게 기여할 수 있는 존재로 더욱 개선 · 발전시켜야 한다는 점을 강조하려는 것이지 조직 자체를 외면하거나 버려야 한다는 것을 말하는 것이 결코 아니다. 사람들은 최근 조직이 주어진 역할을 훌륭히 수행할 수 있게 하기 위해서는 오늘날 조직에서 나타나는 문제점을 치유하면서 조직과 인간이 함께 발전해 나갈 수 있는 터전을 모색해야 한다는 데 인식을 같이 하기에 이르렀다. 즉, 조직이 사회의 발전과 인류의 복지를 위해 기여할 수 있게 하기 위해서는 조직의 활동을 보다 효율적으로 수행함과 아울러 구성원의 삶이 한층 더 행복해질 수 있는 여건이 마련되어야 한다는 것이다[신유근, 1992: 26]. 따라서 사회과학의 여러 분야에서 조직을 연구하는 사람들은 이러한 맥락 속에서 조직의 목표와 그 구성원의 목표를 조화시키려는 노력을 기울이고 있는데, 특히 경영학에서 이와 같은 노력을 주도적으로 이끌고 있는 학문분야가 바로 조직행동론(Organizational Behavior: OB)이다.

사회가 수많은 조직으로 구성되어 있는 것과 같이 하나의 조직도 여러 개인들로 구성되어 있다. 그리고 조직들의 노력과 성장을 통해 사회가 유지되고 발전하듯이 조직 역시 구성원의 협동과 공헌을 통해 성장 · 발전한다. 따라서 조직과 개인 사이에는 조직에 의한 일방적인 관계가 아닌 양자가 서로 도움을 주고받는 상호보완적인 관계가 형성되어야 한다. 조직을 구성하고 있는 개인들은 조직의 발전을 위해 노력해야 하며 조직은 그 구성원이 필요로 하는 것을 제공해 주어야 한다는 것이다. 이것은 또한 조직이 목표를 달성하기 위해서는 반드시 구성원이 각자 자기의 목표를 달성할 수 있도록 해주어야 한다는 것을 의미한다. 바나드(C.I. Barnard)는 이미 오래 전에 개인과 조직 사이의 이러한 관계를 조직의 '내적 균형(internal equilibrium)'이란 개념으로 설명하였다[Barnard, 1938].

이와 같이 하나의 조직이 성장과 발전을 통해 장기적으로 유지해 나가기 위해서는 모두가 목적지향적 실체인 조직과 인간의 융화가 이루어지지 않으면 안 된다. 특히 경영학에서 연구의 주 대상으로 삼고 있는 기업조직의 경우에는 영리추구라는 조직의 특성상 구성원과 조직의 목표가 가장 첨예하게 대립되는 장이기 때문에 이러한 융화의 문제가 더욱 중요하게 부각되고 있는데, 우리의 바로 '조직행동론'이라는 학문을 통해 이 같은 문제를 극복하려고 노력하고 있는 것이다.

조직과 그 구성원의 행동(behavior)을 연구의 대상으로 하고 있는 조직행동론은 그동안 과학적이고 체계적인 연구로 조직의 성과를 높이고 아울러 그 속에서 생활하는 사람들의 삶을 보다 풍요롭게 만드는 데 크게 기여해 왔으며 그러한 노력은 앞으로도 계속될 것이다. 사회가 점차 복잡화 · 다양화되어 갈수록 조직의 역할이 더욱 중요해지는 것에 비례하여 조직구성원의 삶과 욕구 또한 복잡하고 다양한 형태로 발전할 것이며, 따라서 조직과 구성원 간에는 지금까지와는 다른 방법으로의 융화를 필요로 하는 새로운 문제들이 나타날 것이기 때문이다.

2) 조직행동론의 가치

조직이 지속적으로 성장 · 발전하는 데 있어 조직에서 가장 중추적인 위치에 있게 되는 사람은 바로 경영자이다. 경영자는 계획 · 조직 · 지휘 · 통제와 같은 기본적인 관리기능과 정보전달 · 대인관계 · 의사결정과 같은 중요한 역할을 효과적으로 수행할 수 있는 능력을 가져야 한다. 경영자가 갖추어야 할 이러한 능력은 대부분 조직행동론의 체계적인 지식을 통해 습득할 수 있는데, 대표적인 것으로 기술적 능력, 인간관계능력, 개념적 능력의 세 가지를 들 수 있다[Katz, 1955]. 이러한 능력들은 실제로 모든 계층의 경영자에게 필요한 것이지만 각각의 상대적 중요성은 경영계층에 따라 달라진다. [그림 1-1]은 이와 같은 관계를 보여준다.

그림 1-1 경영계층과 필요한 능력의 관계

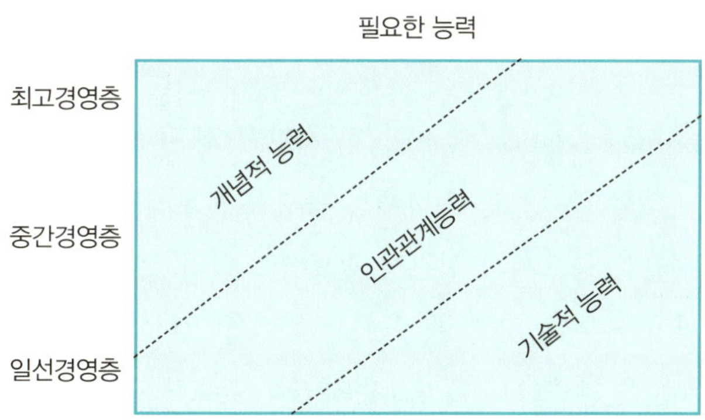

(1) 기술적 능력

기술적 능력(technical skill)은 작업이나 업무를 처리할 때 경험이나 교육을 통해 습득한 지식 · 방법 · 기술 등을 활용할 줄 아는 능력을 말한다. 경영자가 반드시 이런 방면의 전문가가 되어야 할 필요는 없으며, 경우에 따라서는 전문가에게 협조를 요청할 수도 있다. 그러나 경영자가 이러한 능력을 전혀 갖추고 있지 않으면 전문가들과 의사소통이 어렵게 되어 필요한 때 그들로부터 협조를 얻지 못하게 된다. 따라서 경영자는 기술적 능력을 어느 정도는 구비해야 할 필요가 있다.

특히 하위계층의 감독자는 자기 부서의 부하들을 훈련시키고 때에 따라서는 직접 작업을 해야 하기 때문에 기술적 능력을 상당히 많이 갖추고 있어야 한다. 그러나 최고경영층에 속하는 경영자는 기술에 대한 일반적인 지식 정도만 알고 있는 것으로 충분하다. 사실상 관련되는 기술의 범위가 상당히 광범위하기 때문에 최고경영자가 모든 기술에 속속 정통할 수도 없다.

(2) 인간관계능력

인간관계능력(human relation skill)은 조직구성원과 서로 신뢰하고 협조하면서 그들의 역량을 효과적으로 활용할 줄 아는 능력을 말한다. 여기에는 적절한 동기부여와 원활한 의사소통을 할 줄 알고, 리더십을 발휘하여 영향력을 효과적으로 행사할 수 있는 능력 등이 포함된다. 인간관계능력은 오늘날 특히 강조되고 있는 것으로서 모든 계층의 경영자가 다 같이 필수적으로 갖추어야 할 능력이다.

(3) 개념적 능력

개념적 능력(human relation skill)은 한 사람의 행동이나 활동이 조직 전체에 미치는 영향을 이해할 수 있고, 조직에서 발생하는 복잡하고 추상적 · 비일상적 성질의 많은 문제들을 중요성과 시간적 필요성에 따라 분류하고, 여러 해결방안의 우열성과 위험성을 분석 · 평가할 줄 아는 능력을 말한다.

개념적 능력은 높은 계층으로 올라갈수록 더욱 필요해진다. 특히 최고경영자는 조직의 기능들이 조직목표를 달성하는 데 어떻게 서로 관련되어 있는지를 알아야 하고, 예측하지 못한 복잡한 문제가 발생하는 경우에는 그것이 전체조직에 어떻게 영향을 미칠지를 판단하여 신속하게 해결방안을 강구해야 하기 때문에 이러한 능력을 지니는 것은 필수적이다.

조직행동론에서 축적된 과학적이고 체계적인 많은 지식들은 경영자가 이상의 세 가지 능력을 습득하고 향상시키는 데 큰 도움이 되고 있다. 이 중에서 기술적 능력은 다른 학문을 통해 습득될 수 있지만 인간관계능력과 개념적 능력은 전적으로 조직행동론에서 다루어지고 있다. 특히 조직행동론에서 개발된 직무설계와 조직개발에 관한 많은 기법들은 매우 구체적이고 실용적이기 때문에 경영자가 이 같은 능력을 향상시키는 데 크게 기여하고 있다.

2. 조직행동론의 위치와 목표

1) 경영학의 발전과 조직행동론의 위치

경영학은 100여 년 남짓한 비교적 짧은 기간에 하나의 학문으로서 괄목할 만한 발전을 거듭해 왔다. 경영학이 이처럼 빠르게 발전할 수 있었던 것은 조직의 사회적 역할이 점차 확대됨에 따라 조직을 보다 효율적으로 운용해야 한다는 '경영의 필요성'이 크게 대두되었기 때문이다. 특히 근래에 들어와 학자들이 사회학 · 심리학 · 사회심리학 · 인류학 · 정치학 등과 같은 여러 분야의 다양한 이론과 연구방법을 조직에 관한 문제에 응용함으로써 경영학의 연구영역이 크게 확대되었을 뿐만 아니라 그 내용 또한 더욱 충실하고 정교해졌다. 그러나 우리가 분명하게 알아야 할 것은 비록 다른 학문분야의 부분적인 개념이나 이론을 응용하였다고 해서 경영학이 그러한 학문의 일부에 속하는 것은 결코 아니라는 점이다. 경영학은 처음부터 나름의 고유한 연구의 대상과 영역이 존재하는 독립된 학문으로 출발하였으며, 그 후 여러 학문과의 연대를 통해 발전을 거듭하여 오늘날에는 종합과학으로서의 학문적 위치를 굳혀 나가고 있다.

경영학이 응용과학적 · 종합과학적 성격의 학문으로 발전하면서 그 안에서 중요한 위치를 차지하게 된 학문분야가 바로 조직행동론이다. 종래의 경영학은 주로 기업조직만을 대상으로 기업의 물적자원을 효율적으로 관리하는 데 중점을 두었다. 따라서 초기의 경영학자들은 경영과학(management science)이라는 분야를 성립 · 발전시키면서 지식체계를 확립하였다. 그러나 경영학의 연구대상이 기업을 포함하는 모든 사회조직으로 확대되고 조직 내의 인적자원에 대한 관심이 고조되자 이를 효과적으로 관리하는 데 요구되는 또 다른 측면의 지식체계가 필요하게 되었고, 이러한 욕구를 충족시켜 준 것이 행동과학(behavioral science)이다. 즉, 1950년대에 새로운 사조로 등장한 행동과학은 경영학에 유입되면서 인간에 대한 정교하고 과학적인 지식체계를 바탕으로 조직에서의 인간행동을 중점적으로 연구하는 학문으로써 조직행동론이 탄생되는 데 결정적인 영향을 미쳤던 것이다.

이렇게 성립된 조직행동론은 그 후 독자적인 연구영역을 구축하고 많은 연구업적을 축적하면서 경영학을 더욱 과학적이고 한 차원 높은 학문으로 발전시키는 데 크게 기여하였다. 특히 조직에서의 인간에 관한 문제가 갈수록 중요하게 인식되고 있는 요즈음 이에 필요한 체계적인 지식을 확립하는 데 있어서 조직행동론이 경영학에서 차지하는 비중은 더욱 커지고 있다. 경영학의 전체 학문적 체계에서 조직행동론이 차지하는 위치를 나타내면 [그림 1-2]에서 보는 바와 같다.

경영학을 체계적으로 연구하기 위해서는 먼저 경영학원론(principles of management)을 이해하는 일부터 시작해야 한다. 경영학원론에서는 관리과정(계획화 · 조직화 · 지휘화 · 통제화)을 중심으로 기업의 사회적 책임, 경영자의 역할, 경영환경 등과 같은 기초적인 지식을 습득하게 된다. 다음에는 이러한 원론적인 지식을 토대로 경영학의 핵심 분야인 경영학각론(생산 · 마케팅 · 재무 · 인사)과 글로벌경영을 다루게 되는데, 이들 분야를 이해하는 데 있어서 이론적 · 방법론적 기반을 제공해 주는 것이 조직행동론(OB)과 경영과학에서 발전된 OR(Operations Research)이다. 이렇게 조직행동론은 경영학의 제 분야에서 OR과 더불어 이론적 · 방법론적 기반을 제공하는 중요한 위치를 차지하고 있다.

Organizational Behavior

그림 1-2 경영학의 학문적 구조와 조직행동론의 위치

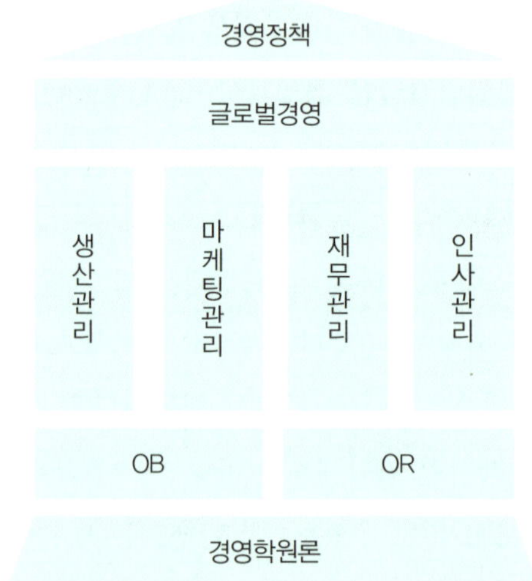

2) 조직행동론의 목표

조직행동론은 조직구성원의 행동을 체계적으로 이해하고 예측하며 통제하는 데 목표를 둔다[Robbins, 1983: 5－6]. 이 중에서 '행동을 이해(understanding)한다'는 것은 어떤 행동에 대한 설명(explanation)을 통해 행동의 원인을 밝히려는 노력을 말한다. 조직에서 이루어지는 모든 행동은 바람직하거나 또는 바람직하지 못한 성질을 지니게 마련이다. 따라서 이러한 성질을 감안하여 행동이 계속되도록 장려하거나 또는 그러한 행동이 또다시 반복되지 않게 하기 위해서는 반드시 행동의 원인을 규명할 필요가 있는 것이다.

그리고 '행동을 예측(prediction)한다'는 것은 어떤 행동이 어떤 결과를 가져올 것인지를 미리 알아보려는 노력을 말한다. 예를 들면, 기업 내의 어느 부서에서 컴퓨터시스템을 도입해야 할 필요성을 느끼고 있다면 경영자는 사전에 그러한 조치에 대한 종업원의 반응을 예측할 필요가 있다. 왜냐하면 그러한 결과에 대한 정확한 정보가 있어야만 의사결정을 바르게 내릴 수 있게 되기 때문이다.

마지막으로 '행동을 통제(control)한다'는 것은 조직에서 요구되는 결과를 이끌어내기 위해 행동의 원인에 영향을 주고 행동 자체를 바람직하게 변화시키려는 노력을 말한다. 예컨대 한 부서의 경영자가 '우리 부서의 아무개가 자기의 직무를 보다 적극적으로 수행할 수 있게 하려면 어떻게 하면 좋겠는가'라고 묻고 있다면 그는 그 부하 직원의 행동을 통제하는 문제에 관심을 가지고 있는 것이다.

조직행동론이 지향하는 이와 같은 목표는 이 학문이 탄생하게 된 직접적인 계기가 모호하거나 비현실적이 아닌 "개인과 조직의 목표를 조화시킴으로써 경영성과를 높인다"는 구체적이고 현실적인 이유에 바탕을 두고 있기 때문에 매우 실천적인 성격을 가진다. 따라서 많은 연구자들이 그동안 이러한 목표를 구현하기 위해 심혈을 기울여 마련한 정교한 지식체계 속에는 여러 차원의 조직행동을 과학적으로 이해하고 예측하고 통제하는 다양한 실천기법들이 들어 있다. 이러한 기법들은 실제로 많은 조직에 효과적으로 적용되어 큰 성과를 거두고 있다.

1-2 | 조직행동론의 학문적 배경과 관리체계

1. 조직행동론의 학문적 배경과 성격

1) 조직행동론의 학문적 배경

경영학의 한 분야로서 조직행동론이 탄생 · 발전하는 데 가장 크게 영향을 미친 것은 행동과학이다. 행동과학의 여러 분야에서 과학적 연구를 통해 축적된 체계적인 지식은 조직행동론이 나름의 영역을 구축하면서 발전하는 데 실질적인 기초가 되었다. 행동과학은 다양한 학문분야로 이루어져 있다. 그 중에서도 심리학 · 사회학 · 사회심리학 · 인류학 · 정치학 등의 분야에서 연구 · 개발된 인간행동에 대한 이론들이 조직행동론의 가장 중요한 지식의 원천이 되고 있다. [그림 1-3]은 이들 학문분야가 조직행동론의 어떤 측면에 어떻게 공헌했는지를 보여준다[Robbins, 1989: 7-9].

(1) 심리학

심리학(psychology)은 인간과 동물의 행동을 측정하고 설명하는 데 중점을 두며 때로는 행동의 변화를 추구하기도 하는 학문이다. 심리학은 조직행동론에 가장 큰 영향을 주었다고 할 수 있는데 이는 심리학자들이 인간의 '개인행동(individual behavior)'을 이해하고 예측하는 데 특히 많은 노력을 기울였기 때문일 것이다.

조직행동론의 지식체계에 크게 기여하고 있는 심리학자들은 학습심리학자(learning theorists), 성격심리학자(personality theorists), 상담심리학자(counseling psychologists) 및 조직심리학자(organizational psychologists)들이다. 이 중에서도 조직심리학자들이 조직행동론의 여러 분야에 미친 영향은 실로 크다고 할 수 있다. 이들은 처음에는 작업자의 피로 · 권태 등의 문제와 작업능률을 떨어뜨리는 여러 작업환경요인들에 대한 연구에 관심을 기울였으나, 최근에는 조직구성원의 학습, 지각, 성격, 훈련, 욕구와 동기부여, 직무만족, 의사결정 과정, 업적평가, 태도측정, 구성원선발기법, 직무설계, 작업스트레스 등으로 연구영역을 넓힘으로써 조직행동론에 기여하는 범위가 더욱 커지게 되었다.

(2) 사회학

심리학이 개인행동에 초점을 두고 연구하는 데 비해 사회학은 조직을 하나의 사회시스템(social system)으로 보고 그 안에서 역할을 수행하는 개인들 간의 관계를 연구하는 데 관심을 기울인다. 즉, 사회학(sociology)은 인간의 행동을 연구하는 데 있어 한 개인에 초점을 두는 것이 아니고 동료관계에 있는 여러 사람들을 동시에 고려한다.

사회학자들은 특히 공식적이고 복잡한 조직 내의 '집단행동(group behavior)'에 대한 연구로 조직행동론에 크게 기여하였다. 조직행동론에서 사회학으로부터 값진 지식을 받아들이고 있는 분야에는 집단역학, 사회화과정, 공식조직이론 및 구조, 관료제조직, 커뮤니케이션, 권력, 갈등, 조직문화, 집단 간 행동 등이 포함된다.

(3) 사회심리학

비교적 새로운 분야인 사회심리학(social psychology)은 개인 간 행동(interpersonal behavior)을 중점적으로 연구한다. 심리학과 사회학이 각기 개인행동과 집단행동을 설명하기 위해 노력하는 데 비해, 사회심리학자들은 개인이 집단활동 속에서 어떻게 행동하며, 어째서 그런 행동을 하는지를 밝혀내려고 노력한다.

사회심리학의 중요한 연구과제의 하나는 변화(change)를 이끌어내고 또 그것을 관리하는 것이다. 즉 조직 내에 변화를 필요로 하는 대상이 있다면 그것을 어떻게 변화시켜야 하며, 또 그 같은 변화를 수용하는 과정에서 발생하는 장애를 어떻게 최소화시킬 것인가 하는 점이다. 이 밖에 사회심리학은 태도의 측정 · 이해 · 변화, 커뮤니케이션의 패턴, 집단의사결정과 집단활동을 통해 개인의 욕구를 충족시킬 수 있는 방법 등에 관한 연구로 조직행동론에 기여하고 있다.

(4) 인류학

인류학(anthropology)은 사회 · 문화와 인간행동의 관계를 규명하는 데 연구의 초점을 두고 있는 학문이다. 다른 학문과 마찬가지로 인류학 역시 인간행동을 연구의 주된 대상으로 한다.

그러나 인류학이 다른 학문과 다른 점은 인간의 행동을 시간과 공간의 차원에서 이해하려고 한다는 것이다. 즉, 사회와 문화가 시대와 지역을 달리하면서 갖는 공통점과 차이점은 무엇이며 그 속에서 인간의 행동은 또 어떤 공통점과 차이점을 갖게 되는가 하는 문제에 주된 관심을 기울인다.

(5) 정치학

정치학(political science)은 조직의 정치적 환경(political environment)에서 개인행동과 집단행동을 연구하는 학문이다. 정치학은 조직행동론에서 흔히 소홀히 다루어지는 경향이 있지만 이 역시 조직 내의 행동을 이해하는 데 있어 지대한 공헌을 하고 있는 중요한 학문이다.

정치학자들의 주된 관심영역은 갈등구조, 권력배분, 그리고 사람들이 개인적 이익을 위해 권력을 어떻게 교묘히 활용하는가 하는 정치행위에 관한 문제이다. 이에 대한 정치학자들의 연구업적은 특히 조직행동론의 연구영역이 확대되는 데 크게 기여하고 있다.

그림 1-3 조직행동론에 공헌한 학문분야

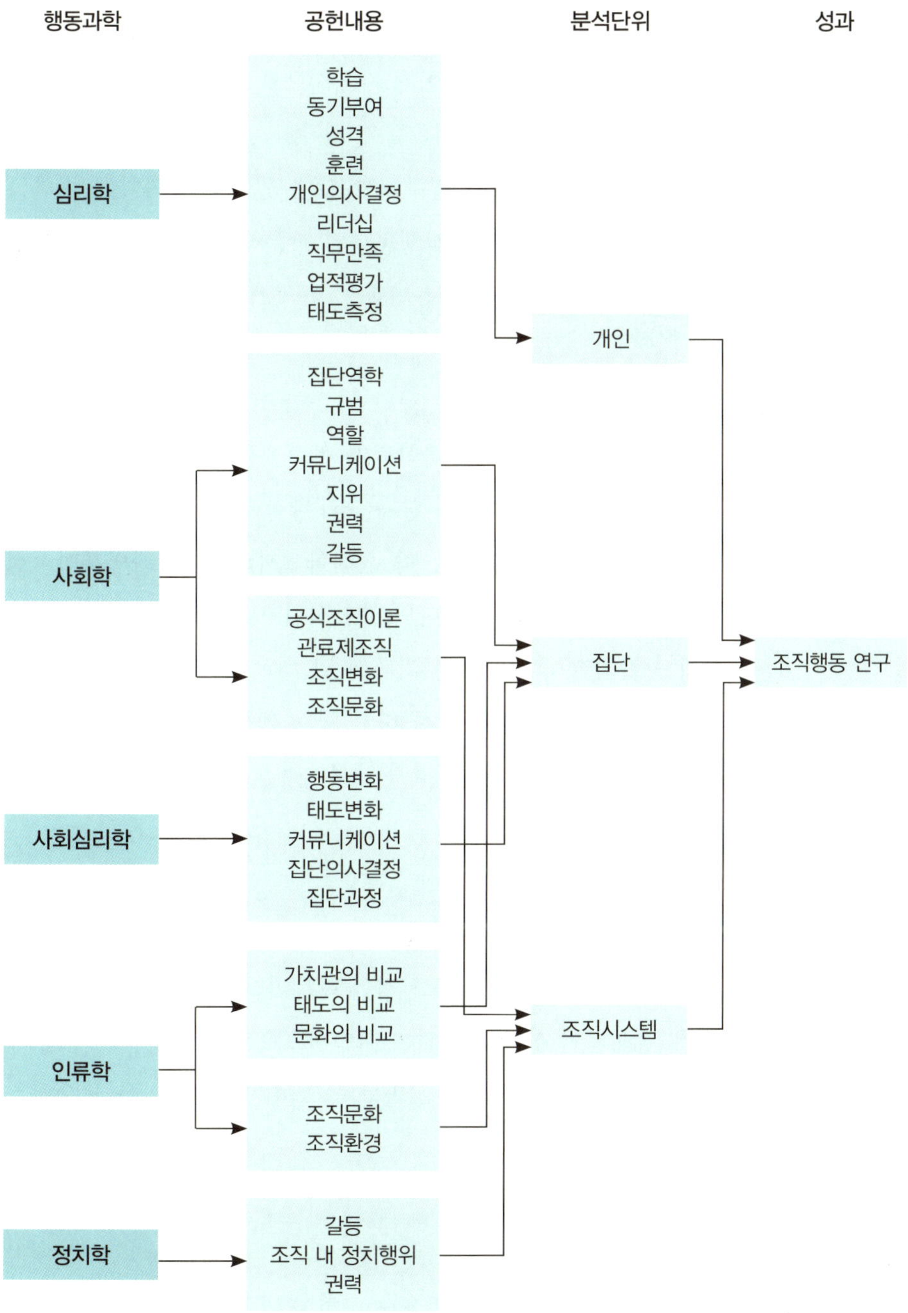

2) 조직행동론의 학문적 성격

조직행동론은 조직행동을 과학적으로 연구하는 학문이다. 행동과학의 지식체계를 기반으로 하여 태동한 조직행동론은 이제 자체적으로 고유한 연구영역을 형성하며 하나의 독립적인 학문으로서 그 위치를 굳혀가고 있다. 따라서 조직행동론은 성격상 기본적으로 지향하는 바나 연구대상 등에 있어 사회과학에 속하는 다른 학문들과는 많은 차이를 보인다. 조직행동론의 학문적 성격을 보다 자세히 살펴보면 다음과 같다[Szilagyi and Wallace, 1987: 5−12].

(1) 종합과학적 성격

조직행동론은 여러 학문을 망라한 종합과학적인 관점에서 연구하는 분야이다. 위에서 살펴보았듯이 조직에서의 인간행동을 주 연구대상으로 하고 있는 조직행동론은 학문적으로 행동과학의 여러 분야, 즉 심리학 · 사회학 · 문화인류학 · 정치학 등의 이론과 관점을 응용함으로써 하나의 통합적인 지식체계를 구축하였다. 조직행동론이 이렇게 종합과학적인 성격을 지니게 된 것은 연구대상인 조직행동이 다른 학문분야에서 각기 주 연구대상으로 하고 있는 행동의 세 가지 수준, 즉 개인 · 집단 · 조직시스템을 모두 포함하고 있기 때문이다.

(2) 성과지향적 · 실천적 성격

조직행동론은 조직행동을 이해하는 데 그치지 않고 실제로 이를 응용하여 조직의 성과를 높이려는 성과지향적이고 관리실천적인 학문이다. 특히 기업조직의 경우에는 생산성과 같은 경제적인 성과가 기업이 지속적으로 성장 · 발전하는 데 매우 중요하기 때문에 조직행동론은 이러한 성과를 높일 수 있는 방안을 모색하는 데 많은 노력을 기울인다.

(3) 인본주의적 성격

조직행동론은 종전과 같이 경제적 목표만을 중시하지 않고 그것과 동시에 조직구성원의 인본주의적(humanistic) 가치에 큰 관심을 기울인다. 이것은 조직이 지속적으로 발전하기 위해서는 단순히 생산성만을 추구해서는 안 되며, 구성원의 다양한 욕구를 충족시키고 그들이 조직을 통해 행복한 삶을 영위할 수 있도록 해 주어야 한다는 신념에서 연유하는 것이다. 조직행동론의 이러한 성향은 사람에 대한 낙관적이고 긍정적인 견해와 함께 개인의 만족 · 성장 · 자기개발 · 자아실현 등을 강조하는 데에서 나타나고 있다.

(4) 규범적 성격

조직행동론은 조직에서의 인간과 조직체의 행동을 단순히 서술하는 데 그치지 않고, 조직의 성과를 높이면서 인간에 대한 인본주의적 가치가 아울러 존중될 수 있는 방향으로 조직을 변화시키려는 노력을 기울임으로써 학문의 규범적(normative)인 성격을 강하게 나타낸다. 이러한 성향은 구체적으로 개인과 집단의 행동과 조직시스템 자체의 변화를 유도하고 실현하려는 노력에 반영되고 있다.

(5) 상황적합적 성격

조직행동론은 조직시스템과 구성원의 행동을 연구하는 데 있어 어느 상황에나 모두 적합한 하나의 보편적인 이론과 원리를 도출해 내기보다는 여러 상황을 고려하여 그에 적합한 이론과 원리를 찾아내는 데 초점을 둔다. 물론 모든 학문이 보편성과 특수성의 양면을 가지고 있기는 하나, 조직행동론의 연구대상인 개인 · 집단 · 조직시스템의 행동은 그 과정이 매우 복잡하고 또 수많은 요인들에 의해 영향을 받기 때문에 보편적으로 적용할 수 있는 하나의 최적안을 도출해 내는 것은 사실상 어렵다. 그렇다고 해서 조직행동론이 이론이나 원리의 특수성만을 고집하는 학문은 아니다. 조직행동론이 상황적 접근방법(contingency approach)을 선호하는 것은 이 접근방법이 오히려 객관적이고 보편적인 원리를 발견하는 데 도움을 주는 측면도 함께 지니고 있기 때문이다.

2. 조직행동의 분석수준과 관리체계

1) 조직행동의 분석수준

지금까지 우리는 조직행동론이 어떤 성격의 학문이고, 조직행동을 연구하는 목적은 어디에 있으며, 하나의 과학으로서 어떻게 성립 · 발전하여 왔는가 하는 문제들에 대해 살펴봄으로써 조직행동론의 학문적 본질을 어느 정도 이해할 수 있게 되었다.

비교적 짧은 기간에 괄목할 만한 발전을 거듭해 온 조직행동론은 이제 경영학에서 하나의 독립된 분야로 중요한 위치를 차지하고 있다. 조직행동론은 오늘날 고유한 연구영역을 구축하고 많은 과학적인 연구업적을 축적하면서 경영학의 발전에 크게 기여하고 있는 것이다. 그러나 조직행동론은 그 성립배경을 보면 느낄 수 있듯이 복잡한 혈통 때문에 초기에는 여러 측면에서 많은 문제들을 안고 있었다. 그 중에서도 특히 중요한 문제는 무엇을 대상으로 연구하고 분석할 것인가 하는 논란이었다. 이는 심리학 · 사회학 · 인류학 · 정치학 등 사회과학의 여러 이론들이 그대로 조직행동론에 유입되었고, 처음에 이 분야를 가르치고 연구하던 학자들도 대부분 경영학자가 아닌 다른 학문에서 자리를 옮긴 사람들이었기 때문이다. 다시 말해서 이질적인 이론과 다양한 관점들이 조직행동론이라는 새로운 학문분야에서 하나로 융화되지 못한 상태에서 각축을 벌이는 와중에 부딪히게 된 문제였던 것이다.

그러나 이러한 문제는 시간이 흐르면서 점차 개선되었다. 여러 이론과 관점이 경영학의 통일된 체계 속으로 녹아들면서 조직행동론의 학문영역에 대한 합의가 어느 정도 이루어지게 되었다. 먼저 조직행동론은 조직에서의 인간행동을 연구의 주 대상으로 하고 있는데, 이는 사회과학의 여러 분야에서 인간의 행동을 다루는 데 있어 영역의 제한을 거의 받지 않는다는 것과는 큰 차이가 있는 것이다. 예컨대, 심리학이나 사회학에서는 연구가 범죄행동으로부터 심지어는 유희행동에 이르기까지 매우 다양한 범위에서 이루어진다. 그러나 조직행동론은 조직이라는 테두리 안에서 이루어지는 행동에 연구의 중점을 둔다.

다음으로 분석수준에 관한 문제인데, 오늘날 조직행동을 연구하는 데에 개인과 집단 그리고 조직시스템을 모두 분석의 대상으로 삼는 것이 일반적인 경향이다. 또한 이들 세 가지 대상들 중에서 개인의 행동을 먼저 분석하고 다음으로 집단의 행동을 이해한 후에 마지막으로 조직시스템을 하나의 행동 주체로 파악하는 것이 조직행동을 체계적으로 연구하는 데 도움이 된다.

따라서 조직행동은 [그림 1-4]에서 보는 바와 같이 개인 · 집단 · 조직시스템의 세 가지 분석수준으로 이루어진다. 이 중에서 전통적으로 개인행동과 집단행동에 초점을 두어 연구하는 분야를 미시조직행동(micro organizational behavior), 그리고 조직시스템행동을 중점적으로 다루는 분야를 거시조직행동(macro organizational behavior)이라 한다.

그림 1-4 조직행동의 분석수준

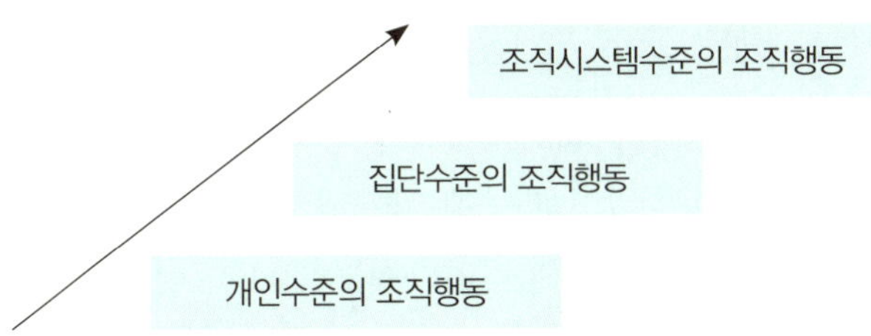

자료: Robbins, S.P.(1989), *Organizational Behavior: Concept, Controversies, and Applications*, 4th ed.(Prentice-Hall International, Inc.), p.23.

2) 조직행동의 관리체계와 본서의 구성

(1) 조직행동의 관리체계

이 책에서 다루게 될 조직행동의 과제들은 개인행동 · 집단행동 · 조직시스템행동 등 세 가지의 분석수준에 따라 분류하였다. 따라서 먼저 개인행동수준의 과제들을, 그 다음에는 집단행동수준의 과제들을, 그리고 마지막으로는 조직시스템행동수준의 과제들을 차례로 다루면서 조직에 효과적으로 적용할 수 있는 조직행동 관리방식을 모색해 보는 기회를 갖게 된다.

[그림 1-5]는 이 책에서 다루게 될 조직행동의 관리체계를 조직행동의 분석수

준과 주요 과제들을 중심으로 요약 · 정리한 것이다. 이에 대해 좀 더 부연하여 설명하면 다음과 같다.

① **개인수준의 조직행동**: 개인행동은 조직행동을 이해하고 분석하는 기본단위가 된다. 개인의 행동을 이해하기 위해서는 먼저 개인적 특성을 파악해야 한다. 개인적 특성은 조직구성원이 조직에 들어오기 전부터 지니고 있는 것으로 쉽게 변하지 않는 성질이 있고 개인의 성과에 실제적으로 크게 영향을 미치는 중요한 요인이다. 여기에는 신분특성, 능력, 창의성 등이 비교적 중요하다. 또한 감정 · 성격 · 가치관 등과 같은 내면적 요인과 지각 · 학습 · 스트레스 · 동기 등 어떤 대상에 대한 정신적 반응도 개인의 행동에 영향을 미치는 중요한 요인들이다. 이와 같은 조직행동의 개인수준요인들은 개인의 태도와 직무행동을 통해 개인의 과업성과를 결정하며 나아가 전체 조직시스템의 성과에 영향을 미치게 된다.

② **집단수준의 조직행동**: 모든 집단은 개인들로 구성되지만 단순한 개인들의 모임과는 다른 독특한 성격을 갖는다. 따라서 집단행동은 개인행동으로는 이해하기 어려운 측면이 있기 때문에 이를 관리하는 데 있어서는 별도의 지식체계가 필요하다. 조직행동에서 집단행동에 대한 연구가 중시되고 또 큰 비중을 차지하는 이유는 이것이 개인과 조직을 연결시켜 주는 중요한 역할을 하기 때문이다. 다시 말하면, 개인의 목표와 조직의 목표는 대부분 집단행동을 거쳐 통합되고 달성되는 것이다. 집단수준의 요인에는 집단의 구조적 특성과 동태적 특성(집단역학), 그리고 집단과정에 속하는 리더십 · 커뮤니케이션 · 협상 · 의사결정 · 집단갈등 · 권력 · 조직정치 등이 중요하다. 이들 요인은 개인 및 조직시스템과의 상호작용을 통해 집단의 과업성과를 결정하고 전체 조직시스템의 성과에 영향을 미친다.

③ **조직시스템수준의 조직행동**: 조직은 개인과 집단을 모두 포함하고 있다. 그러나 집단을 단순히 개인들의 모임으로 볼 수 없듯이 조직 또한 단순한 몇 개 집단의 총합으로는 측정할 수 없는 독특한 행동적 특성을 나타낸다. 조직시스템 자체는 특히 외부환경과의 상호작용을 통해 개인행동과 집단행동에 영향을 미친다. 조직시스템수준에서 심층적으로 다루는 과제는 조직시스템

행동의 기초로서 조직구조와 조직설계, 조직과정으로서 조직문화 · 학습조직 · 조직변화 · 조직개발 등이 중요하다. 이들 요인은 조직내부의 생산성과 조직수익성, 그리고 조직외부의 조직이미지와 이해관계자 만족에 영향을 줌으로써 조직전체의 유연성과 생존력을 결정한다. 이러한 조직시스템성과는 결과적으로 개인과 집단의 성과가 조직과정, 즉 조직시스템수준의 조직행동을 통해 조직시스템수준으로 확대된 것이라고 할 수 있다.

그림 1-5 조직행동의 관리체계

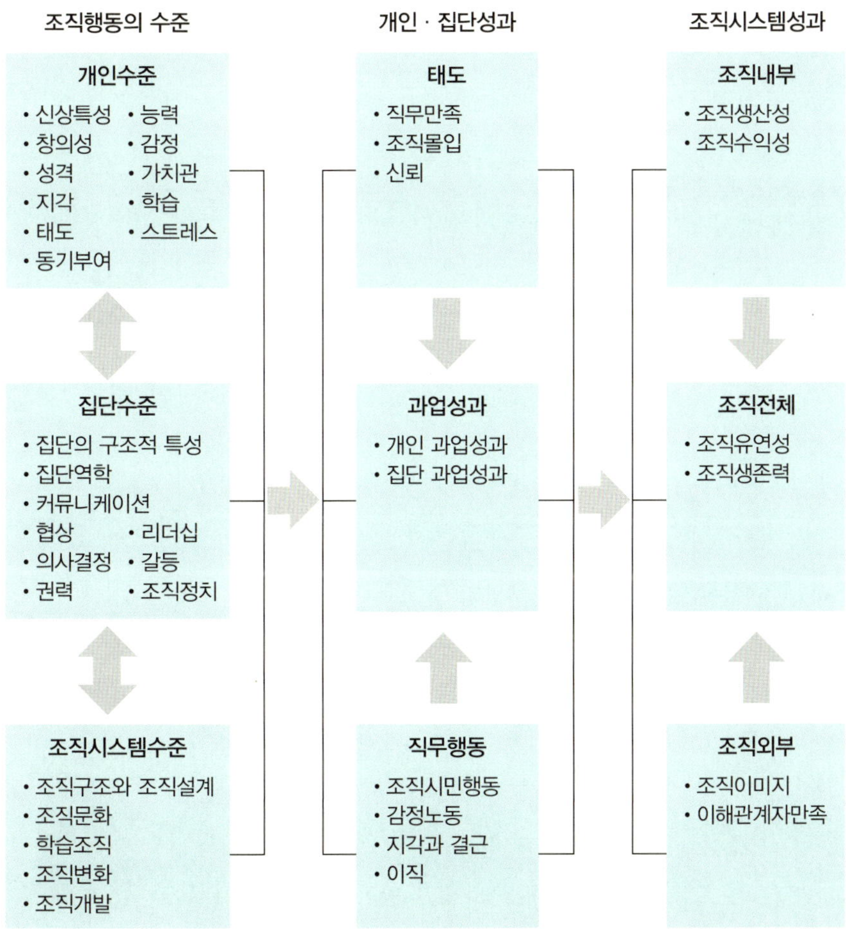

(2) 본서의 구성

이 책에서는 [그림 1-5]의 조직행동의 관리체계를 기초로 하여 조직행동을 그 수준별로 [그림 1-6]과 같이 구성하였다.

먼저 조직행동론의 기초로 조직행동론의 성격과 역사적 발전과정을 이해한 다음, 조직행동을 개인수준 · 집단수준 · 조직시스템수준으로 나누어 핵심 주제들에 대해 심층적으로 논의하게 된다.

▌그림 1-6 ▌ 본서의 구성

Part 1 조직행동의 기초	Part 2 개인수준의 조직행동	Part 3 집단수준의 조직행동	Part 4 조직시스템 수준의 조직행동
Ch.01 조직행동론의 성격과 발전	Ch.02 개인행동의 형성과 개인차이 Ch.03 감정, 성격, 가치관 Ch.04 지각과 학습 Ch.05 태도와 스트레스 Ch.06 동기부여	Ch.07 집단의 성격과 분석체계 Ch.08 리더십 Ch.09 커뮤니케이션과 협상 Ch.10 의사결정과 갈등 Ch.11 권력과 조직정치	Ch.12 조직구조와 조직구조설계 Ch.13 조직문화와 학습조직 Ch.14 조직변화와 조직개발

OR Humor 1 몰라도 그만인 것

- 사람이 사육하는 동물 중에 성경에 언급되지 않은 건 고양이뿐이다.
- 알파벳 문자 'i'의 점을 가리켜 '티틀'이라고 한다.
- 탁구공이 라켓에 맞아 튈 때의 최고 시속은 160킬로에 이른다.
- 중세의 성에 있는 나선형 계단은 시계방향으로 돌아간다. 이는 모든 기사들이 오른손잡이였기 때문이다.
- 20억 명 중 단 1명만이 116년 이상 생존한다.

자료: 한국경제, 2011년 5월 6일자

1-3 | 조직행동론의 역사적 흐름과 발전

1. 경영학과 조직행동론의 역사적 흐름

앞에서 살펴본 바와 같이 조직행동론은 여러 학문들의 도움을 받으면서 종합과학적 성격의 학문으로 발전되어 왔다. 따라서 조직행동론의 출발점을 어디에 둘 것이며 또 학문적 성격을 어떻게 규정할 것인가 하는 문제에 대해 학자들은 자기의 학문적 배경에 따라 서로 다르게 주장하기도 한다. 그러나 조직행동론은 엄연히 경영학의 한 분야로서 성립된 학문이다. 요컨대 이는 경영학에서의 필요성에 의해 독자적으로 고유한 연구영역을 구축하면서 생성·발전되어온 독립적인 학문인 것이다. 따라서 우리는 조직행동론의 생성과 발전을 경영학의 전체적인 흐름 속에서 파악해야만 그 학문적 성격을 보다 명확히 이해할 수 있고, 나아가 이 분야의 발전방향을 가늠하는 데 도움이 된다.

조직행동론의 성립배경과 발전과정을 경영학의 전체적인 흐름과 인접학문과의 관계로 조명해 보면 [그림 1-7]과 같다. 아래에서는 이와 같은 역사적인 흐름 속에서 조직행동론이 어떻게 성립되었고 발전하였는지 자세히 살펴보기로 한다.

▌그림 1-7▌ 경영학과 조직행동론의 역사적 흐름

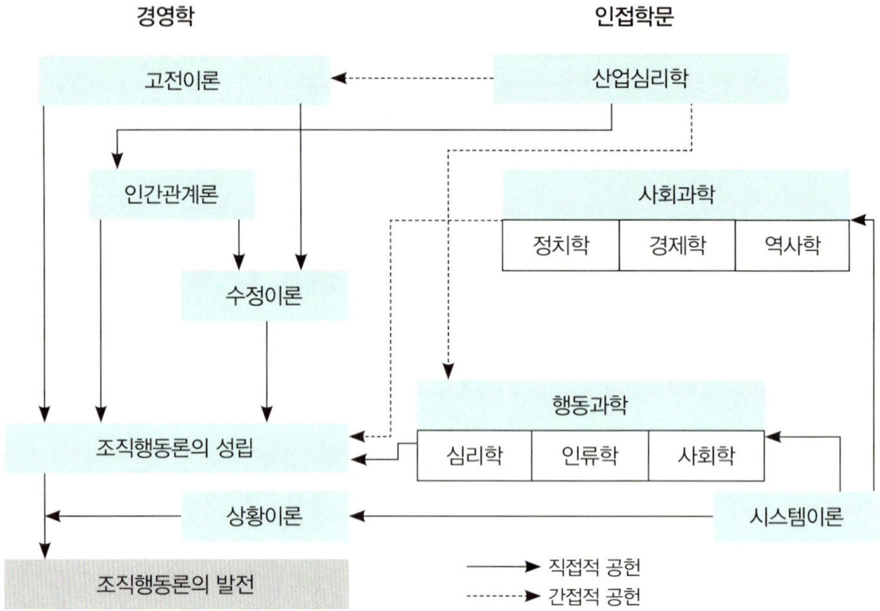

2. 조직행동론의 성립과 발전

1) 고전이론의 영향

고전이론은 현대경영학의 기초를 마련한 초기의 경영이론들을 일컫는다. 그 중 대표적인 것으로는 테일러의 과학적 관리론, 페이욜의 관리과정론, 베버의 관료제론 등이 있다. 이들 초기의 경영이론들은 한 시대의 환경적 요구의 산물로서 조직행동론이 성립되는 직접적인 계기가 된 것은 아니지만 그 부정적 측면에 대한 비판적 시각이 조직행동론의 필요성을 느끼는 데 큰 자극이 되었다. 여기에서는 고전이론들의 내용과 그에 대한 비판적 시각을 살펴봄으로써 조직행동론에 어떻게 영향을 미쳤는지를 되돌아보기로 하자.

(1) 과학적 관리론

사실상 '과학적 관리'는 당시의 경영에 대한 새로운 관점을 보여주는 것일 뿐

하나의 광범하고 완전한 이론체계라고는 할 수 없다. 과학적 관리는 작업자나 작업책임자가 선호하는 방법이 아닌 계획, 표준화, 객관적 분석 등에 의해 결정된 작업방법을 통해 작업효율을 증대시키는 데 초점을 맞춘다. 따라서 이러한 정신이 결국 '과학적'이라는 것이며, 이때 경영자의 책임은 바로 이러한 과학적 분석의 결과를 근거로 하여 작업자의 작업활동을 지도하는 것이다.

테일러(F.W. Taylor)는 당시 인력의 낭비가 심하고 종업원의 임금이 너무 적다는 데 불만을 가지고 있었다. 그러던 중 실제의 경험을 바탕으로 모든 작업을 간단한 여러 단위로 나누고, 작업자가 각자 하나의 작업단위에만 전념하도록 한 다음, 여러 실험을 통해 가장 효과적인 작업방법을 찾아내고, 그러한 작업방법을 근거로 하나하나의 작업에 대해 일정한 표준작업량을 정해 놓은 다음, 끝으로 이들 작업을 다시 조합하면 전체적인 작업의 흐름을 보다 체계적이고 효과적으로 구성할 수 있다는 사실을 발견하였다. 그는 실제로 몇 차례의 연구를 거쳐 작업능률을 획기적으로 향상시킬 수 있는 작업방식을 개발하였다.

테일러는 이러한 관리방식이 노사 모두에게 유리하다고 말한다. 즉, 생산성이 증가함에 따라 작업자의 임금수입 역시 증가하는 결과를 가져온다는 것이다. 테일러가 주로 걱정했던 일은 경영계층의 반발이었다. 왜냐하면 그의 방식을 응용하는 경영자는 자기가 생각하는 대로 작업자와 그들의 작업을 지배할 수 없게 되어 결국 오랫동안 누려온 특권을 빼앗기는 결과를 가져오기 때문이다[Bendix, 1956: 280]. 그러나 그 후에 더 큰 장애는 경영계층이 아닌 바로 작업자에게서 발생하였다. 작업자들은 테일러가 제창한 방식에서는 마치 기계와 같이 작업하는 결과를 가져온다고 주장한다. 심지어 인센티브제도 역시 작업자가 높은 수준의 작업성과를 유지하도록 강요하기 위한 것이며, 생산성의 증대에 의해 증가한 소득의 대부분이 작업자가 아닌 회사에 귀속된다는 이유로 환영받지 못했다. 특히 테일러는 그가 창안한 제도에서는 노사가 충분히 협력하는 결과를 가져오기 때문에 노동조합이 필요하지 않다고 강조했는데, 이것이 노동조합간부들의 격렬한 반대를 불러오는 원인이 되었다.

그러나 당시의 환경에서 산업생산성의 제고가 하나의 절박한 사회적 요구였기 때문에 테일러의 과학적 관리는 일종의 해결방안으로서 강력한 매력을 지니고 있었다. 따라서 산업계는 여러 방면의 반대에도 불구하고 이것을 보편적으로 채택 · 응용하기에 이르렀다. 현재까지도 과학적 정신은 경영실무 속에 여전히 스며들어 있으며 경영과 작업상의 문제를 해결하는 데 중요한 역할을 담당하고 있다.

이러한 과학적 관리의 특징적 내용들은 조직행동론에서도 상당한 부분을 발견할 수 있다. 즉 신중한 직무설계, 표준화된 도구와 절차, 종업원의 과학적 선발과 훈련, 권한과 책임의 구분, 인센티브제도의 개발, 예외적 관리의 원칙 등은 오늘날에도 널리 받아들여지고 있는 과학적 관리의 개념들이다.

(2) 관리과정론

미국에서 과학적 관리운동이 활발하게 전개되고 있던 때와 거의 같은 시기에 유럽에서도 실무종사자와 학자들을 중심으로 또 다른 관점에서 경영이론이 전개되었다. 여기서 말하는 소위 '또 다른 관점'이란 테일러의 연구가 공장에서의 작업이라는 제한된 범위 안에서 가장 효과적인 작업방식을 찾아내려고 한 데 반하여, 이것은 일종의 보다 넓은 범위에서 비교적 높은 계층에 보편적으로 응용할 수 있는 관리원칙을 제시하려는 노력을 말한다. 그 내용은 공식적 조직구조에 일반적으로 적용할 수 있는 관리과정(management process)에 관한 것이었다. 따라서 이것을 '관리과정론' 또는 '일반관리론'이라고 부른다.

관리과정학파의 아버지로 불리는 프랑스의 페이욜(H. Fayol)은 경영관리가 계획 · 조직 · 지휘 · 조정 · 통제 등 다섯 개의 성분으로 구성된다고 보았다[Fayol, 1949]. 이것은 관리과정 또는 관리기능이라고 부르기도 하는 것으로서 기업뿐만 아니라 정부 · 군대 · 교회 · 학교 등과 같은 성격의 조직에게도 똑같이 적용할 수 있다. 따라서 이것은 '일반적 관리과정'에 속한다고 할 수 있다.

페이욜의 이러한 관리론적 사고는 현대경영학에서 매우 중요한 위치를 차지한다. 경영학을 연구하는 많은 학자들은 여전히 관리과정의 개념적 틀을 기초로 하여 여기에 새로운 관점을 첨가하기도 하고 또 이것을 수정하기도 하면서 조직유효성의 증대를 위해 많은 노력을 기울이고 있다. 특히 관리과정 중에서 조직과 조직화(organizing)의 개념은 조직구조연구의 실마리가 되었으며, 계획 · 지휘 · 조정 · 통제 등의 관리과정은 오늘날 조직연구에서 구성원의 행동을 연구하는 바탕이 되었다.

그러나 이 같은 관리과정은 테일러의 과학적 관리론과 마찬가지로 오늘날 조직행동론이 지향하는 바와 일치하지 않는 면이 많다는 점이 지적되고 있다. 이 점에 대해서는 뒤에서 다시 살펴보도록 하겠다.

(3) 관료제론

과학적 관리론, 관리과정론과 더불어 또 하나의 대표적인 고전이론으로서 관료제론(bureaucracy theory)이 있다. 관료제론은 계층구조모형(hierarchy model) 또는 관료제모형(bureaucracy model)이라고 불리기도 한다. 여기서의 '관료'라는 말은 우리가 일반적으로 이해하고 있는 관료적인 번잡한 수속절차나 업무처리를 의미하는 것이 아니라, 역사적으로 볼 때 개인의 독재 또는 주관에 의한 통치를 대신할 수 있는 조직 또는 제도를 말한다.

관료제론의 가장 중요한 인물은 베버(Max Weber)이다. 베버는 독일이 낳은 대표적인 사회학자로서 현대 사회학의 창시자인 동시에 경제와 정치사상에 모두 크게 기여한 학자이다. 따라서 여기서 살펴보려는 조직에 관한 이론은 사실상의 그의 전체 사회이론 중의 극히 일부분에 속하는 것이다.

베버는 계층조직을 현대사회의 필요에 의해 탄생된 결과라고 주장한다. 다시 말하면, 계층조직은 기업 · 정부 · 군대 등과 같이 산업혁명 이후에 나타난 복잡하고 규모가 큰 조직에 가장 적합한 조직방식이라는 것이다. 그가 심혈을 기울여 연구 · 제시한 계층조직의 핵심은 합리적 · 합법적 권한(rational-legal authority)을 창출하는 데 있다. 즉 조직구성원은 각자 위치하고 있는 지위가 있고, 합법적 절차에 따라 권위를 획득하며, 또 그러한 권위에 의거하여 명령을 내릴 수 있음으로써 일종의 계층구조(hierarchy)를 형성한다. 베버의 의견에 따르면 이러한 조직모형은 기타의 어떠한 방식보다도 정확하고 안정적이며 믿을 수 있다고 한다. 또한 그는 이러한 조직이 있으므로 경영자와 부하는 믿음을 가지고 그들이 얻는 결과를 평가할 수 있게 된다고 말한다.

그러나 그 후 많은 학자들은 베버가 제시한 조직모형은 너무나 이상적인 것에 불과하다고 비판한다. 비판자들은 그러한 이상적 형태의 조직이 실제로 존재한다면 그것은 오히려 역기능적(dysfunctional)으로 작용하여 좋지 않은 결과를 가져온다는 것이다. 특히 가장 현저히 나타날 수 있는 역기능적 현상은 조직이 규칙 · 규정 · 절차 등을 강요함에 따라 이것이 수단이 아닌 목적으로 되어 조직의 진정한 목적이 오히려 무시될 수 있고, 집권화가 너무 과도하게 이루어진 결과 리더가 독단적 · 전제적으로 될 가능성이 있다는 것이다[Merton, 1957: 195-206; Selznick, 1949; Gouldner, 1954].

물론 베버의 이론을 전혀 가치가 없는 것이라고 무시할 수는 없다. 베버의 조직모형이 탄생되기까지는 산업발전의 초기에 사람의 손에 의한 생산보다는 기계에 의한 대량생산의 필요성이 요구되었던 중요한 사회적 배경이 있었다. 그러한 환경에서 베버의 조직모형은 확실히 효율적인 것으로 인정받을 수 있었다. 그러나 그 이후에 조직의 발전이 점차로 창의성과 혁신성에 의존하게 됨에 따라 보다 탄력적이고 적응능력이 강한 특성을 지닌 조직이 요구되었다. 따라서 베버가 주장하는 고도로 구조화되고 분업화된 조직모형은 오히려 조직의 성장과 활력을 저해하는 요인으로 바뀐 것이다.

(4) 고전이론의 한계

이상에서 살펴본 과학적 관리론, 관리과정론, 관료제론 등 세 가지 이론을 하나의 고전적 경영이론으로 묶어 설명하는 데에는 그만한 이유가 있다. 이들 이론은 비록 여러 면에서 차이를 보이기도 하지만 기본전제와 주장이 완전히 일치하거나 거의 가깝게 접근하고 있다.

먼저, 고전이론은 모두 순이성 기초로부터 출발하고 있다. 즉, 합리성과 효율성에만 합치되면 개인이나 조직에 의해서 모두 받아들여진다고 생각한다. 이러한 관념하에서는 만일 사람들의 행동이 '경제인(economic man)'적이라면 조직 역시 순이성적이다. 따라서 조직에서는 다만 직무의 논리성과 필요성에 근거하여 직위와 부문을 설치하고 적당한 사람을 선택하여 각 직위에 배치만 하면 모든 것이 순조롭게 진행된다. 만일 문제가 발생하면 그것은 직무설계와 조직구조가 합리적이지 못하기 때문이다. 따라서 그러한 결함만 없다면 문제는 절대 발생하지 않는다는 것이다.

또한 고전이론은 모두 사람들이 조직 내에서 일하는 이유가 경제적인 보상을 추구하기 때문이라고 생각한다. 고전이론이 사람들의 직무동기를 무시했던 것은 결코 아니다. 그러나 이들 이론은 사람의 동기문제를 오직 물질이나 금전으로 해결하려고 하였다. 동시에 조직 내에서 경영자는 다만 조직이 부여한 권한만을 행사할 수 있다면 하급자 역시 그의 지휘나 명령에 복종할 것이기 때문에 어떠한 문제도 발생하지 않는다는 것이다.

근대 경영학자들의 이러한 고전이론에 대한 비판은 상당히 많은데 그 중 몇 가지 중요한 것들을 요약하면 다음과 같다.

첫째, 고전이론은 모두 외적 환경요인의 조직과 경영에 대한 영향을 이론 내에 도입하지 않았다. 즉, 고전이론이 고려하는 것은 대부분 조직 내부의 문제에 국한되었다. 따라서 시스템관점에서 보면 전통이론은 폐쇄시스템(closed system)이라고 할 수 있다[Thompson, 1976: 6]. 오랫동안 사람들은 경영에 대해 종종 한 가지 인상만을 견지하는 경향이 있었다. 다시 말하면, 경영을 조직의 효율성에 관한 문제만을 다루는 것으로 이해했으며, 환경에 적응하기 위해서 조직을 어떻게 변화시켜야 하는가에 대해서는 경영 밖의 문제로 외면했는데, 사람들의 이러한 생각은 고전적 경영이론의 영향을 받은 결과라고 말하지 않을 수 없다.

둘째, 고전이론은 사람들의 행동을 지나치게 단순화하였다. 즉, 한편으로는 사람들이 일하는 이유를 금전적 보수를 추구하기 때문이라고 생각했다. 그리고 이러한 목표하에서 자기에게 가장 유리한 행동을 한다는 것이다. 다른 한편으로는 다만 구조화된 조직을 만들고, 엄격한 규칙과 규정을 정하고, 상세한 계획과 엄밀한 감독을 이용할 수 있으면 구성원의 행동을 충분히 장악할 수 있다고 생각했다[March and Simon, 1958: 36]. 그러나 이러한 가정들은 모두 사실에 부합되지 않는다.

셋째, 이론적 관점에서 볼 때 고전이론이 주장하는 것은 대부분 과학적 방법으로 검증을 거치지 않은 직관적 추론에 속한다. 따라서 실제의 행동을 해석하고 예측하는 데 있어서 타당성(validity)이 얼마나 되는지에 대해서는 매우 회의적이라고 할 수 있다.

요컨대, 여러 고전이론이 아직까지도 여전히 경영지식의 기초가 되고 있으며 앞으로도 결코 소멸되지 않을 기여도가 있다는 것을 부인할 수는 없다. 그러나 고전이론은 이상과 같은 치명적인 결함을 지니고 있어 현대조직의 제 현상들을 설명하는 데 부적합한 측면이 많다고 할 수 있다.

2) 인간관계론과 수정이론의 대두

이론과 현실은 도대체 어느 것이 먼저인가를 설명하는 일은 매우 어렵고도 복잡한 문제이다. 그러나 우리는 최소한 "경영의 범주 내에서 이론은 언제나 현실 환경과 필요성의 산물이다"라고 말할 수 있다. 따라서 주로 환경변화의 문제로 나타난 고전이론의 결함 때문에 사람들은 점차 새로운, 그리고 다른 관점과 해석을 필요로 하는 이론을 제시하기에 이르렀다. 근대사회의 가장 큰 특징은 산업화와 함께 그 변화의 속도였다. 이러한 환경변화는 고전이론을 대체할 수 있는 이론을 갈망하였는데, 여기에 부응하기 위해 새로운 사조로 등장한 이론이 인간관계론과 수정이론이다.

(1) 호손연구와 인간관계론

경영의 기본적 활동은 집단의 역량을 이용하여 조직목표를 달성하는 것이다. 따라서 인간행동에 대한 연구는 의심할 여지가 없이 경영학에서 가장 중요한 영역을 차지한다고 할 수 있다. 경영학에서 인간행동에 대한 연구가 주도적인 위치를 확보할 수 있었던 것은 바로 행동학파라고 하는 일단의 학자들에 의해 이루어진, 그리고 후에 인간관계론이라는 새로운 사조가 태동하는 데 결정적인 계기를 마련한 호손연구(Hawthorne research)가 있었기 때문이다.

호손연구란 1927년과 1932년 사이에 미국 서부전기회사(Western Electric Co.)의 호손공장에서 실시된 메이요(E. Mayo)와 그의 동료들의 연구를 말한다. 사람들은 당시에 산업계를 풍미하던 과학적 관리에 근거를 두고 종업원의 생산성은 주로 조명도 · 통풍상태 · 휴식시간 등과 같은 각종 실제적인 작업환경에 의해서 결정되는 것으로 알고 있었다. 이 회사 역시 이러한 이론에 근거하여 국가연구위원회(National Research Council)와 공동으로 공장의 조명도와 종업원의 생산

효율 사이에 어떤 관계가 있는지를 알아보기 위한 연구를 실시하였다.

그 후 장기간에 걸쳐 여러 단계로 진행된 연구에서 연구자들은 놀라운 사실을 알게 되었다. 즉, 그때까지 전혀 생각하지 못했던 개인의 감정과 욕망, 조직내부의 사회구조, 비공식집단의 목표 등과 같은 요인들이 종업원의 생산성에 직접 영향을 미치며 보상에 대한 만족 · 불만족의 정도를 결정한다는 것이다. 그리고 이러한 발견은 고전이론과는 큰 차이가 있는 것이었다.

호손연구에서 개인과 집단을 중심으로 하여 조직과 경영을 연구하게 되었다는 것은 경영학사에 있어서 하나의 큰 전기라고 아니할 수 없다. 호손연구 이후에 조직과 경영을 연구하는 데 있어서 이러한 요소들을 고려하지 않는 사람은 거의 찾아볼 수 없게 되었다. 그리하여 호손연구는 인간관계론이라는 하나의 이론으로 그 의미가 확대 · 발전하기에 이르렀다.

인간관계론에서는 기본적으로 "사회적 시스템하에서 사람들의 활동 · 상호관계 · 정서 등이 실제의 행동을 유발하고, 이는 또한 간접적으로 조직의 생산성과 구성원의 만족 및 발전에 영향을 미친다"는 것을 강조한다. 따라서 이때에 소위 인간관계학파(human relations school)로 불리던 학자들은 기업조직을 하나의 '사회적 시스템'으로 보고 그러한 틀 안에서 문제를 찾아내어 연구를 진행하였다. 집단역학(group dynamics) 이론에 기초를 둔 소집단 내의 인간관계 · 리더십 · 커뮤니케이션, 기술과 구성원의 욕구 및 사회적 시스템의 관계, 그리고 조직 내의 개인과 집단의 갈등 등은 인간관계학파에 속하는 학자들이 특히 관심을 기울인 분야이다.

이와 같이 조직에서의 인간문제에 초점을 두고 시작된 인간관계론은 그동안 조직중심적 논리로 일관되어 오던 경영학에 구성원중심적 논리를 심어주는 획기적인 전기를 마련해 주었을 뿐만 아니라 그 기본이념과 원리는 조직행동론이 성립하는 데도 크게 기여하였다. 그러나 인간관계론도 시간이 지나면서 고전이론과 마찬가지로 비판에 부딪치게 되었다. 그 중 가장 대표적인 비판은 이 이론이 조직 내의 사회 · 심리적 요인만을 중시하고 경제 · 기술 · 정치 등과 같은 또 다른 중요한 요인의 작용은 소홀히 다루었다는 점이다. 다시 말하면 상대적으로 조직 자체는 무시되었고 따라서 사사건건 '구성원의 중요성'만을 지나치게 강조한 나머지 조직 본래의 목적 · 과업 · 생산성 등과 같은 경영의 다른 측면이 소홀히 되었다는 것이다. 또한 인간관계론의 인간관은 '사회인(social man)'으로 대표되는데, 이것이 인간의 복잡한 측면을 모두 설명해 주지 못한다는 비판을 받기도 한다.

(2) 수정이론

고전이론과 인간관계론은 모두 당시의 환경적 산물로서 한 시대를 풍미했던 중요한 이론들이었다. 그러나 시간이 흐르면서 몇 가지 중대한 결함이 발견되었고, 새로운 경영환경에 적응하는 데 있어서의 한계를 노출하면서 또 다른 사조의 도전을 받게 되었다. 그리하여 경영학에서의 주도적인 위치를 수정이론이라는 새로운 흐름에 내주게 된다.

수정이론은 인간관계론이 태동되기 시작하던 무렵에 나타난 이론으로 이전의 경영이론들의 부족한 면을 보완했다는 점에서 그 의의를 찾을 수 있다. 즉 고전이론이 조직구성원과 비공식적 조직의 문제를 외면한 '사람 없는 조직(organization without people)' 이론이고, 인간관계론이 생산성과 더불어 공식적 조직의 문제를 소홀히 한 '조직 없는 사람(people without organization)'의 이론인 데 비해, 수정이론은 이 두 가지 측면을 통합하여 '사람 있는 조직(organization with people)'을 다룬다. 다시 말해서 수정이론은 사람과 조직의 어느 한쪽에 기울지 않는 균형 있는 자세로 경영의 주체인 사람에 초점을 두면서 동시에 비공식적 조직과 함께 공식적 조직에도 크게 관심을 기울인다는 것이다. 수정이론을 일각에서는 근대조직이론으로 부르기도 하는데 이는 이 이론이 고전이론이나 인간관계이론보다 한 걸음 앞선 이론이기 때문이다.

대표적인 수정이론으로는 바나드(C.I. Barnard)와 사이몬(H.A. Simon)의 이론을 들 수 있다. 바나드는 조직을 하나의 사회적 협동체계(social cooperative system)로 보고 조직의 존재는 구성원의 조직에 대한 공헌(contribution)과 조직이 제공하는 유인(incentive) 사이에 어떻게 균형을 유지하는가에 달려 있으며, 이 균형을 유지하여 조직을 계속적으로 존속시키는 것이 경영자의 가장 중요한 기능이라고 강조한다[Barnard, 1938].

여기서 조직을 사회적 협동체계라고 보는 것은 개인이나 조직이 추구하는 목표는 결국 그 능력의 한계 때문에 개인 간, 집단 간의 협력을 통해서만 달성할 수 있기 때문이다. 그리고 공헌과 유인의 균형이란 개인과 조직 간에 서로 주고받는 것이 등식을 이루는 것을 의미한다. 즉, 개인이 조직을 위해 기여하는 만큼의 만족을 조직에서 얻는 상태를 말하는 것이다. 바나드는 공헌과 유인 간의 이러한 균형을 조직의 내적 균형(internal equilibrium)이라고 하면서 조직이 존속 · 발전하기 위해서는 반드시 이러한 균형상태가 유지되어야 한다고 주장한다. 또 그는 개인이 조직으로부터 만족을 얻을 수 있도록 하기 위해서는 물질적인 보상만으로는 부족하고 그것과 함께 심리적인 보상이 주어져야 한다고 말한다.

바나드가 이렇게 조직을 하나의 협동체계로 보면서 조직과 개인을 통합하려는 노력은 공식조직의 합리적 측면과 비공식조직의 인간적 측면을 동시에 고려해야 한다든가, 또는 권한수용이론(acceptance theory of authority)에서 권한은 기본적으로 상급자의 지위에 달려 있기보다는 하급자가 그것을 어느 정도 받아들이는가 하는 수용의사에 따라 좌우된다고 주장하는 데에서도 잘 나타나고 있다.

이와 같은 바나드의 통합적인 조직이론은 그 후 사이몬에 의해 더욱 정교하게 발전되었다. 바나드의 이론은 조직의 존속을 위해서는 구성원의 협동을 이끌어내야 하고, 그러기 위해서는 구성원의 욕구를 충족시켜야 할 뿐만 아니라 상급자의 설득에 의해서 그들의 태도를 협력적으로 바꿔주는 일도 같이 고려되어야 한다는 경영자의 기능에 관한 내용이 핵심을 이루고 있는데, 사이몬은 바로 이 부분을 의사결정이라는 관점에서 더욱 세련되게 발전시켰다.

사이몬은 먼저 조직을 존속 · 발전시키는 조건이 경영이라고 보고 그러한 경영의 중심이 되는 것이 바로 의사결정(decision making)이라는 전제하에 자신의 이론을 전개하였다[Simon, 1976]. 그리고 그는 의사결정을 경영자의 정책수립과 관련이 있는 것만이 아닌 조직 내의 어느 곳에서나 이루어지는 행동적 현상으로 보고 모든 구성원의 행동을 의사결정의 관점에서 설명하려고 하였다.

사이몬의 이론에서 가장 핵심을 이루는 부분은 "조직 내에서 개인의 의사결정은 실제로 어떻게 이루어지는가" 하는 것이다. 사람들이 어떤 문제에 대한 실제 상황을 이해하고 미래의 일을 예측하는 데는 한계가 있다. 그러한 상황이나 일에 관하여 충분한 지식이나 정보를 갖는다는 것은 사실상 거의 불가능하기 때문이다. 따라서 의사결정자는 경영학의 고전이론이나 경제학에서 주요 전제가 되고 있는 합리적(rational)인 의사결정이 아닌 '제한된 합리성(bounded rationality)'에 입각하여 의사결정을 하게 된다. 다시 말하면, 의사결정자는 최적(optimal)의 의사결정보다는 자신의 지식과 정보수집능력 및 계산능력의 한계를 고려하여 주관적으로 느낄 수 있는 '만족할 만한(satisfying)' 의사결정을 추구한다는 것이다. 그런데 조직은 구성원의 이러한 '관리인(administrative man)'적인 의사결정의 합리성과 객관성을 높여줄 필요가 있다. 따라서 조직은 구성원의 의사결정에 영향력을 행사할 수 있는 방법들을 강구해야 하는데, 중요한 것은 방법 그 자체에 대해 구성원이 동의하거나 감수하도록 만들어 주는 여러 가지 조건, 즉 개인의 목표를 달성하는 데 도움이 되는 요인들을 고려해야 한다.

이상에서 살펴본 바나드와 사이몬의 이론은 모두 개인과 조직은 통합되어야 한다는 것을 체계적으로 설명함으로써 개인목표와 조직목표의 합치를 연구의 기본 전제로 하고 있는 조직행동론의 이념적 기초를 마련해 주었다는 점에서 조직행동론의 성립에 크게 기여했다. 그런데 이러한 '개인과 조직의 통합'에 대한 필요성은 사실 이들 두 학자 이전에 폴렛(M.P. Follett)이라는 사회과학자에 의해 이미 강조되어 왔다.

폴렛은 과학적 관리시대의 학자였지만 그녀가 조직과 경영에 대해 가지고 있던 생각은 그 시대의 것과는 사뭇 다른 것이었다. 그녀는 개인의 자유는 집단에서 타인들과의 상호작용을 통해 자신의 창조적 자아를 발견하고 잠재능력을 개발할 수 있을 때에만 얻어진다고 주장하였다[Follett, 1924]. 그리고 집단에서는 어느 한쪽이 다른 한쪽을 일방적으로 지배함이 없이 양측 모두를 만족시켜 줄 수 있는 방안을 마련할 수 있는 '통합(integration)'의 중요성을 강조하였다. 또한 이러한 통합을 이루기 위해서는 권한의 개념이 새롭게 정립되어야 한다고 강조하였다. 즉, 권한이 사람과 사람 사이의 지배나 군림에 의한 명령과 복종을 위한 것이 아니라 모두가 수행하여야 할 직무와 기능이라는 탈개인적인 상황의 필요성에 의해 행사되는 것일 때 비로소 이러한 통합이 가능해진다는 것이다. 폴렛은 이것을 '권한의 상황법칙(low of situation)'이라고 부르는데, 그녀의 이러한 통합철학은 사람의 생활과 일을 자연스럽게 묶어 줄 뿐만 아니라 사람과 조직을 균형 있게 발전하도록 만들어 주었다[양창삼, 1991: 38-39].

3) 조직행동론의 성립과 행동과학의 공헌

조직행동론의 출발점을 어디에 둘 것인가 하는 것은 이 분야를 연구하는 학자들의 학문적 배경에 따라 주장하는 바가 다르다. 예컨대 심리학적 배경을 지닌 학자들은 조직행동론의 기원을 1940년대 중반으로 보고 있는데, 이는 원래 심리학을 연구해 오던 레윈(K. Lewin)과 그의 동료들이 관심분야인 리더십과 집단행동에 관한 지식체계를 이때부터 본격적으로 조직행동론을 연구하는 데 적용하기 시작했기 때문이 아닌가 생각된다. 그리고 사회학적 배경을 지닌 학자들은 머튼(R.K. Merton), 셀즈닉(P. Selznik), 굴드너(A. Gouldner) 및 블라우(P.M. Blau) 등과 같은 사회학자들의 공헌에 초점을 두고 조직행동론의 출발점을 1950년경으로 보기도 한다[박내회, 1989: 50].

국내의 경영학자들 역시 이에 대하여 각기 조금씩 다른 견해를 보이고 있다. 즉, 어느 학자는 조직행동론의 기원을 메이요(E. Mayo)의 『산업문명에서의 인간문제(Human Problems of an Industrial Civilization, 1933)』, 바나드(C.I. Barnard)의 『경영자의 기능(Functions of the Executive, 1938)』, 그리고 뢰스리스버거(F.R. Roethlisberger)와 딕슨(W.J. Dickson)의 『경영자와 노동자(Management and the Worker, 1939)』 등의 출판시점과 관련지어 1950년대 보다 약간 이전으로 보기도 하는데, 그것은 이들 세 권의 저서가 조직행동론 분야의 가장 중요한 패러다임(paradigm)인 '조직을 자생적 사회시스템으로 보는 관점'을 창출하였으며, 다양한 분석수준과 종합학문적 접근방법을 정립하였고, 오늘날에도 여전히 조직행동론의 특징을 이루고 있는 핵심적인 주제를 확립하였기 때문이라고 생각한다[박내회, 1989: 50-51]. 또 다른 학자는 행동과학의 여러 학문분야에서 이루어진 체계적 지식이 경영학에 유입되기 시작한 1950년대를 조직행동론의 출발점으로 보기도 하고[이학종, 1992: 71], 그러한 행동과학의 기본이념과 원리들을 기초로 하여 경영학에서 사람에 대한 연구가 본격적으로 시작된 1960년대를 조직행동론이 성립된 시기로 보는 학자도 있다[신유근, 1985: 54].

이와 같이 경영학에서 조직행동론이 언제 태동 · 성립되었는가 하는 것은 학자에 따라 견해가 각기 조금씩 다르다. 그러나 이러한 견해의 차이는 학자들의 학문적 배경과 보는 관점이 서로 다른 데서 연유하는 것으로 어느 주장이 옳고 어느 주장이 그르다고 단정적으로 말할 수는 없다. 조직행동론은 실제로 경영학의 고전이론과 때를 같이 하는 산업심리학(industrial psychology)이 등장하면서부터 이미 그 태동이 예견되고 있었다. 초기의 산업심리학자인 문스터버그(H. Munsterberg)는 1913년에 벌써 과학적인 방법을 사용하여 직무에 요구되는 개인의 신체적 · 기능적 · 성격적 요건을 연구하여 직무와 개인을 통합시키려고 하였는데[Munsterberg, 1913], 그의 이러한 노력은 오늘날 조직행동론에서 개인수준의 행동을 연구하는 데 크게 기여하고 있는 것이다. 그리고 과학적 관리의 반성에서 시작된 인간관계론은 집단수준의 행동연구에 기여하였고, 근대조직이론으로 불리는 수정이론은 앞의 두 이론과는 달리 구성원과 조직의 어느 한쪽에 기울지 않는 균형의 관점을 견지함으로써 개인목표와 조직목표의 합치라는 조직행동론의 이념적 기초를 마련하였다. 그러나 이들 이론들이 조직행동론이 성립되는 데 직접적인 계기가 되었던 것은 아니고 그에 대한 비판적 시각들이 오늘날 조직행동론이 태동하는 데 큰 자극이 되었던 것이다.

경영학에서 조직행동론이라는 분야가 독립적인 학문으로 성립되는 데 실질적으로 공헌한 학문은 바로 행동과학(behavioral science)이다. 제2차 세계대전 후 1950년대에 새로운 사조로 등장한 행동과학은 그의 정교한 지식체계가 경영학에 유입되면서 조직행동론의 실질적인 이념적 · 이론적 바탕을 이루게 되었다. 심리학 · 사회학 · 사회심리학 · 인류학 · 정치학 등을 포함하는 행동과학은 종합과학적인 성격을 지닌 학문으로서 인간행동을 여러 수준에서 과학적으로 분석하고 규명하는 데 초점을 두고 있으며 조직시스템과 인간행동을 단순히 관찰하고 기술하는 측면에 그치지 않고 그것을 더욱 바람직한 방향으로 변화시키려는 보다 적극적인 태도를 취하는데, 이러한 학문적 성격과 연구영역 및 연구방법은 조직행동론이 인본주의적 · 다학문적(multidisciplinary)인 성격을 띠면서 조직에서의 인간행동을 개인과 집단 그리고 조직시스템의 수준에서 실증적이고 체계적으로 연구하는 종합과학적 학문으로 성립 · 발전하는 데 기여하였던 것이다. 특히 행동과

학으로 분류되는 여러 학문들은 각기 나름의 독자적인 연구영역과 지식체계를 통해 조직에서의 개인행동과 집단행동 그리고 조직시스템의 행동을 이해하고 개선하는 데 많은 도움을 주었다..

이렇게 행동과학이 경영학에 유입되면서 실질적인 성립을 보게 된 조직행동론은 1960년대에 들어오면서부터 기업조직 내의 구성원을 대상으로 본격적인 연구를 시작하게 되었다. 그리고 그 후 경영학에 시스템이론이 도입되고 이것이 상황이론으로 변모되면서 조직행동론은 연구영역의 확장과 더불어 보다 새롭게 발전하는 계기를 맞게 된다.

4) 상황이론의 등장과 조직행동론의 발전

그동안 행동과학의 정교한 지식체계를 바탕으로 경영학에서 하나의 독립적인 분야로 확고한 위치를 확보하면서 발전한 조직행동론은 1960년대 후반에 상황이론이 등장하면서 새로운 국면을 맞게 되었다. 연구체계 내에 '상황'이라는 새로운 변수를 도입시킨 상황이론은 조직행동론의 연구에 대한 기본적 사고를 변화시키고 연구영역을 넓혀 줌으로써 조직행동론이 한걸음 더 발전하는 계기를 마련해 주었던 것이다. 그러나 상황이론은 처음부터 하나의 독립된 이론으로 태동된 것이 아니고 1950년대에 여러 학문으로 급속히 확산되기 시작한 시스템이론에서 발전된 것이다. 따라서 우리가 상황이론을 보다 깊이 이해하기 위해서는 먼저 시스템이론의 성격과 경영학 및 조직행동론과의 관련성을 살펴볼 필요가 있다.

(1) 시스템이론

시스템이론(system theory)은 제2차 세계대전 후 행동과학이 새로운 사조로 등장하던 때에 독일의 생물학자인 베르탈란피(Ludwing von Bertalanffy)가 여러 학문분야를 통합할 수 있는 공통적인 사고와 연구의 틀을 찾으려는 노력 끝에 제시한 이론이다[Snow, 1959]. 이 이론의 기본적 관점은 어떤 존재를 다른 존재들과의 관계 속에서 파악하려는 것인데, 그러한 관점이 경영학에 도입되면서 학자들은 조직과 경영을 연구하는 데 있어 보다 넓은 안목을 지니게 되었다.

시스템의 기본개념은 매우 간단하다. 시스템이란 하나의 '부분들로 결합된 통일체'를 말한다. 시스템개념은 자연과학 · 생물과학 · 사회과학에 모두 응용할 수 있다. 따라서 시스템개념은 과학을 연구하는 데 있어서 하나의 기본적인 '준거체계(frame or reference)'로 볼 수 있다. 학자들은 일찍이 "모든 학문은 매우 비슷한 그리고 한 방향으로서의 개념과 원리를 가지며, 이 공통적인 개념과 원리를 일반화하면 여러 학문영역을 하나로 통합 · 통일시킬 수 있다"는 사실을 깨달았다 [Bertalanffy, 1950: 23-29; Boulding, 1956: 197-208]. 시스템에 대한 이러한 사고를 토대로 하여 다양한 과학적 지식을 통합하는 방법으로 제시된 이론이 '일반시스템이론(general systems theory)'이며, 오늘날 여러 학문분야에서 이 이론을 기초로 하는 접근방법의 하나가 '시스템이론'인 것이다.

모든 시스템을 외부환경과의 관계를 기준으로 분류할 때 외부환경과의 상호작용 여하에 따라 폐쇄시스템과 개방시스템으로 나눌 수 있다. 폐쇄시스템(closed system)은 일종의 자기의존적 시스템으로서 외부환경의 영향으로부터 독립되어 있다. 예를 들면, 기계시스템은 하나의 대표적인 폐쇄시스템이라고 할 수 있다. 모든 폐쇄시스템은 또한 하나의 공통적인 특성을 지니는데 그것은 이 시스템이 사망 또는 해체라는 끝으로 가고 있다는 것이다.

그러나 개방시스템(open system)은 외부환경과 동태적인 관계를 유지한다. 즉 개방시스템은 외부환경으로부터 자원 · 에너지 · 정보 등의 투입물(inputs)을 받아들이고, 이를 시스템작용을 거쳐 재화나 서비스 등과 같은 형태의 산출물(outputs)로 전환시켜 다시 환경 속으로 내보낸다. 이때 계속적으로 피드백이 이루어져 환경과의 균형상태를 유지하게 된다. 이러한 개방시스템의 일반적인 모형을 나타낸 것이 [그림 1-8]이다. 따라서 개방시스템은 폐쇄시스템이 반드시 거쳐야 하는 사망과 해체의 과정을 상쇄시킬 수 있다.

일반적으로 생물 및 사회시스템은 반드시 개방시스템에 속한다. 예를 들면, 기업조직은 하나의 사회시스템으로서 외부환경으로부터 인력 · 원자재 · 자금 및 각종 정보 등을 받아들여 이것들을 다시 기업조직의 작용을 통하여 상품 · 서비스 · 이윤 · 사회적 책임 등으로 전환시켜서 사회에 제공한다. 그리고 이러한 과정은 순환적으로 계속됨으로써 기업은 생존과 발전을 유지할 수 있게 된다.

그림 1-8 개방시스템으로서의 조직의 일반모형

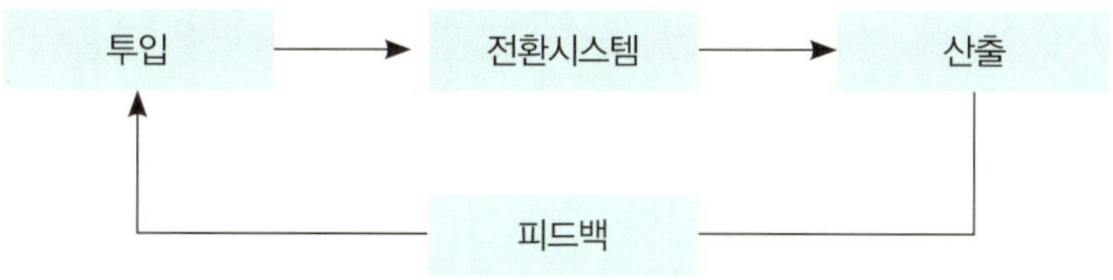

우리는 앞에서 경영이론에 대해 살펴보면서 전통적인 고전이론은 조직을 하나의 폐쇄시스템으로 간주한다는 사실을 이해하였다. 즉 전통적 이론은 조직의 내부구조 · 과업 · 권한관계 등을 기초로 하여 조직과 경영의 문제를 분석하며, 조직을 일종의 기계시스템으로 보고 고도의 합리적 관점을 취한다. 따라서 전통적 이론은 결과적으로 '조직과 외부환경 사이의 밀접한 관계'와 '산출과 투입 간의 교환의 필요성'을 무시하게 되었다.

현대의 조직과 경영이론은 일종의 개방시스템이라는 기본관념을 기초로 하여 이루어진다. 한편으로 조직의 생존은 외부환경과의 양호한 교환관계에 의해 유지된다. 따라서 조직은 반드시 환경의 변화에 적응할 수 있도록 목표와 내부구조 그리고 기능을 조정해야 한다. 또 다른 한편으로 개방시스템은 그 내부에 존재하는 여러 하위시스템들 사이의 상호의존관계를 강조한다. 하위시스템들은 하나의 전체시스템 내에서 일종의 기능적 분화(functional differentiation)에 의해 복잡하게 조직되어 있다. 그 중 어떤 하위시스템은 여러 하위시스템 간의 균형상태를 유지시키는 데 필요한 기능을 가지며, 또 어떤 하위시스템은 다른 하위시스템과 전체시스템이 변화의 필요성에 적응할 수 있게 하는 기능을 가진다. 하위시스템들은 이와 같이 나름의 기능을 통해 상호 간의 의존관계를 유지하게 된다. 조직시스템은 보통 목표 · 가치 하위시스템, 사회 · 심리적 하위시스템, 기술적 하위시스템, 구조적 하위시스템, 관리적 하위시스템 등과 같은 상호관련성이 높은 몇 개의 하위시스템으로 구성되는 전환시스템으로 볼 수 있다.

시스템의 개념과 관점이 경영학에 도입되면서 조직과 경영에 대한 연구가 보다 체계적으로 이루어지게 되었다. 그러나 시스템이론은 지나치게 추상적이고 복잡하기 때문에 조직과 경영의 현실적인 문제를 해결하는 데는 그다지 효과적이지 못하다는 문제점을 안고 있었다. 그리하여 시스템이론을 그 내용을 보다 구체화하면서 현실적 요구에 부응할 수 있는 것으로 만들려는 노력을 기울이게 되었다. 이렇게 해서 탄생된 이론이 바로 상황이론이다.

(2) 상황이론

상황이론(contingency theory)은 1960년대 후반에 등장한 이론으로서 조직이 처해 있는 환경조건이 각기 다르기 때문에 조직의 경영도 조직마다 달라야 한다는 것을 내용으로 하고 있다. 좀 더 상세히 설명하면, 상황이론은 특정 조직은 과연 환경과 어떤 관련을 맺고 있으며 그 관련성이 조직에 어떻게 영향을 미치는가 하는 문제에 초점을 둔다. 사회 · 문화 · 기술 · 경제 · 법률 · 정치 등의 외부환경은 조직의 구조 · 관리 · 구성원에 영향을 미치고, 조직 내의 기술시스템은 구조나 사회 · 심리 등의 하위시스템에 영향을 미친다. 따라서 이러한 시스템적인 관점에서 조직외부의 어떤 환경이 조직시스템과 그 하위시스템에 어떻게 영향을 미치며, 조직시스템과 하위시스템이 어떤 관계를 가질 때 조직유효성이 높아질 수 있는가, 그리고 변수 간의 적합적인 관계는 환경요인과 조직 그리고 하위시스템이 어떤 관계에 있을 때를 말하는 것인가 하는 문제들을 합리적으로 해명하려는 것이 바로 상황이론인 것이다[신유근, 1985: 72].

경영학에서 상황이 중요하다고 인식하는 것은 새로운 것이 아니다. 폴렛 여사는 이미 1920년대 '상황의 법칙(the law of situation)'에 관하여 언급한 가운데 "상이한 환경은 역시 상이한 종류의 지식을 필요로 한다"고 강조하면서 똑같은 조건이라면 특정 상황이 필요로 하는 지식을 가지는 사람이 당연히 당시의 리더가 되어야 한다고 주장한 바 있다. 그 후 20여년이 지난 1948년 스톡딜(R.M. Stogdill)은 리더십에 대한 연구에서 리더에게 필요한 특성(trait)은 리더가 처해 있는 상황에 따라 달라져야 한다고 결론지었다[Stogdill, 1948: 63].

그러나 상황이론이 경영학에서 일반화된 것은 1967년 로렌스(P.R. Lawrence)와 로쉬(J.W. Lorsch)의 연구를 계기로 해서였다. 그들은 상황이론의 중요한 조건으로서 다음의 네 가지를 들고 있다[Lawrence and Lorsch, 1967].

첫째, 경험자료의 체계적인 수집을 기초로 하는 조직에 관한 연구일 것.

둘째, 다변수적(multivariate)인 연구일 것.

셋째, 서로 다른 여건에서 조직이 어떻게 기능하는가를 이해하고 설명하려는 의미에서 조건적일 것.

넷째, 조직에 초점을 두는 한 특정 조사방법, 특정 학문적 영역 또는 개념적 구조에 구속되지 않을 것.

이 중 넷째 조건은 조건이라기보다는 오히려 상황이론의 종합과학적 특성 또는 개방성을 나타내는 것이고, 첫째와 둘째 조건은 조직에 관한 실증분석의 거의 모두에 해당하는 것이다. 따라서 이들이 말하는 고유한 조건이란 바로 세 번째의 '조건적' 특성을 말한다. 즉, 상황이론은 보편주의적 이론에 대비되는 조건적 이론이기 때문에 어떤 이론에는 그 이론이 적용가능한 영역이 있다는 것이다. 이는 모든 상황에서 모든 조직에 유효성을 가져다주는 유일한 이론은 없다는 것을 의미한다.

상황이론은 여러 지식 또는 원리를 실제의 상황에 적합하게 적용시킴으로써 경영이론이 발전하는 데 크게 기여하였다. 경영자들은 이와 같은 상황적 접근방법(situational approach)을 이용함으로써 특정 상황에서 어떤 기법이 조직목표를 달성하는 데 가장 효과적인지를 보다 정확하게 파악할 수 있다.

OB Story & Case 1 테일러와 드러커

테일러(F.W. Taylor)와 드러커(P.F. Drucker) 각각 고전경영학과 현대경영학의 아버지로 불릴 만큼 경영학의 탄생과 발전에 지대한 공헌을 하였다. 이 두 사람은 태어나서 활동한 시대가 다른 만큼 사회와 경영을 보는 관점에서 큰 차이를 보이고 있다.

첫째, 사회를 보는 관점에서, 테일러는 당시가 사회의 중심이 토지에서 공장으로 이동하는 시기였으나 정착사회를 모델로 삼고 노동생산성 향상을 통해 근로자를 부유하게 만드는 데 기여하였다. 이에 반하여 드러커는 산업사회에서 지식사회로 바뀌는 시점에서 이동사회의 필연성을 간파하고 근로자가 노동생산성 위주의 육체근로자에서 지식생산성 위주의 지식근로자로 변신하는 방법을 제시하였다.

둘째, 생산성의 핵심을 보는 관점에서, 테일러는 개인과 국가의 부는 산출량을 증가시킴으로써 이루어지는 것으로 본 데 반하여, 드러커는 생산기술이 발달함에 따라 산출량보다는 제품의 품질수준이 글로벌 스탠더드에 맞거나 그 이상이 되어야 한다고 강조했다.

셋째, 생산성향상의 목적에서, 테일러는 근로자와 기업주 사이에 최고 임금과 최소 인건비라는 공동 목적을 달성하여 산업평화를 유지하려는 것이었다. 그러나 드러커는 자원의 효율적 이용이라는 측면을 중시하면서 기업을 포함하여 모든 사회조직은 생산성향상을 통해 조직의 외부, 즉 사회에 봉사할 때 존재의 의미가 있다고 보았다.

넷째, 경영자의 임무에서, 테일러는 당시 근로자의 지식수준이 매우 낮다는 데 초점을 두고 경영자의 임무를 부하를 엄격히 감독하는 데서 찾았다. 이에 대해 드러커는 부하가 지식근로자로써 자기 자신을 스스로 관리하도록 자율성을 부여하는 것이 경영자가 수행해야 하는 임무라고 강조하였다.

다섯째, 일하는 방식에서, 테일러는 경영자가 치밀한 계획을 세운 다음 정확하게 지시하고 엄격하게 감독하여 근로자가 게으름을 피우거나 작업을 지연시키는 원인을 제거함으로써 생산성을 향상시킬 수 있다고 강조하였다. 이에 대하여 드러커는 경영자의 지시나 감독보다는 자율성 부여를 통해 근로자 스스로 계획을 세우고 실행하면 개인의 창의성이 고취되고 동시에 결과에 대한 책임이 강조되기 때문에 생산성이 향상된다고 보았다.

자료: 이재규(1999), "프레드릭 테일러와 피터 드러커의 경영사상에서의 생산성연구," 경영사학, 제20집, pp.47-68 요약

토의문제

01 테일러와 드러커의 사회와 경영에 대한 관점이 조직행위론의 탄생과 발전에 어떻게 기여했는가?

02 테일러와 드러커의 관점이 현대의 조직에 어떻게 스며들어 있는가?

조 · 직 · 행 · 동

Part 02

개인수준의 조직행동

Organizational Behavior

O r g a n i z a t i o n a l   B e h a v i o r

Chapter 02

Organizational Behavior

개인행동의 형성과 개인차이

Key Word

- 개인행동(個人行動, Individual Behavior)
- 행동주의심리학(行動主義心理學, Behavioristic Psychology)
- 인지심리학(認知心理學, Cognitive Psychology)
- 신상특성(身上特性, Biographical Characteristics)
- 능력(能力, Ability)
- 창의성(創意性, Creativity)

학습중점

- 개인행동이 형성되는 데 영향을 미치는 요인을 이해한다.
- 개인행동연구에 대한 학술적 관점에 대해 논의한다.
- 신상특성, 능력, 창의성이 개인의 태도와 성과에 미치는 영향에 대해 논의한다.
- 개인과 집단의 창의성을 개발하고 증진시키는 방법을 숙지한다.

2-1 | 개인행동의 형성

1. 개인행동의 형성요인

조직에서 구성원 하나하나의 행동을 이해한다는 것은 쉬운 일이 아니다. 개인의 행동은 여러 요인들의 영향을 받으며 복잡하게 형성되고 결정되기 때문이다.

[그림 2-1]에서 보는 바와 같이, 개인행동(individual behavior)은 기본적으로 선천적 · 심리적 · 환경적 요인의 영향을 받아 형성된다[Gilbson 등, 1982: 48-49].

① 선천적 요인: 개인의 타고난 신체적 · 정신적 특성 내지 능력을 말한다. 이들 요인은 유전에 의해 선천적으로 주어지는 것으로서 개인의 일반적인 행동이 결정되는 데 직접 영향을 미친다.

② 심리적 요인: 선천적으로 주어진 성격과 사회환경과의 상호작용을 통해 후천적 · 경험적으로 이루어진 성격, 태도, 가치관, 지각, 욕구, 동기 등을 말한다. 이들 요인은 개인 고유의 독특한 행동이 형성되는 데 영향을 준다.

③ 환경적 요인: 사회문화적 규범, 가족관계, 사회적 윤리 · 도덕 · 계급, 조직의 특성과 경영시스템 등을 일컫는다. 이들 요인은 개인이 한 사회의 일원으로 살아가는 데 요구되는 행동방식을 습득할 수 있게 만든다.

선천적 · 심리적 · 환경적 요인은 한데 어우러져 개인의 행동을 결정한다. 그리고 사람들 개개인의 행동은 이들 요인이 영향을 미치는 정도에 따라 차이가 나타난다. 그런데 이 세 요인들 중에서 선천적 · 심리적 요인은 모두 '개인적 요인'에 해당하므로 조직행동론에서는 일반적으로 선천적 요인의 일부와 심리적 요인을 포함하는 개인적 요인과 환경적 요인이 개인행동연구의 중심과제가 된다.

그림 2-1 개인행동의 형성요인

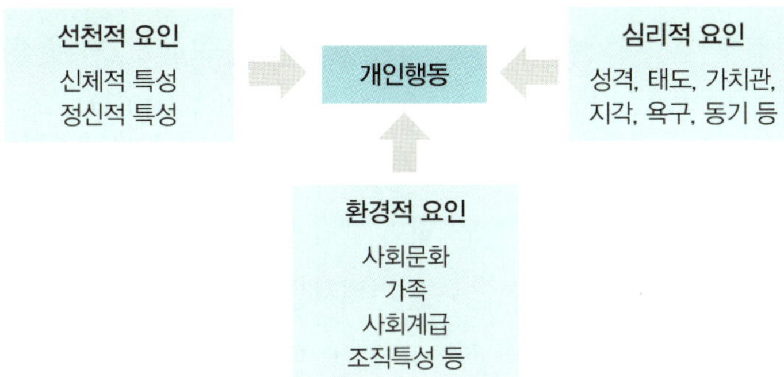

따라서 조직구성원의 행동(Behavior)은 개인(Person)과 환경(Environment)의 함수로 가정하여 '$B=f(P, E)$'와 같이 표시된다[Lewin, 1951: 60-64]. 이와 같은 함수관계는 개인의 행동에 대해 개인적 요인과 환경적 요인이 직접 영향을 미치고, 이 두 요인의 상호작용효과가 간접적으로 영향을 미친다는 것을 나타낸다.

본장에서는 먼저 조직행동에 영향을 주는 개인의 신상특성, 능력, 창의성을 중심으로 살펴보기로 한다. 이 요인들의 일부는 선천적 요인으로써 또는 심리적·환경적 요인과 가깝게 연결되면서 조직행동의 개인차이를 불러오는 원인으로 작용한다.

2. 개인행동연구의 관점

조직행동론에서는 개인적 요인을 중심으로 하여 개인행동을 이해하고 예측하고 응용하게 된다. 이러한 개인행동에 관한 연구는 주로 개인의 심리적 요인을 대상으로 하여 심리학에서 이루어져 왔는데[신유근, 1992: 91-92], 개인의 선천적인 면(신체적·정신적 특성) 또한 개인행동연구에서 결코 간과해서는 안 되는 요인이라고 할 수 있다.

어떻든 그동안 이들 개인적 요인을 중심으로 이루어진 연구결과들은 개인행동 수준의 조직행동을 이해하는 데 중요한 의미를 갖는다. 여기에서는 이에 앞서 개인행동을 이해하는 데 요구되는 두 가지 심리학적 관점에 대해 살펴보기로 한다.

1) 행동적 관점

행동적 관점은 행동주의심리학(behavioristic psychology)에서 주장하는 개인행동형성에 대한 생각이다. 왓슨(J.B. Watson)에 의해 주도된 행동주의심리학은 개인의 행동이 어떻게 형성되는지를 이해하는 데 있어서 과거의 주관적 · 비과학적인 방법에서 탈피하여 객관적 · 체계적인 방법을 도입하였다.

행동주의심리학에서는 과학적 연구를 위해서는 외부에서 관찰하고 측정할 수 있는 현상을 연구대상으로 삼아야 한다고 본다. 따라서 행동주의심리학은 과거의 정신활동이나 정신경험과 같이 눈으로 볼 수 없는 것으로부터 관찰과 측정이 가능한 '행동'으로 그 연구대상을 바꾸게 된다. 그리고 이러한 연유로 등장하게 된 것이 자극(stimulus)과 반응(response)이란 개념이다.

행동주의심리학에서는 초기에 파블로프(I. Pavlov)의 동물을 대상으로 이루어진 조건반사실험을 통해 개인의 모든 행동이 '자극-반응(S-R)'의 과정으로 설명될 수 있다고 생각했다. 그러나 그 후 동물의 단순한 행동을 가지고 사람의 복잡한 행동을 설명하는 데에 한계가 있다는 사실을 깨닫기 시작하면서 자극과 반응 외에 '결과(consequences)'라는 개념에 관심을 두기 시작했다. 즉, 개인의 행동은 그 결과로 얻게 되는 보상이나 벌에 의해 영향을 받을 것으로 생각하게 되었다. 이러한 입장은 하버드대학의 심리학자인 스키너(B.F. Skinner)에 의해 주도되었는데, 그는 왓슨이나 파블로프와는 달리 행동의 결과인 상과 벌이 같은 행동을 강화시키거나 다른 행동을 하게 만드는 원인으로 작용한다고 주장한다.

행동주의심리학을 중심으로 전개된 행동적 관점은 행동이 형성되는 과정을 객관적인 관찰과 실험을 거쳐 실증적으로 검증하는 과학적 연구방법을 도입했다는 점에서 그 공헌이 크게 인정된다. 그러나 이러한 행동적 관점은 개인행동이 형성되는 데 영향을 미치는 개인의 내적 과정을 받아들이지 않고 있다는 것이 문제점으로 지적되고 있다.

2) 인지적 관점

개인의 행동을 이해하는 데 있어서 행동주의심리학의 행동적 관점은 사람의 행동을 지나치게 기계적으로 파악한다는 비판에 부딪치게 되었다. 즉, 행동적 관점에서는 개인의 행동이 자극이나 결과라는 외부환경에 의해서만 기계적으로 결정된다고 믿는다는 것이다(신유근, 1992: 92). 따라서 이에 대한 반발로 과거의 '내적 정신과정'을 강조하는 관점들이 다시 고개를 들기 시작하였다. 내적 정신과정을 강조하는 여러 관점들 중에서도 과거의 주관성과 비과학성에서 벗어나 과학의 기반을 다지면서 사람의 내적 정신과정을 중시하는 인지심리학(cognitive psychology)이 특히 주목을 받기 시작했다.

인지심리학에서는 행동적 관점의 자극-반응과정이 너무 편협한 발상이라고 비판한다. 단순한 자극과 반응의 관계는 사람의 간단한 행동을 이해하는 데는 적합할지 모르지만 복잡한 행동을 설명하는 데는 결코 도움이 되지 않는다는 것이다. 인지주의심리학자들은 개인이 자극을 단순히 수동적으로 받아들이는 것이 아니라, 자극을 받아들인 후에 그에 대한 정보를 능동적으로 처리하고 새로운 형태로 변화 · 발전시킨다고 본다. 즉, 개인행동을 설명하는 데 있어 객관적 요인뿐만 아니라 행동주체인 개인의 주관적 심리요인까지를 모두 고려한다. 따라서 인지심리학에서는 자극을 어떻게 해석하고 저장하며 사용하는가를 다룬다. 여기에서 인지(cognition)는 지각 · 기억 · 정보처리 등을 나타내는 정신적 처리과정을 의미하는 것으로서 자극과 반응의 사이에 위치하면서 그 역할을 수행한다. 이러한 관계는 S-O-R과 같이 표현된다. 이 중에서 O는 유기체(Organism) 내의 인지를 의미한다.

인지심리학을 중심으로 대두된 개인행동에 대한 인지적 관점은 행동주의심리학의 행동적 관점에서 다루지 못한 '사람의 마음'을 되살렸다는 점에서 큰 의미가 있다. 현재 인지적 관점에서 주로 다루어지고 있는 연구과제로는 지각 · 태도 · 동기부여 · 가치관 등과 같은 인지요소들이다.

2-2 신상특성과 능력

1. 신상특성

조직에서 직무만족, 결근, 이직의도, 생산성, 직무성과 등과 같은 구성원의 태도 및 성과 관련 행동에 영향을 미치는 요인은 매우 다양하다. 그 중에서 가장 쉽게 얻을 수 있는 요인이 개인의 신상특성(biographical characteristics)일 것이다. 신상특성은 우리가 흔히 일컫는 인구통계학적 특성을 말한다. 신상특성의 일부는 선천적으로 결정되기도 하며 대부분 심리적 · 환경적 요인과의 상호작용을 통해 개인의 태도와 성과에 영향을 미친다. 많은 신상특성들 중에서 조직행동과 관계가 있는 요인으로는 나이, 성별, 결혼, 근속연수, 인종, 종교 등이 비교적 중요하다(Robbins and Judge, 2007: 47−50).

1) 나이

조직에서 나이가 많은 사람일수록 자기가 지금 하고 있는 일을 그만두려고 하지 않을 것이다. 나이가 많은 사람은 조직에서 새로운 직무를 맡을 기회가 상대적으로 많지 않을 뿐만 아니라, 이미 근무기간이 오래되어 상당한 수준으로 높아져 있는 임금과 복지혜택을 쉽게 포기하기가 어렵기 때문이다.

나이가 결근에 영향을 미치는지에 대해서는 확실하지가 않다. 많은 연구에서 나이는 결근에 영향을 미친다고 나타나고는 있다. 그러나 여러 학자들은 그러한 결과가 성립하려면 결근을 '피할 수 있는 결근'과 '피할 수 없는 결근'으로 구분하여 설명해야 한다고 말한다. 일반적으로 나이가 많은 사람에게서 '피할 수 있는 결근'은 적은 반면에, '피할 수 없는 결근'은 오히려 증가하는 것으로 나타나고 있다. 이는 나이가 많을수록 건강에 문제가 있게 되며, 부상이나 질병에서 회복하는 속도 역시 느리기 때문이다.

생산성에 대해서는 나이가 많을수록 생산성이 떨어진다는 것이 일반적인 생각이다. 이는 작업속도, 민첩성, 근력, 협동력 등과 같은 개인의 기량이 나이가 듦에 따라 퇴화한다고 믿기 때문일 것이다. 그러나 사실은 생산성은 나이가 들수록 증가하는 것으로 밝혀졌다. 나이가 들면 체력이 떨어지고 작업속도가 느려지는 것은 사실이다. 그러나 조직에서 이루어지는 많은 일들은 체력과 작업속도를 필요로 하지 않는다. 또한 체력과 속도가 요구되는 일이라도 나이에 의해 축적된 경험과 기술로 이러한 문제를 충분히 극복할 수 있다는 것이다.

나이와 직무만족의 관계 또한 매우 중요하다. 많은 연구결과들은 60세 이전까지는 나이와 직구만족 사이에 정(+)의 상관관계가 성립한다는 사실을 밝히고 있다. 즉, 조직에서 구성원의 나이가 많을수록 직무만족도가 증가한다는 것이다. 그러나 현대 과학기술의 빠른 변화는 이러한 주장을 뒤집을 것으로 보인다. 컴퓨터와 정보기술(IT)이 빠르게 발전함으로써 나이 든 사람의 기술과 직무수행능력은 빠르게 쓸모없게 된다. 따라서 나이가 들면 새로운 기술과 지식을 빨리 습득할 수 있는 젊은이들에 비해 직무만족도가 낮아질 것이 분명하다.

2) 성별

여성의 직무수행능력과 직무성과가 남성과 차이가 있는가 하는 것은 사람들 사이에 논쟁이 가장 많이 되고 있는 문제이다. 이에 대한 주장 또한 주관적 색채를 띠고 다양하게 나타나고 있다.

연구에 의하면 성별은 직무수행과 그 성과에 큰 차이가 없는 것으로 나타나고 있다. 예를 들면 문제해결능력, 분석력, 경쟁추진력, 동기부여효과, 리더십능력, 대인관계능력, 학습효과 등에서 남녀차이가 거의 없는 것으로 밝혀졌다. 비록 심리학 연구에서 여성은 대체적으로 권력에 복종적인 데 비해 남성은 야심과 성공에 대한 기대가 상대적으로 높게 나타나고 있기는 하나, 이러한 차이는 조직에서 그렇게 중요한 것이라고 볼 수 없다. 최근 여성의 사회진출이 눈에 띄게 증가하고 있고 남녀 간의 역할이 점점 모호해지고 있는 차에 직무성과나 생산성의 남녀차이를 따지는 일은 무의미해졌다. 마찬가지로 성별차이가 직무만족에 영향을 미친다는 연구결과 또한 찾아보기 어렵다.

그러나 성별차이가 결근, 이직의도, 휴가, 사직 등에 미치는 영향에 대해서는 연구결과에 많은 차이를 보인다. 예컨대 이직률이 어떤 연구에서는 남성에 비해 여성이 높게 나타났는가 하면, 또 다른 연구에서는 성별차이가 없는 것으로 나타나기도 한다. 따라서 이에 대해 확실한 결론을 이끌어내기가 쉽지 않다. 그러나 결근율에 있어서는 여성이 남성에 비해 높다는 것이 확실시 되고 있다. 이는 전통적으로 여성이 육아와 가사를 도맡아 왔기 때문인 것으로 설명할 수 있다. 그러나 최근에는 육아와 가사도 남녀가 분담하는 경향이 두드러지고 있기 때문에 결근율에 대한 이 같은 결론도 곧 수정되어야 할 것이다.

3) 결혼

결혼이 생산성에 어떻게 영향을 미치는가에 대해서는 아직까지 단정할만한 충분한 연구가 이루어지지 못했다. 그러나 미혼자에 비해 결혼한 사람의 결근율과 이직률이 비교적 낮고, 직무만족도는 높다는 주장이 일반적이다.

결혼은 개인에게 가정과 사회에 대한 책임감을 증대시킨다. 따라서 결혼 전에는 하찮게 보이던 직무가 결혼 후에는 가치 있고 매우 중요한 존재로 바뀌게 된다. 이러한 해석은 결혼과 직무만족 간에 상관관계가 있다는 것을 의미한다. 그러나 이 두 변수 사이에 인과관계가 성립하는지는 아직까지 확실하지 않다. 왜냐하면 모든 일에 비교적 쉽게 만족하고 규정을 잘 따르는 사람이 결혼도 어렵지 않게 하는 경향이 있기 때문이다.

한편, 이혼과 동거도 결혼 여부와 함께 관심을 가져야 할 가치가 있는 분야이다. 즉 이혼과 동거의 경험이 생산성과 직무만족에 어떻게 영향을 미치는가 하는 문제인데, 이제는 이에 대한 연구도 활발하게 이루어져야 할 필요가 있다.

4) 근속연수

조직에서 개인의 직무성과에 미치는 영향과 관련하여 성별차이 못지않게 논쟁거리가 되고 있는 것이 근속연수이다. 대부분의 연구결과에서 만일 다른 조건들이 일정하다면 오래 근무한 사람의 생산성이 근무기간이 짧은 사람에 비해 높게 나타났다. 그러나 직무의 성격이 다를 경우에도 같은 결과를 보일지는 의문시된다. 예컨대, 최근의 첨단 정보산업에서는 숙련을 요하는 직무보다는 새로운 기술과 도전정신이 필요한 직무가 대부분이다. 이러한 직무들의 성과와 생산성이 개인의 근속기간과 정비례한다고 보기에는 무리가 있을 것이다(임창희, 2008: 60-61).

근속연수와 결근의 관계는 매우 직접적이다. 대부분의 연구에서 근속기간이 길수록 결근율이 낮아지는 것으로 나타났다. 마찬가지로 근속기간이 길수록 이직률 또한 낮아진다. 이러한 결과는 근속연수가 결근과 이직을 설명하는 데 결정적으로 중요한 변수임을 보여준다. 즉, 과거의 행동으로 미래의 행동을 매우 정확하게 예측할 수 있다는 것이다. 따라서 조직에서 구성원이 앞으로 담당할 직무를 얼마나 오랫동안 성실히 수행할 것인가는 전에 담당한 직무의 기간을 보면 쉽게 예측할 수 있게 된다.

5) 인종과 민족

인종(race)과 민족 문제는 이제 어느 국가에서나 문제가 되는 이슈이다. 많은 연구에서도 다른 인종이나 집단과 교류할 때 사람들은 분명한 행동지침이 주어지지 않으면 매우 힘들고 불편해한다는 사실을 보여준다[스티븐 로빈스 등 2014: 50-51].

인종과 민족에 대한 문제는 조직에서 구성원의 채용기준, 업적평가, 임금, 차별행위 등과 관련되기 때문에 중요하다. 이에 대한 연구성과가 충분하지는 않지만 몇 가지 현실적인 문제를 중심으로 살펴보면 다음과 같다.

첫째, 조직에서 업적평가, 승진자 결정, 임금인상 등이 체계적으로 이루어질수록 인사담당자는 오히려 자기와 출생배경이 같거나 유사한 사람에게 혜택을 주는 경향이 있다. 이러한 문제는 최근 우리나라의 기업에서도 자주 발생하고 있다.

둘째, 실제적인 인종차이는 피부색, 성별, 종교, 국적 등에 따른 소수집단 우대정책에 대한 태도를 통해 알 수 있다. 예를 들면, 미국의 경우 아프리카계 미국인은 백인보다 훨씬 더 강력하게 차별폐지를 옹호한다. 이런 반응은 조직에서 아프리카계 미국인과 히스패닉계가 더 자주 차별을 당한다고 생각하기 때문이다.

셋째, 기업에서는 일반적으로 타인종이나 타민족 출신 지원자를 낮은 임금으로 채용하는 경향이 있다. 이런 사람들은 채용면접에서 낮은 점수를 받으며 직무평가점수와 승진율도 낮다. 어느 나라에서나 외국인 근로자의 이직률은 비교적 높게 나타난다. 그러나 결근율, 사고율, 직무수행역량 등에서 인종이나 민족 간 차이가 있다는 믿을만한 통계나 연구자료는 없다.

인종과 민족에 대한 차별이 조직에 부정적인 결과를 가져온다는 사실은 논쟁의 여지가 없을 것이다. 현대와 같은 글로벌사회에서는 문화적 다양성에 대한 긍정적인 분위기가 형성된 조직에서 문화적 시너지효과로 인해 조직성과가 크게 증가한다는 주장이 일반적이다[박영배, 2015: 282-291]. 그러나 동서양을 막론하고 많은 조직에서 여전히 인종과 민족에 대한 차별이 이루어지고 있는 것 또한 현실이다.

6) 종교

종교는 사람의 신념체계에 영향을 미친다. 따라서 종교인과 비종교인의 신념체계는 크게 다르게 형성된다. 종교인이라 하더라도 각자 믿는 종교가 다를 경우에는 상대방과는 다른 신념체계를 지니고 사고하고 행동하게 된다. 신념체계가 다른 사람들 간에는 상대방의 신념체계를 의심하고 불신하는 경향이 나타난다.

대부분의 자유민주주의국가에서는 극히 예외적인 경우를 제외하고는 종교적 이유로 사람을 차별하는 것을 엄격히 금지하고 있다. 그러나 그렇다고 종교가 조직행동에서 문제가 되지 않는 것은 아니다.

오늘날 세계에서 종교적으로 가장 큰 이슈가 되고 있는 것은 이슬람교를 둘러싼 문제일 것이다. 이슬람교는 전 세계적으로 가장 널리 파급된 종교 중의 하나이다. 이슬람교에 대한 관점과 태도는 매우 다양하다. 이 종교에 대해 긍정적인가 하면 매우 부정적인 사람들도 있다. 따라서 조직에서 무슬림에 대한 평가가 매우 다르게 나타나기도 한다. 예컨대, 미국 내 소매상 직원을 채용하는 모의면접에서 무슬림 복장으로 인터뷰에 응한 지원자는 다른 응시자들에 비해 인터뷰 시간도 짧고 면접관과 주고받는 대화내용도 훨씬 부정적으로 나타났다[스티븐 로빈스 등, 2014: 54-55].

종교적 신념으로 특정 행동을 금지하거나 조장하는 경우에는 고용상의 문제가 된다. 기독교인은 주일에 근무해야 한다고 생각하지 않으며, 보수적인 유대인은 토요일에 근무해서는 안 된다고 믿는다. 종교적인 사람은 자신과 다른 신념을 가진 사람이 반대해도 직장에서 종교적 신념을 밝혀야 하는 의무가 있는 것처럼 행동한다. 미국에서는 같은 조직 내에서 종교적 역할에 대한 인식이 달라서 발생하는 차별문제가 갈수록 증가하는 양상을 보이고 있다. 우리나라에서도 이러한 문제가 전혀 없다고 할 수는 없을 것이므로 조직에서는 관심을 가지고 적극적으로 대처할 필요가 있다.

2. 능력

1) 능력의 개념

능력(ability)은 직무를 성공적으로 수행하는 데 요구되는 개인의 모든 자질과 자격을 일컫는다. 능력은 개인이 신체적 · 정신적으로 어떤 일을 할 수 있는 한계를 나타내는 것이며, 태어날 때부터 선천적으로 가지고 있을 수도 있고 학습과 경험에 의해 개발될 수도 있다.

개인이 잠재적으로 지니고 있는 능력의 최대치와 실제로 발휘하는 수준 간에는 차이가 있다. 잠재능력이 얼마나 발휘되는가는 개인의 태도에 의해 결정된다[백기복, 2014: 27-28]. 잠재능력이 아무리 출중하더라도 열정적인 태도가 없으면 높은 성과를 기대하기 힘들다. 또한 같은 논리로 일에 대한 태도가 아무리 좋다 하더라도 능력을 갖고 있지 못하면 그 일을 잘 해낼 수 없을 것이다. 따라서 성과는 일반적으로 능력과 태도의 함수라 하여 다음과 같이 표시한다.

$$\text{성과} = f(\text{능력} \times \text{태도})$$

능력과 유사한 개념으로 컴피턴시(competency)란 개념이 있다. 컴피턴시는 직무를 탁월하게 수행하는 데 필요한 개인의 특성을 종합적으로 일컫는 말이다. 능력뿐만 아니라 개인의 가치관, 성격 등 탁월한 직무수행과 관련된 모든 요소들을 포함한다.

2) 능력의 분류

연구자들은 개인의 능력을 실제적으로 측정해내기 위해 많은 노력을 기울여 왔다. 조직의 성격에 따라 다소의 차이는 있겠으나, 능력은 지적 능력, 신체적 능력, 심리적 특질 등 세 가지로 분류하여 측정하는 것이 일반적이다[박영배, 2012: 99-100].

(1) 지적 능력

지적 능력은 어떤 일을 처리하고 문제를 해결하기 위해 사고하고 추리해 내는 능력을 말한다. 이와 같은 능력은 고도의 사회성과 문화성을 지니기 때문에 시대와 문화에 따라 큰 차이를 보인다. 주로 기업조직에서 필요한 지적 능력에는 어휘력 · 이해력 · 귀납력 · 수리력 · 기억력 · 공간지각력 · 인지력 등이 포함된다. 학자에 따라서는 이들 능력은 연결되어 있어 서로 영향을 미치게 된다고 말한다. 예컨대 수리력이 우수한 사람은 다른 측면의 능력도 비교적 우수한 경향이 있다는 것이다. 그러나 또 다른 학자들은 이러한 여러 측면의 능력은 개별적으로 독립되어 있다고 주장하기도 한다. 즉, 수리적인 면에서 우수한 사람이 어휘력이나 다른 측면의 능력에서는 열등할 수도 있다는 것이다. 최근에는 이러한 상반된 주장이 모두 받아들여지고 있다. 따라서 어느 주장을 따를 것인지는 선택의 문제라고 할 수 있다.

(2) 신체적 능력

신체적 능력 또한 직무성과에 영향을 미치는 중요한 요인으로서 개인의 체력과 각종 운동능력을 모두 일컫는 개념이다. 이 중 운동능력은 반응속도와 수족협응력을 말하는데, 이와 같은 능력은 직무의 성격에 따라 그 중요성과 필요성에 큰 차이가 있게 된다.

(3) 심리적 특질

심리적 특질은 지적 능력과 신체적 능력에 속하지 않는 자질로서 개인의 가치가 표현되는 경로라고 할 수 있다. 대표적인 것으로는 성격 · 흥미 · 적성 등이 있다. 조직에서는 이와 같은 심리적 특질을 통해 구성원의 태도와 동기를 파악할 수 있게 된다. 개인의 심리적 특질을 측정하는 일은 매우 복잡한데 일반적으로 설문 방식과 투사방식(projection)이 많이 사용된다. 최근에는 개인의 심리적 특질이 측정상의 번거로움에도 불구하고 조직에서 갈수록 중요해지고 있다. 왜냐하면 구성원의 태도와 동기를 먼저 이해하여야만 앞으로의 직무성과를 예측할 수 있으며, 특히 경영자가 업무처리상의 객관성과 공정성을 유지하면서 관리기능을 수행하는 데 큰 도움이 되기 때문이다. 이밖에 태도와 동기는 구성원이 조직문화와 조직이 추구하는 가치를 그들 자신과 얼마나 동일시하는지를 예측하는 데에도 매우 효과적이다.

OR Humor 2 기혼 남성을 고용하는 이유

미국의 한 작은 도시에 제법 큰 공장이 있었는데, 오로지 기혼 남성만 고용했다. 이를 못마땅하게 여긴 그 동네 여자가 공장 매니저에게 전화를 걸어 따져 물었다. "어째서 기혼 남성만 고용하는 거죠? 여성이 약하고 멍청하고 성미가 고약해서인가요? 아니면 다른 이유라도?" 매니저가 답변하길, "그럴 리가 있나요. 굳이 이유를 말한다면... 기혼 남자들은 명령을 잘 따르고 혹사당하는 데 익숙한데다, 또 내가 고래고래 소리를 질러도 짜증을 내거나 밖으로 불평을 하지 않기 때문이에요."

자료: 서울경제, 2010년 1월 5일자

2-3 | 창의성

1. 창의성의 개념과 중요성

1) 창의성의 개념

창의성(creativity)은 개인의 특별한 행동과 자질을 나타내는 개념으로서 선천적으로 주어지기도 하지만 학습과 노력에 의해 연마되는 부분이 더 크다고 할 수 있다. 창의성의 개념을 보다 정확히 이해하기 위해서는 먼저 '창의적 행동(creative behavior)'과 '창의적 능력(creative ability)'을 구분하여 살펴볼 필요가 있다[Reitz, 1981: 164].

창의적 행동은 '새로우면서도 실용적인 여러 가지의 아이디어를 산출해 내는 것'을 말한다. 여기서 산출이란 새롭고 실용적인 아이디어를 다른 사람들이 지각하고 이해할 수 있는 어떤 형태나 양식, 예컨대 시나 노래와 같은 언어적 방식, 춤이나 그림과 같은 비언어적 방식 등으로 변형시키는 것을 의미한다. 그리고 실용적이라는 것은 새로운 아이디어, 즉 산출물이 다른 사람들에게 실제적인 가치가 있어야 한다는 것이다.

창의적 능력은 '새로우면서도 실용적인 여러 가지의 아이디어를 산출해 낼 수 있는 능력'을 말한다. 즉, 이것은 개인이 새로운 방식으로 연상하고 조합하는 능력이라고 할 수 있다. 창의성에 관한 연구문헌들을 살펴보면 창의적 능력, 즉 창의력에 대하여 특별히 두 가지 특징을 강조하고 있다. 하나는 창의력은 단순하거나 고정되어 있는 일차원적인 능력이 아니라 여러 차원의 능력이 조합된 복합체라는 점이며, 다른 하나는 사람들이 전에는 만들어 내지 못했던 연상을 만들어 내는 능력이라는 점이다. 이와 같이 창의력은 새로운 조합이나 연상을 만들어 내는 능력, 즉 '확산적 사고력(divergent thinking)'이라고 할 수 있다. 그러나 확산적 사고력은 수평적으로 사고하는 능력을 말하는 것으로서 이것을 창의력의 전부라고 할 수 없다. 진정한 의미의 창의력은 전통적 사고방식과 과거의 경험 그리고 진부한 관념의 속박에서 벗어나 서로 관련이 없는 요소들을 특정의 필요성에 부합되도록 새롭게 조합하고 연상할 수 있는 것이어야 한다.

창의성은 이상과 같은 창의적인 행동과 능력을 모두 포함하는 포괄적인 개념이라고 할 수 있다. 그런데 한 가지 주의해야 할 일은 창의성, 특히 창의력을 지능(intelligence)과 같은 개념으로 간주해서는 안 된다는 것이다. 많은 연구에 따르면 이 두 개념 간에는 관계가 거의 없는 것으로 나타나고 있다. 예컨대, 창의성에 대한 연구에 많은 노력을 기울인 길포드(J.P. Guilford)에 의하면 '창의적 자질(creative talent)'은 지능과는 다른 여러 가지의 능력으로 이루어져 있다[Guilford, 1971]. 그 외에 이에 관한 많은 연구에서도 이 둘 사이의 관계가 기껏해야 0.1 정도의 상관관계밖에는 없다고 강조하고 있다[신유근, 1992: 273]. 그러나 창의성과 지능이 전혀 관련이 없는 별개의 개념이라고 단정하기도 곤란하다. 왜냐하면 길포드의 말처럼 창의적 행동에는 최소한 어느 정도의 지능이 요구되기 때문이다.

2) 창의성의 중요성

조직은 유기적인 개방시스템이다. 따라서 가혹한 경쟁을 극복하고 조직유효성을 증대시키면서 장기적인 성장목표를 달성하기 위해서는 시스템 내부를 효과적으로 운용하고 외부환경의 충격에 적극적으로 대처해 나가야 할 뿐만 아니라 다양한 혁신활동이 지속적으로 이루어져야 한다. 특히 조직의 환경이 매우 복잡해지고 다변화되어 가는 현대에 있어서 혁신의 중요성은 더욱 크게 인식되어지고 있다. 그러나 조직의 혁신(innovation)이 성공적으로 이루어지기 위해서는 조직 구성원이 창의적으로 생각하고 행동할 수 있어야 한다. 최근에 창의성에 대한 관심이 날로 높아져 가는 것은 이것이 혁신을 통해 조직이 존속 · 성장하는 데 있어서 절대적으로 중요한 요소라는 사실을 이해하게 되었기 때문이다.

조직에서 창의성이 그 가치를 더할 수 있도록 하기 위해서는 구성원 각자의 자질에만 의존해서는 안 되고 경영자의 관심 속에서 관리되어 보다 많은 창의적 사고와 행동이 이루어지도록 해야 한다. 조직에서 구성원의 창의성이 중요시되는 실제적인 이유를 몇 가지 들어보면 다음과 같다.

첫째, 창의성은 구성원의 활발하고 적극적인 사고를 촉진하며 문제해결능력을 증대시킨다.

둘째, 창의성은 구성원의 사기와 작업의욕을 고취시키며 진취적이고 개방적인 기업문화가 형성되는 데 큰 도움이 된다.

셋째, 창의성은 생산성의 제고에 직접적으로 영향을 미친다. 즉, 창의성은 새로움과 변화 그리고 바람직함을 추구하기 때문에 그 과정은 생산성을 제고하기 위한 지름길이라고 할 수 있다.

그러나 창의성이 이와 같이 조직에 대하여 순기능적으로만 작용하는 것은 아니라는 점에 유의할 필요가 있다. 조직구성원이 창의성에만 너무 몰두하게 되면 또 다른 목적을 위해 활용해야 하는 시간과 비용을 낭비하는 결과를 가져올 수도 있다. 또한 작업이 일상적이고 반복적으로 이루어지고 능률이 강조되는 조직에서는 이것이 오히려 성과에 대한 예측을 어렵게 만들기도 한다. 따라서 경영자는 때때로 창의성으로 말미암아 나타날 수 있는 이러한 역기능적인 결과를 염두에 두어야 한다.

2. 창의적인 사람의 특성과 창의과정

1) 창의적인 사람의 특성

조직에서 구성원의 창의성을 개발하고 증대시키는 데 있어서 창의적인 사람은 어떤 특성을 지니고 있는지를 이해하는 것은 매우 중요하다. 많은 학자들은 오랫동안 '창의적인 사람(Creativity Behaving Individuals: CBIs)'의 개인적인 특성을 찾아내는 데 심혈을 기울여 왔다. 이들의 연구가 모두 일치하는 결론을 도출해 내지는 못하고 있지만 몇 가지 측면에서는 창의적인 사람의 특성을 이해하는 데 큰 도움을 주고 있다. 지금까지의 연구결과를 토대로 창의적인 사람의 특성을 다음과 같이 네 가지의 측면에서 살펴볼 수 있다.

(1) 인구통계학적 특성

보통 가정적 배경이 개인의 창의성과 큰 관계가 있을 것이라고 생각할 수 있으나 이에 대한 연구결과는 학자들 사이에 많은 차이를 보이고 있다. 예컨대, 어떤 연구는 창의적인 사람이 파괴적인 집안에서 나온다고 하는가 하면, 또 어떤 연구는 이와는 반대로 우애적이고 화목한 집안에서 이런 사람이 많이 나온다고 강조한다. 또한 학자에 따라서는 자상한 부모 밑에서 자란 사람이 보다 창의적이라고 하는 데 반하여, 오히려 엄격한 부모 밑에서 자란 사람이 더욱 창의적으로 된다고 주장하는 학자도 있다. 그러나 가정적 배경의 어떤 측면에 대해서는 학자들 사이에 일치하는 견해도 있다. 예를 들면, 창의적인 사람들은 가정생활과 학교생활을 통해 부모와 선생님들로부터 신임을 받았고 이성적으로 행동하고 자기의 행동에 대하여 책임을 질 줄 아는 사람으로 인정을 받았다고 생각하는 경우가 많으며, 자기의 가족이나 자신에 대해 사회적 또는 지적인 면에서 우월감을 보인다는 것이다.

성별과 창의성 사이에도 아직까지 명확한 관계가 발견되지 않고 있다. 간혹 창의성이 성별에 따라 차이가 있다는 연구결과도 있기는 하지만 그 차이는 태어날 때부터 유전적으로 결정된다고 생각하기보다는 문화적 차이에서 기인하는 것으로 보는 견해가 지배적이다. 예를 들면, 대만의 중국인들은 창의성이 남녀 간에 차이가 거의 없는 것으로 나타나고 있으나[徐文光, 1982], 다른 나라에서는 성별에 따라 이것에 큰 차이가 있는 것이 발견되기도 한다.

▮ 그림 2-2 ▮ 연령과 창의성의 관계

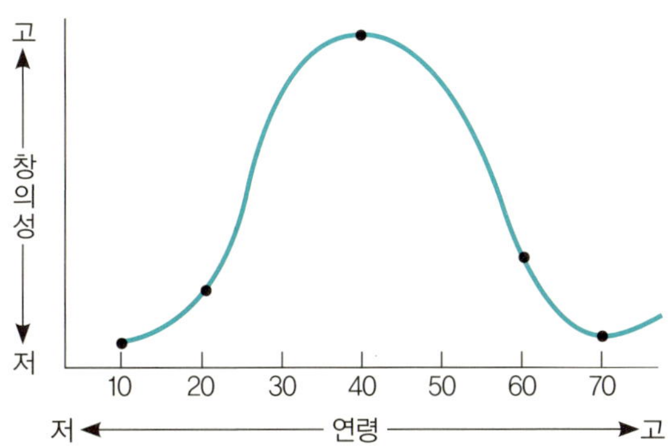

한편, 연령과 창의성의 관계에 있어서는 많은 연구들이 거의 일치하는 결과를 제시하고 있다. 과학자, 의사, 학자, 예술가들의 창의성을 조사한 한 연구에 따르면 30~40세 사이에서 창의성이 가장 높은 것으로 나타났다. 예를 들면, 화학자 · 물리학자 · 수학자는 30~40세 사이에 창의적 성과가 가장 높게 나타났으며, 곤충학자 · 유전학자 · 농화학자 · 심리학자는 35세 전후에, 그리고 의학자들과 예술가들은 대부분 35~39세 사이에서 가장 높은 것으로 나타났다. 또한 이들이 가장 잘 팔린 책을 저술한 시기가 40~44세 사이라는 사실도 주목할 만한 일이다. 연령과 창의성의 관계는 대체적으로 [그림 2-2]와 같이 나타난다. 즉, 최초의 창의적 행동은 10세 전후에 나타난다. 그리고 20세 이후에 급격히 증가하여 30~40세 사이에 정점을 이루고 50세까지는 비교적 완만하게 감소하며 그 후에는 급격히 쇠퇴하게 된다. 그러나 70세 이후부터는 다시 증가하는 추세를 보인다.

(2) 행동특성

창의력이 높은 사람은 대체로 개방적이고 탄력적으로 사고하며 편견을 가지고 판단하는 것을 싫어하고 순간적 착상이나 작은 것을 그냥 지나치지 않는 치밀성과 예민한 감수성을 지니고 있는 것으로 알려지고 있다. 또한 조직행동과 관련하여 창의성은 유동률 및 동조성과 밀접한 관계가 있는 것으로 나타났다.

유동률과 창의성 간의 관계에 있어서는 일반적으로 창의적인 사람은 유동률이 높다는 견해가 지배적이다. 한 연구에 의하면 창의력이 높은 미국 대학생들의 50~80%가 졸업 전에 자퇴하는 것으로 나타났다. 또한 창의력이 높은 사람은 다른 사람들에 비하여 직장을 자주 옮기는 경향이 있다는 연구보고도 나와 있다[Torrance, 1971]. 이러한 연구결과는 특히 경영자에게 인적자원을 관리하는 데 있어서의 문제점을 암시해 주고 있다. 즉 경영자는 보통 구성원을 채용하는 데 있어서 학교를 자퇴한 경험이 있거나 직장을 자주 바꾼 사람을 고용하기를 꺼리는 경향이 있는데, 이는 곧 창의적인 사람을 잃게 되는 결과를 초래할 수도 있는 것이다.

또한 창의적인 사람은 동조성(conformity)이 부족하다는 것이 일반적인 생각이다. 즉 창의적인 사람들은 조직의 규범이나 형식을 소홀히 생각하거나 타인의 의견을 무시하는 경향이 있다는 것이다. 이러한 생각은 창의적인 사람들은 보통 사람들에 비해 자기의 일에 집중적으로 몰두하는 경향이 있다는 사실을 고려하면 이해할 수 있다. 예컨대, 동조나 복종의 압력이 자기가 하고 있는 일에 관한 것일 경우 그들은 자기의 일의 질에 더 많은 관심을 갖게 되기 때문에 그러한 압력에 저항하거나 타인의 의견을 받아들이려고 하지 않을 것이다. 마찬가지로 외부로부터 가해지는 동조의 압력이 일과는 직접적인 관계가 없는 복장이나 식사습관과 같은 사소한 것일 경우에도 이에는 별 관심을 기울이지 않을 것이다. 그러나 이와는 반대로 창의적인 사람들이 보통사람들에 비해 더욱 동조적이고 설득이 잘된다는 연구보고도 있는데[Raia and Osipow, 1970], 이러한 상반되는 연구결과는 창의적인 사람들은 특히 자기가 하는 일에 관심을 갖는다는 사실을 이해하면 그렇게 놀랄 만한 것이 아니다. 즉 행동변화에 대한 요구가 그들이 하는 일과는 관계가 없으면서 다른 사람들에게 피해가 가고 있기 때문이거나 조직의 존속에 관계되는 필수적인 규범을 준수할 필요성에 의한 것일 경우에는 그러한 요구를 받아들이는 데 주저하지 않는다는 것이다.

(3) 성격특성

창의적인 사람의 성격에 관한 연구도 많이 이루어져 왔으나 일치하는 결과를 찾아보기는 어렵다. 그 중에서도 비교적 대표적인 연구에 의하면 창의적인 사람은 심미적이고 지적인 특성이 강하고, 호기심이 많고 자기 자신을 신뢰하며, 독립적이고 자율성이 강하다고 말한다[Mackinnon, 1967]. 그리고 창의적인 사람은 실용적 가치를 중요시하고 다른 사람들로부터 인정과 칭찬을 받기를 원하지만 자기에 대한 비평에는 매우 민감하여 쉽게 상처받는 경향이 있는 것으로 밝혀지고 있기도 하고, 이런 사람은 이론적 가치를 중시하고 자주성에 대한 강한 욕구를 지니고 있으나 소속감이나 친화력에 대한 욕구는 매우 약하다고 주장하는 학자도 있다[Walberg and Welch, 1967]. 또한 이상과 같은 특성과는 상반되는 연구결과도 상당수에 이르는 것을 보면 창의적인 사람의 성격특성을 한마디로 단정하기는 매우 곤란하다고 할 수 있다.

(4) 기타의 특성

이상에서 살펴본 몇 가지 측면의 특성 외에 창의적인 사람을 교육과 지식의 측면에서 살펴보면 다음과 같다.

먼저 교육과 창의성 사이의 관계를 살펴보면 창의성이 학교교육을 통해 배양된다고 단정할 수는 없다는 것이다. 논리적인 면을 강조하는 현대의 교육은 오히려 창의성의 개발을 저지시킬 수도 있다. 한 연구에 의하면 창의성과 교육수준 사이에는 관계가 거의 없는 것으로 나타났다[Reitz, 1981: 178-183]. 어느 학자는 심지어 특정 분야에 있어서는 대학원 교육이 개인의 창의성을 배양하는 데 오히려 불리하게 작용한다고 주장하기도 한다. 그러나 이러한 주장들이 창의성을 배양하는 데 있어서 교육방식상의 문제점을 지적하는 것이지 교육 그 자체의 역할을 전적으로 부정하려는 것이 아니라는 점을 이해해야 한다.

한편, 창의성을 개인의 영감 또는 순간적인 깨달음과 관련시켜 이해하는 것이 일반적이다. 그러나 어느 분야를 막론하고 피나는 노력과 고통이 없이는 자기의 창의력을 배양할 수가 없는 것이다. 예컨대, 위대한 과학자나 예술가들의 빛나는 업적은 하루아침에 이루어지는 것이 아니고 오랜 시간에 걸친 노력과 고통의 결실인 것이다. 마찬가지로 오랜 시간에 걸쳐 축적하고 있는 다양한 지식과 기술이 없이는 창의적인 성과를 달성할 수 없게 된다.

2) 창의과정

창의과정은 새로우면서도 유용한 연상과 조합을 만들어 내는 과정이라고 할 수 있다. 즉 이것은 이미 알고 있는 별개의 사실들을 새롭게 연결시켜 유용한 아이디어를 표출하는 일련의 심리적 과정을 말한다. 이러한 창의과정은 몇 개의 단계로 이루어진다. 학자들 사이에 다소의 차이는 있지만 대개는 다음과 같은 4단계를 거치는 것으로 파악하고 있다.

① **준비단계**: 문제의 배경과 성격을 파악하고 문제해결을 위한 정보를 수집하는 단계이다. 이 단계에서 개인은 먼저 특정 문제의 역사적 배경과 본질 그리고 중요성을 파악한 다음에, 문제해결을 위한 여러 가지의 대안들을 생각

하면서 관련성이 있을 것 같은 정보들을 적극적으로 수집하고 정리 · 분석한다.

② **잠복단계**: 이 단계는 의식적으로 갖는 노력의 휴식기라고 할 수 있다. 준비단계에서 온갖 노력에도 불구하고 문제해결을 위한 새로운 아이디어가 떠오르지 않게 되면 좌절감에 빠지거나 탈진상태가 된다. 따라서 이러한 때에 개인은 문제를 잠시 접어두고 마음을 편하게 하려고 노력한다. 예컨대, 낚시나 여행 또는 가벼운 독서 등을 통해 부담감을 떨쳐버리고 심리적인 안정을 취하려고 의식적으로 노력한다. 그러나 이 단계에서 개인은 문제해결을 위한 적극적인 노력은 하지 않더라도 무의식적으로는 끊임없이 노력이 이루어진다.

③ **통찰단계**: 통찰단계는 수도승이 참선을 통하여 깨달음을 얻듯이 앞의 잠복단계에서 심리적인 안정을 취하는 도중에 순간적으로 새로운 아이디어가 떠오르는 시기를 말한다. 그것은 기호나 숫자 또는 문자의 형태를 띠기도 하고 단순히 어떤 느낌으로 올 수도 있다. 이때에 개인은 전에는 경험하지 못한 흥분과 희열을 맛보게 되며 그 기쁨을 다른 사람과 빨리 나누고 싶은 마음에서 초조해 하기도 한다. 이러한 통찰은 어느 때 어느 장소에서나 갑자기 나타날 수 있다. 그러나 사람에 따라서 그것이 나타나는 시간과 장소 그리고 환경에는 차이가 있다는 것이 일반적인 생각이다.

④ **확인단계**: 통찰력을 통해 얻은 새로운 아이디어의 정확성과 유용성을 검증하고 수정하는 단계이다. 순간적으로 얻은 아이디어가 처음부터 완전한 것일 수는 없기 때문에 이것을 갈고닦는 과정이 필요하다. 따라서 개인은 이 단계에서 동료들이나 다른 사람들의 평가나 비판을 통해, 또는 또 다른 다양한 방법으로 자기의 아이디어를 검증하고 보다 완전한 것이 되도록 반복하여 수정하는 노력을 기울이게 된다.

3. 창의성의 측정과 개발

1) 창의성의 측정

조직에서 창의성을 활용하거나 이를 증진시키기 위해서는 먼저 구성원의 창의성을 측정하여 그 정도를 파악할 필요가 있다. 또한 창의성을 개발하기 위해 도입한 훈련프로그램의 성과를 파악하기 위해서도 훈련의 전후에서 창의성을 측정해야 한다. 이와 같이 창의성에 대한 측정의 필요성이 커지게 됨에 따라 이를 위한 많은 방법들이 개발되었다. 여기서는 그 중에서 비교적 널리 사용되고 있는 몇 가지의 창의성 측정방법을 소개한다.

(1) 창의적 업적의 평가

개인의 창의력을 측정하는 방법으로 과거의 창의적 업적을 평가하여 앞으로의 창의력을 예측하는 방법이 있다. 이것은 많은 유명한 창의적인 사람들이 어릴 때부터 그러한 창의성을 나타냈다는 사실에 기반을 두고 있다. 따라서 "과거에 창의적이었던 사람은 미래에도 그럴 것이다"라는 가정하에 과거에 개인이 남긴 창의적인 업적, 즉 작업성과, 창작품, 발표논문, 특허권 등을 평가하여 그 사람의 창의력을 측정하게 된다.

이 방법은 아직도 여러 조직에서 많이 쓰이고 있다. 그러나 이러한 간접적인 측정방법은 개인의 창의적 능력을 측정하는 데 한계가 있다는 지적을 받고 있다. 즉, 개인의 창의적 능력이 반드시 창의적 행동으로 나타나지는 않는다는 것이다.

(2) 창의적 잠재력의 측정

창의적 행동이 없는 사람이라고 해서 창의적 능력이 없다고 단정하는 것은 큰 잘못이다. 사람에 따라서는 창의력이 있더라도 그것을 발휘할 기회를 갖지 못할 수도 있고, 그것을 행동으로 나타내는 방법을 모를 수도 있으며, 심지어는 그로 인해 좌절했던 쓰라린 경험 때문에 또다시 그러한 모험을 감행하지 못하기 때문일 수도 있다. 따라서 개인의 과거의 업적을 토대로 창의력을 예측하려는 간접적인 방법 외에 직접적으로 창의적 잠재력을 측정하려는 노력이 계속되었다. 그리고 지금까지 많은 측정방법이 개발되었는데 그 중에서 일반적으로 널리 알려진 것이 원격연상검사법(Remote Associates Test: RAT)이다.

RAT는 상호 관련이 없는 연상요소들을 제시하고 테스트를 받는 사람들로 하여금 그 요소들을 연결시켜 새로운 하나의 조합을 만들어 내도록 하는 것이다. 설문항목은 대체로 30여 개의 항목으로 이루어지고 각 설문항목은 세 개의 서로 다른 단어나 주제들로 구성이 되는데, 테스트를 받는 사람들은 이들 세 단어와 모두 관련지을 수 있는 하나의 새로운 단어를 찾아내야 한다. 이 방법은 테스트를 받는 사람이 지루함을 느끼지 않도록 하면서 비교적 짧은 시간에 용이하게 측정할 수 있다는 것을 가장 큰 장점으로 들 수 있다. 그러나 창의력의 범위를 너무 좁게 보고 있다는 비판을 받고 있으며, 전문가가 아니면 측정결과를 정확히 해석하기가 어렵다는 것이 이 방법의 문제점이라고 할 수 있다.

한편, RAT와 함께 창의력을 측정하는 데 널리 사용되고 있는 방법으로 토란스 검사법(Torrance Tests of Creative Thinking)이라는 것이 있다. RAT가 창의력의 개념을 하나의 차원으로 이루어진 단순한 것으로 보는 데 반하여, 이것은 창의력을 여러 특별한 능력들의 복합체로 파악하고 피평가자의 유연성, 독창성, 정교성, 표현력 등과 같은 여러 가지의 적성을 동시에 측정하고 이를 종합하여 해석하는 방법이다. 이 밖에도 많은 측정방법들이 개발되어 사용되고 있다. 한 연구조사에 의하면 1971년까지 개발된 측정방법만 해도 48종에 이르는 것으로 나타났다[Davis, 1971]. 창의력을 오차 없이 정확하게 측정한다는 것은 불가능한 일이지만 이들 측정도구가 대부분 상당한 정도의 신뢰성과 타당성이 있는 것으로 알려지고 있어 조직구성원의 창의성을 파악하고 개발하는 데 큰 도움이 될 것이다.

2) 창의성의 개발

조직구성원의 높은 창의성은 개인의 사기를 진작시키고 생산성을 증대시켜 줄 뿐만 아니라 집단의 의사결정의 질을 향상시키고 더 나아가서는 조직의 생존력을 강화하는 바탕이 된다. 따라서 조직에서는 그 구성원의 창의적 잠재력을 적극적으로 발굴하고 활용하려는 노력이 이루어져야 한다. 창의성을 개발하는 방안에는 구성원이 개인적으로 기울이는 노력과 집단적인 차원에서 훈련기법을 계획적으로 도입하는 방안, 그리고 조직 전체의 차원에서 창의적인 조직분위기를 조성하는 방안 등이 있다. 그러나 창의성을 보다 효율적 · 효과적으로 개발하기 위해서는 무엇보다도 먼저 창의성의 원천에 대한 이해가 필요하다.

(1) 창의성의 원천

개인이나 집단의 창의성을 개발하기 위해서는 창의력을 측정해야 할 뿐만 아니라 창의성의 원천을 파악하여 창의성이 어떻게 형성되는지를 이해할 필요가 있다. 창의성은 선천적으로 타고나는 것이 아니고 많은 노력과 자기수련에 의해서 후천적으로 습득된다고 보는 견해가 지배적이다. 따라서 이러한 관점에서 보면 창의성은 기본적으로 다음과 같은 네 가지의 방식을 근거로 하여 형성된다고 할 수 있다.

① 지식의 축적: 창의력의 발휘는 여러 방면의 과학적인 지식을 습득하고 그것을 적당한 때 적당한 곳에 응용하려 할 때 비로소 이루어진다. 예컨대, 상대성원리나 만유인력과 같은 위대한 발견은 하루아침에 우연히 이루어진 것이 아니고 오랜 시간에 걸쳐 축적되어 온 다양한 지식을 과학자들이 새롭게 응용한 결과인 것이다.

② 개념의 조합: 창의성은 때로 원래는 관련이 없었던 개념들 사이에서 새로운 조합이나 연상을 만들어 냄으로써 형성된다. 예컨대, 일본의 세계적 기업인 소니(SONY)사가 최초로 개발해 낸 상품인 워크맨(Walkman)이라는 녹음기는 '걷기'와 '소리'라는 두 개의 관련이 없는 개념을 결합시켜 새로운 기능을 창출해 낸 것이다.

③ 새로운 해석: 이미 알고 있는 개념이나 사물을 지금까지와는 전혀 다르게 해석함으로써 새로운 연상을 만들어 낼 수 있다. 예컨대, 종이로 된 일회용 속옷이 개발될 수 있었던 것은 '종이'는 원래 물건을 포장할 때 필요한 것이라는 생각을 그것으로 사람도 포장할 수 있다고 새롭게 확대해서 해석했기 때문이다.

④ **용도의 변경**: 또한 지금의 용도나 기능을 확대하거나 바꾸려는 수평적 사고를 증대시킴으로써 전혀 새로운 아이디어를 창출해 낼 수 있다. 예를 들면, 기업에서는 여러 가지의 폐품을 새로운 용도로 활용하려는 노력을 통해 비용을 절감하거나 새로운 기능의 제품을 개발해 낼 수 있다. 우리나라와 같이 부존자원이 부족한 국가에서는 특히 이러한 방식으로 창의성을 발휘하는 것이 요구된다.

(2) 개인적 창의성의 개발

사람은 누구나 창의적 잠재력을 지니고 있지만 많은 사람들은 자신의 창의력을 충분히 발휘하지 못하고 있다. 1970년대 중반부터 많은 학자들은 개인이 창의성을 증진시키는 데 도움이 되는 원칙이나 훈련방법을 개발하는 데 큰 노력을 기울여 오고 있다. 지금까지 창의성개발을 위한 많은 방안들이 제시되었는데 그 중에서 비교적 대표적인 원칙 몇 가지를 소개하면 다음과 같다.

① **자기수련을 통해 창의적 소양을 기를 것**: 개인이 보다 창의적이 되기 위해서는 끊임없는 자기수련으로 필요한 소양을 갖추어야 한다. 즉 여러 분야의 문헌을 폭넓게 섭렵하여 사고의 폭을 넓혀야 하며, 상식에 충실하고 새롭게 사고하는 방식을 익혀야 한다. 또한 자기와 타인의 생각에 대하여 모두 개방적이고 수용적이어야 하며, 유머감각을 늘리고 항상 가볍고 편한 마음을 유지하는 것도 창의성을 증진시키는 데 도움이 된다.

② **문화적 장애와 인지적 장애를 극복할 것**: 개인의 사고방식과 행동은 보통 집단과 사회의 전통이나 규범의 제약을 받는다. 따라서 오랫동안 특정한 문화에 예속되어온 사람은 새로운 사실을 받아들이기를 주저하거나 심지어는 그것의 수용을 강력하게 거절하는 경향이 있기 때문에 개인이 보다 창의적으로 되기 위해서는 먼저 이러한 자기의 문화적인 장애요인을 극복하여야 한다. 또한 상동적 태도, 현혹효과, 주관의 객관화 등과 같은 인지적인 장애요인들도 창의성을 발휘하는 데 큰 방해가 된다는 사실을 이해하고 개인은 평소에 그러한 오류들을 제거하려고 노력해야 한다.

③ **단순하고 경직된 문제처리의 패턴을 극복할 것**: 개인이 보다 창의적으로 되기

위해서는 하나의 문제를 여러 각도에서 이해하고 문제의 본질을 파악할 수 있어야 한다. 또한 문제의 특성들을 그 중요성에 따라 순서대로 열거하고 한 문제에 대해 여러 해결방안을 모색하려는 노력이 필요하다.

④ 용기와 자신을 가지고 문제해결에 몰두할 것: 문제를 해결하는 과정에서 어려움에 부딪치게 되면 많은 사람들은 중도에 포기하거나 실패에 대한 두려움 때문에 문제해결에 소극적인 태도를 보인다. 이러한 사람은 결코 창의적인 해결방안을 찾아낼 수 없다. 창의성을 증진시키기 위해서는 실패를 두려워하지 말고 문제가 해결될 때까지 집요하게 그 문제에 매달릴 줄 알아야 한다. 하나의 문제에 몰두하게 되면 의외의 해결방안이 발견되는 경우도 적지 않다. 예를 들면, 메이요(E. Mayo)와 그의 동료들은 일찍이 호손연구를 통해 작업환경과 생산성 간의 관계를 규명하려고 집요하게 매달린 결과 처음의 의도와는 전혀 다른 뜻밖의 결과를 발견하게 되었는데, 그 새로운 발견이 그 후에 인간관계론이라는 하나의 거대한 이론으로 확대 · 발전되기에 이르렀다.

창의성개발을 위한 개인적인 노력방안에는 이상의 원칙들 이외에도 항상 새로운 의문을 가질 것, 생각이나 아이디어를 항상 기록하는 습관을 가질 것, 창의적인 취미에 몰두할 것, 관련분야에 대한 최신정보를 수집할 것, 자기 자신을 이해할 것, 관찰은 세심하게 할 것 등과 같은 몇 가지 원칙을 준수하는 태도를 견지할 것이 요구된다[Raudsepp, 1981].

(3) 집단적 창의성의 개발

경영자는 집단구성원의 창의성을 개발하거나 증진시키기 위해 여러 가지의 계획적인 훈련기법을 이용할 수 있다. 집단의 창의성개발은 특히 집단의 창의적인 의사결정을 증진시키기 위해서 필요하다. 대표적인 훈련기법으로 명목집단법(nominal group technique), 델파이법(Delphi technique), 브레인스토밍(brain storming), 시네틱스기법(Synectics technique) 등을 들 수 있는데, 앞의 세 기법들에 대한 설명은 제10장의 집단의사결정 부분으로 미루기로 하고 여기에서는 시네틱스기법에 대해서만 살펴보기로 한다.

시네틱스기법은 고든(W.J. Gordon)이 시네틱스회사(Synectics Inc.)를 설립하면서 개발부를 위해 고안한 창의성개발기법이다. 따라서 이것을 고든법이라고 부르기도 한다. 이 기법은 브레인스토밍과 마찬가지로 집단회의를 통하여 이루어지며 그 절차도 대체로 비슷하다. 그러나 브레인스토밍이 가능한 한 다양하고 유용한 아이디어를 얻으려고 하는 점에서 질보다는 양을 추구하는 것이라고 한다면, 시네틱스기법은 양보다는 질을 추구하려는 것이다. 시네틱스기법은 일반적으로 다음과 같은 방법으로 이루어진다[Gordon, 1965].

첫째, 먼저 문제의 범위를 명확하게 설정하여 실제의 문제를 해결하는 데 도움이 되지 않는 아이디어가 남발되는 것을 방지한다.

둘째, 집단의 리더는 하나의 주제를 선정하고 구성원이 그에 관한 새로운 아이디어를 마음껏 제시하도록 한다. 첫 번째 주제가 구성원의 아이디어를 충분히 이끌어 내었다고 생각되면 리더는 제2의 주제를 선정하고 구성원에게 그것에 관한 아이디어를 또 다시 제시하도록 한다. 그리고 이러한 과정은 문제의 핵심에 도달할 때까지 반복된다.

셋째, 리더는 여러 가지의 방법을 사용하여 구성원의 아이디어가 창출될 수 있도록 자극을 가할 수 있다. 예컨대, 먼저 어떤 잘 알려진 사물이나 개념의 공통점을 이용하여 새로운 사물이나 개념을 연상할 수 있도록 한다든지, 이것도 아니도 저것도 아닌 애매한 방법으로 사물의 전체를 관찰하도록 한다든지 하는 것이다.

넷째, 전문가의 세심한 지도와 자문을 통해 문제해결의 질과 효율성을 향상시킨다.

브레인스토밍에서는 리더가 어떤 문제를 구성원에게 알려준 다음에 그에 대한 아이디어를 마음대로 제시하도록 하는 데 반하여, 시네틱스기법에서는 리더 혼자서만 주제를 알고 구성원은 리더의 유도에 따라서 문제해결의 방안을 말하도록 한다. 이것은 문제가 제시되는 경우에는 구성원이 더 많은 아이디어를 창출하려는 노력을 중단할지도 모르는 폐단을 방지할 수 있다는 이점이 있다. 그러나 이 기법이 원래의 목적대로 이루어지기 위해서는 리더가 여러 가지의 방법과 상상력을 동원하여 구성원의 토론을 실제문제의 해결과 연관시킬 수 있는 뛰어난 능력이 있어야 한다.

3) 창의적 조직문화

조직에서 창의성을 개발하거나 증진시키기 위해서는 구성원은 각자 스스로 노력하는 자세를 지녀야 하며, 경영자는 여러 훈련기법들을 이용하여 구성원의 창의력을 적극적으로 발굴하고 활용하려는 노력을 기울여야 한다. 또한 조직 전체의 차원에서는 구성원의 창의적 잠재력이 실제로 발휘될 수 있는 환경, 즉 창의적인 조직문화가 조성되어야 한다. 여기서 창의적인 조직과 그렇지 못한 조직의 특성을 살펴보면 다음과 같다.

(1) 창의적인 조직의 특성

구성원의 창의적 잠재력이 발휘되는 데 도움이 되는 조직은 대체로 다음과 같은 특성을 지니고 있다.

① **지속적인 강화작용**: 조직에서 모든 구성원의 창의성을 촉발시키고 창의적 행동이 계속될 수 있도록 하기 위해서는 반드시 강화작용(reinforcement)이 지속적으로 이루어져야 한다. 창의적 행동은 대개의 행동이 그러하듯 그 결과에 대해 보상을 제공함으로써 강화시킬 수 있다. 예컨대 칭찬 · 격려 · 승진 · 보너스 등과 같은 보상들은 위축되어 있거나 침체되어 있는 창의적 행동에 생기를 불어넣는 데 큰 효과가 있을 것이다.

② **목표와 목표달성기한의 설정**: 개인이나 집단의 과업에 대해 반드시 달성해야 할 목표와 그것의 달성기한(duration)을 정해 놓고 적당한 정도의 심리적 절박감이나 압력을 조성하는 것도 창의력을 한 곳에 집중시키는 데 도움이 된다.

③ **충분한 검토시간의 제공**: 위에서와 같이 기한을 정해 놓고 독촉하는 것도 창의력을 발휘하는 데 도움이 될 수 있다. 그러나 단순히 시간적인 촉박함 때문에 너무 빨리 결론을 내린다든지 결과가 뻔한 해결방안을 성급하게 받아들이는 것은 창의력을 발휘하는 데 아무런 도움도 되지 않는다. 따라서 구

성원의 창의력이 발휘될 수 있게 하기 위해서는 그들이 자기의 첫 번째 아이디어를 반복하여 검토하고 장시간에 걸쳐 사고할 수 있도록 충분한 시간이 주어져야 한다.

④ **자주적인 분위기의 조성**: 자유스럽고 부드러운 분위기에서 사람들은 창의적인 의견을 보다 많이 제시하게 된다. 그러나 지나치게 자유방임적인 분위기는 창의성보다는 오히려 나태함이나 게으름을 조장하게 된다. 따라서 구성원이 진정으로 창의력을 발휘할 수 있게 하기 위해서는 적당한 범위 내에서 그들을 통제할 수 있는 규율을 유지하는 것이 필요하다.

(2) 창의적이지 못한 조직의 특성

다음과 같은 특성을 지니는 조직은 구성원이 창의적 잠재력을 발휘하는 데 전혀 도움이 되지 않거나 오히려 그것을 억제하는 결과를 가져온다. 따라서 경영자는 이러한 분위기를 바꾸려고 노력해야 한다.

① **지나치게 엄격한 조직방침**: 창의적인 사람은 통상 자기의 실수에 집착하지 않고 실패를 두려워하지 않으며 때로는 조직의 규칙이나 절차를 어기는 것도 불사한다. 따라서 조직이 만일 그런 구성원에게 반드시 정해진 방침에 따를 것을 강조하고 어떠한 실수나 실패도 용인하려고 하지 않는다면 창의적 잠재력은 억제될 수밖에는 없다.

② **조직의 불안정성**: 조직이 극도로 불안정하거나 매우 안정되어 있는 경우에도 창의력을 발휘하는 데 도움이 되지 않는다. 조직이 불안정하면 환경을 예측하기가 어렵기 때문에 구성원은 불안감과 초조함을 느끼게 된다. 그리고 그러한 상태에서 그들은 새로운 아이디어를 만들어 내려는 노력보다는 직무이동이나 감독과정의 변화와 같은 것에 더 많은 관심을 기울이면서 조직의 요구에 부응하려고 생각한다. 또한 조직이 안정될수록 공식화의 정도가 높아지기 때문에 구성원이 의견을 교환하고 자기의 아이디어를 시험할 수 있는 기회가 줄어든다. 따라서 조직의 높은 안정성이 역시 창의력의 발휘를 억제하는 결과를 불러온다.

③ **집권적인 조직구조**: 조직구조가 지나치게 집권적으로 되어 있는 경우에도 계

층 간의 의사소통과 자유로운 정보교환을 어렵게 만든다. 특히 하부계층의 생각이나 의견이 위로 올라가는 것이 어렵게 되거나 왜곡되기 쉽다. 따라서 이러한 조직구조에서는 창의적인 행동을 기대할 수가 없다.

④ 경영층의 무관심: 창의적인 행동은 개인적인 노력뿐만 아니라 경영자의 관심과 적극적인 지원이 있어야만 지속될 수 있다. 경영자가 재정적 · 관리적 · 인적 · 시간적인 면에서 충분한 지원을 해주지 않거나 새로운 아이디어를 수용할 수 있는 능력이 없는 경우에는 구성원은 의욕을 잃고 창의력을 발휘하여 조직에 기여하려는 생각을 하지 않게 된다.

위대한 예술가는 훔친다 OB Story & Case 2

정보기술(IT) 문화의 선구자 스티브 잡스가 애플 CEO직을 떠난다는 소식이 전해졌을 때 국내외 온라인 커뮤니티엔 그에 대한 찬사의 글이 넘쳐났다. 췌장암과 싸워온 지 오래. 아마도 병마 때문일 잡스의 퇴진은 그가 이끌어온 21세기 스마트 혁명이 새 변곡점을 맞았음을 뜻한다. 그에 대한 평가는 극을 달린다. 수백만 추종자를 거느린 디지털 세상의 리더, 한편으론 복수심과 정복욕에 사로잡힌 '악마의 천재.'

젊은 날 잡스는 환각제를 즐기는 몽상가였다. 힌두교에 심취했고, 대학을 자퇴한 채 좋아하는 일에만 빠져 살았다. 그는 2005년 스탠퍼드대 졸업식 강연에서 "자퇴는 내 인생 최고의 결정이었다"며 "계산 없이 그저 호기심과 직관을 믿고 나아가는 과정에서 많은 걸 배웠다"고 했다. 애플 창업 뒤에도 그는 이런 삶의 기조를 버리지 않았다. '더 많은 돈을 벌 수 있는 제품'보다 자신이 만족할 수 있는 '더 완벽한 제품'을 만드는 데 몰두했다.

잡스는 1976년 동네친구 스티브 워즈니악과 애플을 창업했다. 그는 25세 때 이미 백만장자였다. 애플컴퓨터로 'PC의 전성시대'를 열어젖히며 승승장구했다. 하지만 그의 독선적 경영은 이내 벽에 부딪쳤다. 1985년엔 결국 자신이 영입한 전문경영인에 의해 회사에서 쫓겨났다. 훗날 그는 이 경험은 "내 인생 최고의 사건이었다"고 했다. 덕분에 성공의 무게에서 벗어나 모든 게 불확실한 초심자의 자세로 돌아갈 수 있었다. 실제로 그는 컴퓨터그래픽(CG) 업체 '픽사'에 투자해 최초의 CG 작품 '토이스토리'를 만듦으로써 영화 역사를 새로 썼다. 1997년엔 경영난에 시달리던 애플로 복귀해 10억 달러 적자를 1년 만에 4억 달러 흑자로 돌려놓는 괴력을 발휘했다.

이런 스타일은 '충돌과 파괴의 리더십'으로 불린다. 그는 주변 사람들과 끊임없이 불화한다. 아무리 비현실적인 목표도 그가 "해야 한다"고 하면 그대로 진행된다. 하지만 이런 그의 고집이야말로 버튼이 하나뿐인 휴대전화(아이폰), 본체 없는 컴퓨터(아이패드)가 등장하는 원동력이 됐다. 그는 또한 기업인이기 이전에 '문화창안자'다. 그는 "유능한 예술가는 모방하고, 위대한 예술가는 훔친다(Good artists copy, great artists steal)"는 피카소의 말을 즐겨 인용한다. "인류가 지금껏 만들어놓은 최고의 것을 자신의 일에 접목하는 지혜가 필요하다"는 말이다. 특히 세계 젊은이들에게 영감을 준 그의 명언이 있다. "갈망하라, 바보짓을 두려워 말라(Stay hungry, stay foolish)."

자료: 중앙일보, 2011년 8월 26일자

토의문제

01 스티브 잡스의 창의성은 타고난 것인가 경험과 학습에 의한 것인가?

02 스티브 잡스 창의력의 원천은 무엇인가?

OB Lounge 2 그림숙제

동그란 똬리 속 빼닮은 하늘을
온종일 머리에 얹고 살면서
큰 세상을 그려내는 일이
매일매일 주어지는 숙제였다.
별빛이 하나둘씩 내려와
허리춤을 끌어대며 보챌 때면
큰길이 지평선까지 쭉 이어진 곳, 그곳이
큰 세상일거라고 생각했다.

저도 큰 세상을 그려보겠다고
따라나선 한 마리 작은 새와 함께
한참을 걸어가며 찾아보았지만
큰 세상은 보이지 않았다.
늦더위가 기승을 부리던 날 오후
새가 지쳐 잠이 들었을 때
멀리 높아 보이는 언덕 위로
올라가 보아야 한다고 생각했다.

굽은 비탈길을 한참 올라가면
바다가 수평선까지 멀리 나가 있는 곳,
그 언덕에서 따가운 햇볕을 쬐며
그림숙제를 하고 있던
아이들 몇이 살며시 다가와
바다빛깔 눈빛을 연방 쏟아내며
갑갑하다는 표정으로 속삭였다.
더 이상 헤맬 이유가 없다고.
네 눈빛이 부재(不在)할 때마다
제 눈빛을 온통 내어주는 곳, 그곳이
큰 세상이라고.
거기를 그리면 된다고.

Chapter 03

Organizational Behavior

감정, 성격, 가치관

Key Word

- 감정(感情, Emotion), 감정노동(感情勞動, Emotional Labor)
- 성격(性格, Personality)
- 정신력동이론(精神力動理論, Psychodynamic Theory), 유형이론(類型理論, Type Theory), 특질이론(特質理論, Trait Theory)
- 가치관(價値觀, Value)
- 수단가치(手段價値, Means-Values), 목적가치(目的價値, End-Value)

학습중점

- 감정의 개념을 숙지하고, 감정이 개인의 태도와 성과에 미치는 영향을 이해한다.
- 감정노동의 문제점과 관리방안에 대해 논의한다.
- 성격의 개념과 결정요인을 숙지하고, 주요 성격이론을 이해한다.
- 성격이 태도와 성과에 미치는 영향과 그 관리방안에 대해 논의한다.
- 성격과 직무 간의 적합관계를 이해한다.
- 가치관의 개념과 유형을 숙지한다.
- 가치관이 개인의 태도와 성과에 미치는 영향을 이해한다.
- 가치관과 직업의 연관성을 이해한다.

3-1 | 감정

1. 감정의 성격

1) 감정의 개념

감정(emotion)이란 특정 대상에 대해 반사적으로 일어나는 느낌(feeling)을 말한다. 다시 말하면 사람이나 사물, 사건 등을 향한 개인의 강렬한 느낌이 곧 감정이다. 일반적으로 감정은 분노(anger), 두려움(fear), 즐거움(joy), 사랑(love), 슬픔(sadness), 놀라움(surprise)과 같은 느낌으로 온다. 감정과 비슷한 개념으로 정서와 기분이 있다. 그러나 정서와 기분은 구체적인 개념영역이 감정과 다른 면이 있다.

정서(affect)는 사람들이 체험하는 넓은 범위의 또는 보편적인 느낌을 말하며 감정과 기분을 포함한다. 그리고 기분(mood)은 감정보다는 덜 강렬한 느낌이며, 강하지는 않지만 비교적 오래 지속되는 이유 없는 일반적인 느낌을 말한다. 예를 들면, 상대방이 무례한 행동을 하는 것을 보고 바로 화를 내는 것은 감정에 해당한다. 이처럼 강렬한 느낌은 상대방이 실수를 인정하고 사과를 하거나 용서를 빌면 순간적으로 사라지기도 한다. 이에 비해 기분은 구체적인 사람이나 사건 또는 사물 때문이 아니라 어떤 막연한 상태에 대한 이유 없는 느낌으로 온다. 따라서 기분이 한번 상하게 되면 몇 시간 또는 며칠 동안이나 좋지 않은 기분이 지속되기도 한다[백기복, 2014: 70; 스티븐 로빈스 등, 2014: 106-017].

[그림 3-1]은 정서 · 감정 · 기분의 관계를 보여준다. 여기에서 보는 바와 같이 정서는 감정과 기분을 모두 포함하는 넓은 개념이다. 그리고 감정은 어떤 구체적인 대상에 의해 발생하며 기분보다는 훨씬 짧게 나타났다가 사라진다. 또한 분노나 두려움과 같은 감정은 기분과는 다르게 얼굴 표정으로 나타나거나 즉각적인 행동이 따르기도 한다.

감정과 기분은 서로 영향을 미친다. 마음에 드는 이성을 만났을 때의 기쁜 감정은 오랫동안 좋은 기분을 만들어주기도 한다. 또한 기분 상태가 좋거나 나쁠 경우에는 별다른 기분이 없는 상태보다 훨씬 강한 감정이 만들어지기도 한다. 예컨대, 기분이 좋지 않을 때에는 평소 같으면 부드럽게 받아드릴 부하직원의 불평에 화를 내거나 짜증을 부리기도 할 것이다.

▌그림 3-1▐ 정서 · 감정 · 기분의 관계

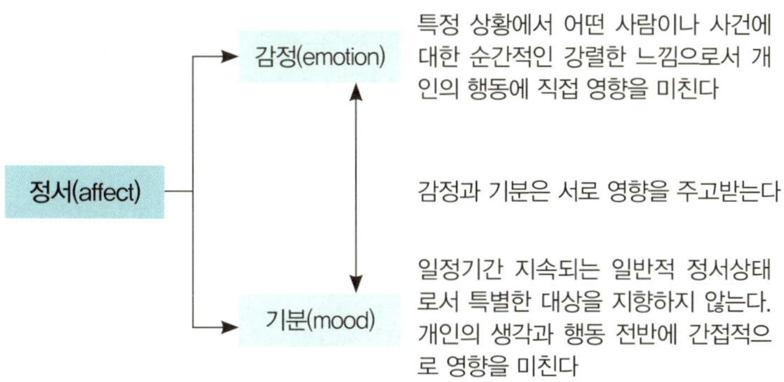

자료: 백기복(2014), 조직행동연구(제6판), p.71 수정

2) 감정과 조직행동

감정은 개인의 삶과 조직생활 모두에 중요한 부분을 차지한다. 감정은 개인의 직무성과와 태도에 영향을 준다. 정서적 사건반응이론(Affective Events Theory: AET)에 의하면 “조직구성원은 조직에서 일어나는 사건들에 대해 감정적으로 반응하게 되는데, 그러한 반응상태가 바로 직무성과와 태도에 영향을 미친다”고 설명한다[Robbins, 2014: 119-120].

[그림 3-2]는 정서적 사건반응이론을 요약한 것이다. 이 이론에서는 ‘감정은 작업환경에서 발생하는 사건들에 대한 구성원의 반응’이라고 인식한다. 여기서 작업환경은 과업완수, 야근, 해외출장, 고객응대요령 등 직무와 관련하여 조직이 구성원에게 표현하도록 요구하는 모든 것을 말한다. 구성원 개개인은 작업환경에 따라 자기의 직무가 지겨울 수도 있고 즐거울 수도 있으며 이 두 가지가 번갈아 발생할 수도 있다. 예를 들면, 상사가 원하지 않는 날에 초과근무를 자주 강요하면 상사뿐만 아니라 자기 업무도 지겹다고 느낄 것이다. 그러나 자기 업무수행태

도에 대해 상사로부터 칭찬이나 인정을 받게 되면 상사를 존경하게 되고 업무수행 자체에 즐거움을 갖게 될 것이다.

이처럼 작업과 관련된 사건은 긍정적 또는 부정적 감정반응을 불러오는데, 이때 개인의 성격이나 기분에 의해 그 강도가 조절된다. 그리고 해당 사건에 대한 감정반응은 결국 직무만족, 조직몰입, 노력의지, 이직의도, 직장이탈, 조직시민행동 등과 같은 구성원의 태도 및 성과 관련 변수에 영향을 미치게 된다.

요약하면, 정서적 사건반응이론에서는 다음과 같은 두 가지의 중요한 메시지를 제공한다.

첫째, 감정은 구성원의 행동을 이해하는 데 중요한 통찰력을 보여준다. 즉, 작업환경에서 발생하는 사건들이 구성원의 감정반응을 통해 직무성과와 태도에 어떻게 영향을 미치는지를 알려준다.

둘째, 감정은 계속 축적되기 때문에 비록 사소하게 보일지라도 구성원의 감정상태와 감정을 유발하는 사건들을 외면하거나 무시해서는 안 된다.

그림 3-2 정서적 사건반응이론

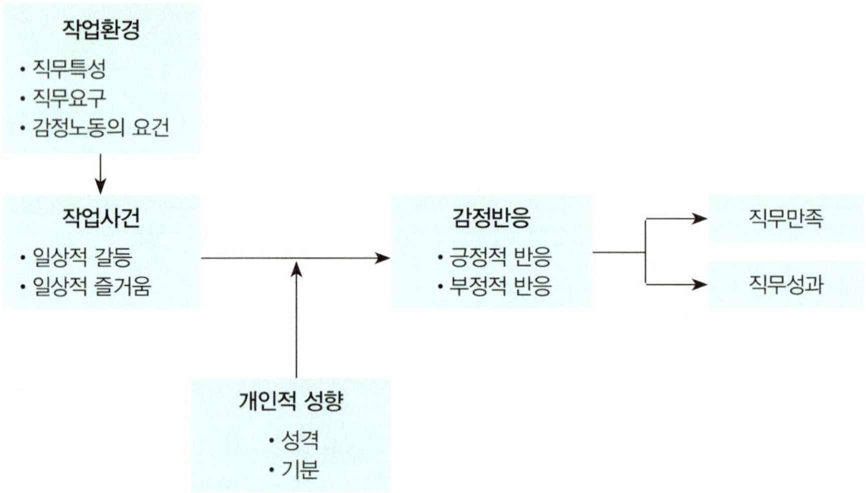

자료: Ashkenasy, N.M. and Daus, C.S.(2002), "Emotion in the Workplace: The New Challenge for Managers," *Academy of Management Executive*(February), p.77.

2. 감정노동

1) 감정노동의 개념과 중요성

백화점에서는 종업원의 찡그린 얼굴을 보기 어렵다. 항공사 승무원은 항상 친절한 자세로 승객들에게 서비스를 제공한다. 경영자는 비록 조직의 구성원이 유쾌한 상태가 아니더라도 고객에게는 언제나 밝고 명랑한 태도로 응대하기를 바란다. 그 때문에 구성원은 자기 마음과는 달리 가식적으로 고객을 대하기도 한다. 구성원은 육체적 · 정신적 노동에 모든 노력을 기울이지만 이들에게 주어진 직무는 이에 더하여 감정적 노동까지도 요구한다.

감정노동(emotional labor)이란 개인이 직무를 수행하는 과정에서 상사, 동료, 고객 등 직무와 관계가 있는 사람들에게 조직차원에서 바라는 감정을 표현하는 일을 말한다. 개인의 감정이 사적영역에서 공적영역으로 전환될 때 자연스럽지 못한 상황이 발생하는데, 그러한 상황에서 감정을 표현하는 일을 감정노동이라고 한다.

사적 영역의 감정은 실제적 감정(felt emotion)이라고도 하며 개인이 본능적으로 감지하는 감정을 말한다. 그리고 공적 영역의 감정은 연출된 감정(displayed emotion)으로서 조직이 구성원에게 직무에 적합하게 요구하는 감정이다.

실제의 감정이 연출된 감정으로 바뀌는 과정이 자연스럽지 못하면 개인은 감정부조화(emotional dissonance)를 느끼게 된다. 감정부조화는 개인의 감정이 조직이 요구하는 감정과 일치하지 않는 상황을 말하는데, 이러한 상황이 계속 되면 사람은 극심한 스트레스와 함께 좌절감, 분노, 원망 등을 느끼면서 결국은 감정소진이나 감정고갈과 같은 심각한 상태에 빠진다.

오늘날에는 기업조직뿐만 아니라 구청이나 경찰서와 같은 공공조직에서도 그 구성원에게 감정노동을 요구한다. 공무원도 자기의 감정을 억제하면서 항상 친절하게 민원인들을 응대해야 한다. 즉, 조직구성원이라면 누구나 감정노동을 피할 수 없는 시대가 된 것이다. 따라서 조직에서는 높은 강도의 감정노동으로 인하여 발생할 수 있는 구성원의 정신적 · 육체적 문제에 대해 관심을 가져야 한다. 구성원의 억제된 분노와 좌절감은 질병으로 발전하며, 이는 결국 조직에 해가 되는 태도와 행동으로 이어지기 때문이다.

2) 감정노동의 관리

조직에서 감정노동에 대한 요구가 과도하게 이루어지면 구성원과 조직 모두에게 부정적으로 작용한다. 많은 연구에서 과도한 감정노동은 구성원의 스트레스 · 소진 · 감정부조화 · 직무불만족 · 조직몰입 · 이직의도 · 조직시민행동 · 직무성과 등에 부정적 영향을 미치는 것으로 나타나고 있다(박영배 · 이상우, 2013). 따라서 조직에서는 구성원의 감정노동을 적절한 수준으로 조절해야 하고, 구성원의 감정노동으로 인한 정신적 고통을 완화할 수 있는 다양한 방안을 강구해야 한다.

감정노동을 실제로 표현하는 방식에는 표면행동(surface acting)과 내면행동(deep acting)이 있다. 표면행동은 개인이 직접 느끼고 있지 않은 감정을 조직의 요구에 맞추어 언어적 · 비언어적으로 '표현된 규칙'을 행동으로 옮기는 것이다. 여기서 '표현된 규칙'이라 함은 자신이 원치 않아도 외부로 표현해야만 하는 것을 말한다. 따라서 표면행동은 구성원 개개인이 자기의 진짜 감정인 내면적 감정을 누르고 가짜 감정을 표현할 때 만들어진다. 내면행동은 표면행동과는 달리 자신이 표현하려고 하는 감정과 본래 느끼고 있던 내면적 감정이 일치되는 행동을 의미한다.

표면행동과 내면행동은 모두 '우리 고객을 위한 행동'이라는 점에서 공통점이 있다. 그러나 표면행동과 내면행동은 그 지향점이 다르다. 표면행동은 하기는 싫지만 억지로 해야만 하는 표현행동으로 부정적이지만, 내면행동은 하고 싶었던 것을 하게 된 표현행동으로 긍정적이다. 여러 연구에서도 표면행동 위주로 이루어지는 감정노동은 구성원에게 감정소진과 직무불만족을 가져다주지만, 내면행동에 따라서 자신의 감정과 일치하는 감정을 고객에게 표현하는 경우에는 자기 자신의 만족뿐만 아니라 고객의 만족도 높아지는 것으로 나타나고 있다. 따라서 조직에서는 구성원의 감정노동을 내면행동화할 수 있는 방안을 마련해야 한다.

조직은 기본적으로 구성원이 내면행동을 바탕으로 고객에게 서비스를 제공할 수 있는 환경을 조성하면서 과도한 감정표현을 자제하도록 관리하는 것이 중요하다. 그러기 위해서는 새로우면서도 다양한 교육훈련방법을 개발하여 감정노동이 조직의 필요에 의한 획일적인 것이 아닌 고객을 배려하기 위한 자율적 행동이라는 것을 구성원 자신과 고객이 다 같이 느낄 수 있도록 해야 한다[박영배 · 이상우, 2013].

3-2 | 성격

1. 성격의 개념과 특성

1) 성격의 개념

성격(personality)은 원래 라틴어의 '페르소나(persona)', 즉 배우들이 연극을 할 때 쓰는 탈(mask)에서 유래된 용어이다. 따라서 이것이 처음에는 사람들의 겉으로 나타나는 신분상의 특징을 의미했으나 지금은 개인의 내면적인 속성 또는 타인과 구별할 수 있는 개인의 독특한 자질을 의미하는 것으로 이해되고 있다. 그러나 성격은 한마디로 표현할 수 없는 매우 다양한 요소들로 결합된 복잡한 개념이기 때문에 이에 대해 명확히 정의를 내린다는 것 자체가 상당히 어려운 일이다. 사실 성격에 대한 개념적 정의는 아직까지도 문제가 되고 있는 오래된 숙제로서 남아 있다.

미국의 저명한 심리학자인 올포트(G.W. Allport)가 1937년에 출간한 저서『퍼스낼리티』에서 학자들의 성격에 대한 정의를 이미 50여 가지로 분류한 것만 보아도 이 개념의 복잡성을 이해할 수 있다. 여기에서는 경영학의 한 분야인 조직행동론의 관점에서 성격을 "환경의 조건에 관계없이 비교적 장기적으로 일관되게 행동양식을 결정해 주는 개인의 독특한 심리적 자질들의 총체"로 이해하기로 한다[Robbins, 1989: 51].

2) 성격의 특성

성격의 개념을 통해 알 수 있듯이 성격을 이해하는 데 있어 주목해야 할 두 가지 측면이 있는데 그것은 독특성(uniqueness)과 일관성(consistency)이다. 따라서 우리가 어떤 사람의 성격을 말할 때 그것은 우선 다른 사람과 구별되는 그 사람만의 독특한 것이며 환경조건과 관계없고 또 장기간 지속적인 것이어야 한다[신유근, 1992: 96]. 이와 같은 두 가지 측면은 성격이 지니는 가장 대표적인 특성이라고 할 수 있다. 여기서 심리학자들 사이에 인정되고 있는 성격의 특성을 좀 더 상세히 살펴보면 다음과 같다[Gibson 등, 1982: 56−57].

첫째, 개인의 독특한 개성을 나타내는 전체적인 개념이다.

둘째, 표면상으로 관찰이 가능하고 측정할 수 있는 어느 정도 안정된 일정한 패턴을 형성하고 있다.

셋째, 선천적 유전에 의한 생리적인 것을 바탕으로 하여 개인이 사회문화환경과 작용하는 과정에서 형성된다.

넷째, 주어진 사회문화환경의 테두리 안에서 일반적으로 유사하거나 공통적인 면과 개인마다 다른 독특한 면으로 구성되어 있다.

다섯째, 개인의 일반적인 태도에서 나타나는 표면적이고 피상적인 측면과 개인의 내면에 깊숙이 묻혀있는 핵심적인 측면으로 구성되어 있다.

2. 성격의 결정요인

무엇이 개인의 성격을 결정하는가? 이에 대한 문제는 오랫동안 논쟁거리가 되어 왔다. 즉, 성격이라고 하는 것이 유전에 의하여 선천적으로 결정되는가, 아니면 환경과의 상호작용에 의하여 후천적으로 형성되는가 하는 문제인데 이에 대한 명확한 대답은 없다. 성격은 이 두 요인 모두의 영향을 받아 형성된다고 보아야 마땅할 것이다. 최근에는 여기에 또 하나의 요인으로서 상황(situation)이 크게 관계된다고 본다. 따라서 개인의 성격은 유전과 환경에 의하여 결정되며 이는 다시 상황적 조건에 의해 조절되는 것으로 파악할 수 있다. 여기에서는 성격의 결정요인을 [그림 3-3]과 같이 유전적 · 문화적 · 사회적 · 상황적 요인으로 나누어 살펴보기로 한다.

그림 3-3 성격의 결정요인

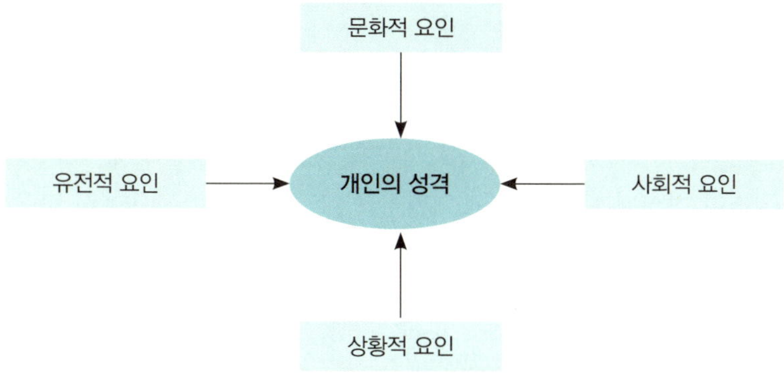

1) 유전적 요인

우리는 일반적으로 사람의 몸매, 얼굴모습, 성별, 체질, 근육구조, 체력 등과 같은 신체적 · 생리적 특징은 유전에 의해서 결정된다고 생각한다. 우리가 흔히 들을 수 있는 '부전자전'이라든지 '그 부모에 그 자식' 등과 같은 말은 유전적 요인이 성격의 형성에 영향을 미친다는 것을 잘 설명해 준다. 이러한 생각은 주로 유전론자들에 의해 뒷받침되고 있는데, 이들은 개인의 성격은 염색체에 위치한 유전인자의 분자구조에 의해서 결정된다고 주장한다. 즉 유전요소는 유전인자를 통해 전달되는데, 유전인자는 호르몬균형을 조절하고 호르몬균형은 다시 체격(physique)을 결정하며 끝으로 체격은 성격이 형성되는 데 영향을 미친다는 것이다[Kelly, 1974: 243].

그러나 유전론자들의 주장을 있는 그대로 받아들이는 데는 무리가 있다. 왜냐하면 모든 성격의 특성이 완전히 유전에 의해서만 결정된다면 한번 형성된 성격은 고정되어 어떠한 환경과 상황에서도 변화할 수 없기 때문이다. 또한 이들의 주장대로라면 성격을 통해 개인의 행동을 해석하고 그 변화가능성을 이해하는 것이 오히려 어렵게 된다. 최근에 유전공학(genetics)의 발달에 힘입어 유전적 요인이 사람의 성격이 형성되는 데 중요한 역할을 한다는 사실이 더욱 분명해졌다. 그러나 유전적 요인뿐만 아니라 환경과 상황 또한 성격 형성에 함께 영향을 미치는 중요한 요인으로 보아야 할 것이다.

2) 문화적 요인

문화는 사회나 집단을 구성하고 있는 모든 사람들이 공유하고 있는 가치관, 신념, 이념, 관습, 지식, 언어, 신앙, 기술 등을 포함하는 거시적이고 종합적인 개념으로서 성격이 형성되는 데 중요한 역할을 한다. 문화는 한 세대에서 다음 세대로 일관성 있게 전승되기 때문에 같은 사회나 집단의 구성원은 동일 문화를 학습하면서 사회화(socialization)를 이루어 나가는 과정을 통해 공통성이 있는 성격을 지니게 된다. 따라서 한 사회나 집단이 지니고 있는 공통적 성격은 다른 사회나 집단의 그것과는 구별되는 독특성을 나타내게 된다. 예컨대, 기독교적 윤리(protestant ethic)가 지배적인 서양문화에서는 일반적으로 독립적이고 경쟁적인 사람을 높이 평가하는 데 반하여, 유교적 윤리의 동양문화는 그렇지 않다. 따라서 이질적인 문화권에서 성장한 사람들은 서로 다른 성격특성을 지니게 된다. 유전적인 요소는 서양계 혈통을 이어받았지만 동양문화권에서 성장한 사람은 다분히 동양적인 성격을 나타나게 되는 것이다[Luthans, 1985: 110-111].

행동과학자들은 특히 문화가 유전적 요인보다도 성격 형성에 더욱 크게 영향을 미친다고 믿는다. 이들은 전통적으로 이어져 내려오는 문화는 구성원의 학습(learning)을 통해 성격에 직접 영향을 미친다고 주장한다. 그러나 문화가 성격 형성에 중요한 역할을 하는 것은 분명하지만 문화와 성격 사이에 선형관계(linear relationship)가 있다고 단언하기는 어렵다[박내회, 1989: 117]. 왜냐하면 같은 문화권이라 할지라도 사회경제적 계층, 연령, 종족, 지역 등에 따라 수많은 하위문화가 존재하기 때문이다. 예를 들면, 같은 서양문화권이라 하더라도 미국인은 진취적인 데 반하여 영국인은 오히려 보수적인 성격특성을 지닌다거나, 동양문화권에서도 중국인은 근검하고 일본인은 단결심이 강하다고 하는 것이 이를 잘 설명해 준다. 따라서 전체적으로는 같은 문화권에 속한다고 할지라도 종족과 지역

그리고 사회계층에 따라 성격이 다르게 형성된다고 할 수 있는데 이것은 하위문화를 이루고 있는 사회적 요소들이 중요한 역할을 하기 때문이다.

3) 사회적 요인

문화적 요인과 함께 성격 형성에 영향을 미치는 또 하나의 중요한 환경요소로 사회적 요인을 들 수 있다. 즉 가족과 사회집단에서 나름으로 중시되는 가치관, 생활습관, 규범, 서열관계, 분위기 등과 같은 사회적 요인이 그 구성원의 성격이 형성되는 데 중요한 역할을 한다는 것이다. 여기서 가족관계는 특히 어린이의 성격 형성에 가장 크게 영향을 미친다. 예컨대 사람의 초기의 성격은 주로 부모를 닮으려는 심리와 노력, 즉 동일화과정(identification process)을 통해 형성되기 때문에 부모의 사고, 감정, 동기와 욕구, 실제의 행동 등은 자식의 성격에 상당한 정도로 반영된다고 할 수 있다. 또한 가정에서의 출생순서(birth order) 역시 성격 형성에 영향을 미친다는 견해도 있다. 즉 여러 형제들 가운데 맏이는 착하고 독립심과 책임감이 강하고, 막내는 독립심이 있는 체 하지만 매우 불규칙하고 체계적이지 못한 반면에 성취능력은 큰 것으로 인식되기도 한다[Warren, 1966: 38－49]. 또 어떤 연구에 의하면 장남이 차남에 비해 정신분열증(schizophrenia)에 걸리기 쉬우며, 사회적 압력에 굴복하기 쉽고 보다 의존적이 되는 경향이 많다고 한다[Luthans, 1985: 113]. 이와 같이 출생순서에 의한 성격특성에 관하여 학자들 간의 견해가 일치하지는 않지만 출생순서가 성격이 형성되는 데 부분적으로 영향을 미친다는 주장은 설득력이 있다.

또한 사회집단 역시 개인의 성격이 형성되는 데 있어 매우 중요한 역할을 한다. 사람은 성장하면서 가정뿐만 아니라 그 밖의 다양한 사회집단과 관계를 맺게 된다. 예를 들면, 직장에서는 작업집단의 구성원으로서 동료들과 생활을 같이 해야 하고, 취미활동과 건강유지를 위해 등산이나 운동을 위한 모임에 가입하기도 하며, 주기적으로 동창회나 사회봉사활동에 참여하기도 한다. 그리고 개인은 이러한 사회집단과의 관계를 계속 유지해 나가는 동안에 사회화과정(socialization process)을 겪게 된다. 사회화란 집단의 가치, 규범, 행동패턴 등을 학습 · 수용해

가는 과정을 일컫는데 이는 개인의 성격 형성에 크게 영향을 미치게 된다.

4) 상황적 요인

성격은 상당히 안정적이고 일관성이 있기는 하지만 상황에 따라 변할 수도 있음을 이해할 필요가 있다. 사람은 경우에 따라서 이질적인 상황에 놓이게 되면 상황이 요구하는 대로 본래의 자기와는 전혀 다른 새로운 측면을 드러내기도 한다. 예를 들면, 성장과정에서 겁이 많고 수줍음을 많이 타던 사람이 어쩌다 죄를 짓고 교도소에 들어가게 되면 교도소 내의 절망적인 상황에 좌절하여 오히려 공격적이고 뻔뻔한 사람으로 바뀌기도 한다. 그렇게 되면 출감한 다음에 다른 사람의 눈에는 그가 흉폭하고 구제하기 어려운 문제아인 것처럼 비치게 된다.

이와 같이 개인의 성격은 유전적 요인과 환경적 요인에 의하여 결정되며 이는 다시 개인이 생활하는 상황적 요인에 의해 조절된다고 할 수 있다. 따라서 성격의 형성은 상황과 무관하게 이루어지는 것으로 생각해서는 안 될 것이다. 아직까지 상황과 성격 간 영향관계에 대한 연구성과가 만족스럽지 못한 형편이지만 [Sechrest, 1976], 성격의 형성과 변화에 상황이 밀접하게 관련된다는 것을 부인할 수는 없다(박영배, 2010: 123).

3. 주요 성격이론

사람의 성격에 대한 연구는 오래전부터 매우 다양하게 이루어져 왔다. 따라서 세상에 알려진 이론만 해도 그 수가 상당히 많고 모두 나름의 독특한 접근방법과 주장을 담고 있다. 여기서는 여러 이론들 중에서 비교적 대표적인 것을 간략하게 살펴보기로 한다.

1) 프로이드의 정신분석이론

성격 연구의 대표적인 학자인 프로이드(S. Freud)는 정신분석이론을 통해 성격의 동태적인 면을 강조했다. 따라서 프로이드의 이론을 정신역동이론

(psychodynamic theory)이라고 부르기도 한다.

프로이드는 행동이 무의식에 의해서 지배된다고 생각했다. 즉, 사람의 행동은 우리가 의식하지 못하는 숨겨진 동기나 무의식적 소망이 원인이 되어 발생한다는 것이다. 그는 사람의 마음을 빙산에 비유하여 물 위에 나와 있는 작은 부분이 의식이라면 물속에 숨겨진 더 큰 부분은 무의식에 해당된다고 보았다. 그리고 이렇게 큰 부분을 차지하고 있는 무의식세계에는 우리가 알지 못하는 사고와 욕망과 충동들이 자리를 잡고 사람의 의식적 사고와 행동을 지배한다는 것이다.

행동유발의 원인에 대한 이러한 가정을 기초로 하여 프로이드는 성격의 구조와 역동적 과정을 설명하고 있다. 그는 성격이 원초아 · 자아 · 초자아의 세 차원으로 이루어졌으며, 개인 간 성격에 차이가 있게 되는 것은 개개인이 기본적인 충동을 처리하는 방식이 이 세 차원 사이의 역동적 관계에 따라 달라지기 때문이라는 것이다. 프로이드가 가정하고 있는 성격의 구조와 기능을 살펴보면 다음과 같다.

① 원초아(id): 이것은 무의식의 핵으로서 원시적 본능의 창고역할을 한다. 프로이드는 성격을 기본적으로 쾌락추구적인 것으로 보았다. 따라서 성격은 쾌락을 극대화하고 고통을 극소화하기 위한 에너지를 필요로 하는데 이러한 에너지를 공급해 주는 내적인 힘, 곧 즉 동인이 곧 원초아라는 것이다. 이러한 원초아 중에서 대표적인 것은 성적 · 공격적 본능이며, 이는 이기적이고 무규율적인 방식으로 욕망의 즉각적인 충족을 추구한다.

② 자아(ego): 원초아가 성격의 무의식차원에 속하면서 쾌락지향적인 부분인데 반하여, 자아는 대부분 의식차원에 속하는 현실지향적인 부분이다. 원초아는 맹목적으로 쾌락을 추구할 수 없다. 왜냐하면 그럴 경우 사회적 처벌을 받게 되어 고통이나 긴장이 오히려 증가될 우려가 있기 때문이다. 따라서 현실을 감안하여 원초아의 이기적 · 무규율적인 에너지의 발산을 지도할 필요가 있게 되는데, 이러한 역할을 수행하는 것이 자아이다. 즉, 자아는 현실원리(reality principle)에 입각하여 원초아로 하여금 현실을 이해하고 평가하게 함으로써 원초아의 에너지를 성취 가능한 방향으로 이끌어 주는 역할을 한다.

③ 초자아(super ego): 초자아는 의식과 무의식 차원에 모두 속해 있는 성격의

이상지향적인 부분이다. 초자아는 일종의 감시 메커니즘으로써 윤리적 · 도덕적 기준을 통해 원초아의 원시적 본능을 억제한다. 따라서 원초아와 초자아는 갈등상태에 있게 된다. 그리고 초자아는 현실보다는 이상을 중시하기 때문에 자아가 현실에 입각하여 원초아가 얻으려고 하는 것을 돕는 쪽으로 일을 착수할 때 초자아는 이상에 기초하여 욕구충족의 필요성과 가능한 수단을 정의해 주는 역할을 수행한다.

프로이드의 정신분석이론에서 원초아, 자아, 초자아는 어떤 구체적인 특성을 지닌 실체는 아니며 성격의 동태적인 면을 역학적으로 설명하기 위한 분석개념이다. 프로이드는 성적 · 공격적 본능으로 이루어진 원초아와 도덕적 · 윤리적 이상과 양심으로 구성된 초자아는 끊임없는 갈등상태에 있게 되며, 자아가 이를 조정하는 역할을 한다고 말한다. 그리고 원초아와 초자아 간의 상대적인 힘의 크기와 자아의 조정방식에 따라서 개인의 성격과 행동에 차이가 발생한다고 주장한다. 예컨대 원초아와 초자아가 갈등을 일으킬 때 자아가 조정역할을 잘하면 원만한 성격을 계속 유지할 수도 있다. 그러나 원초아의 욕망이 워낙 강하여 자아의 조정과 중재가 잘 이루어지지 않게 되면 억압, 투사, 승화, 반동형성, 퇴행, 부정, 합리화 등과 같은 방어기제가 나타나 성격에 영향을 미친다.

프로이드의 성격이론은 인간의 행동을 설명하는 데 있어 본능, 특히 성적 본능의 중요성을 지나치게 강조함으로써 인간의 합리적 측면과 사회적 · 상황적 요인을 소홀히 했다는 비판을 받는다. 또한 성격의 구성개념들의 정의가 애매하고 조작화가 어려워 실증적으로 조사 · 검증하기가 힘들기 때문에 과학적 이론으로서 문제가 있다는 점도 지적되고 있다. 그러나 많은 비판에도 불구하고 성격의 역동적 구조와 행동에 대한 프로이드의 통찰력만큼은 여전히 크게 인정을 받고 있다[신유근, 1992: 99].

한편, 신프로이드학파(Neo Freudian)의 대표적인 학자로 불리는 융(C.G. Jung)은 프로이드의 정신분석이론을 더욱 발전시켰다. 프로이드의 제자이기도 한 그는 무의식의 개념을 확대하여 프로이드의 개인무의식(personal unconscious) 외에도 인간에게 잘 알려지지 않은 상태로 더 깊숙이 존재하는 집단무의식(collective unconscious)을 발견하였으며, 이것이 성격 형성에 가장 크게 영향을 미친다고 보았다. 집단무의식은 사람이 태어날 때 이미 지니고 나오는 선험적인 것이다. 이것은 개인 자신의 경험에 의해서가 아닌 과거세대의 누적적 경험을 통해서 형성되어 사람들로 하여금 언제나 조상들과 같은 방식으로 느끼고 생각하도록 만드는 성향이나 경향으로 존재하게 된다. 따라서 집단무의식은 성격의 섭촉하기 어려운 가장 깊은 곳에 자리를 잡고 있으면서 성격이 형성되는 데 가장 직접적이고 큰 영향력을 행사한다는 것이다[Jung, 1967].

융의 이론은 프로이드가 인간행동의 원인을 지나치게 성적 본능을 중시함으로써 무의식을 다분히 부정적인 그늘로 파악했던 것에 비해 이것을 무한한 가능성을 지니는 생명의 원천, 즉 인간잠재력의 무한한 보고로 생각했다는 점에서 새롭게 평가된다. 그러나 그가 믿고 있듯이 선험적으로 형성된 집단무의식에서 나온 경험들이 실제로 새로운 세대로 끊임없이 이어지는가 하는 문제가 아직도 그의 이론이 폭넓게 수용되지 못하고 있는 원인으로 남아 있다.

2) 인본주의적 성격이론

로저스(C. Rogers)와 매슬로우(A.H. Maslow)로 대표되는 인본주의론자들은 성격의 긍정적인 측면을 중시한다. 이들은 정신분석이론이나 그 밖의 다른 이론들이 정신분열증이나 대인공포증과 같은 정신질환과 개인문제에 초점을 맞추어 사람을 지나치게 부정적으로 기술하며 기계적으로 조작한다고 비난한다. 그리고 모든 사람은 선천적으로 건강한 성격으로 성장하여 자아실현을 이루려는 강한 욕구를 가지고 있다는 점을 강조한다. 그러나 성격의 성장은 흔히 나쁜 환경조건의 방해를 받기 때문에 자아실현을 이루기가 상당히 어렵게 된다. 따라서 건강한 성격으로의 성장을 스스로 회복할 수 있는 심리적 토양을 마련해 주는 것이 중요한 과제가 된다.

매슬로우는 실제로 미국역사에서 자아실현적 인물로 평가할 수 있는 사람들이 지녔던 성격특징을 12가지로 정리하였다. 그리고 대학생들을 대상으로 조사하였는데 그러한 특징의 성격을 가진 학생들은 다른 학생들에 비하여 심리적으로 건

강하고, 학업성적이 우수하며, 신경질적인 행동을 하지 않는다는 사실을 발견하였다. 이러한 연구결과를 토대로 매슬로우는 자아실현을 이루는 사람은 보다 실제적이고, 타인을 포용할 줄 알며, 솔직하고, 사회에 대한 관심이 깊으며, 창의력이 풍부하다고 말한다[Maslow, 1970].

로저스 역시 사람들은 누구나 자기의 잠재능력을 충분히 실현하려는 강한 욕구를 지니고 있다고 생각한다. 그리고 자아(self)는 성장과 더불어 계속적으로 발전하는 것으로 보았다. 즉 사람들은 자기의 주관적인 자아개념(self-concept)을 점차 이상적 자아(ideal self)로 발전시키게 되는데, 이 이상적 자아가 현실적 자아(real self)와 가까울수록 자기의 잠재능력을 더 많이 발휘하고 행복감을 느끼게 된다. 로저스는 이렇게 자기실현을 이루는 사람은 보다 강하고 긍정적인 자아개념을 지니고 있다고 강조한다. 성격에 대한 인본주의적 입장을 견지하고 있는 학자들을 가리켜 성장심리학자라고도 하는데, 이는 이들이 전개해 온 성격이론이 인간의 성장을 바탕으로 하고 있기 때문이다.

3) 성격의 유형이론

성격의 유형이론(type theory)은 사람의 성격을 그 특성에 따라 서로 다른 몇 개의 형태로 분류하여 설명하려는 의도에서 전개된 이론이다. 유형이론은 역사가 매우 길어 이에 대한 학자들의 연구도 상당히 다양하게 이루어져 왔다. 여기서는 유형이론들 중에서 융(C.S. Jung)의 내향성 · 외향성이론을 중심으로 살펴보기로 한다.

정신분석학자인 융은 사람의 성격을 심리적 내용에 따라 내향성(introvert)과 외향성(extrovert)의 두 가지 유형으로 구분하고 대부분의 사람은 내향적이거나 외향적이라고 주장하였다. 그에 의하면 심적 에너지인 리비도(libido)가 유기체의 내부로 향하게 되면 관심의 방향이 내부세계로 쏠려 내향성이 되며, 반대로 리비도가 유기체의 외부로 향하게 되면 사고, 감정, 행동 등이 외부세계로 쏠려 외향성이 된다. 내향적인 사람은 자기 자신의 내면적인 세계를 좋아하고 고독을 즐기는 편이다. 따라서 비교적 수줍음을 많이 타며 비사교적인 편이나 자기 자신을 쉽게 잃지는 않는다. 또한 자기가 반드시 개입해야 하는 일에 대해서는 강한 내적 압력에 의해 앞에 나서는 용기를 보이기도 한다. 이에 반하여 외향적인 사람은 대체로 공격적이고 자기의 생각이나 감정을 숨기지 못하는 경향이 있다. 그리고 사교적이고 옷차림이나 용모에 관심이 많다. 극도로 긴장하거나 흥분하게 되면 자신을 잃고 다른 사람에 의지하려 하기도 한다.

융의 내향성 · 외향성이론은 다른 유형론과 마찬가지로 성격을 너무 단순하게 분류하고 있어 사람의 복잡한 성격을 충분히 해석하기에는 부족하다는 지적도 있다. 그리고 대부분의 사람은 대체적으로 내향적인 면과 외향적인 면을 모두 지니며 어느 한쪽에 극단적으로 치우치는 경우는 극히 드물다고 볼 수 있다. 그러나 융이 분류해낸 성격의 두 가지 차원은 조직에서 구성원 사이에 나타나는 차이를 관리하는 데 있어 큰 도움이 되고 있다.

4) 성격의 특질이론

성격의 특질이론(trait theory)은 사람의 성격이 독특한 특질로 이루어져 있으며 그 구조가 행동에 영향을 미친다고 본다. 특질이란 개인의 사고나 행동을 일관성이 있으면서 다른 사람과 구별되는 독특성을 갖게 만드는 소질을 말한다. 그리고 이것들의 총체가 바로 성격이 된다. 일련의 학자들은 오래 전부터 개인 간 차이를 설명할 수 있는 중요한 특질차원을 찾아내려고 노력해 왔다. 예컨대, 특질이론의 대표적 학자인 카텔(R.B. Cattell)은 [표 3-1]에서 보는 바와 같이 성격을 구성하는 16개의 특질차원을 분류해 내었다[Cattell, 1973].

카텔은 이것을 성격의 기본특질(source traits)이라고 불렀다. 그리고 이러한 기본특질의 다양한 조합이 수많은 독특한 성격, 즉 표면특질(surface traits)을 만들어 낸다. 이것은 사람의 성격이 아무리 천차만별이라고 할지라도 이는 사실상 몇 개 안 되는 기본특질로부터 파생되었다는 것을 의미한다.

특질이론은 성격의 양적 측정이 가능하기 때문에 실증적 연구를 통해 개인과 개인 또는 집단과 집단을 비교할 수 있을 뿐만 아니라, 현실적으로 보다 의미 있는 연구결과를 얻을 수 있다는 것이 다른 이론들과 다른 점이라고 할 수 있다.

표 3-1 《 성격의 특질

1. 내성적이다	개방적이다
2. 비지적이다	지적이다
3. 감정적이다	정서적으로 안정되어 있다
4. 복종적이다	지배적이다
5. 심각하다	낙천적이다
6. 수단적이다	양심적이다
7. 소심하다	모험적이다
8. 집념이 강하다	민감하다
9. 신뢰적이다	의심이 많다
10. 실질적이다	상상적이다
11. 솔직하다	약삭빠르다
12. 자신감이 있다	염려가 많다
13. 보수적이다	진보적이다
14. 의존적이다	독립적이다
15. 통제되지 않는다	통제된다
16. 이완되어 있다	긴장하고 있다

4. 성격과 개인차이의 관리

우리가 개인의 성격에 관심을 기울이는 가장 중요한 이유는 이것을 통해 조직구성원의 행동을 이해하고 해석하고 예측함으로써 개인속성과 직무와의 적합관계를 찾아내고 유지시키는 데 도움이 되기 때문이다. 그리고 이러한 적합관계는 구성원의 직장생활의 질뿐만 아니라 조직유효성을 향상시키는 데 크게 기여한다. 앞에서 살펴본 성격에 관한 여러 이론들 중에서 성격의 특질과 유형은 특히 개인간 차이를 파악하고 개인과 직무의 적합관계를 예측하는 데 매우 유용하다. 여기에서는 이와 관련하여 조직행동론에서 특히 알아두어야 할 몇 가지 연구를 중심으로 살펴보도록 하겠다.

1) 성격과 행동의 예측

조직에서 구성원의 행동을 예측하고 관리하는 데 도움이 되는 성격에 관한 연구로는 다음과 같은 것이 있다.

(1) 내재론자와 외재론자

로터(J.B. Rotter)는 사람의 성격을 통제의 위치에 따라 내재론자와 외재론자의 두 유형으로 구분하였다. 여기서 '통제의 위치(locus of control)'란 개인이 자기의 삶에서 얻는 결과에 대해 자신이 얼마나 영향을 미칠 수 있다고 믿는지를 측정하는 개념이다[Rotter, 1966]. 내재론자(internals)는 자기의 운명은 스스로의 행동에 의해서 결정된다고 믿는다. 그리고 일상생활에서 부딪치는 상황을 자신이 직접 통제할 수 있다고 생각한다. 따라서 이러한 사람의 통제의 위치는 자신에 있다. 반면 외재론자(externals)는 자기의 운명과 삶의 결과는 자신보다는 기회, 운, 기관, 제도, 인물 등과 같은 외부요인들의 강력한 영향력에 의해 결정된다고 믿는다. 이러한 사람은 통제의 위치를 외부에 두고 있다.

조직행동과 관련하여 이 두 성격은 많은 차이를 보인다. 연구에 의하면 내재론자는 외재론자에 비해 정보수집 노력과 정보의 유지 · 이용에도 앞서고 승진과 출세가 빠르며[Andrisani and Nestel, 1976], 자기통제를 잘하고 조심스럽고 위험도가 낮은 일에 종사한다. 그리고 직무에 보다 만족하고 적극적이며 소외감을 덜 느낀다. 내재론자는 또한 참여적인 리더십을 선호한다. 이에 반하여 외재론자는 비교적 불안감을 많이 느끼고 스트레스에 약한 편이다. 그리고 독재적이고 구조화된 직무환경에서 일하는 것을 좋아하며 지시적인 리더십을 선호하는 경향이 있다[Rose and Veiga, 1984].

이처럼 대부분의 연구결과는 개인의 능력과 행동패턴은 내재적일수록 더 좋다는 것을 강조하고 있다. 그러나 극도로 내재적인 사람은 행동 자체가 지나치게 경직되기가 쉽고 협조성이 부족하기 때문에 경우에 따라서는 오히려 도움이 되지 않는다는 사실에 주의해야 한다.

(2) A형과 B형

A형(A type)과 B형(B type)의 성격에 대한 연구는 원래 의학계에서 혈압, 스트레스, 심장병과 같은 건강문제와 관련하여 시작되었는데, 근래에는 이것이 구성원의 행동을 예측하고 개인차를 관리하는 데에도 매우 유용한 지침을 제공해 주기 때문에 많은 관심이 모아지게 되었다. 여기서 A형은 일반적으로 참을성이

부족하고 경쟁적 · 공격적이며 성취에 대한 갈망이 크고 완전주의로 특징지어지는 성격이다. 반면에 B형은 참을성이 많고 덜 경쟁적이며 덜 공격적인 성격이다[Friedman and Rosemen, 1974].

A형과 B형은 이와 같이 서로 상대적인 행동패턴을 보이는 성격이다. 따라서 이 두 성격은 조직에서도 서로 다른 행동으로 나타다. 예컨대 A형은 일반적으로 B형에 비해 업무처리 속도가 빠르며, 어려운 일에 불평이 적고, 한꺼번에 여러 가지 일을 맡겨도 잘 처리한다[Burnam 등, 1975]. 그러나 A형은 항상 조급해 하기 때문에 반응이 늦은 과업을 수행하게 되면 실적이 떨어진다[Glass 등, 1974]. 최고경영자들 중에 A형보다는 B형이 더 많이 발견된다는 사실도 시사하는 바가 크다. 또한 건강측면에서 보아도 B형보다는 A형이 고혈압과 스트레스의 증상을 더 많이 나타내며 협심증과 심근경색으로 인한 사망률도 높게 나타나고 있다[Booth−Kewley and Friedman, 1987].

따라서 조직에서는 이러한 상이한 성격에 적합한 과업을 부여해 줄 필요가 있다. 한 연구결과에 의하면 A형의 경우에는 시간상의 제약이 있거나 독립적인 과업이 적합하고, B형인 경우에는 속도보다는 정확성이 요구되거나 복잡한 판단이 필요하며 다른 사람과의 협조가 요구되는 과업이 적합하다[Baron, 1983: 102]. 그리고 건강측면에서는 특히 A형 성격에 초점을 맞추어 질병의 치료와 예방을 위한 대책을 마련해 놓아야 할 것이다.

(3) 권위주의와 독단주의

아도르노(T. Adorono)와 그의 동료들은 반유대인기질(anti−Semitism)의 근원을 규명하기 위한 연구에서 권위주의적 성격(authoritarian personality)을 측정하고 이러한 성격은 반유대적 태도와 정치 · 경제적 보수주의 그리고 자문화중심주의와 관계가 있음을 발견하였다. 그리고 이러한 성격의 소유자는 권한이나 규율에 대한 무비판적인 순응을 강조함으로써 지시적이고 통제적인 행동패턴을 보인다[Adorono, 1950].

권위주의적 성격은 조직행동과 관련하여 그동안 많이 연구되어 왔다. 이러한 성격의 소유자는 지배와 복종관계를 중시하고 사람을 신뢰하지 않으며 변화를 싫어하는 경향이 있기 때문에 복잡하고 다른 사람과의 협조를 필요로 하는 과업에는 적합하지 않다. 그러나 엄격한 규칙과 규율이 강조되는 구조화된 직무환경에는 매우 적합하다는 것이 일반적인 인식이다.

권위주의적 성격과 함께 중요하게 연구되고 있는 것으로 독단주의적 성격이 있다. 소위 독단주의(dogmatism)는 주어진 문제에 대해 매우 엄격하고 폐쇄적인 태도를 보이는 특징이 있다. 이러한 성격의 사람은 세상을 온통 위협으로 가득 찬 곳으로 생각하며, 합법적이면서 절대적인 권위는 반드시 필요한 것이라고 주장한다. 의사결정이 신속하고 자기의 견해와 주장에 대해 항상 강한 확신을 가지고 있는 것 또한 이러한 성격의 행동적 특징이라고 할 수 있다[Szilagyi and Wallace, M.J., Jr., 1987: 55-56].

(4) 마키아벨리적 성향

조직구성원의 행동패턴을 이해하는 데 있어 마키아벨리적 성향(machiavellianism)은 또 하나의 중요한 성격특성이다. 이 개념은 16세기 이탈리아의 철학자 마키아벨리(Niccolo Machiavelli)의 '군주론'에서 도출된 것으로서, 간단히 말하면 목적을 위해서는 수단과 방법을 가리지 않는 성향을 의미한다. 마키아벨리적 성향에 대한 체계적인 연구는 심리학자인 크리스티(R. Christie)와 게이스(F.L. Geis)에 의해 이루어졌다. 이들은 마크척도(Mach scale)라는 설문을 개발하여 여기서 높은 점수를 얻으면 마키아벨리적 성향이 강한 것으로 평가했다[Christie and Geis, 1970].

연구결과에 의하면 마키아벨리적 성향이 강한 사람은 일반적으로 인간관계에서 냉정한 패턴을 보이며, 철저하게 자기의 목적만을 위해 움직인다. 타인의 영향력에는 결사적으로 저항하고 타인에게 영향력을 행사하는 데 온갖 수단을 동원한다. 반면에 마키아벨리적 성향이 약한 사람은 모든 사람들과 좋은 관계가 유지되는 것을 원하며, 도덕적으로 정당한 경우에만 행동하며, 정직한 수단에 의해서만 목적을 달성하려고 한다[Geis and Moon, 1981].

마키아벨리적 성향이 강한 사람은 조직에 도움이 되지 않으며 많은 경우에 있어서 오히려 역기능만을 만들어 낸다는 생각이 지배적이다. 물론 이러한 성향의 소유자가 생산적일 수 있는 상황이 없는 것은 아니다. 그러나 그러한 경우라 할지라도 도덕적 · 윤리적인 측면에서 많은 문제를 일으킨다. 따라서 조직에서는 이런 성향이 지나치게 강한 사람에 대해서는 평소에 각별한 주의를 기울여야 한다. 특히 임용이나 승진과정에서 능력 있는 구성원이 희생물이 되지 않도록 이런 성향의 사람을 선별해 낼 수 있는 방법을 마련해야 한다.

2) 성격과 직무의 배합

개인의 성격에 대한 이해는 직무나 직업과 관련하여 조직에서 그에 알맞은 작업환경을 조성하고 적합한 과업을 부여하는 데도 많은 도움이 된다. 성격과 직무의 적합성에 대해서는 위에서 살펴본 몇 개의 대표적인 성격특성을 통해 부분적으로 설명이 되었다. 여기에서는 이에 대한 대표적인 연구를 토대로 보다 체계적으로 살펴보기로 한다.

(1) 셔머혼의 연구

셔머혼(J.R. Schermerhorn)과 그의 동료들은 성격특성을 문제해결스타일에 따라 구분하고 이것과 직무와의 적합관계를 연구하였다. 이들은 먼저 문제해결과정에서 정보의 수집과 평가가 중요하다고 보고 이것을 별개의 활동차원으로 설정한 다음 이 두 차원을 조합하여 4가지 유형의 문제해결스타일을 도출해 내었다[Schermerhorn 등, 1985: 112].

정보수집은 개인이 자료나 자극을 어떤 목적을 위해 조직하는 과정이다. 정보수집의 스타일은 감각형(Sensation type: S)과 직관형(Intuitive type: I)으로 분류된다. 감각형은 정보를 수집하는 데 있어서 일상적인 질서를 선호하고 명확하게 정의되어 있는 세부사항을 강조한다. 직관형은 일상적인 것을 싫어하고 새로운 문제해결을 선호하며 부분적인 것보다는 전체적인 것을 좋아한다. 또 하나의 차원인 정보평가는 일단 수집된 정보를 처리하는 방식에 대해 판단을 내리는 과정이다. 정보평가의 스타일은 감정형(Feeling type: F)과 사고형(Thinking type: T)으로 나뉜다. 감정형은 순응적이고 자기를 타인에게 적응시키려고 노력하며 타인과의 불일치를 가져올 수 있는 새로운 문제를 회피하는 스타일이다. 사고형은 문제를 처리하는 데 있어서 정서적인 측면은 적극 억제하고 이성과 지성을 이용하는 스타일이다.

정보수집 차원의 두 가지 유형과 정보평가 차원의 두 가지 유형을 서로 조합하면 감각－사고형(ST), 감각－감정형(SF), 직관－감정형(IF), 직관－사고형(IT) 등의 네 가지 문제해결스타일을 얻게 된다. 셔머혼 등은 이들 네 가지 문제해결스타일 및 그것의 독특한 성격특성과 직무와의 적합관계를 밝혀냈는데 이는 [표 3－2]에서 보는 바와 같다.

표 3-2 ⟪ **문제해결스타일 및 성격특성과 직무의 적합관계**

문제해결스타일	성격특성	적합한 직무
감각－사고형	결단력, 의존력, 응용적	회계, 생산, 컴퓨터프로그래밍, 시장조사, 엔지니어링
감각－감정형	실용적, 분석적, 조직적	직접감독, 카운슬링, 인사관리, 교사, 면접
직관－사고형	창의적, 진보적, 예민함	시스템디자인, 시스템분석, 법률, 중간·최고경영자, 경영·경제강의
직관－감정형	카리스마적, 참여적, 인간지향적	홍보(PR), 광고, 판매, 정치, 고객서비스

자료: Hellriegel, D., Slocum, J.W. and Woodman, R.W.(1983), *Organizational Behavior*(St. Paul, Minn.: West Publishing), pp.135–140.

(2) 홀랜드의 연구

성격과 직무의 적합관계에 대한 또 하나의 대표적인 연구는 홀랜드(J.L. Holland)에 의해서 이루어졌다. 그는 개인의 성격을 6가지 유형으로 분류하고 각 유형에 적합한 직무와 직업을 제시하였다[Holland, 1973].

홀랜드는 개인의 직무만족과 이직경향은 그 사람의 성격특성과 직무환경이 얼마나 적합한가에 달려 있다고 주장한다. 다시 말하면 사람들은 각기 나름의 독특한 성격을 가지고 있고 직무들도 그 특성이 모두 다르다. 따라서 자기의 성격과 일치하는 특성의 직무에 종사하는 사람은 그렇지 않은 사람에 비해 더 크게 만족하며 스스로 이직할 가능성은 그만큼 낮아진다는 것이다. 그가 제시한 6가지 성격유형의 특성과 그에 적합한 직무와 직업의 종류를 정리하면 [표 3-3]에서 보는 바와 같다.

표 3-3 《《 성격유형과 직무 · 직업의 적합관계

성격유형	성격특성	적합한 직무와 직업
현실형 (realistic)	매사에 적극적이고, 체력 · 기술능력 · 조정능력이 강하다	농업, 임업, 건축업
탐구형 (investigative)	감정이나 정서보다 사고력 · 조직력 · 이해력이 강하다.	생물학, 수학, 신문방송
사교형 (social)	지적 또는 육체적 활동보다는 대인관계에 관심이 많다.	외교, 임상심리, 사회사업
전통형 (conventional)	개인의 욕구보다는 조직의 목적 · 권한 · 규칙 · 규율을 중시한다.	회계, 재무, 공공행정
모험형 (enterprising)	설득력 · 영향력 · 권력 · 지위의 확보능력이 강하다.	법률, 홍보(PR), 중소기업경영
예술형 (artistic)	정서적이고 감성적이며, 자기표현력과 예술적 창의력이 강하다.	미술, 음악, 문예창작

홀랜드의 연구에서 또 하나 특기할 만한 것은 성격유형들 사이의 유사성 정도를 파악했다는 점이다. [그림 3-4]의 육각형 모형에 표시된 6가지의 성격유형은 서로 거리가 가까울수록 유사성이 많다는 것을 의미한다. 예컨대 현실형은 사교형보다는 탐구형이나 전통형과 더 가깝다고 할 수 있다. 이것은 직무나 직업의 적합성을 비교 · 평가하는 데도 도움을 준다. 즉, 현실형 성격인 사람은 외교관이나 사회사업과 같은 직업보다는 신문방송이나 기업경영과 같은 직업이 더 적합하다는 것을 말해준다.

그림 3-4 성격의 상호관계

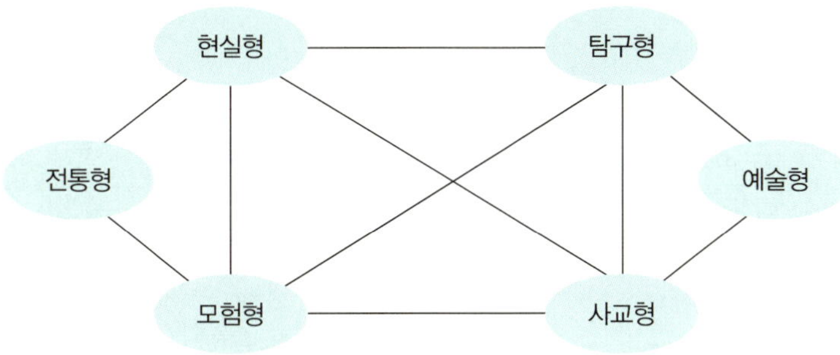

3) 성격 측정 설문

▣ 다음은 귀하의 성격유형(내재론자와 외재론자)에 관한 질문입니다. 귀하의 생각과 가장 일치하는 곳에 '✓'표를 해 주십시오.

	전혀 그렇지 않다	보통이다	매우 그렇다
1. 나는 사람이 누구나 정해진 운명을 타고난다고 생각한다.			
2. 나는 성공이나 실패는 사람의 노력보다는 운에 달려있다고 생각한다.			
3. 나는 대부분의 일이 운에 좌우되기 때문에 장기적인 계획을 세우는 것은 현명하지 않다고 생각한다.			
4. 나의 생활에서 일어나는 일은 대부분 주위 사람들에 의해 좌우된다.			
5. 나는 자신이 열심히 노력하기만 하면 얼마든지 성공할 수 있다고 생각한다.			
6. 나는 힘들더라도 새로운 것을 배울 수 있는 업무를 좋아한다.			
7. 나는 나의 삶이 내 자신의 행동에 의해 결정된다고 생각한다.			
8. 나는 내가 원하는 것을 얻었다면 운보다는 내가 항상 그것을 위해 열심히 일했기 때문이라고 생각한다.			
9. 나의 주요 업적들은 전적으로 노력과 능력의 결과이다.			

OR Humor 3 한국인의 특성

한 여론조사원이 영국인, 일본인, 미국인, 독일인, 한국인에게 차례대로 물었다.

"당신 나라는 어떤 정신을 강조하나요?"

영국인: 신사도요.

일본인: 친절요.

미국인: 개척정신요.

독일인: 근면요.

그때 한국인이 외쳤다.

"아 빨리빨리 묻고 대답 좀 빨리빨리 합시다, 거"

자료: http://blog.com/morning9514(2012년 5월 22일)

3-3 | 가치관

1. 가치관의 성격

1) 가치관의 개념

우리가 일상생활을 통해 광범위하게 사용하고 있는 가치(value)는 인류학과 심리학 그리고 사회학 등에서 중요하게 연구되어온 주제이다. 그러나 많은 학자들의 연구노력에도 불구하고 아직까지 가치를 정의하는 데 있어서 많은 혼란을 겪고 있다. 이는 아마도 학자들의 학문에 대한 입장과 관점의 차이에서 오는 현상으로 생각된다. 가치는 원래 '구체적 사물에 대한 가치'를 나타내는 경제학적인 용어라고 할 수 있는데, 19세기에 들어오면서 철학자들이 이를 '추상적 사물과 관념으로서의 가치'로 그 의미를 확장시켰다. 그 후 심리학 · 사회학 · 인류학 · 정치학 등 사회과학과 행동과학 그리고 인문학분야에서 가치의 개념을 더욱 발전시켜 '고도로 추상화된 관념적 틀(a highly conceptual frame-work or construct)'로서의 가치관(values)과 가치체계(value system)를 말하고 있다.

아들러(S. Adler)는 가치를 정의하는 데 다음과 같은 네 가지 방법을 제시하면서 이 방법들을 조합시킴으로써 가치에 관한 모든 가능한 개념을 정의할 수 있다고 말한다[Levitin, 1973: 492].

첫째, 가치는 영속적 개념(eternal ideas)으로써 부분적으로는 '신의 의지(mind of God)'와 같은 절대적(absolutes)인 것이다.

둘째, 가치는 인간의 욕구와 욕망을 충족시킬 수 있는 것으로서 어떤 사물 또는 객체(object)의 고유한 본질을 말한다.

셋째, 가치는 선천적인 것이거나 학습에 의한 것이거나를 막론하고 사람들이 어떤 사물에 대해 좋다 · 나쁘다 하는 것을 나타내는 경향을 말한다.

넷째, 가치는 신념이나 기대 등과 같이 행동으로부터 관념화시킬 수 있는 것을 말하며, 이것은 사람들이 그들의 행동을 객관적으로 평가하고 판단할 수 있는 기초를 제공한다.

이상의 네 가지 방법들은 각기 어느 특정 방향으로서만 가치를 정의함으로써 가치의 개념을 포괄적으로 나타내지는 못한다고 할 수 있다. 많은 학자들의 가치에 대한 정의도 이러한 편파성을 보이고 있는데, 그 중에서 인류학자인 클러크혼(C. Kluckhohn)과 심리학자인 로키치(M. Rokeach)는 비교적 종합적인 관점에서 정의를 내리고 있다.

클러크혼은 "가치는 개인이나 집단을 특정지어 주는 것으로서, 행동의 이용가능한 제형태, 수단, 목표의 선택에 영향을 주는 바람직한 것에 대한 명시적 · 묵시적 개념"이라고 정의한다[Kluckhohn, 1951: 404]. 또 로키치는 "가치는 일종의 비교적 오래 지속되는 신념이며, 이러한 신념은 개인이나 사회로 하여금 행동방식이나 존재의 목적상태(end-state of existence)를 선호할 수 있게 한다"고 설명한다[Rokeach, 1951: 404].

따라서 이들의 관점에 따르면 가치는 '개인이 사물에 대해 '좋다 · 나쁘다', '옳다 · 그르다', '바람직스럽다 · 바람직스럽지 않다'와 같이 판단하는 일종의 심리적 과정으로서 비교적 오래 지속되며 인간행동에 영향을 주는 개념'이라고 할 수 있다.

가치에 대한 이러한 개념적 정의를 기초로 하여 볼 때, 개인적 차원에서의 가치관, 즉 개인의 가치관은 개인의 의식구조 속에 내면화되어 있는 평가적 성향으로서[이상주, 1986: 3], 개인의 행동에 일정한 방향을 지워주고 규칙성을 부여해준다. 또한 이것은 일정한 형태의 행동을 유발하는 동기에 영향을 미치는 중요한 요인이며 개인이 느끼는 만족감과 사물에 대하여 갖는 의미의 내용을 좌우한다.

2) 가치관의 형성

위에서는 가치의 개념을 정의하면서 심리적 과정 또는 속성으로서의 가치를 얘기했다. 그러나 가치를 심리적 과정이나 속성으로 볼 수도 있지만, 그것을 사회문화적인 현상으로 볼 수도 있다. 예를 들어, 개인이 지극한 효성을 지니고 있든 없든 간에 한국사회가 전통적으로 효의 가치를 존중하여 왔다는 것은 문화가치가 개인을 초월하여 일종의 사회적 사실로서 실재함을 말해 주는 것이다. 여기서 문화가치란 사회문화적 현상으로서 집단의 일반화된 행동방식을 특징짓는 규범적 원리를 말하는데, 이는 사회의 지배적인 도덕적 계율, 종교적 신앙, 정치적 이념, 심리적 기준 등에 광범위하게 스며들어 있으며 제반 사회시스템 내에 제도화되어 있다[이상주, 1986: 3-4].

따라서 사회구성원의 일반적인 행동특성을 반영하는 문화가치는 또한 사회구성원으로서의 개인의 가치관 형성에 결정적으로 영향을 미친다고 할 수 있다. 이것은 개인의 가치관이 경험을 통해 형성된다는 점에서 볼 때 매우 중요한 의미를 가진다. 이에 대해 사회학자들은 "가치관은 문화적으로 전승된 사회생활의 규범적 원리와 선악시비를 판단하는 평가적 표준이나 구성원 개인의 학습과정을 통해 내면화된 심리적 특성으로서 사회적 행동의 방향과 강도를 규정해 주는 동기적 기능을 가지며, 문화적으로 오랜 기간을 통해서 전승되어 온 것일 뿐만 아니라 사회구성원의 성격 및 다른 심리적 특성에 내면화된 것이기 때문에 쉽게 변화되거나 외국의 가치관에 쉽게 동화되지 않고 비교적 오래 지속하게 된다"고 강조한다[박용헌, 1982: 89-90]. 따라서 개인이 지니는 가치관은 그가 사회의 문화가치를 내면화하고 사회구조 속에 사회화됨으로써 형성된다고 할 수 있다.

한편 가치관은 개인이나 집단의 행동에 영향을 미치는 주요한 요인으로 볼 수가 있는데 이는 가치관이 지니는 몇 가지 특성을 통해 이해할 수 있다.

첫째, 가치관은 바람직하거나 바람직하지 못한 것을 나타내어 행동결정의 준거가 된다.

둘째, 내면화된 가치체계로서의 가치관은 가치판단과 행동의 기준이 된다.

셋째, 가치관은 개인이나 집단의 욕구에 대한 행동방향을 제시한다.

넷째, 가치관은 개인이나 집단의 존재의미를 확인하는 중요한 역할을 한다.

가치관은 행동의 근원적인 기준을 제공함으로써 행동방향을 규정짓는 중요한 역할을 한다. 따라서 개인이나 집단이 공유하고 있는 가치체계 또는 가치관을 이해할 수 있다면 개인과 집단의 행동을 상당히 정확하게 예측할 수 있다.

2. 가치관의 분류

1) 슈프랑거의 분류

슈프랑거(Edward Spranger)는 1928년에 출판된 저서 『사람의 유형(Types of Man)』에서 개인의 성격을 이해하기 위해서는 개인의 가치관과 평가적 태도(evaluative attitudes)를 중심으로 연구되어야 한다고 강조하면서 여섯 가지의 가치유형을 제시했다. 그는 모든 사람들을 이들 여섯 가지의 이상적인 가치유형으로 분류할 수 있다고 말한다.

슈프랑거가 개인이 중시하는 가치에 중점을 두고 제시한 여섯 가지의 가치유형은 다음과 같다[Spranger, 1928].

① 이론형(the theoretical): 논리적 가치를 중시하는 유형을 말한다. 이러한 가치관을 가지는 사람은 진리의 발견에 큰 관심을 기울이고, 실증적이고 이성적이며 비판적인 방법으로 사물을 판단하고 관찰하며 이유를 밝히려고 노력한다.

② 경제형(the economic): 경제적 가치를 중시하는 유형으로서 경제적인 효용에 특별한 관심을 나타내며, 재산과 부의 축적 등과 같이 주로 구체적이고 현실적인 욕구의 만족을 추구하는 경향이 짙다.

③ 심미형(the aesthetic): 형식과 조화를 중시하는 유형으로서, 인생은 즐길 만한 것으로 생각하며, 우아함, 대칭적 균형(symmetry) 그리고 적합성 등을 추구하고, 미는 곧 진리라고 믿는다.

④ 사회형(the social): 인류애(love of people)에 대해 최대의 가치를 부여하는 유형으로 이타적이고, 박애적이며, 사람들이 인간관계를 형성하고 유지하는 데 있어서 유일한 방법은 곧 사랑이라고 생각한다. 따라서 이러한 유형의 사람은 인자함, 동정적인 것, 그리고 이기적이 아닌 것 등에 많은 관심을 기울인다.

⑤ 정치형(the political): 권력(power)에 관심을 나타내는 유형이다. 이러한 가치관을 가지는 사람들은 주로 개인적 권력, 영향력, 명성 등을 매우 중시하는 경향이 있다.

⑥ 종교형(the religious): 합일성(unity)을 최고의 가치로 생각하는 유형으로 진리나 신은 마음 또는 심령의 통찰력을 통해 이해할 수 있다고 믿으며, 우주는 일체적인 것으로서 자기도 그 속에 포함된다고 생각한다. 또한 이러한 가치관을 가지는 사람의 의식구조는 항상 조물주나 그를 만족시킬 수 있는 가치의 경험을 향해 넓게 열려 있으며, 자기 자신과 우주 사이를 유의미한 방식으로 연결시키려고 노력한다.

이들 여섯 가지 가치유형은 가치에 대한 순수한 개념을 나타내는 것으로서 절대적인 것이라고 할 수는 없다. 이와 같은 분류는 다만 서로 다른 가치관에 대한 이해를 쉽게 하기 위한 것이지, 이것이 꼭 사람들을 여섯 가지의 절대적인 가치유형으로 분류할 수 있다는 것을 의미하지는 않는다. 개인은 이들 여섯 가지의 가치관을 모두 가지고 있을 수 있다. 그러나 이 가치들을 중시하는 정도는 상대적으로 다르게 나타난다.

타지우리(R. Tagiuri)는 슈프랑거의 가치관 유형을 이용하여 직업이 다른 사람들의 가치관을 측정하였다. 그리고 [표 3-4]에서 보는 바와 같이 사람의 가치관은 직업에 따라서 현저한 차이가 나타나고 있음을 알아냈다. 즉 목사들은 종교적 가치관을 가장 많이 가지고 있으며, 경영자들과 과학자들은 각각 경제적 가치관과 이론적 가치관을 가장 많이 가지는 것으로 나타났다(Tagiuri, 1967).

타지우리의 연구결과는 일반인들의 생각과 상당히 일치한다. 이러한 결과는 슈프랑거가 분류한 가치관 유형이 개인이나 집단의 행동을 예측하는 데 상당히 유용하다는 것을 보여준다.

표 3-4 ⟪ 직업별 가치관 유형

목사	기업경영자	과학자
1. 종교형	1. 경제형	1. 이론형
2. 사회형	2. 이론형	2. 정치형
3. 심미형	3. 정치형	3. 경제형
4. 정치형	4. 종교형	4. 심미형
5. 이론형	5. 심미형	5. 종교형
6. 경제형	6. 사회형	6. 사회형

자료: Tagiuri, R.(1967), "Purchasing Executive: General Manager or Specialists?," *Journal of Purchasing*(Aug.), pp.16–21.

2) 로키치의 분류

로키치(Milton Rokeach)는 가치관에 대해 "가치관은 비교적 오래 지속되는 신념이며, 이러한 신념은 개인이나 사회로 하여금 바람직한 특정의 행동방식(specific mode of conduct)이나 존재의 목적상태(end-state of existence)를 선호할 수 있게 해주며, 이와 상반되는 바람직하지 않은 행동방식이나 존재의 목적상태는 되도록 선호하지 않게 해 준다"고 말한다. 그리고 가치관을 개인의 '행동방식'과 '존재의 목적상태'에 의거하여 [그림 3-5]에서와 같이 몇 가지 유형의 가치로 분류하였다. 로키치는 이러한 유형의 가치들은 다시 어떤 형태로 조직되어 하나의 신념조직인 가치체계(value system)를 이룬다고 말한다[Rokeach, 1951: 5].

① 행동방식에 관한 가치관: 수단가치(means-values) 또는 '도구적 가치'라고

하는데, 이는 다시 개인 간의 관계와 죄악감을 나타내는 '도덕가치(moral values)'와 개인의 수치심을 나타내는 '능력가치(competence values)'로 나뉜다.

② 존재의 목적상태에 관한 가치관: 목적가치(end-values) 또는 '궁극적 가치'라고 하는데, 이는 다시 자기중심적인 그리고 개인의 내재적인 면을 나타내는 '개인가치(personal values)'와 사회중심적인 그리고 개인 간의 관계를 나타내는 '사회가치(social values)'로 나뉜다.

그림 3-5 로키치의 가치관 유형

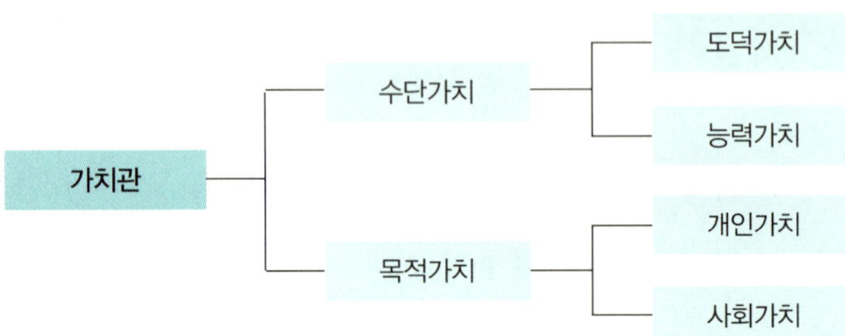

한편, 로키치는 실제로 가치관을 측정하기 위한 가치척도를 개발하였다. [표 3-5]에서 보는 바와 같이 가치관을 목적가치와 수단가치로 분류하고 각각 18개의 가치항목을 설정하였다. 응답자는 목적가치와 수단가치의 항목들을 각각 상대적인 중요성에 따라 1에서 18까지 배열하게 되는데, 이들 가치의 배열상태는 곧 응답자 개인의 가치체계를 나타낸다.

로키치는 이 36개 가치항목을 이용하여 개인차이 뿐만 아니라 정치활동, 직업차이, 생활방식차이 등과 같은 행동을 예측할 수 있다고 말한다. 로키치의 가치척도는 실제로 여러 분야에서 폭넓게 사용되고 있다.

한 연구에서는 로키치의 가치척도(The Rokeach Value Survery: RVS)를 사용하여 대중전달매체(mass media)를 많이 이용하는 사람들의 개인가치관을 조사하였는데, 매체를 많이 이용하는 사람의 가치관이 매체를 적게 이용하는 사람의 가치관과 다르다는 사실을 발견하였다[Becker and Connor, 1981].

표 3-5 ⟪ 수단가치와 목적가치

수단가치	목적가치
야심적(근면하고 포부가 있음)	쾌적한 생활(부유한 생활)
관대함(마음이 넓고 개방적임)	활력적인 생활(자극적 · 적극적인 생활)
능력적(재능이 있고 일처리가 효율적임)	성취감(지속적 · 영구적인 공헌)
쾌활함(걱정이 없고 태평함)	평화로운 세계(전쟁과 갈등이 없는 세계)
청결함(깨끗하고 단정함)	아름다운 세계(자연과 예술의 미)
용감함(믿음을 갖고 어려움을 이겨나감)	평등(모든 사람이 동등하고 서로 사랑함)
관용적(타인의 잘못을 용서함)	가정의 안정(사랑하는 가족을 보살핌)
협력적(타인의 복리를 위해 일함)	자유(독립과 자주적 선택)
성실함(성의를 가지고 진실을 추구함)	행복(만족)
상상력(담대하고 창의력이 있음)	내면적인 조화(내면적인 갈등이 없음)
독립적(자주 · 자립 · 자족)	성숙된 사랑(육체와 마음의 일치)
총명함(재간이 있고 사려가 깊음)	국가의 안전(외부침략으로부터의 보호)
논리적(이치에 맞고 합리적임)	유쾌함(한적한 생활을 즐김)
사랑하는 마음(감정이 풍부하고 온순함)	구세(구원과 영생을 얻음)
복종적(책임적이며 순종적임)	자존(자기 자신을 존중함)
예의(예절이 바르고 태도가 좋음)	사회적 인정(존경을 받음)
책임감(믿을 수 있고 신뢰적임)	진정한 우정(가깝고 친한 동료)
자기통제(자기억제와 인내심이 강함)	지혜(생명을 진정으로 이해함)

연구결과에 의하면 TV를 많이 보는 사람은 전통적인 종교적 가치를 중시하고 자기억제적 · 타인지향적인 경향을 보였다. 또 이들은 비교적 인간관계를 중요하게 생각하는 반면 개인적인 성공이나 성취는 중시하지 않는 것으로 나타났다. 그리고 잡지를 많이 보고 활용하는 사람은 능력과 성취를 매우 중시하고 자기지향적(inner-directed)인 경향을 보이며, 인간관계는 비교적 중시하지 않는 것으로 나타났다. 한편, 항상 신문을 보는 사람은 항상 잡지를 보는 사람이나 항상 TV를 보는 사람과 여러 면에서 유사하게 나타났다.

OB Story & Case 3 성격 나쁜 직원이 월급 더 받는다

성격이 까다롭거나 조직에 비협조적인 사람이 보통 사람보다 더 많은 보수를 받는다는 연구 결과가 나왔다.

월스트리트저널은 미국 노틀담대학과 웨스턴온타리오대학의 최근 공동연구 결과를 인용하여 '성격이 까다로운' 직원이 '고분고분한' 직원보다 최대 연간 18%의 급여를 더 받는 것으로 조사됐다고 보도했다.

이번 연구는 양 대학이 미국 내 중견기업 직원 1만 명을 대상으로 20년간의 인사 및 급여자료를 분석한 것이다. 조사 결과 남자의 경우 조직에 순종적인 사람보다 비협조적인 직원이 평균 연간 9,772달러(18%)의 보수를 더 받는 것으로 나타났다. 여자 직원은 연간 1,828달러(5%)를 더 받는 것으로 드러났다.

연구팀 관계자는 이러한 연구결과를 토대로 "성격 좋은 사람들이 회사에 속고 있을 수도 있다"고 말하면서, 성격이 나쁘고 비협조적인 태도를 보인다고 평가받는 직원이 더 많은 보수를 받는 이유를 연봉협상 때 이들이 상대적으로 자신의 '몸값'을 산정하고 협상하는 데 적극적이기 때문이라고 분석했다. 티머시 리빙스턴 노틀담대학 교수는 "성격이 좋은 직원은 다소 부당하다고 생각되는 대우에도 수긍하는 경향이 있다"며 "이들은 반드시 자기 주장이 강하지는 않았다"고 설명했다.

연구팀 관계자는 회사의 평가시스템에도 허점이 있다고 지적했다. 경영자들이 종종 직원들의 '태도'를 임금책정에 필요한 평가에 반영하지 않는다는 것이다.

자료: 한국경제, 2011년 8월 17일자 수정

토의문제

01 성격이 나쁜 사람과 좋은 사람은 행동에서 어떤 차이가 있는가?

02 개인의 성격을 임금을 책정하는 데 반영해야 공정한가?

Chapter 04

Organizational Behavior

지각과 학습

Key Word

- 지각(知覺, Perception)
- 자극의 선택(選擇, Selection) 조직화(組織化 Organization), 해석(解釋, Interpretation)
- 인상형성이론(印象形成理論, Impression Formation Theory)
- 귀인이론(歸因理論, Attribution Theory)
- 평가오류(評價誤謬)
- 학습(學習, Learning)
- 자극-반응이론(刺戟-反應理論, Stimulus-Response Theory)
- 인지학습이론(認知學習理論, Cognitive Theory of Learning)
- 사회학습이론(社會學習理論, Social Learning Theory)
- 행동변화전략(行動變化戰略), 행동수정(行動修正, Behavior Modification)

학습중점

- 지각의 개념을 숙지하고, 지각의 과정과 영향요인을 이해한다.
- 주요 대인지각이론을 숙지하고, 평가오류를 불러오는 요인들을 이해한다.
- 학습의 성격을 이해하고, 주요 이론들이 주장하는 학습과정에 대해 논의한다.
- 여러 행동변화전략의 목적과 그 효과를 이해한다.
- 행동수정프로그램의 효과와 문제점에 대해 논의한다.

4-1 | 지각의 성격

1. 지각의 개념과 중요성

사람들은 누구나 항상 주위 환경으로부터 헤아릴 수 없이 많은 자극을 받으며 살아간다. 살아있다는 사실은 따지고 보면 환경에 적응하고 있음을 의미한다. 환경에 적응하기 위해서는 먼저 자기를 자극하는 여러 환경적 요인들을 정확하게 이해할 필요가 있는데, 이는 곧 지각에 대한 문제라고 할 수 있다.

지각(perception)은 일반적으로 외부의 자극에 대해 하나의 심리적인 형상(metal image or impression)을 형성하는 과정으로 이해된다. 다시 말하면 지각은 "개인이 외부환경으로부터 들어오는 여러 감각적인 자극을 선택 · 조직 · 해석하여 어떤 의미를 부여하는 심리적 과정"이라고 할 수 있다[Berelson and Steiner, 1964: 88]. 여기서 지각을 '심리적 과정'이라고 하는 것은 이것이 온도의 변화, 빛의 강도, 물리적 충격 등과 같은 자극에 의한 신체의 단순한 감각이나 반응과는 달리 내면적인 복잡한 인지과정(cognitive process)을 거쳐서 이루어지기 때문이다.

그러나 신체상에 가해지는 단순한 자극이라고 할지라도 심리적으로 어떤 느낌을 유발하여 사람들이 그 자극에 대해 서로 다른 의미를 부여한다면 그것은 곧 지각의 문제라고 볼 수 있다. 예를 들면 작업장 내의 탁한 공기, 소음, 높은 온도, 낮은 조명도 등과 같은 환경자극들은 일차적으로는 작업자의 생리상태에 영향을 미친다. 그러나 많은 경우에 있어서 작업자는 그러한 자극에 대해 또 다른 의미를 부여하게 된다. 즉, 어떤 작업자는 그렇게 열악한 작업환경을 '경영자의 종업원에 대한 무관심'으로 지각하는 반면에 다른 작업자는 '회사의 어려움으로 인한 불가피한 일'로 이해하기도 한다.

조직행동론에서 지각의 문제를 중요하게 취급하는 것은 이것이 개인의 행동에 미치는 영향이 매우 크기 때문이다. 개인의 행동은 근본적으로 외부의 자극에 대한 반응이라고 할 수 있다. 따라서 개인의 행동은 주어진 자극을 어떻게 지각하는

가에 따라 달라진다. 사람마다 같은 자극을 다르게 지각하기 때문에 그에 대한 반응, 즉 행동 또한 사람마다 다르다. 따라서 지각은 개인의 행동을 예측하고 이해하는 데 큰 도움이 된다. 또한 사람들이 지각하는 세계와 실제의 세계가 다를 수 있다는 사실도 지각을 연구하는 중요한 이유가 된다. 우리는 사람 · 사건 · 사물 등과 같은 대상을 나름으로 지각하게 되는데 그것이 반드시 실재하는 것은 아니다. 예를 들면, 우리가 물건을 살 때 내가 가장 좋아하는 것을 사는 것이지, 실제로 가장 좋은 것을 사는 것은 아니다. 이와 같이 지각의 세계를 이해하고 그것이 실제의 세계와 어떻게 다른지를 규명하는 것은 개인의 행동을 연구하는 데 있어서 매우 중요하다.

특히 지각의 이러한 성격은 조직에서 다른 사람을 정확하게 평가하는 문제와 직결된다. 정확한 평가란 편견이나 오류 없이 나와 다른 사람을 지각하는 것을 말한다. 평가는 지각이라는 심리적 과정을 거쳐 이루어지는데 상대방을 있는 그대로 정확히 평가하지 못하는 것은 개인의 의도적인 오류와 편견 때문이기도 하겠지만 지각과정에서 자기도 모르는 사이에 범할 수 있는 오류와 편견도 큰 몫을 차지한다. 따라서 조직의 구성원은 이와 같은 지각상의 오류와 편견을 제거하고 있는 그대로 정확하게 평가하려는 노력을 기울여야 한다. 특히 기업조직에서 경영자가 얼마나 공정하고 정확하게 종업원을 평가하는가는 인적자원관리의 효율성에 절대적으로 영향을 미친다.

2. 지각의 과정과 영향요인

1) 지각과정

지각이란 외부에서 들어오는 자극을 선택 · 조직 · 해석하는 과정이다. 지각은 외부환경의 자극을 받아들여 그것에 대해 하나의 상을 가지는 것으로서 환경과 개인을 가장 먼저 연결시켜 주는 과정인 것이다. 그러나 지각은 흔히 무의식중에 순간적으로 이루어지기 때문에 개인이 지각과정을 실제로 의식하기는 어렵다.

지각과정은 한 단계씩 순서에 따라 기계적으로 일어나기보다는 선택 · 조직 ·

해석 등의 부분적 과정이 동시에 이루어지며, 지각대상인 자극에 대해 만족스러운 의미가 부여될 때까지 되풀이된다. 이 과정에서 지각대상과 지각자의 특성 그리고 상황적 요인들이 복합적으로 영향을 미치기 때문에 실제로 개인이 자극을 어떻게 지각하는지와 자극에 대한 태도 · 감정 · 견해 · 행동 등과 같은 실제 반응을 예측하기란 쉬운 일이 아니다.

[그림 4-1]은 일련의 지각이 이루어지는 과정을 보여준다. 지각과정에 대해 좀 더 자세히 알아보기로 하자.

▌그림 4-1 ▌ 지각과정

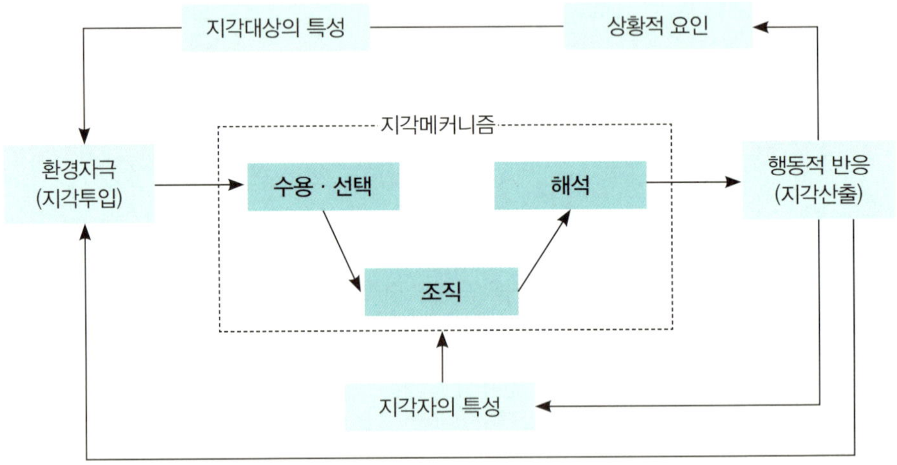

(1) 자극의 수용과 선택

지각의 첫째 과정은 환경으로부터 들어오는 자극을 감각기관으로 감지하는 것이다. 개인은 먼저 사건, 사물, 사람 등과 같은 환경자극을 시각, 청각, 촉각, 후각, 미각 등을 통해 자신의 지각영역 안으로 받아들인다. 그러나 개인이 주어진 자극을 모두 수용(reception)하는 것이 아니고 자기와 관계가 있거나 유리한 것만을 선택(selection)하여 받아들인다[Swanda, 1979: 76-78]. 예를 들면, 구성원은 자기에 대한 업적평가에 있어서 부정적인 평가결과보다는 긍정적 평가결과만을 선택적으로 받아들이려 할 것이고, 승진대상에 올라 있는 사람들은 무엇보다도 사내의 인사에 관한 정보에 민감한 반응을 보일 것이다.

(2) 자극의 조직화

일단 선택되어 지각영역 안으로 들어온 자극은 다시 조직화되는 과정을 거쳐 보다 의미 있는 모양으로 만들어진다. 선택적으로 감지된 자극은 대부분 완전하지 못한 부분적인 조각들이기 때문에 그 자체로는 의미 있는 정보를 제공해 주지 못한다. 따라서 지각자는 이것을 조합하거나 재구성하여 더 구체적인 사물이나 형상으로 만들어 어떤 의미를 찾게 되는데 이러한 과정을 조직화(organization)라고 한다.

사람들은 사물을 지각할 때 의미 있게 눈에 띄는 부분에만 관심을 기울이고 나머지 부분은 중요하지 않게 여긴다. 자극을 조직화하는 데 있어서 이러한 현상을 '도형－배경원리(figure－ground principle)'라 한다. 여기에서 도형(figure)은 지각자가 의미를 두는 부분으로서 자극의 주체가 된다. 그리고 배경(ground)은 중요하지 않은 것으로 생각하고 지나쳐 버리는 부분을 말한다. 따라서 무엇을 지각했다는 것은 그것을 배경으로부터 분리한 후 어떤 의미를 부여하고 해석을 내린 상태를 말한다.

그러나 모든 자극이 도형과 배경으로 확연하게 구분되는 것은 아니다. 경우에 따라서는 도형과 배경의 관계가 분명하지 않아 이것이 서로 뒤바뀌기도 한다. [그림 4－2]는 바로 이러한 경우를 보여 주는 대표적인 예이다. 즉 그림 (a)의 경우 검은 부분을 배경으로 하게 되면 포도주잔이나 꽃병으로 지각할 수 있지만, 흰 부분을 배경으로 할 경우에는 이것이 서로 마주보고 있는 얼굴의 옆모습이 된다. 그리고 그림 (b)의 경우에도 도형과 배경의 구분이 애매하기 때문에 때에 따라서는 젊은 여자로 보이기도 하고 노파의 모습으로 보이기도 하는 것이다.

도형－배경의 원리는 조직에도 적용된다. 조직에서 경영자가 구성원을 평가할 때 잠재능력이나 창의성만을 중시하고 근면성이나 책임감과 같은 것은 가볍게 생각할 수도 있다. 이때 잠재능력 · 창의성 등은 도형으로, 그리고 근면성 · 책임감 등은 배경으로 된다.

이와 같이 도형－배경의 원리는 환경을 있는 그대로 이해하고 평가하는 데 큰 도움이 된다. 그러나 위에서 지적한 바와 같이 도형과 배경을 구분하기가 어려운 경우도 있다. 그러한 상황에 자주 부딪치면 환경에 적응하는 데 큰 어려움을 겪게 된다.

▌그림 4-2▐ 도형과 배경의 관계

(a) (b)

(3) 자극의 해석

일단 지각영역 안으로 받아들여져 조직화된 자극은 다시 해석(interpretation)의 과정을 거쳐 평가를 받게 된다. 지각자는 자기의 목적에 부합될 수 있게 자극에 부여한 의미를 해석하는 것이다. 그리고 이 과정에서 개인은 자기 자신을 보호하고 발전시킬 수 있는 방향으로 자극을 이해하고 평가한다. 사실 그렇게 하지 않으면 감지된 자극 그 자체는 별 의미가 없게 된다[Coffey 등, 1975: 63－65; 박내회, 1990: 138].

2) 지각의 영향요인

같은 자극이라 할지라도 사람마다 다르게 지각하게 되는 것은 많은 요인들이 지각과정에 영향을 미치기 때문이다. 지각에 영향을 주는 요인은 [그림 4－1]에서 보는 바와 같이 크게 지각자(perciever)의 특성, 지각대상(target)의 특성, 지각이 이루어지는 상황(contex of the situation) 등 세 가지로 분류된다.

(1) 지각자의 특성

지각에 영향을 미치는 가장 중요한 요인 중의 하나가 바로 지각자 자신의 특성인데, 비교적 중요한 것으로는 욕구와 동기, 과거의 경험, 자아개념, 성격 등이 있다[Chung and Megginson, 1981: 120−121].

① **욕구와 동기**: 개인의 욕구와 동기(needs and motives)가 자극을 지각하는 데 큰 영향을 미친다. 한 연구에서는 다소 모호한 상황에 있는 사람들의 사진을 설명 없이 보여주었더니 그것을 본 사람들은 동일한 사진임에도 불구하고 각기 다르게 지각한다는 결과가 나왔다. 즉 강한 성취욕구를 지닌 사람은 사진 속의 사람들이 사업상 일을 하는 것이라고 말했고, 권력욕구가 강한 사람은 타인에게 권력을 행사하고 있는 것으로, 그리고 친교욕구가 강한 사람들은 서로 어울려 놀고 있다고 보았다. 그리고 배가 고픈 사람이 먹는 것에 더욱 민감하게 되고, 가난한 집 아이가 경치보다 집을 더욱 크게 그리는 것도 개인의 욕구와 동기가 지각하는 데 중요한 역할을 한다는 사실을 보여주는 것이다. 이렇듯 어떤 욕구나 동기로 말미암아 특정 자극을 더 민감하게 지각할 수 있는 내적 조건이 형성되어 있는 상태를 '반응돌기(response salience)'라 한다.

② **경험과 학습**: 과거의 경험이나 학습(experience and learning)은 특정 자극에 대해 어떤 일정한 방식으로 지각할 준비를 갖게 함으로써 지각에 영향을 미친다. 즉, 경험이나 학습에 의해 일단 지각구조가 형성되면 개인은 항상 그 패턴에 따라 지각하게 된다. 우리가 길을 가도 늘 가던 길로 가고, 친구를 사귈 때도 항상 비슷한 유형의 사람에게 더욱 마음이 끌린다든지, 직장에서 마케팅 업무를 담당하고 있는 사람이 친구들과 사업에 관한 얘기를 나눌 때 항상 유통경로나 시장점유율의 중요성을 강조하는 것도 바로 이 때문이다. 이러한 경험이나 학습은 또한 외부의 자극에 대한 지각뿐만 아니라 자기 자신에 대한 지각에도 영향을 미친다. 예컨대, 사람들은 성공의 경험이 많을수록 자기의 능력을 좋게 평가하며, 반면에 실패의 경험이 많을수록 자신감은 떨어진다. 이렇게 과거의 경험이나 학습을 통해 일정한 반응을 보일 가능성이 높게 되어 있는 심리적 상태를 '반응성향(response disposition)'이라고 한다.

③ **자아개념**: 자아개념(self−concept)은 자기 자신을 지각하는 방식으로서 개인이 자기 주위의 사물이나 타인을 지각하는 준거가 된다. 지각된 세계는

지각된 자아를 중심으로 조직된다. 따라서 개인이 자기를 어떻게 지각하고 있느냐에 따라 외부의 세계도 그러한 방식으로 지각하게 된다는 것이다. 예컨대, 자기를 무능력하다고 생각하는 사람은 자기 주위의 사물이나 사람들을 모두 위협적인 것으로 지각하는 경우가 많다. 그리고 그러한 사람은 모험을 하거나 환경을 극복하려는 노력을 하지 못할 공산이 크다. 이 자아개념은 또한 개인의 욕망수준(level of aspiration)과도 관계가 있다. 만일 개인이 자신을 유능한 사람으로 지각하면 높은 목표를 설정하고 달성하려고 하는 반면, 그렇지 못한 사람으로 지각하면 목표를 낮게 설정하여 달성하려고 할 것이다.

④ 성격: 성격(personality)도 지각에 있어서 중요한 역할을 한다. 낙관적인 사람은 사물을 긍정적으로 보는 반면에, 비관적인 사람은 부정적으로 파악한다. 또한 심리적으로 안정되어 있는 사람은 타인의 따듯한 면을 많이 보려고 노력하며, 생각이 깊은 사람은 타인을 극단적으로 평가하는 경우가 드물다. 그리고 자기 자신을 있는 그대로 지각할 수 있는 사람은 자기의 결점에 대해 방어적일 필요가 없이 효과적으로 기능을 수행한다. 따라서 조직에서 경영자가 공정한 평가를 하기 위해서는 무엇보다도 먼저 자신의 성격에 대한 통찰력을 가져야 한다.

(2) 지각대상의 특성

지각대상의 몇 가지 특성들이 지각에 영향을 미친다. 그러한 특성들은 주로 사람들의 주의를 끌게 만드는 것으로서 대표적인 것을 들면 다음과 같다[Luthans, 1981: 87-90].

① 강도(intensity): 조용한 소리, 약한 냄새, 어두운 빛보다는 큰 소리, 강한 냄새, 밝은 빛이 주의를 더 끌게 된다. 선거유세에서 연사가 청중의 관심을 끌기 위해 음성의 강도를 조절하는 것이 좋은 예이다. 또한 광고전문가들은 소비자의 관심을 끌기 위해 화면의 밝기와 소리의 높낮이를 이용하기도 한다.

② 크기(size): 지각대상의 크기 역시 강도와 마찬가지로 지각에 영향을 미친

다. 일반적으로 작은 것보다 큰 것이 더 주목을 받는다. 예를 들면, 신문이 나 잡지에 광고를 실을 때 몇 단의 작은 광고보다는 전면광고가 소비자의 주의를 더 강하게 끄는 것을 볼 수 있다.

③ 대조(contrast): 키가 큰 사람이라도 더 큰 사람들 사이에 있으면 작아 보이고, 키가 작은 사람이라도 더 작은 사람들 사이에 있으면 커 보이게 된다. 이것은 지각대상이 주위환경과 대조되기 때문이다. 노란 바탕의 검은 글씨나 붉은 바탕의 흰 글씨가 눈에 잘 띄는 것도 이 때문이다.

④ 반복(repetition): 반복되는 자극은 단 한 번으로 그치는 자극에 비해 더 관심을 받게 된다. 자극의 반복은 그것에 대한 민감성을 증대시켜 주기 때문이다. 기업에서 같은 교육과 광고를 반복하는 것도 이러한 효과를 증대시키려는 데 목적이 있다.

⑤ 동작(motion): 고정되어 있는 것보다는 움직이는 것이 지각자의 주의를 더 끌게 된다. 예컨대 옥외광고물에서 정지된 간판보다는 다양한 모양으로 움직이는 네온사인이 눈에 잘 띄게 된다. 또한 공장의 조립라인에서 움직이는 컨베이어 벨트를 이용하여 재료들을 이동시키면서 조립하게 만들면 작업자들이 더욱 주의를 기울이게 되는 것도 같은 원리로 볼 수 있다.

⑥ 신기함과 친숙성(novelty and familiarity): 친숙한 상황에서 새로운 일을 시키거나 새로운 상황에서 친숙한 일을 시키면 그에 대한 작업자의 관심이 커진다. 조직에서 많이 이용되고 있는 직무순환(job rotation)이 좋은 예이다. 즉, 이것은 일정한 기간을 정하여 여러 업무를 구성원이 돌아가면서 맡도록 함으로써 직무에 대한 관심을 높이려는 것이다.

이상에서 살펴본 특성들은 주로 지각대상이 사건이나 물체인 경우에 해당된다고 할 수 있다. 지각대상이 사람인 경우에는 이 밖에도 신체적 특성(외모, 나이, 성별, 인종, 키, 체중 등), 사회적 특성(지위, 역할, 직업, 종교 등), 언어적 · 비언어적 특성 등이 지각에 큰 영향을 미치게 된다[박영배, 2010: 148].

(3) 상황적 요인

개인의 지각에 영향을 주는 또 하나의 중요한 요인은 지각이 이루어지는 상황(situation)이다. 예를 들면, 화려한 옷차림에 짙은 화장을 한 젊은 여자를 연회장에서 보게 되면 그다지 관심을 기울이지 않지만 그런 치장을 한 여자가 회의장이나 강의실에 나타나면 모두의 주의를 끌게 된다. 이와 같이 동일한 자극이라 할지라도 그것을 대하는 장소, 시간, 주위환경 등이 바뀜에 따라서 각기 다르게 지각하게 된다.

이러한 상황적 요인은 특히 지각대상에 대한 첫인상을 형성하고 그것을 평가하는 데 중요한 역할을 한다. 처음 보는 사람이 평소에 존경하는 스승과 격의 없이 담소하는 모습을 대하면 그 역시 매우 존경스런 사람으로 생각되는 것은 바로 상황이 그렇게 보이도록 만들기 때문이다.

4-2 | 대인지각이론과 평가오류

1. 주요 대인지각이론

위에서 살펴본 바와 같이 지각은 사건 · 사물 · 사람 등 광범위한 자극을 대상으로 이루어지는 것이지만 여기서는 그 중에서도 '사람'에 대한 지각에 대해 중점적으로 알아보도록 하겠다. 사람에 대한 지각은 일반적인 지각과 구별하여 대인지각 또는 사회적 지각이라는 주제로 다루어지고 있다. 조직행동론에서는 특히 이 분야에 큰 관심을 기울이고 있는데 그것은 조직구성원의 타인에 대한 평가나 태도가 서로를 어떻게 지각하는가에 따라 달라지기 때문이다.

대인지각에 대해서는 사람에 대한 인상은 어떻게 형성되는가, 타인의 행동을 보고 그 원인을 어떻게 추론하는가 하는 방향으로 연구가 이루어지고 있다. 따라서 여기에서는 이러한 면에 초점을 두고 전개된 인상형성이론과 귀인이론에 대해 살펴보기로 한다.

1) 인상형성이론

우리는 일상생활에서 수없이 많은 사람을 만나면서 그들에 대해 어떤 인상을 형성하게 된다. 타인에 대해 어떤 인상을 갖게 된다는 것은 그 사람에 대한 판단과 평가가 이루어지고 있다는 것을 의미한다. 특히 낯선 사람을 처음 만나게 될 때 형성되는 첫인상은 그 사람을 평가하는 결정적인 단서가 된다. 물론 첫인상에 입각한 평가는 매우 한정된 지식을 기초로 해서 이루어지기 때문에 후에 추가적인 정보에 의해 변경될 수도 있다. 그러나 이러한 첫인상은 매우 오래 지속된다는 점에서 중요성이 있다.

인상형성(impression formation)에 관한 체계적인 연구는 애쉬(S.E. Asch)에 의해 그 기초가 마련되었으며, 그 후 러친스(A.S. Luchins), 앤더슨(N.H. Anderson) 등의 연구를 계기로 큰 진전을 보았다[Asch, 1946; Luchins, 1957: 33-61; Anderson and Barrios, 1961]. 지금까지의 연구결과를 종합해 보면 사람들은 주어진 정보가 충분하지 못한 상태에서도 타인에 대한 인상을 쉽게 형성하려고 하며, 이때 주어진 정보들은 그 가운데 가장 중요하고 특징이 있는 정보를 중심으로 정리되어 인상형성에 영향을 미치게 된다. 그리고 지각대상에 대한 첫인상이 어떻게 형성되는가에 따라 그 후에 받게 되는 자극에 대한 해석이 크게 달라진다는 것도 밝혀지고 있다. 이와 같은 인상형성의 특징과 과정들을 좀 더 자세히 살펴보면 다음과 같다[Freedman 등, 1978: 70-99].

(1) 일관성

인상을 형성하는 데 있어 사람들은 주어진 단편적인 정보들을 하나로 통합하여 타인에 관한 일관성 있는 특징을 만들어내려고 하는 경향이 있다. 즉, 타인에 대해 서로 모순되는 정보가 있다고 하더라도 특정의 정보에 입각하여 그 사람을 어느 한쪽으로만 일관되게 지각하려고 한다는 것이다. 예컨대, 어느 사람에 대해 좋은 정보와 나쁜 정보가 모두 주어졌다 할지라도 그를 좋으면서도 동시에 나쁜 사람으로 보는 것이 아니라 좋은 사람으로나 나쁜 사람으로만 보게 되는데 이는 지각자가 지각의 비일관성을 최소화하기 위해서 다른 한편의 정보를 왜곡하고 재구성하기 때문이다. 이러한 현상은 사물을 지각할 때도 어느 정도 발생하지만 특히 평가의 의미가 강한 대인지각에서 두드러지게 나타난다[신유근, 1992: 122].

(2) 중심특질과 주변특질

하나의 인상을 형성하는 데에는 결정적 역할을 하는 중심특질(central traits)과 부수적 역할밖에 하지 못하는 주변특질(peripheral traits)이 있다. 예를 들면, 어느 사람의 특질이 신중하고 지적이며 근면한 면이 있는 데도 불구하고 냉정한 면이 더욱 뚜렷하여 그 사람을 '냉정한 사람'으로 지각했다면 '냉정함'은 중심특질이 되고 그 밖의 것들은 주변특질이 된다. 이와 같이 대인지각은 주로 지각대상자의 중심특질에 입각하여 이루어진다. 인상을 형성하는 데 실제로 어떤 것이 중심특질이 되는가에 대해서는 아직까지 분명하게 밝혀지지는 않았지만, 타인을 지각할 때 '좋다' 또는 '나쁘다' 하는 의미를 지닌 평가차원의 특질들이 주로 중심적인 역할을 하는 경우가 많다고 알려지고 있다.

(3) 합산원리와 평균원리

사람에 대한 인상은 주어진 정보들을 기계적으로 합산(adding)하여 형성된다는 것과 그보다는 정보들의 무게를 평균(averaging)하여 이루어지는 것이라는 두 가지 주장이 있다.

이른바 합산원리란 어떤 사람에 대해 갖게 되는 전체적 인상은 그 사람이 지니고 있다고 생각되는 여러 특질들을 단순히 합계한 결과라는 주장이다. 예컨대, 어떤 사람에 대해 평소에 +3 정도의 호의적인 인상을 갖고 있는데, 여기에 +1 정도의 호의적인 인상을 갖게 하는 또 다른 특질을 추가로 발견하면 그 사람에 대한 호의적 인상은 그만큼 강화되어 합계 +4가 된다는 것이다. 물론 여기에 비호의적인 특질에 관한 정보가 들어오면 호의적인 인상은 그만큼 감소하게 된다. 이에 반하여 평균원리는 특질에 관한 모든 정보가 동시에 제시되면 각 정보의 무게에 대해 단순평균의 방식으로 인상이 형성된다는 주장이다. 예컨대, 인상을 갖게 할 수 있는 정도가 +3인 정보와 +1인 정보가 동시에 주어질 경우에 +4의 인상을 갖는 것이 아니라 이 둘의 평균치인 +2만큼의 인상을 갖게 된다는 것이다.

합산원리와 평균원리 가운데 어느 것이 인상형성과정을 더 잘 설명해 주는가 하는 점에 대해 아직까지 명확한 결론을 내리지 못하고 있다. 다만 사람에 대한 인상은 여러 특질정보가 어떤 형태로든지 섞이고 결합하여 형성된다는 것은 틀림없는 사실이다. 몇몇 학자들은 이 두 원리의 부적합성과 상호모순성을 지적하고 이를 해결하기 위하여 또 다른 논리를 제시하고 있기도 한데 대표적인 것으로는 최초효과와 가중평균원리를 들 수 있다.

(4) 최초효과와 가중평균원리

정보가 들어오는 순서(ordering)에는 차이가 있기 마련이기 때문에 단순평균은 적용되지 않는다는 주장이 있다. 즉 어느 학자는 최초효과(primacy effect)의 중요성을 들면서 인상을 형성하는 데는 처음 들어온 정보가 나중에 들어온 것보다 중요한 역할을 하기 때문에 단순평균의 논리로는 인상형성과정을 설명하기가 어렵다고 강조한다[Luchins, 1957: 33-61]. 따라서 이러한 논리에 의하면 첫인상(first impression)은 한번 형성되면 상당히 오랫동안 지속되기 때문에 타인을 평가하는 데 큰 영향력을 미친다고 할 수 있다.

합산원리와 평균원리의 서로 상반되는 주장을 해결하기 위한 또 하나의 논리로 가중평균원리를 제시한 학자도 있다[Anderson, 1973]. 이 원리에 따르면 타인에 대한 전반적인 인상은 주로 여러 특질에 관한 정보를 평균 내는 방식으로 형성되지만 극히 긍정적이거나 부정적인 특질은 다른 것들에 비해 더 큰 영향력을 미친다는 것이다[Freedman 등, 1978: 78]. 이러한 가중평균원리는 부정적인 특질이 긍정적인 특질보다 인상형성과정에서 더욱 중요한 역할을 수행한다는 부정성효과(negativity effect)와 함께 많은 사람들로부터 큰 호응을 받고 있다[Hellriegel 등, 1986: 74].

2) 귀인이론

사람에 대한 지각이 사물에 대한 지각과 다른 점은 지각대상이 신념, 의도, 목표, 동기 등을 지니고 있는 존재이기 때문이다. 그리고 우리가 타인을 평가할 때에는 인상뿐만 아니라 그 사람의 행동이 중요한 단서가 되는데, 이때 그 행동의 원인을 어디에 돌리느냐에 따라 그 사람에 대한 평가가 달라진다. 다시 말하면, 타인을 지각할 때 그 사람의 행동을 의도적인 것으로 생각하고 그가 왜 그런 행동을 했는가 하는 원인을 찾으려고 한다. 그리고 이러한 정보를 바탕으로 타인을 판단 · 평가하게 되는 것이다.

이와 같이 피지각자의 행동을 지각하고 평가하는 데 있어서 그 행동의 원인을 추리 · 분석하는 과정을 귀인과정(attribution process)이라고 하며, 여기에 초점을 두고 연구 · 제시된 대인지각이론이 귀인이론(attribution theory)이다.

(1) 귀인과정

귀인이론에서는 행동의 원인을 찾고 그것을 해석하는 과정이 중요하게 된다. 귀인이란 말도 행동의 원인을 어느 쪽으로 귀속시키느냐 하는 데서 붙여진 것이다. 물론 대인지각이라고 해서 모두 귀인적인 분석이 이루어지는 것은 아니다. 사람들은 보통 자기가 아래와 같은 상황에 부딪쳤을 때에 한하여 의식적으로 귀인의 방식을 사용하여 타인을 지각 · 평가하는 경향이 있다.

첫째, 어떤 사람의 행동을 분석해야 할 필요성이 있다고 생각할 때

둘째, 어떤 사람의 행동이 지각자가 느끼기에 의외적인 것일 때

셋째, 어떤 사람이 자기에게 어떻게 해주기를 기대했을 때

넷째, 자기에게 불리하거나 자신의 힘으로는 통제하기 힘든 일이 발생할 것 같을 때

[그림 4−3]은 일반적인 귀인과정을 보여준다. 여기에서 선행변수는 행동의 원인을 찾는 데 중요한 역할을 하는 요인으로서 지각자가 얻은 피지각자와 상황에 관한 자료, 지각자의 신념과 동기 등을 말한다. 귀인은 지각자가 이러한 요인들에 기초하여 피지각자 행동의 원인을 내적인 것과 외적인 것으로 구분한 다음 그 행동에 대해 어떤 의미를 부여하고 어떤 행동을 취할 것인지를 결심하는 것을 말한다. 그리고 결과변수는 귀인에 의해 얻게 되는 모든 결과를 말한다. 대표적인 것으로는 피지각자의 행동에 대해 나타내게 되는 지각자의 행동적 반응, 피지각자에 영향을 주게 되는 지각자의 피지각자 본인에 대한 견해, 그리고 피지각자의 미

래의 행동에 대한 지각자의 기대 등이 있다.

▌그림 4-3▐ 귀인과정의 일반적 모형

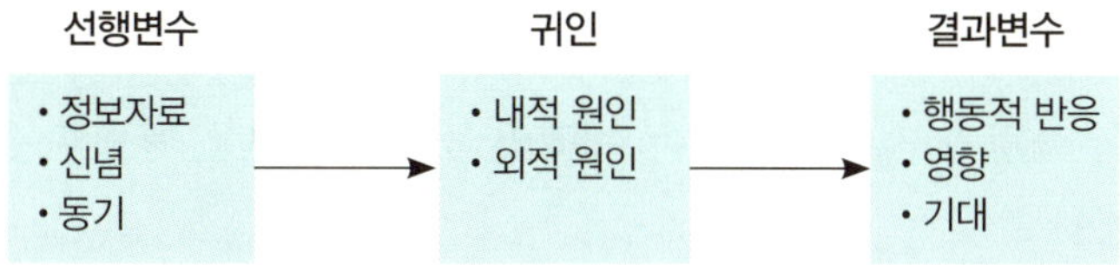

(2) 원인의 귀속과 평가

사람들이 타인의 행동을 관찰하고 그 원인을 귀속시키는 데는 크게 두 가지 방향이 있다. 즉 그러한 행동의 원인을 환경적인 것으로 돌리든지, 아니면 감정 · 능력 · 동기 · 성격 등과 같은 개인적인 것으로 돌리게 된다. 귀인의 이러한 속성은 귀인이론의 대표적 학자인 하이더(F. Heider)에 의해 밝혀졌다. 그는 전자를 외적 귀인으로, 그리고 후자를 내적 귀인으로 부른다[Heider, 1958].

예를 들어, 경영학과의 한 학생이 성적이 나빠서 학사경고를 받았을 경우에 그 것은 이 학생이 가정형편이 좋지 않아 학비를 마련하는 데 대부분의 시간을 빼앗겼기 때문일 수도 있겠고(외적 귀인), 또는 본인이 경영학에 흥미를 느끼지 못하여 공부를 열심히 하지 않았기 때문일 수도 있다(내적 귀인). 따라서 학사경고를 받은 원인을 외적인 것에서 찾느냐 내적인 것에서 찾느냐에 따라 사람들의 평가는 크게 달라질 수 있다.

그러면 우리는 무엇을 근거로 하여 행동의 원인을 외적인 것으로 또는 내적인 것으로 돌리게 되는 것인가? 이에 대해 귀인이론을 더욱 발전시킨 켈리(H.H. Kelly)는 대부분의 경우에 있어서 피지각자의 행동이 지니는 특성이 크게 영향을 미친다고 주장한다[Kelly, 1971]. 즉 그에 따르면, 지각자는 피지각자 행동의 특이성 · 합의성 · 일관성에 관한 정보를 근거로 하여 그 행동의 원인을 어느 한쪽으로 귀속시킨다는 것이다. 회사에서 어느 날 아침에 지각한 어떤 종업원을 예로 들어 원인의 귀속에 대해 자세히 살펴보도록 하자.

① 특이성(distinctiveness): 피지각자의 행동이 평소의 다른 행동과 얼마나 상이

한가를 말한다. 지각자는 관찰된 행동의 특이성이 높은 경우에는 외적인 것으로, 그리고 특이성이 낮은 경우에는 내적인 것으로 그 원인을 귀속시키게 된다. 예컨대, 지각한 종업원이 평소에는 시간약속을 잘 지키던 사람이었다면 그 원인을 외적인 것(예를 들면, 교통체증이나 또 다른 사정)으로 돌리게 되고, 그렇지 않은 경우에는 내적인 것(예를 들면, 게으른 성격)으로 돌리게 된다.

② 합의성(consensus): 피지각자의 행동이 그와 비슷한 상황에 있는 다른 사람들의 행동과 얼마나 일치하는가를 말한다. 지각자는 관찰된 행동이 합의성이 높은 경우에는 외적인 것으로, 그리고 합의성이 낮은 경우에는 내적인 것으로 그 원인을 귀속시키게 된다. 예컨대, 지각한 종업원의 경우 그와 같은 지역에서 사는 다른 종업원도 역시 같은 날 모두 늦게 출근했다면 그가 늦게 출근한 원인을 외부에 귀속시키게 될 것이고, 다른 종업원은 모두 정시에 출근했다면 그 원인을 내부에 귀속시키게 될 것이다.

③ 일관성(consistency): 피지각자의 행동이 지금까지 얼마나 빈번하게 있어 왔던 것인가를 의미한다. 지각자는 관찰된 행동이 일관성이 높은 경우에는 그 원인을 내적인 것으로 그리고 일관성이 낮은 경우에는 외적인 것으로 귀속시키게 된다. 예컨대, 지각한 종업원이 평소에도 종종 지각하는 사람인 경우에는 그가 늦게 출근한 원인을 내부에 귀속시킬 것이고, 그가 예전에는 거의 지각을 하지 않았다면 그 원인을 외부에 귀속시키게 될 것이다.

이상의 내용을 요약하면 외적인 귀인은 특이성과 합의성은 높고 일관성은 낮을 때 이루어질 가능성이 높은 반면에, 내적 귀인은 특이성과 합의성은 낮고 일관성은 높은 경우에 이루어질 가능성이 높다. [그림 4-4]는 귀인이론의 이러한 내용을 하나의 모형으로 나타낸 것이다.

지금까지 살펴본 귀인이론은 우리가 행동의 원인을 어느 방향으로 어떻게 귀속시키는가 하는 것을 매우 합리적이고 논리적으로 설명해 준다. 그러나 이러한 귀인과정은 개인의 편견에 의해 왜곡될 수 있다는 것을 또한 알아야 한다. 예를 들면, 사람들은 자신의 어떤 행동은 그 원인을 외적인 것으로 귀속시키고, 타인의 그러한 행동은 내적인 것으로 돌리려는 경향이 있다. 이러한 편견을 행동자–관찰자효과(actor–observer effect)라고 하는데, 이는 자기 행동의 일관성은 과소평가하고 타인 행동에 대해서는 그 일관성을 과대평가하는 오류를 범하게 만든다. 또한 사람들은 흔히 자기의 성공은 자기 탓으로 하고, 실패는 환경 탓으로 돌린다. 이렇게 평가자가 자기의 성공을 내적으로 귀속시키면서 실패는 외적으로 귀속시키려는 편견을 자존적 편견(self–serving bias)이라고 하는데, 이는 평가자가 자신의 자존심을 지키고 자아를 높이려는 생각 때문에 나타나는 것이다. 이와 같은 현상은 기업에서 종업원과 경영자가 작업성과를 검토할 때에 흔히 발생하게 된다.

그림 4-4 켈리의 귀인모형

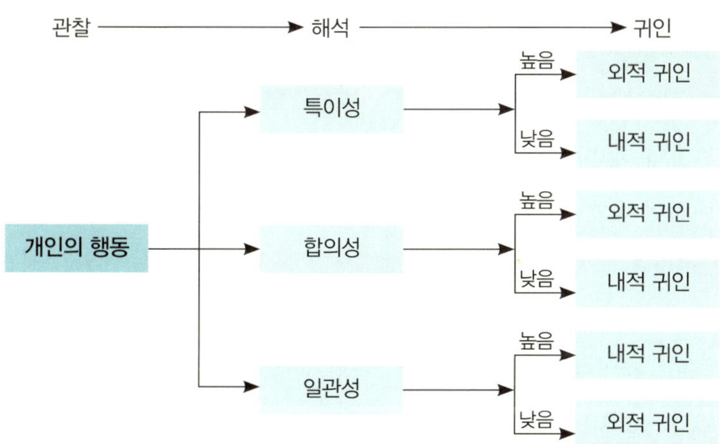

2. 대인지각과 평가오류

사람들은 지각을 통해 매우 신속하고도 손쉽게 타인을 평가하고 그 행동을 예측할 수 있다. 그러나 이러한 방법으로 타인과 그의 행동을 완전하게 평가 · 예측한다는 것은 사실상 어렵다. 왜냐하면 지각자가 지니고 있는 여러 가지의 심리적 왜곡요인들이 지각과정에 개입되어 평가와 예측의 정확성과 공정성을 떨어뜨리기 때문이다. 따라서 경영자는 이러한 대인지각을 왜곡시키는 요인들의 존재를 이해하여 구성원을 있는 그대로 정확하고 공정하게 평가하려고 노력해야 한다.

이렇게 지각을 왜곡시켜 평가상의 오류를 범하게 만드는 요인으로서 비교적 대표적인 것들을 들면 아래와 같다.

1) 상동적 태도

상동적 태도(stereotyping)란 피지각자가 속해 있는 집단 전체의 특성에 대한 지각을 기초로 하여 형성된 경직적인 편견을 가지고 사람을 평가하는 것을 말한다. 즉, 상대방을 독립적인 존재로서 있는 그대로 보는 것이 아니라 그가 속한 사회적 집단에 대한 지각에 근거하여 그 역시 똑같은 부류의 사람으로 판단하는 것이다. 예를 들면, 독일인은 모두 검소하고 부지런하다든지, 미국인은 모두 개인주의적이고 합리적이라든지 하는 것 등이다.

상동적 태도는 한 사회를 구성하고 있는 모든 사회적 집단의 구성원에 대한 지각에 영향을 미친다. 즉 어떤 특정의 인종 · 종교 · 직업 등에 대해 가지고 있는 편견이 그 집단 내의 개인에 대한 정확하고 공정한 평가를 어렵게 만드는 것이다. 조직에서도 이러한 상동적 태도가 여러 유형의 집단들 사이에 깊이 뿌리박혀서 집단과 집단 사이의 관계를 악화시키는 원인이 되기도 한다. 특히 우리 사회에서는 혈연 · 학연 · 지연 등에 대해 폭넓게 형성되어 있는 상동적 태도가 사람을 가문과 학벌 그리고 지역에 따라 차별을 두고 평가하도록 만듦으로써 사회적인 갈등을 유발시키기도 한다.

2) 현혹효과

현혹효과(halo effect)란 한 분야에 있어서의 어떤 사람에 대한 좋은 또는 나쁜 인상이 다른 분야에 있어서의 그 사람에 대한 평가에 영향을 미치는 경향을 말한다. 이는 후광효과라고도 부르는 것으로서 평가상의 오류를 낳게 만드는 또 하나의 편견이라고 할 수 있다. 즉, 우리가 타인을 평가할 때 그 사람의 어떤 하나의 특질을 가지고 그 사람 전체를 호의적 또는 비호의적으로 평가한다면 이는 곧 현혹효과에 의해 평가 자체가 잘못될 가능성이 커진다는 것을 의미한다.

현혹효과에 의한 잘못된 평가는 기업조직에서 흔히 나타난다. 많은 경영자는 종업원의 어느 일면만을 가지고 그 사람 전체를 판단하는 경향이 있다. 예컨대, 자기에게 친절하게 대하고 복종적인 부하는 매우 성실한 사람으로 평가한다든지, 대인관계에 수완이 좋은 부하를 책임감이나 또 다른 능력도 좋을 것으로 판단한다든지 하는 경우이다. 경영자의 이와 같은 오류는 특히 신입사원의 면접과 인사고과에 중대한 영향을 미친다. 한 연구에 의하면 조직에서의 현혹효과는 다음과 같은 상황에서 주로 많이 나타난다고 한다[Bruner and Tagiuri, 1954: 641].

첫째, 지각된 특질의 행동적인 의미나 표현이 모호하거나 불분명할 때

둘째, 지각된 특질이 지각자 자신이 많이 접해보지 못한 것일 때

셋째, 지각된 특질이 도덕적인 의미를 포함하고 있을 때

3) 지각방어

사람들은 습관적으로 자기에게 유리하거나 도움이 되는 정보는 받아들이면서 불리하거나 위협을 안겨주는 정보는 애써 외면하려고 하거나 인정하지 않으려고 하는 경향이 있다. 이와 같이 지각자가 심리적으로 자기를 방어하려는 의도에서 어떤 자극에 대해 인식하기를 거부하거나 담을 쌓는 현상을 지각방어라고 한다.

지각방어는 지각자가 어떤 사건이나 사람에 대해 정확하고 충분한 정보를 얻을 수 없도록 함으로써 평가상의 오류를 범하게 만든다. 예를 들면, 경영자는 항상 자기의 부하들에게 모범을 보이기 때문에 그들로부터 존경을 받고 있다고 생각할 수 있다. 그런데 부하들이 자기의 지시에 잘 따르지 않는 경우 그는 부하들이 자기에 대해 큰 불만을 가지고 있다는 것을 지각하지 못하고 엉뚱한 곳으로 그 원인을 돌리면서 자기 자신에게는 아무런 문제도 없다는 결론을 내린다. 왜냐하면 문제를 인정하는 경우 평소에 가지고 있던 통솔력에 대한 자기의 자신감을 손상시키는 결과를 가져오기 때문이다. 이러한 지각방어는 자극에 대한 거부뿐만 아니라 그것을 수정하고 왜곡시키는 형태로 나타나기도 하는데, 이것이 상동적 태도와 같은 경직적인 편견으로 이어지게 되면 회복하기 어려운 지각상의 오류로 굳어지게 된다.

4) 주관의 객관화

주관의 객관화(projecting)는 투사심리라고 부르기도 한다. 주관의 객관화는 자기의 바람직하지 못한 어떤 특질이나 관점을 다른 사람에게 귀속 또는 전가시키는 것을 일컫는다. 즉 자기의 좋지 못한 성격이나 정서 등을 다른 사람에게 돌림으로써 자기는 그것으로 인한 죄책감이나 좌절감으로부터 벗어나려는 것을 말한다. 예컨대, 난폭하고 정직하지 못한 특성이 강한 사람이 다른 사람에게서 그러한 특성을 조금이라도 발견하게 되면 그들을 신랄하게 비난한다든지, 자기가 능력이 부족한데도 불구하고 다른 사람을 무능력하다고 평가절하 한다든지 하는 경우이다. 또 조직에서 무능력하고 보수적인 구성원일수록 조직변화에 대해 위협을 느끼고 강한 반발심을 갖게 되는데, 그러한 사람이 자기의 상사나 동료에게서 자기와 비슷한 성향이 발견되면 오히려 그들을 비난함으로써 자기는 그러한 비난으로부터 벗어나려는 경우도 좋은 예이다.

이러한 주관의 객관화는 특히 인색하고 완고하며 난폭한 특성이 강한 사람에게서 많이 나타나는 경향이 있다. 따라서 이에 따른 오류를 줄이기 위해서는 무엇보다 평가자 자신이 이러한 성격특성에 대한 통찰력을 길러야 한다.

5) 상관적 편견

지각의 오류를 가져오는 또 하나의 요인으로 상관적 편견(correlational bias)이 있다. 이것은 우리의 특질들 가운데 어떤 것들 사이에는 서로 관계가 있다고 가정함으로써 평가상의 오류를 범하게 되는 것을 일컫는다. 예를 들면, '내성적이다'라는 특질과 '순응적이다'라는 특질이 서로 상관관계가 있는 것으로 생각하는 경우에, 어떤 사람이 매우 내성적이라고 판단되면 순응적인 면에 대한 정보가 전혀 없어도 그를 남의 말에 순순히 잘 따르는 사람으로 판단해 버리는 것이다. 이러한 현상은 타인의 성격을 가지고 그 사람을 잘못 평가하는 결과를 불러온다.

한편, 상관적 편견과 유사한 개념으로 논리적 오류가 있다. 이것 역시 타인을 평가하는 데 중대한 오류를 낳게 만든다. 논리적 오류(logical error)란 논리적으로 상관관계가 있다고 생각되는 여러 요소들 가운데 어느 하나가 발견되면 나머지 요소들도 당연히 지니고 있을 것으로 판단해 버리는 것을 말한다. 예를 들면, 지적이고 부드러운 요소를 지닌 사람은 영리하고 조심스러운 요소도 아울러 지니고 있는 것으로 생각하는 사람이 많다.

이러한 상관적 편견과 논리적 오류에 의한 평가의 오류를 줄이기 위해서는 평가요소를 보다 분명히 하고, 평가기준을 설정하여 평가자의 주관적 판단과 추측이 개입되지 않도록 하고, 유사한 평가요소에 대해서는 가능한 한 충분한 시간을 가지고 정확하고 공정하게 판단하려고 노력해야 한다.

6) 대비효과와 유사효과

대비효과(contrast effect)란 한 사람에 대한 평가가 다른 사람에 대한 평가에 영향을 미치는 것을 말한다. 이러한 현상은 주로 피평가자들을 서로 비교하여 평가하려는 데서 발생한다. 예를 들면, 사원채용을 위한 면접시험 때 먼저 몇 명의 우수한 지원자들을 면접한 다음 곧 이어 보통수준의 지원자를 면접하게 되면 앞의 우수한 사람들과 비교가 되어 그를 열등한 사람으로 평가하게 되는 경우와 같은 것이다.

유사효과(similar to me effect; like me effect)는 평가자가 태도, 취미, 성, 종교, 정치적 견해 등이 자기와 유사한 사람에 대해 더 호의적으로 평가하려는 경향을 말한다. 예컨대 종교가 같다거나 정치적으로 같은 입장에 있는 사람에 대해서는 처음 만난 사람일지라도 비교적 좋게 평가하려는 경우가 그것이다.

7) 기타의 평가오류

사람을 평가하는 데 있어서 오류를 불러오는 요인은 이상에서 살펴본 것들 외에도 상당히 많다. 그 중에서 비교적 중요한 것들을 들면 다음과 같다.

① 선택적 지각(selective perception): 선택적 지각은 평가자가 자기의 경험 · 욕구 · 동기 등을 근거로 자기에게 유리한 정보에만 의존하여 타인을 평가하는 것을 말한다.

② 관대화경향(lenient tendency): 관대화경향이란 개인을 평가할 때 가급적이면

후하게 평가하려는 것을 말한다. 이러한 오류가 나타나는 원인으로는 평가자의 평가능력 부족, 피평가자에 대한 이해의 부족, 낮은 평가가 평가자의 지도력이나 통솔력 부족 때문으로 간주되는 것을 염려하는 경우, 피평가자와의 대립을 걱정하는 경우 등을 들 수 있다. 또 이러한 관대화경향뿐만 아니라 피평가자를 가능한 한 낮게 평가하려는 가혹화경향, 극단적인 평가를 피하고 중간으로 몰리게 평가하려는 중심화경향 등도 있는데 이 또한 정확하고 공정한 평가가 이루어지지 못하게 만드는 중요한 원인으로 작용한다.

③ 기대(expectancy): 기대는 피평가자에 대해 가지고 있던 평소의 기대가 그를 평가하는 데 영향을 주는 것을 말한다. 즉 이와 같은 경향은 '지나친 기대는 하지 말아야 한다'든지 '기대가 크면 실망 또한 커지게 된다'든지 하는 말과 같이 타인에 대한 잘못된 기대는 평가상의 오류를 가져올 가능성이 크다는 것을 말한다. 기대의 또 다른 측면으로 자기실현적 예언(self-fulfiling prophecy)이라는 것이 있다. 이는 평가자의 기대가 피평가자의 행동에 실제로 반영되어 나타나게 만드는 과정을 말한다. 즉, 피평가자는 평가자가 자기에게 무엇을 기대하고 있다고 느끼면 실제로 그 기대에 부응하려고 노력한다는 것이다. 따라서 이러한 성질의 기대와 관련해서는 경영자가 평소에 구성원에게 보다 긍정적이고 발전적인 기대를 심어 줄 필요도 있음을 알 수 있다.

4-3 | 학습의 성격과 학습과정

1. 학습의 성격

사람들은 누구나 어떤 환경에서 무엇을 배우고 경험하는가에 큰 관심을 가지고 있다. 사회인으로서 다른 사람들과 더불어 살아가는 데 요구되는 '바람직한 행동'이 무엇인지를 터득하고 자기의 행동을 그러한 방향으로 변화시켜야 하기 때문이다. 예컨대, 대학을 졸업하고 직장생활을 하게 되면 조직의 구성원이 되는 데 필요한 여러 가지의 새로운 일들을 익히고 행동 또한 거기에 맞게 바꿔나가야 한다. 이와 같이 개인은 새로운 환경에 적응해 나가기 위해서 행동을 변화시켜야 하는데, 이러한 행동변화는 근본적으로 학습이라는 과정을 통해 이루어진다.

학습(learning)이란 일반적으로 "반복적인 연습이나 경험에 의해 이루어지는 비교적 영구적인 행동변화의 과정"으로 이해되고 있다[Robbins, 1989: 62]. 이 정의에서 알 수 있듯이 학습의 핵심은 바로 행동변화에 있다고 할 수 있다. 따라서 행동변화가 이루어지지 않는 것은 학습이라고 보기가 어렵다. 학자에 따라서는 행동이라는 말 대신에 행동잠재력(behavior potentiality)이란 용어를 사용하여 학습의 정의를 보다 엄격히 하고 있다[Hammer and Orang, 1978: 38]. 반드시 행동 그 자체의 변화가 아니더라도 행동잠재력의 변화를 학습으로 간주한다는 것이다. 이러한 측면에서 보면 학습은 관찰이나 독서처럼 실제로 직접 체험을 하지 않는 방법, 즉 간접적인 경험에 의해서도 이루어질 수 있다[신유근, 1985: 96]. 예를 들어, 회사에 새로 들어온 신입사원은 선배동료가 지각을 자주 하여 상사로부터 심한 질책을 당하는 것을 보고 지각은 해서는 안 되는 것이라고 학습하게 되는 것이다. 이러한 정의를 바탕으로 학습의 성격에 대하여 좀 더 구체적으로 살펴보면 아래와 같다[Swanda, 1979: 84-85; 이학종, 1989: 121-122].

첫째, 학습은 행동변화(behavior change)를 포함한다. 여기서 행동변화란 실제의 행동과 함께 성격 · 지각 · 동기 · 태도 등이 변화하는 것을 말한다. 또한 이것은 행동의 바람직한 변화만을 일컫는 것이 아니라 나쁜 습관 · 편견 · 상동적 태도 · 현혹효과 등과 같은 바람직하지 못한 행동을 새롭게 습득하는 것도 해당된다.

둘째, 학습에서의 행동변화는 비교적 영구적이어야 한다. 따라서 일시적으로 취하는 적응행동은 그것이 변화된 행동이라 할지라도 학습에 의한 것으로 볼 수 없다.

셋째, 학습은 반복적인 연습이나 경험에 의해 행동의 변화가 이루어지는 것을 의미한다. 따라서 자연적인 성숙에 의한 행동변화는 그것이 영구적인 것이라 할지라도 학습에 의한 변화라고 할 수 없다. 또한 피로나 약물투여에 따른 일시적인 행동변화 역시 연습이나 경험에 의한 것으로 볼 수 없다.

넷째, 연습이나 경험을 통해 발생한 행동변화가 영구적으로 지속되도록 하기 위해서는 그러한 연습이나 경험을 되풀이시키는 강화작용(reinforcement)이 필요하다. 이러한 강화작용이 없으면 변화된 새로운 행동이 곧 소거되어 버린다.

조직행동론에서 학습이 중시되고 있는 것은 구성원의 행동을 조직과 개인 모두에게 도움이 되는 보다 바람직한 방향으로 변화시킬 필요가 있기 때문이다. 따라서 조직의 경영자는 변화담당자(change agent)로서의 역할을 충실히 수행해야 한다. 물론 구성원의 행동변화가 경영자의 노력만 가지고 이루어지는 것은 아니다. 이러한 변화는 개인 스스로의 노력이나 조직에서의 사회화과정을 통해 비공식적으로 이루어지기도 한다. 그러나 이러한 비공식적 방법으로 이루어지는 변화는 나름의 한계를 지니고 있고, 또 자칫 잘못하면 본래의 의도와는 다르게 변질될 수도 있기 때문에 경영자의 적극적인 개입이 절대적으로 필요하게 되는 것이다. 그렇지만 경영자가 자신의 경험과 직관에만 의존하여 행동변화를 주도한다면 그 또한 심각한 결과를 가져올 수도 있다. 따라서 경영자는 과학적인 근거에 입각하여 구성원의 바람직한 행동변화를 효과적으로 이끌어야 하는데, 그러기 위해서는 무엇보다도 먼저 자기 자신의 과거경험에 대한 성찰과 함께 행동변화의 기본적 속성인 학습과정에 대한 깊은 이해가 전제되어야 한다.

2. 학습이론과 학습과정

사람의 행동이 어떻게 학습되고 변화되는가를 설명하는 데는 여러 가지 관점이 있으며, 학자들이 제시하고 있는 이론도 상당히 다양하다. 여기에서는 그 중에서 대표적인 것으로 인정되고 있는 자극-반응이론, 인지학습이론, 사회학습이론을 중심으로 살펴보기로 한다. 학자에 따라서는 학습과정을 크게 행태론적 학습(behavioral learning)과 인지론적 학습(cognitive learning)으로 분류하기도 한다. 전자는 학습을 자극(S)과 반응(R)의 연상으로 파악하는 것으로서 자극-반응이론이 여기에 속한다. 그리고 후자는 자극과 반응을 연결시키는 데 있어서 사고과정의 중요성을 강조하며 학습을 행동 그 자체의 변화라기보다는 행동잠재력의 변화로 간주하는 것인데 인지학습이론과 사회학습이론이 여기에 해당된다고 할 수 있다.

1) 자극-반응이론

자극-반응이론(stimulus-response theory)은 학습을 자극과 반응의 관계(S→R)로 파악한다. 즉, 학습은 어떤 자극으로부터 행동을 이끌어 내는 과정이라는 것이다. 따라서 자극-반응이론은 개인의 행동변화는 환경으로부터의 자극을 조건화함으로써 이루어질 수 있다고 강조한다.

그런데 개인이 습득하는 행동이 어떤 유형의 것이냐에 따라 학습과정은 큰 차이가 있게 된다. 사람의 행동은 크게 두 가지 유형으로 분류할 수 있다. 하나는 반사적 행동이라고 하는 것으로서 환경으로부터 들어오는 특별한 자극변화에 대한 개인의 모든 반응을 말한다. 그리고 다른 하나는 자발적 또는 작동적 행동이라고 하는데, 이것은 개인이 어떤 결과를 얻기 위해 직접 환경에 대해 무엇인가 작용을 가할 때 보이는 반응을 말한다. 따라서 개인이 반사적 행동을 습득하는 과정과 작동적 행동을 습득하는 과정은 아주 다르다는 것인데 전자를 가리켜 고전적 조건화라고 하고, 후자를 작동적 조건화라고 한다. 그러나 이들 두 유형의 학습과정이 환경자극을 어떻게 조건화하느냐 하는 측면에서는 차이가 있지만 개인의 행동변화를 자극과 반응의 관계로 파악한다는 점에서는 맥락을 같이 한다.

(1) 고전적 조건화

고전적 조건화(classical conditioning)란 반복적인 연습을 통한 능동적 행동의 학습과정을 말한다. 이는 심리학자인 파블로프(I. Pavlov)에 의해 처음 제시된 이론으로서 소화에 관한 조건반사를 연구하는 과정에서 밝혀졌다[Pavlov, 1927].

파블로프는 실험용 개를 이용한 유명한 실험에서 개에게 고기라는 조건이 필요하지 않은 자극, 즉 무조건자극을 가할 때에만 침이라는 조건이 필요하지 않은 반응, 즉 무조건반응(unconditioned response)을 나타내는 것이 어떤 학습과정을 거치게 되면 종소리라는 중성자극(neutral stimulus)만을 줄 때에도 침을 분비한다는 것을 발견했다.

파블로프의 실험에서 학습과정이란 침과는 무관한 자극인 종소리를 계속해서 무조건자극인 고기와 함께 짝지음으로써 나중에는 종소리만 듣고도 침을 흘리게 만드는 과정을 말한다. 이와 같은 학습과정을 거쳐 원래 반응과는 전혀 관계가 없던 중성자극인 종소리는 조건자극(conditioned stimulus)으로 바뀌며, 이러한 조건화된 자극은 학습된 반사행동인 조건반응(conditioned response)을 유도하게 된다. 이렇게 새롭게 형성된 조건자극과 조건반응의 관계를 '조건반사(conditioned reflex)'라 하며, 중성자극을 무조건자극과 짝지우는 과정을 고전적 조건화라 한다. 이러한 고전적 조건화의 과정을 요약하면 [그림 4-5]와 같다.

그림 4-5 고전적 조건화의 과정

고전적 조건화는 인간의 학습과정을 이해하는 데 큰 도움을 주었다. 그러나 고전적 조건화에 의해 설명될 수 있는 인간의 행동학습은 그 범위가 극히 제한되어 있다고 할 수 있다. 즉, 인간의 거의 모든 행동은 이러한 반사적 · 능동적인 것이 아니고 스스로 원해서 이루어지는 자발적 · 작동적인 행동이라는 것이다.

(2) 작동적 조건화

작동적 조건화(operant conditioning)는 스키너(B.F. Skinner)에 의해 제시된 이론으로서 사람의 행동은 그에 따른 결과에 의해 학습된다는 입장이다. 즉, 사람들이 어떤 행동을 하게 되는 것은 단순히 자극이 가해졌기 때문이 아니고 그러한 행동의 결과로 원하던 것을 얻었거나 또는 원하지 않던 것을 피할 수 있었기 때문이라는 것이다. 예를 들어, 개에게 앞발을 드는 훈련을 시킨다고 생각해 보자. 개가 발을 드는 것은 무조건자극이나 조건화된 자극 때문이 아니고, 주인의 "발들어"라는 명령에 따라 그렇게 하면 주인으로부터 고기나 칭찬과 같은 보상을 얻을 수 있기 때문이다.

이와 같이 고전적 조건화와는 달리 작동적 조건화에서는 자극이란 어떤 행동을 유발하는 단서일 뿐이고 중요한 것은 그로부터 얻게 되는 보상, 즉 결과이다. 스키너는 이에 대해 만일 어떤 행동이 유쾌한 결과를 가져올 수 있다면 똑같은 행동이 계속 나타날 수 있는 확률은 커진다고 말한다[Skinner, 1977]. 즉, 어떤 행동에 적극적인 강화요인이 작용하게 되면 사람들은 그러한 행동을 반복하게 된다는 것이다. [그림 4-6]은 작동적 조건화의 이러한 행동학습과정이 고전적 조건화와 어떻게 다른지를 보여준다.

작동적 조건화에 의한 행동학습은 조직의 구성원에게서 쉽게 찾아볼 수 있다. 즉, 구성원은 누구나 열심히 일을 하면 그에 대한 보상이 따른다는 것을 알기 때문에 그와 같은 행동을 계속하게 되는 것이다. 이와 같은 원리는 또한 경영자에게 행동변화를 위한 중요한 실마리를 제공해 준다. 경영자가 구성원의 행동을 보다 바람직한 방향으로 변화시키려고 한다면 행동의 결과를 적절히 통제함으로써 소기의 목적을 달성할 수 있다. 작동적 조건화는 이와 같이 결과 또는 강화요인을 도구로 사용하여 행동변화를 유도하기 때문에 도구적 조건화(instrumental conditioning)라고도 하는데, 최근에는 이것이 행동수정기법으로 발전되어 조직 구성원의 행동변화와 행동개선에 널리 활용되고 있다.

그림 4-6 고전적 조건화와 작동적 조건화의 차이

자료: Hamner, W.C. and Organ, D.W.(1978), *Organizational Behavior: An Applied Psychological Approach*(Dallas, Texas: Business Publications, Inc.), p.41.

2) 인지학습이론

인지학습이론(cognitive theory of learning)은 학습과정에서 인지의 역할과 중요성을 강조하는 학습이론이다. 위에서 살펴본 고전적 조건화나 작동적 조건화와 같은 이른바 자극–반응이론은 학습과정에서 인간의 내적인 측면은 고려하지 않고 보상이나 처벌과 같은 외적 요인만을 지나치게 강조해 왔다. 물론 이것은 행태론적 학습이론의 특색이기도 하지만 또 다른 면에서 보면 그 이론이 지니는 한계라고 할 수 있다. 인지학습이론은 바로 행태론적 학습이론의 한계점을 극복하고 인간의 학습과정을 보다 깊게 이해하려는 취지에서 제시된 것이다.

학습과정에서 인지의 역할과 중요성을 처음으로 강조한 학자는 톨만(E.C. Tolman)이다. 그는 조건화이론의 전제를 비판하면서 학습은 곧 인지적 단서(cognitive clues)와 기대(expectation)의 관계에 의해 이루어진다고 주장했다[Tolman, 1932]. 흰쥐를 이용한 미로실험(maze experiment)에서 톨만과 그의 동료는 흰쥐가 복잡한 미로 속에서도 먹이를 얻으려는 생각 때문에 먹이와 연결된 통로를 정확히 찾아낸다는 사실을 밝혀내었다. 즉, 이들은 미로 속에 흰쥐들을 넣고 먹이를 주지 않은 상태에서 10일 동안 미로를 달리게 하였다. 이 동안 쥐들은 출구를 찾는 데 많은 실수를 거듭했다. 그러다 출구 끝의 먹이상자 속에 먹이가 놓이자 흰쥐들은 많은 실수를 하지 않고 곧 출구에 도달하였다.

톨만은 이러한 실험결과에 대해 먹이가 제공되었을 때 흰쥐들이 출구를 쉽게 찾아낸 것은 먹이라는 강화요인 때문이 아니라, 먹이가 주어지지 않은 기간 동안에 이미 미로의 구조와 그 미로를 통과하면 먹이를 얻을 수 있을 것이라는 기대를 학습했기 때문이라고 말한다. 그리고 먹이가 제공된 다음에 미로를 통과하여 먹이를 쉽게 얻을 수 있었던 것은 그러한 보상이 제공되고서야 비로소 학습한 것을 행동으로 옮겼기 때문이다. 즉, 흰쥐들이 사전에 학습한 것들이 내면에 깊숙이 잠재되어 있다가 어떤 계기가 마련되어 그 모습을 나타낸 것뿐이라는 것이다[Tolman, 1930]. 따라서 이러한 학습을 '인지학습(latent learning)'이라 부르는 이유도 여기에 있다.

인지학습은 이와 같이 보지 않고도 머릿속으로 배우는 것을 말한다. 예컨대,

강의실과 같은 장소에서 이루어지는 학습은 대부분 인지학습이다. 학생들은 직접적인 연습(고전적 조건화)이나 보상(작동적 조건화)이 없이도 어떤 주제에 대한 개념이나 이론을 학습함으로써 어떤 행동을 해야 바람직한 결과가 나오는지를 인식하게 된다.

이러한 인지학습은 시행착오적 경험을 최소화시켜 줌으로써 시간을 들이지 않고 바람직한 행동을 습득할 수 있는 가능성을 증가시켜 준다. 그러나 바람직한 행동이 인지학습 그 자체만으로 자동적으로 이루어지는 것은 아니고 여기에는 연습이나 경험이 있어야 한다. 또한 그러한 행동이 다시 반복되느냐 마느냐 하는 것은 다시 학습자가 경험하는 행동의 결과에 달려 있게 된다.

3) 사회학습이론

사람은 직접적인 경험에 의해서 뿐만 아니라 관찰에 의해서도 어떤 행동을 학습하게 된다. 즉 사람들은 평소에 부모 · 스승 · 직장동료 · 친구 · 배우 등과 같은 사회구성원에게서 일어나는 일들을 관심을 가지고 관찰한 후에 모방해 보기도 하고, 또 그들의 행동을 직접 경험하기도 하면서 많은 것들을 학습한다. 사회학습이론(socail learning theory)이란 이와 같이 학습과정에서 관찰과 직접적인 경험의 역할을 모두 강조한다. 이 중에서 관찰에 의한 모방(imitation)은 이 이론의 핵심을 이룬다고 할 수 있다.

사회학습이론의 대표적인 학자는 밴듀라(A. Bandura)이다. 그는 학습은 모방에 의해 이루어진다는 점을 특히 강조한다[Bandura, 1963]. 즉 학습자가 다른 사람의 어떤 행동을 관찰하여 그것이 바람직한 결과를 가져올 때에는 그 행동을 모방하고, 불리하고 좋지 않은 결과를 가져올 때에는 그 같은 행동을 하지 않게 된다는 것이다. 또한 그에 의하면 이러한 모방은 학습자에게 그러한 행동에 대한 보상이 주어지지 않더라도 발생할 수 있는데, 이는 관찰 · 모방에 의한 학습이 파블로프의 고전적 조건화나 스키너의 작동적 조건화와는 그 성격이 다르다는 것을 보여준다.

그러나 밴듀라는 모방학습에 있어서 행동에 대한 보상이 반드시 필요한 것은 아니라 할지라도 그것이 모방행동에 큰 영향을 준다는 점을 아울러 지적하고 있다. 즉, 학습자는 관찰대상이 보상을 받는 행동을 더 모방하고 싶어 하고 그렇지 못한 행동을 덜 모방하고 싶어 한다는 것이다. 이것은 학습자가 자신이 직접 보상을 받지 않고 다른 사람이 보상을 받는 것을 관찰하는 것만으로도 새로운 행동을 습득할 수 있게 된다는 것을 의미하는 것으로서, 밴듀라는 이러한 현상을 '대리학습(vicarious learning)'이라고 부르기도 한다.

밀러(N.E. Miller)나 돌라드(J. Dollard) 같은 학자들은 밴듀라와는 달리 모방행동을 작동적 조건화의 방식으로 파악한다[Miller and Dollard, 1941]. 즉, 이들의 주장에 의하면 사람들이 모방을 통해 어떤 행동을 학습하기 위해서는 반드시 그에 대한 실제적인 보상(강화작용)이 있어야 한다는 것이다. 이들의 이러한 주장이 밴듀라에 의해 비판을 받기도 했지만 관찰과 모방을 통해 학습된 행동이 계속 유지되려면 보상이 뒤따라야 한다는 측면에서 보면 시사하는 바가 크다고 할 수 있다.

이상에서 살펴본 바와 같이 사회학습이론은 학습의 형태론적인 측면과 인지론적인 측면을 함께 포함하고 있다. 따라서 이 이론에 따르면 학습자는 먼저 타인의 행동과 그에 따른 결과의 좋고 나쁨을 관찰을 통하여 인지하고, 그렇게 해서 습득된 행동을 실행에 옮겨 그 결과가 자기에게 호의적이면 그러한 행동을 계속하려고 할 것이다. 이러한 사회적 학습의 과정을 몇 가지 단계로 나누어 살펴보면 다음과 같다[Robbins, 1989: 65].

① **주의단계**: 학습은 관찰대상이 지니고 있는 어떤 중요한 특징을 인식하고 그것에 대해 주의를 기울임으로써 시작된다. 우리는 매력적이거나 가치가 있고 중요하다고 생각되거나 또는 자기와 매우 비슷해 보이는 대상에 대해 보다 쉽게 주의를 집중하는 경향이 있다.

② **기억단계**: 다음은 기억단계로서 관찰대상의 영향력은 개인이 그 관찰대상의 행동을 어느 정도 기억하고 있느냐에 따라서 달라진다.

③ **모방과 재생단계**: 관찰된 관찰대상의 행동은 개인의 새로운 행동으로 전환된다. 즉, 개인은 관찰한 행동을 모방하고 그것을 재생(motor reproduction)하여 직접 실행에 옮기게 된다.

④ **강화단계:** 습득된 새로운 행동은 보상이나 긍정적인 결과가 주어지면 더욱 강화된다. 다시 말하면 개인은 모방한 행동을 실행에 옮긴 다음에 호의적인 결과를 얻게 되면 그것에 대해 더욱 큰 매력을 갖게 되기 때문에 그러한 행동을 계속 반복하게 된다.

OR Humor 4 **대답 없는 질문**

부자가 낚시하러 강으로 나갔다.

여러 시간을 가만히 앉아 있던 아들놈이 이것저것 묻기 시작했다.

"보트는 어떻게 물 위에 떠있죠?"

잠시 생각해보고 나서 아버지가 대답했다.

"거 모르겠구나."

"물고기는 어떻게 물속에서 숨쉬죠?"

"그것도 모르겠구나."

"그럼 하늘은 왜 푸르죠?"

"정말 모르겠다."

자꾸 물어대니 아버지가 화가 났나보다고 녀석은 생각했다.

"아빠, 내 질문이 짜증나요?"

"천만에, 아니다. 질문을 하지 않으면 아무것도 배우지 못하잖니!"

자료: 한국경제, 2011년 6월 23일자

4-4 | 행동변화전략과 조직행동수정

1. 행동변화전략

위에서는 행동의 학습과정을 자극-반응이론, 인지학습이론, 사회학습이론의 관점에서 살펴보았다. 이들 학습이론은 강조하는 면이 각기 다르기는 하지만 인간의 학습과정을 설명하는 데 있어서 상호보완적인 관계에 있다고 할 수 있다. 따라서 우리가 조직에서의 복잡한 학습행동을 보다 정확히 이해하기 위해서 어느 하나의 이론에만 매달려서는 안 될 것이다. 그러나 이러한 이론들은 모두 장점뿐만 아니라 한계점도 동시에 지니고 있기 때문에 이것을 조직에 적용하는 데에는 신중을 기할 필요가 있다. 즉, 어느 이론을 어느 곳에 적용할 때 학습효과가 가장 좋게 나타날 것인지를 고려해야 한다는 것이다.

조직에서 이루어지는 학습의 궁극적인 목적은 구성원이 보다 바람직한 행동을 습득할 수 있게 하는 것이다. 그리고 그러한 행동습득은 구성원 스스로의 노력에 의해서도 이루어지겠지만 보다 효과적인 방법은 조직의 차원에서 적극적으로 행동변화를 유도하는 것이다. 따라서 경영자는 구성원의 바람직한 행동변화를 가져올 수 있는 여러 전략들을 수립하고 실행에 옮겨야 할 책임이 있다. 이러한 측면에서 볼 때 자극-반응이론, 그 중에서도 작동적 조건화의 개념은 경영자에게 하나의 실천적인 무기를 제공해 준다. 즉, 경영자는 작동적 조건화과정에서 강조되는 강화(reinforcement)의 방법을 사용하여 보다 만족스러운 학습효과를 이끌어 낼 수 있을 것이다.

작동적 조건화에서는 행동의 결과가 어떤 성질의 것이냐에 따라서 그 행동이 지속되기도 하고 또 소멸되기도 한다고 강조한다. 따라서 경영자가 구성원의 바람직한 행동은 더욱 강력하게 만들고 그렇지 못한 행동을 감소시키기 위해서는 행동의 결과, 즉 강화요인(reinforcer)을 적절히 통제할 필요가 있다. 이렇게 결과를 통제하여 행동변화를 유도하는 것은 경영자의 입장에서 보면 하나의 행동변화를 위한 전략이 되는 것이다.

경영자가 이용할 수 있는 행동변화전략은 적극적 강화, 부정적 강화, 소거, 벌 등 네 가지로 분류된다. [그림 4-7]은 이러한 네 가지 전략의 방향과 차이를 보여 준다.

▮ 그림 4-7 ▮ 행동변화전략의 모형

	결과(자극)의 증가	결과(자극)의 감소
적극적 결과 (유쾌한 자극)	**적극적 강화** (바람직한 행동의 증가)	**소거** (바람직하지 못한 행동의 감소)
부정적 결과 (불쾌한 자극)	**벌** (바람직하지 못한 행동의 감소)	**부정적 강화** (바람직한 행동의 증가)

1) 적극적 강화

적극적 강화(positive reinforcement)란 어떤 자극을 주어 구성원이 바람직한 행동을 할 확률을 증가시키는 것을 말한다. 이러한 자극을 적극적 강화요인이라고 하는데 조직에서 그 구성원에게 제공되는 여러 종류의 보상이 전형적인 예라고 할 수 있다.

조직에서 적극적 강화요인으로 사용되는 보상은 크게 내재적(intrinsic)인 것과 외재적(extrinsic)인 것으로 나누어 생각할 수 있다. 내재적 보상은 행동 자체와 직접적인 관련이 있는 것으로서 개인이 어떤 과업이나 직무를 성공적으로 수행하고 나서 스스로 얻게 되는 만족감이나 성취감과 같은 심리적인 보상을 말한다. 반면에 외재적 보상은 행동 자체와는 직접적인 관련이 없고 환경으로부터 인위적으로 제공되는 물질적 · 사회적 성격의 보상을 말한다. 보상금 · 보너스 · 휴가 · 칭찬 등이 이에 해당된다. 이 중에서 어떤 성격의 보상이 더욱 효과적인지는 학습상황과 조직의 여건에 따라 달라지겠지만 비용부담이나 동기유발 등의 측면을 고려할 때 내재적 보상이 외재적 보상보다 보상으로서의 중요성이 더욱 큰 것으로 인식되고 있다[Costello and Zalkind, 1963].

2) 부정적 강화

부정적 강화(negative reinforcement)란 불쾌한 자극을 제거해 줌으로써 바람직한 행동을 강화시키는 방법이다. 즉, 구성원이 바람직하지 못한 행동을 하게 될 때나 또는 하기 전에 불쾌한 자극을 주다가 바람직한 행동이 나타나게 되면 그러한 자극을 제거해 주는 것이다. 이 경우 제거된 불쾌한 자극을 부정적 강화요인이라고 한다. 구성원은 이러한 불쾌한 자극을 제거하거나 미리 피하려고 바람직한 행동을 반복하게 된다.

부정적 강화에는 도피학습(escape learning)과 회피학습(avoidance learning)의 두 가지 형태가 있다. 도피학습이란 개인이 현재 받고 있는 불쾌한 자극으로부터 도피하기 위해 자기의 행동을 변화시키는 것을 말한다. 예컨대, 게으름을 피우는 어느 부하에게 상사가 심한 질책을 하게 되면 그 부하는 그러한 비난으로부터 자기 자신을 멀리 떼어 놓기 위해 열심히 일하게 된다. 그리고 회피학습은 불편한 자극을 사전에 봉쇄하기 위해 자기의 행동을 변화시키는 것을 말한다. 상사로부터 질책을 받는 것을 피하기 위해 미리부터 게으름을 피우지 않으려고 노력하는 경우가 이에 해당된다.

3) 소거와 벌

행동변화전략 중에서 소거와 벌은 구성원의 바람직하지 못한 행동을 감소시키는 방법이다. 이 중에서 '소거(extinction)'는 강화요인을 줄이거나 중단함으로써 바람직하지 않은 행동이 감소되도록 하는 방법이다. 일단 학습된 새로운 행동이라 할지라도 적극적 강화요인이 억제되면 그 행동은 점차 감소되다가 결국에는 소멸되고 만다. 이렇게 보상이 주어지지 않는 상황이 계속되어 어떤 반응의 발생빈도가 줄어드는 것을 소거라고 하는데, 경영자는 이 방법을 이용하여 과업을 달성하는 데 있어서 부적합하거나 오히려 방해가 되는 구성원의 행동을 효과적으로 감소시킬 수 있다. 예를 들면, 평소에 어떤 직무를 효과적으로 수행하는 데 필요한 새로운 기법을 빠르게 습득 · 사용하여 칭찬을 받던 사람이 새로운 직무에 배치되어 그러한 기법이 이제는 도움이 되지 않게 되었는데도 불구하고 여전히 예전의 방식대로 직무를 수행하는 경우에, 상사가 그동안 칭찬하던 것을 중지하게 되면 그는 자기의 행동이 잘못되었다는 것을 느끼고 그러한 방식을 점차 줄여나가면서 또 다른 효과적인 기법을 습득하는 데 노력을 기울이게 된다.

그런데 경영자가 이 방법을 사용하는 데는 각별한 주의가 요구된다. 왜냐하면 경영자가 판단을 잘못하여 여전히 바람직한 행동에 대한 보상을 철회한다든지 하는 경우에는 오히려 구성원의 사기를 떨어뜨리는 결과를 가져올 수 있기 때문이다. 따라서 이 방법을 적용하는 데는 다음과 같은 절차가 필요하다.

첫째, 감소시키거나 제거해야 할 목표행동을 확인한다.

둘째, 그러한 목표행동을 지속시키고 있는 강화요인이 무엇인지를 찾아낸다.

셋째, 그 강화요인이 제공되는 것을 억제하거나 중지시킨다.

한편, '벌(punishment)'은 어떤 행동이 이루어진 다음에 불쾌하거나 불편한 결과를 제공함으로써 그러한 행동의 빈도를 줄이는 행동변화전략이다. 즉 적극적 강화가 보상을 제공하여 바람직한 행동을 증대시키는 방법인 데 비해, 이것은 싫어하는 자극을 주어 바람직하지 못한 행동을 줄이는 방법이라고 할 수 있다. 또 소거가 전에는 바람직한 행동이었기 때문에 주었던 보상을 이제는 그렇지 못한 행동으로 상황이 바뀌어서 철회하는 것인 데 반하여, 이 방법은 처음부터 바람직하지 않은 행동에 대해 불편한 결과를 주는 것이다.

벌의 효과에 대해서는 오래전부터 많은 논란이 있어 왔다[Hammer and Organ, 1978: 75－80]. 우선 벌을 반대하는 사람들은 이것이 바람직하지 못한 행동의 빈도를 줄여주기는 하지만 결코 바람직한 행동을 촉진시키지는 못하며, 자기의 행동을 개선할 능력이 없거나 해결방안을 가지지 못한 사람에게는 좌절감과 두려움만 안겨주게 되고, 바람직하지 못한 행동을 근본적으로 제거하기보다는 일시적으로 억압할 뿐이라고 말한다. 또한 반대론자들은 벌이 그래도 효과적으로 되려면 계속적인 감시와 감독이 필요한데, 그러기 위해서는 시간과 비용이 지나치게 많이 들게 된다고 주장한다.

그러나 벌을 긍정적으로 보는 사람들은 이것을 매우 자연스런 현상으로 간주한다. 즉, 인간은 자연이 주는 벌을 경험하면서 아무런 부작용이 없이 바람직하지 않은 행동을 하지 않게 되는 것을 보면 조직에서의 벌도 마찬가지의 효과가 있을 것이라는 것이다. 또한 이들은 조직에서 벌 이외에 사용되는 여러 방법들이 항상 가능한 것도 아니며 경제적이거나 공정하지 못하기 때문에 사용하는 데 한계가 있다고 말한다.

사실상 벌은 이것의 사용을 반대하는 사람들의 주장처럼 행동을 변화시키는 데 있어 때로는 비효과적이거나 예측하기 어려운 많은 부작용을 가져다 줄 수도 있다. 그러나 사람이 살아가는 데 있어서 벌은 피할 수 없는 것이라는 측면에서 보면 이것의 사용을 무조건적으로 반대하기보다는 어떻게 하면 이것을 효과적으로 관리할 것인가 하는 점에 초점을 맞추어야 할 것이다. 이러한 이유에서 학자들은 조직에서 벌을 효과적으로 사용하는 데 요구되는 조건들을 제시하고 있는데, 그 중에서 비교적 대표적인 것들을 들어보면 아래와 같다.

① 벌은 요구되지 않는 행동이 나타난 후에 바로 실시될 때 효과적이다.
② 벌은 모든 사람에게 공정하고 시간적으로 일관성이 있게 사용되어야 한다.
③ 벌의 강도는 바람직하지 않은 행동의 경중에 따라 균형이 유지되어야 한다.
④ 벌을 줄 때는 감정이 개입되지 않아야 한다.
⑤ 벌을 사용하기 전에 그에 대한 분명한 경고가 있어야 한다.
⑥ 벌이 실시된 다음에 결속관계가 없는 불필요한 보상이 따라서는 안 된다.
⑦ 벌이 바람직한 행동에 사용되어서는 안 된다.
⑧ 벌은 제재의 목적보다는 교육적인 차원에서 주어질 때 효과적이다.
⑨ 벌은 가급적 전담하는 사람이나 공식적 기구를 통해 시행하는 것이 바람직하다.

2. 강화의 일정계획과 관리

적극적 강화와 부정적 강화는 모두 강화요인을 이용하여 바람직한 행동을 증대시키기 위한 전략이기 때문에 경영자가 강화요인을 '언제' 그리고 '어떻게' 적용할 것인가 하는 점이 매우 중요하다. 이것은 강화의 시기선정(timing)에 관한 문제이다. 경영자가 이러한 시기선정을 어떻게 하는가에 따라서 학습의 효과가 달라진다. 그런데 이 시기선정이 단 한 번에 그치거나 무계획적으로 이루어지는 경우에는 충분한 학습효과를 거둘 수 없게 된다. 따라서 경영자는 연속적으로 또는 비연속적으로 강화요인을 적용할 시기를 결정할 필요가 있는데 이것을 강화의 일정계획(reinforcement schedule)이라 한다.

조직에서 경영자가 사용할 수 있는 강화의 일정계획은 강화요인의 적용시기를 선정하는 방법에 따라 크게 연속강화법과 부분강화법으로 분류할 수 있다.

1) 연속강화법

연속강화법(continuous reinforcement)이란 구성원이 바람직한 행동을 할 때마다 강화요인을 제공하는 방법이다. 기업에서 판매원이 높은 판매실적을 올릴 때마다 보너스나 보상금을 지급하는 것이 좋은 예이다. 이 방법을 적용하면 요구되는 행동이 급격히 증가하고, 종업원들을 빨리 만족시킬 수 있는 이점이 있다.

그러나 구성원이 요구되는 행동을 보일 때마다 계속적으로 보상을 제공한다는 것은 조직이 보유하고 있는 자원의 양에는 한계가 있다는 점을 감안할 때 현실적으로 어려운 일이다. 또한 일단 강화요인이 없어지면 학습효과가 급속히 감소된다는 것도 이 방법의 단점이다[Luthans and Kreitner, 1975: 49-52]. 따라서 경영자가 이 방법을 장기적으로 사용하는 데는 많은 어려움이 따른다. 이 방법은 구성원의 행동이 갑자기 좋지 않게 바뀌었다든지 또는 정확한 반응이 자주 요구되지 않는 경우에 한하여 단기적으로 사용하는 것이 바람직하다고 할 수 있다.

2) 부분강화법

부분강화법(partial reinforcement)은 단속강화법(intermittent reinforcement)이라고도 하는 것으로서, 구성원의 바람직한 행동에 대하여 간헐적으로 또는 불규칙적으로 강화요인을 제공하는 방법이다. 이 방법은 연속강화법에 비해 강화의 효과가 늦게 나타나기는 하지만 습득된 새로운 행동을 오랫동안 지속시킬 수 있다는 장점이 있다. 구성원의 행동이 비교적 안정되어 있다든지 또는 정확한 반응이 자주 요구되는 경우에 이 방법을 사용하면 좋은 결과를 얻을 수 있다.

부분강화법은 [그림 4-8]에서 보는 바와 같이 강화의 시간간격과 강화요인을 제공하는 데 요구되는 반응비율을 어떻게 운용하는가에 따라 다음과 같이 네 가지 유형으로 나뉜다[Ferster and Skinner, 1957].

① 고정간격법(fixed interval schedule): 일정한 시간간격을 정하여 강화요인을

제공하는 방법이다. 대부분의 기업에서 급여제도로 채택하고 있는 월급제나 주급제 같은 것이 이러한 방법을 적용하는 대표적인 예이다. 이 방법은 강화요인이 반드시 일정한 기간이 경과한 다음에 제공되기 때문에 보상이 주어지는 시간이 가까워져야만 비로소 적극적인 반응을 보이게 되는 것과 같은 단점이 있다.

그림 4-8 부분강화법의 분류

	시간간격	반응비율
고정	**고정간격법**	**고정비율법**
변동	**변동간격법**	**변동비율법**

② 변동간격법(variable interval schedule): 강화요인을 일정한 시간간격을 두고 제공하는 것이 아니라 구성원이 예측할 수 없도록 변동적인 시간간격으로 불규칙하게 제공하는 방법이다. 예를 들면, 공장장이 한 주일에 몇 차례씩 불시에 작업장을 방문하여 성실한 작업자를 격려해주고 게으름을 피우는 작업자에게는 주의를 준다든지, 교수가 부정기적으로 학생들을 테스트하여 그 결과를 성적에 반영시킨다든지 하는 것이다. 이 방법은 강화요인이 예측할 수 없게 분산 · 제공되기 때문에 고정간격법보다 더 높고 지속적인 효과를 얻을 수 있다.

③ 고정비율법(fixed ratio schedule): 요구되는 반응이 일정한 수가 나오는 경우에 한하여 강화요인을 한 번씩 제공하는 방법이다. 10번의 요구되는 반응이 나와야 한 차례 보상이 주어지는 방법은 10:1법이라 할 수 있고, 매번 요구되는 반응이 나올 때마다 보상이 주어지는 방법은 1:1법이라고 할 수 있다. 기업에서 흔히 사용되는 성과급제(piece-rate incentive system)가 고정비율법을 적용하는 대표적인 예이다. 이 방법은 구성원으로부터 적극

적이고 정확한 반응을 지속적으로 이끌어 내는 데 매우 효과적이다. 그러나 매번 똑같은 정도의 반응만을 요구하면서 이 방법을 적용하는 경우에는 학습효과가 떨어지는 경향이 있다.

④ **변동비율법**(variable ratio schedule): 요구되는 반응의 수가 나오게 되면 강화요인을 제공하는 방법이다. 이때 요구되는 반응 수는 고정비율법과는 달리 매번 변화하게 된다. 예를 들면, 처음에는 10번의 반응이 나와야 한 번의 강화요인을 주었다가, 그 다음에는 15번 후에, 또 어떤 때는 5번 후에도 주는 식이다. 이 방법은 여러 강화방법들 중에서 가장 강력한 것이라고 할 수 있다. 이 방법을 적용하는 경우 구성원은 매번 요구되는 반응의 정도를 예측하기가 어렵기 때문에 항상 꾸준히 노력하게 된다. 따라서 높고 안정된 성과가 유지되며 바람직한 행동도 쉽게 소멸되지 않게 된다.

이상의 여러 가지 일정계획 중에서 어느 방법이 가장 효과적인가 하는 것을 단정적으로 말하기는 어렵다. 그러나 일반적으로 볼 때 연속강화법은 불안정한 행동이나 자주 나타나는 행동을 습득하게 하는 데 효과적이다. 또한 부분강화법 중에서는 변동법이 고정법에 비해 효과적이라는 것이 일반적인 생각인데, 이는 변동법이 보상과 성과 간의 연결을 보다 강력하게 만들어 주기 때문이다. 그리고 비율법이 간격법보다 효과적이라는 것도 같은 이유로 설명된다. 특히 비율법은 성과와 관련하여 보상이 주어지기 때문에 구성원은 꾸준한 반응을 보이는 경향이 있다.

3. 조직행동수정 프로그램

1) 행동수정과 조직행동수정

작동적 조건화의 개념을 이용하여 개발된 행동변화전략들은 각기 나름의 한계를 지니고 있지만 다른 어떤 방법보다도 효과가 큰 것으로 인식되고 있다. 그러나 이러한 전략들은 실무적으로 그다지 효과적으로 이용되지 못했다. 그것은 이들

전략이 부분적으로만 응용되거나 적합한 대상과 상황이 무시된 채 무분별하게 적용되었기 때문이다. 따라서 학자들은 작동적 조건화의 개념과 이를 기초로 개발된 행동변화전략을 보다 체계적으로 활용하려는 노력을 기울였는데, 행동수정(behavior modification)은 바로 이러한 노력의 결과로 탄생된 보다 체계적이고 종합적인 행동변화기법이라고 할 수 있다.

정신건강과 교육 분야에 주로 적용되고 있던 행동수정을 기업조직에 적용할 수 있게 기틀을 마련한 학자는 노드(W. Nord)이다. 그는 스키너의 작동적 조건화이론이 경영분야에서 전적으로 무시되고 있다는 사실을 지적하면서 이것이 어떻게 종업원의 훈련, 인적자원개발, 직무설계, 보상, 조직설계, 출근율의 개선 등에 적용될 수 있는지를 제시하였다[Nord, 1969]. 그리고 그 후에 루탄스(F. Luthans)와 화이트(D. White)는 행동수정기법을 조직행동과 인적자원관리에 직접적으로 적용할 수 있는 길을 터놓았다[Luthans and White, 1971]. 이를 토대로 하여 경영학에 있어 작동적 조건화의 개념을 적용할 수 있는 이론적 근거가 만들어지고, 이를 실제적으로 적용하는 조직행동수정(Organizational Behavior Modification: O.B. Mod.)이라는 분야가 발전되기 시작하였다.

조직행동수정이 행동수정과 성격상 크게 다른 것은 아니다. 이것을 조직행동수정이라고 부르는 것은 종래의 정신건강이나 교육 분야에서의 행동수정과 기업조직에서의 행동수정을 구별하기 위해서이다[신유근, 1992: 167].

2) 조직행동수정 프로그램의 실행

조직행동수정이 효과적으로 이루어지도록 하기 위해서는 이에 대한 프로그램을 체계적으로 설계 · 실행할 필요가 있다. 조직행동수정 프로그램은 일반적으로 다음과 같이 네 단계를 거쳐 이루어진다[Hellriegel 등, 1986: 130-134]. [그림 4-9]는 이러한 조직행동수정 프로그램의 실행단계를 보여준다.

① **관련행동의 확인**: 구성원의 행동 중에는 성과에 중대한 영향을 미치는 것과 그렇지 못한 것이 있다. 성과에 직접적으로 영향을 미치는 행동을 관련행동 혹은 중심행동(critical behaviors)이라고 한다. 경영자는 먼저 이러한 행동

을 찾아내어 구성원에게 '요구되는 행동'으로 삼아야 한다. 이렇게 성과와 관련된 행동을 확인해야만 나중에 어떤 행동을 증대시키고 또 어떤 행동을 감소시킬 것인지를 판단할 수 있게 된다.

② 행동의 측정: 여기에서는 앞 단계에서 확인된 관련행동이 일정기간 동안에 얼마나 발생하고 있는가를 측정하고 기록한다. 관련행동을 측정하는 것은 다음과 같은 두 가지의 목적이 있다. 첫째, 관련행동에 대한 발생빈도자료를 사용하여 실제의 문제가 무엇인지를 파악할 수 있다. 둘째, 관련행동에 대한 발생빈도자료는 행동변화전략을 수행한 후에 행동이 실제로 얼마나 변화했는지를 확인하는 데 도움이 되며, 또 이 자료를 통해 사용된 행동변화전략이 과연 효과가 있었는지를 평가할 수 있게 된다.

▮ 그림 4-9 ▮ 조직행동수정 프로그램

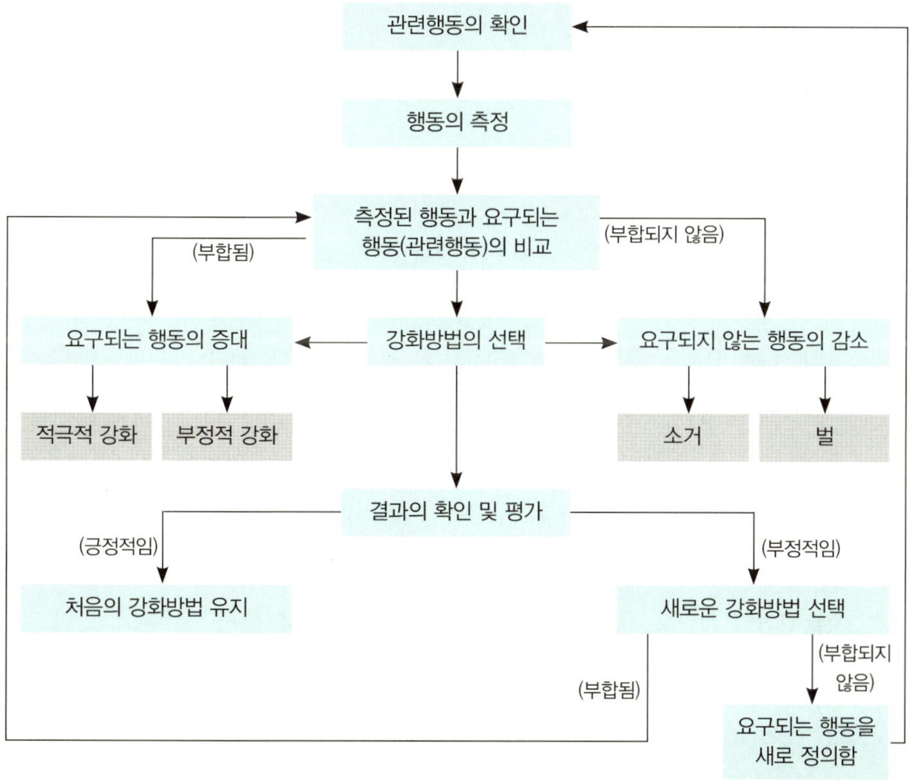

③ 강화방법의 선택: 관련행동을 확인하고 측정 · 기록한 다음에는 행동을 변화시키기 위한 도구, 즉 강화방법을 선택한다. 행동을 변화시키는 데는 앞에서 설명한 네 가지 강화방법이 주로 사용된다. 경영자가 판단하기에 요구되는 행동을 계속 유지하거나 더욱 증대시킬 필요가 있는 경우에는 적극적 강화와 부정적 강화의 방법을, 그리고 요구되지 않는 행동을 감소시켜야 할 경우에는 소거와 벌을 사용한다.

④ 결과의 확인 및 평가: 경영자는 자기가 선택 · 사용한 강화방법이 구성원의 행동을 바라는 방향으로 변화시키는 데 얼마나 도움이 되었는지를 확인하고 그 결과를 평가한다.

만일 원했던 만큼의 성과가 달성되지 않은 경우에는 또 다른 강화방법을 선택하거나 요구되는 행동에 대해 새롭게 정의를 내리고 위의 각 단계를 반복하여야 한다.

3) 조직행동수정의 문제점

이상에서 살펴본 조직행동수정을 실제로 적용할 때 부딪칠 수 있는 몇 가지 문제점을 살펴보면 다음과 같다.

① 행동수정의 비인간성: 조직행동수정을 지지하는 사람들은 이 기법이 조직구성원의 행동을 조직목표를 달성하는 방향으로 이끄는 데 효과적일 뿐만 아니라 비용이나 동기부여의 측면에서도 매우 유용한 것이라고 주장한다. 그러나 이 기법을 반대하는 사람들은 이것이 비인간적이고 비논리적이라고 지적한다. 왜냐하면 행동수정을 통해 어느 특정인이 원하는 쪽으로 사람들의 행동이 조작(manipulation)되고 통제되기 때문이라는 것이다[Ruben and Ruben, 1985].

② 적용범위의 편협성: 조직행동수정은 사람의 행동이 형성 · 학습되기 위해서 모든 행동은 외부적으로 강화가 이루어져야 한다고 가정하는데, 이러한 가정의 편협성으로 말미암아 적용범위 역시 그만큼 좁아질 수밖에 없다는 비판을 받기도 한다.

③ 내재적 강화요인의 무시: 조직행동수정에서는 주로 칭찬, 긍정적 피드백, 화폐 등과 같은 외재적 보상만을 사용한다. 따라서 이 기법이 내재적 보상에 의한 동기부여의 가능성을 무시하고 있다는 비판을 받기도 한다. 강화론자들은 이에 대해 자기들이 내재적 강화요인을 충분히 언급하지 않고 있는 이유는 그것을 거부하는 것이 아니라 폭넓은 적극적 강화를 거쳐 내재적 동기부여가 이루어지기 때문이라고 말한다. 하지만 이 기법이 일차적으로 고차원적 욕구보다는 저차원적 욕구를 충족시키는 방법을 통해 행동 변화를 유도한다는 측면에서 보면 이와 같은 비판에도 귀를 기울일 필요가 있다.

④ 개인차이의 무시: 조직행동수정에서는 보통 개인이 서로 다른 욕구 · 가치 · 능력 등을 지니고 있다는 사실을 중시하지 않는다. 예컨대, 경영자가 적극적 강화의 한 방안으로 어떤 보상을 선택할 때 그들은 모든 구성원이 똑같이 그러한 보상을 바라고 있으며, 또 모두 직무를 성공적으로 수행할 수 있는 능력이 있다고 가정한다. 그러나 그들은 결국 그러한 보상이 어떤 사람에게는 효과적이지만 다른 사람에게는 그렇지 못하다는 사실을 발견하게 된다. 따라서 어느 학자는 이러한 문제를 해결하는 방안으로, 처음부터 조직이 제공하는 보상을 선호하면서 능력도 겸비한 구성원을 선발 · 고용하거나, 보상을 결정하는 데 있어 구성원을 더 많이 참여시킬 것을 제안하기도 한다[Steers, 1988: 231].

⑤ 집단규범(group norms)의 형성: 조직행동수정을 시행하는 과정에서 구성원은 가끔 경영자가 자기들을 지나치게 착취하려 한다고 생각하게 되는데, 이러한 경우 집단규범이 자연스럽게 형성되어 구성원의 행동을 통제하기 때문에 경영자가 의도하는 행동변화가 저항을 받게 된다. 이러한 문제는 경영자와 구성원 사이에 신뢰관계를 형성시킴으로써 해결할 수 있다. 사실상 조직행동수정은 조직 안에 이러한 서로 신뢰하는 분위기가 형성되지 않은 상태에서는 실행 자체가 어려운 것이다.

OB Story & Case 4 스마트폰 확인병(病)

천상병 시인은 1980년대 후반에야 집에 유선전화기를 들여놓았다. 한동안 그는 외출을 하지 않았다. 친구들이 전화를 걸어오면 자랑스레 통화하고 싶어서 전화기 곁에 붙어 지냈다고 한다. 태어나 처음으로 전화기를 갖게 된 시인은 남들보다 수십 년 늦게 '전화 중독'에 빠졌던 셈이다. 2004년 일본 교토대 영장류(靈長類)연구소의 마사타카 노부호 교수는 『휴대폰을 가진 원숭이』라는 책에서 청소년의 휴대폰 중독을 다뤘다. 일본 원숭이는 무리에서 떨어지면 큰 소리로 제 위치를 알린다. 도시의 청소년들도 친구와 금방 헤어져 놓고도 지하철에서 휴대폰으로 떠들거나 문자를 보내기 바쁘다. 잠시라도 조용히 혼자 있기를 견디지 못한다. 최근 미국에선 스탠퍼드대생 44%가 스마트폰 중독상태라는 조사결과도 나왔다.

얼마 전 국내 어느 취업포털이 직장인 453명을 조사했더니 30%가 "스스로 스마트폰 중독이라고 생각한 적이 있다"고 답했다. 응답자들은 스마트폰을 손에서 놓지 않거나, 대화하다 습관적으로 스마트폰을 꺼내 들여다본 적이 많다고 했다. 스마트폰을 오래 사용해 '목 결림'도 느낀다고 했다. 미국에선 '전화나 메시지가 오지 않았는데도 스마트폰 사용자들이 하루 평균 34차례 스마트폰을 확인한다'는 보고서도 나왔다.

사람들은 전화로 메시지를 받으면 뇌에서 스스로를 '중요한 사람'으로 여기는 긍정반응이 나타난다고 한다. 이 과정이 반복되면 자기도 모르는 사이 '스마트폰 확인병'에 걸린다. 이 병에 걸리면 주의력과 사고력, 집중력이 떨어질 수밖에 없다. 구글 CEO 에릭 슈미트는 최근 직장인들에게 "컴퓨터와 휴대폰을 끄고 주위의 인간적인 것들을 발견하라"고 충고하기도 했다.

IT 전문가인 니컬러스 카는 책 『생각하지 않는 사람들』에서 "인터넷이 사람들 생각을 얕게 만든다"고 했다. 그는 얼마 전 서울에 와서 "SNS를 모두 끊었다"고 실토했다. 스마트폰을 든 인류, '호모 모빌리쿠스'가 이대로 가다간 '디지털 치매'에 빠지게 될 판이다. 19세기 다윈의 진화론은 자연환경의 변화에 적응한 생물체만 살아남았다고 했다. 21세기엔 인간이 IT 변화에 덜 적응하고 '디지털 소비'를 자제해야 지혜롭게 진화할 수 있을 것 같다.

자료: 조선일보, '萬物相', 2011년 8월 1일자

토의문제

01 스마트폰 중독이 직장인의 근무태도에 미치는 영향을 분석해 보라.

02 '행동변화전략'을 적용하여 조직구성원의 '습관적인 스마트폰 확인 행동'을 교정하는 방법을 제시해 보라.

OB Lounge 3

흰 고무신

고즈넉한 산사山寺
큰스님 들어계신 공부방 섬돌 위에
너부죽이 엎드려
흰 고무신 한 쌍이 오붓하게
저녁예불을 올리고 있다.
어느 사이 추녀 끝 풍경도 멎어 있다.
멀리서도 환히 보였다.
가을걷이 끝낸 노을 속 들판마냥
그 속,
텅- 비어 있다.

Organizational Behavior

Chapter 05

태도와 스트레스

Key Word

- 태도(態度, Attitude)
- 인지부조화(認知不調和, Cognitive Dissonance)
- 직무만족(織務滿足, Job Satisfaction)
- 조직몰입(組織沒入, Organizational Commitment)
- 신뢰(信賴, Trust)
- 조직시민행동(組織市民行動, Organizational Citizenship)
- 스트레스(Stress)

학습중점

- 태도의 개념과 기능을 숙지한다.
- 태도와 행동의 관계를 이해한다.
- 직무만족, 조직몰입, 신뢰, 조직시민행동의 중요성을 숙지하고, 그 이론들을 이해한다.
- 태도와 협동행동이 개인과 조직의 성과에 미치는 영향에 대해 논의한다.
- 스트레스의 개념을 숙지하고, 그 원천을 이해한다.
- 스트레스의 결과와 올바른 관리방안에 대해 논의한다,

5-1 | 태도의 성격

1. 태도의 개념과 기능

1) 태도의 개념

태도(attitude)는 일반적으로 "개인이 어떤 대상에 대하여 좋다 · 나쁘다의 방식으로 반응하려는 일종의 평가적 경향"으로 정의된다. 즉, 사람들이 어떤 사람이나 사물에 대해 좋다 · 나쁘다 할 때 사실상 그에 대한 태도를 표현하고 있는 셈이 된다. 따라서 조직구성원의 직무에 대한 태도는 그들이 직무에 대해 호의적 · 비호의적인 방식으로 나타내려는 지속적인 감정 내지는 평가라고 할 수 있다.

태도와 가치(value)는 서로 다른 개념이다. 가치는 포함하고 있는 범위가 비교적 넓은 데 비해 태도는 특정적이라고 할 수 있다. 또한 가치는 태도와는 달리 도덕적 관념을 강하게 반영한다. 그러나 태도와 가치는 상호 간에 밀접한 관계를 유지하고 있다.

태도는 또한 의견(opinion)과도 구별된다. 의견은 태도의 언어적인 표시이며 비교적 쉽게 변하는 특성을 가진다. 그리고 의견은 지속되는 시간이 비교적 짧다. 이에 반하여 태도는 개인의 내재적인 느낌으로서 쉽게 변하지 않고 지속되는 시간도 비교적 길다. 예를 들어, A라는 사원이 자기의 여성 상사인 B를 무능한 사람이라고 비난한다고 하자. 이때 A의 이러한 비난은 여성을 경시하는 태도, 상사를 경시하는 태도, 또는 B가 자기의 상사라는 점에 대한 불만에서 오는 일종의 의견표시로 볼 수 있는데, 세 번째의 불만에서 오는 의견은 앞의 것에 비해 상대적으로 쉽게 변할 수가 있을 것이다. 즉 A가 B로부터 원하는 도움을 받는 경우에 A의 B에 대한 표면적 평가는 순간적으로 'B는 역시 유능한 상사'라고 바뀔 수 있다. 그러나 A의 B에 대한 내면적 평가를 나타내는 '여성경시' 내지 '상사경시' 태도는 쉽게 변하지 않는다.

태도는 또한 다음과 같이 주관적인 '정서적 요소'뿐만 아니라 객관적인 '인지적 요소'와 '의도요소' 등을 포함한다[Hodgetts and Altman, 1979].

① **정서적 요소**(affective component): 정서적 요소는 사람이나 사물과 같은 대상에 대해 느끼는 좋아함과 싫어함, 사랑과 미움, 슬픔과 기쁨과 같은 감각이나 감정을 말한다. 그리고 그 강도는 개인과 집단에 따라 상대적으로 많은 차이가 있다.

② **인지적 요소**(cognitive component): 인지적 요소는 대상에 대한 신념, 신앙, 사고 등을 말하는 것으로서 통상 지식이나 추리를 통한 비교적 객관적인 면을 나타내는 차원이다.

③ **의도적 요소**(intention component): 의도적 요소는 대상에 대해 어떤 방식으로 행동하려는 의지를 말한다. 의도적 요소는 일반적으로 정서와 인지를 거친 후에 나타나는 것으로 행동의도요소(behavioral intention component)라고 표현하기도 한다.

태도는 이와 같은 세 가지 서로 연관된 요소로 구성된다. 그런데 이렇게 태도를 복합요소의 구성체로 파악하는 개념은 다소 복잡한 감이 있기 때문에 학자에 따라서는 보다 명료하게 태도를 이해하려고 한다[Fishbein and Ajzen, 1975]. 즉 태도의 세 가지 구성요소를 인정하기는 하되, 태도를 단순히 정서적 또는 감정적 반응으로 정의하고 인지적 요소나 행동의도요소는 각각 태도의 선행요소와 결과로 간주하는 것이다. 이는 태도를 보다 구체적으로 특징있게 내세워 설명하려는 입장인 셈이다. 이러한 입장에서는 신념(인지), 태도(정서), 행동의도, 실제행동 사이에 개념상 구별을 한다.

[그림 5-1]은 직무태도를 예로 들어 이와 같은 개념들 사이의 차이점과 관계를 보여준다[신유근, 1992: 177-178].

▌그림 5-1▐ 직무태도에 대한 개념적 모형

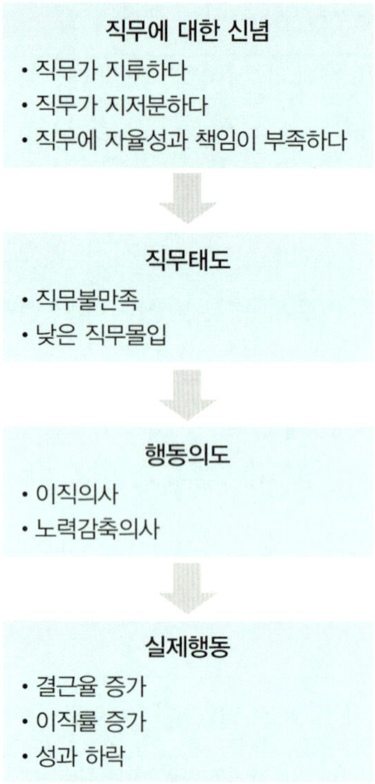

2) 태도의 기능

태도는 우리가 타인의 행동을 이해하는 데 있어서 중요한 정보를 제공해 줄 뿐만 아니라 행동 주체로서의 개인을 위해 중요한 역할을 수행한다. 레이츠(H.J. Reitz)는 태도가 개인에게 도움이 되는 역할로서의 네 가지 기능을 제공하고 있음을 지적하고 있다[Reitz, 1977: 260−261].

① 탐구기능(knowledge function): 태도는 특정의 사건이나 복잡한 세계를 이해하고 해석하는 데 필요한 준거체계 · 지식 · 신념 등을 제공함으로써 사람들이 그 대상에 대해 어떤 의미를 부여할 수 있게 한다.

② 수단기능(instrumental function): 태도는 개인이 바람직한 목표를 달성하는 데 필요한 수단이나 방법을 제공한다.

③ 가치표현기능(value expressive function): 태도는 또한 개인이 자신의 이미지를 보다 긍정적이고 적극적으로 표현할 수 있는 방식을 제공한다.

④ 자아방어기능(ego-defensive function): 태도는 개인이 어떤 욕구의 좌절을 극복하지 못함에 따라 발생할 수 있는 자아붕괴를 막아주는 역할을 해준다. 즉 태도는 욕구가 좌절되어 나타나는 불쾌감, 열등감, 공포감 등으로부터 방어해 주는 기능을 제공한다.

2. 개인의 태도와 행동

1) 태도형성과 행동의 관계

위에서는 개인의 태도가 형성되는 데 있어 사물이나 사람에 대한 신념이 주축이 되고 있음을 이해하였다. 그러나 태도가 형성되는 데에는 이러한 신념 외에 가치가 중요하게 개입되는 것으로 파악되고 있다[Johns, 1983: 99]. 태도란 우리가 생각하는 것, 즉 사고와 우리가 느끼는 것, 즉 감정의 함수로 볼 수 있다는 것이다. 여기서 사고는 신념이라고 할 수 있고 감정은 가치라고 할 수 있다[신유근, 1992: 178-180].

신념(beliefs)은 '나는 …라고 믿는다'라는 말로부터 유추될 수 있는 개인의 마음속에 있는 명제라고 할 수 있다. 때로 신념은 사실일 수도 있으나 반드시 사실일 필요는 없다. 그러나 그것을 지닌 사람은 사실로서 믿는 것이다. 일반적으로 태도는 신념들의 조직으로 파악되어 태도와 신념의 구별은 무의미하다는 입장이 지배적이다. 우리가 흔히 하는 태도조사는 이러한 바탕에서 이루어진다. 즉, 우리는 어떤 사람에게 직무에 대한 신념을 물을 수 있다. 예를 들면, 일이 흥미롭다 지루하다, 보수가 좋다 나쁘다 등등이 그것이다. 그리고 이 신념으로부터 태도를 유추할 수 있다.

신념이 사실에 대한 믿음이라면 가치(values)는 개인의 선호에 바탕을 두고 선택된 규범적 기준이 포함되어 있는 개념이다. 즉, 가치에는 당위적 요소가 수반된다. 예를 들어, 어떤 구성원은 회사에서 승진하는 것에 높은 가치를 두고 헌신할 수 있다. 반면 다른 구성원은 봉급이나 시간의 잔업수당 등 금전적인 것에 높은 가치를 두고 일 또는 직무를 선호할 수도 있다. 이렇게 일이나 직무에 특정의 가치를 부여하는 것을 근로가치(work values)라고 하는데, 이러한 가치는 사실의 관점에서 옳다 또는 그르다고 할 수는 없는 것이다.

요컨대 신념과 가치는 한데 어우러져 태도를 형성한다. 예를 들면, 현재의 직무는 나의 성취감을 높여준다는 신념과, 성취감이 높다는 것은 나에게 매우 바람직한 것이라고 하는 가치가 결합되어 현재의 직무에 만족한다는 태도가 형성되는 것이다.

조직행동에서 볼 때 태도는 그 자체로서도 의미가 있지만 특히 행동과 관련하여 중요성을 갖는다. 왜냐하면 태도는 어떤 자극에 대한 반응의 준비상태로 파악되고 따라서 행동의 예측지표가 될 수 있기 때문이다. 이러한 근거는 태도와 행동 사이의 인과관계가 매우 높은 수준의 정(+)의 관계를 보이는 데에서 찾을 수 있다. 그러나 태도와 행동이 반드시 일치한다고 할 수는 없다. 여러 상황적인 변수들이나 규범들이 태도와 행동 사이에 개입되는 수가 많기 때문이다. 예를 들어 '로마에 가면 로마법을 따르라'는 말과 같이 사람들은 어떤 이질적인 상황에서는 개인의 근본적인 신념이나 가치를 포함하는 태도를 그대로 행동으로 나타내기보다는 그 상황에서 권유되거나 심지어 강요되는 특정의 요인들에 의해 실제로는 자기의 의도와는 다르게 행동하는 경향이 있다는 것이다. 따라서 개인의 태도와 실제 행동 사이에는 상황에 따라서 차이를 보일 수가 있다.

그러나 태도와 행동의 이러한 차이는 이들 사이에 본질적으로 관련성이 없어서라기보다는 어떤 환경적 요인에 의해 본래의 태도와 일치되게 행동하는 것이 억제된 결과일 따름이다. 이러한 경우에 태도는 본래의 행동의도에 따라 잠재적인 힘을 가지고 실제의 행동에 대해 계속적으로 영향력을 행사한다고 보아야 한다. 따라서 개인의 행동에 영향을 미치는 몇 가지 상황적 요인을 파악하고 제거할 수 있다면 실제적인 행동의도로서의 태도와 행동 사이의 일치성을 더욱 높일 수 있을 것이다.

결과적으로 개인의 태도는 신념이나 가치를 주축으로 형성되며, 이는 다시 행동의도로서의 동기로 작용하여 행동에 영향을 미친다. [그림 5-2]는 이 개념들 간의 영향관계를 보여 준다[Ronen, 1978].

▌그림 5-2▐ 가치 · 태도 · 행동의 관계

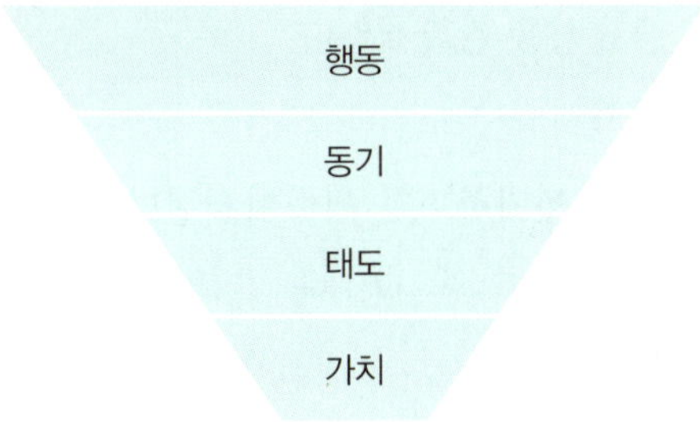

2) 인지부조화와 태도의 변화

사람의 지각구조는 일관성이 있고 조화로운 상태, 곧 심리적으로 평안하고 유쾌한 상태를 유지하는 방향으로 작용하는 경향이 있다. 즉, 사람들은 어떤 대상에 대해 가지는 신념 · 태도 · 행동 사이에 일관성이 없다고 느끼게 되면 심리적으로 불안하고 불유쾌한 상태가 되기 때문에 이들 간에 일관성 있는 상태로 가기 위해 노력한다. 이러한 사람심리의 기본적 속성에 기초하여 전개된 이론으로 인지부조화이론(cognitive dissonance theory)이 있다.

인지부조화이론의 창시자인 훼스팅거(L. Festinger)에 의하면 사람은 인지에 있어서의 비일관성을 싫어하기 때문에 가능한 한 그러한 상태를 피하거나 일관성을 유지하려고 노력하게 된다(Festinger, 1957). 인지부조화란 바로 이러한 인지상의 비일관성을 가리키는 말이다. 따라서 개인의 신념과 태도 사이에, 또는 태도와 행동 사이에 부조화(dissonance)가 나타나면 불편한 인지상태를 경험하게 되기 때문에 개인은 어떠한 노력을 기울여서라도 조화(consonance)의 상태로 가려고 한다. 그리고 이 과정에서 태도변화가 나타날 수도 있다.

그러면 어떻게 이러한 부조화를 감소시킬 수 있을 것인가? 훼스팅거는 사람들이 인지부조화를 제거시키고자 하는 욕망의 강도는 부조화를 불러온 요소들의 중요성, 개인이 그러한 요소들에 대해 미칠 수 있다고 생각하는 영향력의 정도, 부조화에 의해 얻게 되는 보상의 정도 등에 영향을 받는다고 말한다. 따라서 부조화를 낳게 한 요소들의 중요성과 그에 대한 자신의 영향이 클수록, 그리고 부조화에 수반된 보상의 정도가 적을수록 부조화를 감소시키려고 노력하게 되는데, 여기에는 다음과 같은 세 가지 방법이 제시되고 있다.

첫째, 부조화요소의 중요성을 감소시킨다.

둘째, 조화요소들을 첨가시켜 부조화의 크기를 줄인다.

셋째, 부조화요소 자체를 제거하거나 최소화시킨다.

예를 들면, 회사의 사원인 모씨는 평소에 지각을 자주 하여 늘 동료들과 상사의 눈총을 받는다. 그리고 그 자신도 그러한 행동이 동료들의 업무에 지장을 줄 뿐만 아니라 자기의 인사고과에도 나쁘게 반영될 것 같아 마음이 편치 못하다. 이러한 경우에 그가 부조화를 줄이는 방법은 "그까짓 지각 좀 자주 한다고 회사가 크게 잘못되는 것도 아닌데"라고 스스로를 위안하면서 부조화요소(지각행동)의 중요성을 감소시키거나, 근무시간에 좀 더 열심히 일을 하거나 다른 사람들보다 늦게 퇴근하여 부조화의 크기를 줄인다든지, 또는 어렵더라도 아예 지각을 하지 않는다든지 하는 것이다.

훼스팅거의 인지부조화이론은 타인과의 관계에서 발생하는 인지상의 부조화를 어떻게 극복하는지 하는 심리적인 과정을 체계적으로 설명해 줄 뿐만 아니라 개인의 태도와 행동변화에 대한 가능성을 이해하는 데 큰 도움을 준다. 따라서 조직행동론에서는 개인의 태도와 행동을 변화시키기 위한 방법을 모색하는 데 인지부조화의 개념을 응용하기도 한다.

3) 태도와 행동의 분류

개인과 관련된 태도는 수없이 많다고 할 수 있다. 그러나 조직행동의 관점에서 특히 중요한 것은 구성원의 직무와 조직에 대한 태도이다. 구성원의 직무에 대한 태도로서 대표적인 것으로 직무만족(job satisfaction)과 직무몰입(job involvement)이 있고, 조직에 대한 태도로는 조직몰입(organizational commitment)과 신뢰(trust)가 중요하다.

한편, 태도와 함께 개인의 바람직한 행동으로 주목을 받기 시작한 새로운 개념으로 조직시민행동(organizational citizenship)이 있다. 조직시민행동은 구성원의 자발적인 협동행동으로서 최근 조직행동분야에서 활발한 연구가 이루어지고 있다.

직무태도와 관련하여 직무몰입은 대체적으로 구성원이 자기의 직무에 대하여 몰두하거나 심리적으로 동일시(identification)하는 정도를 말한다. 학자에 따라서는 이 개념을 직무만족의 선행변수로 구분하기도 하고 조직몰입의 결과변수로 분리하여 연구하기도 한다. 여기서는 일단 직무만족과 유사한 개념으로 보고 설명을 생략한다. 따라서 아래에서는 직무만족과 조직몰입 그리고 신뢰와 조직시민행동을 중심으로 살펴보기로 한다.

5-2 | 태도와 협동행동

1. 직무만족

1) 직무만족의 개념과 중요성

(1) 직무만족의 개념

직무에 대한 태도 중에서도 직무만족(job satisfaction)은 조직행동론에서 오랫동안 중요한 개념으로 취급되어 왔다. 직무만족의 개념에 대해서는 학자들의 관점에 따라 조금씩 다르게 정의되고 있는데, 이러한 차이는 주로 직무만족의 측정과 관련되어 있다.

하나의 관점은 직무만족을 "개인이 환경요소에 대해 느끼는 심리적 또는 생리적 만족의 정도"로 정의하는 것이다. 바꾸어 말하면 직무만족은 직무환경에 대한 개인의 주관적인 반응이라는 것이다. 이러한 관점에서는 직무만족을 일종의 전반적 반응(a totality)으로서 심리상태에 대한 단일개념(an unitary concept)으로 파악하여[Hoppock, 1935], 직무를 구성하는 여러 측면(facet)에 대한 만족과 불만족을 평균하여 직무 전체에 대한 전반적 만족으로 표현한다[Kalleberg, 1977: 124-143]; Vroom, 1960: 229-240]. 결과적으로 여기에서는 직무만족을 하나의 전반적 만족(overall satisfaction)으로 보고 직무의 여러 측면 만족의 합계나 평균이 복합지표가 아닌 단일지표로 나타낸다.

다른 하나는 직무만족의 정도는 개인이 "실제로 획득한 보수와 반드시 획득해야 할 보수의 차이"에 의해서 결정된다고 보며, 이러한 느낌은 개인의 욕구, 가치, 준거의 틀로부터 온다는 관점이다[McCormick and Ilgen, 1980: 306－308; Lock, 1973; Homans, 1961; 271; McCormick, 1980]. 앞의 정의와는 달리 여기에서는 직무만족을 직무를 구성하는 여러 측면만족(facet satisfaction)으로 본다. 즉, 개인은 직무의 여러 측면에 대해 서로 다른 태도를 가질 수 있기 때문에 직무만족은 그런 태도들로 구성되는 복합개념으로 표현된다.

이와 같이 직무만족의 개념적 정의는 직무에 대한 여러 측면을 총괄하는 단일개념으로 파악하는 관점과 직무를 구성하는 하나하나의 측면에 대한 만족의 복합개념으로 보는 관점 등 크게 두 가지 방향으로 나누어진다.

(2) 직무만족의 중요성

1940년 이후 지금까지 구성원의 직무만족 정도는 조직의 성과를 평가하는 중요한 기준이 되고 있다. 직무만족이 이렇게 오랫동안 중시되고 있는 이유는 구성원의 직무만족이 높을수록 조직은 다음과 같은 효과를 얻을 수 있기 때문이다[Davis, 1951].

① 조직목표의 달성을 위해 자발적으로 협조한다.
② 조직과 상사에게 더욱 순종하고 충성하게 된다.
③ 조직이 어려움에 처하게 되면 조직과 함께 어려움을 극복하려고 노력한다.
④ 자신의 직무에 대해 한층 더 흥미를 가지게 된다.
⑤ 조직 내의 법규나 규율을 엄수하고 질서를 유지하게 된다.
⑥ 직무수행을 위해 자발적으로 열심히 노력하게 된다.
⑦ 조직의 구성원임을 자랑스럽게 생각하게 된다.

따라서 구성원의 직무만족을 높이는 문제는 특히 조직의 인사정책 수립과 함께 매우 중요하다. 또한 직무만족에 대한 연구는 이것이 우리에게 다음과 같은 여러 가치를 가져다준다는 측면에서 그 의의를 찾을 수 있다[Schwab and Cumming, 1970].

첫째, 직무만족은 그 자체가 사회적 가치를 나타낸다. 만일 '심리적 국민총생산'이 존재한다면 사회구성원의 직무만족 정도는 중요한 구성요소가 될 것이다. 따라서 조직구성원의 직무만족은 조직이 사회에 대해 부담하는 '사회적 책임'의 한 범주로 강조되고 있다.

둘째, 직무만족은 조직의 '건강상태'를 일찍 측정하는 지표가 된다. 따라서 조직이 만일 구성원의 직무만족에 대해 끊임없이 주의를 기울인다면 조직의 문제를 조기에 발견하고 적당한 조치를 취할 수 있게 된다.

셋째, 직무만족은 조직과 경영을 연구하는 데 있어서 하나의 중요한 변수로 삼을 수 있다. 즉, 직무만족은 경영 또는 조직에 관한 여러 변수의 영향을 측정하는 결과변수가 될 수 있을 뿐만 아니라 각종 행동의 결과를 예측하는 선행변수가 되기도 한다.

2) 직무만족의 연구

(1) 직무만족의 구성

위에서 살펴본 바와 같이, 직무만족을 어떻게 정의하는가에 따라 직무만족의 측정은 크게 두 가지 방식으로 나뉜다. 하나는 직무만족을 직무를 구성하는 여러 측면을 총괄하는 단일개념으로 파악하는 '전반만족'이며, 다른 하나는 직무만족을 직무를 구성하는 하나하나 측면의 복합개념으로 파악하는 '측면만족'이다.

그렇지만 직무만족의 측정방식이 어떻든 간에 직무를 구성하는 측면을 이해하지 않으면 안 된다. 연구자들은 오랫동안 직무를 구성하는 다양한 측면들을 찾아내려고 노력해 왔다. 이에 대해 브룸(V.H. Vroom)은 직무의 측면에 대한 여러 연구들을 검토한 후 직무는 대체적으로 다음과 같은 7가지 측면으로 구성된다고 보았다[Vroom, 1964].

① 조직과 경영당국

② 승진기회

③ 작업내용

④ 상급자

⑤ 금전적 대우
⑥ 작업환경
⑦ 동료작업자

그러나 직무만족의 가장 이상적인 측면이 무엇인가 하는 문제에 대해서 아직까지 만족할 만한 대답을 찾아보기가 어렵다. 직무만족을 측정하기 위해 학자들이 사용하는 설문항목은 연구대상에 따라 대부분 그 요소구조가 달라진다. 그러나 많은 학자들은 4~5개의 측면으로, 또는 여기에 하나의 일반적 측면을 첨가하면 직무만족을 충분히 해석할 수 있다고 말한다[Baehr, 1954; Wherry, 1954; Ash, 1954].

(2) 직무만족의 선행변수와 결과변수

직무만족에 대한 연구는 직무만족과 선행변수의 관계 또는 직무만족과 결과변수와의 관계를 규명하려는 목적에서 이루어진다. 직무만족과 선행변수의 관계는 어떤 요인들이 직무만족에 영향을 미치는지를 알아봄으로써 구성원의 직무만족 수준을 높일 수 있는 방법을 모색하고자 하는 것이며, 직무만족과 결과변수의 관계는 구성원의 직무만족 정도가 이직률 · 결근율 · 생산성 · 조직몰입과 같은 조직유효성변수들에게 어떻게 영향을 미치는지를 규명하고자 하는 것이다.

직무만족의 결과변수는 비교적 한정되어 있으므로 그것을 파악하는 데 큰 어려움이 없으나, 선행변수에 관계되는 요인들은 상당히 많고 복잡하여 이들을 명확하게 파악하는 데 어려움이 있다. 그러나 직무만족에 영향을 미치는 요인들은 [표 5-1]에서 보는 바와 같이 크게 두 가지로 분류할 수 있다.

표 5-1 ⟪ 직무만족의 영향요인

조직과 직접 관련이 없는 요인	조직과 직접 관련이 있는 요인
• 개인적 요인: 성별, 연령, 지역적 특성, 교육수준, 직업, 심리특성(욕구, 성취동기) 등 • 사회문화적 요인: 전통문화, 가치관, 법률, 정치상황, 노동시장의 공급과 수요, 물가수준 등	• 직무특성요인: 직무의 자주성, 직무의 변화성, 직무의 중요성 등 • 인간관계요인: 상사와 부하와의 관계, 동료와의 관계 등 • 직무상황요인: 급여, 승진기회, 직무보장 등

한편, 시쇼어(S.E. Seashore)와 테이버(T.D. Taber)는 여러 학자들의 연구를 검토하고 정리하여 직무만족에 관계되는 요인들을 [그림 5-3]과 같이 분류하고 있다[Seashore and Taber, 1975]. 여기에서 개인적 요인에 속하는 '안정적 성격'은 개인의 욕구와 가치관을 의미하며, '상황적 성격'은 개인의 동기와 선호 등을, 그리고 '잠시적 성격'은 개인이 느끼는 분노와 지겨움 등을 나타낸다. 그리고 직무만족의 결과로 나타나는 '개인적 반응'으로는 공격행동, 지각의 왜곡, 질병 등이 있고, '조직적 반응'으로는 생산성, 품질, 유동률, 파업과 태업 등이 중요하며, '사회적 반응'에는 국민총생산, 질병률, 정치안정성, 국민생활의 질 등이 있다.

그림 5-3 직무만족의 선행변수와 결과변수

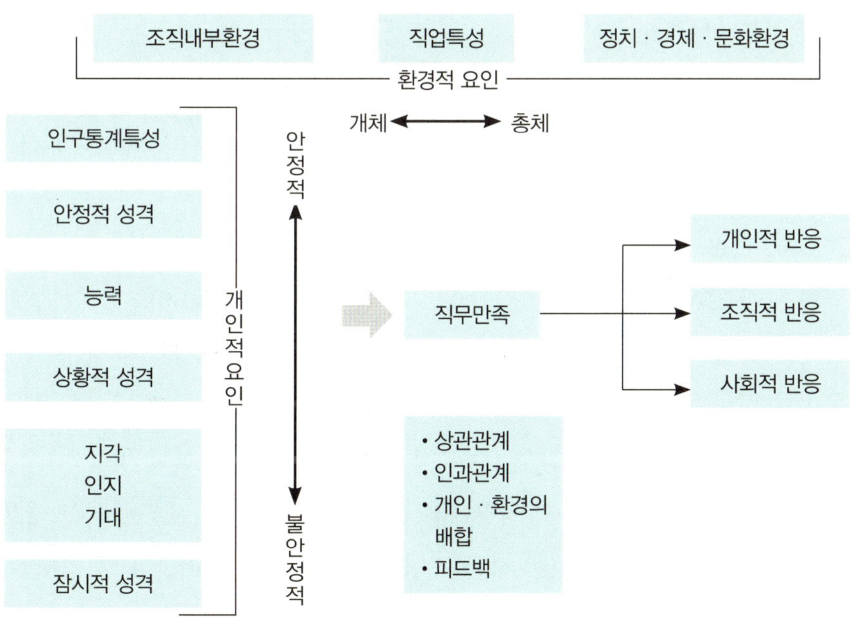

3) 직무만족의 결과

위에서 살펴보았듯이 구성원의 직무만족이 조직에 미치는 영향은 다양하다. 여기에서는 직무만족이 실제로 조직행동에 어떤 영향을 미치고 있는지를 여러 연구결과를 통해 알아보기로 한다[Robbins and Judge, 2007: 84-87].

① **직무만족과 직무성과**: 연구자들은 대부분 행복한 구성원이 더 생산적이라는

결론을 내리고 있다. 물론 직무만족과 조직성과 간의 관계는 허구일 뿐이라고 주장하는 사람도 없지는 않으나, 이 둘 사이의 관계는 매우 강하다는 것이 일반적인 생각이다. 더욱이 여러 연구에서는 직무만족이 개인행동수준에서보다도 조직시스템행동수준에서 그 효과가 더 뚜렷하였다. 즉, 구성원의 직무만족도가 높은 조직이 그렇지 못한 조직에 비해 그 유효성이 훨씬 높게 나타났다.

② **직무만족과 조직시민행동**: 직무만족은 조직구성원의 조직시민운동에 결정적인 영향을 미치는 것으로 나타나고 있다. 즉, 직무만족도가 높은 구성원은 자기 조직에 대해 더 긍정적인 태도를 갖게 되고, 동료에 대한 지원활동도 활발하며, 자기의 좋은 경험을 동료와 조직에 베풀기를 원하기 때문에 자기 직무 외의 어려운 일도 주저하지 않고 처리하는 모범을 보인다. 이러한 결과는 자기의 직무에 만족하는 사람일수록 동료와 조직에 대해 고맙게 생각하면서 무엇인가 보답하려는 행동을 보이고 싶어 하기 때문이라고 할 수 있다.

③ **직무만족과 결근율**: 일반적으로 직무만족과 결근율 간에는 부(−)의 관계가 있는 것으로 알고 있지만, 실제로는 이 둘 사이에는 약하지만 정(+)의 관계가 나타나기도 한다. 즉, 자기의 직무에 불만족하는 구성원의 결근율은 당연히 더 높겠지만, 직무만족이 높은 구성원도 결근율이 높게 나타난다는 것이다. 이러한 현상은 직무만족과 결근 사이에 다른 요인이 영향을 준다는 것을 의미한다. 예를 들면 직장에서 휴가수당을 제한 없이 제공하는 경우에는 직무만족도와 상관없이 모든 종업원에게 휴가를 장려한다. 따라서 어떤 불이익도 없이 장기간의 휴가를 보낼 수 있다면 자기의 직무에 만족하는 사람이라고 할지라도 일보다는 휴가를 즐기려고 할 것이다. 한편, 다른 일자리를 다양하게 선택할 수 있는 경우에는 불만족한 구성원의 결근율이 높게 나타나지만, 선택의 여지가 별로 없는 경우에는 불만족한 사람과 만족한 사람의 결근율이 거의 비슷하게 나타났다.

④ **직무만족과 이직**: 직무만족과 이직의 관계는 분명하게 나타난다. 즉, 직무에 불만족한 사람이 이직할 가능성이 확실히 더 높다는 것이다. 그러나 직무만

족과 이직의 관계 역시 다른 직장에서 근무할 수 있는 기회에 의해 영향을 받는다. 고용기회가 많은 경우에는 쉽게 다른 일자리를 구할 수 있다고 생각하기 때문에 직무불만족이 이직으로 쉽게 연결된다.

⑤ **직무만족과 일탈행동:** 자기 직무에 불만족하거나 동료와의 관계가 좋지 않은 구성원은 잦은 음주, 약물과용, 업무상 횡령, 부적절한 사회적 관계, 게으름피우기 등과 같은 조직에서 바람직하지 않은 행동을 눈에 띄지 않게 벌이는 경우가 허다하다. 이러한 직장 내 일탈행동은 일종의 조직에 대한 보복행동으로서 구성원이 특히 자기의 작업환경에 불만이 클 때에 자주 나타나게 된다.

2. 조직몰입

1) 조직몰입의 개념과 중요성

(1) 조직몰입의 개념

조직구성원의 태도로 1980년대 이후에 활발한 연구가 이루어지기 시작한 조직몰입(organizational commitment)은 직무만족과는 다음과 같은 차이가 있다[Steers, 1988: 577]. 즉 직무만족이 개인의 직무나 직무의 어떤 측면에 대한 반응만을 의미하는 데 반하여, 조직몰입은 조직 전체에 대한 개인의 반응을 반영한다는 면에서 보다 포괄적인 개념이라고 할 수 있다. 또한 직무만족은 직무환경이 변함에 따라 쉽게 변하는 성질이 있으나 조직몰입은 비교적 오래 지속되는 특성을 지닌다.

조직몰입은 일종의 개인의 조직에 대한 태도로서 일반적으로 "개인의 조직에 대한 동일시(identification)와 몰두(involvement)의 상대적 강도"로 정의된다. 따라서 조직몰입은 구성원으로서의 개인이 자기가 속해 있는 조직에 대해 얼마나 일체감을 가지고 몰두하는가를 나타내며 다음과 같은 특성을 가진다[Mowday 등, 1982: 25-27].

① 조직이 추구하는 목표와 가치에 대한 강한 신앙과 수용

② 조직을 위해 좀 더 노력하려는 생각
③ 조직의 구성원으로서 계속 남아 있으려는 강한 의욕

그러나 조직몰입에 대한 정의는 학자들의 관점에 따라 다음과 같이 두 갈래로 나뉜다.

① **태도적 몰입(attitudinal commitment)**: 태도적 몰입은 심리적 측면을 강조한다. 즉, 조직몰입을 개인의 자발적인 심리상태로 생각하며, 개인의 목표와 조직의 목표가 점차 일치되어가는 과정으로 본다[Scheldon, 1971]. 위에서 설명한 정의가 이러한 범주에 속한다고 할 수 있다.
② **행동적 몰입(behavioral commitment)**: 행동적 몰입은 교환적 측면을 강조한다. 이는 조직몰입을 하나의 계산된 결과로 본다. 즉, 개인의 조직에 대한 몰입의 정도는 조직으로부터 얻을 수 있는 보수의 정도와 조직을 위해 투입한 노력의 정도에 따라 결정된다는 것이다[Fiallel and Rusbult, 1981].

조직몰입의 정도를 측정하는 척도 역시 이와 같은 개념정의에 따라 심리적 측면에서 측정하는 것과 계산적 측면에서 측정하는 것의 두 종류가 있다. 한 연구결과에 따르면 이들 사이에는 우열의 차이는 거의 없는 것으로 나타났다[Ferris and Aranya, 1983: 112-123].

(2) 조직몰입의 중요성

조직몰입은 어떤 중요성을 가지는가? 먼저, 조직몰입에 의한 개인과 조직 사이의 바람직한 연결은 개인, 조직 그리고 사회적 측면에서 다음과 같은 좋은 결과를 가져다준다[Mowday 등, 1982: 3-7].

첫째, 조직은 개인에게 경제적 욕구의 원천, 미래의 경제적 보장, 그리고 심리적 보상 등을 제공해 준다. 따라서 개인은 자신을 조직과 연결시킬 필요가 있는데, 조직몰입이 바로 이러한 연결기능을 수행한다. 즉, 개인이 조직에 대해 몰입하는 정도가 높을수록 조직으로부터 얻을 수 있는 보상 또한 증가한다.

둘째, 조직의 측면에서 보면 높은 이직률과 결근율은 조직에 큰 경제적 손실을 가져온다. 따라서 조직에서는 구성원의 조직몰입 정도를 높임으로써 그들의 이직률과 결근율을 감소시킬 수가 있다.

셋째, 조직의 생산성과 성과는 또한 다양한 조직으로 구성되어 있는 사회에 영향을 미친다. 따라서 조직의 생산성과 성과에 밀접하게 관련되는 조직몰입은 사회에도 간접적으로 영향을 미친다고 할 수 있다.

그러나 조직몰입은 개인이나 조직에 부정적으로 작용하는 측면도 있음에 유의해야 한다. 즉 조직몰입이 높은 조직은 구성원을 한 조직에만 붙잡아 둠으로써 개인적인 경력개발을 저해하고 기능을 퇴화시키며, 가정을 위한 활동을 감소시킬 수 있다. 또한 구성원의 높은 조직몰입은 조직 내의 유동성이 낮아지게 되어 새로운 사람의 유입이 적어지게 된다. 따라서 참신한 아이디어의 도입이 지연되거나 막히게 되며, 조직변화에 대한 장애요인으로 작용할 수 있다. 따라서 조직에서 구성원의 조직몰입을 높이는 데 있어서는 긍정적 측면과 부정적 측면을 함께 고려해야 한다.

2) 조직몰입의 연구

조직몰입에 대한 연구도 직무만족과 마찬가지로 이것의 선행변수와 결과변수를 규명하는 데 주력하고 있다. 연구자들은 조직몰입을 종속변수로 하여 구성원의 조직몰입 정도를 높일 수 있는 가능한 요인들을 찾아내려고 노력하는 한편, 조직몰입을 독립변수로 하여 구성원의 조직몰입 정도에 따라서 나타날 수 있는 각종 결과를 예측하고, 나아가 조직몰입을 매개변수로 하여 조직몰입에 영향을 미치는 요인과 그 결과 간의 관계를 종합적으로 규명하려고 노력한다.

[그림 5-4]는 조직몰입을 매개변수로 하여 그 선행변수 및 결과변수와의 관계를 보여준다[Mowday 등, 1982: 28-43]. 이에 대해 좀 더 상세히 살펴보면 다음과 같다.

그림 5-4 조직몰입의 선행변수와 결과변수

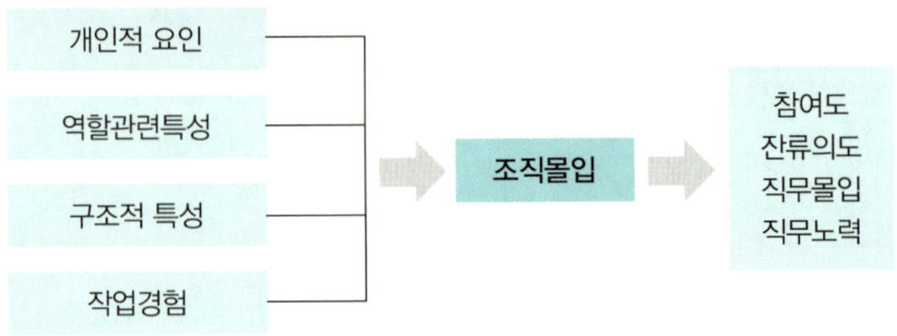

(1) 조직몰입의 선행변수

① 개인적 특성: 연령, 근무기간, 교육수준, 성별, 종족, 기타 개인의 성격을 나타내는 요인 등

② 역할관련특성: 직무의 범위, 직무의 도전성, 역할갈등, 역할모호성 등

③ 구조적 특성: 조직규모, 통제의 폭, 공식화의 정도, 분권화의 정도, 의사결정의 참여 정도 등

④ 작업경험: 조직적 의존성, 개인을 중시하는 정도 등

(2) 조직몰입의 결과변수

조직몰입의 결과변수로는 구성원이 조직에 남아 있으려는 욕망을 나타내는 잔류의도, 조직의 활동에 대해 적극적인 참여정도를 나타내는 참여도(attendance), 직무에 대해 몰두하거나 사로잡히는 정도를 나타내는 직무몰입(job involvement), 그리고 자기가 하고 있는 일에 대해 최선을 다하려는 것을 나타내는 직무노력(job effort) 등을 생각할 수 있다.

그런데 중요한 것은 이들 조직몰입의 결과를 나타내는 변수들은 구성원의 행동의도를 나타내는 요인으로써 실제 '행동의 결과'를 나타내는 결근율, 근무기간, 태업, 이직률, 조직시민행동 등과 매우 높은 상관관계를 보인다는 것이다. 연구자들은 실제로 구성원의 조직몰입의 정도가 이와 같은 행동결과를 예측하는 데 있어서 매우 효과적임을 증명하고 있으며, 특히 조직몰입의 행동결과에 대한 예측 정도는 직무만족보다 월등히 높다는 것이 일반적인 생각이다[Steers, 1977].

3. 신뢰

1) 신뢰의 중요성과 정의

신뢰(trust)는 개인의 태도변수로 최근 조직행동론에서 그 중요성이 증대되고 있는 개념이다. 신뢰는 특히 리더십, 조직혁신, 커뮤니케이션, 성과평가, 노사관계 등의 매우 다양한 분야에서 그 의미가 강조되고 있다[Podsakoff 등, 1990].

신뢰가 조직행동론에서 중요하게 다루어지고 있는 이유는 조직에서의 개인 간 신뢰는 협력행동을 유발하며, 갈등과 거래비용을 감소시켜 조직 내의 효율성을 높이기 때문이다[Williamson, 1993; 이재연 · 차동욱, 2003]. 또한 신뢰는 사람중심경영의 기본이 되는 동시에, 조직의 성공과 실패에 결정적인 영향을 미치는 상사 · 부하 · 동료의 관계의 질(quality of relationships)을 결정하는 중요한 변수가 된다. 따라서 신뢰는 '있으면 좋은 것(nice to have)'이 아니라 경쟁적이고 복잡한 환경에서 조직이 생존하기 위해 '있어야만 하는(must have)' 핵심조건인 것이다. 이와 같이 신뢰는 이제 조직 전반의 문제를 해결할 수 있는 중요한 수단이자 하나의 패러다임으로 인식되고 있다.

한편, 신뢰와 관련하여 그 중요성에 대해서는 상당한 동의가 이루어지고 있지만 그 개념에 대한 정의와 관련해서는 합의가 부족한 실정이다. 신뢰의 개념에 대해 여러 연구자들은 이것을 당사자 간의 거래가 원활하게 이루어지도록 하는 가장 효율적인 메커니즘, 다른 사람이나 사물을 잘 믿는 개인의 성향 또는 기본적인 지향성으로 정의하기도 하고[신유근, 1999], 교환관계에서 관련된 모든 사람들이 공유하고 있는 일련의 기대로 정의하기도 한다[Doney 등, 1998; Zucker, 1986]. 이 외에도 인간의 행동을 바라보는 입장에 따라, 딜레마를 유발하는 여러 상황에서 개인이 취하는 선택행동[Lewicki and Bunker, 1996], 교환관계에 있는 당사자들이 서로의 취약성을 이용하지 않을 것이라는 상호확신[Barney and Hansen, 1994], 타인에 대한 긍정적인 태도, 타인을 믿고 기꺼이 의존하는 것, 다른 사람이 가지고 있는 가치관이나 신빙성에 대한 확신, 서로에 대해 호의적인 태도, 누적된 상호관계에서 느껴지는 긍정적인 감정이 합쳐진 상태[Jones and George, 1998] 등으로 정의하기도 한다.

이상의 정의를 종합하면, 조직행동과 관련하여 중요한 개념으로 인식되기 시작한 신뢰는 "조직 내에서 이루어지는 대인관계와 교환관계를 통해 형성되는 것으로서 상대방의 태도나 행동을 긍정적으로 생각하고 기꺼이 받아들이려는 상호 호의적인 태도"라고 할 수 있다.

2) 신뢰의 형성과 결과

(1) 신뢰의 형성

신뢰가 어떻게 형성되는가 하는 데에도 그 정의만큼이나 의견이 분분하다. 신뢰는 조직 내 상사와 부하의 상하관계나 동료와의 상호관계로 형성된다든지, 구성원과 최고경영자 간의 또는 구성원과 조직 간의 제도적 관계에서 형성된다고도 하며, 타인과의 감정적 결속에 의해 형성된다고 보기도 한다.

또한 연구자에 따라서는 신뢰가 양자가 서로 적절하게 행동하고 어떤 상황에 대해 공감하는 범위를 넓혀가면서 기꺼이 거래에 응하는 상태에서 조건적으로 형성되거나, 상대방과의 반복적인 상호작용에 의해 형성된 공유가치를 기반으로 하여 무조건적으로 형성된다고 보기도 한다[Jones and George, 1998].

이 외에도 다양한 관점들이 있지만 신뢰의 형성을 신뢰생성의 과정, 신뢰대상에 대한 신뢰자의 인식, 신뢰형성의 기제라는 세 가지 측면에서 정리하면 다음과 같다[Zucker, 1986].

① 신뢰의 생성과정: 신뢰는 일회적인 것이 아니라 반복적으로 이루어지는 교환관계의 경험에 의거하여 상대방의 기대에 부응하는 행동을 보임으로써 얻게 되는 호의적인 평가에 의해 형성된다. 따라서 '반복적 교환관계에 의한 호의적인 평가'가 곧 신뢰를 가져다주는 중요한 요인이 된다.

② 신뢰대상에 대한 인식: 신뢰는 '신뢰대상이 지닌 집단귀속성'과 '신뢰대상에 대해 갖는 일체감' 그리고 '신뢰대상에 대한 지식'에 근거하여 형성된다.

③ 신뢰형성의 기제: 신뢰는 공식적 · 비공식적 기제의 작동에 의거하여 형성된

다. 즉, 개인이나 집단에 대한 신뢰는 개인의 귀속적 특성이나 평판보다는 공식적인 제도나 사회구조를 통해 형성된다.

(2) 신뢰의 결과

조직에서 경영자와 구성원 사이의 두터운 신뢰는 많은 긍정적인 결과를 가져다 준다. 여기에서 연구자들이 공통적으로 내세우고 있는 대표적인 몇 가지를 살펴보면 다음과 같다[스티븐 로빈스 등, 2014: 420]

① **업무수행의 촉진**: 구성원이 평소에 일하던 방법에서 벗어나거나, 새로운 업무를 맞게 되면 큰 부담과 함께 위험을 감수하지 않으면 안 된다. 이러한 경우에 상사와 부하 간에 신뢰관계가 두텁게 형성되어 있으면 구성원은 기꺼이 위험을 감수하면서 업무를 추진하게 된다.

② **정보공유의 촉진**: 구성원이 조직 내에서 자기 관심사를 표현하지 않으려고 하는 것은 의견을 내는 것이 심리적으로 안전하다고 느끼지 못하기 때문이다. 상사가 부하의 아이디어를 경청하고 변화에 대한 적극적인 태도를 보여주면 부하들은 자기의 의견을 제시하는 데 주저하지 않게 된다.

③ **생산성의 향상**: 신뢰는 궁극적으로 조직의 생산성 향상에 기여한다. 경영자를 신뢰하는 구성원은 높은 업무성취를 이끌어낸다. 상사와 부하 간에 불신이 쌓이면 서로 정보를 숨기면서 개인의 관심사에만 정신을 쏟게 된다.

④ **집단이익의 창출**: 집단 내에 신뢰하는 분위가 형성되면 구성원은 서로 도우면서 많은 노력을 기울이게 된다. 구성원의 그러한 행동은 또한 서로의 신뢰를 더 강화시킨다. 집단의 구성원이 서로 신뢰하지 않으면 집단 내에 의심하는 분위가 형성되면서 서로 방어적인 행동을 보이게 되고, 결국에는 신뢰의 기반이 약화되고 집단이 파괴되는 현상이 나타나기도 한다.

4. 조직시민행동

1) 조직시민행동의 성격

조직시민행동(organizational citizenship)은 자유재량의 행동으로서 공식적인 보상과는 관계가 없이 정해진 규정 이상의 역할을 실천함으로써 조직이 효율적으로 기능하는 데 기여하는 행동을 의미한다[Organ, 1988]. 즉, 조직시민행동은 조직에 의해 공식적으로 규정된 행동은 아니지만 조직의 입장에서 보면 조직발전을 위해 바람직한 행동들이라고 정의할 수 있는 것이다. 조직시민행동에 포함될 수 있는 예로는 시간준수, 타인을 돕는 행동, 규정 외의 업무에 대한 자발성, 부서를 발전시키기 위한 혁신적인 아이디어 제안 등을 들 수 있다[Bateman and Organ, 1983; Organ, 1988]. 또한 타인에 대한 험담, 적개심의 표현, 사소한 일에서의 불평불만, 타인과의 비이성적인 논쟁 등을 삼가는 행동도 조직시민행동에 포함된다.

이러한 조직시민행동은 조직에서 반드시 수행해야 하는 역할(in-role) 행동은 아니다. 따라서 역할로 규정된 행동은 아니며, 역할 외(extra-role) 행동들 중에서 조직에 이로운 행동으로 여겨진다. 행동 하나하나는 사소한 것들로 치부될 수 있는 것들이지만, 그것이 결합되면 결국 조직에 많은 이로움을 줄 수 있는 행동들이다. 즉, 조직시민행동은 조직에서 부여한 공식적 역할이 아니라 조직이 효율적으로 기능하도록 촉진시키는 임의의 자율적인 행동으로 개인의 재량하에 놓여 있다고 볼 수 있다. 이런 측면에서 조직시민행동은 변혁적 리더십과 같은 경영자의 행동에 의해 촉진되는 일종의 역할 외의 행동과 관계가 있음을 암시하고 있다. 조직시민행동의 정의에 들어 있는 몇 가지 특징을 살펴보면 다음과 같다[Organ, 1988].

첫째, 조직시민행동은 자유재량의 행동이다. 이는 조직과의 고용계약에 따라 명시된 직무기술서상의 역할이 아닌, 그 이상의 역할을 의미한다. 이것은 전적으로 개인이 선택할 문제이고 그 결과에 대해 처벌이 가해지는 것도 아니다.

둘째, 조직시민행동은 조직의 공식적 보상체계에 의해 공식적으로 또는 직접적으로 보상을 받지는 않는다. 만약 임금이나 승진과 같은 직접적인 보상을 기대하고 행하는 의도적인 행동이라면 이는 조직시민행동이 아니다.

셋째, 조직시민행동은 조직의 효과에 총체적으로 공헌하는 행동이다. 이는 직접적이지는 않지만 동료들과의 유대, 갈등방지 등 간접적인 효과를 통해서 조직 전체의 효과에 기여하게 되는 것이다.

조직시민행동은 그 자체로서 조직의 분위기를 좋게 만들어주며, 구성원의 직무성과에도 매우 긍정적으로 영향을 미치는 것으로 나타났다[Organ 등, 2006]. 보험회사 종업원을 대상으로 실시한 연구에서는 동료에게 덕을 베풀고 공정하게 대해줄수록 보험매출이 증가하는 것으로 나타났다. 조직시민행동이 직무성과를 높여준다는 사실은 서비스업이나 제조업에 종사하는 종업원을 대상으로 한 연구에서도 밝혀졌다[백기복, 2015: 6].

2) 조직시민행동의 구성요인

조직시민행동에 대한 연구는 베이트만(T.S. Bateman)과 올간(D.W. Organ)에 의해 시작된 이후 조직시민행동을 구성하는 요인들을 밝혀보려는 시도들이 지속적으로 이루어졌다[Bateman and Organ, 1983]. 여기에서는 최근에 가장 보편적으로 이용되고 있는 다섯 가지의 구성요인을 살펴보도록 한다[Organ, 1988; 박영배, 2008: 217-218].

① 이타적 행동(altruism): 조직 내에서 업무나 이에 대한 문제와 관련하여 특정한 타인을 돕는 행동을 말한다. 이는 단순히 돕기(helping)라고 할 수 있으며, 학자에 따라서는 이를 친밀성이라고 표현하기도 한다. 이타적 행동은 동료 등 조직 내부의 사람들과 관계된 것이지만 조직 외부인에 대한 행동도 조직의 업무와 관련되어 있다면 이에 포함될 수 있다. 따라서 이 같은 이타적 행동은 다시 조직 내부인에 대한 이타적 행동과 조직 외부인에 대한 이타적 행동으로 구분하기도 한다[Becker and Vance, 1993].

② 양심성(conscientiousness): 조직에서 공식적으로 요구하는 수준 이상의 과

업을 수행하는 행동을 말한다. 양심적 행동은 구성원이 갈등의 상황에 직면했을 때 발생하기 쉽다. 이타적 행동은 특정한 개인이 행동의 대상이 되지만 양심적 행동은 특정한 개인을 대상으로 하는 것이 아니라 조직에 간접적으로 도움이 되는 행동을 의미한다. 따라서 양심적 행동은 조직에서 요구하는 최저수준 이상의 역할을 수행함을 의미할 수 있다. 예를 들면, 휴식시간 등의 시간준수, 조직의 규칙준수 등이 포함될 수 있다. 또한 기대 이상의 출근율, 구내의 청결유지, 개인적인 이해관계를 초월한 업무수행 등도 양심적 행동에 포함될 수 있다.

③ 스포츠맨십(sportsmanship): 조직에 대한 비난을 삼가고 사소한 불편함은 인내하려는 행동을 말한다. 쉽게 불평불만을 털어놓지 않으며, 조직 내의 사건들에 대해 나쁘게 말하지 않으려 하는 행동 등이 이에 포함된다. 아무리 구성원을 호의적으로 대하는 조직이라도 조직에 대한 구성원의 불평이나 불만이 없을 수는 없다. 그러나 조직에 대해 부정적인 태도를 드러내기보다는 이를 참고 기다려줄 수 있는 태도는 조직의 효율성을 증대시키는 데 큰 역할을 할 것이다.

④ 예의성(courtesy): 업무와 관련하여 타인들과의 사이에 문제나 갈등이 발생할 수 있는 가능성을 미리 막으려고 노력하는 행동을 의미한다. 자신의 의사결정이나 참여 여부에 따라 조직 내 타인들이 영향을 받게 될 경우, 문제가 발생할 것을 사전에 예방하는 행동을 말한다. 이타적 행동과 다른 점은 예의성이 문제발생을 방지하거나 미리 문제발생 여지를 없애기 위한 조치를 하는 행동인 반면에 이타적 행동은 현재의 문제를 가지고 있는 사람이나 도움이 필요한 사람에게 협력을 제공하는 행동이라는 것이다.

⑤ 시민의식(civic virtue): 조직생활에 관심을 가지고 적극적으로 참여하고 몰입하는 행동을 말한다. 즉, 이것은 조직의 발전에 도움이 되는 활동에 책임감을 가지고 관여하는 것이라고 할 수 있다. 조직과 조직을 둘러싼 환경의 변화에 민감하게 대응하고, 조직에 기여할 수 있는 역할 외 활동에 적극적으로 참여하며, 스스로의 개발을 위해 시간을 투자하는 등의 행동이 이 범주에 속한다.

3) 조직시민행동 측정 설문

▣ 다음은 조직시민행동에 대한 관한 질문입니다. 귀하의 생각과 가장 일치하는 곳에 '✓'표를 해 주십시오.

	전혀 그렇지 않다		보통이다		매우 그렇다
1. 나는 결근한 동료사원의 업무를 대신해 준다.					
2. 업무량이 많은 동료들을 가까이 돕는 편이다.					
3. 나는 대체로 주위의 동료를 돕는 편이다.					
4. 업무로 인하여 힘들어 하는 동료를 기꺼이 도와준다.					
5. 비록 내 업무가 아닐지라도 신입사원이 업무에 적응하도록 도와준다.					
6. 나의 언행이 동료 사원에게 미칠 수 있는 영향을 생각하고 행동하는 편이다.					
7. 동료와의 관계에 문제가 생기지 않도록 생각하고 행동한다.					
8. 다른 사원의 권리를 침해하거나 간섭하지 않는다.					
9. 회사의 규정과 규칙, 절차를 양심적으로 준수한다.					
10. 사적인 전화통화로 시간을 자주 보낸다.					
11. 불필요한 휴식시간을 자주 취하는 편이다.					
12. 업무와 관계 없이 불필요한 시간을 쓰지 않는다.					
13. 회사 내에서 사소한 문제에도 불평하곤 한다.					
14. 회사에서 발생하는 사소한 점도 문제로 삼는 경향이 있다.					
15. 회사의 사소한 단점도 과장하는 경향이 있다.					
16. 회사의 장점보다는 단점을 지적하는 데 많은 시간을 보낸다.					
17. 나는 중요하다고 생각되는 미팅에는 자발적으로 참여한다.					
18. 나는 회사가 요구하는 변화에 따르고자 노력한다.					
19. 나는 회사의 간행물을 읽고 정책이나 지침을 잘 이해하려고 노력한다.					
20. 나는 회사의 이미지를 높일 수 있는 행사에는 자발적으로 참석한다.					

OR Humor 5 장기근속 이유

만년 계장인 김 계장이 사장에게 볼멘소리로 항의했다.

"저는 이 직장에서 20년간 충직하게 일만 했습니다."

"그건 나도 알아요. 그런데 무슨 문제라도 있나요?"

"그러면서 한 번도 봉급을 올려달라고 요구한 적이 없습니다."

그러자 사장이 이렇게 응수했다.

"여보게, 그게 바로 자네가 20년간 장기근속을 한 이유라네!"

자료: J 중앙일보, 2011년 8월 20일자

5-3 | 스트레스

1. 스트레스의 성격

스트레스라는 말은 우리의 일상생활에서 자주 쓰이고 있는 용어이기는 하지만 이에 대한 정의를 명확히 내린다는 것은 매우 어려운 일이다. 왜냐하면 스트레스란 말은 학자들의 관점과 연구분야에 따라 여러 각도에서 이해되고 있기 때문이다. 그러나 많은 사람들의 이에 대한 정의를 살펴보면 서로 공통되는 일면이 있음을 발견할 수 있다. 즉, 스트레스(stress)는 환경에 대한 개인의 어떤 반응으로 볼 수 있다는 것이다. 다시 말하면, 이것은 환경이 개인의 능력한계를 벗어나는 지나친 요구를 하거나 또는 개인의 욕구를 환경이 충족시켜 주지 못하는 경우에 발생하는 개인의 환경에 대한 적응적 반응(adaptive reaction)을 가리킨다.

스트레스는 이렇듯 위협적인 환경에 대한 개인의 반응으로 파악할 수 있는데, 그러한 반응은 보통 다음과 같은 생리적 · 심리적 증상으로 나타나게 된다[Cannon, 1979]. 스트레스를 받게 되면 먼저 생리적인 증상들이 나타나게 되는 데, 이는 환경의 위협으로부터 자기 자신을 보호하려는 일종의 신체적인 반응이다. 여기에는 신진대사의 증가, 혈압의 상승, 심장박동의 증가, 호흡의 증가 등과 같은 증상이 포함된다. 또한 스트레스를 받게 되면 이와 같은 생리적 증상과 함께 긴장, 두려움, 초조함, 불안 등과 같은 심리적인 증상이 나타난다.

이와 같이 스트레스를 받음으로써 나타나는 생리적 · 심리적 증상들은 사람들이 대체로 스트레스를 부정적인 것으로 보도록 만들었다. 그러나 근래에 와서 스트레스를 조직의 문제와 관련시켜 이해하기 시작하면서 모든 스트레스가 나쁜 것은 아니라는 생각을 하기에 이르렀다. 즉 과도한 스트레스는 부정적인 결과를 가져오지만, 적당한 스트레스는 오히려 개인과 조직 모두에게 도움이 된다는 것이다. 그런 점에서 조직행동론에서는 스트레스의 관리라는 측면에서 스트레스를 완전히 제거하는 것이 아니라 일정한 수준으로 유지시켜 그것이 구성원의 직무만족, 직무성과, 생산성 등에 긍정적으로 작용할 수 있는 방안을 모색하는 데 중점을 두고 있다.

사람들은 누구나 일상생활을 통해 항상 스트레스를 경험하게 된다. 오늘날과 같이 고도의 산업화가 빠르게 이루어지고 있는 사회에서 살아가는 사람들의 하루하루는 곧 스트레스의 연속이라고 할 수 있다. 특히 현대인들이 받는 스트레스는 주로 그들이 많은 시간을 보내고 있는 조직 그 차체가 원인이 되어 발생한다고 볼 수 있다. 즉, 현대적인 생활 자체가 모두 스트레스의 원인이 되고 있지만 그 중에서도 특히 조직은 스트레스의 가장 큰 원천으로 지목되고 있다.

스트레스는 구성원에게 심리적 · 생리적으로 많은 고통을 안겨주게 되며, 이로 인하여 나타나는 많은 부작용은 조직에게도 좋지 않은 결과를 가져다 준다. 그러나 스트레스가 개인과 조직 모두에게 해로운 것만은 아니다. 적당한 정도의 스트레스는 사람들에게 일을 하는 데 필요한 에너지를 제공한다. 따라서 조직에서는 구성원의 스트레스를 도움이 되는 것으로 만들어 그것이 창조적인 역할을 할 수 있도록 노력해야 한다. 이는 스트레스의 관리에 관한 문제로서 스트레스를 연구하는 데 중요한 몫을 차지하는 부분이다.

2. 스트레스의 원천과 영향요인

위에서 지적한 바와 같이 스트레스는 환경에 대한 적응적 반응이기 때문에 개인을 둘러싸고 있는 모든 환경은 곧 스트레스를 불러오는 원천이 된다. 그러나 똑같이 위협적인 환경이라고 할지라도 그로부터 스트레스를 받는 정도는 사람마다 다르다고 할 수 있는데 이는 여러 가지의 요인들이 영향을 미치기 때문이다.

스트레스의 원천은 크게 세 가지를 들 수 있다. 그 중 하나는 조직 밖의 일반적인 환경이고 다른 두 가지는 조직 및 개인과 관련된 요인들이다. 그리고 스트레스의 정도에 영향을 미치는 것으로는 개인의 특성과 관련된 요인들이 있으며, 여기에 덧붙여 사회적 · 문화적 요인도 고려해 볼 수 있다. [그림 5-5]는 이러한 여러 요인들의 관계를 요약한 것이다.

▌그림 5-5 ▌ 스트레스의 원천과 영향요인

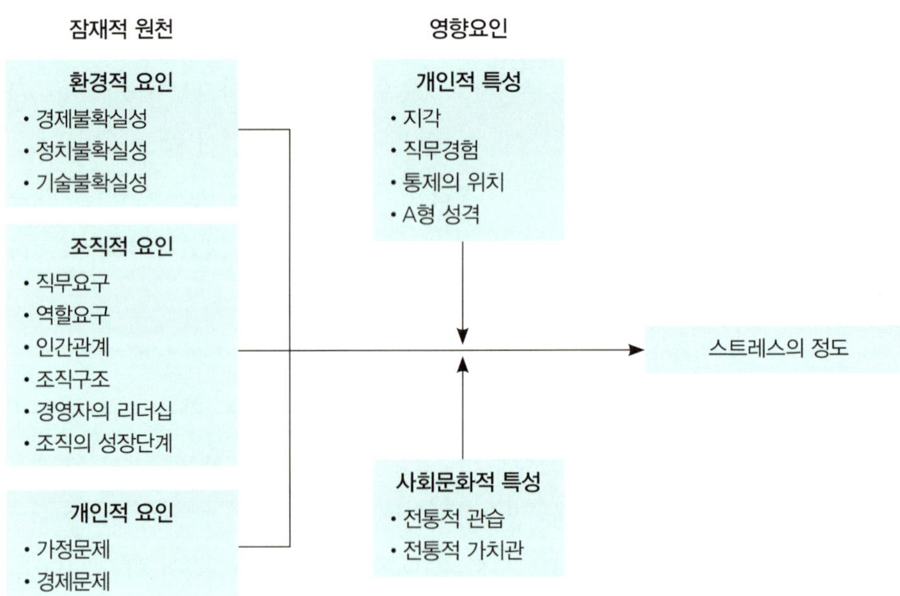

자료: Robbins, S.P.(1989), *Organizational Behavior: Concept, Controversies, and Applications*, 4th ed.(Prentice-Hall International, Inc.), p.505 "스트레스 모형"(a model of stress)을 일부 수정

1) 스트레스의 원천

사람들에게 스트레스를 가져다주는 원천은 매우 다양한데 대체적으로 다음과 같이 세 가지의 요인으로 분류하여 설명할 수 있다[Robbins, 1989: 504-507].

(1) 환경적 요인

사람들이 평소에 받는 스트레스의 많은 부분은 경제, 정치, 기술 등과 같은 외부환경으로부터 유발된다고 할 수 있다. 즉, 이와 같은 환경의 불확실성이 커지게 되면 사람들은 이것을 큰 위협으로 받아들이게 된다.

① **경제불확실성**: 경제적으로 불확실한 상황은 항상 사람들에게 많은 스트레스를 가져다준다. 경제적인 문제는 언제나 사람들의 생존 자체와 직결되어 있기 때문이다. 예컨대, 경제가 불황기를 맞게 되면 많은 기업에서는 감원이나 감봉과 같은 방법으로 직면한 어려움을 극복하려고 노력하게 되는데 직장인들은 이것을 생존을 위협하는 상황으로 받아들이면서 많은 스트레스를 겪게 된다. 그리고 그러한 위협적인 상황이 오래 지속되면 사람들이 받는 스트레스의 정도도 그만큼 더 증가하게 된다.

② **정치불확실성**: 나라가 정치적으로 불안정하면 사람들은 심리적으로 불안감을 느끼게 된다. 예컨대, 적대관계에 있는 이웃 나라가 군비를 확장하여 전쟁발발가능성을 고조시킨다든지, 독재자의 장기집권으로 말미암아 국민들이 정치에 대한 희망을 잃었다든지, 또는 갑자기 정권이 바뀌어 앞날을 예측하기가 어렵게 되면 많은 사람들이 해외로 이주하려고 하거나 심지어는 다른 나라로 도피하여 돌아오지 않으려고 하는 현상이 나타나는데 이러한 행동적 반응은 바로 불확실한 정치로부터 받는 스트레스가 밖으로 드러난 결과라고 할 수 있다.

③ **기술불확실성**: 새로운 기술의 출현도 사람들의 스트레스를 가중시키는 원인이 된다. 예컨대, 첨단적 기술의 결정체라고 할 수 있는 컴퓨터나 산업용 로보트의 출현은 사람들이 오랫동안 익혀온 고도의 기능과 풍부한 경험을 하루아침에 무력하게 만들었다. 따라서 많은 사람들은 예측할 수 없이 빠르

게 이루어지는 기술혁신으로부터 위협을 느끼며 많은 스트레스를 받게 된다.

(2) 조직적 요인

생활의 터전인 조직에서 생활하는 시간이 많은 현대인들에게 조직은 또한 스트레스의 가장 큰 원천이 되고 있다. 스트레스를 유발하는 조직적 요인에는 많은 것들이 있으나 그 중에서도 비교적 대표적인 것을 들면 다음과 같다.

① **직무요구**: 개인이 맡고 있는 직무는 그 성격에 따라 스트레스를 유발하는 주요 원천이 되기도 한다. 예를 들면, 직무수행자가 자기의 직무를 통제할 수 없거나, 작업환경이 열악하고 작업조건이 위험하다든지, 또는 시간적 압박이 크거나 지나치게 단순한 직무의 경우에는 일반적으로 많은 스트레스를 받게 된다.

② **역할요구**: 이것은 개인이 조직 안에서 수행하는 특별한 역할과 관계가 있다. 즉, 조직에서 다른 사람들이 자기에게 기대하는 역할이 무엇인지를 알 수 없는 경우에는 역할모호성이 발생하게 되는데 이것은 스트레스를 유발하는 큰 원인이 된다. 또한 양립할 수 없는 두 가지 이상의 기대가 개인에게 동시에 주어질 때 발생하는 역할갈등이나, 시간 또는 능력에 비해 지나치게 많은 업무부담이 주어지는 상황을 말하는 역할과중(role overload)과 같은 경우에도 많은 스트레스를 경험하게 된다.

③ **인간관계**: 조직에서 상사나 동료와의 관계도 스트레스의 원인이 된다. 즉, 개인이 상사나 동료들로부터 인정을 받지 못하거나 그들과의 관계가 원만하지 못한 경우에는 상당한 스트레스를 받게 된다. 특히 친교욕구가 강한 사람이 그러한 상황에 직면하는 경우에는 다른 사람들보다 더 큰 스트레스를 받게 된다.

④ **조직구조**: 조직계층의 수가 너무 많아 상하 간의 커뮤니케이션이 잘 이루어지지 않는다든지, 규정이나 절차가 복잡하고 엄격하거나 권한이 어느 한 사람에게 집중되어 있어서 의사결정에 참여할 수 있는 기회가 없는 경우에도 소외감과 무력감을 느끼기 때문에 스트레스가 증가한다.

⑤ **경영자의 리더십**: 경영자의 리더십 스타일이 비효과적인 것이거나 하급자의 특성에 맞지 않는 경우에는 스트레스를 유발하게 된다. 예를 들면, 연구개발부서의 경영자가 지시나 하달을 중시하고 부하의 실수를 용납하지 않게 되면 부하는 부서의 특성상 좌절감과 함께 큰 스트레스를 경험하게 된다.

⑥ **조직의 성장단계**: 조직은 보통 창립기, 성장기, 성숙기, 쇠퇴기 등의 네 단계를 거치게 되는데 이들 단계는 각기 구성원에게 서로 다른 스트레스를 가져다준다. 일반적으로 구성원은 창립기와 쇠퇴기에서 더 큰 스트레스를 경험하게 되는데 이는 이 두 단계에서 특히 높은 불확실성이 이들을 불안하게 만들기 때문이다.

(3) 개인적 요인

스트레스는 외부환경과 조직 외에도 개인이 안고 있는 문제들이 원인이 되어 발생하기도 한다. 이러한 요인들은 개인이 사적으로 겪는 특수한 사건들이 대부분인데 그 중에서도 대표적인 것으로는 가정적 문제와 경제적 문제를 들 수 있다.

① **가정문제**: 개인이 가정에서 겪는 중대한 사건들이 스트레스를 유발한다. 예를 들면 부부 간의 불화, 배우자의 사망, 이혼, 자녀의 죽음, 자녀의 결혼 등과 같은 사건들은 특히 스트레스를 많이 주는 가정문제라고 할 수 있다.

② **경제문제**: 가정문제 못지않게 많은 스트레스를 가져오는 요인으로 경제문제가 있다. 예컨대 주택구입, 자녀의 취학, 배우자의 실직, 주식투자의 실패 등과 같은 사건들은 경제적으로 항상 큰 부담을 안겨주기 때문에 이로 인하여 개인이 받는 스트레스의 양은 상당하다고 할 수 있다.

2) 스트레스의 영향요인

사람들이 받는 스트레스는 주로 이상에서 살펴본 세 가지의 요인들에 의해 발생한다. 그러나 같은 원인에 의해 발생한 스트레스라 할지라도 그것을 받아들이는 정도는 사람마다 다르다고 할 수 있다. 이것은 스트레스에 대한 개인차이(individual difference), 즉 스트레스를 잘 받거나 또는 잘 견디는 개인적 특성과 그 밖의 사회문화적 특성들이 스트레스를 받는 정도에 영향을 미치기 때문이다.

(1) 개인적 특성

특정의 사건으로 인하여 개인이 경험하는 스트레스의 정도는 성격, 성별, 연령, 교육수준 등에 따라서 차이가 있을 수 있다. 예컨대, 개인이 신앙심이 깊다든지 쾌활하고 희망을 버리지 않는 성격을 지니고 있는 경우에는 외부환경이 주는 스트레스는 크게 상쇄될 수 있다. 일반적으로 스트레스를 경험하는 정도에 영향을 미치는 개인적 특성으로서는 다음과 같은 요인들이 중요하다.

① 지각(perception): 자극에 대한 개인의 반응은 그것을 어떻게 지각하는가에 따라서 달라진다. 마찬가지로 스트레스를 받는 정도는 개인이 스트레스의 원천을 어떻게 지각하는가에 따라서 달라진다. 예컨대, 불경기로 인하여 회사에 불어 닥친 감원돌풍의 와중에서 어떤 사람은 직장을 잃게 된다는 걱정 때문에 전전긍긍하는 반면에 또 다른 사람은 이것을 자기의 발전을 위한 좋은 기회라고 생각한다면 후자는 전자보다 스트레스를 덜 느낄 것이다.

② 직무경험(job experience): 개인이 직무에 대해 경험이 많은 경우 직무가 주는 스트레스는 크게 상쇄될 수 있다. 이에 대해서는 두 가지의 해석이 있다. 하나는 같은 직무를 오래 담당할수록 직무가 주는 스트레스에 대한 저항력이 강해지기 때문이며, 다른 하나는 사람은 누구나 충분한 시간이 주어지면 결국 스트레스에 적응해 나가는 메커니즘(mechanism)을 개발해 내기 때문이라는 것인데, 이는 결국 경험이 많은 사람은 이미 충분한 시간을 가지고 적응능력을 길렀기 때문에 스트레스를 덜 느끼게 되는 것으로 이해된다[Motowidlo 등, 1987].

③ 통제의 위치(locus of control): 통제의 위치 또한 스트레스에 대한 개인차이를 나타내는 중요한 변수가 된다. 즉 스트레스를 유발하는 상황을 개인이 통제할 수 있다는 믿음이 있느냐 없느냐 하는 것이 개인이 실제적으로 받는 스트레스의 정도에 영향을 미친다. 예를 들면, 환경에 대해 자기가 영향력을 가지고 있다고 믿는 내재론자(internals)는 이와는 반대의 믿음을 가지고 있는 외재론자(externals)보다 직무나 그 밖의 조직적 요인들로부터 받는

스트레스의 정도를 그렇게 크게 느끼지 않는다[Cohen, 1980].

④ A형 성격: A형 성격은 항상 조급해 하고 매우 경쟁적이며 공격적인 행동패턴을 보이는 성격유형이다. 이러한 유형의 성격은 참을성이 많고 여유 있는 행동패턴을 보이는 B형 성격에 비해 모든 면에서 스트레스를 많이 받으며 고혈압, 협심증, 심근경색 등과 같은 질병으로 인한 사망률도 높게 나타나고 있다[Booth-Kewley and Friedman, 1987].

(2) 사회문화적 특성

개인적 특성뿐만 아니라 전통적인 관습이나 가치관과 같은 사회문화적 특성도 개인이 경험하는 스트레스의 정도에 영향을 미친다. 예를 들면 우리나라, 일본, 중국 등은 모두 유교적 전통을 간직하고 있는 국가들로 공통적으로 체면과 수치심을 매우 중시하는 문화적 특성을 지니고 있다. 따라서 이들 국가의 국민들은 자신의 체면에 손상을 입히거나 수치심을 자극하는 것에 대해서는 스트레스를 많이 느끼게 된다.

친구나 동료가 자기보다 승진이 빠르거나 사회적으로 성공하는 것을 보면 참지 못하는 것이나, 학생이 성적을 비관하여 그리고 사업가가 사업실패를 이유로 자살과 같은 극단적인 행동을 취하는 것도 손상된 체면과 수치심 때문에 받게 되는 스트레스를 소화시키지 못한 결과로 이해할 수 있다.

3. 스트레스의 결과와 관리

과도한 스트레스가 장기간 계속 누적되어 통제할 수 없는 수준에 이르면 여러 가지의 바람직하지 않은 결과가 나타나게 된다. 여기에서는 스트레스의 결과를 개인과 조직의 두 범주로 구분하여 살펴보고, 스트레스를 관리하는 방안에 대해 알아보기로 한다.

1) 스트레스의 개인적 결과

지나친 스트레스는 초조함, 두려움, 불안, 혈압의 상승, 심장박동의 증가 등과 같은 심리적 · 생리적 변화를 유발하며, 이러한 현상이 지속되면 개인은 신체적 · 정신적으로 회복하기 어려운 결과를 맞을 수도 있다. 정도가 심한 스트레스를 받으면 개인은 먼저 정서적으로 불안정한 상태에서 식욕부진, 불면증, 성기능저하 등과 같은 생리적인 증상에 시달리게 된다. 그리고 이러한 상태가 지속되면 우울증, 불안신경증 등의 각종 정신질환이 나타나기도 한다.

스트레스는 또한 과도한 흡연과 음주 그리고 약물남용과 같은 행동을 증가시켜 심신의 건강을 우회적으로 해칠 수도 있으며, 폭력과 같은 공격적 행동을 유발하여 가정이나 직장에서의 인간관계에 단절을 가져오기도 한다. 특히 과도한 스트레스 상태에 있는 사람은 돌발적인 사고를 일으킬 위험성이 매우 크며, 그 결과는 개인은 물론이고 조직에까지 좋지 않은 영향을 미치게 된다. 유럽의 한 연구결과는 자동차사고와 가정에서의 우발적인 사고를 일으킨 사람들의 90% 이상이 과도한 스트레스를 주는 직업이나 직무에 종사하고 있다는 사실을 지적하기도 한다[Whitlock, 1977].

최근에는 스트레스가 각종 질병의 발생에 직 · 간접으로 관련이 있는 것으로 밝혀지고 있어 더욱 충격적이다. 특히 심장병의 발생에는 스트레스가 주원인으로 작용하고 있는 것으로 알려지고 있다. 이 밖에 고혈압, 만성두통, 관절염, 소화성 궤양, 피부병 등의 발생도 스트레스의 영향이 큰 것으로 알려지고 있으며, 폐질환, 당뇨병, 암, 간경변증 등과 같은 현대의학으로도 치료가 어려운 질병들의 발생에도 스트레스가 어느 정도 영향을 미치는 것으로 밝혀지고 있어 이에 대한 경각심이 날로 커지고 있다[Beehr and Newman, 1978].

이상과 같이 스트레스가 개인의 정신적 · 신체적 건강에 미치는 영향은 매우 크며 그로 인하여 개인이 부담해야 하는 비용도 막대하다고 할 수 있다. 그리고 이러한 심각한 결과는 조직에도 크게 영향을 미친다는 것을 고려할 때 경영자는 구성원이 받는 스트레스에 대해 관심을 가져야 할 것이다.

2) 스트레스의 조직적 결과

스트레스는 개인뿐만 아니라 조직에도 많은 영향을 미친다. 스트레스가 불러오는 조직적인 결과는 그것으로 말미암아 영향을 받는 개인의 직무성과(job performance)와 여러 가지 반생산적인 행동(counterproductive behavior)의 두 측면에서 살펴볼 수 있다[Steers, 1988: 515-517].

먼저 스트레스는 개인의 직무성과에 영향을 미친다. 이 두 변수 간의 관계는 일반적으로 [그림 5-6]에서 보는 바와 같은 형태를 보인다. 즉, 스트레스가 전혀 없거나 매우 낮은 수준에서는 개인의 직무성과가 거의 변하지 않고 평소의 수준을 유지하게 되는데 이는 아마도 이러한 상황에서는 성과에 영향을 미칠 만한 정신적 · 육체적인 긴장을 느낄 수 없기 때문일 것이다. 그리고 스트레스가 적당히 낮은 수준에서는 직무성과가 상승하는데 이는 스트레스가 적당한 수준에 이르면 스트레스 자체가 개인의 작업동기를 촉발시키는 요인으로 작용하기 때문이다. 그러나 스트레스의 수준이 높아지면 개인은 작업보다는 스트레스로 인한 고통을 해소하는 데 더 많은 노력을 기울이기 때문에 그 성과는 하락하게 된다.

또한 스트레스는 여러 가지 반생산적인 행동으로 나타나기도 하는데 대표적인 것으로는 이직과 결근 그리고 공격성과 태업 등을 들 수 있다. 스트레스와 이직률 · 결근율 간의 관계는 실제로 어느 정도 관련성이 있는 것으로 밝혀지고 있다[Steers and Rhodes, 1978]. 높은 스트레스를 유발하는 직무에 종사하는 사람들이 그러한 일에서 벗어나려고 하는 것은 매우 자연스러운 현상일 것이다. 그리고 한 연구결과에서와 같이 지나친 스트레스로 말미암은 정신적 · 육체적 건강의 악화가 이직률과 결근율의 증가로 연결될 수도 있는 것이다[Earns, 1973]. 또한 스트레스는 다른 사람들이나 일에 대한 공격적인 행동을 촉발하기도 하는데 이는 주로 남들로부터 인정받을 수 없다는 좌절감에 의한 것으로 이해할 수 있다. 특히 직무에 대한 공격적 행동의 공통적인 형태인 태업은 이러한 좌절감에 의한 스트레스와 밀접한 관계가 있는 것으로 알려지고 있다.

▌그림 5-6▐ 스트레스와 직무성과와의 관계

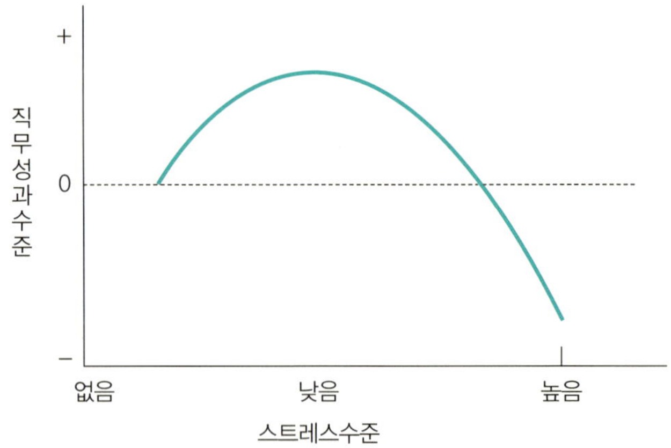

자료: Steers, R.M.(1988), *Introduction to Organizational Behavior*, 3rd ed.(Glenview, Ill.: Scott, Foresman and Company), p.515.

3) 스트레스의 관리방안

스트레스를 관리한다는 것은 스트레스를 적당한 수준으로 유지시켜 이것이 개인이나 조직에게 도움이 될 수 있게 만드는 것이다. 그런데 현실적으로 볼 때 스트레스가 전혀 없다는 것은 있을 수 없는 일이기 때문에 문제는 과도한 스트레스를 어떻게 하면 사전에 예방하거나 또는 감소시킬 수 있는가 하는 것이다.

스트레스에 대한 관리방안은 스트레스의 성격에 따라서 달라져야 할 것이다. 여기에서는 이것을 개인적인 차원과 조직적인 차원으로 구분하여 살펴보도록 하겠다.

(1) 스트레스의 개인적 관리방안

스트레스를 예방하고 줄이는 일은 일차적으로 개인이 해결해야 할 문제이다. 왜냐하면 스트레스의 가장 큰 희생자는 결국 개인이기 때문이다. 스트레스에 대한 개인적 관리방안으로는 다음과 같은 것들이 중요하다[Robbins, 1989: 515-516].

① 시간관리: 사람들이 자기의 시간을 효율적으로 활용할 수 있게 되면 스트레스에 보다 효과적으로 대처할 수 있다. 많은 사람들은 항상 시간을 효율적

으로 관리하지 않음으로써 스스로 스트레스를 가중시킨다. 예컨대, 직장에서 중요한 일을 이유도 없이 뒤로 미루는 습관이 있는 사람은 항상 과중한 업무부담으로 많은 스트레스를 받지 않을 수 없다. 따라서 다음과 같은 시간관리(time management)의 원칙을 이해하고 응용한다면 직무상의 요구에 보다 효과적으로 대처할 수 있게 될 것이다[Haynes, 1985].

첫째, 매일 해야 할 일들을 기록한다.

둘째, 해야 할 일들에 대해 중요성과 긴급성에 따라 우선순위를 정한다.

셋째, 우선순위에 따라 시간을 배정한다.

넷째, 하루 중에 자기가 가장 능률적으로 일할 수 있는 시간을 찾아내어 그 시간에 가장 중요한 일을 처리한다.

② **신체적 운동**: 에어로빅, 산보, 조깅, 수영, 자전거타기 등과 같은 경쟁성이 없는 운동들은 과도한 스트레스를 줄이는 데 큰 도움이 된다. 이와 같은 운동들은 특히 폐활량을 증대시키고 심장박동을 조절해 주며 작업압력으로 생긴 긴장을 완화시켜 주기 때문에 스트레스에 대한 개인의 대처능력을 증대시켜 줄 수 있다.

③ **긴장이완훈련**: 명상, 요가, 최면술, 참선 등과 같은 긴장이완훈련(relaxation training)을 통해 과도한 스트레스를 해소할 수 있다. 이러한 기법들은 개인으로 하여금 신체적으로 깊은 이완상태에 이르게 함으로써 심리적인 평온을 경험할 수 있게 해준다. 특히 이 기법들은 혈압 · 심장박동 · 호흡 및 기타의 생리적인 현상들을 안정시키고 스트레스에 대한 지구력을 증가시키는 데 큰 도움이 되는 것으로 알려지고 있다.

④ **사회적 후원**: 사회적 후원(social support)이란 친구나 동료 또는 가족이 보여주는 관심, 존경 그리고 진정한 걱정 등을 말한다. 이러한 사회적 후원이 있을 때 개인은 어떤 어려움이나 위기에 직면해서도 혼자가 아니라는 생각을 하게 된다. 그리고 그와 같은 생각은 개인이 스트레스를 해소하는 데 큰 힘이 되는 것이다. 한편, 한 연구결과는 사회적 후원은 스트레스의 부작용을 줄여주는 작용을 한다는 사실도 밝히고 있다[Etzion, 1984]. 즉 높은 사회적 후원은 작업에서의 스트레스로 인한 부정적인 결과를 감소시키는 완

충작용을 한다는 것이다. 따라서 개인이 사회적 후원을 의도적으로 구축하거나 그 범위를 넓히는 것도 스트레스에 효과적으로 대처할 수 있는 좋은 전략이라고 할 수 있다.

(2) 스트레스의 조직적 관리방안

스트레스에 대한 조직적 차원의 관리방안은 스트레스를 불러오는 조직적 요인들을 제거하든지 또는 변화시키는 것이다. 그러나 이는 용이한 일이 아니다. 조직에는 스트레스의 원천이 수없이 많은데다 스트레스에 대한 적응능력도 구성원 사이에 큰 차이가 있기 때문이다. 따라서 스트레스관리 프로그램은 그 자체가 매우 복잡한 양상을 띠며 그것을 계획하고 실행하는 데 많은 노력이 필요하게 된다. 조직적 차원에서 스트레스를 관리하는 방안으로는 다음과 같은 것들이 대표적이라고 할 수 있다[Robbins, 1989: 517-518].

① **선발과 배치**: 동일한 직무라고 할지라도 그로부터 스트레스를 받는 정도는 개인에 따라 큰 차이가 있다. 예컨대, 위에서 살펴본 바와 같이 작업경험이 많은 사람보다는 적은 사람이, 내재론자보다는 외재론자가 그리고 B형 성격보다는 A형 성격이 비교적 스트레스를 많이 받는다. 따라서 경영자는 구성원에 대한 선발과 배치를 통해 개인과 직무 간의 그러한 부적합관계를 해소시킬 수 있다.

② **직무재설계**: 직무재설계(job redesign)는 직무 자체가 성취감과 인정감, 책임, 발전과 성장에 대한 기회를 제공하게끔 직무를 재구성하는 활동을 말하는데, 이는 개인과 직무의 적합관계를 증진시켜 스트레스가 감소하는 효과를 가져다 준다. 즉 직무확대나 직무충실화와 같은 방식으로 직무를 재설계하면 작업자는 직무로부터 느끼는 무료함과 단조로움을 해소할 수 있으며, 자신의 성과를 스스로 계획 · 통제할 수 있는 자주성과 책임을 보다 많이 가질 수 있기 때문에 직무로 인하여 받게 되는 스트레스가 감소한다는 것이다. 그러나 성장욕구가 낮거나 통제의 위치가 밖에 있는 외재론자에게는 이러한 직무가 오히려 스트레스의 원인이 될 수 있으므로 이 전략은 개인의 특성에 따라 선별적으로 적용되어야 할 것이다.

③ 목표설정: 목표설정(goal setting)이란 구성원이 직무를 수행함에 있어 달성해야 할 목표를 분명히 해주는 것을 말한다. 구체적이고 도전감을 유발하며 피드백이 있고 구성원이 받아들인 목표는 동기부여의 작용뿐만 아니라 스트레스를 감소시키는 효과가 있다. 따라서 조직에서는 구성원이 이러한 목표를 지닐 수 있게 하는 것도 스트레스를 크게 줄일 수 있는 효과적인 방안이라고 할 수 있다. 물론 이 전략도 개인적인 차이를 고려하여 선별적으로 적용하는 것이 바람직하다.

④ 조직커뮤니케이션의 개선: 구성원 간의 의사소통을 개방하고 활성화하는 것도 스트레스를 감소시키는 데 큰 효과가 있다. 조직 내의 공식적 커뮤니케이션이 원활히 이루어지면 정보가 많아지고 불확실성이 감소하기 때문에 구성원이 지각하는 역할갈등이나 역할모호성이 감소하며 이에 기인하는 스트레스 또한 크게 줄어들게 된다.

⑤ 건강프로그램의 운용: 구성원의 건강에 도움을 줄 수 있는 여러 가지 프로그램을 운용하는 것도 스트레스를 줄이는 데 도움이 된다. 예컨대 정기적으로 운동회를 개최한다든지 금주, 금연, 비만방지, 식생활개선 등을 위한 강연이나 활동을 통해 구성원이 스스로 자신의 건강관리에 관심을 갖도록 하는 것도 스트레스를 해소하는 데 효과가 있다. 그러나 이러한 프로그램을 성공적으로 운용하기 위해서는 무엇보다도 먼저 구성원이 자발적으로 참여하는 분위기가 조성되어야 한다.

OB Story & Case 5 늑대와 양치기 경영자

"늑대다~" 절박하게 울부짖는 양치기 소년의 외침이 다급하게 들려온다. 산 아래에서 밭일을 하고 있던 사람들과 점심 먹던 사라들 모두 허겁지겁 산 위로 달려왔다. 그리고 소년에게 묻는다. 늑대가 어디 있느냐고. 마을 사람들은 남의 일이 아닌 듯 진심을 다해 양치기 소년을 도와주려는 기색이 역역하다. "좀 전까지 저기에 있었는데" 거짓말로 대답을 얼버무리며 양치기 소년은 속으로 쾌재를 부른다.

이제 양치기 소년의 거짓말은 습관이 됐다. 골탕 한 번 먹여보자고 시작했지만 재미가 들렸다. "늑대다~" 아주 능숙한 솜씨로 마을 사람들을 불러댄다. 마을 사람들은 너나 할 것 없이 다시 뛰어온다. 그러나 역시 허탕이다.

조직 내에서 양치기 소년은 과연 누구일까. 아마 CEO가 아닐까 싶다. 조직 내 위기를 불러일으키는 메시지를 가장 자주 보내야만 하는 사람이 바로 CEO이기 때문이다. 물론 이솝우화의 양치기 소년처럼 마을 사람들을 시기해 가짜 정보를 발령하는 CEO는 없겠지만 말이다.

늑대 같은 위기가 항상 가시적인 것은 아니다. 사실 조직구성원의 눈에는 보이지 않는 위기가 CEO에게는 보일 수 있다. 이런 위기는 한 번에 회사 전체를 휘청거리게 할 만큼 엄청난 것일 수도 있다. 당신이 만일 그런 회사의 CEO라면 부하들로부터 '양치기 소년'이라는 오명을 얻더라도 마을 사람들을 불러 모아야 할 것이다.

위기를 적절하게 활용해 조직에 끊임없이 혁신을 가할 수 있는 리더는 위대하다. 그러나 거짓말을 밥 먹듯이 하면 결국 신뢰가 무너진다는 사실도 명심해야 한다. 결국 위기가 기회로 탈바꿈하기 위해서는 신뢰에 기반을 둔 리더십이 필요하다. 술책이든 거짓말이든 신뢰를 저버리지 않는 리더는 언젠가는 인정을 받는 법이다.

자료: CHIEF EXECUTIVE(2011), Vol.101, 4호, pp.76–86 요약

토의문제

01 기업에서 CEO의 신뢰가 중요한 이유는 무엇 때문인가?

02 회사가 위기에 처했을 때, 부하들의 신뢰를 잃더라도 필요하다면 CEO가 양치기 소년이 돼야 하는가?

Chapter 06

동기부여

Key Word

- 동기부여(動機附與, Motivation)
- 동기부여의 내용이론(內容理論, Content Theory)
- 동기부여의 과정이론(過程理論, Process Theory)
- 조직공정성(組織公正性, Organizational Justice)
- 직무설계(織務設計, Job Design),
- 직무특성모형(織務特性模型, Job Characteristic Model)
- 목표설정(目標設定, Goal Setting), 목표관리(目標管理, MBO)

학습중점

- 동기부여의 개념과 중요성을 숙지한다.
- 동기부여의 내용이론과 과정이론을 이해한다.
- 동기부여이론들의 공헌과 문제점에 대해 논의한다.
- 조직에서 동기부여가 실제로 어떻게 이루어지는지를 이해한다.
- 조직공정성, 직무설계, 근무시간설계, 목표관리의 동기부여 효과에 대해 논의한다.

6-1 | 동기부여의 성격

1. 동기부여의 개념과 중요성

1) 동기부여의 개념

심리학적인 관점에서 보면 동기부여(motivation)는 일반적으로 개인이 어떤 목표달성을 위한 행동을 일으키고, 방향을 짓고, 지속하는 것을 의미한다. 따라서 동기부여의 개념은 목표를 달성하기 위한 개인의 노력의 강도 · 방향 · 지속성이라는 세 가지 차원으로 이해해야 한다[Robbins and Judge, 2007: 167).

노력의 강도(intensity)는 개인이 노력하는 정도를 말하는 것으로서 일반적으로 동기부여에 대해 말할 때 초점을 두는 요소이다. 그러나 개인의 노력이 자기의 목표와 일치하는 '방향(direction)'으로 향하지 않는다면 노력의 강도가 아무리 높다고 해도 좋은 결과를 얻을 수 없을 것이다. 따라서 노력의 강도뿐만 아니라 노력의 질도 함께 고려해야 한다. 목표와 일치하는 노력이야 말로 개인이 추구해야 하는 노력의 방향인 것이다. 마지막으로 동기부여는 노력의 '지속성(persistence)'이 요구된다. 개인이 목표를 달성하기 위해 들이는 높은 강도의 노력을 얼마나 오래 지속하는 가는 매우 중요하기 때문이다.

그러나 조직의 관점에서 의미가 있는 것은 심리학에서와 같은 일반적인 행동이나 행동의 자연적인 발동과정이 아니고, 개인목표와 조직목표를 동시에 달성하기 위한 작업행동(work behavior)과 그러한 행동을 유발하고 확보하기 위한 경영자의 계획적인 노력이 중요한 문제이다[신유근, 1992: 218]. 따라서 조직의 관점에서는 동기부여의 의미를 새롭게 이해해야 할 필요가 있다. 즉, 동기부여를 "개인이 목표달성을 위한 지속적인 노력을 발동하는 것"이라는 심리학적인 정의에 경영자의 역할을 첨가하여 "조직목표를 달성하기 위해 경영자가 구성원의 지속적 노력을 효과적으로 불러내는 과정"이라고 하는 것이 보다 조직행동론의 관점에 부합한다고 할 수 있다.

2) 동기부여의 중요성

조직구성원에 대한 동기부여는 조직행동을 연구하는 핵심과제일 뿐만 아니라, 다음과 같은 이유에서 조직을 관리하는 실질적 측면에서도 중요하다고 할 수 있다[신유근, 1992: 216-217]

첫째, 조직은 사람을 불러들이고 계속 머물게 하며, 자기의 과업을 조직에 대한 의무로서만이 아니라 창의적이고 자발적으로 수행할 수 있도록 격려해주어야 한다. 즉, 조직이 효과적이 되게 하기 위해서는 구성원의 자발적인 참여와 일하려는 의욕을 이끌어내는 동기부여문제를 해결해야만 한다.

둘째, 조직이 어떻게 기능하는지를 이해하기 위해서는 구성원이 어째서 그렇게 일을 하는지를 알아야 한다. 따라서 동기부여에 대한 이해는 리더십 스타일이나 직무설계, 보상시스템 등과 같은 다른 요인들이 구성원 개개인의 성과와 만족에 어떤 영향을 주는지를 파악하는 데 중요한 것이다.

셋째, 노조요구의 강화, 정부규제의 확대, 환경보호와 소비자운동의 확산, 국내외적 경쟁의 심화 등과 같은 조직의 환경이 악화되는 상황에서 경영자들은 조직의 성장과 발전을 적어도 현재의 수준으로 유지하거나 그 이상으로 높일 수 있는 방도를 찾지 않을 수 없게 되었다. 과거의 안정과 여유가 현대 조직환경에서는 거의 사라졌기 때문에 경영자들은 조직이 가지고 있는 가용자원, 특히 인적자원의 잠재력을 최대한으로 활용하는 것이 중요하게 되었다.

넷째, 기술이 갈수록 복잡해지고 그 변화속도가 빨라짐에 따라 조직에서는 고도의 기술을 사용할 줄 아는 구성원을 확보하는 일이 매우 시급하게 되었다. 이러한 상황은 조직의 부담을 가중시키고 나아가 조직이 위험에 빠지는 원인이 되기도 한다. 따라서 조직에서는 새로운 사람을 확보하는 일도 중요하지만 그에 앞서서 현 구성원이 이러한 변화에 적응하기 위해서 스스로를 개발해야 한다는 마음을 갖도록 동기를 부여하는 것이 무엇보다 중요하다. 또한 조직의 경영자도 구성원을 미래의 자원으로 보고 그들을 개발하는 데 심혈을 기울이지 않으면 안 된다.

2. 동기과정과 동기부여

동기(motive)는 개인의 행동을 목적달성을 위해 어떤 방향으로 움직이게 하는 내적 심리상태(inner state)라고 할 수 있다. 즉 동기는 행동의 내적 결정요인이라고 할 수 있으며, 이는 '환경요인'과 '실제의 행동' 사이에 위치하여 개인행동이 형성되는 데 중요한 역할을 한다.

먼저 동기는 개인의 욕구(needs)에 의해 발생한다. 그리고 이렇게 유발된 동기는 욕구를 충족시키기 위한 목적지향적(goal-directed) 행동으로 전환되는데, 이 전환과정에는 직무조건과 리더십 등 여러 가지 조직 내의 환경변수가 작용함으로써 동기 자체와 목적지향적 행동에 영향을 미친다.

그림 6-1 동기과정

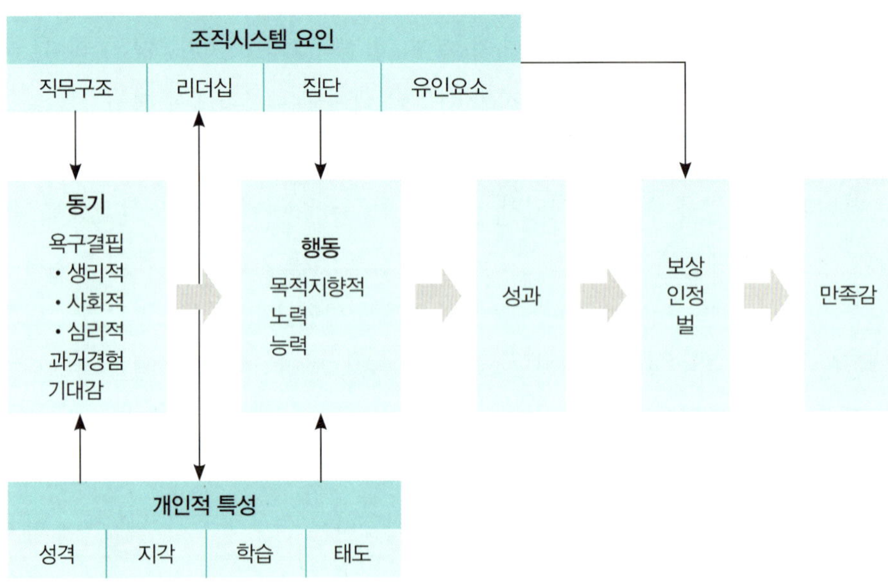

동기와 목적지향성에 따라서 개인의 노력수준이 정해지고, 노력은 개인능력과 결합하여 성과(performance)로 연결된다. 그럼으로써 개인은 성과로부터 직접 자기의 욕구를 충족시키든지 그렇지 않으면 성과의 결과(outcome)로서 보상이나 인정을 받음으로써 욕구를 충족시킨다. 그리고 이러한 욕구충족의 결과에 따라서 개인의 만족감이 영향을 받게 된다.

이와 같이 얻어진 만족감은 또한 하나의 학습효과로써 차후의 동기과정에서 결과에 대한 기대감(expectation)으로 작용하여 개인의 동기 자체와 목적지향성 그리고 노력수준에 영향을 주게 된다. 그리고 이 동기과정에서 경영자와 조직은 리더십, 직무구조, 유인(incentive) 등과 같은 조직의 환경변수를 조정하여 개인의 욕구를 자극하고 동기를 움직여서 조직의 목표달성을 위한 성과지향적 행동을 유도하게 된다. [그림 6-1]은 이러한 동기과정을 보여준다[이학종, 1987: 156-158].

위에서 지적한 바와 같이 동기부여는 구성원의 목표달성을 위한 지속적인 노력을 발동시키는 것을 의미한다. 따라서 조직에서는 구성원의 자발적인 목표달성노력을 어떻게 만들어내고 지속시킬 것인가 하는 관점에서 이 개념을 이해해야 한다.

한편, 동기부여에 대한 이론은 그 발전과정을 중심으로 크게 내용이론(content theory)과 과정이론(process theory)으로 구분된다. 이 중에서 내용이론은 어떤 요인들이 동기부여를 시키는 데 크게 작용하게 되는지를 다루는 이론으로서 개인의 행동을 불러오는 요인, 즉 욕구를 확인하는 데 중점을 둔다. 여기에는 대표적인 것으로 욕구단계이론, 2요인이론, X이론과 Y이론, ERG이론, 성취동기이론 등이 있다. 그리고 과정이론은 동기부여가 어떤 과정을 거쳐 이루어지는지를 다루는 이론이다. 내용이론은 개인의 동기화(motivate)에 작용하는 욕구 그 자체를 잘 설명해 주고는 있지만 욕구가 충족되는 과정에 대한 이해가 미흡하다. 따라서 과정이론은 동기부여과정에서 작용하는 인지적 요소(cognitive factors)를 고려하고 이 과정에서 발생하는 여러 변수들 사이의 상호관련성을 설명하는 데 주안점을 둔다. 대표적인 것으로 기대이론, 공정성이론, 목표설정이론 등이 있다.

OR Humor 6 번지점프

프랑스 · 독일 · 한국 학생이 번지점프를 준비하고 있다.

프랑스 학생이 먼저 나섰다. 하지만 무서워서 떨고 있었다. 그때 교관이 말했다.

"저 밑에 유유히 흐르는 강의 풍경이 너무 아름답지 않은가?"

프랑스 학생은 그 말을 듣고 뛰어내렸다.

다음은 독일 학생, 교관이 말했다.

"이건 명령이다. 뛰어내려라."

독일 학생은 군말 없이 멋지게 뛰어 내렸다.

다음 차례인 한국 학생, 한쪽 구석에 얼어 있었다.

그때 교관은 이렇게 말했다.

"성적에 반영된다."

한국 학생은 세 명 중 가장 멋진 포즈로 뛰어내렸다.

자료: 중앙경제, 2011년 6월 13일자

6-2 | 동기부여의 이론

1. 동기부여의 내용이론

1) 매슬로우의 욕구단계이론

매슬로우(A.H. Maslow)의 욕구단계이론(need hierarchy theory)은 개인이 지닌 욕구와 동기부여에 관한 이론으로서 지금까지 가장 널리 알려진 이론들 중의 하나이다. 매슬로우의 이론은 다음과 같이 크게 두 가지의 기본전제로 구성되어 있다[Maslow, 1943].

첫째, 사람은 특수한 형태의 충족되지 못한 욕구들을 만족시키기 위해서 동기화(motivate)되어 있다는 것이다. 매슬로우는 임상적 관찰을 토대로 하여 대부분의 사람들이 다음과 같은 욕구의 충족을 추구한다고 가정한다.

① **생리적 욕구**(physiological needs): 음식, 의복, 주거, 성(sex) 등과 같이 삶 자체를 유지하기 위한 기초적인 욕구를 말한다.

② **안전욕구**(safety needs): 생명의 안전, 직업보장, 위협과 공포로부터의 안전함 등과 같이 근본적으로 신체적인 위험과 기초적인 생리적 욕구의 박탈로부터 자유로워지려는 욕구이다.

③ **소속감과 애정욕구**(belongness and love needs): 관계욕구(affiliation needs)라고도 부른다. 사회적인 존재로서 어디에 소속하거나 다른 집단에 의해 받아들여지기를 바라고, 이성과의 교제와 동료와의 친교 등을 갈구하는 욕구를 말한다.

④ **존경욕구**(esteem needs): 자존심과 아울러 타인으로부터 인정이나 존경을 받고 싶어 하는 욕구를 말한다.

⑤ **자아실현욕구**(self-actualization needs): 자기발전을 위해 자신의 잠재력과 능력을 극대화하려고 하고, 자기 본래의 모습을 찾으려고 하며, 자기가 바라는 대로 되려고 하는 욕구이다.

이 욕구들 가운데 개인에게서 충분히 충족되지 못한 욕구들이 긴장을 유발한다. 긴장이 발생하면 개인은 긴장을 감소시켜서 내적 평형상태를 회복하려고 행동하게 된다. 그러나 일단 욕구가 충족되면 이 욕구가 다시 나타나기 전에는 더 이상 동기로서의 힘을 상실하게 된다. 즉, 한 번 충족된 욕구는 다음에 그 욕구가 발생할 때까지 행동을 동기화시키지 못한다는 것이다. 또한 이 욕구에 의해 동기화되지 않는 행동은 또 다른 욕구에 의해서 동기화될 수 있다. 다시 말하면 욕구들은 일정한 시점에서의 상대적인 중요성에 따라 외부의 행동으로 표현되기도 하고 표현되지 않기도 한다는 것이다.

둘째, 매슬로우에 의하면 대부분의 사람들이 추구하는 욕구들은 사람에 따라서 서로 다르기는 하지만, 이를 분류하면 몇 가지 공통된 범주로 나눌 수 있다는 것이다. 그리고 [그림 6-2]에서 보는 바와 같이 보편성이 있는 이들 공통적인 욕구들은 충족되어야 할 순서대로 위계적 형태로 계열화되어 있다고 주장한다. 인간에게 공통적으로 존재하는 낮은 수준의 욕구가 일단 충족되어야만 한 번에 한 단계씩 상승하여 바로 다음 수준의 욕구를 충족시키기 위해 동기화된다는 것이다.

▌그림 6-2▐ 매슬로우의 욕구단계

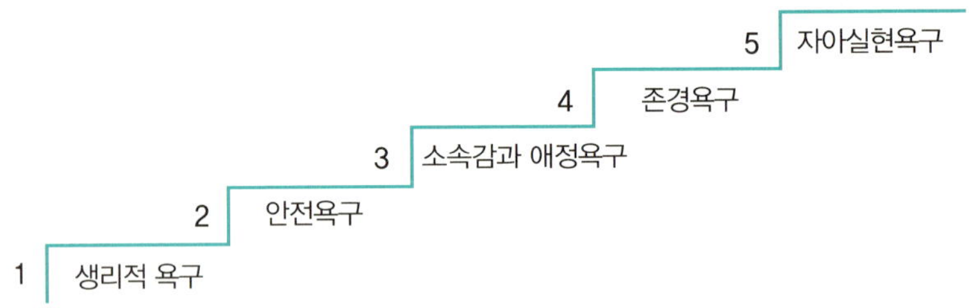

욕구단계이론은 처음으로 사람의 욕구에 대해 체계적으로 인식할 수 있게 해 주었으며, 구성원의 하위욕구를 어느 정도 충족시켜 준 후에도 지속적으로 동기부여의 효과를 얻기 위해서는 고차적 욕구를 충족시켜 줄 수 있는 방안 마련의 중요성을 일깨워 주었다는 점에서 조직행동론에서 갖는 의미는 매우 크다고 할 수 있다.

그러나 실제의 연구결과 생리적 수준 이상에 있어서는 매슬로우가 주장하는 욕구계층 자체가 존재하지 않는다거나[Wahba and Bridwell, 1976], 욕구의 단계적 우성개념, 즉 한 욕구의 충족이 다음 단계의 욕구와 행동의 동기로 작용한다는 생각은 잘못된 것이고 개인에게는 한 가지 이상의 욕구가 동시에 작용할 수도 있다는 점[Lock, 1976: 1297-1349], 그리고 개인의 욕구는 고정적인 것이 아니고 접촉하는 상황에 따라서 끊임없이 변화하기 때문에 정태적이 아니라 동태적인 맥락에서 그것을 이해해야 한다는 면에서 많은 학자들이 이 이론의 타당성에 문제를 제기한다[신유근, 1985: 226-227].

2) 맥그리거의 X이론과 Y이론

미국의 경영이론가인 맥그리거(D. McGregor)는 경영자가 조직구성원을 다루는 방법은 사람의 본성을 어떻게 보는가에 따라 달라진다고 강조하면서 이것을 X이론과 Y이론으로 이름하여 설명하였다[McGregor, 1961]. X이론에 의하면 경영자는 사람들은 근본적으로 게으르고 책임을 질 의사나 능력이 없다고 생각한다. 따라서 경영자는 구성원을 엄격하게 감시 · 감독하고 강제로 목표를 향해 끌고 간다. 그리고 이러한 경영자를 경험하는 구성원은 자기의 직무에 대해 무책임한 행동을 하게 되며, 구성원의 이러한 행동을 관찰하는 경영자는 구성원을 더욱 믿지 못하게 됨에 따라 전보다 한층 더 엄격한 통제시스템을 개발한다. 즉, 경영자가 구성원을 불신하는 부정적 신념은 구성원의 무책임한 행동을 유발하고, 그러한 종업원의 행동은 경영자의 종업원에 대한 불신을 한층 더 강화시킨다.

그러나 Y이론에 따르면 경영자는 사람들은 근본적으로 부지런하며 무한한 잠재력을 지니고 있다고 생각한다. 따라서 경영자는 구성원을 절대 신임하며 감독하고 통제하는 대신 잠재력을 충분히 발휘할 수 있도록 여건을 마련해 준다. 그리고 구성원은 경영자가 자신들을 절대 신임하고 있다는 것을 믿음에 따라 경영자의 감독 여부에 관계없이 자기의 직무에 대해 최선의 노력을 기울이며, 경영자는 구성원의 이러한 행동을 직접 관찰하면서 구성원에 대한 긍정적인 신념과 태도를 더욱 강화시킨다.

맥그리거는 전통적인 인간관을 의미하는 X이론은 바람직하지 않다고 보았다. 그는 사람들은 본래 Y이론과 같이 근본적으로 부지런하고 무한한 잠재력을 가지고 태어나는데 게으르거나 무능력하게 행동하는 것은 환경이 그렇게 만들었기 때문이라고 말한다. 따라서 조직에서 구성원을 동기화하려면 엄격한 감독과 통제를 줄이는 동시에 도전적인 직무를 제공하고 권한을 위임함으로써 구성원 개개인이 자유롭게 자기의 잠재력을 발휘할 수 있도록 환경을 조성해 줘야 한다는 것이다.

맥그리거는 이와 같이 Y이론의 낙관적 · 긍정적 인간관을 강조함으로써 동기부여에 대한 전통적인 시각에 큰 변화를 가져다주었다. 그렇지만 어느 연구자들은 Y이론의 경영자가 반드시 부하들의 직무동기를 이끌어낸다고 확인시켜주는 증거는 없다고 주장하기도 한다[Robbins and Judge, 2007: 168-169].

3) 허쯔버그의 2요인이론

허쯔버그(F. Herzberg)에 의해 제시된 2요인이론(two factor theory)은 동기 · 위생이론(motivation-hygiene theory)이라고도 부른다. 2요인이론은 매슬로우의 이론과 더불어 실제로 조직에서 많이 응용되고 있는 동기부여이론이다.

허쯔버그의 2요인이론은 일련의 연속적인 연구를 거쳐서 정립된 것이다. 즉, 이 이론은 미국 피츠버그 지역의 여러 산업체에서 선정한 약 200명의 기술자와 회계사들을 대상으로 실시된 욕구충족에 관한 최초의 연구와, 이러한 욕구충족이 동기부여에 미치는 효과에 대한 후속적 연구들을 기초로 하여 성립되었다[Herzberg, 1968].

[그림 6-3]에서 보는 바와 같이, 허쯔버그는 개인의 동기를 자극하는 요인을 크게 위생요인과 동기요인의 두 범주로 나누었다[Herzberg, 1968].

(1) 위생요인

위생요인(hygiene factor)은 개인의 욕구를 충족시키는 데 있어서 주로 개인의 불만족을 방지하는 효과를 가져다주는 것들을 말한다. 따라서 이 요인을 불만족요인(dissatisfiers)이라고도 부르며 기업의 정책과 관리, 감독, 작업조건, 동료와의 관계, 부하와의 관계, 지위, 안전, 책임, 개인생활 등 주로 '직무의 환경(context)'과 관련된 요인들을 일컫는다.

허쯔버그에 의하면 위생요인은 개인의 생리적 욕구와 안전욕구 그리고 애정욕구를 충족시켜 줌으로써 개인의 불만족을 방지하는 효과를 가져다주기는 하지만, 이들 불만족요인이 개선된다고 하더라도 직무에 대한 만족이나 직무동기가 높아지지는 않는다는 것이다. 따라서 위생요인의 특성은 이 요인의 충족이 단지 불만족의 감소만을 가져올 뿐이지 만족에 작용하지는 못한다는 데 있다.

(2) 동기요인

동기요인(motivator)은 직무에 대한 만족을 결정하는 데 영향을 미치는 요인이다. 이에 속하는 것으로는 성취감, 인정감, 책임감, 성장과 발전, 직무 자체 등이

| 그림 6-3 | 2요인이론의 위생요인과 동기요인

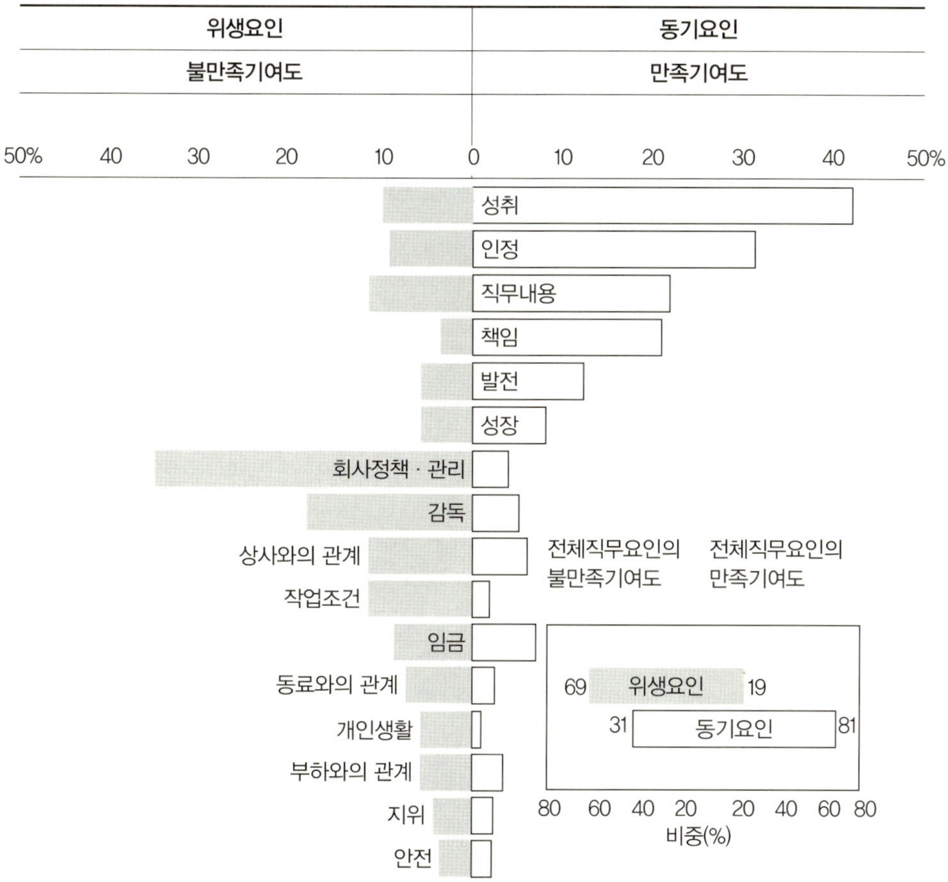

자료: Herzberg, F.(1968), "One More Time: How Do You Motivate Employees," *Havard Business Review*(Vol.46, No.1, Jan.–Feb.), p.58.

있다. 이들 요인은 직무의 내용과 관련되어 직무에 대한 만족을 결정한다는 의미에서 '만족요인(satisfier)'이라고도 부른다.

위생요인이 직무외적인 성격을 지니는 데 반하여, 동기요인은 주로 직무내적인 성격을 지니고 있음으로써 서로 대조를 이룬다. 허쯔버그에 의하면 위생요인이 직무동기를 움직이지 못하는 것과 같이, 동기요인은 불만족을 불러오지 않는다는 것이다. 다시 말해서 동기요인이 결핍되었다고 하더라도 개인이 극도로 불만족해하지는 않는다는 것이다.

2요인이론은 만족과 불만족을 연속선상의 단일차원으로 파악하던 종래의 입장

과는 달리 만족과 불만족이 전혀 별개의 독립된 차원이고 각 차원에 작용하는 요인 역시 별개의 것이라는 가정을 제시함으로써 동기요인의 작용영역과 한계를 명백히 해주고 있다. 또한 2요인이론은 매슬로우의 이론과는 달리 사람들의 보편적인 행동에 관한 이론이 아니라 경영관리를 염두에 두고 개발된 작업동기에 관한 이론이라는 점에서 경영자가 쉽게 응용할 수 있다는 의미를 지닌다. 그러나 2요인이론은 연구대상의 선택, 연구방법과 만족 · 불만족의 분류방식 등의 불합리성 그리고 직무만족과 성과와의 관계가 충분히 분석되지 않았다는 비판도 함께 받고 있다.

4) 알더퍼의 ERG이론

ERG이론은 미국의 예일대학(Yale University) 교수인 알더퍼(C.P. Alderfer)에 의해 정립된 이론으로서 매슬로우의 욕구단계이론에서 나타난 문제들을 극복하려는 목적으로 제시되었다. 그는 매슬로우의 욕구 5단계를 다시 존재욕구(existence needs), 관계욕구(relatedness needs), 성장욕구(growth needs)의 3단계로 구분했다. 저차원욕구와 고차원욕구 사이에 기본적 구별이 필요하다고 생각했기 때문이다. ERG란 이들 3단계 욕구의 영문표기 머리글자에서 따온 것이다[Alderfer, 1969].

존재욕구(E)는 인간의 생존을 위해 필요한 기본적인 욕구로서 배고픔 · 목마름 · 주거 등과 같은 모든 형태의 생리적 · 물리적 욕망들을 포함한다. 조직에 있어서는 임금이나 안전한 작업환경 그리고 작업안정성 등을 들 수 있다. 관계욕구(R)는 조직 내에서 대인관계에 관련된 모든 욕구를 포함한다. 매슬로우의 안전욕구, 소속감과 애정욕구, 일부의 존경욕구 등이 여기에 해당된다. 성장욕구(G)는 개인적인 성장과 발전에 관련된 것으로서 자기의 능력을 새롭게 개발하고 창의적으로 성취하고자 하는 욕구를 말한다. 매슬로우의 자아실현욕구와 일부의 존경욕구가 여기에 해당된다.

ERG이론은 하위욕구가 충족될수록 상위욕구에 대한 욕망이 커진다는 점에서는 매슬로우의 이론과 일치한다. 그러나 ERG이론은 다음과 같은 두 가지가 매슬로우의 이론과 다르다[Szilagyi and Wallace, 1983: 83].

첫째, 욕구단계이론은 하나의 하위욕구가 충족될수록 상위욕구로 진행해 간다는 '만족－진행(satisfaction－progression)'의 과정만을 주장하는 데 반하여, ERG이론은 이러한 만족－진행의 과정에 더하여 상위욕구가 충족되지 않을 때 혹은 좌절될 때 그보다 낮은 하위욕구의 중요성이 커진다는 '좌절－퇴행(frustration－regression)'의 과정을 가미했다.

둘째, 욕구단계이론은 하나의 하위욕구가 완전히 충족되어야 하나의 상위욕구가 나타난다고 주장한 데 반하여, ERG이론은 한 가지 이상의 욕구가 동시에 작용할 수 있다고 말한다. 예를 들면, 또한 ERG이론은 사람들은 하위욕구가 완전히 충족되지 않더라도 상위욕구를 충족하는 쪽으로 행동할 수 있다고 강조한다.

ERG이론은 사람의 행동을 설명하는 데 있어서 매슬로우의 욕구단계이론에 비해 보다 탄력적이며 욕구구조에 있어 개인차이를 인정하고 있다. 따라서 실무자에게는 ERG이론이 매슬로우나 허쯔버그의 이론에 비해 현실적이고 실용적이라고 할 수 있다. 그러나 학자에 따라서는 이 이론의 보편타당성에 의문을 제기하기도 한다. ERG이론이 어떤 조직에는 들어맞지만 어떤 조직에는 적합하지 않다는 것이다[Wanous and Zwany, 1977].

5) 맥클레란드의 성취동기이론

성취동기이론(achievement motivation theory)은 매슬로우의 욕구단계이론과 마찬가지로 인간의 욕구에 기초해서 동기부여를 설명하려는 이론이다. 맥클레란드(D.C. McClelland)를 위시한 미국의 몇몇 학자들은 개인의 성격은 사람의 행동을 동기화시킬 수 있는 잠재력을 지닌 여러 욕구들로 구성된다고 보았는데, 그 중에서도 성취욕구(need for achievementh), 친교욕구(need for affiliation), 그리고 권력욕구(need for power) 등의 세 가지가 가장 중요하다고 강조하였다.

이들 욕구 중에서도 맥클레란드는 특히 개인의 성취동기에 관하여 집중적으로 연구하였다. 그리고 성취동기가 강한 사람은 그렇지 못한 사람에 비해 다음과 같은 몇 가지 중요한 특징을 지니고 있다는 것을 발견하였다[Litwin and Stringer,

1968].

첫째, 성취동기가 강한 사람은 목표설정을 중요시하며, 실제로 목표를 설정하는 데 있어서도 모험성과 난이도를 적절히 절충하여 자신의 능력에 비추어서 도전적이면서도 달성가능한 수준에서 시작하여 이를 점차적으로 상위수준으로 올리면서 성과를 높여 나간다.

둘째, 성취동기가 강한 사람은 목표달성과정에서 경과의 진행상황을 수시로 점검하고 결과에 대한 피드백(feedback)을 원한다.

셋째, 성취동기가 강한 사람은 동료에 대해서도 많은 관심을 가지며, 특히 자기의 목표달성에 기여할 수 있는 성과지향적인 동료와 같이 일하기를 원한다.

맥클레란드는 인도에서 실시한 유명한 연구에서 성취동기에 잘 훈련된, 즉 높은 성취동기를 가진 기업가는 그렇지 못한 기업가에 비해 자기의 역할을 성공적으로 수행하고 있음을 규명하였다. 또 맥클레란드는 조직의 차원을 넘어서 성취동기이론을 국가의 경제성장과 관련시킴으로써 이 이론의 적용범위를 크게 확장하였다. 그는 경제성장과 국민의 평균적인 성취동기수준 사이에 밀접한 관련성이 있음을 발견하였다. 즉 성취동기가 높은 나라는 경제적으로 높은 성장을 하고 있는 반면에, 성취동기가 낮은 나라에서는 경제적 성장이 저조하다는 것이다.

6) 내용이론의 욕구범주

참고로 지금까지 살펴본 동기부여의 내용이론에서 매슬로우, 허쯔버그, 알더퍼, 맥클레란드 등이 분류한 욕구범주를 정리 · 비교하면 [그림 6-4]에서 보는 바와 같다.

그림 6-4 내용이론의 욕구범주 비교

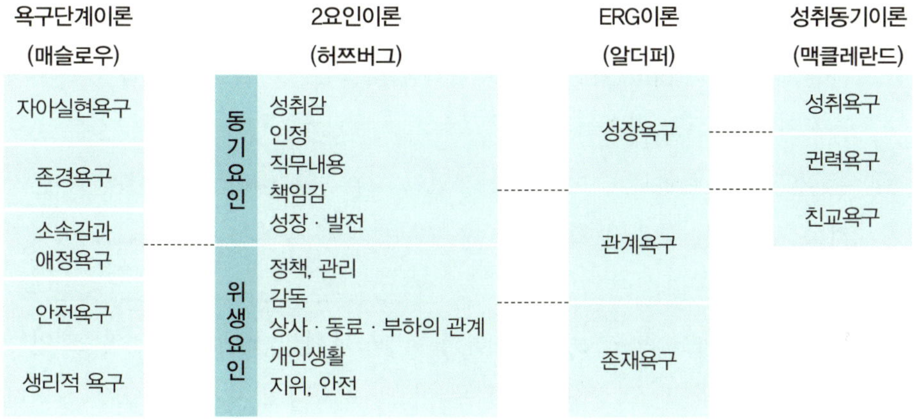

2. 동기부여의 과정이론

1) 브룸의 기대이론

브룸(V.H. Vroom)에 의하면 동기부여란 여러 자발적인 행동들 가운데서 사람들의 선택을 지배하는 과정으로 정의된다[Vroom, 1964]. 다시 말하면 개인의 행동은 여러 행동대안(behavior alternatives)이 있을 경우 이들을 평가하여 자기가 가장 중요하게 생각하는 결과를 가져올 것으로 믿어지는 행동대안을 선택한다는 것이다. 따라서 브룸에 의하여 처음으로 발표된 기대이론(expectancy theory)은 개인의 동기발생과 동기선택과정에 있어서의 인지적 요소를 강조한다.

기대이론에는 브룸이 주장하는 원리에 따라 동기부여의 설명에 유용하게 쓰일 수 있는 다음의 다섯 가지 변수에 대한 개념이 제시되어 있다. 이 변수들은 행동선택과정에서 결정적인 역할을 하게 된다.

① 기대(expectancy): 기대란 개인의 특정 행동이 가져올 수 있는 특정 결과에 대한 기대감을 말한다. 이는 0에서 1까지의 값을 갖는데, 이것은 행동과 결과 간에 전혀 관계가 없는 상태(0)에서 시작하여 행동과 결과 간의 관계가 확실한 상태(1)까지를 나타낸다.

② 유의성(valence): 유의성은 개인이 특정 결과에 대해 갖는 선호의 강도를 말

한다.

③ 1차결과와 2차결과: 1차결과(fist outcomes)는 개인행동의 성과를 말하며, 2차결과(second outcomes)는 1차결과에 따른 보상으로서 상여금, 승진, 감독자의 지지 등과 같은 것이다.

④ 수단성(instrumentality): 수단성은 개인이 지각하는 1차결과가 2차결과를 가져올 것이라는 주관적 확률이다. 이 수단성은 −1에서 1까지의 값을 가진다.

⑤ 행동선택(choice behavior): 행동선택은 행동패턴의 선택으로서 행동대안과 기대되는 결과 및 그 중요성을 모두 비교 · 평가하여 자기의 행동을 선택하는 것을 말한다.

브룸은 이들 제 개념들의 상호관계를 다음과 같은 함수들로 표현함으로써 동기부여과정을 설명하고 있다.

[그림 6−5]에서 보는 바와 같이 개인의 동기(F)는 1차결과에 대한 유의성(V_j)과 어떤 행동이 특정의 1차결과를 가져올 것으로 믿는 기대(E_{ij})의 곱의 함수라는 것을 의미하고, 1차결과의 유의성은 다시 모든 2차결과의 유의성(V_k)과 실제로 2차결과를 가져올 것이라는 기대, 즉 수단성(I_{ik})의 곱의 함수라는 것을 의미한다.

이와 같이 브룸의 기대이론은 유의성와 기대, 유의성과 수단성 사이에 곱셈의 관계를 이루고 있다는 점에 유의할 필요가 있다. 즉, 조직에서 높은 성과에 대해 아무리 큰 보상이 주어진다 해도 충분한 시간과 자원이 없다면(기대가 낮다면) 동기부여효과는 적어지는 것이다[신유근, 1985: 243].

기대이론은 성과로부터 기대되는 실제결과가 동기에 작용하는 역할을 강조함으로써 개인의 행동동기에 대한 현실적인 이해를 높여주었다. 그리고 노력과 성과에 대한 기대감을 중심으로 조직구성원의 능력과 기술개발의 중요성을 강조하고, 성과와 보상에 대한 기대감을 중심으로 적절한 유인(incentive)의 중요성을 강조함으로써 실제로 동기부여과정에 많은 도움을 주었다. 그러나 이론 자체의 복잡성 때문에 연구방법과 자료에 대한 신뢰성을 확보하기가 어렵다는 것이 문제점으로 지적되고 있다[이학종, 1992: 168; Lawler and Suttle, 1973].

▌그림 6-5▐ 브룸의 기대이론모형

동기 (F_i)	1차결과에 대한 기대(F_{ij})	1차결과 (V_j)	2차결과에 대한 기대(I_{jk})	2차결과 (V_k)

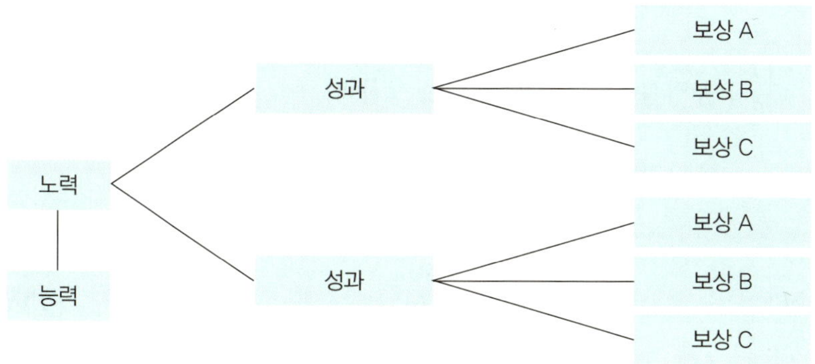

$$F_i = f_i\,[\sum_{j=1}^{n}(V_j \times E_{ij})],\ V_i = f_i\,[\sum_{k=1}^{n}(V_k \times I_{ik})]$$

F(force): 힘 또는 동기
E(expectancy): 기대
V(valence): 유의성
I(instrumentality): 수단성

2) 아담스의 공정성이론

동기부여의 과정에 관한 또 하나의 대표적인 이론은 아담스(J.S. Adams)의 공정성이론(equity theory)이다. 이 이론의 핵심은 사람들의 행동이 타인들과의 관계에서 공정성을 유지하는 쪽으로 동기화된다는 것이다. 즉 사람들은 조직과의 일정한 교환관계(exchange relationship)의 상황에서 각자가 지불하는 대가, 즉 투입(inputs)과 얻어내는 결과(outcomes) 의 일정한 비율을 다른 사람의 그것과 비교한다는 것이다. 그래서 만일 자신의 투입과 결과의 비율이 타인의 그것과 동일하면 작업자는 공정하다고 느끼며 조직과 공정한 교환관계가 이루어졌다고 만족한다. 그러나 만일 자신의 비율이 타인의 그것과 동일하지 않은 경우에는 작업자는 조직과의 교환관계가 불공정하게 이루어졌다고 느끼며 어떤 식으로든 공정성을 회복하는 쪽으로 노력하게 된다는 것이다. 따라서 공정성이론은 한 개인이 타인들에 비해 얼마나 공정하게 대우를 받느냐 하는 '사회적 비교'를 중시하기 때문에 사회적 비교이론(social comparisons theory)이라고도 부른다.

공정성이론에서 개인이 자신의 투입(I_A) · 결과(O_A)의 비율을 타인의 투입(I_B) ·

결과(O_B)의 비율과 비교한 후에 공정성 또는 불공정성을 지각하는 경우는 다음과 같다[Adams, 1965].

- $\frac{O_A}{I_A} < \frac{O_B}{I_B}$: 불공정성을 지각한다(과소보상상황).
- $\frac{O_A}{I_A} = \frac{O_B}{I_B}$: 공정성을 지각한다(공정보상상황).
- $\frac{O_A}{I_A} > \frac{O_B}{I_B}$: 불공정성을 지각한다(과대보상상황).

아담스와 많은 학자들은 이 이론을 실제의 작업환경에 응용하려고 노력하였다. 그들은 작업자들은 각자 자기의 작업을 위해 투입하는 기술 · 시간 · 노력 등과 그로부터 얻어내는 물질적 · 심리적 보상을 비교한 후에 만일 불공정성을 느끼게 되면 심리적으로 인지부조화(cognitive dissonance)의 현상이 발생하기 때문에 가능한 행동을 거쳐 그러한 인지부조화의 현상을 감소시키려고 노력한다고 생각한다. 여기서 작업자들이 인지부조화의 현상을 감소시키기 위해 실제로 취하는 행동은 그들에 대한 처우를 조정해 줄 것을 요구하거나 더 이상 과거처럼 열심히 노력하지 않는다든지 심지어는 직장을 떠난다든지 하는 것을 말한다.

학자에 따라서는 공정성이론이 일반적으로 '과소보상상황'에서는 이론의 타당성이 입증되고 있지만 '과대보상상황'에서는 별로 타당성이 입증되지 못한다고 말한다. 왜냐하면 그것은 '과대보상'의 정확한 의미를 정의하거나 조직화하는 데 문제가 있기 때문이기도 하지만, 본질적으로는 사람들이 과소보상보다는 과대보상을 더 잘 참거나 과대보상의 불공정성을 인정하지 않는 방향으로 지각상의 왜곡이 이루어지기 때문이라는 것이다[Jones, 1983: 193].

3) 로크의 목표설정이론

목표설정이론(goal setting theory)은 로크(E.A. Locke)에 의해 제시된 이론이다. 그는 "개인의 성과는 목표에 의해 결정 된다"고 주장한다. 도전적이고 구체적인 목표가 개인의 성과를 높인다는 것이다(Lock, 1968).

목표는 구성원에게 무엇을 해야 하는지, 노력을 얼마나 해야 하는지를 알려 준다. 목표는 구체적일수록, 어려울수록, 피드백이 있을 때, 그리고 목표설정과정에 참여할 때 높은 성과를 가져다준다(Robbins and Judge, 2007: 179-180).

첫째, 구체적인 목표는 '최선을 다하라'와 같은 일반적인 목표보다 높은 성과를 가져온다. 목표의 구체성은 개인에게 내적 자극으로 작용하기 때문이다. 예를 들어, '내년에는 더욱 열심히 하여 생산량을 최대한 높이자'는 격려성 목표보다 '생산량을 반드시 5% 이상 높이자'고 약속하는 구체적인 목표가 구성원의 직무동기를 더 강하게 자극할 것이다 .

둘째, 도전적인 목표는 아무나 선뜻 받아들이기가 쉽지 않은 달성하기 어려운 목표다. 이러한 목표에는 누구나 달성할 수 있는 쉬운 목표보다 높은 성과를 이끌어낸다. 도전적인 목표는 사람들의 주의를 끌고 집중하도록 하는 경향이 있고, 그것을 달성하기 위해서는 더욱 열심히 일해야 한다는 각오를 갖게 만들기 때문이다. 또한 목표가 도전적알 수록 사람들은 끝까지 목표를 달성하려고 하며, 목표달성을 어렵게 하는 문제들을 해결하기 위한 더 나은 방법을 찾아내려고 노력하게 된다. 여기서 한 가지 유념해야 할 것은 도전적인 목표는 개인이 성취가능한 범위 내에서 어려울 때 성과가 높다는 사실이다. 개인의 능력한계를 지나치게 벗어나는 목표는 오히려 좌절감만 가져다준다.

셋째, 피드백은 한 것과 하기를 원했던 것 사이의 차이를 알려주는 일이다. 사람들은 자기가 목표를 향해 얼마나 잘 하고 있는지를 알 수 있을 때 더 열심히 하려고 노력한다. 피드백은 이렇게 개인의 행동을 안내하는 역할을 한다. 그러나 모든 피드백이 똑같이 직무동기를 불러오는 것은 아니다. 피드백은 외부에서 평가하여 보여주는 것보다 구성원 자신이 직접 진행과정을 관찰하면서 결과를 수시로 확인하고 비교할 수 있을 때 더 효과적이다.

넷째, 참여는 구성원이 자기의 목표를 설정하는 데 직접 관여하는 것을 말한다. 개인이 참여하여 설정된 목표가 높은 성과를 이끌어 내는가에 대해서는 의견이 일치하지 않는다. 즉, 상사에 의해 목표가 할당될 때 성과가 더 높다는 주장도 있다. 그러나 참여의 큰 이점은 구성원이 목표를 설정하는 과정에 관여하면 그 목표를 반드시 자기가 달성해야 하는 것으로 받아들인다는 것이다. 또한 구성원은 자신의 참여에 의해 설정된 목표에 대해 더욱 몰입하게 된다.

목표설정이론이 모든 과업에 똑같이 효과적으로 적용되는 것은 아니다. 연구에 의하면, 목표 자체는 과업이 복잡하기보다는 단순할 때, 새로운 것보다는 잘 학습되어 있는 것일 때, 상호의존적일 때보다는 독립적일 때 성과에 더욱 크게 영향을 주는 것으로 나타났다.

6-3 | 동기부여의 통합모형과 실제

1. 동기부여의 통합모형

포터(L.W. Poter)와 로울러(E.E. Lawler)는 브룸의 기대이론과 지금까지 설명한 여러 학자들의 학설을 응용하여 비교적 포괄적이고 통합적인 동기부여모형을 제시하였다. 그 전체적인 모형은 [그림 6-6]과 같다.

이 모형에서 개인의 '노력정도'는 얻을 수 있는 '보상의 가치'와 '노력 대 보상의 확률에 대한 지각'에 의해서 결정된다(브룸의 기대이론). 그러나 개인의 '성과'는 개인의 '노력정도' 외에 '개인의 능력 및 특성'과 '과업에 대한 지각'의 영향을 받는다. 그리고 그러한 개인의 '성과'는 그에게 성취감이나 자아실현욕구의 만족 같은 '내재적 보상'과 금전이나 지위 그리고 작업환경 등과 같은 '외재적 보상'을 가져다준다(허쯔버그의 2요인이론). 그러나 그러한 '보상'에 대한 개인의 만족 여부는 그 자신이 지각하는 '보상에 대한 공정성' 여부의 영향을 받게 된다(아담스의 공정성이론).

이와 같이 포터와 로울러의 모형이 내포하고 있는 의미는 매우 포괄적이어서 경영실무에 참고할 수 있는 많은 지침들을 제시해 주고 있다. 그러나 이 이론은 브룸의 기대이론과 마찬가지로 이론의 내용이 너무 복잡하여 검증 자체가 매우 어렵다든지 또는 과연 사람들이 이 이론이 주장하는 바와 같이 복잡한 계산과정을 거쳐서 행동할 수 있는 것인가 하는 문제점을 나타내고 있다.

동기부여이론은 그동안 다양한 조직에서 구성원의 직무동기를 자극하고 성과를 높이는데 크게 기여해 왔다. 아래에서는 지금까지 살펴 본 여러 동기부여이론 지식을 반영하여 설계한 제도들이 실제로 조직실무에 어떻게 적용되고 있는지를 몇몇 대표적인 제도를 중심으로 살펴보기로 한다.

▌그림 6-6 ▌동기부여의 통합모형

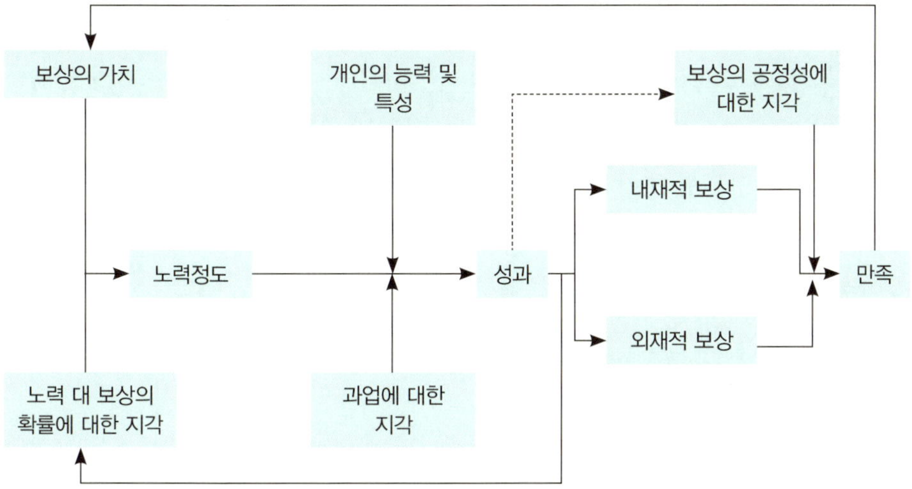

자료: Poter, L.W. and Lawler, E.E. Ⅲ, (1968), *Managerial Attitudes and Performance*(Richard D. Irwin Inc.), p.165.

2. 동기부여의 실제

1) 직무보상과 조직공정성

조직공정성(organizational justice)은 조직생활의 과정에서 구성원이 공정한 대우를 받고 있는지를 나타내는 개념이다. 조직공정성은 최근에 구성원이 얼마나 공정성을 지각하는가에 따라 직무에 대해 긍정적 또는 부정적 태도를 갖게 된다는 것이 밝혀지면서 그 중요성이 강조되고 있다. 즉, 구성원이 조직에서 느끼는 공정성의 정도에 따라 직무만족 · 조직몰입 · 이직의도 · 이직률 · 결근율 · 직무성과 · 조직시민행동 등에 큰 차이를 보인다는 것이다.

조직공정성은 일반적으로 분배공정성 · 절차공정성 · 상호작용공정성 등으로 구성된다. 이에 대해 좀 더 상세히 살펴보면 다음과 같다.

(1) 분배공정성

분배공정성(distributive justice)은 구성원이 투입한 노력에 대해 제공되는 보상의 정도에 관한 일차적인 공정성으로서 '구성원이 보상의 크기에 대해 공정성을 인식하는 정도'를 의미한다.

그러나 분배공정성은 주로 보상의 분배결과에 초점을 두기 때문에 절차에 있어서의 공정성 문제를 상당부분 간과하는 한계를 지닌다. 즉, 분배공정성은 조직에서 의사결정이 이루어지기까지의 절차 · 규칙 · 기준 등에 대해서는 거의 관심을 기울이지 않기 때문에 분배결과와 무관한 만족이나 불만족의 느낌을 설명하는 것이 쉽지 않고, 동일한 보상의 상황에서 나타나는 구성원 개개인의 반응 차이를 이해하기가 어렵게 된다. 따라서 이와 같은 문제를 해결하려는 차원에서 절차공정성이란 개념이 제시되었다.

(2) 절차공정성

분배공정성이 보상의 정도와 관계가 있는 반면에, 절차공정성(procedural justice)은 과정 및 수단과 관련되어 있다. 즉 절차공정성은 구성원이 조직 내의 보상과정에서 사용된 절차가 얼마나 공정하게 이루어졌는지를 인지하는 정도를 의미하는 것으로서, 의사결정의 결과보다는 그 과정이 얼마나 공정하고 정당한가에 초점을 둔다. 따라서 의사결정의 절차적 공정성은 기준과 절차를 사전에 명시하는지 여부, 의사결정과정에서의 의견반영 정도, 의사결정 후에 피드백이 이루어지는지 여부, 의견불일치 시 재검토 정도, 절차의 공개 여부 등에 의해 결정된다.

절차공정성은 개인의 인지적 · 감정적인 면과 밀접하게 관련된다. 절차공정성은 특히 조직몰입과 같은 조직차원의 행동적 반응에 영향을 주는 것으로 나타나고 있다. 즉, 어떤 결과를 가져오는 절차가 공정하거나 불공정한 것으로 인식되면 개인적 과업이나 문제보다는 전체 기업과 관련된다. 이것은 구성원이 기대에 미치지 못하는 보상을 받는다고 할지라도 그 절차가 공정하다고 지각하면 결과를 긍정적으로 평가한다는 것이다.

(3) 상호작용공정성

상호작용공정성(interactional justice)은 공식적 절차를 설정하거나 절차를 진행하는 과정에서 구성원이 받는 처우상의 공정성을 일컫는다. 즉, 구성원은 자기와 관계가 있는 어떤 절차를 수행하는 과정에서 상사나 관계자와의 의사소통의 질(인격적 대우, 신뢰감, 우호적 표현 등)의 영향을 받는다. 따라서 종업원이 의사결정의 순서와 결과를 공정하다고 판정할지라도 공식절차가 진행되는 과정에서 받는 처우가 불공정하다고 느끼면 결과에 불만족하게 된다.

상호작용공정성은 의사결정절차의 구조적 특성에 초점을 두는 절차공정성과는 질적으로 다른 속성을 지니고 있다. 즉 절차가 아무리 공정하게 체계화되어 있다 할지라도 절차의 실제 집행과정에서 나타나는 대인적 처우의 방식은 의사결정자에 따라 다르게 나타날 수 있으며, 또 사람에 따라 다르게 받아들일 수 있다. 주관적 요소가 개입될 여지가 그만큼 많은 것이다.

의사결정의 과정에서는 일반적으로 대인적 상호작용이 활발할수록 공정성에 대한 평가가 호의적으로 이루어질 가능성이 높아진다. 최근의 여러 연구에서도 의사결정자가 자신의 생각을 진솔하게 피력하였을 때, 의사결정에 의해 영향을 받는 사람이 예의바르고 정중한 방식으로 대우받았을 때 의사결정 결과를 더욱 긍정적으로 받아들이는 것으로 나타나고 있다.

2) 직무설계와 직무특성모형

조직에서 구성원이 일상적으로 수행하고 있는 직무(job)는 개인과 조직을 연결시켜 주는 가장 기본적인 단위이다. 즉, 직무는 구성원 욕구를 충족시켜야 할 뿐만 아니라 조직이 요구하는 생산성의 증대에 부합하여야 한다. 따라서 직무설계는 구성원 개인과 조직의 목표를 통합하는 데 있어서 소홀히 다루어서는 안 될 매우 중요한 문제이다.

(1) 직무설계철학의 변화

직무설계(job design)는 직무의 내용과 수행방법 그리고 여러 직무 사이의 관계를 설정하는 것을 말한다. 그러나 직무설계의 근본 문제는 직무의 능률과 작업자의 만족을 동시에 고려해야 한다는 데 있다. 다시 말하면 직무능률만을 강조한 나머지 작업자가 단조로움이나 싫증을 느낀다면 직무설계가 이상적으로 이루어졌다고 할 수 없다. 또한 반대로 작업자가 싫증이나 부담감을 느끼지는 않지만 능률적이지 못한 직무설계 역시 바람직하지 않다. 그러면 작업자와 직무요구를 모두 충족할 수 있도록 하기 위해서는 직무설계가 어떻게 이루어져야 하는가?

초기의 직무설계에 대한 생각은 '직무'를 위주로 하는 것이었다. 예를 들면, 테일러(F.W. Taylor)를 중심으로 하는 과학적관리학파는 직무능률을 극대화시키기 위해서는 과학적 방법에 의해 직무를 가능한 한 작은 단위로 세분화하여 작업자에게 할당하고 가장 능률적인 작업방법을 알려주어야 한다고 주장하였다. 또한 그들은 작업자는 직무가 요구하는 조건에 가장 적합한 사람을 선택해야 하며, 개인적 착오의 발생을 방지하기 위해서 치밀한 규칙과 절차를 설정하고, 경영자는 엄격한 훈련을 통해 작업자가 직무를 효율적으로 수행할 수 있도록 하고, 정해진 규칙과 절차를 잘 지키고 감독을 잘 받아들이는 작업자에 대해서는 금전적 보상을 제공하여 격려해야 한다고 믿었다.

과학적관리학파의 직무설계에 대한 기본철학은 "직무는 이미 결정된 조건이며 변화할 수 없는 것이기 때문에 작업자를 직무의 요구에 적응시키거나 일치시켜야 한다"는 가정을 밑에 깔고 있다. 그러나 작업자는 단순하고 표준화되어 있는 직무를 결코 좋아하지 않는다. 실제로 직무가 과도하게 단순화 · 표준화됨에 따라 구성원의 유동률이 증가하고 직무를 소홀히 하여 불만심리가 깊어질 수 있다. 따라서 여러 연구자와 실무자들은 직무의 단순화와 표준화는 더 이상 효과적인 방법이 되지 못한다는 것을 깨닫고 직무내용을 보다 확대하고 변화시킨 후에 작업자 스스로 자기의 직무를 점검하고, 작업방법과 작업과정을 선택하며, 일정한 범위 안에서 그 진행 정도를 통제할 수 있도록 하였다. 그리고 이러한 새로운 방법이 실제로 직무의 생산성을 증대시키고 구성원의 직무만족도를 높인다는 사실을 입증하였다.

직무설계의 이러한 경향, 즉 '직무확대'와 '직무충실화'는 직무설계의 기본철학이 크게 바뀌었음을 보여준다. 다시 말하면 전통적 직무설계가 직무를 선결조건 또는 이미 알고 있는 요인으로 보는 데 반하여, 직무확대와 직무충실화는 직무설계 자체를 작업자의 동기와 만족 그리고 생산성에 영향을 미치는 수단으로 생각하게 되었다는 것이다. 그러나 그렇다고 해서 직무확대나 직무충실화에 의한 직무설계가 직무 본연의 요구를 완전히 외면하려는 것은 아니고 될 수 있는 한 균형적인 관점에서 직무와 작업자를 모두 변화시켜 양자 사이에 가장 적합한 조화가 이루어지게 하는 데 목적이 있는 것이다.

(2) 직무확대와 직무충실화

1960년대에 들어와 일부의 학자들과 기업계에서는 작업단순화 · 작업표준화와 같은 전통적 직무설계방식에서 탈피하여 새로운 방식을 채택할 것을 주장하기에 이르렀다. 특히 구성원의 교육수준과 기대수준이 높아짐에 따라 직무 자체가 구성원의 변화된 욕구에 부합하기 위해서는 그들에게 보다 큰 의미가 있도록 설계되어야 한다고 생각하게 되었다.

직무확대(job enlargement)란 직무내용을 확대하여 단순하고 반복적인 직무에 변화를 가져오게 하거나, 세분화된 몇 개의 작업을 통합하여 하나의 작업이 되도록 재편성하는 것을 말한다. 예를 들면, 하나의 전화번호부를 제본하는 데는 원래 21단계의 과정이 필요하다. 따라서 각 단계에 한 사람씩 배치하여 작업하도록 하면 작업자는 같은 작업을 계속 반복하여야 한다. 그러나 직무를 확대하게 되면 이러한 21개의 단계는 한 사람의 작업으로 이루어지게 된다. 이와 같이 직무확대는 전문화에 의한 직무설계와는 달리 작업자가 직무에 대해 가지는 단조로움을 줄여줌으로써 만족도를 높이고, 그로 인해 이직률이나 결근율을 감소시킨다는 면에서 효과가 있다고 할 수 있다.

직무충실화(job enrichment)는 작업자에게 자기가 담당하는 직무에 관하여 직접적으로 계획 · 조직 · 통제할 수 있는 기회를 부여하는 것을 말한다. 따라서 작업자는 작업의 진행절차 · 작업방법 · 품질통제 등에 대해 비교적 많이 참여하고 의사결정할 수 있는 기회를 갖게 된다.

직무확대와 직무충실화는 종종 같은 의미로 이해되기도 한다. 그러나 직무확대가 직무를 수평적으로 확대하는 것이라면 직무충실화는 직무를 수직적으로 확대한다는 점에서 차이가 있다. 따라서 전자를 '수평적 직무확대', 그리고 후자를 '수직적 직무확대'로 부르기도 한다. 또한 보상관리의 측면에서 보면 직무충실화는 작업자에 대한 직무의 내적 의미를 증가시키는 데 있어서 직무확대에 비해 한층 발전된 직무설계방식이라고 할 수 있다. 즉, 직무충실화에는 동기요인이 한층 더 강하게 부여되기 때문에 단순히 직무의 수만 늘리는 직무확대보다 그 효과가 높게 나타난다.

직무충실화를 실행하는 초기에 구성원은 보통 직무가 전에 비해 더욱 어렵게 되었다고 생각한다. 그리고 그러한 단계를 거친 후에는 점차 직무가 지니는 의의를 인식하게 된다. 직무충실화는 또한 작업자의 직무에 대한 태도에 따라서 효과가 달리 나타난다. 즉, 구성원이 직무가 자기에게 중요하다고 생각하는 경우에 직무충실화는 구성원의 생산성과 만족도를 증가시키고 유동률과 결근율을 감소시킨다. 그러나 구성원이 직무의 중요성을 인식하지 못하는 경우에는 직무충실화는 그 반대의 효과를 가져 올 수도 있다.

한편, 직무확대 · 직무충실화 · 작업단순화 등에 대한 작업자의 반응을 한마디로 단정할 수 없다는 주장도 있다. 왜냐하면 직무 자체가 지니고 있는 특성뿐만 아니라 작업자의 개인차이가 직무설계방식의 효과에 영향을 미치기 때문이라는 것이다. 따라서 조직에서는 이러한 점을 감안하여 직무설계의 효과를 상황적 관점에서 판단할 필요가 있다.

(3) 직무특성모형과 직무설계

위에서 두 가지 중요한 직무설계방식에 관하여 살펴보았다. 그러면 그러한 직무설계를 통해 어떻게 구성원의 직무동기를 유발시키고 직무만족을 높일 수 있는가? 이러한 문제를 해결하기 위해 제시된 방안으로 '직무특성이론(job characteristic approach)'이 있다.

직무특성이론에서는 직무의 특성을 자율성, 과업일체성, 기술다양성, 타인과의 관계, 피드백, 교우의 기회 등으로 분류하고 이들 차원과 구성원의 욕구수준, 직무동기, 직무만족 사이의 관련성을 제시하고 있다. 즉, 직무가 이러한 특성을 많이 지닐수록 고차적 욕구(higher order need)가 강한 구성원의 직무동기와 직무만족이 높아지며, 고차적 욕구가 약한 구성원에게는 이러한 직무특성이 직무동기와 직무만족에 미치는 영향이 상대적으로 적게 나타난다는 것이다.

직무특성이론 중에서 가장 널리 알려진 것이 '직무특성모형(job characteristics model)'이다[Hackman and Oldham, 1975]. 직무특성모형에서는 다섯 가지의 핵심적 직무특성인 자율성 · 과업일체성 · 기술다양성 · 과업중요성 · 피드백 등이 중요한 심리상태를 만들고, 그러한 심리상태가 클수록 개인은 직무에 대해 좋은 감정을 갖게 되며, 따라서 일을 더 잘하게 되면서 좋은 결과가 나타난다고 강조한다. 직무특성모형은 [그림 6-7]에서 보는 바와 같이 네 부분으로 구성되어 있다. 먼저 이 모형에서 가장 중요한 부분인 '핵심적 직무특성'에 대해 살펴보면 다음과 같다.

그림 6-7 직무특성모형

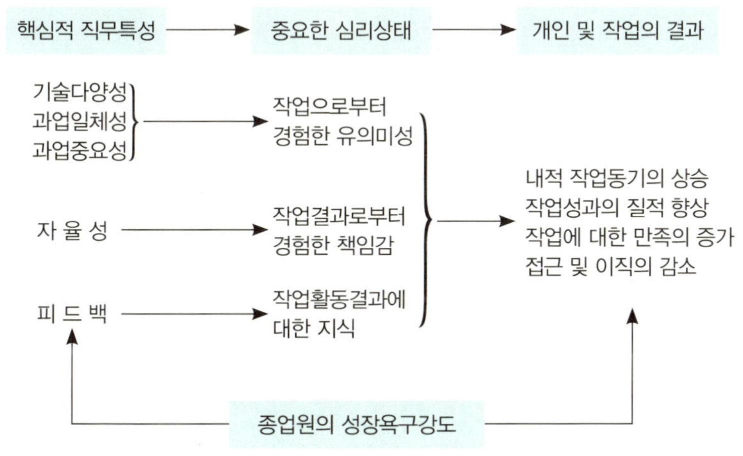

① 기술다양성(skill variety): 직무가 작업자에게 기능과 능력을 발휘할 수 있는 기회를 제공하는 정도를 말한다.

② 과업일체성(task identity): 개인의 직무는 어떤 일의 한 부분이기보다는 그 자체가 하나의 전체단위일 때 큰 의미를 가진다. 이렇게 직무 자체가 얼마나 완전한 것인가 하는 정도를 말한다.

③ 과업중요성(task significance): 직무가 다른 사람의 활동이나 작업에 미치는

영향의 정도를 말한다.

④ 자율성(autonomy): 작업자가 작업에 관한 일정과 방법을 선택하고 의사결정을 하는 데 부여된 재량권의 정도를 말한다.

⑤ 피드백(feedback): 작업자가 자신이 수행한 일이 얼마나 효과적으로 이루어졌는지를 정보의 습득을 통해 이해하는 정도를 말한다.

한편, 핵심적 직무특성과 그 결과의 관계는 일관되게 나타나지 않을 수도 있는데 이는 종업원 개개인의 성장욕구강도가 각기 다르기 때문이다. 즉 직무가 높은 핵심적 직무특성을 가질 때 성장욕구가 높은 구성원은 좋은 결과를 나타내지만, 성장욕구가 낮은 구성원은 직무가 높은 동기잠재력을 가진다 해도 좋은 결과를 보이지 않을 수도 있다는 것이다.

직무특성이론은 직무확대나 직무충실화를 위한 이론을 정립하거나 이것을 실증하기 위한 근거를 마련하는 데 목적이 있는 것이 아니고, 오히려 이러한 직무설계전략은 어떠한 상황에서도 모두 효과적으로 적용할 수 있는 보편타당성을 가지지 않는다는 사실을 증명하는 데 있다. 직무특성이론이 강조하려는 사실은 직무확대와 직무충실화를 효과적으로 활용하기 위해서는 반드시 종업원의 욕구상황을 고려해야 한다는 점이다. 직무설계는 종업원의 개인적 특성과 결합할 때 그 효과가 높아진다.

3) 근무시간설계

(1) 근무시간설계의 중요성

근무시간은 조직의 가장 중요한 자원 중 하나이다. 조직에서 근무시간을 설계하는 일은 한정된 자원을 효과적으로 활용하기 위한 방법을 개발하는 과정이라고 할 수 있다. 구성원의 근무시간은 조직 전체의 성과에 직접적으로 영향을 미치기 때문에 조직에서 근무시간을 어떤 방식으로 제도화하여 운용할 것인가 하는 것은 매우 중요한 문제이다. 그러나 구성원의 입장에서 보면 근무시간은 개인의 자유시간을 제한하고, 육체적 · 정신적인 건강에 부정적인 영향을 미칠 수 있기 때문에 조직과는 다른 입장에서 이것을 바라보게 된다.

이와 같이 근무시간에 대한 조직과 구성원의 입장 사이에는 본질적으로 갈등관계가 존재한다. 따라서 근무시간을 설계하는 일은 이것을 통해 조직의 목표를 달성하는 동시에 구성원의 욕구를 충족시킴으로써 양자 간의 갈등관계를 극복해야 하는 어려운 과정이라고 할 수 있다.

한편, 근무시간을 설계하는 문제에 대하여는 그동안 근무시간의 길이와 형태에 중점을 두고 논의가 진행되어 왔다. 산업화시대의 초기에는 주로 근무시간의 길이에 초점을 맞추어 근무시간을 설계하는 데 열중하였고, 그 이후에는 근로시간에 대한 구성원의 욕구충족이 중요시됨에 따라 이를 반영할 수 있는 근무시간의 형태를 설계하는 문제가 더욱 중요하게 논의되기에 이르렀다. 여기에서는 최근에 일반적으로 사용되거나 시도되고 있는 몇 가지 근무시간형태를 중심으로 간단히 살펴보기로 한다[박영배, 2012: 118-124].

(2) 근무시간제의 변화

근무시간을 설계하는 데에는 근무시간수와 근무시간대를 어떻게 설정하느냐에 따라 다양한 형태의 근무시간제를 고려할 수 있다. 예를 들면 고정근무시간제는 일정 기간 동안 근무해야 하는 시간이 고정되어 있어 구성원 개인이 임의로 변경할 수 없는 제도이며, 변동근무시간제는 개인의 사정에 따라 근무시간을 변경할 수 있도록 설계된 제도이다.

고정근무시간제는 근무의 시작시간과 종료시간이 모든 구성원에게 동일하게 적용되는 제도를 말한다. 조직에서는 전통적으로 구성원 개인의 사정이나 기호와는 무관하게, 그리고 바이오리듬(biorhythm)을 무시하고 관리적 편리함에만 초점을 맞추어 근무시간을 고정적 · 일률적으로 적용해 왔다. 예를 들면 주당 근무시간이 40시간이든지 35시간이든지, 또는 직무의 분량이 많고 적음에 관계없이 정해진 시간에 근무하고 그 외의 시간은 추가근무로 간주하여 별도로 시간외수당이 제공되기도 한다.

오늘날에는 조직의 업종이 다양해지고 업무수행기술도 발전하였을 뿐만 아니라 개인의 사정과 기호도 다양해졌으며, 특히 구성원의 바이오리듬과 직무성과와의 관계가 과학적으로 밝혀짐에 따라 근무시간에 대한 이 같은 고정관념에 큰 변화를 가져왔다. 따라서 최근에는 조직의 업종과 여건에 따라 차이가 있기는 하지만 많은 조직이 점차 보다 유연한 형태의 변동근무시간제를 고려하게 되었다.

변동근무시간제는 근무시간의 수에 초점을 두어 설계하는 '탄력적 근무시간제'와, 근무시간대에 변화를 주는 '선택적 근무시간제'가 있다. 최근에는 많은 조직에서 이밖에도 교대근무제, 파트타임제, 직무분담제, 압축근무제 등과 같은 변동근무시간제를 설계하여 구성원 개개인이 직장생활과 개인생활을 조화롭게 영위하도록 도움을 주고 있다.

변동근무시간제에 대해서는 제14장 '조직개발의 기법'에서 좀 더 상세하게 살펴보기로 한다.

4) 목표설정과 목표관리

목표설정이론에서 살펴본 바와 같이, 목표설정(goal setting)이란 조직에서 구성원이 직무를 수행하면서 달성해야 할 목표를 분명히 정해주는 일을 말한다. 구체적이고 도전적이면서 피드백이 있는 목표는 구성원의 직무동기를 자극하는 효과가 있다. 또한 구성원이 이러한 목표를 수용하면 직무를 수행하는 자세가 달라지며 결과에 대해 흔쾌히 책임지려는 태도를 취하게 된다. 따라서 구성원이 자기의 조직 내 역할과 직무에 대해 분명한 목표를 가질 수 있게 하는 것은 매우 중요하다.

동기부여의 목표설정원리를 실무적으로 활용하기 위해 보다 체계적으로 만들어진 경영기법으로 목표관리(Management By Objective: MBO)가 있다. 목표관리는 조직과 구성원의 목표를 통합하고 구성원의 동기를 불러일으켜 직무성과를 향상하고 나아가 전체조직의 유효성을 높이는 데 있어 매우 효과적인 기법이다.

목표관리에 대해서는 제14장 '조직개발의 기법'에서 자세히 다루고 있으므로 여기에서는 설명을 생략하기로 한다.

재택근무의 허실 OB Story & Case 6

새로운 밀레니엄이 시작된다고 들썩이던 1990년대 말. 당시 유행한 말 중 하나는 '재택(在宅)'이었다. 집에서 일하고, 치료와 교육도 받는 세상이 곧 도래하리란 기대가 넘쳤던 것이다. IT와 네트워크의 융합은 원거리에서 모든 것을 다 할 수 있는 신천지를 열어줄 것이라는 맹목적 믿음이 확산됐다.

10여 년이 흐른 지금, 대변혁은 아니지만 변화는 일부 있었다. 대표적인 게 재택근무다. 미국 국립노동연구소에 따르면 최근 전체 기업 중 63%가 부분적이라도 재택근무를 허용하는 것으로 나타났다. 2005년 34%에서 대폭 증가한 것이다. 화상회의, 동시통화, 컴퓨터 메신저, 모바일 인터넷 등 다양한 통신수단이 등장한 결과다. 사실 재택근무는 장점이 많다. 출퇴근 시간을 허비하지 않고, 편한 시간에 집중적으로 일을 처리할 수 있다. 사무실 운영비를 줄일 수 있는 것도 장점이다.

그러나 집에서 일해 본 사람들의 얘기를 들어보면 꼭 능률이 오르는 것 같지도 않다. "속옷차림으로 안방에서 건넌방으로 출근하다 보니 일과 가정생활의 구분이 안 돼 비록 집안이어도 양복에 넥타이까지 매고 일을 한다"고 어떤 재택근무 회사원은 말했다. 조직에 대한 소속감은 물론 구성원과의 연대의식이 옅어지는 것도 문제다. 자칫 딴 짓하다 일이 밀리기 일쑤이고, 새로운 기술이나 경향에 둔감해지기 십상이다. 아내나 남편과 24시간 얼굴을 마주하고 있다 보니 애정이 쌓이기도 하지만 반대로 스트레스를 받는 경우도 적지 않다.

재택근무의 한계는 특허 출원된 기술을 평가하는 심사관들을 대상으로 이 제도를 실시하고 있는 특허청의 사례에서도 나타난다. 2009년 124명이나 되던 재택근무 신청 인원이 해마다 줄어 지금은 그 절반인 66명에 불과한 실정이라는 것이다.

미국 기업 야후는 재택근무제도 자체를 폐지하기로 했다고 한다. 젊은 여성 CEO인 마리아 메이어는 "회사에 매일 나오든지 아니면 사표를 내든지 선택하라"고 선언했다. 재택근무 직원들이 근무시간 중 부업에 나서는 등 조직이 부패하고 있다는 것이다. 야후는 "소통과 협업의 출발점인 복도나 식당에서의 즉흥적 만남과 토론이 불가능한 이 상황은 결코 회사에 도움이 되지 않는다"고 강조했다.

자료: 한국경제, '천자 칼럼', 2013년 2월 28일자

토의문제

01 재택근무의 동기부여 효과를 기업의 입장에서 분석하시오.

02 현대적인 변동근무제가 과연 기업과 종업원 모두에게 도움이 되는가?

OB Lounge 4

산마루 초승달

초승달이 가엾다
홀어머니 자끈자끈 남몰래 물어뜯는
새끼손톱 닮아 가엾다
시집간 벙어리 막내 누이
튼 손등 북북 비벼대는
왼쪽 눈썹 닮아 가엾다
초승달이 슬프다
지구 저편 어디쯤의 나라
굽은 깃대 끝에 달라붙어 헐떡이는
혁명군 해진 깃발 닮아 슬프다
그 어린 병사 깊이 눌러쓴 낡은 군모
손때 전 챙 닮아 슬프다
어둠 불러들여 오도카니 서서
하릴없이 기다리는 골목에
너는 보이지 않는 구나
어디에 있느냐
사모하는 너는 어디에 있느냐
그 사랑 어디에 감춰두고
네 모습 보이지 않느냐
산마루 위 초승달이 울었다
또 하루가 갔다, 마른 눈물 내리밟고
오늘이 갔다

조 · 직 · 행 · 동

Part 03

집단수준의 조직행동

Organizational Behavior

O r g a n i z a t i o n a l   B e h a v i o r

Chapter 07

Organizational Behavior

집단의 성격과 분석체계

Key Word

- 집단(集團, Group)
- 공식집단(公式集團, Formal Group)
  비공식집단(非公式集團, Informal Group)
- 팀(Team)
- 집단발전(集團發展)
- 집단구조(集團構造, Group Structure)
- 집단규모(集團規模, Group Size),
  집단규범(集團規範, Group Norm) 역할(役割, Role),
  지위(地位, Status), 집단응집성(集團凝集性, Group Cohesiveness)
- 집단역학(集團力學, Group Dynamics)

학습중점

- 집단의 개념과 유형을 숙지한다.
- 팀의 성격과 유형을 이해한다
- 집단의 형성 원인과 발전과정을 이해한다.
- 집단의 구조적 특성을 숙지하고, 구성원의 행동과 성과에 미치는 영향을 이해한다.
- 집단의 동태적 특성을 숙지하고, 집단행동의 분석체계를 이해한다.

7-1 | 집단의 성격

1. 집단의 개념과 분류

1) 집단의 개념

1920년대 후반의 호손연구(Hawthorne research) 이후 연구자들과 경영자들은 인간관계의 중요성을 인식하고 조직에서의 인간행동에 관한 연구에 관심을 갖기 시작하였다. 그러나 인간행동에 관한 초기의 연구는 대부분 개인행동의 차원에 국한된 것이었다. 그 후 1950년대에 행동과학자들은 행동연구의 영역을 집단행동의 수준으로 확대시켰다.

집단은 개인들의 집합체이면서 개인과 마찬가지로 나름의 독특한 속성을 가지기 때문에 개인행동으로는 이해하기 어려운 측면이 있다. 그러므로 집단행동을 관리하는 데 있어서는 별도의 지식체계가 요구된다. 조직행동 분야에서 개인행동과는 별도로 집단차원의 행동에 대한 독자적인 연구가 필요한 이유이다.

경영활동에 있어서 집단은 매우 중요한 의미를 갖는다. 조직활동의 많은 부분들은 결국 집단행동으로 이루어지기 때문이다. 예컨대, 기업조직에서 추구하는 목표의 대부분은 집단 내 또는 집단 간의 행동으로 성취된다. 따라서 경영자가 집단을 통해 목표를 달성하기 위해서는 어떻게 영향력을 행사할 것인가, 집단구성원의 갈등을 최대한 방지하고 효과적인 상호작용을 촉진하기 위해서는 어떤 분위기를 조성할 것인가, 또 개인차원과는 다른 구성원의 만족을 어떻게 확보할 것인가 하는 문제들은 직접적으로 조직의 성과와 유효성에 영향을 미친다.

집단(group)의 개념은 학자들의 관점에 따라 다양하게 정의되고 있다. 따라서 이것을 동기, 조직, 상호의존, 상호작용 등의 관점으로 정리하여 살펴보면 이해하는 데 도움이 된다[Shae, 1971: 5].

① **동기(motivation)의 관점**: 이는 개인이 집단에 참가하는 이유를 어떤 욕구를 만족시키기 위한 것으로 보는 관점이다. 따라서 동기의 관점에서는 집단을

"욕구만족을 위한 동기를 가지는 개인들의 집합체"로 정의한다.

② **조직(organization)의 관점**: 조직의 관점에서는 집단을 "개인들로 구성된 하나의 사회적 단위(social unit)"로 보면서 개인들은 각자 이러한 집단 내에서 상당히 안정적인 지위와 역할을 가지는 동시에 이들의 행동은 집단의 규범과 가치에 의해 통제된다고 말한다.

③ **상호의존(interdependency)의 관점**: 개인과 개인 간의 상호의존관계를 중시하는 관점이다. 따라서 이러한 관점에서는 집단을 "상호의존적 관계에 있는 개인들의 집합체"로 보면서 구성원 사이에는 어떤 목표를 달성하는 데 필요한 공동의 의존성이 존재한다고 말한다.

④ **상호작용(interaction)의 관점**: 이는 집단을 "상호작용관계에 있는 사람들로 구성되는 집합체"라고 말한다. 따라서 집단은 구성원 간의 상호작용과정을 통해 다른 집단과 구별되는 독특한 성질을 갖게 된다고 강조한다.

이들 여러 관점을 종합하면, 집단은 "개인의 욕구를 만족하고 구성원의 공동목표를 달성하기 위해 상호작용하며 또 상호의존적이라고 볼 수 있 두 사람 이상으로 구성되는 사회적 집합체"라고 할 수 있다.

2) 집단의 분류

집단은 구성원의 성질, 작업, 조직과정 등을 기준으로 하여 여러 가지의 유형으로 분류된다. 이렇게 분류되는 집단유형은 집단의 성격을 보다 명확히 이해하는 데 도움이 된다.

(1) 구성원의 성질에 의한 분류

집단은 먼저 구성원의 성질에 의해 개방집단(open group)과 폐쇄집단(closed group)으로 분류된다. 전자는 구성원이 개인의 의사에 따라 자유롭게 참가하거나 탈퇴할 수 있는 집단을 말하며, 후자는 구성원의 참여와 탈퇴가 개인의 의사에 의해서라기보다는 강제적인 요인에 의해서 결정되는 집단을 말한다. 개방집단과 폐쇄집단의 차이는 다음의 네 가지 측면에서 더 분명하게 드러난다[Ziller,

1965].

① 구성원의 변동: 개방집단은 구성원이 수시로 가입하고 탈퇴할 수 있으며, 폐쇄집단은 구성원의 변동이 거의 없는 것으로서 가입과 탈퇴가 빈번하지 않다. 따라서 폐쇄집단에서는 구성원 간의 상대적 권력과 지위관계가 매우 드물게 변동한다.

② 준거의 틀: 개방집단은 새로운 가입자들이 빈번하게 새로운 문제와 충격 등을 가져오기 때문에 구성원은 그들의 '준거의 틀'을 끊임없이 확대시킬 수 있는 데 반하여, 폐쇄집단의 구성원은 '준거의 틀'이 매우 협소하다고 할 수 있다.

③ 시간의 폭: 개방집단은 불안정성이 크기 때문에 장기적으로 지속되기가 어렵다. 이에 반하여 폐쇄집단은 비교적 안정성을 지니므로 장기적으로 지속된다.

④ 집단의 균형: 개방집단은 반드시 불균형적인 변화를 통해서만 지속될 수 있다. 예컨대 집단의 규모를 끊임없이 확대시킴으로써 개인의 가입과 탈퇴로부터의 영향을 감소시킬 수 있으며, 또한 필요에 따라서는 집단의 이질성을 증가시킴으로써 새로운 회원을 쉽게 흡수할 수 있다. 그러나 폐쇄집단은 반드시 내적 · 외적으로 균형을 이루어야만 유지될 수 있다.

(2) 작업에 의한 분류

집단은 구성원의 작업특성에 따라 기능집단(functional group), 과업집단(task group), 이익집단(interest group)으로 분류된다. 이들 집단의 특징은 [표 7-1]에서 보는 바와 같다[Sayles, 1957: 131-145].

표 7-1 《 **작업특성에 의한 집단유형**

집단유형	특징	예
기능집단	1. 구성원 간의 관계는 조직구조에 의하여 결정된다. 2. 구성원 간의 관계는 상사와 부하 간의 지휘계통을 포함한다. 3. 중요한 목표는 조직이 부여하는 일상적인 임무를 완성하는 데 있다. 4. 일반적으로 조직 중의 공식집단을 일컫는다.	• 마케팅부문 중의 판매부서 • 상과대학 내 경영학과 교수와 조교 집단
과업집단	1. 구성원 간의 관계는 어떤 특수한 임무에 의하여 결정된다. 2. 존속기간이 비교적 짧고 임무가 완성된 후에는 통상 해체된다. 3. 상사와 부하의 관계를 포함한다. 4. 조직 중의 공식집단으로 인정된다.	• 프로젝트팀 • 위원회 • 특수임무그룹
이익집단	1. 구성원은 연령, 정치에 대한 신념, 이익에 등에 대해 공통적인 특징을 나타낸다. 2. 집단의 성질에 따라 공식집단이 될 수도 있고 비공식집단이 될 수도 있다. 3. 집단의 목표는 조직목표에 부합될 수도 있고 부합되지 않을 수도 있다.	• 노동조합 • 조직 중의 동문회 • 클럽(club) • 기타 사회적 집단

(3) 조직과정에 의한 분류

조직과정으로서의 집단은 공식집단과 비공식집단으로 분류된다. 이러한 분류 방식은 조직관리의 측면에서 가장 의미 있는 것이라고 할 수 있다.

① **공식집단**: 공식집단(formal group)은 구체적인 과업이나 목적을 달성하기 위해서 조직에 의해 계획적 또는 의도적으로 형성된 집단으로서 집단구성원은 모두 조직으로부터 공식적인 직위, 직권, 직책 등을 부여받는다. 대표적인 것으로는 기능집단으로 분류되는 부서와 과업집단으로 분류되는 프로젝트팀과 위원회 등이 있다.

② **비공식집단**: 비공식집단(informal group)은 조직에 의해서 의도적으로 형성된 것이 아닌, 구성원의 자연적인 상호작용에 의해 형성되는 집단이다. 예를 들면, 조직 내의 이익집단이나 친선단체(friendship group) 등을 일컫는다. 조직 내에 형성되는 비공식집단을 다음과 같이 분류하기도 한다[박영

배, 2010: 239-240].

- 수평집단(horizontal group): 유사한 계층이나 직무영역의 사람들로 구성된 비공식집단을 말한다.
- 수직집단(vertical group): 서로 다른 계층이나 부문의 사람들로 구성된 비공식집단을 말한다.
- 혼합집단(mixed or random group): 서로 다른 부문이나 계층, 또는 수행하는 직무의 특성이 다른 사람들로 구성된 비공식집단을 말한다.

집단의 유형은 구성원의 상호관계에 따라 일차집단(primary group)과 이차집단(secondary group), 구성원의 집단에 대한 관계와 태도에 따라 준거집단(reference group)과 회원집단(membership group), 구성원과 집단의 관계에 따라 세력집단(in group)과 비세력집단(out group) 등으로 분류되기도 한다. 그러나 조직을 관리하는 데 의미 있는 분류방식은 위의 세 가지라고 할 수 있다.

2. 팀의 효과와 유형

조직의 과업은 대부분 집단을 통해 이루어진다. 개인 혼자서는 과업을 수행하는 것이 불가능하거나 비효율적이기 때문이다. 그런데 최근에는 많은 조직들에게서 기존의 기능집단을 의미하는 생산부나 영업과 등과 같은 부서 명칭 대신 과업집단의 하나로 분류되는 팀(team) 명칭을 사용하여 조직을 재구성하는 경향이 두드러진다. 따라서 팀은 어떤 면에서 효과가 좋으며 전통적인 집단과 어떤 차이가 있는지, 팀의 유형에는 어떤 것이 있고 어떻게 활용되는지에 대해 알아보기로 한다.

1) 팀의 효과

최근에 많은 조직들이 조직을 재구성하면서 팀제(team system)를 도입하는 것은 구성원의 잠재력을 최대한 이끌어내어 과업을 보다 효율적으로 수행하기 위해서이다. 팀은 구성원 개인의 나이나 근속연수 또는 직급보다는 그 능력과 역량을 중요하게 여기기 때문에 전통적인 부서나 다른 형태의 집단에 비해 빠르게 바뀌는 환경에 대해 더욱 민감하게 반응하면서 유연하고 신축성 있게 대처할 수 있다. 그리고 팀은 신속하게 결성하고 배치하고 해체할 수 있으므로 조직을 재구성하고 관리하는 데 있어서 매우 효율적이다. 특히 팀제를 도입하는 조직에서 구성원에 대한 동기부여 효과가 매우 크게 나타나는 것으로 알려지고 있다. 팀제에서는 구성원을 의사결정과정에 활발하게 참여시키면서 개인의 의견을 존중해 줌으로써 구성원의 사기를 높이고 높은 직무만족과 조직몰입을 이끌어내기 때문이다[Robbins and Judge, 2007: 298].

그렇지만 조직이 팀제로 전환했다고 해서 그 효과가 좋게 나타나지만은 않는다. 집단과 마찬가지로 팀도 나름의 욕구와 목표를 가지고 있는 사람들로 구성되며 안팎의 환경이 영향을 미치기 때문이다. 따라서 팀 구성원 개인의 성격, 능력과 지식, 역할, 그리고 집단의 필요한 자원, 리더십, 조직구조와 조직문화 등이 팀의 과업특성 및 목표와 적절하게 조화를 이룰 때 비로소 그 효과가 좋아진다는 점을 잊어서는 안 된다.

2) 팀과 집단의 차이

팀은 소수의 구성원이 서로 다른 역량과 기술 그리고 책임감을 가지고 서로 적극적으로 협력하면서 공동의 목표를 달성하기 위해 노력하는 과업집단(task group)의 하나이다. 따라서 전통적인 집단이 개인적인 기여를 통해 구성원의 수를 더한 만큼의 성과만을 얻는 데 비해, 팀은 구성원의 협동으로 나타나는 시너지 효과를 통해 더 높은 수준의 성과를 실현한다.

집단의 목표가 조직이 기계적으로 할당하여 지시하는 것이라면, 팀의 목표는 구성원이 자율적으로 결정하는 것이다. 따라서 집단에서는 잡다한 직무를 처리하는 일이 일상화되어 있지만 팀에서는 의미 있는 커다란 한두 가지의 직무만을 수행하게 된다. 또한 집단에서는 엄격한 감독과 통제가 리더에 의해 이루어지지만 팀에서는 이것이 구성원의 자율에 맡겨지며 리더는 지원자의 역할만 담당하는 것도 큰 차이라고 할 수 있다[임창희, 2008: 274].

요컨대, 집단과는 달리 팀은 자율적인 분위기 속에서 구성원의 잠재력을 이끌어내고 공동노력에 의한 시너지효과로 높은 성과를 창출한다. 따라서 팀에서는 팀워크(teamwork)가 핵심이 된다. 개인성과의 단순한 총합을 뛰어넘는 팀성과를 창출하기 위해서는 구성원의 생각 · 지식 · 역량을 역동적으로 조합하는 과정이 반드시 있어야 하기 때문이다.

3) 팀의 유형

지금까지 알려진 팀의 종류는 너무 많아서 일일이 열거하기가 어려울 정도이다. 여러 조직에서는 흔히 프로젝트팀이나 위원회를 구성하여 운용하기도 하고, 기업조직에서는 다양한 작업팀(work team)을 만들어 특수한 과업을 수행하기도 한다. 여기에서는 일반 조직에서 공통적으로 볼 수 있는 네 가지 유형인 문제해결팀, 자율관리작업팀, 다기능팀, 가상팀에 대해 살펴보기로 한다[Robbins and Judge, 2007: 300-304].

① 문제해결팀(ploblem-solving team): 제품이나 서비스의 품질, 능률, 작업환경개선 등과 같은 특별한 프로젝트나 문제를 해결하기 위해 만들어지는 팀 유형이다. 예를 들면 품질개선팀, 경영효율화팀, 조직홍보팀 등이 여기에 속한다.

② 자율관리작업팀(self-managed work team): 팀 자체적으로 계획을 세우고 실행하며 통제와 감독까지 맡아서 하는 팀 유형이다. 이러한 유형의 팀에서는 팀 구성원을 직접 선발하고 팀 평가도 자율적으로 이루어지기 때문에 경영자의 감독자 역할이 줄어들게 된다. 주로 기획과 일정조정, 구성원의 직무할당, 고객관리 등과 같은 과업을 처리한다.

③ 다기능팀(multi-functional team): 특수하거나 복잡한 프로젝트를 수행하기 위해 다양한 영역의 서로 다른 기능을 가진 사람들이 모여 구성된 팀을 말한다. 교차기능팀(cross-functional team)으로 불리기도 한다. 다기능팀은

팀의 구성 초기에는 구성원이 모두 다양성과 복잡성을 다루는 방법을 익혀야 하기 때문에 종종 많은 시간이 소모되며, 구성원 사이에 신뢰관계와 팀워크를 구축하는 데도 어려움이 따른다. 자동차회사나 기계설비회사에서 새로운 모델과 시장을 개발하기 위해 기계설계, 디자인, 홍보 등 분야의 전문가들로 구성되는 신제품 개발팀이 다기능팀의 대표적인 예이다.

④ 가상팀(virtual team): 가상팀은 다른 유형의 팀과는 달리 공간적 · 시간적으로 서로 흩어져 있는 사람들을 서로 결속시켜 공동 과업을 수행하는 팀을 말한다. 구성원은 서로 직접 대면할 수가 없기 때문에 인터넷 등과 같은 정보통신수단을 이용하여 정보를 교환하면서 협력하게 된다. 따라서 구성원의 회합과 협조, 역할의 통합, 과업의 완성 등이 모두 사이버공간에서 이루어진다. 가상팀은 지역, 시간, 조직경계를 초월하여 가상적으로 운영되기 때문에 구성원 간 사회적 친밀감과 직접적인 상호작용이 부족하여 구성원 하나하나가 개별적으로 보내는 정보를 공유하는 데는 문제가 없으나 팀 전체적으로 가치가 있는 수준 높은 정보를 통합하고 공유하는 데는 어려움이 따른다.

7-2 | 집단의 형성과 집단발전

1. 집단의 형성

공식집단이나 비공식집단 또는 그 밖의 어떠한 특수한 형태의 집단이든 간에 조직에서 집단이 형성되는 원인은 매우 다양하다. 여기에서는 먼저 집단이 형성되는 원인에 관한 이론들을 살펴본 다음, 이들 이론을 기초로 하여 몇 가지 대표적인 집단형성의 원인에 대해 알아보기로 하겠다.

1) 집단형성의 이론적 배경

집단형성의 원인을 제시하는 이론은 대체적으로 성과비교이론, 직무요구이론, 상호작용이론, 유사성이론 등으로 분류하여 살펴볼 수 있다.

(1) 성과비교이론

성과비교이론(outcome comparison theory)은 집단이 형성되는 데 중요한 원동력이 되고 있는 '개인 상호 간의 흡입력'은 개인들 사이의 결합에 따른 '비용(cost)'과 그로부터 얻을 수 있는 '보상(reward)' 간의 비교우위에 의해 결정된다는 관점이다[Thibaut, 1959: 9−30]. 따라서 이러한 관점에 의하면 개인은 집단을 통해 얻을 수 있다고 예상하는 또는 실제로 얻고 있는 성과(outcomes)가 이러한 비교수준보다 크거나 최소한 같을 경우에는 그 집단에 가입하거나 계속 구성원으로 남아 있기를 원하며, 반대로 성과가 비교수준보다 작을 때에는 만족을 느끼지 못하고 집단에 가입하지 않거나 집단을 탈퇴한다는 것이다.

여기에서 '보상'이란 한 개인이 다른 사람들과 결합함으로써 얻을 수 있는 만족이나 즐거움 등을 말하며, '비용'은 신체적 · 정신적 노력, 갈등, 재무적 지출 등 개인 간의 상호흡인에 장애가 되는 것을 말한다.

(2) 직무요구이론

직무요구이론(demand of job theory)은 집단의 활동이나 목표가 집단형성의 원인이 된다는 관점이다. 어떤 직무는 개인들 간의 협조와 단결을 거치지 않고는 완성되기 어렵기 때문에 결집된 힘을 가질 수 있는 과업집단의 형성을 촉진시킨다. 그리고 이러한 집단의 활동과 목표는 또한 개인들의 관심과 역량을 한데 모을 수 있는 상호흡인력의 기초가 된다고 할 수 있다.

(3) 상호작용이론

비공식집단의 형성은 구성원 간의 상호작용과 커뮤니케이션 또는 공동적 활동의 결과라고 할 수 있다. 따라서 구성원의 집단의식이 강할수록 그 집단은 오래 지속되며 구성원의 물리적 · 심리적 밀도 역시 증가하는 경향을 보인다. 상호작용이론(interaction theory)은 베일즈(R.F. Bales)가 제시한 이론으로서 '장이론(field theory)'을 기초로 하여 발전시킨 것이다[Bales, 1950].

(4) 유사성이론

집단의 형성과 유지는 또한 구성원 상호 간의 유사한 정도와 밀접한 관련이 있다. 즉 성별, 연령, 교육수준, 종교, 사회적 · 종교적 지위 등의 개인적 배경요소와 가치관, 태도, 생활경험 등과 같은 행동요소가 비슷한 사람들은 그렇지 않은 사람들에 비해 하나의 집단으로 구성될 가능성이 매우 높다. 또한 이러한 유사성에 의해 형성된 집단은 다른 요인들이 원인이 되어 형성된 집단에 비해 오래 유지된다고 할 수 있다.

유사성이론(similarity theory)은 특히 글로벌조직에서 문화배경의 유사성에 의해 형성되는 다양한 비공식집단을 이해하고 분석하는 데 도움이 된다.

2) 집단형성의 영향요인

위에서 살펴본 집단의 형성원인에 관한 이론들을 기초로 하여 집단형성에 영향을 미치는 요인들을 세분하여 살펴보면 다음과 같다.

(1) 개인적 요인

레이츠(H.J. Reitz)는 매슬로우(A.H. Maslow)의 욕구단계이론을 근거로 하여 집단의 형성이 직접적으로는 개인적 욕구에 기인한다고 말한다. 바꾸어 말하면 사람들은 개인적으로 충족시킬 수 없는 욕구들을 집단에서 구하기 위해 집단을 형성한다는 것이다. 그에 따르면 집단은 개인들에게 다음과 같은 욕구충족의 기회를 제공해 준다[Reitz, 1981: 262-264].

① 안전감: 집단은 그 구성원을 외부압력이나 위협으로부터 보호해 주고 생리적 욕구와 같은 기초적인 욕구를 충족시켜 줌으로써 비교적 큰 안전감을 제공해 준다.

② **사회적 귀속감**: 집단은 구성원 간의 교류를 통해 서로 이해하고 수용하며 어려움이나 경험을 나누어 가질 수 있는 기회를 제공한다. 따라서 개인은 기존의 집단에 가입하거나 새로운 집단을 형성함으로써 소속감과 함께 사회적 욕구를 충족시킬 수 있다.

③ **존경욕구**: 집단은 개인의 자존심을 충족시키고 타인으로부터 인정을 받을 수 있는 기회를 제공한다. 따라서 사람들은 비교적 높은 지위로 인정되는 집단에 가입하거나 그러한 집단을 형성함으로써 내재적인 욕구를 충족할 수 있다. 또한 사람들은 구성원 간의 상호작용을 통해 인정이나 칭찬을 받을 수 있는 기회를 갖는다.

④ **권력욕구**: 집단은 구성원이 외부의 불합리한 요구 · 규정 · 압력 등에 대항할 수 있는 힘을 제공한다. 이러한 힘은 구성원 간의 단결에 의해 얻어진다.

⑤ **성취욕구**: 집단은 구성원 간의 과업의 분배, 지식의 교환, 그리고 협력 등을 통해 개인적으로는 얻기 어려운 성취욕구를 보다 쉽게 충족시킬 수 있는 기회를 제공한다.

(2) 상황적 요인

집단형성에 영향을 미치는 상황적 요인은 집단이 형성되는 데 있어서 가장 기초가 되는 '개인들 간의 흡인력'이 강하게 작용하는 여러 상황들을 말한다. 이러한 상황적 요인으로는 다음의 몇 가지가 중요하다[Reitz, 1981: 264−270].

① **상호작용의 기회**: 개인들 사이의 흡인력은 먼저 상호작용의 기회가 많고 적음에 따라 그 강도가 달라진다. 상호작용의 기회는 또한 다음과 같은 몇 가지 요소에 의해 영향을 받는다.

첫째, 물리적 거리(physical distance)이다. 물리적 거리는 사람과 사람 사이의 물리적인 공간을 말한다. 사람들은 일을 하거나 주거하고 있는 거리가 가까울수록 서로 왕래하거나 대면할 수 있는 기회가 많아진다. 물론 이러한 물리적 거리가 집단형성의 결정적 요인이라고 단정할 수는 없지만 하나의 중요한 조건이 된다는 것을 부정할 수 없다.

둘째, 건축물의 거리(architecture distance)이다. 물리적 거리 외에 건물과 건물 사이의 거리 또는 한 건물 내 사무공간의 배치상태 역시 사람들이 사교활동 등을 통해 만나서 대화하고 모임을 갖는 기회에 영향을 준다.

셋째, 심리적 거리(psychological distance)이다. 물리적 거리, 건축물의 거리는 집단형성에 간접적으로 영향을 미치는 요인이라고 볼 수 있다. 이에 반하여 심리적 거리는 직접적인 영향요인으로 작용한다. 실제로 많은 비공식집단들은 구성원의 흥미 · 취미 · 인격 · 태도 등이 일치함으로써 형성되는 경우가 많으며, 구성원 간의 이러한 심리적 거리가 가까운 집단일수록 오래 존속되는 경향을 볼 수 있다.

② **지위**: 지위(status)의 높고 낮음도 사람들 간의 흡인력에 영향을 미친다. 일반적으로 높은 지위와 큰 권한을 가진 사람일수록 다른 사람들로부터 존경이나 선망의 대상이 되는 경우가 많다. 따라서 이러한 위치에 있는 사람일수록 비교적 쉽게 사람들을 모으고 집단을 구성할 수 있다.

③ **유사성**: 성별 · 연령 · 종교 · 교육수준 · 국적 등의 배경이 같거나 비슷한 사람일수록 비교적 쉽게 집단을 구성할 수 있다. 왜냐하면 이러한 배경의 유사성(similarity)은 사람들 간에 매우 강한 상호흡인력으로 작용하기 때문이다. 또한 태도와 가치관이 비슷하거나 같은 사람일수록 의사소통과 교류에 비교적 불편함이 없다. 일반적으로 유사한 개인적 배경을 갖는 사람들은 그들의 태도나 가치관도 역시 일치하는 경향을 보인다.

④ **집단활동과 목표**: 같은 활동에 참여하거나 같은 목표를 달성하려고 하는 사람들 사이에는 상호작용을 통한 상호흡인의 기회가 비교적 많다. 따라서 이들을 구성원으로 하는 하나의 집단이 형성될 가능성이 역시 그만큼 커진다고 할 수 있다.

2. 집단발전

집단이 일단 형성된 다음에는 시간이 흐름에 따라 발전하는 단계를 거치게 된다. 집단의 발전단계는 집단의 효율성 및 유효성과 밀접한 관계를 가진다. 따라서 집단이 어느 발전단계에 와 있는지를 파악하는 것은 집단목표의 달성에 대한 예측과 함께 매우 중요하다고 할 수 있다.

여기에서는 집단발전에 관하여 최근에 비교적 많이 응용되고 있는 두 학자의 관점을 살펴보기로 한다.

1) 베니스의 관점

베니스(W.G. Bennis)와 쉐파드(H.S. Shepard)는 집단발전에 대한 여러 연구들을 분석한 후에 집단은 시간적으로 권력구조문제의 해결이 중요한 과제가 되는 미성숙집단에서 인간관계문제의 해결이 중요한 과제가 되는 성숙집단으로 성장 · 발전하여 간다고 말하며 집단발전의 과정을 [그림 7-1]에서와 같이 초기단계와 후기단계로 나누어 설명한다[Bennis and Shepard, 1965].

그림 7-1 집단발전의 과정

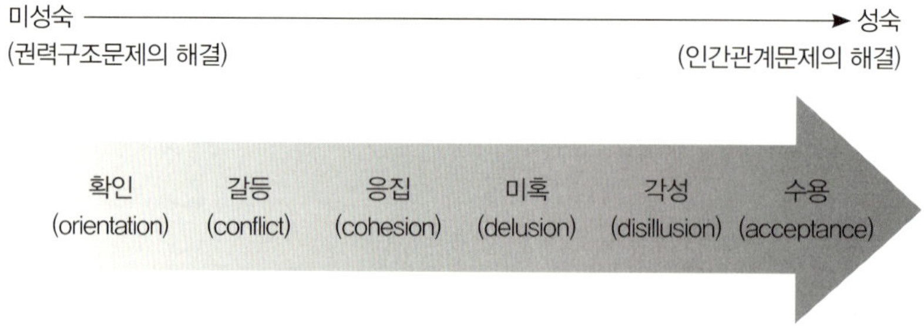

(1) 집단발전의 초기단계

집단발전의 초기단계에서는 집단구성원의 직책이나 권한 등이 불명확한 단계로 집단은 주로 이러한 권력구조의 문제를 해결하는 데 주안점을 두고 성장을 모색하게 된다. 이 초기단계에서는 확인단계–갈등단계–응집단계를 거치게 된다.

① 확인단계: 확인단계는 구성원의 권력구조가 매우 불확실한 시점이다. 이 단계에서 집단구성원은 주로 집단의 목표와 자기의 역할이 무엇인지를 이해하려고 노력하며, 조직에 공헌할 수 있는 집단구조의 문제를 해결하는 데 주안점을 둔다. 따라서 구성원은 많은 시간을 집단목표를 명확히 하고 개인

의 경험과 과업을 결합시키기 위해 노력한다. 이때의 구성원은 리더의 지도 방향과 통솔력을 매우 필요로 하게 되어 리더에 의지하는 정도가 비교적 크다고 할 수 있다.

② **갈등단계**: 앞의 확인단계를 거친 구성원의 일부는 주어진 자기의 역할에 만족하고 리더의 권위를 계속 받아들이나, 또 다른 구성원의 일부는 집단 내의 직책이나 권한 등 주어진 자기의 역할에 만족하지 못하고 집단의 방향을 따르지 않으며 리더의 권위에 도전적인 태도를 보이기도 한다. 따라서 이 단계는 구성원 사이에 여러 가지 형태의 갈등이 발생하게 되는 단계이다.

③ **응집단계**: 갈등단계를 거친 구성원은 집단 내 자기의 역할을 재정립하거나 권위와 지위 등의 문제를 초월하여 집단의 발전과 목표달성을 위해 적극적으로 협조 · 협력하는 자세를 보인다. 집단에 따라서는 앞의 확인단계와 갈등단계를 거치지 않고 직접 응집단계에 들어서기도 하는데, 이러한 집단은 구성원의 권력구조가 처음부터 명확하여 불필요한 갈등의 소지가 비교적 적은 상태에서 출발하기 때문으로 생각된다.

(2) 집단발전의 후기단계

초기단계에서 집단은 발전에 장애가 되는 권력구조의 문제를 해결하고 발전과정의 후기단계로 들어선다. 이때의 집단은 인간관계에 관한 문제를 해결하는데 주안점을 둔다. 후기단계에서는 미혹단계–각성단계–수용단계를 거치게 된다.

① **미혹단계**: 초기단계를 거친 구성원은 집단 내에 해결하여야 할 문제가 이제는 없다고 믿으나, 사실 권력구조의 문제뿐만 아니라 그 밖의 여러 요인에 의한 갈등이 여전히 남아 있다. 그러나 구성원은 이미 경험한 바 있는 갈등에 의한 충돌을 피하고 싶어 하기 때문에 가능한 한 자기를 희생하여 충돌 가능성을 최소화하려고 노력한다.

② **각성단계**: 구성원은 집단 내에 여러 문제들이 여전히 잠재하고 있음을 깨닫는다. 그러나 이들은 또다시 리더에 의지하여 문제를 해결하려고 함으로써 인간관계에 의해 발생할지도 모르는 문제를 회피하려고 한다.

③ **수용단계**: 구성원은 학습과 의사소통 그리고 협력을 통해 서서히 상대방을

수용하게 되며, 이때의 집단발전은 성숙기에 들어서게 된다.

2) 배스의 관점

배스(B. Bass)는 집단발전에 대해 좀 더 현실적으로 접근하고 있다. 그에 따르면 집단은 환경적응, 문제해결, 성장과 생산성, 평가와 통제 등 네 단계를 거치면서 발전한다고 말한다[Bass, 1965: 197-198].

(1) 환경적응단계

집단형성의 초기에 사람들은 쉽게 고립감을 느끼며 주위의 다른 사람들을 불신하고 자기의 능력에 대해 불안감을 갖게 된다. 따라서 자기와 같은 문제를 가지고 있는 사람들을 찾아 자기의 고민과 불안을 호소하려고 노력한다. 이렇게 유사한 문제를 지니고 있는 사람들 사이에 서로 이해하고 수용하는 과정을 거치면서 집단을 형성하게 된다. 이 단계에서 이루어지는 집단의 주요 활동 다음과 같다.

첫째, 구성원 간의 관계와 상호의존성을 확인한다.

둘째, 집단의 구조, 규칙 등의 행동기준을 설정한다.

셋째, 리더의 역할을 확인하고 권한과 책임의 관계를 설정한다.

넷째, 집단의 목표를 설정하고 목표달성에 필요한 계획을 세운다.

(2) 문제해결단계

문제해결단계에 접어들면 집단구성원은 서로 의견을 교환하고 당면한 문제를 어떻게 처리할 것인가를 의논한다. 이때의 중요한 집단활동은 다음과 같다.

첫째, 구성원 간에 발생한 갈등을 확인하고 해결하려고 노력한다.

둘째, 집단의 규칙, 목표, 권력구조를 다시 확인하고 그로 인한 문제점을 해결하려고 노력한다.

셋째, 구성원이 문제해결을 위해 자발적으로 참여할 수 있도록 집단 내에 참여적 분위기를 조성한다.

(3) 성장 · 생산성단계

성장과 생산성단계에서 구성원은 서로 신뢰하고 협력하면서 개인의 욕구를 모두 충족하게 된다. 이 단계에서 집단은 서서히 성숙성을 띠면서 다음과 같은 활동에 주력한다.

첫째, 집단목표를 달성하는 데 전력을 기울인다.

둘째, 과업수행에 적합한 정보유통과정과 피드백시스템을 개발한다.

셋째, 집단의 일체감과 응집성을 강조하며 집단 전체의 통합을 모색한다.

(4) 평가 · 통제단계

평가와 통제단계는 집단이 성공적으로 자리를 잡고 그 기능을 수행해 나가는 단계이다. 이 단계에서 구성원은 능력과 창의성을 십분 발휘하여 집단목표의 달성에 공헌하게 되는데, 이때 이들의 행동이 집단규범에 벗어나지 않게 하기 위한 통제가 필요해진다. 이 단계에서 중요하게 되는 집단활동은 다음과 같다.

첫째, 리더는 구성원의 성과를 평가하고 그 결과를 다시 구성원에게 알려주어 집단목표의 달성에 대한 보다 강력한 동기를 유발시킨다.

둘째, 구성원의 역할과 집단구조를 강화하고 수정하여 불필요한 갈등의 소지를 없앤다.

OR Humor 3 사무실에서 재미있게 하루를 보내는 법

- 아침인사를 건네는 첫 다섯 명을 모두 무시한다.
- 양손으로 귀를 막고 얼굴을 찡그림으로써 대화의 끝을 알린다.
- 별로 친하지 않는 동료에게 전화를 해서 자신의 이름을 밝힌 후 "지금 통화할 수 없단 걸 알리려고 전화 했어요. 그럼 이만..."이라고 말한다.
- 한 시간 동안 지퍼를 열어 놓고 다닌다. 누가 지적하면 "죄송해요. 그런데 전 이러고 다니는 게 편해요"라고 말한다.

자료: 서울경제, 2010년 4월 2일자

7-3 | 집단의 특성과 집단행동의 분석체계

1. 집단의 구조적 특성

조직 내에 형성되는 집단들은 시간이 흘러 어느 정도 안정된 상태에 이르면 그 안에 어떤 형태의 구조가 생기게 된다. 집단구조(group structure)는 한 집단의 독특하면서도 안정적인 성질을 말하는 것으로서 구성원의 행동과 집단성과에 영향을 미친다. 여기에서는 이러한 집단의 구조적 특성과 관련된 몇 가지 중요한 요소들에 대하여 살펴보도록 하겠다.

1) 집단규모

집단규모(group size)는 집단의 외면적인 특성을 보여주는 것으로서 집단구성원의 행동과 집단의 여러 결과에 영향을 미치게 된다.

집단규모의 크기는 특히 집단목표를 달성하는 데 크게 영향을 미친다. 구성원의 수가 많을수록 집단목표를 달성하는 데 도움이 될 수도 있고, 구성원의 증가가 집단목표의 달성을 더 어렵게 할 수도 있다. 예를 들면, 집단의 과업이 여러 사람들의 노력과 힘을 필요로 하는 누적적 성질의 것이라면 구성원을 증가시킴으로써 집단의 유효성이나 성과가 증가할 수 있다. 그러나 집단의 과업이 구성원 간의 고도의 상호의존과 빈번한 상호작용을 필요로 하는 성질의 것이라면 구성원의 증가는 구성원 상호 간의 긴밀한 협조와 협력을 어렵게 함으로써 결국 집단의 유효성과 성과는 증가하지 못하거나 오히려 감소하는 결과를 가져올 것이다. 따라서 집단규모의 크기는 먼저 집단과업의 성질에 따라 결정하는 것이 바람직하며, 그 밖에 시간적 · 금전적 요소들도 중요한 요인으로 고려되어야 한다.

스티어즈(R.M. Steers)는 집단규모와 집단성과의 관계를 [표 7-2]에서와 같이 설명하고 있다[Steers, 1988: 329]. 즉 집단규모가 커지면 구성원의 긴장감(tension)이 완화되고 직접적인 정보가 더욱 많이 공급되는 반면, 구성원의 만족감이 감소하고 결근율과 유동률은 증가하는 경향을 보인다. 또한 집단규모의 증가와 생산성과는 직접적인 관계가 없는 것으로 나타났다. 이러한 결과는 집단규모의 증가가 집단의 성과에 긍정적인 결과를 가져오기도 하지만 그에 못지않게 부정적인 결과도 상당히 많이 불러오고 있음을 보여준다.

표 7-2 ⟪ **집단규모의 증대와 집단성과의 관계**

집단성과변수	규모증대의 결과
집단상호작용	긴장감의 완화, 직접적인 정보량의 증가
만족	만족의 감소
생산성	생산성에 대해 직접적으로 영향을 미치지 않음
결근율	결근율의 증가
유동률	유동률의 증가

자료: Richard, M.(1988), *Steers, Introduction to Organizational Behavior*, 3rd ed.(Foresman and Company), p.329.

2) 집단규범

집단규범(group norm)은 집단구성원에 의해 확립된 행동의 표준 또는 규칙(rules)이라고 정의된다. 규범은 구성원에게 어떻게 행동할 것인가를 설명해 준다. 따라서 개인은 집단규범을 통해 집단 내 다른 구성원의 행동을 예측할 수 있으며, 그들의 행동에 대해 어떻게 반응할 것인가를 준비할 수 있다.

일단 규범이 형성되면 모든 구성원이 이에 동조(conformity)할 것이 요구된다. 그러나 구성원이 집단규범에 동조하는 정도는 개인과 상황에 따라 다르게 나타난다. 집단규범에 대한 동조에 영향을 미치는 요인을 세분하여 설명하면 다음과 같다[Reitan and Shaw, 1964].

① **개인적 요인**: 연령 · 성별 · 지능 · 권위주의 등 구성원의 개인적 특성이 동조에 영향을 미친다. 대체적으로 13세에서 15세 사이의 연령층에서 집단규범에 대한 동조가 가장 높고, 그 이후에는 연령이 높아질수록 동조의 정도는 점점 낮아진다[Costanzo and Shaw, 1966]. 또한 어떤 연령층을 막론하고 여성이 남성에 비해 집단규범에 대한 동조가 높다. 지능이 높을수록 규범에 대해 동조를 잘하지 않으며, 반면 권위주의적인 성격일수록 규범에 대한 동

조가 높다.

② **자극의 명확성**: 반응을 유발하는 자극이 집단규범에 대한 동조의 정도에 영향을 미친다. 예컨대, 상급자의 지시가 모호할수록 하급자는 독자적인 판단을 보류하고 동료의 의견에 따르거나 이전에 하던 방식을 그대로 답습하게 된다. 따라서 자극이 모호할수록 집단규범에 대한 동조는 그만큼 높아진다.

③ **상황요인**: 여러 상황요인(situational factors)들이 집단규범에 대한 동조의 정도에 영향을 미친다. 예를 들면 분권화된 커뮤니케이션 구조를 지니는 집단의 구성원은 집권화된 커뮤니케이션 구조의 구성원에 비해 집단규범에 대한 동조의 정도가 높으며, 구성원 간에 의견의 일치가 높을 때 동조가 높아진다.

④ **집단 내 관계**: 구성원에 대한 압력의 정도, 구성원이 집단에 대해 느끼는 일체감의 정도, 집단이 과거의 목표달성에 성공한 정도 등과 같은 집단 내 관계(intragroup relationship)가 집단규범에 대한 동조에 영향을 미친다.

3) 역할

역할(role)이란 어떤 직위를 가진 사람들이 해야 할 것으로 기대되는 행동을 말한다. 역할은 직위에 대한 기대이며 직무기술서(job descriptions)에 따라 달라지는 것이지 어떤 개인적 특성을 나타내는 것은 아니다. 예를 들면, 기업의 생산부 직원과 관리부 직원의 역할은 직무특성에 따라 달라지는 것이지 그들 개개인의 특성에 따라 달라지는 것이 아니다. 역할은 다음과 같이 세 가지로 분류하여 설명할 수 있다.

① **기대된 역할(expected role)**: 어떤 직위를 가진 사람들이 해야 할 것으로 기대되는 행동을 말한다.

② **지각된 역할(perceived role)**: 개인이 자기에게 주어진 역할에 대해 해야 할 것으로 지각하거나 믿는 행동을 말한다.

③ **실제의 역할(enacted role)**: 개인이 자신의 지각된 역할에 따라 실제로 행하는 행동을 말한다.

▌그림 7-2▐ 역할 간의 관계

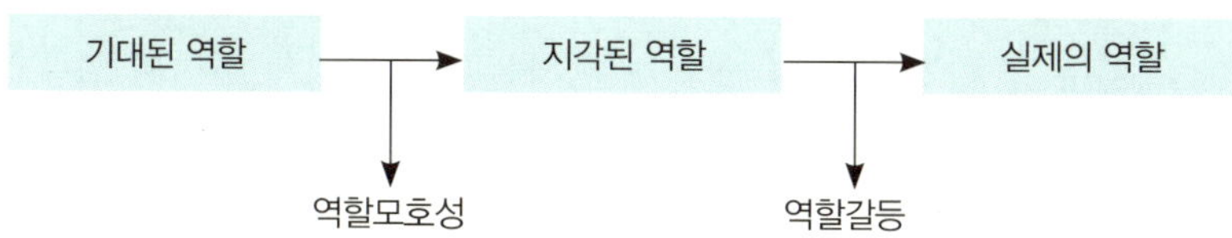

이 세 가지 역할들 사이의 관계는 [그림 7-2]에서와 같이 표시된다. 한편, 집단에서는 역할과 관련된 여러 가지 문제들이 발생할 가능성이 높은데 특히 중요한 것은 역할모호성(role ambiguity)과 역할갈등(role conflict)이다. 이 중에서 역할모호성은 기대된 역할과 지각된 역할 사이에서, 그리고 역할갈등은 지각된 역할과 실제의 역할 사이에서 발생하게 된다.

① **역할모호성**: 역할모호성은 개인의 직권, 직책, 과업 등이 명확하지 못하고 모호할 때 발생하는 문제이다. 이는 주로 조직의 상위계층에서 더욱 심각한 문제로 대두된다. 상위계층에서는 상당한 권한과 영향력을 행사함으로써 규칙, 규율, 구조, 책임 등을 조절·변화시킬 수 있기 때문에 역할에 따른 갈등의 요인은 제거할 수 있으나, 반면에 역할을 명확히 규정하기가 어렵게 될 가능성이 많기 때문이다[신유근, 1985: 331]. 역할모호성은 또한 개인이 조직의 하위계층에서 상위계층으로 승진할 경우 많이 발생한다. 왜냐하면 상위계층의 직무는 그 범위가 매우 넓고 책임이나 과업이 상당히 불확실하기 때문이다.

② **역할갈등**: 역할갈등은 지각된 역할과 실제의 역할이 차이가 날 경우와, 동시에 두 가지 이상의 역할을 수행해야 할 경우에 나타난다. 역할갈등은 조직의 상위계층에서보다는 하위계층에서 주로 많이 발생한다. 조직의 하위계층에서는 정해진 규칙 등에 의해서 역할이 명확히 규정됨으로써 역할모호성은 큰 문제가 되지 않으나 책임, 규칙, 과업의 범위 등 갈등의 요인을 제거할 수 있는 권한이 부여되어 있지 못하기 때문에 역할갈등이 중요한 문제가 된다.

4) 지위

지위(status)는 조직으로부터 역할을 수행하는 사람들에게 부여된 일종의 상대적 서열(relative ranking)이라고 볼 수 있다. 지위는 그 결정요인에 의해 다음과 같이 분류된다.

① **귀속적 지위와 획득된 지위**: 귀속적 지위(ascribed status)는 태어날 때부터 부여되는 것으로서 가문이나 혈통, 남녀의 성, 연령, 가족에서의 위치 등이 여기에 속한다. 획득된 지위(achieved status)는 개인의 능력이나 기술적 자질 또는 업적 등에 의해 획득되는 것을 말한다.

② **계층지위와 기능지위**: 계층지위(scalar status)는 조직계층의 직위에 의해서 획득된 지위를 말한다. 예를 들면 사장, 부장, 과장 등의 지위가 여기에 속한다. 기능지위(functional status)는 개인이 종사하는 직무의 특성에 따라서 결정되는 것을 말하는데 변호사, 회계사, 교수, 의사 등이 여기에 속한다.

③ **공식적 지위와 개인적 지위**: 공식적 지위(positional status)는 조직으로부터 공식적으로 부여된 직위에 의한 지위를 말하며, 개인적 지위(personal status)는 개인적 특질에 의해 획득되는 지위를 말한다. 예컨대 개인적인 인격, 사교성, 희생정신 등에 의해 얻어지는 지위는 개인적 특질에 의한 지위이다.

④ **활동성 지위와 잠복성 지위**: 활동성 지위(active status)는 표면적으로 노출된 지위를 말하고, 잠복성 지위(latent status)는 있기는 하지만 겉으로는 나타나지 않는 지위를 말한다. 예를 들어, 회사의 생산부장이 그 직위보다는 자신도 느끼지 못하는 어떤 개성 때문에 부하들의 존경을 받는다면 '부장'이란 직위에 의한 지위는 활동성 지위에 속하고, 그가 느끼지 못하는 자신의 '개성'에 의해 얻은 지위는 곧 잠복성 지위라고 할 수 있다. 그러나 이러한 잠복성 지위는 개인의 행동에 크게 영향을 미치지는 못한다.

이들 여덟 가지 유형의 지위는 서로 명확하게 분리되어 있는 것은 아니고 여러 유형의 지위가 동시에 존재할 수도 있다. 따라서 개인은 조직으로부터 부여받는 공식적인 지위 외에도 여러 요인들에 의해 획득될 수 있는 기타의 다른 지위도 동시에 가질 수 있다.

지위와 관련하여 집단의 성과에 부정적으로 영향을 미치게 되는 현상으로 지위불일치(status incongruence)가 있다. 지위불일치란 한 사람의 지위가 어떤 측면에서 보면 높지만 다른 측면에서는 낮을 때 발생하는 현상이다. 예를 들어, 조직에서 개인적으로는 높은 지위를 가지는 사람이 공식적으로는 낮은 직위에 있다든가, 또는 공식적으로는 높은 직위에 있는 사람이 개인적인 지위는 낮다든지 하는 경우에 바로 지위불일치가 나타난다. 단적으로 표현하면 이것은 지위가 '유명무실'하거나 '유실무명'할 경우에 발생하는데, 이러한 지위불일치는 집단행동과 집단성과에 부정적인 영향을 미치게 된다.

5) 집단응집성

(1) 집단응집성의 효과

집단응집성(group cohesiveness)이란 집단구성원 상호 간에 이끌리는 정도를 말하는 것으로서 집단 내 구성원의 단결된 분위기 또는 '우리'라고 느끼는 힘을 의미하기도 한다.

일반적으로 응집성이 높은 집단의 구성원은 응집성이 낮은 집단의 구성원에 비해 집단의 규범을 잘 따르며, 구성원 간에 협조를 잘하고, 집단에 대한 애착심과 충성심이 높다. 또한 자기의 직무에 더욱 만족한다. 그러나 집단의 응집성이 높다고 해서 조직의 성과(performance)가 반드시 높아진다고는 말할 수 없다. 왜냐하면 높은 응집력을 가진 집단이 결속하여 조직의 이익과 반대되는 방향으로 나아갈 수도 있기 때문이다. 따라서 집단응집성과 성과의 관계는 집단목표와 조직목표 간의 일치 여부에 달려 있다고 할 수 있다. 즉 집단목표와 조직목표와 일치하는 경우에 응집성이 높은 집단은 조직성과에 긍정적인 영향을 미치지만, 집단목표와 조직목표가 일치하지 않는 경우에는 응집성이 높은 것이 오히려 역기능으로 작용하게 된다.

표 7-3 《 집단응집성과 집단성과의 관계

집단성과의 결정요건		집단목표와 조직목표의 일치 여부	
		불일치	일치
집단응집성 정도	낮음	낮은 성과	중간 성과
	높음	낮은 성과	높은 성과

[표 7-3]에서 보는 바와 같이 집단목표와 조직목표가 일치하지 않으면 집단응집성에 관계없이 집단의 성과가 낮게 나타난다. 그러나 집단목표와 조직목표가 일치하게 되면 집단응집력이 낮다고 할지라도 구성원은 개인별로 조직목표를 달성하려고 노력하기 때문에 집단의 성과가 어느 정도는 높게 나타나게 된다. 그리고 집단목표와 조직목표가 일치하고 집단응집성도 높은 경우에는 집단 자체가 조직목표의 달성을 위해 노력하기 때문에 집단성과가 가장 높게 나타나게 된다.

(2) 집단응집성의 영향요인

집단응집성에 주로 영향을 미치는 요인으로는 다음과 같은 것들이 중요하다[Webber, 1979: 104-106].

① **동질성**: 동질성은 집단구성원의 종족배경, 흥미, 욕구, 동기, 가치관, 성격 등이 유사한 정도를 말한다. 일반적으로 동질성(homogeneity)이 높을수록 응집성이 높아진다.

② **안정성**: 집단구성원의 관계가 안정적일수록 서로 이해하고 수용하려는 태도를 보임으로써 응집성이 높아진다. 반대로 구성원의 관계가 불안정하면 서로 불신하고 배척하려는 경향이 짙어짐으로써 응집성은 낮아지게 된다.

③ **커뮤니케이션**: 집단구성원이 서로 접촉하고 의견을 교환할 수 있는 커뮤니케이션(communication)의 기회가 많을수록 응집성이 높아진다. 왜냐하면 상호 간에 공통점을 발견하여 상대방의 행동기준과 가치관을 수용하게 되면 일치된 행동이 형성되기 때문이다.

④ **격리**: 다른 집단과 격리되어 있는 집단의 구성원은 동지의식과 같은 일체감을 가짐으로써 응집성이 높아진다. 지방학교의 학생들이 도시지역 학생들

보다 서로 더욱 농후한 감정을 가진다든지, 외부세계와는 단절된 광산의 광부들이 높은 응집성을 보이는 것 등이 좋은 예이다.

⑤ **집단규모**: 구성원의 수가 너무 많으면 구성원 사이에 의사소통의 기회가 적어지며 동질성을 발견하기가 어려워진다. 따라서 비교적 큰 규모의 집단은 응집성을 높이는 데 방해가 된다.

⑥ **외부압력**: 집단이 외부로부터 어떤 압력(pressure)을 받게 되면 그 구성원은 더욱 긴밀하게 뭉치는 경향이 있다. 예를 들면, 기업의 경영자가 노동조합에 대하여 계속적으로 어떤 압력을 가하면 가할수록 노동조합의 구성원은 더욱 더 높은 응집력을 보이게 된다. 왜냐하면 집단의 구성원이 모두 같은 위험에 처하게 되면 그들 간의 차이는 최소화되기 때문이다.

⑦ **집단의 지위**: 집단의 지위(status)가 높을수록 구성원은 보다 더 일체감을 가지며 집단에 충성을 보이는 경향이 있다. 집단의 지위가 높을수록 구성원의 내재적 · 외재적인 욕구가 비교적 용이하게 충족될 수 있기 때문이다.

2. 집단의 동태적 특성과 집단분석

위에서는 집단행동을 연구하는 데 있어서 중요한 측면의 하나인 집단의 구조적 특성에 대해 살펴보았다. 그런데 이와 함께 집단행동연구의 또 하나 중요한 측면은 집단의 동태적 특성을 이해하는 것이다. 집단의 동태적 특성이란 집단구성원의 상호작용과 그로 말미암아 형성되는 복잡하고 유동적인 역학관계를 말한다. 집단분석은 바로 조직행동론에서 집단의 이러한 동태적 특성을 분석하는 것으로서 사회학에서는 주로 집단역학(group dynamics)이란 주제로 다루어지고 있다. 집단구성원 사이의 동태적인 상호관계와 힘(force)의 배분이 어떻게 이루어지는가 하는 것을 이해하는 일이 쉽지는 않지만 아래에서는 근래에 비교적 많이 사용되고 있는 몇 가지 기법들을 중심으로 하여 집단의 동태적 특성을 어떻게 분석하는지 알아보도록 하자.

1) 소시오메트리분석법

소시오메트리(sociometry)는 관찰 · 면접 등의 방법을 활용하여 집단구성원 사이의 관계를 분석하고 집단행동을 진단 · 평가하는 기법이다. 소시오메트리에서는 각 구성원 간의 좋은 그리고 싫은 관계를 기초로 하여 소시오메트리구조(sociometry structure)를 파악한다. 이 소시오메트리구조를 알아보는 방법으로 가장 잘 알려진 것이 오래 전에 모레노(J.L. Moreno)에 의해 개발된 '소시오그램(sociogram)'이다[Moreno, 1953].

소시오그램은 집단구성원의 전체적인 사회적 서열관계의 패턴은 물론 집단 내의 하위집단들, 특히 세력집단(in-group), 비세력집단(out-group), 정규지위, 주변지위, 고립지위 등을 한눈에 알아보기 쉽게 그림으로 표현한 도표를 말한다[박내회, 1990: 229].

[그림 7-3]은 소시오그램의 한 예로서 집단구성원 사이의 선호 · 무관심 · 거부관계를 나타낸 것이다. 그림을 살펴보면 A를 중심으로 하나의 세력집단이 형성되어 있음을 알 수 있다. 여기서 A는 당연히 이 집단의 자생적인 리더의 지위를 차지하고 있으며, B와 C는 독립되어 있고, E는 이 집단에 속해 있기는 하나 다른 구성원으로부터 거부되고 있는 기피인물임을 알 수 있다.

그림 7-3 소시오그램

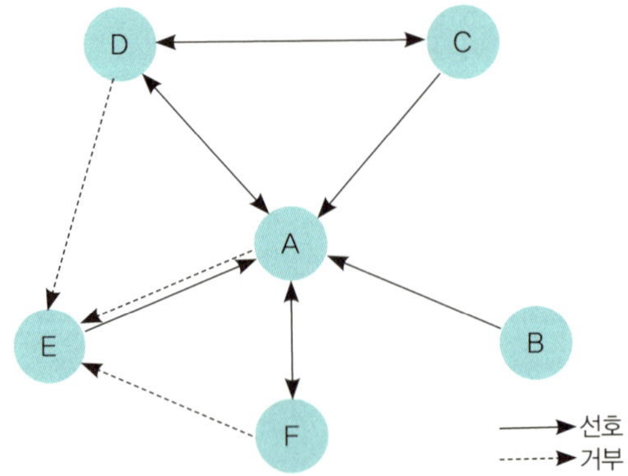

소시오그램은 비교적 작은 집단에서 효과적으로 적용할 수 있다. 그러나 집단

의 규모가 커지면 소시오그램을 작성하기가 어렵게 된다. 따라서 이러한 경우에는 소시오그램에서 나타나는 관계를 수치에 의해 보다 정확하게 분석하는 '소시오매트릭스(sociomatrix)'를 이용하게 된다. [표 7-4]에서 보는 바와 같이 소시오매트릭스에서는 구성원 각자와 다른 구성원 사이의 관계에 대하여 선호(1), 무관심(0), 거부(-1) 등의 점수를 부여하고 이를 모두 종합하여 집단 내의 자생적 서열구조와 선호인물을 계산해 낼 수 있다. 선호신분지수(choice status index), 즉 '선호총수/(구성원-1)'가 가장 높게 나타난 구성원이 집단이 가장 선호하는 인물로서 집단의 자생적 리더라고 할 수 있다. 여기에서는 선호신분지수가 가장 높게 나타난 B가 이 집단의 리더임을 알 수 있다.

표 7-4 《 소시오매트릭스

구성원 \ 선호/거부	A	B	C	D	E	F	G	신분서열 (선호신분지수)
A	×	①	①					정규신분: A(0.50)
B	①	×	①					정규신분: B(1.00)
C	①	①	×				-1	정규신분: C(0.50)
D	1	1		×	①			주변신분: D(0.17)
E		1		①	×	-1	-1	주변신분: E(0.17)
F		1				×		고립신분: F(-0.33)
G		1				-1	×	고립신분: G(-0.33)
선호총계	3	6	3	1	1	-2	-2	선호: 1 거부: -1
선호신분지수	0.50	1.00	0.50	0.17	0.17	-0.33	-0.33	상호선호: ○

2) 상호작용분석법

상호작용분석법(Interaction Process Analysis: IPA)은 집단구성원의 상호작용 패턴(interaction pattern)을 분석하는 방법이다[Bales, 1950]. 이 방법은 관찰자가 구성원의 상호작용을 관찰하여 토론을 집단 전체로 확대시킨 사람이 누구인지를 확인하고 그들 간의 토론횟수를 기록한다. 그리고 관찰자는 이러한 모든 상호작용을 여러 개의 범주로 구분하여 보면 두 사람 사이에 행해진 역할에 있어서 상당히 차이가 있는 것을 발견하게 된다.

모든 구성원 사이의 상호작용을 같은 방법으로 분석하면 구성원은 두 가지의 유형으로 구분된다. 첫 번째 유형은 아이디어 창출자로서 집단의 '과업전문가(task specialist)'의 역할을 담당하며 주로 의견과 정보를 제시하는 사람들이다. 두 번째 유형은 '인간관계전문가(human relations specialist)'로서 집단에서 가장 선호되는 사람이며 항상 친절하게 격려해 주는 사람이다. 한 사람이 이 두 가지 유형의 역할을 모두 행할 수 있지만, 각각의 역할을 서로 다른 두 사람이 행할 때 그 집단의 효율성이 증대된다고 한다[박내회, 1990: 231].

3) 시스템분석법

시스템분석법(system analysis)은 호만스(G.C. Homans)가 제안한 것으로 집단구성원의 행동(activities), 감정(sentiments), 상호작용, 규범 등과 같은 요인들을 이용하여 집단행동의 동태적 특성을 분석하는 방법이다[Homans, 1950: 43－50].

호만스에 따르면 집단행동은 [그림 7－4]와 같은 모형을 이루고 있다. 그는 이 모형을 통해 집단행동은 공식행동과 비공식행동, 그리고 구성원 개인의 특성 모두를 포함하고 있으며 이 요인들이 상호작용하여 생산성 · 만족 · 성장의 결과를 얻게 된다고 주장한다. 그리고 이들 요인들은 배경요인으로부터 시작하여 집단의 성과에 이르기까지 모두 연결되어 하나의 전체시스템을 이루고 있기 때문에 어느 한 부분을 이해하기 위해서는 다른 연결된 부분들을 이해하지 않으면 안 된다는 것이다. 여기서 배경요인은 집단의 외부시스템으로서 조직구조, 조직문화와 기술, 보상체계, 경제적 · 사회적 요인 등이 포함된다. 그리고 공식행동과 비공식행동은 집단의 내부시스템으로서 활동, 상호작용, 감정, 규범 등의 요인들로 구성된다. 이 두 시스템은 구성원 개인의 특성, 즉 개인시스템과의 상호작용을 통해 집단의 성과를 얻게 되는 것이다. 호만스는 특히 집단의 내부시스템을 구성하는 요인들 간의 관계에 대해 다음과 같이 강조한다.

첫째, 집단구성원 사이에 상호작용의 기회가 많을수록 신뢰성은 증가한다.

둘째, 집단리더의 감정은 다른 사람들의 감정보다 집단에 대해 더욱 크게 영향을 미친다.

셋째, 집단구성원 사이의 상호작용빈도가 높을수록 활동의 유사성은 증가한다.

▌그림 7-4▐ 집단행동모형

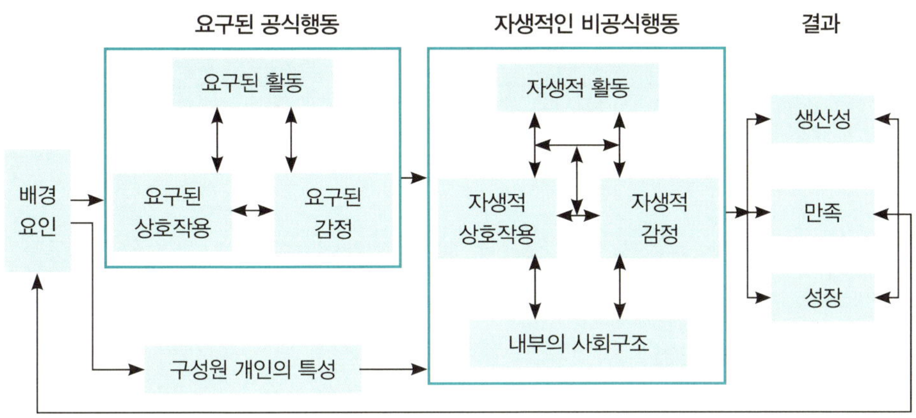

자료: Robbins, S.P.(1983), *Organizational Behavior: Concept, Controversies, and Application*(Englewood Cliffs, N.J.: Prentice-Hall), p.235.

3. 집단행동의 분석체계

집단행동을 연구하기 위해서는 집단행동의 분석체계가 필요하다. 그러나 아직까지 집단행동에 대한 일반화된 분석체계는 찾아보기 어렵다. 스티어즈(R.M. Steers)는 집단행동을 독특한 구조를 지닌 집단이 나타내는 집단과정으로 보고 [그림 7-5]와 같은 집단행동의 분석체계를 제시하고 있다[Steers, 1988: 327].

넓은 의미에서 집단행동은 집단구조(group structure)와 집단과정(group process)을 포함한다. 여기서 집단구조는 집단행동의 정태적인 측면을, 그리고 집단과정은 집단행동의 동태적인 측면을 보여준다[신유근, 1992: 316].

▌그림 7-5▐ 집단행동의 분석체계

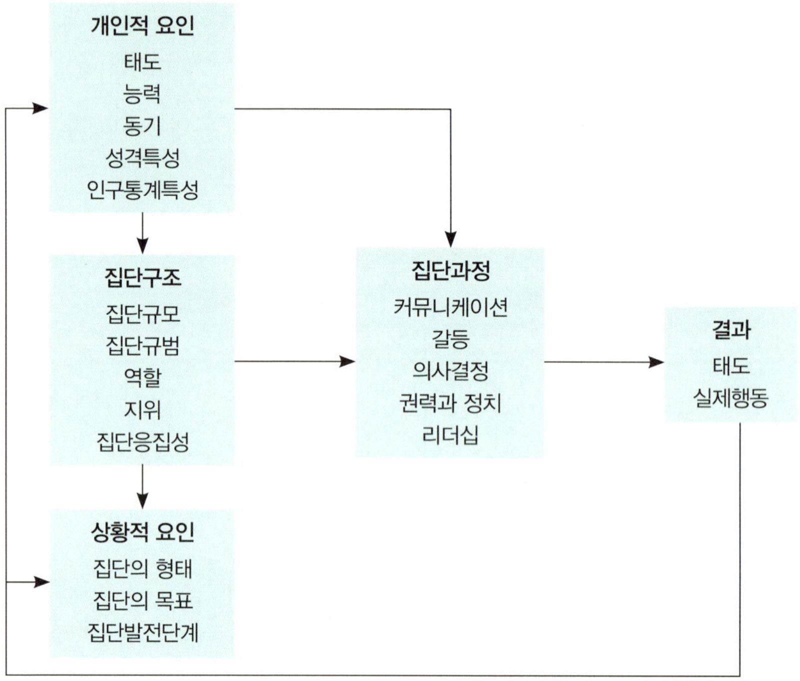

자료: Steer, R.M.(1988), *Introduction to Organizational Behavior,* 3rd ed.(Foresman and Company), p.327; Adapted form T.R. Mitchell(1978), *People in Organization*(New York: McGraw-Hill), p.181.

집단구조는 과업달성을 위해 이루어진 구성원의 조직화된 방식이며 다른 집단과 구별되는 독특한 성격을 나타낸다. 이는 크게 두 가지 요인에 의해 영향을 받게 되는데, 그 중 하나는 집단구성원의 개인적 요인이고 다른 하나는 상황적 요인이다. 개인적 요인은 구성원의 개인특성을 나타내는 것으로서 태도, 능력, 동기, 성격특성, 인구통계특성 등이 포함된다. 한편 상황적 요인에는 집단의 형태, 집단의 목표, 집단발전단계 등이 속한다.

집단과정은 실제로 집단이 목표를 달성하기 위해 행동하는 것이다. 집단과정의 주제들로는 커뮤니케이션, 갈등, 의사결정, 권력과 정치, 리더십 등이 대표적이며, 이들이 바로 집단행동수준의 요체가 된다. 이러한 집단과정은 다시 집단구성원의 개인적 요인, 상황적 요인, 집단구조의 영향을 받는다.

끝으로 집단은 행동의 결과를 갖게 되는데 여기에는 개인의 태도와 실제의 행동 등이 포함된다.

삼성에 없는 것 OB Story & Case 7

근무시간만 놓고 보면 삼성전자는 참 가혹한 기업이다. 주 7일, 주당 100시간 이상 근무를 밥 먹듯 하고, 차장 · 부장 같은 중간경영자급이 설날 · 추석 등 명절 연휴 와중에 회의에 불려나가는 일도 빈번하다. 삼성전자의 성공요인은 셀 수 없이 많겠지만 다른 한편으로는 창의성과 자율성을 중시하는 요즘 같은 시대에 이렇게 직원을 쥐어짜는 조직문화로 어떻게 세계 초일류 기업이 됐는지 미스테리가 아닐 수 없다.

삼성에는 없는 것 하나가 삼성을 떠받치는 확실한 경쟁력이 되고 있다. 정치권엔 만연하지만 삼성 내부엔 없는 것, 바로 '스파이더맨'이다.

이건희 삼성 회장은 1997년에 에세이집 『생각 좀 하며 세상을 보자』에서 "실력보다는 혈연 · 학연 · 지연을 중시하고 이런 연줄로 문제를 해결하려는 스파이더맨(거미줄인간)이 있는데, 이런 유형은 파벌을 조성해 인화를 해칠 우려가 있으니 경계하라"고 했다.

이 회장은 단순한 경고로만 그치지 않았다. 실제로 삼성 안에서 모든 파벌 모임을 금지했다. 삼성에 그 흔한 대학동문 모임 하나 없는 이유다. 한 삼성맨은 "같은 회사에서 일하는 동문끼리 밥 한 끼 먹는 게 뭐 그리 대수냐 싶어 한번 추진한 적이 있다"며 "고작 대리와 과장 몇 명인데도 회사 눈 피해 모이려니 마치 007 작전 하듯 너무 힘들어 그냥 포기했다"고 했다.

무슨 나쁜 의도로 작당을 하자는 것도 아니고, 게다가 직급도 별로 높지 않은 직원 몇몇이 모이는 것까지 회사가 강압적으로 막는 건 너무 과한 게 아니냐는 의견이 있을 수도 있다. 그러나 그 결과 삼성 안에는 "내가 준만큼 너도 갚으라"는 정치적인 의리와 신뢰는 아예 발을 붙이지 못했다. 연줄이 작동할 통로를 막아버리니 무슨 대학을 나왔느니 어느 지역 출신이니를 따지느라 에너지 허비할 필요 없이 모두 실적과 성과를 챙기게 되고, 그게 삼성의 경쟁력으로 이어진 셈이다.

최근 금품수수와 청탁을 의리로 포장하며 기업과 정치권을 오가다가 기업도 명예도 모두 잃고마는 기업인들을 종종 본다. 그들이 그렇게 세월을 허비하는 동안 1995년에 스스로 2류라고 평가하던 삼성이 세계를 제패하고 있는 걸 보면 '스파이더맨 없음'이 삼성 발전의 원동력이 되고 있는 것이 확실해 보인다.

자료: 노트북을 열며, 중앙일보, 2015년 4월 23일자 수정

토의문제

01 삼성이 스파이더맨의 존재를 극도로 경계하는 이유는 무엇인가?

02 삼성의 '비공식집단'에 대한 생각을 조직환경변화의 측면에서 평가해 보라.

Chapter 08

Organizational Behavior

리더십

Key Word

- 리더십(Leadership)
- 특성이론(特性理論, Trait Theory)
- 행동이론(行動理論, Behavioral Theory)
- 상황이론(狀況理論, Contingency Theory)
- 변혁적 리더십이론(Tranformational Leadership Theory)
- 팔로어십(Followership)

학습중점

- 리더십의 개념과 중요성을 숙지한다.
- 리더십이론의 시대적 전개과정을 이해한다.
- 리더십 특성이론, 행동이론, 상황이론의 출현 배경을 이해하고 그 내용을 숙지한다.
- 전통적 리더십이론이 안고 있는 한계에 대해 논의한다.
- 현대의 리더십연구 동향을 이해하고, 문제점에 대해 논의한다.

8-1 | 리더십의 성격과 전개과정

1. 리더십의 성격

모든 조직은 각기 나름의 특정한 목표를 전제로 구성되어 관리 · 운용된다. 따라서 조직은 관리적 행동을 통해 설정된 목표를 달성하는 데 심혈을 기울이게 되는데 여기서 리더십(leadership)은 관리적 행동의 하나로 중요한 역할을 수행하게 된다. 조직행동을 연구하는 학자들은 리더십을 경영 그 자체와 동일시하여 한 조직의 성과를 효과적인 리더십의 발휘 여부와 관련짓기도 한다.

리더십은 영리를 목적으로 하는 기업조직에서 특히 중요한 의미를 갖는다. 더욱이 경영의 제반 사고가 사람을 중심으로 전개되고 있고, 경영활동이 사람들의 협력을 통해 목표를 달성하는 과정으로 이해되는 현대적 경영의 관점에서는 리더십의 중요성이 크게 부각되고 있다. 조직목표의 달성이 구성원의 활동을 통해 성취된다는 사실이 조직의 리더 또는 경영자로 하여금 구성원의 노력을 통합하고 조율하는 리더십의 필요성을 외면할 수 없게 만들고 있기 때문이다. 즉 조직의 리더들은 구성원에게 영향력을 발휘하여 조직목표를 성공적으로 달성할 수 있도록 사기를 높이고 그들의 잠재적 능력을 활성화시킬 수 있는 리더십의 기술을 개발하지 않을 수 없는 것이다. 이렇게 리더십은 이제 경영능력의 유효성을 제고하는 데 절대적이며 필수적인 요건으로 부각되었다.

리더십은 "일정한 상황에서 공동목표를 달성할 수 있도록 의사소통과정을 통해 사람들에게 영향력을 행사하는 과정"을 의미한다[Fleishman, 1973: 3; Koontz and O'Donnell, 1979: 453]. 그러나 리더십은 구성원이 리더의 일방적인 행동을 피동적으로만 받아들이는 것을 뜻하지 않는다. 리더십이 효과를 발휘하기 위해서는 상대방이 반응을 통해 리더의 영향력을 자발적으로 수용할 수 있어야 한다. 따라서 리더십은 리더와 부하 사이의 상호작용과정이라고 할 수 있다. 부하들 역시 리더의 행동에 영향을 미친다. 다만 그들의 리더에 대한 영향력의 강도가 리더의 영향력에 비해 상대적으로 약하기 때문에 리더가 의도하는 방향으로 움직이게 되는 것이라고 볼 수 있다[Cohen 등, 1976: 192−195].

또한 최근에 많은 학자들은 리더십은 반드시 그것이 발생하는 '상황'을 고려해야 한다고 주장한다. 왜냐하면 리더십 행동의 유효성은 상황조건에 따라서 크게 달라지기 때문이다. 특히 요즈음과 같이 조직환경이 매우 복잡하고 빠르게 변화하는 시대에 있어서는 리더십 행동과 그 결과를 이해하는 데 상황조건에 대한 보다 깊은 성찰이 요구된다.

이상의 내용을 종합하면, 리더십은 "불확실성이 높은 상황에서 집단이나 조직의 목표를 달성하기 위해 개인이나 집단의 행동에 영향력을 행사하는 과정"으로 이해된다. 따라서 리더십(Leadership)을 리더(leader) · 추종자(follower) · 상황(situation)의 함수, 즉 L=f(l, f, s)로 표시할 수 있다[Hersey and Blanchard, 1982].

2. 리더십이론의 전개과정

리더십에 대한 연구는 상당히 일찍부터 여러 영역에서 이루어져 왔으며, 그동안 많은 학자들이 새로운 이론을 개발하고 발전시키는 데 기여를 하였다. 역사적으로 볼 때 리더십이론은 크게 특성이론, 행동이론, 그리고 상황이론으로 변화 · 발전되어 왔다. 그리고 최근에는 전통적 리더십이론의 한계를 극복하기 위한 새로운 리더십이론들이 다양하게 등장하고 있다.

특성이론은 효과적인 리더에게는 남과 다른 개인적 특성이 존재한다고 강조한다. 그러나 이 이론에 입각한 많은 연구들은 리더들의 공통적인 특성을 추출해 내지 못하고, 성공적인 리더십과 리더의 특성 간에 나타나는 관련성이 발견되지 않아 곧 한계에 부딪치게 되었다.

행동이론은 리더의 행동에 초점을 맞추고 집단이나 조직의 성과를 높일 수 있는 리더십 스타일을 발견하는 데 연구의 중점을 둔다. 그러나 이러한 연구추세도 어떤 유형의 리더가 가장 높은 성과를 올릴 수 있는가 하는 문제에 대해 명확한 대답을 주지 못했기 때문에 완전한 리더십의 이론이 될 수는 없었다.

상황이론은 가장 효과적인 리더란 여러 상황의 요구에 가장 부합되는 리더라고 강조한다. 즉 어떠한 상황에서나 효과적으로 적용될 수 있는 유일한 리더십 스타일은 없기 때문에 추종자, 즉 부하들과 리더가 맡은 과업을 포함하여 특정의 상황에 가장 효과적으로 작용할 수 있는 리더십 스타일을 개발할 필요가 있다는 것이다.

끝으로 최근에 연구되고 있는 리더십이론들은 효과적인 리더십에 요구되는 상황적 요인들이 매우 복잡하게 형성되어 있으며, 또한 이러한 요인들이 고정되어 있는 것이 아니라 대단히 동태적이라는 면에 초점을 맞춘다. 상황이론이 리더십 유형의 상대적 가치를 보다 객관적이고 합리적으로 판단할 수 있는 체계를 제시했다는 점에서는 크게 기여했지만 여기서 고려되고 있는 상황은 부하나 직무와 같은 미시적 차원의 요인들을 중심으로 매우 단순화되어 있고, 또한 상황요인의 동태적인 면을 충분히 반영하지 않고 있어 현실적 기여도가 낮다는 것이다.

이상에서 간단하게 살펴본 네 가지 리더십이론을 시대적으로 구분하고 그 내용을 비교 · 요약하면 [표 8－1]에서 보는 바와 같다. 여기에서는 이들 리더십이론을 전통적 리더십(특성이론 · 행동이론 · 상황이론)과 현대적 리더십이론으로 나누고, 비교적 대표적인 이론을 중심으로 살펴보기로 한다.

표 8-1 《 리더십이론의 전개과정

접근방법 \ 내용	연구모형	강조점
특성이론 (1930년대 ~1950년대)	개인적 특성 → 리더와 비리더의 구별	리더와 리더가 아닌 사람을 구별할 수 있는 특징이나 특성이 있다.
행동이론 (1950년대 ~1960년대)	리더 행동 → • 성과 • 종업원 유지	리더십의 가장 중요한 측면은 리더의 특성이 아니라 리더가 여러 상황에서 실제로 하는 행동이다. 성공적 리더와 비성공적 리더는 그들의 리더십 스타일에 의해 구별된다.

상황이론 (1970년대 ~1980년대)	리더 행동 → • 성과 • 만족(종업원 유지) • 기타 이 기준에 관련된 변수 ↑ 미시적 상황요인: 과업, 부하의 특성, 집단의 구조 등	리더의 유효성은 그의 스타일뿐만 아니라 리더십 환경을 이루는 상황에 의해서도 결정된다. 상황에는 리더나 하급자들의 특성, 과업의 성격, 집단의 구조, 강화의 유형 등이 있다.
현대적 리더십이론 (1980년대 이후)	리더 행동 → • 성과 • 만족(종업원 유지) • 기타 이 기준에 관련된 변수 ↑ 거시적 상황요인과 동태성	리더십의 유효성은 미시적인 상황요인뿐만 아니라 거시적인 상황요인이 영향을 미친다. 이러한 요인들은 매우 동태적인 특성이 있기 때문에 리더십의 유효성은 이를 고려하여 판단해야 한다.

자료: 신유근(1992), 조직행위론, 다산출판사, p.431 수정

OR Humor 8 가혹한 상사

존슨은 지난 30년 동안 정각 아침 9시에 출근을 했다. 결근이나 지각도 없었다. 그래서 어느날 9시가 지나도록 존슨이 나타나지 않자 일대 소동이 벌어졌다. 업무가 중단됐고, 사장까지 복도에 나와 기웃거렸다.

마침내 10시가 돼서 존슨이 나타났다. 옷이 찢기고 얼굴엔 시퍼렇게 멍이 든 모습으로 나타난 존슨은 힘겹게 절뚝거리며 출근도장을 찍더니 말했다. "지하철 계단에서 발을 헛디뎌서 두 개 층을 굴렀어요. 거의 죽을 뻔 했지 뭡니까."

그러자 사장이 말했다. "두 개 층을 구르는데 한 시간이나 걸렸단 말이야?"

자료: 서울경제, 2011년 4월 18일자

8-2 | 전통적 리더십이론

1. 리더십의 특성이론

1930년대부터 1950년대에 이르는 시기에 이루어진 리더십연구의 대부분은 리더의 특성을 개발하는 데 초점이 모아졌다고 볼 수 있다. 이 시기에 리더십을 연구하였던 학자들이 처음으로 관심을 둔 대상은 특히 역사상 유명했던 위대한 인물들이었다. 연구자들은 이 위대한 인물들이 어떻게 막강한 영향력을 행사하는 리더가 될 수 있었던가 하는 데 관심을 두고 이들이 공통적으로 지니는 우수한 어떤 특성 또는 자질을 발견해 내려고 노력하였다.

이렇게 리더가 될 수 있는 고유한 자질 내지 특성이 존재한다는 가정하에서 그것들을 찾아내려고 하는 리더십연구의 한 흐름을 특성이론(trait theory)이라고 한다. 이 이론의 지지자들은 리더들이 공통적으로 구비하고 있는 특성을 구명하는 데 많은 노력을 기울여 왔다. 그 중에서 대표적인 것으로는 다음과 같은 연구가 있다.

스미드(H.L. Smith)와 크루거(L.M. Krueger)는 리더의 특성을 개인적 특성과 사회적 특성으로 나누어 설명한다. 개인적 특성으로는 지식, 신체적 · 정신적 정력, 정열, 독창성, 진취성, 상상력, 목적의식, 지속성, 의사결정의 속도 등을 열거하고 있으며, 사회적 특성으로는 요령, 조화, 신뢰와 자제, 권위, 지배와 복종 등의 특성을 들고 있다[Smith and Krueger, 1993].

티이드(O. Tead)는 이상적인 리더의 자질로 체력과 지구력, 목적의식과 지도력, 열의, 사교성, 성실성, 기술적 숙련, 결단력, 지능, 교습기술, 신념 등을 들고 있으며[Tead, 1935: 82], 바나드(C.I. Barnard)는 리더의 특성을 신체적 특성(체력, 기능, 기술, 지각력, 지식, 기억력, 상상력 등)과 정신적 특성(결단력, 지구력, 인내력, 용기 등)으로 분류하고, 성공적인 리더가 되기 위해서는 신체적 · 정신적 측면에서 모두 우월성을 지녀야 한다고 주장한다[Barnard, 1938: 260].

스톡딜(R.M. Stogdill)은 오랫동안 꾸준히 리더의 특성에 관한 연구를 계속한 학자로 유명하다. 그는 1948년 이후의 특성연구들에 대한 분석을 통해 리더의 특성이 다음과 같이 여섯 가지의 범주에 근거하고 있음을 밝혀냈다[Stogdill, 1974: 74-75].

① **신체적 특성**: 체중, 연령, 신장, 외모 등

② **사회적 배경**: 교육, 사회적 지위, 이동성 등

③ **지능**: 판단력, 결단력, 언변 등

④ **성격**: 자신감, 진취성, 지배성, 적응성 등

⑤ **과업관련특성**: 주도성, 책임감, 성취욕구, 안전욕구 등

⑥ **사회적 특성**: 협동성, 인간관계능력, 통합력, 감독능력 등

그러나 특성이론을 주장하는 사람들은 효과적인 리더가 지니는 공통적이고 핵심적인 특성들을 추출해 내지 못했다. 따라서 리더의 특성을 근거로 하여 리더십을 연구하는 것을 이상적인 방법으로 볼 수는 없다. 이에 대하여 특성이론에 비판적인 학자들은 리더의 특성이 높은 예측력을 갖기 위해서는 리더가 그러한 특성에서 추종자들보다 월등히 높게 나타나야 하며, 리더의 성공과 특성 사이에 실질적인 상관관계를 나타내야 하고, 또한 그 상관관계는 추종자나 부하들보다 높게 나타나야 하는데 리더의 특성에 관한 연구들의 대부분이 이러한 결과를 보여주지 못했다고 말한다[Ghiselli, 1971: 97-98].

이러한 사실들은 리더 특성이라는 개념적 의미의 복합성과 측정상의 어려움에 따른 것이기도 하지만, 보다 중요한 것은 특성이론이 여러 상황요인을 고려하지 않고 있다는 점이다. 그러나 그렇다고 하더라도 특성이론이 전혀 의미가 없다고 말할 수는 없다. 왜냐하면 아직도 리더가 될 수 있는 고유한 특성이 있다는 주장을 전적으로 무시하기가 어렵기 때문이다. 따라서 리더의 개인적 특성을 리더십에 영향을 미치는 결정적 요인으로는 볼 수 없지만, 이것을 여러 상황요인과 더불어 일반적인 영향요인의 하나로 생각할 수 있다는 점에서 나름의 의미를 가진다고 할 수 있다.

2. 리더십의 행동이론

1950년대에는 리더십의 특성이론에 대한 비판으로 행동과학자들의 관심이 리더의 행동에 모아지게 되었다. 즉 연구자들은 "어떤 특성을 가지는 리더가 효과적인가" 하는 특성추구적 관점에서 벗어나 "리더는 어떻게 행동하는가" 하는 관점에서 보다 효과적인 리더의 행동유형을 찾으려는 방향으로 리더십을 연구하게 되었다.

리더십의 행동이론(behavioral theory)은 효율적인 리더는 특정 스타일을 이용함으로써 개인이나 집단으로 하여금 어떤 목표를 달성하게 하고 높은 생산성과 사기를 유지시킨다는 가정에 입각하고 있는데[신유근, 1985: 435-463], 이는 결국 보편타당한 리더십 스타일을 개발하는 데 주안점을 두고 있다고 할 수 있다.

리더의 행동을 강조하는 이론은 상당히 많다. 여기에서는 그 중에서 비교적 대표적인 이론 몇 가지만을 살펴보도록 하겠다.

1) 전제적 · 민주적 · 자유방임적 리더십

화이트(R. White)와 리피트(R. Lippett)는 리더십 스타일을 전제적 · 민주적 · 자유방임적으로 구분하였다. 이러한 구분은 무엇보다도 '의사결정의 위치'가 기준이 되고 있는데 자세한 내용은 다음과 같다[White and Lippett, 1960: 539-540].

① **전제적 리더십**: 조직 내의 모든 정책은 리더에 의해 결정된다. 그리고 직무수행의 절차와 방법 역시 리더의 지시에 따라야 한다. 또한 부하들은 리더와 접촉할 수 있는 기회가 적고, 상벌을 위한 평가는 부하들의 직무가 아닌 사람 그 자체를 대상으로 이루어진다.

② **민주적 리더십**: 조직 내의 주요 정책은 모두 집단토론에 의해 결정되며 리더는 격려와 협조의 태도를 취한다. 구성원은 토론을 통해 자기의 직무에 대해 확실히 이해하게 되며 일정한 범위 내에서 직무수행을 위한 절차와 방법 등을 선택할 수 있는 기회가 주어진다.

③ 자유방임적 리더십: 개인이나 집단은 완전한 의사결정권을 가진다. 그리고 리더는 될 수 있는 한 의사결정과정에 참여하거나 간섭하지 않고 구성원이 필요로 하는 자료나 정보를 제공해 주는 역할만을 맡게 된다. 간혹 리더가 자기의 의견을 표시하는 경우도 있지만 작업은 완전히 작업자 개인의 책임 하에 이루어지게 된다.

화이트와 리피트에 따르면, 전제적 리더 밑에서는 비록 작업자의 작업량이 민주적이나 자유방임적 리더의 작업자에 비하여 증가하지만 작업의 질은 민주적 리더의 작업자에 비해 낮아진다. 또한 전제적 리더 밑에서 일하는 사람들은 리더가 자리를 뜨기만 하면 작업을 게을리 하거나 소홀히 하게 되는데, 민주적 리더에서는 그러한 문제가 거의 발생하지 않는다. 그리고 자유방임적 리더의 집단은 민주적 리더의 집단에 비해 작업의 양과 질뿐만 아니라 구성원의 사기와 만족도 역시 낮게 나타난다. 따라서 이들 세 가지 리더십 스타일 중에서 민주적 리더십이 가장 효과적이라는 것이다.

2) 직무중심적 · 종업원중심적 리더십

기업조직에서 의미 있는 리더십 스타일에 대한 연구는 1947년 이후에 리커트(R. Likert)와 미시간대학 사회연구소의 연구원들에 의해 이루어졌다.

리커트는 성과가 높은 집단의 감독자가 사용하는 일반적인 리더십 스타일을 발견하기 위해 광범위한 연구를 실시하였다. 그 결과 높은 성과를 기록한 리더는 부하의 개인적인 측면에 대한 많은 관심과 높은 성과목표를 가지고 있으며, 또한 이러한 리더는 집단적인 감독방법을 사용하여 보다 효율적인 작업집단을 구축하기 위한 노력에 일차적인 관심을 집중하는 사람이라는 것을 발견했다. 그는 이러한 유형의 리더십 스타일을 '종업원중심적(employee-centered)'인 리더십이라 불렀다. 반면에 인간적인 측면보다는 작업이나 직무를 더 중시하고 과업목표를 달성하기 위해 계속적인 압력과 부하를 엄격하게 감독하는 스타일을 '직무중심적(job-centered)'인 리더십이라 부르고, 이러한 리더십 스타일은 성과가 낮은 부문에서 자주 발견된다는 사실을 지적하였다[Likert, 1961].

그 후 리커트는 현장연구를 통해 효과적인 조직은 그렇지 못한 조직과 여러 구조적 속성에 있어서 차이가 난다는 것을 발견하였다. 그는 [표 8-2]에서 보는 바와 같이 조직시스템을 네 가지 유형으로 분류하고, 이들 조직시스템의 효율성이 리더의 행동에 따라 달라진다고 말한다. 리커트는 이들 네 가지 조직시스템에 따라 리더십 스타일을 다음과 같이 분류 · 기술하고 있다[Likert, 1967: 3-12].

① **시스템 1조직**: 리더는 하급자를 매우 불신하며 언제나 위협과 강압적인 방식으로 자기의 지시나 명령을 관철시키고 노력한다. 하급자는 조직의 의사결정과정에 참여할 수 없으며, 만일 조직 내에 비공식집단들이 있는 경우에는 조직목표에 대해 사사건건 반대하는 태도를 취한다.

② **시스템 2조직**: 리더는 비교적 겸손하고 온화한 태도로 하급자를 대한다. 하급자는 매우 한정된 범위 내에서 의사결정에 참여할 수 있다. 그러나 상 · 하급자 간의 관계에서 하급자는 여전히 조심스럽고 두려움을 가지고 상급자를 대한다. 조직 내의 비공식집단들은 조직목표에 선택적으로 반대하는 태도를 취한다.

③ **시스템 3조직**: 리더는 하급자를 상당한 정도로 신뢰하며, 하급자는 비교적 낮은 수준의 의사결정과정에 참여할 수 있다. 조직 내의 비공식집단들은 조직목표를 지지하는 태도를 취한다.

④ **시스템 4조직**: 리더는 하급자를 완전히 신뢰하고 상당한 정도의 권한을 부여한다. 따라서 상급자는 언제나 하급자의 아이디어나 견해를 유도하고 하급자는 자유롭게 의견을 개진할 수 있다. 조직 내의 공식집단과 비공식집단은 일체감을 가지고 조직목표를 완전히 지지하는 태도를 보인다.

이들 네 가지 유형의 조직시스템 중에서 '시스템 1조직'과 '시스템 4조직'은 서로 대비되는 것으로서 전자는 고도의 직무중심적 · 권위적인 리더십으로, 후자는 고도의 종업원중심적 · 민주적 리더십으로 관리된다. 이에 대해 리커트는 시스템 4의 리더십이 더욱 생산적 · 효율적이라고 주장한다.

표 8-2 《 리커트의 조직시스템과 리더십 스타일

시스템 1조직	시스템 2조직	시스템 3조직	시스템 4조직
독재적-착취적	독재적-전제적	상담적-민주적	참여적-민주적

3) 리더십의 고려 · 구조주도 차원

미국 오하이오 주립대학의 경영연구소에 의해 1945년부터 시작된 일련의 리더십연구에서는 리더행동의 여러 차원을 확인하려는 작업이 시도되었다. 연구팀은 리더십을 측정하기 위해 독자적으로 개발한 '리더행동기술설문지(Leader Behavior Description Questionnaire: LBDQ)'를 사용하여 여러 형태의 집단과 상황에 있어서의 리더십을 분석하였다. 그리고 연구팀은 리더행동이 고려(consideration)와 구조주도(initiating structure)라고 하는 두 개의 상호 독립적인 차원으로 분류될 수 있음을 발견하였다.

여기서 '고려'란 리더와 구성원 사이의 관계를 나타내는 우정, 상호신뢰, 온정, 존경 등에 더 관심을 두는 리더행동을 말하며, '구조주도'란 직무나 사람들을 조직화하는 것으로서 리더가 구성원의 역할 및 직무수행절차를 정한다거나 커뮤니케이션 경로를 설정한다든가 하는 행동을 말한다.

이 연구에서 특기할 만한 것은 종전의 리더십이론들이 리더의 행동을 단일선상의 연속적인 관계로 파악하고 있는 데 반하여, 이 연구는 고려와 구조주도를 상호 독립적인 별개의 차원으로 이해한다는 것이다. 따라서 이 연구에서는 리더의 행동을 단일선상이 아닌 두 개의 다른 축 위에 표시하였다. 다시 말하면, 리더는 고려와 구조주도를 동시에 나타낼 수 있음으로써 리더의 행동은 이 두 가지 행동유형이 어떻게 배합되느냐에 따라 달라진다는 것이다. [그림 8-1]은 고려와 구조주도의 배합에 의한 리더십의 4분면을 보여준다.

오하이오 주립대학의 리더십연구를 통해 나온 결과를 요약하면 다음과 같다[Fleishman and Harris, 1962].

▌그림 8-1▐ 리더십의 4분면

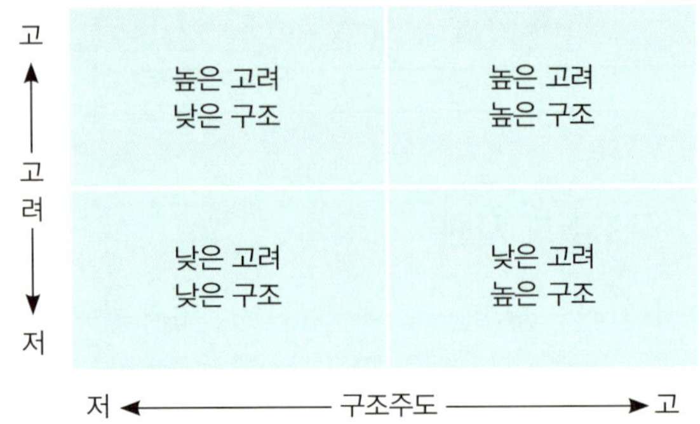

첫째, 고려의 정도가 높은 리더가 관리하는 작업단위에서는 고려의 정도가 낮은 리더가 관리하는 작업단위에서보다 구성원의 결근율과 고충이 낮게 나타났다. 그러나 고려차원과 작업성과는 관련성이 없거나 부(−)의 관련성이 있는 것으로 나타났다.

둘째, 구조주도의 정도가 높은 리더가 관리하는 작업단위는 구조주도의 정도가 낮은 리더가 관리하는 작업단위에서보다 구성원의 작업성과가 높게 나타났다. 그러나 구조주도차원과 결근율 및 고충과는 부(−)의 관련성이 있는 것으로 나타났다.

셋째, 고려와 구조주도의 정도가 모두 높은 리더가 관리하는 작업단위에서는 구성원의 생산성과 만족이 모두 높게 나타났다.

이 연구결과는 결국 [그림 8−1]에서 제시된 '높은 고려, 높은 구조주도'의 리더십 스타일이 가장 효과적이라는 것을 보여준다. 이러한 결과는 그 후에 실시된 후속 연구들에 의하여 적지 않은 비판을 받기도 하였다. 그러나 오하이오 주립대학의 리더십연구가 기여한 바는 매우 크다고 할 수 있다. 이 연구는 특히 리더의 행동을 매우 체계적이고 상세하게 설명하고 있는 점에서 높이 평가할 만하다. 따라서 리더십의 이론적 기초를 마련하는 데 크게 공헌하였으며, 현재의 리더십연구에 중요한 기틀을 제공했다는 점에서 크게 인정을 받고 있다.

4) 관리격자이론

블레이크(R.R. Blake)와 머튼(J.S. Mouton)은 오하이오 주립대학에서 비롯된 리더십연구를 바탕으로 리더십의 '관리격자(managerial grid)'이론을 제창하였다 [Blake and Mouton, 1964]. 앞서의 리더십연구들이 조직의 유효성에 있어서 리더십이 얼마만큼 중요한 것인가를 설명하는 데 그치고 있는 것에 비하여, 관리격자이론은 어떤 방향에서 리더의 행동을 개발하는 것이 가장 효과적인가 하는 것에 중점을 두고 있다는 점에서 보다 실무적인 중요성을 갖는다.

블레이크와 머튼은 [그림 8－2]와 같이 리더가 지향할 수 있는 방향을 '생산에 대한 관심'과 '사람에 대한 관심'의 두 차원으로 나누고, 이를 다시 그 정도를 파악할 수 있도록 각각 9등급으로 나누어 하나의 '관리격자'를 형성하였다. 따라서 이론적으로는 81가지의 리더십유형이 있는 것으로 이해할 수 있으나 이 중에서 대표적인 것으로는 다음의 5가지 형태를 들 수 있다.

① (1 · 1)형: 무관심(impoverished)형으로서, 생산(과업)과 사람(관계)에 대해 모두 관심을 보이지 않는 유형이다.

② (9 · 1)형: 과업(task)형으로서, 생산(과업)에 대해서는 지대한 관심을 보이는 반면에 사람(관계)은 매우 소홀히 하는 유형이다.

③ (1 · 9)형: 컨트리클럽(country club)형으로서, 생산(과업)에 대한 관심은 낮으나 사람(관계)에 대해서는 지대한 관심을 나타내는 유형이다.

④ (5 · 5)형: 중간(middle of the road)형으로서, 생산(과업)과 사람(관계)에 대해 모두 적당한 관심을 보이는 유형이다.

⑤ (9 · 9)형: 팀(team)형으로서, 생산(과업)과 사람(관계)에 대해 모두 지대한 관심을 나타내는 유형이다.

블레이크와 머튼은 이들 5가지 리더십유형 중에서 (9 · 9)형이 가장 이상적인 것이라고 주장한다. 즉 리더가 구성원에 대한 신뢰와 지원을 통해 보다 협동적인 작업관계를 유지하면서 동시에 과업달성을 강조할 때 가장 효율적으로 조직의 생산성 증대에 기여할 수 있다는 것이다. 따라서 이들은 실제로 (9 · 9)형에 접근시키는 데 필요한 여러 훈련기법들을 개발해서 실무에 적용하려고 노력하였다.

그림 8-2 블레이크와 머튼의 관리격자

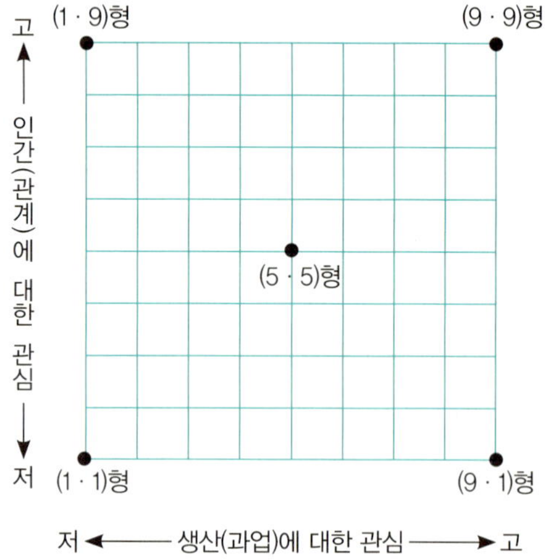

3. 리더십의 상황이론

리더십의 특성이론이나 행동이론은 모두 어떤 상황에서나 효과적으로 적용될 수 있는 유일하고 이상적인 리더십유형을 발견하려고 하는 것이었다. 그러나 1960년대 이후 학자들은 리더십의 유효성은 상황에 따라 달라질 것이라는 데 인식을 같이하게 되었다. 따라서 이때부터 여러 상황적 요인들을 고려하여 그때그때 유효한 리더십유형을 찾아보려는 시도가 이루어지게 되었는데, 이것이 리더십의 상황이론(contingency theory)이다.

1) 피들러의 리더십 상황이론

피들러(F.E. Fiedler)는 리더십의 유효성은 리더와 집단구성원 간의 상호작용과 상황의 호의성에 따라 결정된다고 주장한다. 따라서 그는 리더에게 호의적인가의 여부를 결정하는 리더십상황을 다음과 같이 세 가지 요소로 분류했다[Fiedler, 1967].

① **리더와 구성원의 관계:** 구성원이 리더를 수용하는지의 여부, 또는 리더가 구성원에게 받아들여지고 있는지의 여부를 나타낸다. 즉 리더가 구성원과 좋은 관계를 갖는가 나쁜 관계를 갖는가 하는 것이 상황이 리더에게 호의적인가를 결정하는 중요한 요소가 된다.

② **과업구조:** 구성원의 과업이 구조화되어 있는 정도를 나타낸다. 과업의 구조화 정도는 목표의 명확성, 목표를 달성하는 데 필요한 수단의 다양성, 의사결정의 타당성과 특정성(specificity) 등에 의해 결정되는데, 과업이 구조화되어 있을수록 그 상황은 리더에게 호의적이다. 왜냐하면 리더가 무엇을, 무엇 때문에, 그리고 누구에 의해서 해야 하는가를 쉽게 결정할 수 있기 때문이다.

③ **리더의 직위권한:** 리더가 자기 직위를 통해 구성원에게 각종 권한을 행사할 수 있는 정도를 말한다. 리더의 직위권한은 리더의 합법적 · 보상적 권력으로 결정된다. 이러한 직위권한이 강하면 강할수록 그 상황은 리더에게 호의적이다.

이들 요소의 조합이 리더에 대한 '상황의 호의성(favorableness of the situation)'을 결정한다. 요소들의 조합은 그 결합방법에 따라 상황이 리더에게 가장 호의적인 데서부터 가장 비호의적인 데까지 모두 여덟 가지의 상황이 나올 수 있다.

그리고 피들러는 LPC(Least Preferred Co-worker)점수에 의하여 리더의 리더십 특성을 분류했는데, LPC점수는 리더에게 '가장 싫어하는 동료 작업자'에 대해 물어봄으로써 결정된다. LPC점수가 낮은 리더는 자기가 가장 싫어하는 동료작업자에 대해 부정적인 생각을 가지고 있음을 나타낸다. 따라서 LPC점수가 낮을수록 리더가 과업지향적일 가능성이 크다고 할 수 있다. 이에 반하여 LPC점수가 높은 리더는 자기가 가장 싫어하는 동료작업자도 긍정적으로 평가하려는 생각을 가지고 있음을 나타낸다. 따라서 LPC점수가 높을수록 리더가 종업원지향적일 가능성이 크다고 할 수 있다.

피들러는 이와 같이 상황과 리더십 특성을 분류한 후에 각 상황에 적합한 리더십을 발견해 내려고 하였다.

피들러의 연구결과는 [그림 8-3]에서 보는 바와 같다. 즉, '과업지향적'인 리더는 '가장 호의적인 상황'과 '가장 비호의적인 상황'에서 가장 효과적이다. 반면에 '종업원지향적'인 리더는 '호의성이 중간 정도인 상황'에서 가장 효과적인 경향이 있다.

피들러의 이론에 따르면 어떠한 상황에서도 모두 효과적으로 적용할 수 있는 리더십 스타일은 없다. 다시 말하면, 특정 상황에서 효과적인 리더십 스타일을 다른 상황에 적용하게 되면 비효과적인 것으로 바뀐다는 것이다. 따라서 그는 그러한 비효과적인 리더십 스타일을 효과적인 것이 되도록 하기 위해서는 상황을 바꾸는 일부터 시작해야 한다고 주장한다. 예컨대 리더와 구성원의 관계, 과업구조, 리더의 직위권한 등을 리더십 스타일에 맞도록 변화시키면 된다는 것이다. 이렇게 상황을 변화시키는 과정을 '조직공정(organizational engineering)'이라고 부른다.

피들러의 리더십 상황이론은 LPC점수의 타당성과 신뢰성에 대한 문제점을 중심으로 많은 학자들의 비판을 받기도 한다. 그러나 그럼에도 불구하고 피들러의 이론이 이론과 실무의 모든 측면에서 리더십연구에 크게 기여했다는 데에는 다른 의견이 있을 수 없다.

▌그림 8-3▐ 리더십 유효성의 상황모형

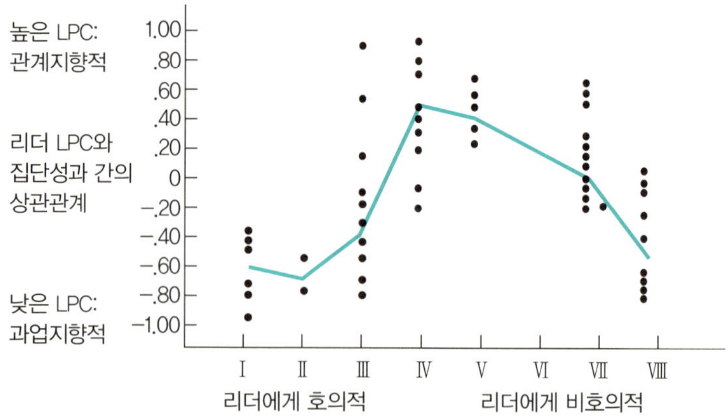

자료: Fiedler, F.E.(1971), "Validation and Extension of the Contingency Model of Leadership Effectiveness: A Review of Empirical Findings," *Psychological Bullein*(Vol.76), p.131.

2) 하우스의 경로-목표이론

하우스(R.J. House)에 의해 제시된 경로-목표이론(path-goal theory)은 동기부여이론의 하나인 기대이론에 기반을 두고 있다. 따라서 이 이론을 경로-목표이론이라 부르는 것은 이 이론이 하급자의 작업목표와 개인목표 그리고 목표달성에 대한 지각에 리더가 어떻게 영향을 미치는가에 초점을 두고 있기 때문이다 [House, 1971].

경로-목표이론은 집단의 성과는 하급자에 의해 달성된다는 것을 기본전제로 하고 있다. 따라서 효과적인 리더란 하급자가 열심히 일하게끔 동기를 부여할 수 있는 사람이어야 한다는 점을 강조한다. 그런데 리더가 하급자에게 동기를 부여하기 위해서는 무엇인가 그가 추구하고 있는 목표를 효과적으로 달성할 수 있게 도움을 주어야 한다. 왜냐하면 하급자는 리더의 행동이 자기가 추구하는 목표에 도움이 된다고 지각할 때 리더의 영향력을 잘 받아들이며, 나아가 만족과 더불어 집단의 성과에 기여하기 때문이다.

그러면 어떤 리더십 스타일이 하급자에게 도움이 되는 것으로 지각될 것인가? 대부분의 상황이론과 마찬가지로 경로-목표이론에서도 이는 상황에 의해 좌우된다고 말한다. 다만 다른 이론과 차이점은 상황에 부합되는 리더십이 어떻게 만족과 성과를 이끌어내는가 하는 하급자의 지각과 동기부여의 과정에 대한 설명이 있다는 것이다.

그림 8-4 리더십의 경로-목표이론

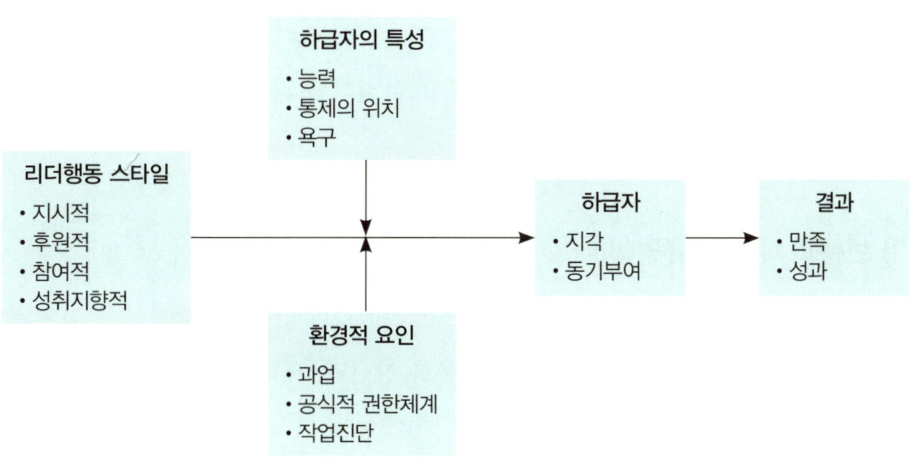

[그림 8-4]에서 보는 바와 같이 하우스의 경로-목표이론은 하급자에게 동기를 부여할 수 있는 리더의 주요 기능으로서 네 가지의 리더십유형을 제시하고 있다. 그리고 이들 각각의 리더십유형이 보다 효과적일 수 있는 두 가지 상황요인(하급자의 특성과 환경적 요인)과의 관계를 다음과 같이 기술하고 있다[Hous and Mitchell, 1974].

① **지시적 리더십(directive leadership)**: 리더가 하급자의 활동을 계획 · 조직 · 통제하는 구조주도(initiating structure)적인 리더십 스타일이다. 이와 같은 스타일은 과업구조가 명확하지 않고 모호할 때, 하급자가 리더에게 복종적이고 의존적인 욕구를 가질 때, 그리고 리더가 강력한 직위권한을 가지고 있을 때에 효과적이다.

② **후원적 리더십(supportive leadership)**: 하급자의 복지와 안락에 관심을 가지며 도움을 주는 분위기를 조성하려고 노력하는 리더십 스타일이다. 이와 같은 스타일은 과업이 구조화되어 있을 때, 하급자가 높은 사회적 욕구를 지니고 있을 때, 그리고 하급자 간에 상호작용이 필요한 때에 효과적이다.

③ **참여적 리더십(participative leadership)**: 하급자에게 정보를 제공하고 의사결정에 있어서 그들의 아이디어와 제안을 끌어내어 이를 진지하게 고려하는 리더십 스타일을 말한다. 이러한 스타일은 과업이 내재적 동기를 유발할 수 있는 특성을 가질 때, 하급자의 자기발전과 성취에 대한 욕구가 강할 때, 그리고 개인과 조직의 목표가 양립하는 때에 효과적이다.

④ **성취지향적 리더십(achievement-oriented leadership)**: 리더가 도전적인 목표를 설정하고 성과를 강조하며 하급자가 최대한 능력을 발휘할 것을 기대하는 리더십 스타일을 말한다. 이러한 스타일이 효과적일 수 있는 상황은 참여적 리더십의 경우와 같다.

3) 브룸과 예튼의 규범이론

조직에서 리더가 상황에 따라 하급자를 의사결정과정에 참여시키는 것이 필요하다는 것을 인식할 때 리더십의 유효성은 높아진다. 이러한 흐름을 설명해 주는 리더십의 상황이론이 브룸(V.H. Vroom)과 예튼(P.W. Yetton)이 제시한 리더십의 '규범이론(normative theory)'이다[Vroom and Yetton, 1973].

리더십의 행동이론에서 살펴본 바와 같이 리더의 행동은 집단의 생산성과 그 구성원의 만족감 등 집단성과에 매우 중요한 역할을 한다. 특히 리더의 의사결정에 있어서 하급자의 참여를 중시하는 민주적 리더십이 독재적 리더십에 비해 매우 효과적이라는 것이 일반적인 생각이다. 그러나 행동이론에서는 리더가 의사결정과정에 부하를 어느 정도 참여시켜야 하는지에 대해서는 구체적으로 설명하지 않았다[이학종, 1992: 299]. 이에 비해 규범이론에서는 리더가 의사결정을 함에 있어 하급자를 어느 정도까지 참여시켜야 할 것인지를 상황에 따라 규명하고 있다는 것이 특징이다.

브룸과 예튼은 리더가 하급자를 의사결정에 어느 정도 참여시켜야 할 것인가에 대해서 규범적인 해답을 제시하고자 하였다. 그러나 규범적이라고 해서 모든 상황에 일률적으로 적용가능한 하나의 전략을 주장한 것이 아니라 상황에 따라 참여의 정도를 달리 하는 전략이 바람직하다는 점을 강조하고 있다. 따라서 이 이론은 리더가 최적의 전략을 선택하는 데 있어서 어떤 상황적 요인이 중요하며, 그러한 상황적 요인들을 어떻게 이용하여 적절한 전략을 선택할 것인가 하는 점을 중점적으로 설명하고 있다. 그리고 리더는 선택된 전략에 따라 그에 맞는 의사결정방식, 즉 리더십 스타일을 사용해야 한다는 것이다[신유근, 1992: 454].

(1) 리더의 의사결정스타일

브룸과 예튼은 의사결정을 내리는 방식을 하급자를 참여시키는 정도에 따라 다섯 가지 유형으로 분류했다. 즉 [표 8-3]에서와 같이 리더가 혼자서 독단적으로 결정을 하는 전제적(Autocratic: A) 스타일에서부터 자문적(Consultative: C)인 방식을 거쳐 완전참여에 의한 집단적(Group: G)인 스타일에 이르는 다섯 등급으로 분류된다.

이들 의사결정방식은 각기 나름의 장·단점을 가지고 있다. 예컨대 전제적인 방법은 보다 신속하고 효율적이라고 할 수 있다. 이에 반해 참여적인 방법은 하급자들의 수용과 지지를 얻을 수 있다. 따라서 리더는 당면한 상황에 가장 적합한 의사결정방식을 선택하여 잠재적으로 가장 큰 이득을 얻을 수 있는 방안을 강구해야 한다.

(2) 상황진단과 의사결정방식의 선택

브룸과 예튼에 의하면 리더는 의사결정의 중요성, 필요한 정보의 유무, 의사결정에 대한 하급자의 수용도 등과 같은 상황을 고려하여 가장 적합한 의사결정방식을 선택하게 된다고 한다. 그리고 그러한 상황을 진단하는 데 이용될 수 있는 일곱 가지의 규칙을 다음과 같이 제시했다.

① **리더정보규칙**: 만일 리더가 당면한 의사결정이 매우 중요한데도 리더가 혼자서 문제를 해결할 수 있을 정도의 충분한 정보나 전문적인 능력을 가지고 있지 않은 경우에는 전제1형(A1)의 의사결정방식은 제외시켜야 한다.

② **목표일치규칙**: 만일 당면한 의사결정이 매우 중요한데 하급자가 조직목표에 일치되도록 문제를 해결할 수 있다고 확신하지 못한다면 집단2형(G2)의 의사결정방식은 고려대상에서 제외시켜야 한다.

③ **비구조적 문제규칙**: 만일 당면한 의사결정이 매우 중요하고 리더가 충분한 정보나 능력이 없으며 문제 또한 구조적이지 않은 경우에는 필요한 정보와 능력을 지니고 있는 하급자와 함께 문제를 해결하는 노력이 요구된다. 따라서 전제 1형(A1)과 전제2형(A2) 그리고 자문1형(C1)은 고려될 수 없다.

④ **수용규칙**: 하급자가 결정을 잘 받아들이는 것이 중요한데 리더에 의한 독단적인 결정이 하급자에게 수용되리라는 확신을 할 수 없는 경우에는 전제1형(A1)과 전제2형(A2)은 고려대상에서 제외시켜야 한다.

⑤ **갈등규칙**: 의사결정에 대한 하급자의 수용이 중요하고 리더의 독단적인 결정을 하급자가 수용할지가 불분명하며 하급자 사이에 문제의 해결방안에 대해 갈등가능성이 있는 경우에는 개방적인 토론으로 견해 차이를 줄일 필요가 있다. 따라서 전제1형(A1)과 전제2형(A2) 그리고 자문1형(C1)은 의사결정방식으로 고려될 수 없다.

⑥ **공평성규칙**: 리더가 당면한 의사결정은 그다지 중요하지 않으나 하급자의 수용이 중요하고 리더의 독단적인 결정이 잘 받아들여지지 않을 때에는 문

제해결에 있어서 하급자의 상호작용을 강조해야 한다. 따라서 전제1 · 2형(A1, A2) 및 자문 1 · 2형(C1, C2)은 모두 고려대상에서 제외시켜야 한다.

⑦ **수용우선규칙**: 만일 의사결정에 대한 하급자의 수용이 절대적으로 중요한데 리더의 독단적인 결정으로는 이것이 확보되지 않고, 하급자가 조직목표를 달성하는 데 협조하는 경우에는 의사결정과정에 모든 하급자를 전적으로 참여시키는 것이 바람직하다. 따라서 고려대상에서 전제1 · 2형(A1, A2) 및 자문1 · 2형(C1, C2)을 제외시켜야 한다.

표 8-3 《 의사결정방식의 분류

의사결정방식	정 의
전제1형(A1)	리더는 자기의 정보를 이용하여 혼자서 문제를 해결하고 의사결정을 한다.
전제2형(A2)	리더는 하급자에게 필요한 정보를 요청하지만 의사결정은 혼자서 한다. 하급자에게 문제가 무엇인지를 알려줄 수도 있고 알려주지 않을 수도 있다.
자문1형(C1)	리더는 하급자와 문제를 함께 논의하며 필요한 정보와 평가를 그들에게 요청한다. 회합은 집단으로 이루어지지 않고 1:1로 이루어진다. 그 다음 리더 혼자서 의사결정을 한다.
자문2형(C2)	리더와 하급자는 하나의 집단을 이루어 문제를 논의한다. 그러나 최종적인 의사결정은 리더 혼자서 한다.
집단2형(G2)	리더와 하급자는 집단으로 문제를 논의하며 집단 전체의 합의를 통하여 의사결정을 한다.

브룸과 예튼은 이와 같은 규칙들을 이용하여 상황을 진단하고 적절한 행동을 선택하는 과정을 [그림 8-5]에서 보는 바와 같이 의사결정나무(decision tree)의 형태로 제시했다. 여기에서 리더는 상단에 나와 있는 일곱 가지 질문에 대해 '예' 또는 '아니오'로 대답하면서 앞으로 나아가다 보면 특정 상황에 알맞은 가장 적합한 의사결정방식을 선택할 수 있게 된다.

브룸과 예튼의 규범이론은 그 타당성을 입증해 주는 연구가 그렇게 많이 이루어지지는 않았다. 그러나 제한된 연구결과에 의하면 경영자는 실제로 이 이론이 제시하는 것처럼 탄력적으로 의사결정을 하며 그 성과도 매우 좋은 것으로 나타나고 있다. 결론적으로 이 이론은 경영자가 실제로 의사결정을 어떻게 하는지를 상황과 결부시켜 이해할 수 있게 해 주었다는 점에서 리더십이론의 발전에 크게 기여했다고 할 수 있다.

❚ 그림 8-5 ❚ 의사결정방식의 선택을 위한 의사결정나무

A	B	C	D	E	F	G
의사결정이 중요성을 지니는가?	리더는 의사결정에 필요한 충분한 정보를 가지고 있는가?	문제는 구조화되어 있는가?	결정사항에 대한 하급자들의 수용이 효과적 실행에 중요한가?	리더의 단독 결정을 하급자들이 잘 받아들일 것인가?	하급자들은 이 문제의 해결을 통하여 달성될 조직 목표를 자신의 것으로 공유할 수 있는가?	선호된 해결안에 있어 하급자들 간에 갈등의 소지가 있는가?

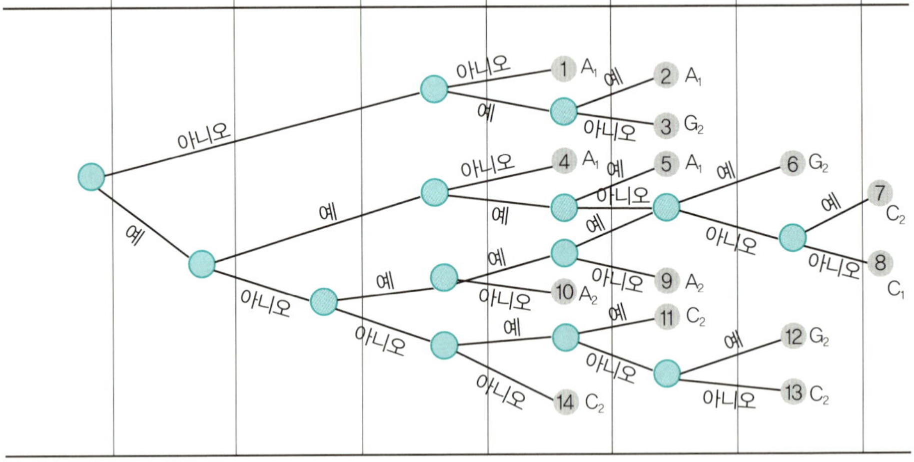

자료: Vroom, V.H. and Yetton. P.W.(1973), *Leadership and Decision Making*(Pittsburgh: University of Pittsburgh Press).

4) 허시와 블랜차드의 상황이론

허시(P. Hersey)와 블랜차드(K.H. Blanchard)는 오하이오 주립대학 연구의 고려와 구조주도의 개념을 이용하여 리더의 행동을 과업행동과 관계행동의 두 개 차원으로 분류하고 여기에 상황요인으로서 구성원의 성숙도(maturity)를 추가하였다[Hersey and Blanchard, 1982]. 즉, 효과적인 리더가 되기 위해서는 여러 상황에 적응할 수 있는 리더십이 필요한데 그 중에서도 하급자 또는 구성원의 성숙도가 리더십의 유효성에 대해 결정적인 상황요인으로 작용한다는 것이다. 여기서 성숙도란 달성가능한 목표를 설정할 수 있는 능력, 기꺼이 책임을 질 수 있는 능력, 교육수준과 경험 등으로 정의된다.

따라서 허시와 블랜차드의 이론은 과업행동, 관계행동, 구성원의 성숙도 등 3 차원으로 구성된다. 이들이 제시하고 있는 리더십의 유효성과 성숙도와의 관계는 [그림 8-6]에서 보는 바와 같다.

그림에서 리더십유형은 과업행동과 관계행동의 두 개 차원을 축으로 한 4분면으로 분류하고 여기에 구성원의 성숙도를 그 발전 정도에 따라 종모양의 곡선으로 표시하고 있는데, 이는 구성원의 성숙수준이 미성숙상태에서 성숙상태로 발전되어 감에 따라 거기에 적합한 리더십유형도 그 곡선의 방향으로 변화하여 간다는 것을 나타낸다. 즉 리더는 구성원의 성숙도가 $M_1 \rightarrow M_2 \rightarrow M_3 \rightarrow M_4$로 발전되어 감에 따라 리더십 스타일도 구성원의 성숙도에 적합하게 지시적 → 설득적 → 참여적 → 위양적으로 적응시켜 나갈 때 가장 효과적이 된다는 것이다.

▌그림 8-6 ▌ 허시와 블랜차드의 리더십모형

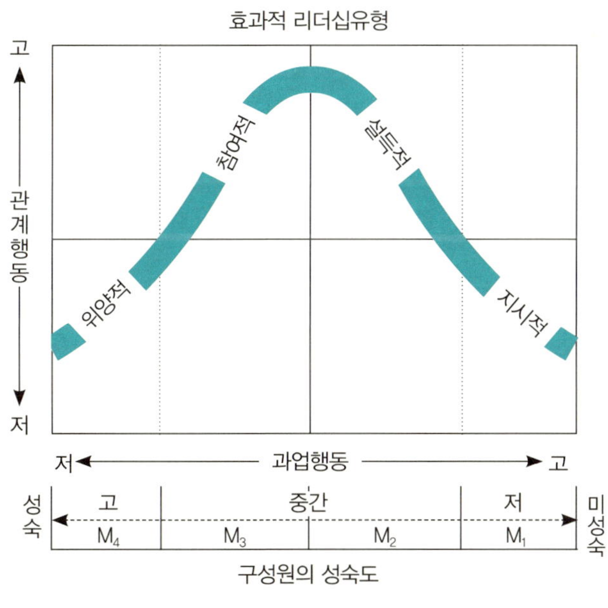

자료: Hersey, P.H. and Blanchard, K.H.(1982), *Management of Organizational Behavior: Utilzing Human Resources*, 4th ed.(Englewood Cliffs N.J.: Prentice-Hall, Inc.), p.152.

허시와 블랜차드의 상황이론은 보다 지적이고 유능한 구성원이 그렇지 못한 구성원보다 리더십을 덜 필요로 한다는 사고와 또 실증연구가 잘된 리더십개념에 기초를 두고 있다. 따라서 이 이론은 상당히 타당성도 있고 유용하지만 방법론상의 문제가 적지 않다는 비판을 받기도 한다.

8-3 | 현대적 리더십이론

1. 현대의 리더십 연구동향

리더십의 상황이론은 리더와 하급자 사이의 상호작용에 영향을 미치는 환경적 요인을 규명하거나 리더의 특성이나 행동의 유효성이 상황요인에 따라 어떤 차이가 있는지를 분석하는 이론이다. 즉, 리더십의 유효성은 상황에 따라 다르다는 관점이다. 그러나 이러한 주장은 거시적 상황요인에 대한 고려, 상황요인의 동태적 성격 등과 같은 환경의 불확실성은 충분히 인식하고 있지 못하다는 측면에서 비판을 받아 왔고, 이에 따라 1980년 중반에 들어서면서 새로운 이론들이 속속 나타나게 되었다.

최근에 연구되고 있는 리더십이론들은 주로 환경변화에 빠르게 적응하고 나아가 변화를 선도할 수 있는 역량을 구축하는 데 초점을 맞추고 있다. 그러나 현대의 리더십이론을 한두 마디로 요약하기는 쉽지 않다. 워낙 다양한 주제와 복잡한 방향으로 리더십이 연구되고 있고, 그에 따라 수많은 리더십 모델들이 제시되고 있기 때문이다. 그럼에도 불구하고 이들을 편의상 몇 가지 기준을 찾아내어 분류한다면 현대의 리더십이론과 그 연구동향을 이해는 데 도움이 될 것이다. 예를 들면, 부하들을 신념이나 감성을 자극하여 목표에 전념하게 만드는 리더십, 스포츠팀의 코치와 감독의 역할처럼 팀을 활성화시키는 리더십, 오늘날의 조직 상황에 맞는 리더의 특성과 행동방식을 강조하는 리더십 등이 그것이다[임창희, 2008: 364].

비교적 대표적인 이론에는 카리스마적 리더십, 변혁적 리더십, 리더-부하 교환관계, 슈퍼리더십, 셀프리더십, 서번트리더십, 팔로어십 등이 있다. 아래에서는 이들 리더십이론이 강조하고 있는 주요 내용을 중심으로 살펴보기로 한다.

2. 현대의 리더십이론

1) 카리스마적 리더십

카리스마(charisma)란 '신으로부터 받은 은총의 선물'을 뜻하는 신학적 의미에서 유래되었으며, 베버(M. Weber)가 사회과학적 개념으로 정립하면서 그 적용범위가 확대되었다. 베버는 카리스마적 리더를 직책이나 전통 등의 권위에 의거하지 않고, 하급자가 특별한 자질을 갖춘 리더라고 자발적으로 추앙함으로써 갖게 되는 영향력이라는 의미로 사용했다[Weber, 1947]. 그러나 조직행동의 측면에서 카리스마 리더십이 본격적으로 연구되기 시작한 것은 하우스(R. House)에 의해서이다. 하우스는 [그림 8-7]과 같이 카리스마 리더의 특성과 행동이 추종자의 카리스마 효과에 미치는 영향, 그리고 카리스마 효과를 증폭시키는 상황적 요인에 관한 카리스마적 리더십 모형을 제시하였다. 그는 카리스마적 리더십(charismatic leadership)이란 추종자에게 '카리스마적 효과(charismatic effect)'를 가져다주는 리더십이라고 정의하였다[House, 1977].

특히 하우스는 리더의 카리스마적 행동특성을 강조하고 있는데, 각각의 행동특성은 각각의 카리스마적 효과에 차별적으로 영향을 미친다고 하였다. 즉 카리스마적 행동은 하급자가 따라야 할 가치관과 신념을 전달하는 것으로 하급자가 리더를 존경하고 동일시한다면 리더의 가치체계를 모방하고 가치체계를 수용하며, 이 과정을 통해 하급자의 성과를 향상시킬 수 있다는 것이다. 또한 리더는 자신이 능력 있고 성공을 거둘 수 있는 사람이라는 호의적인 이미지를 구축(image building)하여 하급자로부터 신뢰, 충성심, 무조건적 수용, 자발적 복종 등을 유도할 수 있다고 주장한다. 더불어 미래에 대한 비전을 제시하고 추종자가 수행해야 할 과업에 보다 큰 의미를 부여하는 등의 행동도 같은 효과를 가져 온다.

한편, 콩거(J.A. Conger)와 카눙고(R. Kanungo)는 카리스마적 리더십의 행동적 특성의 중요성을 귀인이론을 빌려 설명하고 있다. 이들은 카리스마적 리더십을 특정한 상황에서 구성원이 리더의 행동을 관찰한 후에 그 행동의 특성이 카리스마적이기 때문이라고 판단한 결과로 나타나는 현상이라 주장한다. 그리고 이러한 전제하에 구성원이 리더에게서 카리스마를 느끼게 되는 행동적 특성이 무엇인지를 밝히는 데 초점을 맞추었다. 이들이 밝혀낸 카리스마적 리더의 행동차원은 다음과 같다[Conger and Kanungo, 1987].

그림 8-7 하우스의 카리스마적 리더십 모형

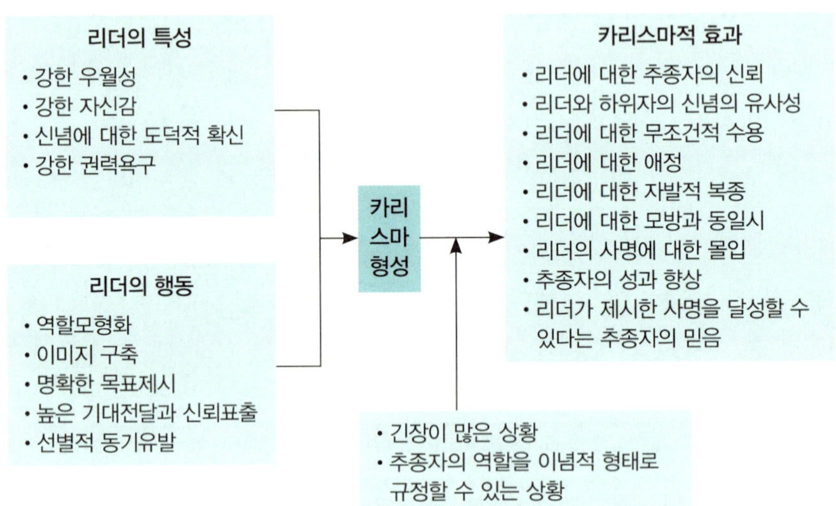

자료: House, R.J.(1977), "A 1976 Theory of Charismatic Leadership", In Hunt, J.G. & Larson, L.L.(Eds.), *Leadership: The Cutting Edge*(Carbondale: Southern Illinois University Press).

첫째, 구성원이 수용할 만한 전략적 비전을 제시하고 이를 구체화하는 행동

둘째, 주변환경이 부여하는 제약조건과 기회를 현실적으로 평가할 수 있는 환경민감성

셋째, 구성원에게 호소력 있고 혁신적으로 비추어지는 비전을 제시하기 위한 전제조건이 되는 하급자의 욕구와 가치관 및 포부에 대한 민감성

넷째, 자신이 주창하는 비전을 달성하기 위해 위험을 감수하며 값비싼 대가를

치르는 것을 마다하지 않는 행동

다섯째, 과거의 관행을 타파하고 새로운 방식을 추구하는 비전통적 행동

카리스마적 리더의 이러한 행동특성을 토대로 카리스마적 리더와 그렇지 않은 리더의 행동을 비교하면 [표 8-4]와 같다.

표 8-4 《 카리스마적 리더와 비카리스마적 리더의 행동

특징요소	카리스마적 리더	비카리스마적 리더
현상에 대한 태도	현상유지에 근본적으로 반대하고 변화시키려고 노력함	현 상태에 근본적으로 만족하고 유지하려고 노력함
미래의 목표	현 상태와 큰 차이가 있는 이상적인 비전	현 상태와 큰 차이가 없는 목표
존경스러움	이상적인 비전을 공유하기 때문에 하급자가 호감을 가지며, 동일시하고 모방하려고 함	하급자와 공통된 시각을 지니기 때문에 하급자가 호감을 느낌
전문성	기존의 질서를 뛰어넘는 혁신적인 방법을 사용하는 전문성을 가지고 있음	기존 질서에서 목표를 달성하는 데 필요한 수단을 활용하는 전문성을 지니고 있음
환경에 대한 민감성	환경에 대한 민감성이 높음	환경에 대한 민감성이 낮음
명확성	미래에 대한 비전과 리더십의 동기가 명확함	미래에 대한 비전과 리더십의 동기가 명확하지 않음
권력기반	전문적 권력을 주로 활용하며, 뛰어난 영웅심으로 존경을 받음	보상적 권력 및 전문적 권력을 주로 활용하며, 친분을 바탕으로 함
하급자와의 관계	엘리트주의자이고, 기업가정신이 충만하며, 하급자에게 모범을 보임. 자신이 제시하는 급진적 변화를 하급자가 수용하도록 변화시킴	활동주의자이거나, 하급자와의 합의를 중시하거나, 지시적인 관계를 맺음. 하급자에게 자신의 의견을 받아들이도록 권유하거나 명령함

자료: Conger, J.A. and Kanungo, R.(1987), "Toward a behavioral theory of Charismatic leadership in organizational settings," *Academy of Management Review*, 12(4), pp.637–647.

2) 변혁적 리더십

(1) 변혁적 리더십의 개념

변혁적 리더십(transformational leadership)은 지금까지 특성이론, 행동이론,

상황이론으로 전개되어 온 전통적 리더십이론들이 본질적으로 정태적이거나 비교적 안정적인 조직환경에서는 효과적이지만, 역동적으로 변하는 조직환경에서는 부하의 고차원적인 변화욕구를 충족시키면서 그들 행동의 질적인 변화를 유도하는 데에는 한계가 있다는 비판에서 등장하였다.

따라서 변혁적 리더십은 급변하는 조직환경 속에서 조직의 생존과 경쟁력 강화를 위해 조직의 변화를 유발할 수 있는 리더의 능력이 무엇인지 그리고 리더가 변화를 어떻게 시작하고 전개해야 하는지에 대한 방안을 제시하고 있다.

변혁적 리더십의 개념은 거래적 리더십(transactional leadership)의 대응개념으로 번즈(J.M. Burns)에 의해 처음 소개되었으며, 배스(B.M. Bass)에 의해 정교하게 되면서 널리 알려지게 되었다[Burns, 1987; Bass, 1985]. 번즈는 정치지도자들에 대한 분석을 통해 리더유형이 거래적 리더십과 변혁적 리더십으로 구분된다고 주장한다. 거래적 리더십은 리더와 부하 간의 교환관계와 관련된 것으로, 자신의 리더십을 행사하기 위해 부하의 이해관계를 자극하여 영향을 미치는 특성을 가지고 있다. 즉 리더가 지시하거나 기대하는 바를 얻기 위해 임금인상, 승진 등과 같이 부하가 원하는 것과 교환함으로써 리더십을 행사한다는 것이다. 반면 변혁적 리더십은 높은 이상과 도덕적 가치에 호소하여 부하의 의식을 고양시킨다고 말한다. 즉 변혁적 리더는 부하와의 끊임없는 상호작용을 통해 고차원적이며, 내재적인 동기를 자극하고, 나아가 자유, 평등, 정의, 평화 등의 도덕적 동기와 욕구에 초점을 두어 부하의 신념, 욕구, 가치관의 변화를 이끌어 내는 리더십이라는 것이다.

한편, 배스는 번즈의 리더십 개념을 일반조직에 적용하여 변혁적 리더십의 개념을 더욱 정교히 하였다. 그는 변혁적 리더는 어떻게 부하의 신념, 욕구, 가치관 등을 주도적으로 변화시키는가에 관심을 둔다고 강조하면서 변혁적 리더의 구체적 특성으로 다음의 세 가지를 제시하였다. 첫째, 이상적인 목표의 가치와 중요성에 대한 부하의 의식수준을 끌어올린다. 둘째, 부하가 조직과 자기가 소속된 팀을 위해서 자기의 이익을 초월하도록 만든다. 셋째, 부하가 보다 높은 수준의 욕구에 관심을 기울이도록 유도한다.

이러한 개념적 특성을 종합하면, 변혁적 리더십은 강한 자기확신과 이념적 신념을 가지고, 부하에게 높은 기대감을 부여하고, 확신감을 불어 넣어주며 또한 개별적인 배려를 통해 부하의 변화를 이끌어 가는 리더십이라고 할 수 있다. 따라서 변혁적 리더는 부하의 동기에 강력한 영향을 미치며, 리더 자신의 이념적 몰입과 가치관으로 부하의 기본적 신념을 변화시키며 강화시킨다. 특히 부하의 성과와 관련하여 부하가 가진 잠재력을 최대한 개발하는 데 초점을 둔다.

(2) 변혁적 리더십의 구성요인

변혁적 리더십을 구성하는 요인에 대해서는 연구자마다 다소 차이는 있으나 대체적으로 다음과 같은 내용으로 이루어져 있다[Bass and Avolio, 1990].

① 카리스마(charisma): 부하에게 탁월한 성취와 인간적 매력을 통해 존경과 신뢰감을 얻어 그들을 이끌어 가는 능력을 의미한다. 그러므로 카리스마적 리더는 진정으로 중요한 것이 무엇인지를 이해하는 능력과 조직의 사명을 효과적으로 표명할 수 있는 감각을 가지고 부하에게 희망을 줄 수 있는 분명한 비전을 제시한다. 또한 합리적인 인관관계를 형성하며, 남들이 따라오기 어려운 전문능력과 실무지식 등을 가지고 있다. 카리스마적인 리더의 부하는 조직에 대한 신념을 가지고 있으며, 리더에 대해 강력한 지지와 몰입을 보내게 된다. 그리고 리더와 자신을 동일시하려고 노력하고, 강력한 감정적 교류와 일체감을 형성된다.

② 영감적 동기부여(inspirational motivation): 부하가 높은 기대를 가지고 조직구성원 간에 공유된 비전을 실현하도록 하게 만드는 요인이다. 즉, 구성원 개인의 이익추구를 뛰어넘어 조직 전체의 이익을 실현하도록 노력하는 리더의 특성을 의미하는 개념이다. 팀 정신은 이러한 리더에 의해 증진된다. 이것은 카리스마와 밀접한 관련이 있기 때문에 카리스마의 하위요인으로 간주되기도 하는데, 카리스마와 영감적 동기부여는 하급자가 리더와 동일시하는 정도에 따라 중복될 수도 있고 중복되지 않을 수도 있다.

③ 개별적 배려(individual consideration): 리더가 부하의 다양한 욕구 내지 관심을 이해하고 공유하면서 부하를 개별적으로 독특하게 다룸으로써 부하가 자기의 욕구를 스스로 인식하도록 하며, 나아가 보다 높은 차원의 욕구를

가질 수 있게 하는 것을 의미한다. 개별적 배려는 리더가 부하와 개인별로 접촉하여 관심을 보이기 때문에 상호 간의 이해가 증진되고, 리더의 개인적인 관심과 지지를 표명할 수 있게 된다. 그리고 부하와 상사 간의 직접적인 접촉을 통한 쌍방향의 의사소통을 강조하기 때문에 부하의 자아상을 확립시켜 주고 부하의 정보에 대한 욕구를 높여주며, 의사결정에 따르는 결과에 대해 책임의식을 갖게 함으로써 부하의 능력을 파악하고 향상시킬 수 있게 된다.

④ 지적 자극(intellectual stimulation): 부하로 하여금 문제를 새로운 방식으로 인식하고 창의적 · 혁신적으로 문제해결방법을 모색하게 만드는 리더의 능력으로 정의된다. 지적 자극형 리더는 부분적인 문제해결에 만족하지 않고, 이전에 사용했던 방법에 의해 일을 처리하려고 하지 않는다. 또한 보다 새로운 방법과 변화를 모색하고 높은 위험에도 불구하고 기회를 최대한 이용하려는 경향이 강하다. 그리고 이러한 리더의 사고는 반응적이라기보다는 능동적이며, 아이디어 창출에 있어 보다 창의적이고 혁신적이며, 사상적으로는 급진적인 성향을 보인다. 따라서 리더는 부하가 자신과 상사의 신념이나 가치관에 대하여 모두 지속적인 의문을 갖도록 환기시킨다. 이러한 과정을 통해 부하는 스스로 문제에 대한 해결방법을 창의적으로 탐구하게 되고, 결과적으로 문제해결능력이 향상되는 것이다.

한편, 변혁적 리더십에 대응하는 거래적 리더십의 핵심적 구성요인은 크게 두 가지로 대별된다.

① 상황적 보상(contingent reward): 부하의 보상이 자기의 성과에 따라 결정됨을 인식시켜 부하를 이끌어가려는 행동이다. 따라서 리더 또는 조직이 규정한 수준의 성과를 부하가 달성하였을 때 약속된 보상을 제공한다. 이 같은 리더십유형을 가진 리더는 하급자에게 수행해야 할 과업이 무엇인지를 명확히 제시하고, 그것을 수행하는 사람에게 주어지는 보상에 대해 하급자의 합의를 얻어내려고 노력한다.

② 예외의 관리(management bye xception): 하급자의 성과가 기대수준에 도달

하지 못할 때 리더가 개입하는 것을 말한다. 예외의 관리는 적극적인 예외의 관리와 소극적인 예외의 관리로 구분된다[임준철 · 윤정구, 1999]. 적극적인 예외의 관리는 하급자의 실수와 규칙위반 등을 면밀히 관찰하고 업무가 정해진 절차를 벗어날 경우 조치를 취하는 것을 말한다. 소극적 예외의 관리는 하급자가 기준에 미달하거나 문제가 표면화된 후 개입하는 것을 말한다. 따라서 예외의 관리는 부정적 피드백이나 부정적 강화를 수반할 수 있다.

(3) 변혁적 · 거래적 리더십의 측정 설문

▣ 다음의 각 항목은 경영자의 변혁적 · 거래적 리더십에 관한 질문입니다. 귀하의 생각과 가장 일치하는 곳에 '✓'표를 해 주십시오.

변혁적 리더십	전혀 그렇지 않다		보통이다		매우 그렇다
1. 나의 상사는 확신과 자심감에 차있는 모습을 자주 보여 준다.					
2. 나의 상사는 내가 따르고자 하는 모델이다.					
3. 나의 상사는 내 마음속에 성공과 성취의 상징이다.					
4. 나의 상사는 부하들이 나아가야 할 방향을 제시한다.					
5. 나의 상사는 부하들이 각자의 일에서 의미를 찾도록 격려한다.					
6. 나의 상사는 부하들이 업무수행에 최대한 노력할 수 있도록 자극을 주곤 한다.					
7. 나의 상사는 부하들이 보다 더 열심히 업무에 임하도록 용기를 북돋아 준다.					
8. 나의 상사는 부하들에게 어떤 일도 할 수 있다는 자신감을 심어 준다.					
9. 나의 상사는 부하들의 의견을 존중한다.					
10. 나의 상사는 부하들의 고충을 이해한다.					
11. 나의 상사는 부하들의 개인적 요구를 수용하려고 노력한다.					

12. 나의 상사는 부하들에게 자상하고 세심한 배려를 한다.					
13. 나의 상사는 업무와 관련된 최근의 정보를 활용하도록 격려한다.					
14. 나의 상사는 문제를 해결하는 데 다양한 접근방식을 취하도록 권한다.					
15. 나의 상사는 부하들로 하여금 스스로 잠재능력을 개발하도록 자주 권한다.					
16. 나의 상사는 업무에 대해 항상 새로운 관점으로 보도록 자극한다.					

거래적 리더십	전혀 그렇지 않다		보통이다		매우 그렇다
1. 나의 상사는 그에게 협조 또는 지원하는 정도에 상응하는 보상을 제공한다.					
2. 나의 상사는 업무성과에 따른 보상을 얻기 위해 무엇을 해야 하는지를 알려준다.					
3. 나의 상사는 노력하면 조직 내에서 원하는 것을 얻을 수 있다는 확신을 갖게 한다.					
4. 나의 상사는 업무수행이 순조롭게 수행되는 한 어떤 변화도 원하지 않는다.					
5. 나의 상사는 내가 실수했을 경우에만 관여하여 조치를 취해준다.					
6. 나의 상사는 정해진 규정이나 규칙에 위반되는 일에 많은 관심을 갖는다.					
7. 나의 상사는 과거의 전통적인 관행에 따라 업무처리하는 것을 좋아한다.					

3) 리더-부하의 교환관계

리더-부하의 교환관계(Leader-Member Exchange: LMX) 이론은 집단구성원이 리더에 의해 동일한 영향을 받는다고 가정하는 평균적 리더십 유형(Average Leadership Style: ALS)에 대별되는 개념으로, 리더와 구성원 간의 개별적 관계에 초점을 두고 있는 이론이다.

ALS이론에 따르면 부하들을 하나의 전체로 보고 영향력을 행사함으로써 부하들은 리더의 행동에 대해 동일하게 지각하고 그 효과 또한 동일하다고 주장한다[Schriesheim 등, 1998]. 그러나 이러한 가정은 리더와 부하 간의 개별적 관계의 특성을 고려하지 않고 있다는 측면에서 비판을 받아 왔고, 이에 따라 새롭게 등장한 개념이 LMX이론이다.

따라서 LMX이론은 한 집단의 리더는 각각의 부하와 서로 다른 관계를 형성하고 부하들 역시 리더와의 관계를 각자 다르게 지각함으로써 집단 내 부하의 수만큼 서로 다른 상사-부하의 관계가 형성된다고 주장한다[강영순 · 김희철, 2003].

이와 관련하여 데보라(B.B. Deborah)와 로버트(R. Robert)는 상사와 부하 간의 교환관계를 다음과 같이 역할획득 · 역할형성 · 역할발전의 세 단계로 나누어 설명하고 있다[Deborah and Robert, 1999].

첫째, 역할획득(role taking) 단계에서는 부하에게 과업을 할당하고 부하가 과업을 어떻게 수행하는지를 탐색한다. 이 단계에서 상사와 부하 간의 교류는 공식적인 틀을 넘어서지 않는다. 만일 구성원이 더욱 도전적인 과업수행을 위한 충분한 능력과 동기가 있다고 판단되면 한 단계 발전한 역할형성단계로 이전한다.

둘째, 역할형성(role making) 단계에서는 상사와 부하 간에 자원과 정보 등이 공유되고 양자 간 기여도에 근거한 교환행동이 나타난다. 이때 상사는 부하가 더 많은 역할과 중요한 책무를 수행할 수 있는지, 부하는 상사가 역할과 권한을 위임할 의사가 있는지를 검증하게 된다. 이러한 테스트 결과가 양자 간에 긍정적이면 역할발전단계로 이어진다.

셋째, 역할발전(role developing)은 역할형성이 일상화된 단계이다. 이 단계에서는 상사와 부하 간에 신뢰와 존중은 물론 의무감을 갖게 되고 광범위한 측면에서 상호 영향을 주고받는다.

연구자들은 양질의 리더-부하의 교환관계가 낮은 이직률, 높은 성과, 높은 헌신, 호의적인 직무태도 등을 가져온다는 사실을 밝히고 있다[Graen and Uhl-Bein, 1995; Liden 등, 1993].

이와 같이 LMX이론은 기존의 ALS 관점을 벗어나 리더와 부하 간의 특별한 개별적 교환관계에 주목하고 있으며, 교환관계가 형성되는 과정을 구체적으로 제시하고 있다는 점에서 기존의 리더십이론들과는 큰 차이를 보여준다.

4) 수퍼리더십

수퍼리더십(super leadership)은 부하가 리더의 지시와 통제에 따라 움직이는 것이 아니라 스스로 자신의 과업을 수행하고 통제하는 자율리더십(self-leadership)을 갖도록 하는 리더십을 뜻한다. 즉 일반적인 부하수준을 뛰어넘는 수퍼부하(super-follower)가 되도록 돕는 기능을 하는 것이다. 이러한 리더십을 발휘하는 리더를 수퍼리더라고 부른다[Manz and Sims Jr., 1990: 5].

수퍼리더십의 목표는 조직 내의 리더나 구성원 모두가 자율적인 리더, 즉 셀프리더(self leader)가 되도록 하는 것이다. 그러므로 인간을 잠재력 · 자율성 · 창의성을 가진 존재로 인식하고, 상급자로서의 리더는 부하에 대해 규제를 최소화하며 잠재적 가능성의 계발을 지원하고 창의성을 발휘할 기회를 제공한다.

수퍼부하는 자신의 성과에 대한 외적 보상(보수, 승진 등)보다 내적 보상(성취감, 보람 등)에 의해 동기화된다. 그러므로 리더는 부하에게 적성과 능력에 맞는 직무를 할당(job-match)하고 직무능력을 책임지고 발휘할 수 있는 기회를 부여하며 직무능력을 강화할 수 있는 자기개발여건을 제공하는 역할을 하는 것이 중요하다.

이와 같이 리더 자신이 직접 리더십을 행사하지 않으면서도 부하가 자신의 인생과 직무에 관해 스스로를 이끌어가는 자기리더십을 발휘하도록 장려하고 지원하는 리더십을 촉진적 리더십(facilitative leadership)이라고 하는데, 수퍼리더십은 촉진적 리더십의 대표적인 유형이다.

5) 서번트리더십

서번트리더십(servant leadership)은 리더가 자신의 이해관계를 넘어 부하의 성장과 계발을 위해 헌신하는 데 초점을 둔다. 서번트리더는 자기의 목적을 달성하기 위해 권력보다는 설득을 사용한다.

서번트리더십은 그린리프(R.K. Greenleaf)에 의해 처음 제시되었다. 그는 서번트리더가 되기 위해서는 리더 자신이 먼저 서번트가 되어야 한다고 강조한다. 리더는 부하를 섬기고 싶다는 자연스런 느낌으로부터 시작해야 하며, 진정한 서번트로써 자기의 섬김을 받는 부하가 점점 더 건강하고 지혜롭고 자유롭고 자율적이 되도록 해야 한다. 따라서 서번트 리더의 행동에는 경청하기, 공감하기, 설득하기, 적극적으로 부하의 능력을 개발하기, 경영자로서 책임을 수용하기, 부하에게 공동체정신을 심어주기, 부하의 강점과 약점을 관찰하여 알려주기, 부하를 위해 자원을 관리하고 보호하기 등이 포함된다[Spears, 1995: 1-4].

서번트리더십은 부하의 욕구를 충족시키는 데 중점을 둔다. 최근의 여러 연구결과를 보면, 서번트리더십이 부하의 조직시민행동에 매우 긍정적인 영향을 미치는 것으로 나타났다. 서번트리더십과 조직시민행동의 관계는 부하가 본분에 충실하고 책임감을 가지고 있을 때 더 강하게 나타났다. 또한 서번트리더십은 부하의 효능감을 증대시킴으로써 전체 부서의 직무성과로 이어졌다[스티븐 로빈스 등, 2014: 416]

6) 팔로어십

지금까지 리더십에 관한 연구들은 리더가 발휘하는 리더십과 그 유효성에 초점을 맞추어 왔기 때문에 추종자, 즉 팔로어(follower)에 대한 연구는 소홀히 다루어져 왔다. 그 이유는 조직의 성공에 가장 중요한 영향을 미치는 사람이 리더이고, 팔로어는 단순히 리더를 따라가는 존재로서 인식하였기 때문이다[Gilbert and Hyde, 1988].

그러나 최근 들어 조직구성원의 자발적 참여가 강조되고, 리더와 부하의 관계가 중요하게 인식되면서 팔로어십(followership)에 대한 관심이 증가하고 있다. 이와 관련하여 켈리(R.E. Kelley)는 "조직목표달성에 리더가 기여하는 정도는 10~20%에 불과하고 나머지 80~90%는 팔로어에 의해 결정된다"고 주장하며 팔로어십의 중요성을 강조하였다[Kelley, 1994]. 이는 팔로어가 단순히 리더와의 종속관계에 있는 인물이 아니라 주체적 행동을 수행하는 조직 내 중요한 존재임을 부각시키는 것이며, 지금까지 리더 입장에서 다루던 리더십을 추종자의 입장에서도 전개할 수 있음을 의미하는 것이다. 리더십의 성공적 결과를 도출해 내기 위해서는 리더십의 발휘 대상이 되는 팔로어의 심리적 동의가 필수적이기 때문이다.

기존의 팔로어십에 대한 연구를 종합해 볼 때, 팔로어십은 크게 두 가지 관점에서 설명할 수 있다. 하나는 팔로어십을 리더십과 분리하여 독립적으로 보려는 관점이며, 다른 하나는 팔로어십을 리더십과 상호관계의 시작에서 파악하려는 관점이다.

(1) 팔로어십의 독립적 관점

독립적 관점에서 팔로어십에 접근한 대표적인 학자는 켈리(R.E. Kelley)이다. 그는 리더십과 팔로어십을 분리하여 팔로어십을 리더십의 하위요소가 아닌 독립적인 요소로 보아 팔로어의 역할을 강조하였다. 그의 관점은 팔로어십과 리더십은 서로 다른 개념이며 별도의 역할을 가지고 있어 큰 성과를 올리기 위해서는 양쪽 다 최고의 기량을 발휘하도록 해야 한다는 것이다. 이러한 바탕 위에서 그는 팔로어십을 몇 개의 유형으로 나누고 그들의 특징을 자세히 기술하고 있다. 그는 팔로어들을 대상으로 면접을 실시한 뒤 [그림 8-8]에서 보는 바와 같이 팔로어의 사고성향과 행동성향을 기준으로 5가지 팔로어십 유형을 제시하였다. 즉 팔로어의 사고성향이 '독립적 · 비판적인가, 의존적 · 무비판적인가', 행동성향이 '수동적인가, 적극적인가'를 기준으로 소외형(alienated), 순응형(conformist), 수동형(passive), 모범형(effective), 실무형(pragmatist) 팔로어로 구분하였다.

① **소외형 팔로어**: 독립적이고 비판적인 사고를 견지하지만 역할수행에는 소극적인 유형으로 리더의 노력을 빈정거리며 비판하면서도 스스로는 노력을 하지 않거나 불만스런 침묵으로 일관하는 유형이다. 이들이 모범적인 팔로어가 되기 위해서는 독립적 · 비판적인 사고는 유지하면서 부정적인 면을 극복하고 긍정적 인식을 회복하여 적극적으로 참여하는 사람이 되게 하는 것이다.

② **순응형 팔로어**: 소외형과 반대로 독립적 · 비판적인 사고는 모자라지만 자신의 역할을 적극적으로 수행한다. 따라서 역할에 불편해 하지는 않지만 리더의 판단에 지나치게 의존하는 유형이다. 이들이 모범형 팔로어가 되기 위해

서는 자신의 견해에 대해 자신감을 심어주고, 조직이 자신의 견해를 필요로 한다는 것을 깨우쳐 주어야 한다.

▌그림 8-8▐ 팔로어십 유형

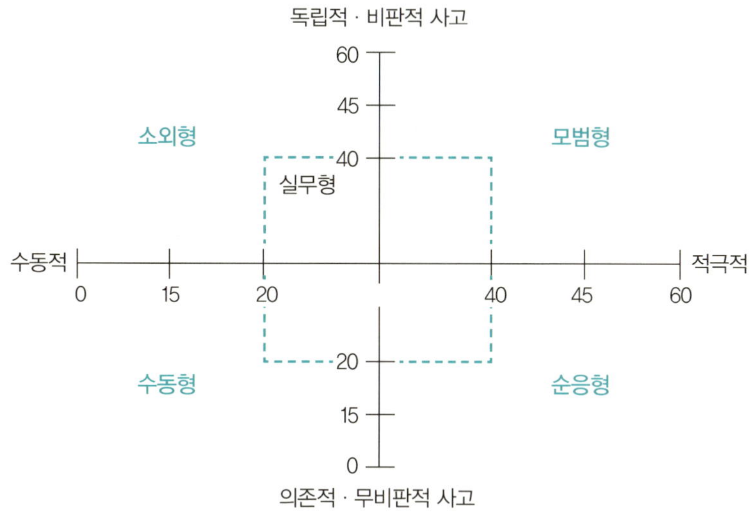

자료: Kelly, R.E.(1994), *The Power of Followership*(NY: Doubleday Dell).

③ **실무형 팔로어**: 별로 비판적이지 않으며 리더의 가치와 판단에 의문을 품기도 하지만 적극적으로 대립하지도 않고, 시키는 일은 잘 수행하지만 모험을 보이지도 않는 유형이다. 이들이 모범형 팔로어로 변화하기 위해서는 먼저 목표를 설정하고 사람들의 신뢰를 회복할 수 있도록 해야 하며, 자기를 먼저 생각하기보다 다른 사람들의 목표달성을 돕는 데서 시작하여야 한다.

④ **수동형 팔로어**: 생각도 하지 않고 열심히 참여도 하지 않는 유형으로 책임감이 결여되어 있고 솔선수범하지도 않으며, 지시 없이는 주어진 임무를 수행하지도 않는다. 이들이 모범형 팔로어가 되기 위해서는 팔로어의 적극적 역할부터 배워야 한다. 즉 자신을 희생하고 모든 일에 적극적으로 참여하는 방법을 익혀야 한다.

⑤ **모범형 팔로어**: 스스로 생각하고 알아서 행동할 줄 아는 이상적인 팔로어형이다. 모범형 팔로어는 독립심이 강하고 헌신적이며 독창적이고 건설적인

비판을 내놓으며 때로는 리더와도 용감하게 맞서 싸운다. 또한 장애가 있더라도 자신과 조직의 이익을 위해 자신의 재능을 유감없이 발휘한다. 이들은 솔선수범하고 주인의식을 가지고 있으며, 집단과 리더를 도와주고, 자신이 맡은 일보다 훨씬 많은 일을 하려고 한다. 이러한 모범형 팔로어는 적극적인 참여를 통해 리더의 힘을 약화시키는 것이 아니라 오히려 강화시킨다.

(2) 팔로어십의 상호관계적 관점

이상에서 살펴본 관점은 팔로어십을 리더십의 하위요소가 아닌 독립적인 차원에서 접근한 것이다. 그러나 리더십과 팔로어십을 분리하여 연구하는 것은 현실성이 떨어진다. 아무리 팔로어의 역할이 중요하다 할지라도 리더가 없을 수는 없기 때문에 리더와 팔로어의 융합이 필요하다. 리더십과 팔로어십은 동전의 양면과 같은 존재로 리더십에 대한 이해는 반드시 팔로어십에 대한 이해를 동반할 수밖에 없다.

워트맨(M.S. Wortman)은 팔로어십을 "주어진 상황에서 목표를 달성하기 위해 리더가 의도하는 바에 따라 팔로어가 개인이나 집단적 노력에 참여함으로써 개인적 목표를 획득하는 과정"으로 정의하고 있다[Wortman, 1986]. 여기서 '리더가 의도하는 바에 따라'라는 말에는 팔로어는 리더십을 수용하지만 리더십의 수용정도나 질은 또한 팔로어에 달려 있다는 의미를 담고 있다. 리더십과 동등한 관계로 팔로어십을 강조하는 것이다. 즉 리더십은 팔로어의 욕구나 목적과 분리되어 생각할 수 없는 것이고, 리더-팔로어의 본질적인 측면은 공동의 혹은 최소한의 공유된 목적을 추구함에 있어서 서로 다른 동기수준 혹은 잠재적 파워를 가진 사람들의 상호작용인 것이다[Burn, 1987].

따라서 리더십과 연관하여 팔로어십의 개념을 정의하면 "주어진 상황에서 조직목표 달성을 위해 부하가 스스로 적극적인 참여와 독립적이고 비판적인 사고를 가지고 리더와의 상호신뢰를 바탕으로 리더가 발휘하는 영향력을 수용하여 용기있게 헌신하고 노력하는 과정"이라고 할 수 있다.

한편, 리더십과 팔로어십의 상호관계를 중시하는 관점에서는 주로 리더와 균형있는 관계를 발전시키기 위한 팔로어의 전략을 제시하고 있는데[Daft, 1999], 이를 요약하면 다음과 같다[백기복, 2000].

첫째, 리더에게 지원이 이루어져야 한다. 리더가 필요로 하는 것이 무엇인가를 간파하여 그것을 해결해 줄 수 있는 사람이 되어야 한다. 팔로어 자신이 팀의 비전이나 목표를 달성하는 데 긴요하게 쓰일 수 있도록 해야 한다. 그러기 위해서 리더와 빈번한 커뮤니케이션을 통해 리더가 자신의 능력을 명확히 판단할 수 있도록 해야 한다.

둘째, 리더가 훌륭한 지도자가 될 수 있도록 도와주어야 한다. 리더가 잘하는 것에 찬사를 보내고 감사하는 자세를 보여야 한다. 더불어 리더가 훌륭한 지도자가 되기 위해서 무엇을 해야 하는지를 효과적으로 알릴 필요가 있다. 그러기 위해서는 팔로어로서 리더에게 먼저 조언을 구하는 자세가 필요하다.

셋째, 리더와 좋은 관계를 유지해야 한다. 그러기 위해서는 신뢰가 중요하다. 리더와 팔로어 간 신뢰를 바탕으로 한 균형관계가 성립되면 리더와의 교류가 보다 의미 있어지고 목표달성에도 도움이 된다.

넷째, 리더를 현실적으로 바라보아야 한다. 리더를 완벽한 이상형으로 바라보아서는 균형 있는 관계정립이 어려워진다. 그러기 위해서는 팔로어는 자신의 리더를 올바로 인식하고 있는지를 수시로 점검해 볼 필요가 있다. 또한 팔로어도 자신의 솔직한 모습을 리더에게 알려야 한다. 추종한다는 것이 곧 자신의 약점과 실수를 숨기는 것이 아니다.

OB Story & Case 8 집단창조성: 혁신 리더의 역할

조직의 경쟁력은 상당 부분 혁신역량에 달려 있다. 조직이 직면하는 영원한 숙제는 혁신을 몇 번이고 거듭할 수 있는 조직을 구축하는 것이다. 애플이나 구글과 같이 세계적으로 눈부신 성공을 거두고 있는 기업들은 대부분 조직의 인프라를 유례없는 속도로 혁신하고 확장할 수 있었던 능력 때문이었다. 그리고 조직의 그러한 역량은 혁신 리더(innovation leaders)의 역할에 의해 주도되어 왔다.

조직 내에서 문제에 대한 해결책이 이미 잘 알려져 있고 간단한 경우에는 방향을 지시해주는 리더십이 매우 효과적일 수 있다. 하지만 문제가 정말 독창적인 대응을 요구하는 경우라면 무엇이 적절한 대응인지를 그 누구도 미리 결정해 줄 수 없다.

혁신을 재미있고 창조적인 일이라고 미화해서 이야기하는 경우가 많지만, 실제로 혁신은 힘든 일이며 감정적으로나 지적으로나 매우 부담스럽고 불편한 과정이 될 수 있다. 노련한 리더가 없는 조직에선 혁신적 문제해결책이 부자연스럽고 위험하게 느껴지기도 한다.

일반적으로 다양한 사람들이 협력해가며 광범위한 아이디어들을 내놓은 후 열띤 논쟁으로 개선하고 더 나아가 새로운 아이디어로 발전시킬 때 혁신이 일어난다. 그러나 그런 충돌이 빚는 마찰은 구성원이 감당하기 힘들 수도 있다. 고통스런 긴장과 스트레스를 유발하기도 한다. 특히 똑똑하고 에너지 넘치는 사람들로 구성된 집단에서는 그럴 공산이 더 크다. 리더는 구성원의 그런 정신적 중압감을 적절히 처리해야 하는 한편, 구성원이 기꺼이 자기 천재성을 공유하려 할 만큼 협력적이면서도 동시에 아이디어를 개선하고 새로운 생각을 불러일으킬 수 있을 만큼은 대립적인 환경을 조성해내야 한다.

혁신에는 시행착오도 필요하다. 혁신적인 집단은 앞일을 계획하기보다 실행하며 나아가는 편인데 실제로 나타나는 해결책은 아무도 예상하지 못했던 방법인 경우가 많다. 대부분의 조직과 구성원은 어떤 바람직한 결과를 향해 체계적으로 전진하는 방식을 선호한다. 목표를 정하고, 계획을 세우고, 책임을 할당하고, 단계별로 차근차근 일을 해나가며, 목표가 달성될 때까지 진척사항을 지켜본다. 그러나 이러한 방법은 혁신과 무관한 경우에만 효과적인 것이 될 뿐이다. 혁신 리더는 꼭 필요한 즉흥성과 현실적인 성과 사이에서 적절한 균형을 유지하는 환경을 만들어낸다.

또한, 참신하면서도 유용한 뭔가를 창조하려면 양자택일식 사고를 넘어 통합적 사고로 나아가야 한다. 조직과 조직의 리더는 일방적인 지시를 내리거나 혹은 여러 집단 간의 의견 차이를 그저 중간에서 절충함으로써 전혀 독창적이지 않은 해결책을 내놓는 경우가 너무나 많다. 혁신을 이루려면 아이디어를 통합해야 한다. 서로 배타적인 것처럼 보였더라도 모두를 조합해서 새롭고 더 나은 것을 만들어내야 한다. 그리고 조직 내 어느 부서의 누구든 훌륭한 아이디어를 내놓을 수 있게 하려면 리더의 인내심이 강해야 한다. 동시에 리더는 긴박감을 조성하고 확실한 평가척도를 정해서 통합적 의사결정이 실제로 일어날 수 있게 하는 데에도 힘써야 한다.

혁신 리더는 자기 역할이 주도적으로 방향을 설정하는 일이 아니라 구성원이 혁신을 일으키도록 맥락을 조성해주는 것이라고 생각한다. 훌륭한 혁신 리더는 비전을 세우고 구성원이 그 비전을 따르게 하는 일에 열중하지 않고, 구성원이 혁신의 '의지'와 '능력'을 갖춘 공동체를 만들어내는 일에 전념한다.

자료: Harvard Business Review Korea(2014, June), pp.110–120 요약

토의문제

01 조직의 혁신역량이란 무엇을 말하는가?

02 현대 조직에서 혁신을 성공적으로 이끌어내는 리더의 역할은 무엇인가? 그러한 리더십 스타일을 선택해 보라.

추석

달덩이만큼 부풀어 오른
아버지 조바심에
사립문 문고리가 벌겋게 달아올랐다.
동구 밖에 급한 발소리 오가면
떡쌀 담그던 어머니
귓바퀴 나팔마냥 벌려놓고
십리 밖 낙엽 구르는 소리까지 훑어 모았다.
이틀이나 남아 있는 날짜가
아직 비어있는 보름달 귀퉁이를
기다림으로 채웠다.

Chapter 09

Organizational Behavior

커뮤니케이션과 협상

Key Word

- 커뮤니케이션(Communication)
- 공식적 커뮤니케이션(Formal Communication),
  비공식적 커뮤니케이션(Informal Communication)
- 커뮤니케이션 네트워크(Communication Network)
- 협상(協商, Negotiation)

학습중점

- 커뮤니케이션의 개념과 기본과정을 숙지한다.
- 커뮤니케이션의 유형을 이해하고, 유형별로 장 · 단점을 숙지한다.
- 조직커뮤니케이션 네트워크별로 장 · 단점을 숙지한다.
- 비공식적 커뮤니케이션의 관리방안에 대해 논의한다.
- 조직커뮤니케이션의 장애요인과 그 개선방안에 대해 논의한다.
- 전자커뮤니케이션의 효과와 문제점에 대해 논의한다.
- 협상의 개념과 분석체계를 이해한다.
- 협상의 유형을 이해하고, 협상전략에 대해 논의한다.

9-1 | 커뮤니케이션의 성격과 유형

1. 커뮤니케이션의 개념과 기본과정

1) 커뮤니케이션의 개념

집단의 활동이 효과적으로 수행되기 위해서는 커뮤니케이션이 원활하게 이루어지야 한다. 집단의 모든 구성원은 의견교류와 의사소통을 통해서 서로 이해하고 필요한 정보를 교환하면서 공동의 목표를 달성하기 때문이다. 조직에서도 여러 집단들 사이에 커뮤니케이션이 원활하게 이루어져야 조직목표달성을 위한 다양한 활동이 서로 조정되고 통합된다.

커뮤니케이션(communication)은 기본적으로 개인 간 또는 집단 간에 신념 · 지식 · 감정 등을 포함하여 어떤 정보를 메시지의 형태로 교환하고 인식하는 과정을 말한다[Hodgetts and Altman, 1979: 295]. 커뮤니케이션은 그러나 단순히 정보를 교환하고 인식하는 일 외에 목적지향적인 행동이 요구되는 과정이라고 할 수 있다. 따라서 커뮤니케이션에 대해서는 다음과 같이 두 가지 측면에서 그 개념을 이해해야 한다.

① **인지적 측면**: 커뮤니케이션은 타인과 어떤 사물이나 현상에 대한 정보를 교환하는 과정이다. 즉, 인지적 측면에서는 커뮤니케이션이 개인이 가지고 있는 정보를 문자나 부호 등을 사용하여 타인에게 전달하는 것을 의미한다. 이때 정보를 보내는 사람은 정보원 또는 전달자가 되고, 정보를 받는 사람은 수신자가 된다.

② **행동적 측면**: 커뮤니케이션은 정보를 보냄으로써 상대방으로부터 어떤 반응을 얻어내는 과정이다. 즉, 행동적 측면에서는 커뮤니케이션이 정보의 단순한 교환이나 나누어 가짐보다는 전달자와 수신자 사이에서 정보를 매개로 이루어지는 '자극－반응' 관계를 강조한다.

따라서 인지적 측면에서는 정보를 교환하거나 나누어 가짐으로써 커뮤니케이션의 효과가 달성되는 것으로 생각하고, 행동적 측면에서는 상대방의 행동반응을 이끌어낼 수 있을 때 비로소 커뮤니케이션이 이루어진 것으로 본다.

2) 커뮤니케이션의 기본과정

베를로(D.K. Berlo)는 커뮤니케이션을 "정보가 일정한 경로 또는 매체를 거쳐 메시지의 형태로 전달자로부터 수신자에게 전달되는 과정"이라고 정의하고 커뮤니케이션의 과정을 [그림 9-1]과 같이 나타내고 있다[Berlo, 1960: 30-32]. 여기서 커뮤니케이션의 과정은 메시지를 코드화하는 전달자, 이를 해독하여 어떤 행동반응을 보이는 수신자, 그리고 피드백과 잡음 등으로 이루어진다.

그림 9-1 커뮤니케이션의 기본과정

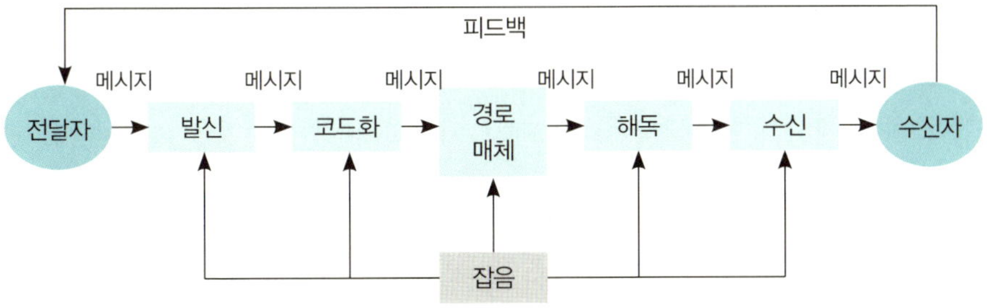

(1) 전달자와 수신자

전달자(senders)와 수신자(receivers)는 커뮤니케이션의 주체이다. 전달자는 정보를 전달하는 역할을 하는 사람을 말하며, 수신자는 이 정보를 받아들이는 역할을 하는 사람을 말한다.

그러나 이러한 역할은 수신자가 받아들인 정보에 대해 반응을 보임으로써 서로 바뀌게 된다. 즉 수신자는 반응이라는 정보를 보내는 전달자가 되며, 전달자는 그 반응을 받아들이는 수신자가 되는 것이다.

(2) 커뮤니케이션 메시지

메시지(message)는 수신자가 당면하고 있는 문제를 해결하는 데 도움이 되도록 전달자가 전달하려는 커뮤니케이션의 내용을 말한다.

커뮤니케이션의 메시지는 일반적으로 기록 · 숫자 · 예측 등과 같은 사실이나 의견으로 표현된다. 그러나 전달하려는 메시지가 전달자 자신의 태도나 감정일 수도 있다. 그러한 커뮤니케이션의 내용은 구체적인 문자나 언어보다는 전달자의 표정 · 얼굴색 · 눈빛 · 말투 등으로 표현된다. 또한 어떤 상황에서는 공식적인 언어나 문자를 사용하더라도 실제로 전달하려는 진정한 의미는 언어나 문자 자체의 내용보다는 그것의 표현방식을 통해 간접적으로 표현되기도 한다.

(3) 코드화와 해독

전달자는 어떤 메시지를 상대방에게 전달하려고 노력한다. 이때 전달자는 메시지의 '원래의 의미'나 '자신이 의도하는 바'를 심볼이나 부호의 형태로 바꾸어서 보내게 되는데, 이러한 과정을 코드화(encoding)라고 한다. 또한 수신자는 전달자가 보내온 메시지를 전달자의 의도대로 이해하기 위해 이것을 다시 원래의 의미로 전환해야 하는데, 이 과정을 해독(decoding)이라고 한다.

커뮤니케이션과정에서 이러한 코드화와 해독은 전달자와 수신자의 과거경험이나 준거체계 등에 의해 영향을 받는다.

(4) 커뮤니케이션 경로와 매체

전달자가 커뮤니케이션의 내용을 어떤 방식으로 표현하든 간에 반드시 커뮤니케이션 경로(channel)나 매체를 거쳐야만 그것을 수신자에게 전달할 수 있게 된다. 예를 들면 언어로 표현하려는 것은 수신자와의 직접적인 면담이나 전화 또는 회의 등과 같은 경로를 거쳐 전달할 수 있다. 그리고 문자를 사용하여 표현하려는 것은 공문이나 편지 또는 기타의 공개적인 출판물 등과 같은 매체를 통해 전달할 수 있다. 또한 전달자는 사진이나 그림 등을 수신자가 볼 수 있도록 함으로써 메시지를 간접적으로 전달할 수도 있다.

표면상으로 보면 특정의 경로나 매체를 사용하여 메시지를 전달하는 것을 일종의 기술적인 문제이거나 단순한 과정으로만 생각하기 쉽다. 그러나 커뮤니케이션 경로와 매체의 선택은 실제로 커뮤니케이션의 효과에 중대한 영향을 미친다. 즉, 커뮤니케이션의 효과는 사용하는 경로와 매체의 성격에 따라 큰 차이가 있게 된다. 예컨대, 경영자가 자기의 불만을 부하들에게 전달하기 위해 어떤 경로를 사용할 것을 고려하고 있다면(예를 들면, 개인면담이나 공개적 선포), 부하들은 똑같은 내용이라고 할지라도 그 메시지가 전달되는 경로에 따라서 각자 서로 다른 의미로 받아들이기 때문에 서로 다른 반응을 나타내게 된다.

(5) 피드백

피드백(feedback)은 전달자로 하여금 메시지가 정확히 전달되고 이해되었는지를 알게 해주는 수신자의 반응을 말한다. 피드백은 전달자와 수신자의 역할이나 위치가 수시로 변하는 쌍방적인 커뮤니케이션인 경우에 보다 효과적으로 커뮤니케이션의 목적을 달성할 수 있게 한다.

(6) 잡음

잡음(noise)은 전달자와 수신자 사이에서 발생하는 일종의 방해요인으로서 커뮤니케이션의 정확도와 감도를 떨어뜨리는 모든 것을 의미한다.

잡음은 커뮤니케이션 과정의 어느 곳에서나 일어날 수 있다. 예를 들면, 커뮤니케이션 경로나 매체를 잘못 선택하여 메시지를 수신자에게 전달하지 못한다든지, 전달자가 시간에 쫓겨 전달하려는 내용을 충분히 전달하지 못하는 경우가 있다. 그리고 수신자는 전달자의 신분이나 지위가 나타내는 위엄성이나 고압적 자세에 당황하여 전달되는 내용을 확실히 이해하지 못하기도 한다. 또한 커뮤니케이션 쌍방은 주위가 소란하거나 물리적인 방해물 때문에 메시지를 전달하고 이해하는 것이 어렵게 되는 경우도 있다.

2. 커뮤니케이션의 목적과 유형

1) 커뮤니케이션의 목적

조직에서 이루어지는 커뮤니케이션은 구성원이 주어지는 과업을 열심히 수행해야 한다는 생각이나 감정을 갖게 만들고, 이들의 사기를 높이며, 의사결정에 필요한 다양한 정보가 원활하게 최대한 제공되게 하고, 과업과 책임범위를 통제하는 등과 같은 기능을 결합하여 조직의 목표가 보다 효율적으로 달성되게 한다.

스코트(W. Scott)와 미첼(T. Mitchell)은 [표 9-1]에서와 같이 커뮤니케이션의 목적을 커뮤니케이션의 기능 · 지향성 · 목표 등으로 나누어 상세하게 설명하고 있다[Scott and Mitchell, 1976: 193].

표 9-1 《 커뮤니케이션의 목적

기능	지향성	목표	이론 및 연구의 초점
감정유발	감정	구성원이 조직과업을 자발적으로 수행할 수 있게 한다.	직무만족, 갈등, 스트레스, 역할 등
사기진작	영향력	구성원이 조직목표에 대해 동일시 할 수 있게 한다.	권력, 순종, 기대, 행동변화, 학습 등
정보전달	문제해결 능력	구성원에게 의사결정에 필요한 자료를 최대한 제공한다.	의사결정, 정보처리
과업통제	조직구조	구성원이 과업과 권한을 명확하게 인식할 수 있게 한다.	조직설계

자료: Scott, W. and Mitchell, T.(1976), *Organization Theory: A Structure and Behavioral Analysis*(Homewood, Ill: Richard D. Irwin, Inc.), p.193.

2) 커뮤니케이션의 유형

커뮤니케이션은 일반적으로 언어적 커뮤니케이션과 비언어적 커뮤니케이션, 그리고 일방적 커뮤니케이션과 쌍방적 커뮤니케이션으로 나누어 생각할 수 있다.

(1) 언어적 · 비언어적 커뮤니케이션

언어적 커뮤니케이션(verbal communication)은 말 그대로 언어를 이용한 의사소통을 말하며 이는 다시 구두커뮤니케이션과 문서커뮤니케이션으로 나뉜다. 구두커뮤니케이션(oral communication)은 말을 통해 이루어지는 커뮤니케이션이다. 전달자와 수신자가 전화, TV, 화상회의, 방송매체 등을 이용하거나 또는 직접 얼굴을 맞대고 대화를 통해 메시지를 전달하게 된다. 그리고 문서커뮤니케이션(written communication)은 편지, 보고서, 사보, 건의서, 이메일(email) 등과 같이 글로 표현되는 매체를 거쳐 메시지가 전달되는 커뮤니케이션을 말한다.

구두커뮤니케이션은 직접적인 의사소통방식으로서 효율성과 즉시성이라는 장점을 지니고 있다. 반면에 문서커뮤니케이션은 언어표현의 정확성과 내용의 기록이 요구되는 중요한 메시지를 전달해야 할 경우에 유리하다. 따라서 언어적 커뮤니케이션은 커뮤니케이션의 목적과 특성, 전달속도, 메시지의 중요성을 고려하여 구두커뮤니케이션과 문서커뮤니케이션을 적절히 배합하여 사용하는 것이 바람직하다.

비언어적 커뮤니케이션(nonverbal communication)은 말이나 문자가 아닌 비언어적 행동과 방법, 즉 자세 · 얼굴표정 · 의상 · 몸짓 · 분위기 등을 통해 메시지를 전달하는 방식으로 이루어지는 커뮤니케이션을 말한다. 구두나 문서와 같은 매체로는 메시지의 표현과 전달이 어려운 경우에 비언어적 커뮤니케이션은 매우 효과적인 의사소통 방법이 된다.

(2) 일방적 · 쌍방적 커뮤니케이션

커뮤니케이션은 발신자와 수신자 사이에 메시지에 대한 반응을 의미하는 피드백(feedback)이 있느냐 없느냐에 따라 일방적 커뮤니케이션(one-way communication)과 쌍방적 커뮤니케이션(two-way communication)으로 구분된다.

일방적 커뮤니케이션은 피드백이 없는 방식으로서 지시나 명령과 같이 메시지의 일방적인 흐름을 나타낸다. 이러한 방식의 커뮤니케이션은 시간이 덜 걸린다는 장점은 있으나 일반적으로 비효율적인 것으로 알려지고 있다. 이에 반해서 쌍방적 커뮤니케이션은 피드백이 있는 방식으로서 시간이 더 걸리고 때로는 감정적인 문제가 발생할 수 있지만 보다 효율적인 방식이라고 할 수 있다. 즉, 쌍방적 커뮤니케이션은 수신자의 발신자에 대한 반응을 나타내는 피드백의 기회가 있음으로써 커뮤니케이션의 정확성과 유효성이 향상되어 양자 간의 신뢰도가 증가하게 된다.

9-2 | 조직커뮤니케이션

1. 조직커뮤니케이션의 구성

조직에서 이루어지는 커뮤니케이션은 공식적 커뮤니케이션과 비공식적 커뮤니케이션으로 구성된다. 공식적 커뮤니케이션은 조직구조라는 사전에 결정된 경로에 따라 이루어지는 의사소통과정을 말하며, 비공식적 커뮤니케이션은 집단구성원의 자연발생적 관계에 의해 형성된 비공식적인 경로를 거쳐 이루어지는 의사소통과정을 말한다. 여기에서는 먼저 공식적 커뮤니케이션과 관련하여 조직구조에 의해 커뮤니케이션이 어떻게 영향을 받는가 하는 것과 커뮤니케이션의 여러 연결형태를 보여주는 커뮤니케이션 네트워크에 대해 알아본 다음, 자생적인 비공식적 커뮤니케이션의 형성과정과 그 네트워크에 대해 살펴본다.

1) 공식적 커뮤니케이션

공식적 커뮤니케이션(formal communication)은 메시지가 전달되는 방향에 따라 수직적 커뮤니케이션과 수평적 커뮤니케이션의 두 가지 형태로 분류된다. 이러한 커뮤니케이션의 방향은 조직구조에 의해 결정되는 것으로서 조직 내 권한관계에 의한 메시지의 전달경로를 나타낸다.

(1) 수직적 커뮤니케이션

수직적 커뮤니케이션(vertical communication)은 조직 내의 권한라인에 따라 메시지가 위에서 아래로 또는 아래에서 위로 전달되는 과정을 말한다. 따라서 수직적 커뮤니케이션은 메시지의 전달방향에 따라 다음과 같은 두 가지의 형태로 구분된다.

① 하향적 커뮤니케이션(downward communication): 조직의 명령계통 또는 위계(hierarchy)에 따라서 상급자로부터 하급자에게로 전달되는 명령 · 지시 · 방침 · 성과표준 등을 포함하는 의사소통을 의미한다. 예를 들면, 기업조직에 있어서 최고경영자는 통상 하향적 커뮤니케이션을 이용하여 실무에 관한 정보뿐만 아니라 기업경영에 관한 기본원칙, 즉 자기의 경영철학을 구성원에게 주지시키는데 이는 최고경영자가 조직에서 절대적인 영향력과 지위를 지니고 있기 때문에 가능한 것이다.

② 상향적 커뮤니케이션(upward communication): 여기에는 하급자가 직무성과를 상급자에게 보고하는 것뿐만 아니라 자기의 의견이나 태도와 같은 것까지를 위로 전달하는 것도 포함한다. 상급자는 상향적 커뮤니케이션을 통해 조직의 목표달성을 위한 적절한 행동이 취해졌는지를 확인할 수 있으며, 하급자의 개인적인 고민을 파악할 수 있고, 또한 조직의 발전을 위한 각종 제안을 받아들여 참신한 아이디어를 창출해 낼 수 있다. 그러나 상향적 커뮤니케이션은 여과효과(filtering effect)에 의해 전달되는 메시지의 정확성이 크게 훼손되는 문제가 있다. 즉, 하급자들은 자기에게 불리한 정보나 반대의견 등을 걸러내거나 유리한 것으로 채색하여 보고하려는 경향이 있다. 그 결과 조직을 위해서는 매우 중요한 정보들이 상급자, 특히 최고경영자에게까지 정확히 전달되지 않는 경우가 흔히 발생한다.

(2) 수평적 커뮤니케이션

수평적 커뮤니케이션(horizontal communication)은 조직 내에서 위계수준이 같거나 비슷한 구성원이나 부서 사이의 의사소통을 의미한다. 여기에는 두 가지 형태가 있다. 하나는 조직의 하부단위 내(within subunit)의 커뮤니케이션으로서 같은 계층의 동료 사이의 상호작용이고, 다른 하나는 조직의 하부단위 간(between subunit)에 이루어지는 커뮤니케이션이다[신유근, 1989: 347].

수평적 커뮤니케이션은 구성원 간, 부서 간에 나타날 수 있는 대립이나 이해관계를 효과적으로 조정하는 역할을 한다. 예를 들면, 조직에서 서로 다른 명령계통을 가지는 부서 간에 종종 서로 다른 과업목표나 조직 내의 한정된 자원을 보다 먼저, 많이 확보하려는 경쟁심리 때문에 갈등이 발생한다. 이러한 경우에 경영자는 수평적 커뮤니케이션을 통해 부서들 사이에 필요한 정보의 교환과 상호이해를 증진시켜 갈등을 최소화시킬 수 있다.

(3) 조직커뮤니케이션 네트워크

조직커뮤니케이션 네트워크는 구성원 사이의 접촉패턴을 말한다. 따라서 커뮤니케이션 네트워크는 한 집단 내에서 가능한 모든 커뮤니케이션의 패턴을 나타내는 것이라고 할 수 있다.

커뮤니케이션 네트워크(communication network)에 대한 연구는 소집단연구를 전문으로 하는 사회학자들에 의해 주도되어 왔다. 오래 전부터 연구자들은 다섯 명의 구성원으로 형성될 수 있는 커뮤니케이션 네트워크의 형태를 [그림 9-2]에서와 같이 분류하여 제시하고 있다[Berelson and Steiner, 1964: 356].

❚ 그림 9-2 ❚ 커뮤니케이션 네트워크의 유형

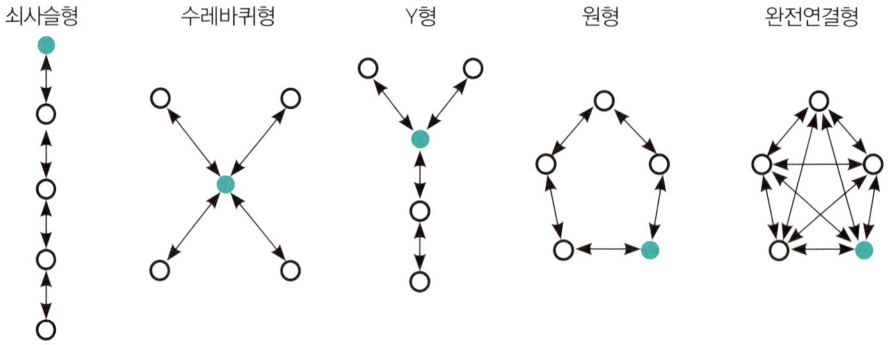

커뮤니케이션 네트워크에 대한 가장 큰 관심사는 각 네트워크가 조직구성원의 행동과 과업성과에 미치는 영향에 관한 것이다. 즉, 어떤 유형의 커뮤니케이션 네트워크가 가장 효과적인가 하는 문제이다. 이에 대해 호킨스(L. Hawkins)와 프레스톤(P. Preston)은 기존의 연구결과들을 종합하여 커뮤니케이션 네트워크가 조직행동의 여러 측면에 미치는 영향을 분석하였다[Hawkins and Preston, 1984: 280]. 이 분석결과를 토대로 커뮤니케이션 네트워크의 조직행동과 관련되는 특성을 요약하면 [표 9-2]에서 보는 바와 같다.

여기에서 알 수 있는 것처럼 가장 이상적인 유일한 커뮤니케이션 네트워크는 없다. 커뮤니케이션 네트워크는 과업특성과 커뮤니케이션의 목적 등을 고려하여 적절히 선택될 때 그 유효성이 높아진다.

표 9-2 《 **커뮤니케이션 네트워크의 특성**

네트워크의 기본특성	쇠사슬형	Y형	수레바퀴형	원형	완전 연결형
의사결정의 질	리더의 능력에 따라 달라진다	리더의 능력에 따라 달라진다	리더의 능력에 따라 달라진다	중간	높음
의사결정의 속도	느림	중간	빠름	중간	느림
메시지의 왜곡도	높음	중간	중간	중간 또는 높음	낮음
구성원의 만족도	상부: 높음 하부: 낮음	중심부: 높음 하부: 낮음	중심부: 높음 외부: 낮음	중간	높음
권한의 집중도	중간	높음	매우 높음	낮음	매우 낮음
정보의 과중도	중간	중심부: 높음 하부: 낮음	중심부: 매우 높음 외부: 중간	중간	중간

2) 비공식적 커뮤니케이션

(1) 비공식적 커뮤니케이션의 형성

비공식적 커뮤니케이션(informal communication)은 조직구성원 사이에서 어떤 원인에 의해 자연발생적으로 형성된다. 비공식적 커뮤니케이션이 형성되는 데는 주로 다음과 같은 조직 내의 문제나 개인의 의도가 원인이 되는 것으로 알려지고 있다. 이것의 형성원인을 살펴보면 다음과 같다.

첫째, 조직의 공식적인 경로를 통해 전달되는 정보의 양이 적을 경우에 구성원은 비공식적인 소통을 이용하여 필요한 정보를 얻으려고 노력한다.

둘째, 조직 내에서 어떤 불확실한 상황에 직면하여 그에 대한 이해가 부족하게 되면 구성원은 불안과 초조함을 느끼게 된다. 따라서 이들은 비공식적인 경로를 통해 그러한 불확실한 상황이 자기에게 유리한 것인지 또는 불리하게 작용할 것인지를 알려고 노력한다.

셋째, 구성원은 조직과정에 의해 규정된 상대와만 대화를 나누려고 하지 않는다. 그들은 여러 가지 필요에 의해 직종과 계층을 넘어선, 또는 학연이나 지연 등을 기반으로 하는 인간적 유대를 갖고 커뮤니케이션을 유지하려 한다.

넷째, 구성원은 좋아하지 않거나 자기와 적대관계에 있는 상대를 공격하기 위한 수단으로 비공식적 커뮤니케이션 경로를 이용하기도 한다.

다섯째, 새로운 메시지와 정보를 신속하게 전달해야 할 필요가 있는 경우에 비공식적 커뮤니케이션을 이용하는 것이 더 효과적일 수 있다.

이와 같은 원인들에 의하여 형성되는 비공식적 커뮤니케이션은 일반적으로 공식적 커뮤니케이션체계를 혼란하게 만들고 구성원의 초조감과 정보의 왜곡 등과 같은 문제를 불러오는 것으로 인식되어 경영자에게는 경원시되어 왔다. 그러나 비공식적 커뮤니케이션을 통해 구성원의 소속감을 강화시킬 수 있으며, 정서적 불안감이나 불만을 상당부분 해소시킬 수 있다. 또한 구성원의 즉각적인 반응이 요구되는 중요한 정보는 비공식적 커뮤니케이션경로를 이용하여 오히려 효과적으로 처리할 수 있다. 따라서 경영자는 조직 내 비공식적 커뮤니케이션에 대한 적절한 통제를 통해 이것의 부정적 측면을 감소시키는 동시에 긍정적 측면을 활용할 수 있는 효율적인 관리방안을 마련해야 한다.

(2) 비공식적 커뮤니케이션 네트워크

비공식적 커뮤니케이션은 공식적 커뮤니케이션과는 달리 밖으로 드러나지 않기 때문에 구성원의 고정적인 접촉패턴을 찾아내는 일이 쉽지 않다. 비공식적 커뮤니케이션경로를 흔히 '그레이프바인(grapevine)'이라고 부르는데 이는 미국 남북전쟁 당시 나무들 사이에 걸려 있던 전신줄들의 모양이 포도넝쿨을 닮았다 해서 붙여진 말이다.

데이비스(K. Davis)는 이러한 그레이프바인, 즉 비공식적 커뮤니케이션경로가 [그림 9-3]에서 보는 바와 같이 몇 가지 패턴으로 나타나고 있음을 발견하였다[Davis, 1953]. 물론 이러한 패턴을 공식적 커뮤니케이션의 네트워크와 같이 고정적인 유형으로 이해하는 것은 곤란하다. 그러나 이러한 몇 가지 패턴이 비공식적 커뮤니케이션경로에서 비교적 자주 발견되는 유형이라는 점에는 주목할 필요가 있다.

▮ 그림 9-3 ▮ 비공식적 커뮤니케이션 네트워크 유형

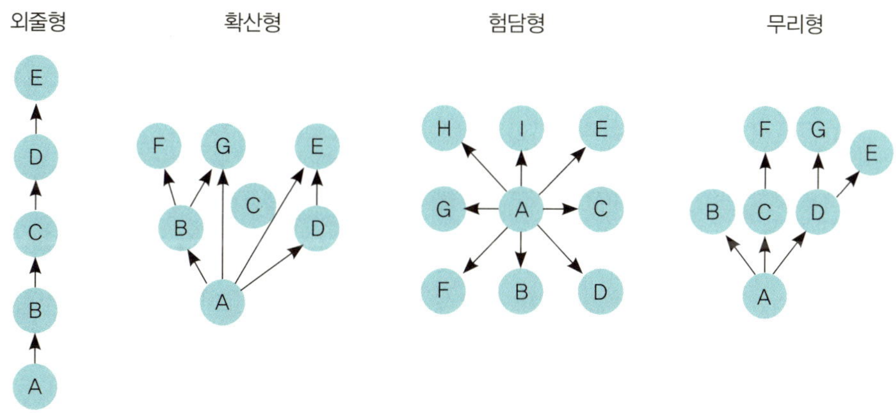

① 외줄형(single strand): 메시지가 1 대 1의 접촉을 통해 한 방향으로 정해진 사람에게만 전달되어 가는 패턴을 말한다. 이러한 유형은 조직에서 비교적 적게 나타난다.

② 확산형(probability chain): 메시지가 접촉하는 모든 사람에게 대상을 가리지 않고 전파되는 패턴을 말한다. 따라서 이러한 유형은 특정의 중심인물이나

전달대상에 대한 선택성이 존재하지 않는다.

③ 험담형(gossip chain): 메시지가 어느 한 사람을 중심으로 주위 사람들에게 험담을 주고받듯이 은밀하게 전파되는 패턴을 말한다. 그림에서 보면 A가 메시지를 전파하는 중심인물이다. 이러한 패턴은 조직에서 비교적 많이 볼 수 있는 형태이다.

④ 무리형(cluster chain): 메시지가 몇몇의 중심인물을 거쳐 무리를 지어 전달되는 패턴을 말한다. 따라서 이 패턴은 전달대상에 대한 선택성이 존재한다. 그림에서는 A, C, D가 무리 중의 중심인물이다. 이러한 패턴은 조직에서 가장 많이 나타나는 형태라고 할 수 있다.

(3) 비공식적 커뮤니케이션의 관리

전통적 경영이론과 조직이론에서는 비공식적 커뮤니케이션의 존재를 인정하지 않았다. 조직에서 그러한 현상을 발견하면 제거하거나 최소한도로 감소시켜야 한다고 생각했다. 그러나 현대의 경영학자들은 비공식적 커뮤니케이션은 그 뿌리가 매우 깊고 견고하기 때문에 완전히 제거할 수 없다고 생각한다. 따라서 비공식적 커뮤니케이션을 제거하려고 하기보다는 그것을 이해하고 그것에 적응하여 커뮤니케이션의 기능을 효과적으로 담당할 수 있게 만들어야 한다고 주장한다.

예를 들면, 경영자는 비공식적 커뮤니케이션의 형성원인을 찾아내고 그 속성을 이용하여 구성원의 정서적 불안감과 불만을 해소시키고 소속감을 증대시킬 수 있다. 또한 구성원의 즉각적인 반응이 요구되는 중요한 정보는 비공식적 커뮤니케이션의 경로를 이용하여 오히려 효과적으로 처리할 수 있다.

그러나 비공식적 커뮤니케이션을 효과적으로 이용하는 데는 많은 위험이 따르며, 잘못 활용하게 되면 큰 대가를 치러야 한다. 예컨대, 비공식적 커뮤니케이션을 과도하게 이용하게 되면 공식적 커뮤니케이션시스템과 조직구조를 파괴하는 결과를 가져올 수 있다. 또한 비공식적 커뮤니케이션을 이용하여 구성원의 약점이나 비리를 캐내려고 하거나 그들의 행동을 감시하려고 한다면 조직 내에 바람직하지 못한 첩보망이 형성되어 경영상 심각한 문제를 불러오게 된다.

허쉬(R. Hershey)는 경영자가 비공식적 커뮤니케이션에 대해 취해야 할 입장과 대책을 다음과 같이 제시하였다[Hershey, 1966].

첫째, 조직 내에서 비공식적 커뮤니케이션이 발생하고 만연되는 주요 원인은 구성원이 원하는 정보를 얻을 수 없기 때문이다. 따라서 경영자는 구성원이 필요한 정보를 보다 쉽게 얻을 수 있게 조직 내의 커뮤니케이션시스템을 되도록 공개하거나 개방해야 한다. 그렇게 되면 조직 내에 만연되어 있는 바람직하지 못한 루머는 자연히 소멸된다.

둘째, 조직 내에 이미 만연되어 있는 루머를 저지하려고 한다면 경영자는 그러한 루머에 방어적인 태도를 취하거나 그것의 불합리성을 내세워 몰아세우기보다는 그것과 상반되는 사실을 정면으로 제시하는 것이 더 효과적이라고 할 수 있다.

셋째, 단조로움과 무료함은 루머가 조성되는 온상이다. 따라서 바람직하지 못한 루머가 발생하는 것을 사전에 방지하려면 구성원에게 과도한 무료함과 단조로움을 가져다주는 요인들을 제거해야 한다.

넷째, 조직 내에 바람직하지 못한 비공식적 커뮤니케이션이 형성되는 것을 방지할 수 있는 가장 근본적인 방법은 구성원이 조직에 대해 신뢰감과 좋은 인상을 갖도록 하는 것이다. 그렇게 함으로써 구성원은 조직이 제공하는 정보에 더욱 믿음을 갖고 귀를 기울이게 된다.

다섯째, 조직은 교육훈련과정을 통해 경영자가 비공식적 커뮤니케이션의 지식을 습득하고 그것을 효과적으로 이용하거나 처리할 수 있게 해주어야 한다.

2. 조직커뮤니케이션의 장애요인

조직커뮤니케이션은 메시지의 전달과정에서 여러 문제들이 발생할 수 있다. 커뮤니케이션의 과정에서 가장 치명적인 문제는 발신자 또는 전달자가 전한 메시지가 수신자에게 정확하게 전달되지 않거나, 전달자가 기대하는 결과를 얻어내지 못하는 데 있다. 이러한 문제는 결국 커뮤니케이션이 효과적으로 이루어지지 못하는 상태를 말한다. 이렇게 효과적인 커뮤니케이션을 방해하는 몇 가지 대표적인 장애요인들에 대해 알아보면 다음과 같다[박영배, 2010: 316-317].

① **감정적 장애**: 감정적 장애(emotional blocks)로는 순간적인 기분, 공포감, 보복이나 방어심리 등이 있다. 이러한 요인들은 부분적으로 개인의 성격이나 지위의 차이에서 오는 것으로, 특히 커뮤니케이션의 내용을 사실과 다르게 해석하거나 그릇되게 만든다. 하급자가 상급자로부터의 질책이나 꾸중 등을 두려워하거나 어떤 위험을 느끼게 되면 보고하는 내용의 의미를 바꾸거나 상급자의 명령이나 지시사항에 대한 자신의 의견을 솔직하게 표명하지 못하는 것이 좋은 예이다.

② **가치관의 차이**: 커뮤니케이션 쌍방의 가치관이 다름에 따라 동일한 정보나 메시지를 서로 다르게 이해하는 경우가 있다. 이러한 현상은 전달자와 수신자 간에 가치의 준거체계(frame of reference)가 일치하지 않기 때문에 나타난다. 가치관의 차이는 주로 역사, 종교, 교육수준 등에 의해 영향을 받고 커뮤니케이션의 코드화와 해독의 과정에서 왜곡을 일으킨다.

③ **표현상의 문제**: 전달자의 불완전한 표현도 중요한 장애요인이 된다. 예를 들면, 전달자가 발음이 명확하지 못하거나 부적절한 언어를 사용함으로써 커뮤니케이션이 왜곡될 수 있다.

④ **정보의 과중**: 커뮤니케이션의 과정에 메시지나 정보의 양이 너무 많아서 전달자가 처리하기 힘들거나 수신자가 완전히 전달받지 못하면 합리적인 의사결정을 하는 데 어려움을 겪게 된다.

⑤ **조직상의 결함**: 조직의 규모가 너무 방대하거나 고층구조로 되어 있어 커뮤니케이션 단계가 길어지게 되면 메시지의 일부만이 수신자에게 전달되는 '누락(omission)' 현상이 발생한다. 또한 부서들이 너무 분산되어 있거나 조직의 규칙 등이 너무 엄격하면 구성원이 서로 메시지를 교환할 기회가 줄어들거나 커뮤니케이션이 왜곡될 가능성이 상대적으로 커진다.

효과적인 커뮤니케이션을 방해하는 요인은 위에서 설명한 것들 외에도 상당히 많다. 예를 들면 자신에 유리한 메시지나 정보만을 선호하는 선택적 경청(selective listening), 수신자의 메시지에 대한 선입견, 전달자와 수신자의 신뢰감의 결여, 신체언어의 부적절한 사용 등과 같은 요인들도 커뮤니케이션에 큰 장애가 된다.

3. 조직커뮤니케이션의 개선방안

조직커뮤니케이션을 촉진하기 위해서는 반드시 공식적 커뮤니케이션과 비공식적 커뮤니케이션을 동시에 고려하거나 적절히 배합하여 운용해야 한다. 따라서 여기에서는 이들 두 가지 커뮤니케이션의 관계와 적절한 이용을 통해 조직커뮤니케이션의 유효성을 높일 수 있는 방안을 알아본다[Melcher and Beller, 1967; 박영배, 2010: 317-322]. 또한 오늘날 거의 모든 조직에서 널리 운용되고 있는 전자커뮤니케이션 문제에 대해 살펴본다.

1) 커뮤니케이션의 경로와 매체의 배합

조직커뮤니케이션에서 메시지는 많은 경로와 매체를 거쳐 전달되고 수신된다. 따라서 전달자가 메시지를 효과적으로 전달하기 위해서는 적당한 경로와 매체를 선택하고 이들을 효과적으로 배합하여야 한다. [표 9-3]은 커뮤니케이션경로(공식적 · 비공식적)와 커뮤니케이션매체(서면 · 구두)의 여러 가지 배합방식을 보여준다.

표 9-3 ⟪ 커뮤니케이션경로와 매체의 배합

경로 / 매체	공식적	비공식적	선공식적 · 후비공식적	선비공식적 · 후공식적
서면	①	②	③	④
구두	⑤	⑥	⑦	⑧
선서면 · 후구두	⑨	⑩	⑪	⑫
선구두 · 후서면	⑬	⑭	⑮	⑯

표에서 보는 바와 같이 커뮤니케이션경로와 커뮤니케이션매체 사이의 가능한 배합방식은 모두 16가지가 있다. 그러나 일반적으로 조직에서 이용하는 배합방식

은 이들 중 극히 일부분에 지나지 않는다. 예를 들면, 공식적 커뮤니케이션에서 이용할 수 있는 배합방식은 ①, ⑤, ⑨, ⑬ 등의 네 가지가 있는데도 불구하고 ①의 방식(공식적－서면)만을 선호하는 경향이 있다. 또한 비공식적 커뮤니케이션에 있어서도 이용할 수 있는 배합방식이 ②, ⑥, ⑩, ⑭ 등의 네 가지가 있는데도 주로 ⑥의 방식(비공식적－구두)만을 사용하는 경향이 있다. 그러한 하나의 방식이 언제나 효과적이라고는 할 수 없다. 전달자는 메시지나 정보의 성질, 수신자의 개인적 특성, 커뮤니케이션의 목적, 조직분위기 등과 같은 여러 가지 요인을 고려하여 가장 적합하다고 생각되는 배합방식을 선택해야 한다.

2) 커뮤니케이션 경로와 매체의 선택

커뮤니케이션이 효과적으로 이루어지도록 하기 위해서 경영자는 어떤 커뮤니케이션 경로와 매체를 활용해야 하는지는 매우 복잡하고도 어려운 문제이다. 왜냐하면 여러 상황에서 모두 효과적으로 응용할 수 있는 한 가지 방법은 없기 때문이다.

경영자가 커뮤니케이션 경로와 매체를 선택하는 데 있어서 고려해야 할 사항으로 다음과 같은 측면이 중요하다.

(1) 커뮤니케이션의 성질

커뮤니케이션의 성질은 상당히 다양하기 때문에 다음과 같이 몇 가지로 정리하여 살펴보면 도움이 된다.

① **커뮤니케이션 임무의 복잡성**: 커뮤니케이션의 임무는 그 복잡성의 정도에 따라, 첫째 지시나 명령의 전달, 둘째 필요한 정보나 자료의 요구 또는 제공, 셋째 의견일치나 결정의 달성 등을 들 수 있다. 이 중에서 세 번째 임무는 특히 커뮤니케이션 쌍방이 서로 다른 의견을 가질 때 더욱 복잡하게 된다. 따라서 이러한 경우에는 먼저 상이한 의견 간에 공통되는 점이 있는지를 분석하고 비공식적 커뮤니케이션을 통해 협조를 구한다. 그리고 비공식적 경로를 거쳐 결정된 사항은 다시 공식적 경로를 통해 공개적으로 인정하는 절

차를 밟아야 한다. 만일 처음부터 공식적 경로의 토론으로 의견 차이를 공개하면 쌍방의 입장과 태도는 더욱 경직되어 상대방의 협조를 이끌어 내기가 어렵게 된다. 또한 만일 공식적 권한을 행사하여 억지로 특정의 결정이나 협의를 강요한다면 쌍방의 관계가 악화되어 이후의 협조가 더욱 어렵게 되는 결과를 가져올 수 있다.

② **커뮤니케이션 내용의 합법성과 정당성**: 커뮤니케이션은 그 내용에 따라서 규정이나 관례에 의해 이루어져야만 당연하다고 생각되는 것이 있는가 하면, 조직 정책의 갑작스런 변경사항이나 탄력적으로 시행해야 할 조치 등과 같이 필요하지만 규정이나 관례에 따라서 행할 수 없는 것이 있다. 이러한 경우에 커뮤니케이션의 목적을 달성하기 위해 어떤 경로와 매체를 선택해야 할 것인가 하는 것은 매우 중요한 문제가 된다.

③ **커뮤니케이션에 필요한 자원의 양**: 만일 커뮤니케이션을 통해 요구사항이나 명령을 전달하거나 어떤 결정을 이끌어내는 데 많은 인력과 비용이 필요하다면 반드시 그러한 자원을 제공하고 그 효과에 대해 책임을 져야 할 사람이 있어야 한다. 따라서 그러한 사람은 자기의 책임범위와 효과를 명확히 하기 위해 커뮤니케이션이 가급적 공식적 경로와 서면으로 진행되기를 원할 것이다. 물론 커뮤니케이션이 그렇게 진행되기를 원하는 정도는 위에서 설명한 '커뮤니케이션의 내용'과 관계가 있다. 즉, 커뮤니케이션의 내용이 보다 임시적이고 융통성이 있게 처리되어야 할 성질인 경우에는 보다 공식적이고 구체적인 근거를 요구하게 된다.

(2) 커뮤니케이션의 구성원

커뮤니케이션은 보통 최초전달자(정보원), 중간전달자, 수신자 그리고 이들의 상부경영자 등의 참가자들로 구성된다. 그리고 이들 구성원의 특성은 커뮤니케이션 방식을 선택하는 데 영향을 미친다.

① **목표지향성과 수단지향성**: 목표지향적인 사람은 직무를 수행하는 목적을 주어진 목표나 과업을 달성하는 데 두기 때문에 규정이나 절차를 그다지 중요하게 여기지 않는다. 이러한 사람은 커뮤니케이션 방법을 선택하는 데 있어

서도 문서나 공식적인 방식보다는 구두나 비공식적인 방식을 선호한다. 그러나 수단지향적인 사람은 반드시 규정이나 절차에 따라서 직무를 수행하기를 원하며, 심지어는 규정이나 절차 자체를 직무의 목적으로 삼기도 한다. 이러한 사람은 커뮤니케이션 방법을 선택하는 데 있어서 문서나 공식적인 방식을 더욱 선호한다.

② 신뢰도: 이는 중간전달자나 수신자에 대한 최초전달자의 믿음을 말한다. 다시 말하면 신뢰도는 중간전달자나 수신자가 전달되는 메시지를 정확히 해석하고, 커뮤니케이션을 효과적으로 이끌 수 있으며, 필요한 경우에는 유용한 정보를 첨가할 수 있는가 하는 문제에 대한 믿음의 정도를 말한다. 만일 커뮤니케이션의 과정에서 신뢰도가 높은 중간전달자나 수신자를 찾을 수 있다면 공식적이든 비공식적이든 또는 구두든 문서든 어느 특정의 방식만을 선택한다고 할지라도 커뮤니케이션의 효과를 증대시킬 수 있다. 그러나 중간전달자나 수신자가 전달되는 메시지를 정확히 이해·해석하지 못한다면 커뮤니케이션의 경로와 매체를 효과적으로 배합하여 이용해야 한다.

③ 어문능력: 커뮤니케이션 구성원의 어문능력 또한 커뮤니케이션 방식을 선택하는 데 있어서 반드시 고려해야 할 중요한 요인이다. 즉, 메시지의 전달자와 수신자의 선정, 커뮤니케이션의 내용과 표현방법 등은 반드시 커뮤니케이션 구성원의 어문능력을 감안하여 결정되어야 한다.

(3) 인간관계의 통합 정도

커뮤니케이션과정에 참여하고 있는 구성원 사이에 어떤 관계가 형성되고 유지되고 있는가는 매우 중요하다. 인간관계가 고도로 통합되어 있으면 구성원 간에 밀접한 관계가 형성되어 빈번한 접촉과 협조가 이루어진다. 이러한 경우에 커뮤니케이션은 주로 구두와 비공식적인 방식으로 진행되는 것이 보통이다. 반대로 인간관계의 통합 정도가 낮은 경우에는 구성원 간의 관계가 밀접하지 않고 충분한 접촉과 협조가 어렵기 때문에 주로 서면과 공식적인 방식으로 커뮤니케이션을 진행할 수밖에 없게 된다.

(4) 커뮤니케이션의 경로와 매체의 성질

커뮤니케이션의 경로와 매체는 각기 다른 성질을 나타낸다. 따라서 커뮤니케이션 방식을 선택할 때에는 반드시 여러 경로와 매체의 특성을 고려해야 한다.

① **커뮤니케이션의 속도**: 커뮤니케이션의 속도는 커뮤니케이션의 경로와 매체에 따라 큰 차이가 난다. 구두와 비공식적 커뮤니케이션은 서면과 공식적 커뮤니케이션에 비해 메시지의 전달이 빠르게 이루어진다.

② **피드백**: 커뮤니케이션 피드백(feedback)의 속도와 정확성 역시 커뮤니케이션의 경로와 매체에 따라 큰 차이가 있다. 구두커뮤니케이션을 이용하면 상대방의 반응을 즉각적으로 얻을 수 있다. 그러나 서면을 이용하는 문서커뮤니케이션의 경우에는 피드백의 속도가 매우 느리거나 심지어는 피드백을 얻지 못하는 경우도 있게 된다.

③ **메시지의 수용성**: 이는 수신자가 전달된 메시지를 받아들이는 정도를 말한다. 이러한 메시지의 수용성 역시 커뮤니케이션의 경로와 매체에 따라 큰 차이가 있다. 사람들은 일반적으로 공식적인 경로를 통해 문서로 전달되는 메시지를 더 중시하는 경향이 있다.

④ **비용**: 커뮤니케이션에 있어서 어떤 경로와 매체를 선택하는가에 따라 소요되는 비용에 큰 차이가 난다. 예를 들면, 지역적으로 멀리 떨어져 있는 수신자를 직접 방문하여 구두로 정보를 전달한다면 서신이나 전화 또는 인터넷통신 등을 이용하는 것에 비해 큰 비용이 소요된다.

⑤ **책임의 명확성**: 커뮤니케이션은 전달자가 수신자에게 어떤 책임을 부여하는 과정이라고 할 수 있다. 즉, 경영자는 항상 커뮤니케이션을 통해 하급자들에게 자원의 활용이나 과업의 완성과 같은 책임을 부여하게 된다. 그러나 커뮤니케이션을 거쳐 전달되는 책임의 명확성은 커뮤니케이션의 경로와 매체에 따라서 달라진다. 예를 들면, 공식적인 경로를 통해 서면으로 전달되는 책임은 그 명확성이 다른 경로나 매체를 거쳐 전달될 때보다 높다고 할 수 있다. 따라서 조직에서는 종종 처음에는 빨리 전달하기 위해 구두와 비공식적 커뮤니케이션을 이용한다고 할지라도 수신자가 전달된 메시지를 어느 정도 이해한 뒤에는 곧 그에 대한 책임을 명확하게 하기 위하여 또 다시

서면과 공식적 경로를 이용한다.

3) 전자커뮤니케이션의 효율적 운용

오늘날 모든 조직에서는 전자매체를 활용하여 조직커뮤니케이션을 운용하고 있다. 따라서 조직구성원은 대부분의 시간을 전자매체로 메시지를 주고받으며 업무를 진행한다. 이러한 전자매체의 사용은 조직 내에서 이루어지는 커뮤니케이션 풍토에도 막대한 영향을 미치고 있다[백기복, 2014: 217].

조직에서 사용하는 전자커뮤니케이션 매체는 매우 다양하다. 최근 일반적으로 사용되고 있는 매체로는 전자메일, 모바일통신, 화상회의, 블로그(blog), 소셜네트워킹(social networking) 등이 있다. 이들 매체는 많은 양의 메시지를 많은 사람들과 편리할 때 실시간으로 주고받음으로써 중요한 정보를 어렵지 않게 공유할 수 있을 뿐 아니라 구성원 간의 관계형성에도 크게 기여하고 있다. 특히 전통적인 조직 내 위계질서가 상당히 완화되는 현상과 함께, 빅데이터(big data)를 활용하여 분석한 과학적인 시장정보를 경영전략을 수립하는 데 사용할 수 있게 된 것은 매우 획기적인 변화이다.

그러나 이러한 전자매체의 확산에는 긍정적인 측면과 함께 부정적인 측면도 같이 나타난다. 가장 큰 문제는 정보의 보안성이라고 할 수 있다. 조직에서는 구성원이 무의식적으로 비밀자료를 공개하거나 기밀을 요하는 조직 정보가 순식간에 외부로 확산될 위험이 크기 때문에 항상 보안유지에 신경을 쓰지 않으면 안 된다. 이메일의 경우에는 메시지를 오해한다든지 감정적인 내용의 메시지를 띄운다든지 하여 상대방의 기분을 상하게 하거나 프라이버시를 침해하는 경우도 자주 발생한다. 또한 구성원이 근무시간에 스팸메일 등으로 시간을 낭비하는 것도 큰 문제가 되고 있다.

따라서 조직에서는 이러한 문제를 해결하는 방법을 찾아야 한다. 예컨대, 구성원을 정보보안 방침을 만드는 데 참여시킨다든지, 그들에게 정보사용방법에 대한 통제권을 어느 정도 부여하는 것도 하나의 방법이 될 것이다. 또한 구성원 개개인도 정보의 홍수를 피하고 쓸모없는 정보에 접근하지 않도록 하여 업무의 손실을 줄이고 자신도 그것으로 인한 스트레스에서 벗어날 수 있도록 나름의 방법을 찾아내야 한다.

9-3 | 협상

1. 협상의 개념과 분석체계

1) 협상의 개념

협상(negotiation)은 사람들이 삶을 영위하는 데 있어서 없어서는 안 될 매우 중요한 현상 내지 도구라고 할 수 있다. 즉, 모든 사람들은 하루하루의 생활 중에 의식적 또는 무의식적으로 협상을 통해 인간관계에서 발생하는 다양한 문제와 갈등을 해결하고 어떤 목적을 달성하려고 노력한다. 협상은 또한 개인과 개인뿐만 아니라 개인과 집단, 집단과 집단, 나아가 국가와 국가 간에도 끊임없이 필요해지는 현상으로서 쌍방은 이것을 통해서 이해관계를 해결하고 협조와 협의에 도달하게 된다. 따라서 협상은 일종의 쌍방적 커뮤니케이션활동이라고 할 수 있다.

협상은 본질적으로 쌍방 간에 관계의 상호교환과 창출 그리고 양보를 통해 공동으로 문제를 해결하고 이익을 얻기 위해 노력하는 과정을 말한다. 따라서 적극적 측면으로의 협상은 이해관계를 가지는 쌍방이 전체적으로 최대의 이익을 얻어내려는 행동으로 볼 수 있으며[Lewicki and Joseph, 1985: 24], 소극적 측면으로는 문제해결의 실마리를 찾기 위해서 쌍방이 서로 양보를 주고받으며 점진적으로 합의에 도달하는 과정(process of incremental convergence)이라고 할 수 있다[Druckman, 1977: 15－44].

2) 협상의 연구

협상에 대한 연구는 학문적 특성과 연구자의 관점에 따라 그 방향에 많은 차이를 보인다. 여기에서는 사람과 사람 간의 협상을 중점적으로 다루고 있는 사회학과 심리학의 관점을 중심으로 협상연구가 어떤 방향에서 어떻게 이루어지고 있는지를 살펴보기로 한다.

사회학과 심리학에서 이루어지는 협상연구는 다음과 같이 세 가지 방향으로 분류된다[Druckman, 1977]. 첫째로 협상결과 또는 협의도달점에 대한 연구, 둘째로 협상 중의 상호양보를 통한 의사결정과정 및 협상과정과 그 결과의 관계에 중점을 두는 연구, 셋째로 협상상황에 영향을 미치는 일련의 변수와 협상 당사자가 이들 변수를 변화시키려는 의도에 초점을 두는 연구 등이 그것이다. 이들 세 가지 연구방향에 관하여 좀 더 자세히 알아보면 다음과 같다.

첫 번째의 연구방향은 주로 실험설계와 계량화에 치중하는 연구를 말한다. 게임이론의 관점에서 이루어지는 연구도 여기에 속한다고 볼 수 있다. 이러한 연구방향은 대부분 연구의 범위를 단순한 몇 개의 변수와 개념으로 제한하여 선택된 변수와 개념에 대해 매우 상세한 분석을 행한다. 예를 들면, 개인 간의 협상을 연구하기 위한 실험설계에서 먼저 간단한 대립적 상황을 설정하고 실험조들 간의 경쟁과 협조, 긍정적 태도와 부정적 태도 등 사전에 결정된 조건을 통해 변수 간 관계의 방향과 강도를 분석한다든지, 또는 경제학의 효용과 확률의 개념을 이용하여 협상쌍방이 최종 얻을 수 있는 해결범위를 복잡한 계량분석을 사용해 분석한다. 그리고 게임이론의 관점에서 협상쌍방이 획득할 수 있는 보상의 조건을 사전에 제시한 후에 이를 획득하는 데 쌍방이 사용하는 각종 전략의 상대적인 우열성을 분석하는 방법도 이러한 연구방향으로 볼 수 있다.

두 번째의 연구방향은 주로 행동차원의 동기적 변화에 초점을 두는 연구를 말한다. 이는 주로 개인을 연구의 주체로 하여 개인의 성격, 태도, 인지, 의식형태, 역할, 그리고 협상의 기교 등을 중점적으로 다룬다. 따라서 이러한 연구는 협상쌍방의 교환이나 협조보다는 쌍방 간 갈등을 해결하기 위한 방법을 모색하는 데 큰 비중을 둔다.

세 번째의 연구방향은 정태적인 협상구조의 분석에 치중하는 연구를 말한다. 이러한 연구는 협상의 내용과 상황을 명확하게 판단하고 협상결과에 영향을 미치는 요인들을 찾아내는 데 중점을 두는 것으로서 연구자는 다음과 같은 문제에 대한 해답을 찾아내려고 노력한다[Coddington, 1968: 24].

① 협상은 결국 어떠한 결과를 가져올 것인가?

② 어떤 요인들이 협상결과에 중요한 영향을 미칠 것인가?

③ 원래의 조건에서 어떠한 상황발전이 협상의 성패를 결정할 것인가?

④ 이러한 상황에 영향을 미치는 요인을 어떻게 찾아내고 통제할 것인가?

3) 협상의 분석체계

위에서 살펴본 협상에 대한 세 가지 연구방향은 협상의 결과, 협상의 과정, 협상의 상황 등 중점을 두는 방향이 각기 달라서 협상의 전체적 측면보다는 부분적 측면이 강조되고 있음을 알 수 있다. 또한 이들 연구방향은 모두 '개인 간의 협상'을 중점적으로 다루고 있기 때문에 '집단 간의 협상'에는 적용하기가 부적합하다고 할 수 있다.

근래에 몇몇 학자들은 이러한 문제를 해결하기 위한 노력의 결과로 개인 간의 협상뿐만 아니라 집단 간의 협상에도 효과적으로 적용할 수 있는 협상모형을 제시하였다. [그림 9-4]는 협상의 종합적인 협상모형을 보여준다. 이 협상모형은 국가 간의 협상을 진행하고 분석하는 데에도 효과적으로 적용되고 있다.

그림 9-4 협상모형

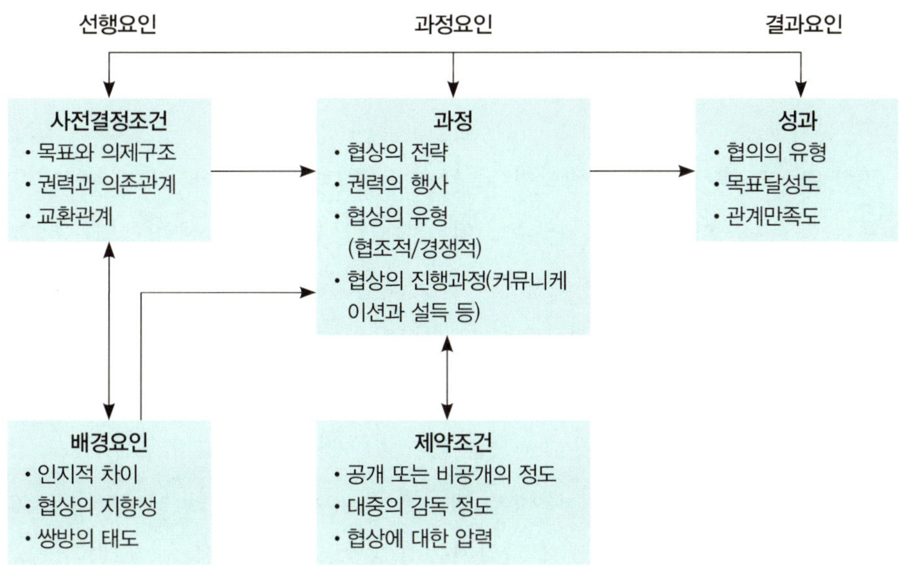

Organizational Behavior

이 협상모형에서 협상의 사전결정조건 · 과정 · 결과 · 배경요인 · 제약조건 등의 변수에 포함된 항목들은 협상연구에 있어서 비교적 대표적인 것들을 보여주는 것이다. 따라서 이 항목들은 절대적인 것이 아니며 협상의 목적과 상황에 따라 생략할 수도 있고 필요한 다른 항목을 추가할 수도 있다.

2. 협상의 실행

여기에서는 [그림 9-4]의 협상모형에서 사전결정조건, 협상과정, 협상결과를 중심으로 실제 협상이 어떻게 진행되는지를 알아보겠다. 배경요소와 제약조건을 나타내는 항목들은 주요 변수들과 함께 부가적으로 살펴보기로 한다.

1) 협상의 사전결정조건

(1) 목표와 의제구조

협상의 '목표'란 협상자가 협상을 통해 달성하려고 하는 어떤 상태 또는 지위라고 할 수 있다. 협상의 목표는 유형적(tangible)인 것일 수도 있고 무형적(intangible)인 것일 수도 있다. 예를 들면, 기업조직에서 노사쌍방이 협상을 거쳐 종업원의 실질임금 수준을 조정하려고 한다면 이는 유형적 목표가 될 것이며, 협상의 의도가 인간적인 대우나 기타 서비스의 개선에 있다면 이는 무형적 목표가 될 것이다.

또한 협상의 '의제'란 협상쌍방이 토론하려는 '실제의 내용'이라고 할 수 있다. 의제는 협상 목적에 따라 간단할 수도 있고 복잡할 수도 있다. 예를 들면, 단순히 물건을 사고팔기 위한 협상이라면 물건의 가격을 흥정하는 것 외에는 기타의 다른 문제가 개입되지 않기 때문에 비교적 간단한 의제의 협상이 될 수 있다. 그러나 협상의 목적이 노사 간의 임금수준을 조정하기 위한 것이라면, 먼저 전국적인 임금수준과 같은 산업 내의 임금수준을 분석한 후에 다시 기업의 임금수준을 결정해야 하기 때문에 협상의 의제는 비교적 복잡해질 수 있다[Lewicki and Litterer, 1985: 46]. 또한 의제에 따라서는 협상쌍방 간에 쉽게 충돌이나 갈등을 불러올 수도 있고 그렇지 않을 수도 있는데, 이는 협상쌍방이 상대방을 서로 용인할 수 있는 정도에 달려 있다고 할 수 있다.

협상쌍방의 목표와 의제구조는 협상이 실제로 이루어지기 이전에 결정된다. 그러나 협상의 목표와 의제구조는 상황에 따라 바뀔 수도 있다. 협상의 목표와 의제구조는 다음의 세 가지 특성으로 설명할 수 있다.

① **상호배척성**: 만일 협상쌍방이 모두 동일한 물건이나 이익, 즉 같은 목표에 대하여 반드시 쟁취해야겠다는 의도로 협상에 임한다면 목표의 상호배척성은 매우 높을 것이며, 반대로 협상쌍방이 협상으로 추구하는 것이 서로 다른 물건이거나 이익이라면 목표의 상호배척성은 매우 낮게 된다. 따라서 목표의 상호배척성이 높을수록 쌍방이 모두 '승자가 될 수 있는(win－win)' 결과는 얻기 어려우며, 상호배척성이 낮을수록 협상은 보다 원만히 달성될 수 있다[Kaufman, 1987].

② **분할성**: 만일 협상쌍방이 협상의 의제를 분명한 몇 개의 작은 항목으로 분할할 수 있다면 쌍방은 자기들의 가치선호도에 따라 이들 항목의 우선순위를 정할 수 있고 서로 상대방과 비교함으로써 쌍방이 모두 만족할 수 있는 해결점을 찾아내기가 용이해진다. 따라서 협상의제의 분할성이 높을수록 협상이 원만히 달성될 수 있는 가능성은 그만큼 커진다고 할 수 있다.

③ **확충성**: 만일 협상의 의제가 폐쇄적이 아니고 의제항목을 확대시킬 수 있으면 협상은 보다 원만히 달성될 수 있다. 예를 들면, 미국의 IBM 회사가 중국에서 자사의 상품을 모방하고 있는 어느 회사를 찾아냈다고 가정하자. 이때 단순히 법률적 관점에서 보면 IBM은 이 모방회사를 상대로 법원에 소송을 제기하여 거액의 손해배상을 청구할 수 있다. 그러나 이 두 회사는 이러한 갈등을 전환시켜(즉, 의제의 확충을 통하여) 중국의 모방회사로 하여금 이 상품을 위탁제조의 방식으로 IBM 회사에 수출할 수 있는 방법을 모색할 수도 있다. 따라서 쌍방이 이러한 의제의 확충을 통해 갈등을 원만히 해결한다면 모두 어떤 대가를 치르지 않고도 상당히 풍부한 이익을 향유할 수 있게 된다. 그러므로 어떠한 성질의 협상에 있어서도 어느 한쪽이 상대방에게 의외의 협조나 보상을 제공할 수 있다면 쌍방은 더욱 이상적인 해결방법

을 찾을 수 있게 되며, 이로써 쌍방이 모두 유리한 결과를 얻을 수 있는 가능성은 높아진다고 할 수 있다[Pruitt, 1986].

(2) 권력과 상호의존관계

협상에서 '권력(power)'은 "협상의 결과를 처음 예상대로 이끌어 낼 수 있는 능력" 또는 "자기가 원하는 방식으로 예상하는 목표를 달성할 수 있는 능력"이라고 할 수 있다[Salancik and Pfeffer, 1977]. 또한 협상에서의 권력은 "상대방에게 요구하여 하기 싫어하는 일을 할 수 있게 만드는 능력"이기도 하다[Dahl, 1957].

이러한 권력의 개념에서도 알 수 있듯이 권력은 협상의 과정과 결과에 상당한 영향을 미치게 된다. 학자들은 초기에 권력을 보상적 권력, 강압적 권력, 합법적 권력, 전문적 권력, 준거적 권력 등으로 분류하였는데, 근래에는 여기에 상대방이 획득할 수 없는 정보를 획득할 수 있어 보다 큰 영향력을 행사할 수 있는 것으로 생각하는 '정보적 권력'을 첨가하고 있다[Lewicki and Litterer, 1985].

[표 9-4]에서 볼 수 있듯이 이들 권력은 모두 협상에 대해 긍정적 또는 부정적으로 작용한다. 따라서 협상자가 이들 권력을 사용하려고 할 때에는 주의가 필요하다. 여기서 한 가지 예를 들어 보면, 협상 중에 일방이 강압적 권력을 사용하여 상대방에게 영향력을 행사한다면 단기적으로는 상대방을 신속하게 굴복시킬 수 있을 것이다. 그러나 장기적으로는 상대방의 반발을 불러옴으로써 결국 쌍방 간의 관계가 파국적인 국면을 맞게 될 수도 있다[Harrigan, 1988].

위에서 살펴본 권력은 주로 개인에 국한된 것이라 할 수 있다. 따라서 이러한 권력은 개인 간 협상에 중요한 영향을 미친다. 그러나 집단 간에도 권력관계가 형성되며 집단 간 협상에 중요한 영향을 미친다. 집단 간 권력의 크기는 '상호의존관계'에 의하여 결정된다. 그리고 이 상호의존관계는 다음의 세 가지 조건에 의해 발생한다[Hickson 등, 1971].

① **집중성(centrality)**: 조직에서의 작업이나 정보가 반드시 어느 집단의 '동의'를 통해서만 행해지거나 유통될 때 이러한 집단은 집중성이 높아지며 보다 많은 권력을 갖게 된다.

② **대체성(substitutability)**: 만일 집단의 직무가 다른 집단에 의해서도 수행될 수

표 9-4 《 권력유형의 협상에 대한 영향

권력의 영향	정보적 권력	보상적 권력	강압적 권력	합법적 권력	전문적 권력	준거적 권력
장점	사실에 근거하는 정보는 그것만으로 충분한 영향력을 발휘한다.	상대방에게 직접적인 영향력을 발휘한다. 매우 신속한 반응을 얻을 수 있다.	상대방에게 직접적인 영향력을 발휘한다. 매우 신속하게 영향력을 행사하고 또한 신속한 반응을 얻을 수 있다.	직위만으로 영향력을 행사할 수 있다. 영향범위가 비교적 넓다.	다른 자원을 이용할 필요가 없다. 반응이 빠르고 정확하다.	다른 자원을 이용할 필요가 없다. 반응이 빠르고 양호한 분위기가 형성된다.
단점	정보획득에 필요한 시간, 정력 등의 소모가 크다. 상대방이 수용할 수 있을 때 영향력은 유효하게 된다.	너무 많이 사용하면 효과가 없다. 불법적인 것으로 보이기 쉽다.	너무 많이 사용하면 효과가 없다. 쉽게 반발이 초래된다.	다른 권력(예를 들면 보상적 권력)과 병행하여 사용할 때 비로소 효과가 나타난다.	사용범위가 좁고 이러한 능력을 계속적으로 유지하기 위해 부단히 노력해야 한다.	만일 어떤 법칙에 부합되지 않으면 상대방은 수용하지 않는다.
변화의 표적	협상 상대방의 태도와 행동을 변화시킬 수 있다.	상대방의 행동을 중점적으로 변화시킨다.	상대방의 행동을 중점적으로 변화시킨다.	상대방의 태도와 행동을 변화시킬 수 있다.	일정한 범위 안에서 상대방의 태도와 행동을 변화시킬 수 있다	일정한 형성된 관계 내에서 상대방의 태도와 행동을 변화시킨다.
쌍방 간의 관계에 대한 영향	아무런 영향이 없다.	상대방에게 긍정적으로 작용한다. 장기적인 의존관계를 조성할 수 있다.	상대방에게 부정적으로 작용한다. 장기적으로는 부정적인 관계가 조성된다.	상대방에게 중간 정도의 영향을 미친다. 그러나 너무 남용하면 부정적으로 작용한다.	상대방에게 긍정적인 영향을 미치거나 아무런 영향을 미치지 않을 수도 있다.	상대방에게 긍정적인 영향을 미친다. 또한 쌍방의 관계를 긍정적으로 강화시킨다.

자료: Lewicki, R.J. and Joseph, A.(1985), *Litterer, Negotiation*(Homewood, Ill.: Richard D. Irwin), p.242.

있는 성질의 것이라면 이러한 집단은 대체성이 높아지며 획득할 수 있는 권력은 상대적으로 적어진다.

③ 불확실성(uncertainty): 만일 어떤 집단이 다른 집단에 비해 환경변화에 적응할 수 있는 능력이 많다면 이러한 집단은 환경에 대한 불확실성이 낮아지며 보다 많은 권력을 얻게 된다.

따라서 집단 간이나 조직 간의 협상에 있어서 집중성이 높고, 대체성과 불확실성이 낮은 집단이나 조직이 상대방보다 많은 권력을 획득할 수 있으며, 협상의 진행과정이나 결과에 대해서도 더 많은 영향력을 행사할 수 있음을 이해할 수 있다. 그러나 권력이 협상에 어느 정도의 영향을 미치는지에 대해서는 아직까지 일치되는 의견을 찾아보기는 어렵다. 예를 들면, 어느 학자는 협상쌍방의 권력이 대등할 때는 어느 쪽도 상대방에게 굴복하지 않으려고 하기 때문에 갈등이나 충돌이 더욱 증가한다고 주장하는가 하면[Scudder, 1986], 또 어느 학자는 쌍방 간의 권력이 큰 차이를 보일 때 큰 권력을 가진 쪽이 협상의 결과를 자기의 뜻대로 통제하려고 하기 때문에 상대방의 반발을 불러오게 되고 결국 갈등이 증가할 것이라고 주장하기도 한다[Stern 등, 1977: 367－387].

(3) 교환관계

협상에 영향을 미치는 또 하나의 중요한 요인은 협상쌍방 간의 역사적 관계이다. 쌍방 간에 오랜 시간을 두고 접촉하여 온 상황은 협상에 대한 태도와 전략에 영향을 미치기 때문이다. 예를 들면 쌍방 간에 오랫동안 교환되어 온 관계가 협조적인 관계인지 또는 적대적인 관계인지에 따라 협상에 서로 다르게 영향을 미친다는 것이다.

카프만(S. Kaufmann)은 기업의 상품은 일련의 협상과정을 통해 소비자에게 전달된다고 말한다[Kaufmann, 1985]. 즉 상품은 기업 · 도매상 · 소매상 · 소비자 사이의 협상과정을 거치며 유통되는데, 이들 집단들은 협상과정의 각 단계에서 상업적인 교환을 거쳐 어떤 가치를 창출함에 따라 이익을 나누어 갖게 된다는 것이다. 따라서 각 집단은 상호 간에 긴밀히 결합되어 있을 때 커다란 갈등이나 충돌이 없이 유효한 가치를 창출할 수 있고 많은 이익을 나누어 가질 수 있게 되는데, 이는 집단 간의 관계가 협상에 중요한 영향을 미칠 수 있음을 나타낸다. 여기서 협상연구에 있어 대표적인 두 학자의 연구결과를 토대로 협상쌍방의 장기적 교환관계가 협상과정에서 실제로 어떻게 영향을 미치는지 살펴보도록 하자.

오래 전에 마콜레이(S. Marcaulay)에 의해 이루어진 연구에 따르면, 장기적으로 의존관계에 있는 기업들은 명확하고 문제점이 없는 계약조항에 대해서는 쌍방이 모두 계약상의 약속을 준수하려는 노력을 보였으며, 문제가 있고 충돌가능성이 있는 계약조항에 대해서는 쌍방이 모두 장기적으로 지속되어 온 관계에 대한 자신들의 역할을 강조함으로써 협상에서 상대방보다 유리한 위치와 지위를 확보하려는 의도를 보이는 것으로 나타났다[Marcaulay, 1967]. 또한 근래에 이루어진 연구에서는 협상쌍방이 만일 장기적으로 양호한 관계를 유지해 왔다면 대부분의 협상은 쌍방이 모두 만족할 수 있는 결과로 원만히 진행되는데, 만일 이때 어느 한쪽이 강압적인 힘으로 상대방이 원하지 않는 상태에서 교역을 성사시키려고 한다면 이들의 관계가 악화되어 이후의 교역에 막대한 지장을 불러오는 것으로 나타났다[Rognes, 1987].

이상의 연구결과에서 협상쌍방이 역사적으로 유지해온 교환관계가 협상에 임하는 태도와 협상전략 그리고 협상결과에 큰 영향을 미친다는 것을 알 수 있다.

2) 협상의 과정

(1) 협상의 유형

협상은 일반적으로 상호대립적인 두 가지 유형으로 분류된다. 협상유형의 명칭에 대해서는 학자들 간에 의견의 차이가 있지만, 여기에서는 경쟁적 협상과 협조적 협상으로 나누어 살펴보기로 한다.

① **경쟁적(competitive) 협상**: 경쟁적 협상은 분배적(distributive) 또는 '이기거나 지는(win-loss)' 협상으로 부르기도 한다[Lewicki and Litterer, 1985]. 이러한 유형의 협상은 어느 한쪽이 이익을 취함으로써 다른 한쪽은 그것만큼의 손실을 감수해야 하는 결과를 가져오는 협상을 말한다. 이러한 협상유

형에서는 협상쌍방의 목표가 서로 직접적인 갈등관계에 놓여 있다고 할 수 있다. 어느 한쪽의 목표는 기본적으로 다른 한쪽의 손실을 전제하여 달성될 수 있기 때문이다. 따라서 경쟁적 협상에서는 협상쌍방이 서로 쟁취하려는 자원이 한정되어 있기 때문에 자원의 분배는 결국 어느 한쪽이 '이기거나 지는' 결과를 의미한다. 즉, 이는 게임이론에서 어느 한쪽의 승리는 다른 한쪽의 패배를 의미하는 '제로섬게임(zero-sum game)'의 국면과 같은 것으로 생각할 수 있다[Kougherty and Pfaltzgraft, 1981: 514].

② **협조적(coordinative) 협상**: 협조적 협상은 경쟁적 협상과 같이 '한쪽의 이득이 다른 한쪽의 손실'을 의미하지 않는다. 이 협상유형은 통합적(integrative) 협상이라고도 하며 협상쌍방의 어느 일방이 목표를 달성하려는 데 있어서 상대방이 달성하려고 하는 목표를 배제할 의도와 필요성을 가지지 않는다[Lewicki and Litterer, 1985]. 따라서 이러한 협상방식에서는 쌍방이 모두 의도하는 목표를 달성할 수 있게 된다. 즉, 쌍방이 협상과정 중에 문제해결에 도움이 될 수 있는 공통적 · 분배적 · 연합적 목표를 공동으로 창출함으로써 다 같이 승자가 될 수 있는 '모두 이기는(win-win)' 결과에 도달할 수 있다.

(2) 협상의 전략

협상을 진행하는 과정에서 협상쌍방은 각자 상대방보다 유리한 위치를 차지하거나 될 수 있는 한 손실을 최소화하려고 노력한다. 따라서 이들이 이러한 목적을 달성하기 위해서는 다양한 전략을 동원하여 협상상황을 자기에게 유리하게끔 운용할 것이다. 그러나 전략은 협상의 특성과 상황에 따라 적절히 선택 · 운용될 때 보다 효과적인 결과를 얻을 수 있게 된다.

여러 학자들이 제시하고 있는 협상전략은 상당히 많다. 여기에서는 아래와 같은 다섯 가지 전략에 관해 알아보도록 하겠다.

① **협상목표와 이용자원의 확대**: 이 전략은 어느 한쪽의 기회비용이 증가하여 쌍방의 협상이 순조롭게 진행되지 못할 경우에 사용할 수 있다. 이러한 경우에 만일 협상의 의제를 확대하여 달성할 수 있는 목표를 다원화하거나 이용

가능한 자원을 증가시킬 수 있다면 목표에 대해 상대방이 부담하는 기회비용을 감소시킬 수 있기 때문에 쌍방은 원만한 협의에 도달할 수 있다.

② 비특정적 보상: 이는 협상의 어느 한쪽이 원하는 목표를 달성한다고 해도 상대방은 어떠한 대가를 지불한 필요가 없게 하는 전략을 말한다. 예를 들면, 노사 간의 근로조건에 관한 협상에서 회사가 종업원에게 저녁식사를 제공하지 않는 대신 그에 상응하는 식사수당을 지급하기로 의견의 일치를 보았다면, 회사는 종업원의 저녁식사에 필요한 부대비용을 절약할 수 있으므로 비용절감의 목표를 달성할 수 있고 종업원은 그것 때문에 어떠한 손실도 입을 염려가 없게 된다.

③ 양보와 협력: 협상쌍방은 각자 비교적 중요하지 않은 목표는 상대방에게 양보함으로써 자기 쪽의 목표를 달성할 수 있다. 이는 미국 의회에서 흔히 사용하는 전략이다. 즉, 의원들은 상대방에게 중요한 의안을 상호협력(logrolling)하여 통과시키면서 자기의 선거구에 유리한 의안에 대해 양보를 얻어낸다.

④ 비용의 절감: 이는 협상의 어느 한쪽이 부담해야 하는 비용을 감소시켜 줌으로써 다른 한쪽은 그가 원하는 목표를 달성할 수 있는 전략을 말한다. 이때 비용을 부담해야 하는 쪽이 비용을 감소시킬 수 있는 이유는 상대방으로부터 특정한 보상을 받을 수 있기 때문이다. 예를 들면, 회사는 식사수당을 저녁식사시간에 작업을 하는 종업원에게 한하여 지급함으로써 종업원은 식사에 필요한 비용을 절감(cost cutting)할 수 있고, 회사는 생산성의 목표를 달성할 수 있게 된다.

⑤ 대안의 제시: 협상의 초기에 쌍방이 어떤 중요한 사안에 대해 협의에 도달하지 못한 경우, 쌍방은 서로 상대방이 선택할 수 있는 여러 대안을 제시(bridging)함으로써 쌍방이 모두 만족할 수 있는 해결방안을 모색할 수 있고 각자의 중요한 목표에 최대한 접근할 수 있다.

성공적인 협상을 위해서는 이들 다섯 가지의 전략 외에 '적당한 협상시기의 선택,' '쌍방 간 견해차이의 축소,' 그리고 '제3자의 개입' 등 많은 방법을 사용할 수 있는데[Zartman, 1982: 50-81], 이러한 전략의 궁극적인 목적은 협상과정에서 상대방의 전략이나 협상상황을 자기편에 유리하게 변화시켜 보다 바람직한 결과를 달성하는 데 있다고 할 것이다.

(3) 협상의 진행과정

협상쌍방이 공동관심사를 놓고 협상을 벌이기로 결정한 시점에서부터 협상은 이미 진행되고 있는 것으로 생각할 수 있다. 따라서 크게는 공식적인 협상단계뿐만 아니라 그 이전의 준비단계까지도 협상의 진행과정에 포함되어야 한다. 학자에 따라서는 협상의 진행과정을 다음과 같이 세 단계로 구분하여 설명하기도 한다[Snyder and Diesing, 1977: 195-198].

① 적응단계: 협상쌍방은 각자 협상에서의 자기 지위를 상대방에게 인식시키려고 한다. 즉, 이 단계에서는 상대방에 대한 요구와 양보 등을 통해 협상에서 자기의 위치와 지위를 확인하고 확보하려고 한다.

② 강압단계: 이 단계에서는 협상쌍방은 경고나 위협 등의 강압적(coercionary)인 수단을 이용하여 상대방에게 자기의 요구를 받아들이도록 강요하는 태도를 보인다.

③ 설득단계: 협상쌍방은 비위협적인 방법으로 상대방을 권유하고 설득하여 자기의 목표를 달성하려고 노력한다.

3) 협상의 성과

협상의 성과를 일률적으로 측정하기는 매우 어렵다. 왜냐하면 협상의 의제, 쌍방의 권력관계 등이 협상과정에서 상황에 따라 수시로 바뀌고 협상의 목표와 성과의 측정기준 역시 따라서 달라지기 때문이다.

협상의 성과를 측정하기 위한 기준으로 다음과 같은 항목이 제시되기도 하는데 [Druckman, 1977], 기업조직에서 이루어지는 협상의 성과측정기준으로 참고할 만한 가치가 있다.

① 협의의 유형: 협의의 양, 협상의 속도, 양보의 정도 등

② 만족도: 합의에 대한 만족도, 쌍방관계에 대한 만족도 등

③ 목표달성의 정도

④ 결과의 실행가능성

OR Humor 9 꿩먹고 알먹고

한 소녀가 대기업 사장을 만났다.

그녀의 동아리가 현장 견학을 위한 비용을 모으고 있었는데 사장에게 기부할 의향이 있는지 물었다.

사장은 웃으면서 1달러 지폐와 10센트를 책상 위에 놓고는 말했다.

"네가 원하는 것을 가져가렴!" 소녀가 답했다.

"엄마는 언제나 제게 가장 작은 것을 가지라고 하셨지만, 그걸(10센트) 잃어버리지 않으려면 잘 포장할 수 있는 녹색 종이(1달러 지폐)가 필요할 거예요."

자료: 서울경제, 2010년 1월 29일자

OB Story & Case 9 남편 회사가 자랑스럽다

널리 알려져 오히려 한쪽 귀로 흘리고 마는 한자성어가 있다. '가화만사성(家和萬事成)', 집안이 화목하면 모든 일이 잘 이루진다는 뜻이다. 그런데 이 단어를 충실히 따르는 기업이 있다. 국내 최대의 버스회사 KD운송그룹이다. 오너는 '버스왕'으로 유명한 허명회 회장. 그의 직원가족 사랑은 '가정 있고 회사 있다'란 신념에서 잘 나타난다.

얼마 전 허 회장이 직원 부인들을 워커힐 호텔로 초청해 연 위로행사에서 가장 인상 깊었던 것은 회사 임원과 부인들 간의 간담회였다. 부인 1,100여 명을 앞에 두고 KD 경영진 30여 명이 마주 앉았다. 부인들은 "남편이 한 달에 보름만 운전한다. 20일 일할 수 있게 해 달라" "딸이 빙상선수다. 평창 겨울올림픽도 유치했는데 특기생 교육비도 지원해 달라"는 등 애로사항을 한 시간 넘게 쏟아냈다. 임원들은 허리를 굽혔다. "한 달에 보름만 운행하도록 한 것은 안전운행을 위한 조치다. 이해해 달라" "듣고 보니 자녀 학자금 지원제도로 부족할 수 있겠다. 특기생 교육비도 지원할 수 있는지 검토하겠다"며 의견마다 성실히 답했다. 건의사항을 꼼꼼히 받아 적느라 바쁜 모습이었다.

간담회 분위기는 내내 화기애애했다. 부인들이 남편회사의 진심을 보았기 때문일 터다. 행사장에서 만난 부인들은 한결같이 "매년 이 행사를 기다린다" "회사 규모는 작지만 세심한 부분까지 챙겨줘서 고맙다" "남편 회사가 자랑스럽다"고 했다. 인터넷에선 '다른 회사도 배웠으면 한다'는 네티즌의 댓글이 줄을 이었다. '나도 입사하고 싶다'는 이메일도 쏟아졌다.

가정의 화목은 직원의 행복이요. 직원이 만족해야 고객을 만족시킬 수 있다는 허 회장의 소신. 그가 직원들에게 공을 들이는 이유다. 덕분에 직원들은 중견기업에 다니고 있지만 대기업 못지않은 자부심을 갖고 있었다. 비정규직 · 복수노조 · 최저임금 문제로 노사관계가 어수선하다. 경영자라면 이런 때일수록 직원 입장에서 생각해 볼 필요가 있다. 직원들이 직장에 마음을 붙이지 못한다고 고민하는 경영자가 있다면 한번 이렇게 생각해보자. '우리 회사 직원들은 지금 행복할까?'

자료: 중앙일보, 2011년 7월 21일자

토의문제

01 KD운송그룹 허 회장이 직원 가족을 소중하게 생각하는 이유는 어디에 있는가?
02 허 회장의 소통방식이 업종과 규모가 다른 기업에서도 가능한가?

Chapter 10

Organizational Behavior

의사결정과 갈등

Key Word

- 의사결정(意思決定, Decision Making)
- 규범적 모형(規範的 模型, Normative Model), 기술적 모형(記術的 模型, Descriptive Model)
- 경제인모형(經濟人模型, Economic Model), 관리인모형(管理人模型, Administrative Model)
- 집단의사결정(集團意思決定, Group Decision Making)
- 갈등(葛藤, Conflict)
- 전통적 견해(傳統的 見解, Traditional View), 행동적 견해(行動的 見解, Behavioral View), 상호작용적 견해(相互作用的 見解, Interactional View)

학습중점

- 의사결정의 규범적 모형과 기술적 모형의 차이를 이해한다.
- 의사결정의 경제인모형과 관리인모형의 차이를 이해한다.
- 집단의사결정의 질의 개선방안에 대해 논의한다.
- 갈등의 개념을 숙지하고 갈등에 대한 견해의 차이를 이해한다.
- 집단갈등의 원인과 조직유효성에 미치는 영향을 이해한다.
- 집단갈등의 효과적인 관리방안에 대해 논의한다.

10-1 | 의사결정의 성격과 의사결정모형

1. 의사결정의 성격과 중요성

1) 의사결정의 성격

의사결정은 모든 조직구성원에게 가장 중요한 활동의 하나이다. 경영계층으로는 최고경영자에서부터 일선감독자에 이르기까지, 업무기능으로는 생산 · 마케팅 · 재무 · 인사 등 모든 분야에서 경영자는 의사결정을 하게 된다. 의사결정은 조직유효성에 직접적으로 영향을 미치기 때문에 경영자는 자신을 포함한 조직 내의 의사결정의 질을 높일 수 있도록 노력을 기울여야 한다.

의사결정(decision making)은 일반적으로 "이용가능한 대안들 중에서 선택하는 과정(process of selecting among available alternatives)"으로 정의된다[Shull 등, 1970]. 의사결정은 모든 경영관리기능에 적용된다. 따라서 계획화 · 조직화 · 지휘화 · 통제화 등 일련의 경영관리기능은 모두 유용하고 실행가능한 방안을 선택하는 과정이라고 할 수 있다.

의사결정은 조직 내의 계층과 부서에 따라 그 내용과 상황이 서로 다르게 나타난다. 그러나 의사결정이 조직의 어느 계층, 어느 부서에서 이루어지든지 다음과 같은 공통적인 특성을 갖는다.

① 선택성(selectivity): 의사결정자의 행동은 모두 어떤 방안을 '선택'하는 과정이다. 의사결정의 핵심은 '선택'하는 데 있다.

② 관계성(relatedness): 조직의 성과와 결과는 의사결정자가 어떤 방안을 선택하는가에 달려 있다. 따라서 의사결정은 '관계'를 통해 선택과 결과를 이어준다.

③ 개연성(probability): 의사결정에 따른 여러 성과는 모두 똑같이 일률적으로 나타나지 않는다. 성과의 발생가능성 내지 확률은 각기 다르다고 볼 수 있다. 따라서 의사결정 성과의 발생은 '개연적'이다.

④ 실용성(practicability): 의사결정자는 이용가능한 대안을 선택하는 과정에서 대안 하나하나의 실용적인 가치, 효용성, 중요성 등을 모두 고려하지 않으면 안 된다. 즉, 의사결정자는 반드시 '실용성'에 근거하여 의사결정을 내려야 한다.

⑤ 보편성(universality): 조직구성원은 자기가 속해 있는 부서와 계층의 높고 낮음을 떠나 주어진 직무를 수행하기 위해서 반드시 의사결정을 내려야 한다. 의사결정은 모든 부서와 계층의 구성원이 다 같이 이행해야 하는 '보편적'인 과정이다.

2) 의사결정의 중요성

의사결정은 경영의 핵심적 활동으로서 조직유효성의 정도에 중대한 영향을 미치게 된다. 따라서 경영자는 조직의 의사결정이 적절하게, 적시에 그리고 수용가능하게 내려질 수 있도록 노력해야 한다. 조직의 의사결정은 때때로 어떤 불확실성(uncertainty)에 직면하게 되는데 경영자는 또한 통찰력과 신중함을 가지고 그 불확실성을 최소화할 수 있어야 한다.

조직에서의 의사결정은 주로 개인이나 집단에 의해 진행된다. 이 중에서 개인에 의한 의사결정은 의사결정의 시간과 에너지 그리고 그 밖의 상황적 요인을 면밀히 고려하여 신중히 선택해야만 실질적인 성과를 달성할 수 있다. 또한 오늘날 많은 조직에서 그 비중이 높아지고 있는 집단에 의한 의사결정도 효율성(efficiency)의 원칙을 따라야 한다. 구성원 개인이나 어느 한 부서의 본위주의적인 행동은 상호 간의 협조를 방해함으로써 의사결정이 비효율적으로 이루어지게 되며, 그 효과에 부정적인 영향을 미친다. 집단에 의한 의사결정은 효율과 효과가 조화를 이룰 때 비로소 조직 전체의 유효성에 긍정적으로 작용한다.

2. 의사결정의 과정과 영향요인

1) 의사결정과정

경영자가 자기의 활동분야에서 의사결정을 이행하는 이유는 직무와 관련된 문제를 해결하기 위해서이다. 따라서 의사결정은 문제해결과 같은 의미를 지닌다고 할 수 있다. 의사결정자가 다양한 문제를 보다 효율적이고 효과적으로 해결하기 위해서는 의사결정의 질을 향상시켜야 하는데 이는 양호한 의사결정과정을 통해서만이 가능해진다.

[그림 10-1]에서 보는 바와 같이, 의사결정과정은 보통 서로 관계가 있는 몇 개의 단계로 이루어진다. 의사결정과정에서 의사결정정자가 해야 할 일을 단계별로 살펴보면 다음과 같다.

▌그림 10-1▐ 의사결정과정

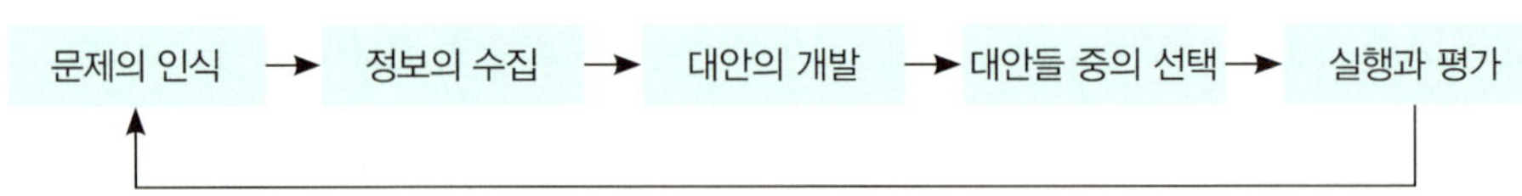

① **문제의 인식**: 현재의 상태와 미래의 보다 바람직한 상태 사이의 차이에 의한 문제를 진단하고 의사결정의 필요성이 어디에 있는지를 확인한다.

② **정보의 수집**: 문제의 인식과 더불어 의사결정의 필요성이 확인되면 문제를 해결할 수 있는 대안을 탐색하고 개발하는 데 필요한 다양한 정보를 수집한다.

③ **대안의 개발**: 수집된 정보와 의사결정자의 창의력을 이용하여 이용가능한 대안들을 탐색하고 개발한다.

④ **대안들 중의 선택**: 여러 기준에 의해 개발된 대안들을 평가하고 그 중에서 가장 적합하고 실행가능한 방안을 선택한다.

⑤ **실행과 평가**: 선택된 대안 또는 문제해결방안을 실행에 옮긴다. 그리고 실행결과를 평가한 후에 필요에 따라서는 위의 과정을 다시 반복한다.

2) 의사결정에 영향을 미치는 요인

의사결정에 영향을 미치는 요인으로는 의사결정의 환경, 문제의 특성, 의사결정자의 속성, 의사결정과정의 성격 등이 중요하다[Reitz, 1981: 125]. [그림 10-2]는 이들 여러 요인이 의사결정에 어떻게 영향을 미치는지를 보여준다.

▮ 그림 10-2 ▮ 의사결정의 영향요인과 영향관계

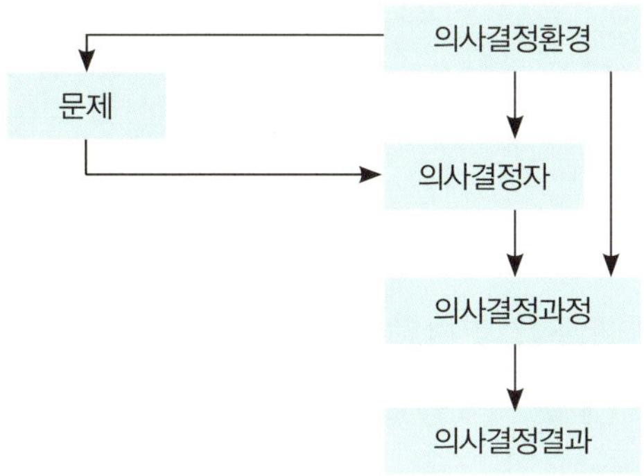

(1) 환경적 요인

의사결정에 영향을 주는 환경에는 다음과 같은 요인들이 대표적이다.

① **직무 및 작업환경**: 시간적인 압박감이나 이용가능한 자원의 제한성으로 말미암아 의사결정자는 이따금 자기의 사고력을 충분히 발휘하지 못하는 경우가 있다. 이러한 경우에 의사결정은 부족한 시간과 자원 때문에 효과적으로 이루어질 수 없게 된다. 그리고 작업조건이 지나치게 까다로우면 의사결정자의 정서에 부정적인 영향을 미치며 이는 또한 정보의 부족을 가져올 수 있다. 마찬가지로 분업이나 전문화를 지나치게 강조함으로써 부서 간의 의사소통이 막히고 의사결정에 필요한 정보를 교환하고 수집하기가 어렵게 될 수도 있다.

② **사회적 환경**: 의사결정은 때때로 조직문화, 법률적 제한, 윤리규범 및 기업정책 등에 의해 제약을 받는다. 또한 의사결정자는 그보다 높은 계층의 경영자나 기타 영향력이 있는 인사의 영향을 받아 본의 아니게 자기의 의사결정방향과 선택을 변화시켜야만 하는 경우도 있다. 그리고 개인목표와 조직

목표의 불일치에 의한 정보의 비효과적인 피드백(feedback) 역시 의사결정의 질과 정확성에 부정적인 영향을 미친다.

(2) 문제의 특성

문제가 지니는 여러 특성에 의해 의사결정의 방식이 달라질 수 있다. 문제의 특성으로는 다음과 같은 요인들이 있다.

① **독특성(novelty)**: 문제가 일상적인 것이 아니고 새로운 것일 때, 즉 문제의 성격이 독특하면 일정한 과정에 의한 반복적인 의사결정이 어렵게 된다. 이러한 경우에는 새로운 방식에 의한 의사결정이 필요해진다.

② **불확실성(uncertainty)**: 문제의 불확실성이 크면 클수록 의사결정의 결과를 예측하기가 어려워진다. 이러한 상황에서는 의사결정의 위험도가 그만큼 높아지므로 실행가능한 행동방안을 선택 · 확정하기가 매우 어렵다. 따라서 의사결정은 자연히 신중을 요하게 된다.

③ **복잡성(complexity)**: 문제가 복잡한 것일수록 의사결정은 더욱 어려워진다. 의사결정자는 많은 정보를 수집 · 참고하고 장시간의 사고와 노력을 기울여야 실행가능한 행동방안을 이끌어낼 수 있다. 이러한 경우에는 개인에 의한 의사결정보다는 집단에 의한 의사결정이 비교적 적합하다고 할 수 있다.

(3) 의사결정자의 속성

의사결정자의 속성 역시 의사결정에 영향을 미친다. 의사결정에 영향을 미치는 중요한 개인적 요인은 다음과 같이 세 가지로 분류된다.

① **성격특성**: 자신감이나 자존심이 강한 사람일수록 의사결정의 속도는 빨라지며, 의사결정이 실패한다고 할지라도 미래에 대한 기대를 쉽게 저버리지 않는 경향이 있다. 그리고 독단주의(dogmatism) 성향이 강한 사람일수록 타인의 권위를 비교적 쉽게 수용한다. 이러한 사람은 또한 새로운 정보를 거부하지 않고 의사결정에 기꺼이 협조하기도 한다.

② **신분특성**: 나이가 많을수록 타인을 신뢰하지 않으려는 경향이 있으나 판단

능력은 비교적 높게 나타난다. 여성의 의사결정능력은 남성과 대등하거나 높다고 할 수 있다. 그러나 60세 이후에는 남녀 간에 차이가 나타나지 않는다는 연구결과도 있다[Young, 1971]. 그리고 지능과 의사결정과는 무관하다는 것이 여러 연구를 통해 밝혀지고 있다.

③ **신체적 · 정신적 상태**: 몸이 극도로 피로하거나 정신적으로 불안정하면 의사결정의 질이 당연히 저하된다. 이러한 상태에서는 의사결정자의 주의력이 분산되고 의사결정에 관한 중요한 사항을 확실히 기억하기가 어려워지기 때문이다. 그러나 적당한 스트레스(stress)를 유지하는 것은 의사결정을 내리는 데 도움이 된다.

(4) 의사결정과정의 성격

의사결정은 그 과정이 어떤 목적으로 어떻게 이루어지는가에 따라 결과가 달라진다. 즉, 의사결정과정이 합리적 · 규범적 · 정형적으로 이루어지는가 아니면 비합리적 · 기술적 · 비정형적으로 이루어지는가에 따라 의사결정의 결과에 큰 차이가 나타난다. 이에 대해서는 아래의 의사결정의 모형에서 자세히 살펴보기로 하겠다.

3. 의사결정의 주요 모형

의사결정에서는 의사결정과정과 함께 결정 자체(decision itself)와 의사결정자(decision maker)에 관한 문제를 중점적으로 다룬다. 여기에서는 이러한 의사결정의 문제에 대해 몇 가지 대표적인 의사결정모형을 중심으로 알아보기로 한다.

1) 규범적 모형과 기술적 모형

의사결정의 '규범적 모형(normative model)'과 '기술적 모형(descriptive model)'은 의사결정에 대한 두 가지 기본적 관점을 나타낸다. 의사결정에 관한 논의들은 모두 규범적이거나 기술적인 면에 중점을 두고 이루어진다.

규범적 모형은 보다 객관적이고 체계적인 의사결정 방법을 제시하려는 것으로서 의사결정자가 반드시 어떤 의사결정을 해야만 그 가치를 극대화할 수 있는지를 강조한다. 따라서 규범적 의사결정은 합리적인 의사결정과정, 의사결정의 질을 향상시킬 수 있는 방법, 그리고 조직목표를 달성하려면 의사결정을 어떻게 내려야 하는가 하는 문제에 대해 분석하고 설명한다.

기술적 모형은 의사결정자의 보다 실제적인 의사결정의 방식에 초점을 둔다. 따라서 서로 다른 환경에서 의사결정자는 어떻게 의사결정을 내리는가, 의사결정자의 행동에 영향을 미치는 요인은 어떤 것들이 있는가, 조직에서 어떤 의사결정

표 10-1 《 규범적 모형과 기술적 모형의 비교

<table>
<tr><th colspan="2">의사결정요소</th><th>규범적 모형</th><th>기술적 모형</th></tr>
<tr><td colspan="2">결정 자체</td><td>• 최적의 결정은 무엇인가?
• 결정을 어떻게 개선할 수 있는가?</td><td>• 어떤 결정이 조직에서 일어났는가?
• 이러한 결정은 어떻게 일어났는가?</td></tr>
<tr><td colspan="2">의사결정자</td><td>• 합리적인 의사결정자는 의사결정을 어떻게 진행해야 하는가?</td><td>• 의사결정자는 어떤 특성이 있는가?
• 어떤 요인들이 의사결정자의 행동에 영향을 미치는가?</td></tr>
<tr><td rowspan="6">의사결정과정</td><td>문제의 평가</td><td>• 문제의 중요성은 어느 정도인가?
• 해결방법은 어떠한가?</td><td>• 즉시 해결해야 할 문제, 의사결정자가 직면하는 문제의 순서, 위기나 긴급의 징조를 보이는 문제 등이 다른 문제들에 앞서 해결해야 할 것으로 평가된다.</td></tr>
<tr><td>이용가능한 방안의 탐색</td><td>• 이미 정해진 기준과 정형화된 방법에 의해 비교적 이상적인 상황에서 탐색한다.</td><td>• 제한된 자원하에서 방안의 탐색은 제약을 받는다.</td></tr>
<tr><td>이용가능한 대안의 평가</td><td>• 충분한 정보를 수집하고 여러 대안들의 비용과 이익을 정확히 평가하고 비교한다.</td><td>• 제한된 기준에 의해 평가한다. 즉 평가의 우선순위는 시간과 이용가능한 자원에 의해 결정된다.</td></tr>
<tr><td>행동방안의 선택</td><td>• 합리성에 의거하여 최선의 방안을 선택한다.</td><td>• 선택과정은 비교적 간단하며, 특정의 선택기준은 존재하지 않는다.</td></tr>
<tr><td>실행과 검토</td><td>• 실행과 검토를 통해 실제성과를 평가한다.</td><td>• 정형화된 과정을 통한 검토와 평가가 비교적 어렵다.</td></tr>
<tr><td>목표의 설정</td><td>• 사전에 설정된 목표에 따라서 의사결정이 행해진다.</td><td>• 사전에 목표를 설정하기가 어렵다.</td></tr>
</table>

이 실제로 이루어지고 있는가 하는 문제를 중점적으로 다룬다.

[표 10-1]은 의사결정의 규범적 모형과 기술적 모형이 결정 자체, 의사결정자, 의사결정과정 등에서 어떻게 다르게 나타나는지를 자세히 보여준다[Ruenstein 등, 1986: 578; Reitz, 1981: 140-148].

2) 경제인모형과 관리인모형

의사결정을 보는 또 다른 관점으로 경제인모형과 관리인모형이 있다. 여기에서는 의사결정자, 즉 의사결정을 내리는 '사람'에 초점을 두고 의사결정과정을 설명한다. 이에 대해 좀 더 자세히 살펴보면 다음과 같다.

(1) 경제인모형

의사결정의 '경제인모형(economic model)'은 의사결정자가 문제해결을 위해 모든 가능한 대안들을 체계적으로 탐색 · 평가하고 최적안을 선택하는 과정을 강조한다. 경제인모형은 이상적 의사결정을 추구하는 규범적 모형에 속하는 것으로서 '합리적 경제인모형(rational-economic model)'으로 부르기도 한다. 경제인모형은 다음과 같은 몇 가지 기본적인 가정에 기초를 둔다.

첫째, 의사결정자는 경제인이다. 따라서 의사결정의 가치는 목표지향적이며 이익을 극대화하는 데 있다.

둘째, 의사결정자는 의사결정에 필요한 정보를 충분히 수집할 수 있다.

셋째, 의사결정자는 '완전한 합리성(complete rationality)'에 기초하여 의사결정을 한다. 따라서 의사결정자는 모든 가능한 대안들을 계량화하여 명확하게 평가 · 비교할 수 있다.

넷째, 의사결정자는 시간이나 비용의 제약을 받지 않기 때문에 합리적인 의사결정과정을 통해 가치를 극대화하는 최적안을 선택할 수 있다.

(2) 관리인모형

이상적 의사결정을 추구하는 경제인모형의 가정은 사실상 현실적으로 실현하기가 어려운 것이다. 따라서 경제인모형은 실제의 의사결정을 제대로 설명해 주지 못한다. 이에 대해 사이몬(H.A. Simon)은 실제의 의사결정을 설명하기 위한 시도로서 하나의 새로운 모형을 제시하였는데, 이것을 의사결정의 '관리인모형(administrative model)'이라 한다.

사이몬은 인간의 두뇌에는 한계가 있어 실제로 완전히 합리적인 의사결정을 한다는 것이 거의 불가능하다는 점에 주목한다. 그는 조직에서 의사결정자가 합리적인 의사결정을 내리기 어려운 이유를 다음과 같이 설명한다[Simon, 1957: 198].

첫째, 의사결정자는 사실상 관리인(administrative man)이다. 따라서 의사결정을 진행하는 데 있어서는 반드시 보다 현실적인 관리적 요소를 고려해야 한다.

둘째, 의사결정자가 수집하고 참고할 수 있는 정보는 제한되어 있다.

셋째, 의사결정자는 '제한된 합리성(bounded rationality)'에 의해 의사결정을 내린다. 즉, 의사결정자가 이용가능한 대안들을 이해하는 데에는 한계가 있으며 의사결정의 결과도 완전히 예측하기가 어렵다. 따라서 의사결정과정에는 비합리적 요소가 개입된다.

넷째, 의사결정자가 이용할 수 있는 시간과 비용은 한정되어 있기 때문에 이상적인 최적의 의사결정보다는 주관적으로 느낄 수 있는 '만족스러운 의사결정(satisfying decision making)'을 추구하게 된다.

10-2 | 집단의사결정

1. 집단의사결정의 의의와 유형

1) 집단의사결정의 의의

의사결정이 누구에 의해 이루어지는가에 따라 의사결정을 개인의사결정과 집단의사결정(group decision making)으로 분류할 수 있다. 전자는 말 그대로 문제해결을 위한 모든 의사결정이 개인에 의해 진행되는 방식을 말하며, 후자는 여러 사람들의 의견을 폭넓게 수렴하고 반영하여 문제를 해결하는 의사결정방식을

표 10-2 《 개인의사결정과 집단의사결정의 비교

비교 사항	개인의사결정	집단의사결정
장점	• 의사결정이 신속하여 시간적 효과를 거둘 수 있다. • 책임한계가 명확하다. • 의견이 간섭을 적게 받는다.	• 정보와 경험을 교환할 수 있다. • 많은 사람의 의견을 폭넓게 참고할 수 있다. • 창의성을 높일 수 있다. • 참여를 통해 여러 사람 간의 이해를 증진시킬 수 있다. • 개인적 주관성을 감소시킬 수 있다.
단점	• 여러 사람의 가치 있는 의견을 폭넓게 참고할 수 없다. • 구성원 간의 상호작용기회가 없다. • 개인적 주관성이 강하게 작용한다.	• 의사결정을 행하는 데 시간과 에너지의 낭비가 크다. • 위험을 회피하는 경향이 강하게 나타난다. • 소수의 의견에 지배되기 쉽다. • 책임한계가 불명확하다. • 중요한 문제보다는 사소한 문제의 해결에 집착하는 경향이 있다.
적용 사항	• 단순하고 일상적인 문제의 해결 • 문제해결이 시간적인 제한을 받을 때 • 문제를 해결하는 고정적인 과정이나 방식이 사전에 결정되어 있을 때 • 문제의 특성이 개인적인 것에 속하는 것일 때	• 복잡한 문제의 해결 • 문제해결이 많은 시간을 필요로 하는 것일 때 • 문제가 미치는 영향이 크고 중요한 것일 때 • 문제와 관련된 부서가 많을 때 • 문제가 비교적 독특한 것일 때

말한다. 오늘날 많은 조직에서는 개인 혼자서 하는 의사결정에 비해 집단의사결정의 비중이 높아지고 있는데 이는 의사결정이 적용되는 범위가 넓어지고 또 문제가 복잡해진 결과로 이해할 수 있다.

집단의사결정이 개인의사결정보다 여러 면에서 이점이 있는 것은 사실이다. 그러나 집단의사결정이 언제나 도움이 되지는 못한다. 경우에 따라서는 개인의사결정이 더 효과적일 때도 있다.

의사결정방식은 상황에 따라, 특히 문제의 특성에 따라 적절하게 선택될 때 더 바람직한 결과를 가져온다. 개인의사결정과 집단의사결정의 장 · 단점 그리고 적용상황을 정리하면 [표 10－2]에서 보는 바와 같다.

2) 집단의사결정의 유형

집단의사결정은 '정형적 의사결정(programmed decision)'과 '비정형적 의사결정(nonprogrammed decision)'으로 분류된다[Simon, 1977].

① **정형적 의사결정**: 의사결정의 과정이 명확하고 고정적 · 반복적으로 이루어지는 의사결정방식을 말한다. 이러한 의사결정은 일반적으로 그 해결방안이 조직의 정책이나 절차에 의해서 사전에 명시되어 있다. 따라서 문제가 비교적 일상적이고 보편적인 특성을 지닐 때, 조직 중의 하위계층에서, 그리고 시장과 기술이 안정되고 일상적인 문제해결이 많은 경우에 많이 사용된다.

② **비정형적 의사결정**: 의사결정이 고정적 · 반복적으로 이루어지지 않고 그 과정도 불명확한 의사결정방식을 말한다. 이러한 의사결정은 일반적으로 해결방안이 문제가 정의된 후에 창의적으로 결정된다. 따라서 문제가 독특하고 새로운 특성을 지닐 때, 조직 중의 상위계층에서, 그리고 구조화가 되어 있지 않고 결정사항이 비교적 비일상적이고 복잡한 조직에서 주로 이루어진다.

조직에서 정형적 의사결정과 비정형적 의사결정이 많이 이루어지는 경우를 조직계층을 중심으로 살펴보면 [그림 10-3]에서 보는 바와 같다.

▌그림 10-3▐ 정형적 · 비정형적 의사결정의 계층별 분포

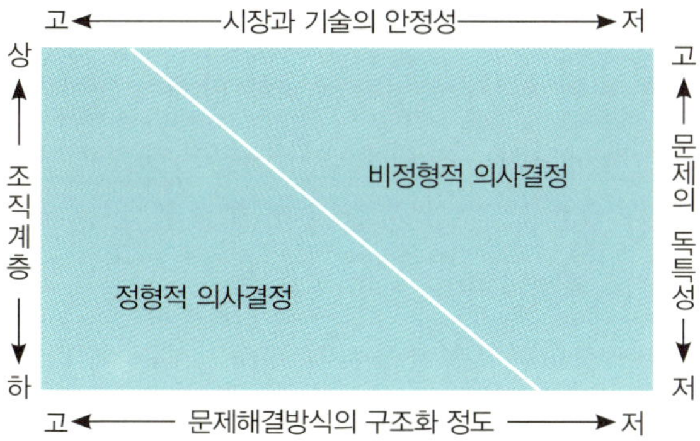

2. 집단의사결정 질의 개선

1) 집단의사결정의 질에 영향을 미치는 요인

위에서 살펴본 집단의사결정의 장 · 단점을 통해 집단의사결정의 질에 영향을 미치는 몇 가지 중요한 요인들을 발견할 수 있다. 이에 대해 자세히 살펴보면 다음과 같다[박영배, 2010: 346-347].

① **구성원의 지식과 경험**: 집단구성원의 지식이나 경험이 의사결정문제와 관계가 있고, 구성원 사이의 관계가 상호보완적이라면 집단의사결정은 개인의사결정에 비해 훨씬 바람직하다.

② **집단응집성과 집단사고**: 집단구성원의 응집성(cohesiveness)이 강하면 구성원은 의견을 교환하기를 원하며 지식과 경험을 서로 나누려고 한다. 이러한 경우에 집단의사결정의 효과와 효율성은 증가하게 된다. 그러나 응집성이 높은 집단에서 집단사고(group think), 즉 "구성원 사이의 합의에 대한 요구가 지나치게 커서 이것이 현실적인 다른 대안의 모색을 방해하는 경향"이 나타나면 집단의사결정은 완전히 획일적이고 비윤리적인 것이 된다. 집단

Organizational Behavior

내에 집단사고가 만연하면 구성원은 집단 내부의 압력 때문에 정신적 효율성이 저하되고, 현실에 대한 검토가 불충분하게 되며, 도덕적인 판단이 흐려지기 때문이다.

③ **구성원의 태도:** 집단구성원이 자신과 다른 의견에 대해 견지하는 태도가 개방적(open-mindedness)이면 구성원의 가치관이나 관점이 다르다 할지라도 그것이 상호 간의 의사소통이나 토의에 방해가 되지 않고 집단의사결정의 효과를 증가시킨다. 반대로 구성원의 태도가 폐쇄적(closed-mindedness)인 경우에는 모든 구성원의 관점이 일치한다면 집단의사결정은 매우 빠르게 이루어지지만, 상황이 바뀌거나 새로운 상황을 만나게 되면 구성원이 그러한 상황변화를 수용하지 못하기 때문에 집단의사결정은 결국 바람직하지 않은 결과를 가져온다. 또한 구성원 간에 의견이 일치하지 않고 개인의 의견만을 고집하게 되면 더욱 심각한 문제들이 발생하여 집단의사결정은 결국 비효과적인 것이 되고 만다.

집단의사결정의 질은 여러 요인들의 영향을 받아 결정된다. 위의 몇 가지 요인은 다만 구성원의 특성에 한정된 것이다. 집단의사결정의 질은 이 밖에도 의사결정의 문제, 외부환경 등과 같은 상황적 요인에 따라서도 큰 차이가 나타난다.

2) 집단의사결정 질의 개선

집단의사결정에 있어서 구성원의 창의적인 생각은 문제를 진단하고 해결하는 데 매우 중요한 요소이다. 그리고 위에서 살펴본 바와 같이 집단의사결정은 장점과 단점을 같이 가지고 있다. 따라서 조직에서는 조직개발기법들을 활용하여 집단의사결정의 장점은 살리고 단점을 최대한 줄이면서 구성원의 창의적 아이디어의 창출을 촉진하기 위해 많은 노력을 기울인다.

여기에서는 다양한 조직에서 집단의사결정의 질을 높이는 데 비교적 많이 사용하고 있는 명목집단법, 델파이법, 브레인스토밍 등에 대해 살펴보기로 한다.

(1) 명목집단법

명목집단법(Nominal Group Technique: NGT)은 문자 그대로 이름만 집단이지 구성원 간에 대화나 토론은 이루어지지 않는다는 점에서 붙여진 이름이다. 이 방법은 다음과 같이 네 단계로 이루어진다[Delbecq 등, 1975].

첫째, 구성원은 각자 제시된 문제에 대해 아이디어를 서면으로 작성한다.

둘째, 구성원은 차례대로 자기의 아이디어를 집단에 제출하고, 집단의 리더는 이를 칠판이나 차트에 기록한다. 이 과정에서는 특정 아이디어가 누구의 것인지를 알 수 없으며, 그것을 토의하거나 평가하는 것이 금지된다.

셋째, 아이디어의 수집이 끝나면 칠판에 적힌 모든 아이디어들의 장점과 단점, 타당성 및 기타 여러 가지 측면에 대해 토론한다.

넷째, 끝으로 구성원은 제출된 아이디어들에 대하여 투표한다. 이렇게 하여 최종적으로 가장 많은 점수를 얻은 것을 집단의 결정으로 한다. 투표방법으로는 주로 선호하는 순서에 따라 등급을 매기는 방법이 이용된다.

명목집단법의 장점은 구성원이 다른 사람의 영향을 받지 않고 스스로 문제를 생각해 볼 수 있으며, 의사결정에 소요되는 시간이 대략 2시간 정도로 상당히 짧다는 것이다. 반면에 이 방법은 한 번에 한 문제밖에 처리할 수 없으며, 이를 이끌어나가는 리더가 충분한 능력을 갖추어야 한다는 점이 큰 단점이라고 할 수 있다[Ulachak 등, 1981].

(2) 델파이법

델파이법(Delphi technique)은 미국의 랜드사(RAND co.)가 처음으로 개발한 의사결정기법이다. 이 기법은 주로 발생가능한 군사사건을 예측하는 데 이용되었던 것으로서 최근에는 조직의 다양한 문제를 예측하고 해결하는 데에도 많이 활용되고 있다. 델파이법에서는 의사결정이 다음과 같은 과정을 거쳐 이루어진다[Pyke and North, 1969].

첫째, 특정한 상황이나 문제에 대해 전문지식을 가지고 있거나 연구를 행하고 있는 전문가들에게 서신으로 의견을 묻는다. 이때 전문가들 각자는 자기 이외의 다른 참가자를 알지 못하기 때문에 사전에 서로 의견을 교환할 수 없다.

둘째, 전문가들이 회답한 의견자료를 모아서 그 분포상황을 통계적으로 분석한 다음 중간 50%에 속하는 의견을 다시 전문가들에게 제공하여 또 다시 의견을 제시하는 데 참고할 수 있도록 한다. 그리고 처음의 의견이 통계분석결과의 50% 범위에 속하지 않는 사람에게는 특별히 그 이유를 설명하도록 한다. 이렇게 해서 회수된 의견은 다시 귀납적으로 분석되어 처음과 마찬가지로 전문가들에게 제공되며, 전문가들은 이를 참고로 하여 또 다시 자기의 의견을 수정 · 제출하게 된다.

셋째, 이와 같은 과정을 3~4차에 걸쳐 반복한 다음, 마지막으로 분석된 의견의 중간치를 최종적인 해결방안으로 결정한다.

델파이법은 전문가들이 서로 의견을 교환할 수 없기 때문에 같은 장소에서 토론을 진행할 때 나타나는 '권위에 대한 맹종심리' 그리고 '타인의 의견에 대한 부합심리'와 같은 폐단을 예방할 수 있다. 그러나 의사결정에 소요되는 시간이 매우 길고, 적합한 전문가들을 선택하는 것이 어렵다는 점이 단점이라고 할 수 있다.

(3) 브레인스토밍

브레인스토밍(brain storming)은 영감법 또는 두뇌선풍법으로도 불리는 것으로서 기업에서 문제해결을 위한 기법으로 널리 사용된다. 이 기법은 집단구성원 모두가 집단회의에서 자신의 아이디어를 자연스럽고 자발적으로 제시하도록 하는 것으로 창의성 개발을 위한 기법으로도 많이 이용되고 있다[Osborn, 1953].

브레인스토밍의 참가인원은 5~7명이 적당하며, 제시된 아이디어는 칠판이나 차트에 철저히 기록하고, 아이디어에 대한 긍정적 또는 부정적 평가가 금지된다. 그리고 아이디어의 제시는 완전히 자발적으로 이루어진다. 그 밖에 이 기법을 사용할 때 지켜야 할 규칙으로 다음과 같은 것이 있다[신유근, 1985: 282-283].

첫째, 회합이 있기 전에 의제가 공개되어서는 안 된다.

둘째, 문제점이 명확해야 하고 너무 광범위해서는 안 된다.

셋째, 참가자는 발언에 제약을 받지 않고 자유스럽게 의견을 표현할 수 있어야 한다.

넷째, 타인의 아이디어를 참고하여 새로운 아이디어를 제시하는 것도 적극 권장한다.

다섯째, 참가자가 용이하게 의사소통을 할 수 있도록 원형탁자 등을 이용해야 한다.

브레인스토밍은 제시된 아이디어에 대한 평가를 뒤로 미룸으로써 의견제시에 대한 소극적인 태도를 방지하고, 참가자 모두에게 발표할 수 있는 기회를 줌으로써 특정인이 회의를 주도하는 것을 허락하지 않으며, 특이하거나 서로 다른 생각을 수용할 수 있는 분위기를 조성함으로써 창의성개발뿐만 아니라 적극적인 태도의 확립, 동기부여, 독선적 사고의 배제, 인간관계의 원활화, 핵심파악의 기민성 등과 같은 부수적인 효과를 얻을 수 있다. 그러나 피상적인 아이디어만 도출되기 쉽고, 복잡한 문제를 해결하는 데는 적당치 못하다는 비판도 있다.

OR Humor 10 면접문제

폭풍우가 사납게 휘몰아치는 밤길을 운전하다 버스 정류장을 지나면서 보니 세 사람이 버스를 기다리고 있었다. 죽어가는 노파와 내 생명의 은인인 친구, 그리고 내가 동경해온 완벽한 꿈의 여인. 차엔 한 사람밖에 더 태울 수 없는데 누구를 태울 건가?

단 한 사람을 채용하는 회사에 몰려든 200명의 지원자들에게 이것을 물었다. 채용된 사람은 이렇게 답했다.

"친구에게 차 키를 건네줘서 노파를 병원으로 데리고 가게 한 다음 꿈의 여인과 단 둘이서 버스를 기다립니다."

자료: 한국경제, 2011년 5월 2일자

10-3 | 갈등의 성격과 과정

1. 갈등의 성격

1) 갈등의 개념

오늘날과 같이 조직화된 사회에서 갈등은 보편적인 현상으로 나타나고 있다. 더구나 사람들의 삶의 터전인 조직의 경우에 구성원과 집단이 각자 나름의 기대와 목표를 가지고 활동하다 보면 많은 마찰과 불편한 관계가 생기게 된다. 조직에서 발생하는 이러한 갈등은 그 성격과 수준에 따라 개인과 집단 그리고 조직 전체에 해가 되기도 하고 도움이 되기도 한다. 따라서 조직에서 갈등을 잘 관리하는 것은 경영자의 중요한 책무의 하나라고 할 수 있다.

갈등(conflict)에 대한 정의는 상당히 많은데, 이는 갈등이 발생하는 상황이 매우 다양하고 복잡하기 때문이다. 그러나 조직에서 구성원 간 또는 집단 간에 발생하는 갈등을 중심으로 그 정의를 살펴보면 어느 정도의 공통점을 발견할 수 있다[Robbins, 1989: 385].

첫째, 갈등은 당사자들이 그것을 의식할 경우에만 비로소 존재한다. 즉, 당사자들이 갈등을 전혀 느끼지 못할 때에는 갈등이 있다고 말할 수 없다는 것이다.

둘째, 갈등은 대립(opposition), 희소성(scarcity), 봉쇄(blockage) 등의 의미를 담고 있으며 상호 간에 이해나 목표가 상충하는 둘 이상의 당사자가 있는 것을 전제로 한다. 자금과 직무 그리고 세력과 권력 등과 같이 조직 안에서 확보할 수 있는 자원은 한정되어 있기 마련이다. 그리고 조직이 보유하고 있는 자원의 희소성 때문에 구성원은 서로 더 많은 자원을 차지하기 위해 상대방의 행동을 차단하려는 와중에서 갈등이 발생하는 것이다.

이상의 내용을 종합하면 갈등이란 "어느 한쪽이 자신의 목표달성행동이나 관심사를 다른 한쪽에서 의도적으로 좌절시키려고 한다는 것을 지각할 때 시작되는 과정"[Thomas, 1976: 891]이라고 할 수 있다.

갈등은 때때로 경쟁(competition)과 같은 개념으로 이해되기도 한다. 그러나 엄밀하게 말하면 이 두 개념은 구분되는 것이다. 경쟁은 개인이나 집단이 목표를 달성하기 위해서 정당한 방법으로 겨루는 행동을 말한다. 따라서 경쟁은 당사자들이 다 같이 인정하는 일정한 규칙의 제약을 받으며, 상대방을 파괴하거나 괴멸시키려는 것이 아니고 단지 이기려는 데 목적이 있다. 그렇지만 경쟁은 갈등의 원인이 되기도 한다. 즉 경쟁이 불공정한 상황에서 이루어지거나, 어느 한쪽이 규칙을 지키지 않아 다른 한쪽이 불리함을 느낄 때, 그리고 경쟁 자체가 본래의 목적과는 달리 상대방을 해치려는 방향으로 진행되는 경우에는 이것이 갈등으로 발전하게 된다. 물론 경쟁이 공정하게 이루어지면 이루어질수록 갈등이 빚어질 소지는 그만큼 적어진다고 할 수 있다. 이와 같이 경쟁은 그 수단과 목적에 있어서 갈등과는 큰 차이가 있으며 때에 따라서는 갈등의 원인이 되는 개념으로 이해해야 할 것이다.

2) 갈등에 대한 견해의 변화

갈등에 대한 견해는 크게 세 단계를 거쳐 오늘에 이르고 있다. 즉, 갈등은 반드시 회피해야 하는 것으로 보는 전통적 견해와, 갈등은 필연적인 현상이며 나쁜 면과 좋은 면이 동시에 있으므로 관리되어야 한다는 행동적 견해, 그리고 갈등은 절대로 필요한 것이기 때문에 적극적으로 조장되어야 한다는 상호작용적 견해가 그것이다[Robbins, 1989: 368－370].

(1) 전통적 견해

갈등에 대한 전통적 견해(traditional view)는 상당히 부정적인 것으로서 갈등은 개인과 조직 모두에게 악영향만을 끼치므로 반드시 회피해야만 하는 것으로 생각한다. 이러한 갈등에 대한 초기의 견해는 미국에서 1930년대와 1940년대에 팽배했던 집단행동(group behavior)에 대한 사람들의 태도와 맥락을 같이 한다. 그 당시에는 호손연구와 같은 연구결과에 근거하여 갈등은 커뮤니케이션이 원활하지 못하거나 구성원이 서로 신뢰하지 못하는 분위기에서 발생하거나, 그렇지 않으면 경영자가 구성원의 욕구를 충족시키지 못하거나 그들의 기대에 부응하지 못할 때 발생한다는 주장이 폭넓게 받아들여졌다. 그리고 모든 갈등은 바람직하지 않다는 전제하에서 집단과 조직의 성과를 개선하기 위해서는 반드시 갈등의 원인을 찾아내어 그것의 부작용을 없애주기만 하면 될 것으로 생각했다.

(2) 행동적 견해

갈등에 대한 행동적 견해(behavioral view)는 집단과 조직에서 갈등은 필연적으로 발생하는 현상으로 본다. 또한 갈등은 회피하거나 완전히 제거할 수 있는 성질의 것이 아니며, 갈등이 때로는 집단의 성과를 향상시키기도 하기 때문에 그것을 적극적으로 수용하려는 태도가 중요하다고 생각한다. 이러한 행동적인 견해는 1940년대에서부터 1970년대에 이르기까지 주류를 이루었는데, 이때에는 갈등을 단순히 회피하려고 하기보다는 그것을 '어떻게 관리할 것인가' 하는 데에 관심이 모아졌다.

(3) 상호작용적 견해

행동적 견해가 갈등의 존재를 인정하고 그것을 적극적으로 수용하는 데 초점을 두는 데 반하여, 상호작용주의자(interactionist)들은 한 걸음 더 나아가 갈등은 집단과 조직에 대해 추진력으로 작용할 뿐만 아니라 적당한 갈등은 집단과 조직의 성과를 향상시키는 데 필수적이라는 점을 강조한다. 갈등에 대한 이와 같은 시각을 상호작용적 견해(interactional view)라고 하는데 최근에 많은 사람들로부터 가장 타당한 것으로 받아들여지고 있다. 이러한 관점을 취하는 사람들은 집단들이 서로 조화를 이루어 마찰이 없고 평온하며 협조를 잘하는 조직은 결국 무기력한 상태에 빠지게 되어 변화와 혁신이 필요할 때 신속하게 대처할 수 없기 때문에 적당한 갈등은 오히려 조장되어야 한다고 주장한다. 다시 말하면, 집단들이 자기비판적이고 창의적인 분위기를 유지하면서 집단 자체를 와해시키기 않을 범위 내에서 적당한 갈등은 계속 유지되어야 한다는 것이다.

이들은 모든 갈등이 바람직한 것이라든지 아니면 전부 바람직하지 못한 것이라는 식의 단순한 시각으로부터 벗어나, 갈등을 그 형태에 따라 바람직한 것과 바람직하지 않은 것으로 구분하여 조직에 도움이 되지 않는 갈등은 제거하고 도움이 되는 갈등은 어느 정도 고무 내지는 조성되어야 한다고 생각한다. 실제로 한 연구에 의하면 갈등의 좋고 나쁨은 그 형태에 따라 달라지기 때문에 경영자는 반드시 조직에 이롭게 작용하는 것과 해롭게 작용하는 것을 구분할 수 있어야만 조직의 유효성을 향상시키는 데 도움이 되는 것으로 나타났다[Evan, 1965].

2. 갈등의 순기능과 역기능

조직에서 발생하는 갈등은 순기능(function)과 역기능(dysfunction)을 동시에 가지고 있다. 즉, 조직 내에 갈등이 있음으로써 개인과 조직 모두에게 도움이 되는가 하면 오히려 해가 되기도 한다. 따라서 갈등과 관련된 경영자의 과제는 갈등의 이러한 양면성을 이해하여 역기능적인 갈등을 억제하면서 순기능적인 갈등은 조성해 나가는 일인데, 이는 결국 갈등을 어떻게 관리해야 하는가에 대한 문제라고 할 수 있다. '갈등의 관리'에 관해서는 뒤에서 자세히 알아보기로 하고 여기에서는 갈등의 순기능과 역기능에는 어떤 것들이 있는지에 대해서 먼저 살펴보기로 하자.

1) 갈등의 순기능

적당한 갈등은 집단과 조직의 목표달성과 성과개선에 도움이 되는데, 갈등이 다음과 같은 몇 가지 측면에서 순기능으로 작용하기 때문이다.

① **창의력의 고취**: 구성원이 창의력을 발휘하여 보다 참신한 아이디어를 제시할 수 있게 하기 위해서는 개방적인 분위기에서 마음껏 토론할 수 있는 기회가 주어져야 한다. 토론과정에서는 어느 정도의 비이성적인 태도가 허용되기 때문에 구성원 간의 비판이나 의견대립으로 인한 갈등을 피할 수 없게 된다. 그러나 이러한 경우에 적당한 갈등은 오히려 구성원의 창의력을 고취하는 데 도움이 된다.

② **의사결정 질의 개선**: 집단의사결정의 가장 큰 이점은 문제를 해결하는 데 있

어서 보다 많은 지식과 폭넓은 관점을 이용하여 좋은 아이디어를 모을 수 있다는 것이다. 그러나 이러한 결과를 얻기 위해서는 참가자들이 개방적인 분위기에서 창의력을 발휘하여 더 참신한 해결방안을 제시할 수 있어야 한다. 따라서 비판이나 대립을 통한 적당한 갈등은 이 경우에도 참가자들의 창의력을 고취하는 데 도움이 되며, 나아가 의사결정의 질을 높이는 데 긍정적으로 기여하게 된다.

③ **응집성의 증가**: 외부로부터의 위협이 있게 되면 이것이 집단의 지위와 구성원의 긍지에 대한 공동의 위협으로 간주되어 구성원의 응집성이 강화된다. 그리고 집단은 구성원에게 더욱 매력적이고 중요하게 되며 집단에 대한 충성심도 높아진다[신유근, 1985: 414]. 또한 집단 간의 갈등이 원만하게 해결된 후에는 집단들 사이에 새로운 협조관계와 공감대가 형성되어 조직에 대한 애착심이 커지게 된다.

④ **능력의 새로운 평가**: 사람들은 보통 자기의 능력을 잘못 평가하는 경향이 있다. 그러나 일단 갈등을 겪고 난 다음에는 자기의 능력에 대해 비교적 객관적인 평가를 내릴 수 있게 된다. 구성원이 자기의 능력을 정확하게 파악하면 개인은 물론이고 집단과 조직의 목표달성과 성과개선에도 도움이 된다.

2) 갈등의 역기능

갈등은 그 성격과 정도에 따라서는 개인과 조직 모두에게 부정적인 결과를 가져다준다. 갈등이 이렇게 역기능으로 작용하는 몇 가지 대표적인 측면을 살펴보면 다음과 같다.

① **목표달성노력의 약화**: 갈등의 당사자들은 각자 다른 목표를 가지고 있는 경우가 보통이다. 따라서 자기의 목표만을 너무 고집하면 갈등이 오래도록 지속되거나 극단적으로 발전한다. 이러한 상황에서 당사자들은 서로 합심하여 달성해야 할 공동의 목표에 대해서는 관심을 기울이지 않게 된다.

② **심리상태의 변화**: 갈등은 사람의 심리상태에 부정적인 영향을 미친다. 즉, 갈등관계에 있는 당사자들은 항상 긴장해야 되며 심리적으로 초조하고 불안

한 상태에 있게 되는 경우가 보통이다. 따라서 갈등이 지속되어 정상적 심리상태를 회복하지 못하면 신체적 · 정신적 건강을 해칠 뿐만 아니라 직무를 수행하는 데도 지장을 받게 된다.

③ **제품품질의 저하**: 갈등은 제품의 품질을 떨어뜨리는 중요한 원인이 되기도 한다. 예컨대, 노사 간에 흔히 발생하는 상충되는 욕구에 의한 대립은 생산활동을 둔화시키게 마련이며 이는 결국 제품의 품질저하를 가져오게 된다. 기업에서 노사분쟁이 발생하거나 심화되면 소비자가 그 기업의 제품을 구매하기를 꺼리거나 주저하게 되는 가장 큰 이유도 분쟁기간에 생산된 제품은 신뢰할 수가 없기 때문이다. 또한 부서 간에 목표달성경쟁으로 발생하는 갈등도 제품의 품질을 떨어뜨리는 원인이 된다. 왜냐하면 그러한 경쟁은 흔히 제품의 질보다는 양에 초점을 맞추고 있기 때문이다.

갈등의 역기능은 이 밖에도 상당히 많다. 예를 들면, 과격하게 계속되는 갈등은 집단의 분위기에 영향을 주는 집단응집성에 해가 되며, 집단 간에 의사소통이 끊기는 원인이 되기도 한다. 또한 심한 경우에는 조직 자체가 붕괴되는 위기를 가져오기도 한다. 따라서 이러한 성격의 갈등은 사전에 예방하거나 적당한 수준으로 조정할 필요가 있다.

3. 갈등의 유형과 과정

1) 갈등의 유형

조직 내에서 발생하는 갈등에는 개인이 혼자 내부적으로 겪는 개인 내 갈등, 개인 간에 발생하는 개인 간 갈등, 집단과 집단 간에 발생하는 집단 간 갈등, 그리고 조직과 조직 사이에서 발생하는 조직 간 갈등 등 네 가지 유형으로 나눌 수 있다[Schermerhorn 등, 1985: 522].

(1) 개인 내 갈등

사람은 누구나 다양한 욕구와 목표를 가지고 있으며 이러한 욕구와 목표들은 서로 상충되기도 하고 많은 장애요인으로 말미암아 그것을 달성하려는 노력이 차단되기도 한다. 개인 내 갈등(intrapersonal conflict)은 이러한 복잡한 원인으로 말미암아 개인이 내부적으로 겪는 갈등을 말하는데, 여기에는 다시 네 가지 형태가 있다.

① 접근－접근갈등(approach－approach conflict): 둘 이상의 대상이나 목표가 개인에게 모두 매력적이거나 긍정적인 결과를 가져다 줄 때 느끼는 갈등이다. 예컨대, 취업을 원하던 사람은 자신이 응시했던 여러 직장에 모두 합격했을 때 그 중에서 어느 직장에 들어가야 할 것인지를 결정하는 과정에서 내면적으로 갈등을 겪을 것이다. 특히 합격한 직장이 여러 면에서 큰 차이가 없다고 느낄 때 이러한 갈등은 더욱 커지게 된다. 하지만 이러한 형태의 갈등은 일단 선택이나 결정을 하고 나면 쉽게 해소되기 때문에 개인에게 일시적인 불안감을 줄 뿐 나쁜 영향은 미치지 않는다.

② 접근－회피갈등(approach－avoidance conflict): 하나의 대상이나 목표가 긍정적 · 부정적 속성을 동시에 지니고 있어서 한편으로는 끌리기도 하지만 다른 한편으로는 멀리 하고도 싶을 때 느끼는 갈등이다. 이러한 갈등을 느끼는 개인은 흔히 긍정적인 측면이나 부정적인 측면 중 어느 한쪽에 비중을 더 크게 두어 그것을 취할 것인지 회피할 것인지를 결정하게 된다. 그러나 긍정적 · 부정적 측면이 거의 같은 수준으로 지각되는 경우에는 쉽게 결정을 내릴 수가 없기 때문에 심한 갈등을 겪게 된다.

③ 회피－회피갈등(avoidance－avoidance conflict): 똑같이 부정적인 속성만을 지니고 있어서 매력을 느낄 수 없는 대안들 중에서 무엇인가 선택을 해야만 할 때 겪는 갈등이다. 예컨대, 현재의 직장이 마음에 들지 않아서 직장을 떠나고 싶지만 따로 옮길만한 곳이 마땅치 않은 경우 직장을 그만두고 실업자가 되든지 아니면 있기 싫은 직장에서 계속 근무하든지 둘 중 하나를 선택해야 하는데, 이때 개인이 겪게 되는 갈등이 회피－회피갈등이다.

④ 다원적 접근－회피갈등(multiple approach－avoidance conflict): 긍정적 · 부정

적 속성을 동시에 지니고 있는 여러 개의 대상이나 목표들 중에서 무엇인가 선택해야 할 경우에 느끼는 갈등이다. 예를 들면, 장점과 단점을 동시에 지니고 있는 여러 대안들 중에서 무엇이든 반드시 선택해야 하는 경우에 의사결정자가 흔히 겪는 갈등이 다원적 접근-회피갈등이다.

(2) 개인 간 갈등

개인 간 갈등(interpersonal conflict)은 개인과 개인 사이에서 발생하는 갈등을 말한다. 이러한 유형의 갈등은 특히 두 사람이 동일한 문제에 대하여 일치하지 않을 때 발생하는 것이 보통인데, 이는 두 사람이 지니고 있는 목표, 가치관, 신념, 태도 등에 차이가 있기 때문이다. 개인 간 갈등은 조직구성원이 흔히 겪게 되는 현상으로서 주로 구성원 사이의 인간관계에 영향을 미친다. 따라서 경영자의 갈등해결 수완이 특히 요구되는 갈등이라고 할 수 있다.

(3) 집단 간 갈등

집단 간 갈등(intergroup conflict)은 집단들 사이에서 발생하는 갈등으로서 조직 내의 부서 간에 발생하는 갈등이 가장 보편적이다. 대표적인 것으로는 생산부서와 영업부서 사이의 갈등을 들 수 있다. 조직의 규모가 증가하고 기능이 다양해질수록 집단들 사이의 상호관계는 더욱 복잡해지고 그만큼 집단 간에 갈등이 발생할 가능성도 커진다.

보통 조직갈등(organizational conflict)으로 일컬어지는 갈등은 집단 간 갈등을 의미한다. 집단 간 갈등은 그 안에 조직에서 발생하는 모든 형태의 갈등을 이미 포함하고 있기 때문이다. 조직에서 나타나는 집단 간 갈등에는 다음과 같이 네 가지 형태가 있다[Luthan, 1981: 380-381].

① **수직적 갈등(vertical conflict)**: 조직 내 계층들 사이에서 발생하는 갈등이다. 예를 들면, 최고경영층과 중간경영층 간의 갈등이나 경영자와 부하들 간의 갈등 등과 같은 것이다. 이러한 형태의 갈등이 발생하는 원인은 여러 가지가 있겠으나 주로 상위계층이 하위계층을 지나치게 통제하려는 과정에서 생기게 된다.

② 수평적 갈등(horizontal conflict): 조직에서 동일수준의 계층에 속해 있는 집단 사이에서 발생하는 갈등을 말한다. 이와 같은 형태의 갈등은 주로 집단 간의 지나친 경쟁이나 본위주의적인 태도 때문에 발생한다. 기업의 생산부서와 영업부서 사이에 제품의 생산량과 품질 등의 문제로 자주 발생하는 갈등은 수평적 갈등의 전형적인 예이다.

③ 라인-스탭갈등(line-staff conflict): 조직 내의 라인과 스탭이 서로 상대방의 업무를 이해하지 못하거나 영역을 침범함으로써 발생하는 갈등을 말한다. 스탭은 특정 분야에 대해 전문적 지식이나 풍부한 경험을 지니고 있기 때문에 항상 자기가 제시하는 의견이 가장 정확하다고 믿는 경향이 있다. 따라서 경우에 따라서는 상대방에게 자기의 의견을 받아들이도록 강요하게 된다. 이때에 라인이 스탭의 이러한 행동을 받아들이지 않거나 심하게 반발하게 되면 마찰이나 갈등이 발생하게 된다.

④ 공식-비공식갈등(formal-informal conflict): 조직 내의 공식집단과 자연발생적으로 형성된 비공식집단 사이의 갈등으로서 두 집단 간의 목표나 규범 등의 차이 때문에 발생하는 것이 보통이다.

(4) 조직 간 갈등

조직 간 갈등(interorganizational conflict)은 조직과 조직 사이에서 발생하는 갈등으로서 경쟁기업 사이의 갈등, 기업과 원료공급업체의 갈등, 정부의 관련부처와 기업의 갈등, 기업과 노동조합의 갈등 등이 여기에 속한다.

2) 갈등의 과정

갈등은 일련의 동태적 과정(dynamic process)으로서 [그림 10-4]에서 보는 바와 같이 몇 가지의 단계를 포함한다[Robbins, 1989: 372].

▌그림 10-4▐ 갈등의 과정

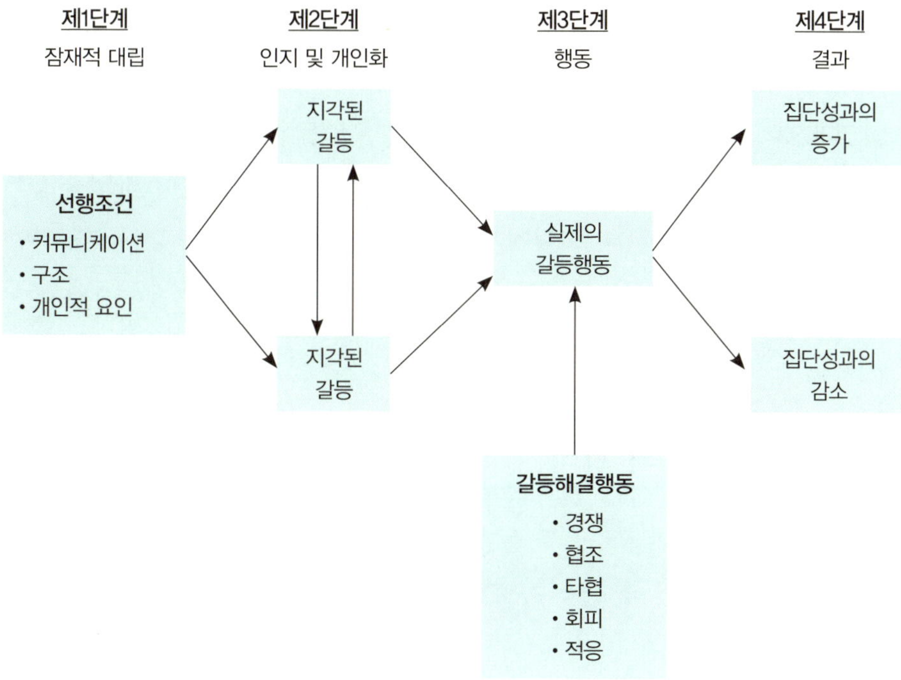

① 잠재적 대립단계: 갈등과정의 첫 번째 단계는 갈등을 유발하는 여러 조건들이 실재하는 상황을 말한다. 이들 조건이 반드시 갈등을 일으킨다고는 할 수 없다. 그러나 갈등이 발생하기 위해서는 이러한 조건들이 반드시 필요한 것이다. 즉 갈등이 발생하기 위해서는 조직의 구조적 결함, 의사소통상의 장애, 구성원 간의 개인적 차이 등과 같은 갈등을 유도하는 요인들이 있어야 한다.

② 인지 및 개인화단계: 개인이 첫 번째 단계의 갈등조건, 즉 잠재적인 대립의 상황이 존재하는 것을 인식하거나 그러한 상황에 대해 실제로 좌절감 · 분노 · 적대감 · 긴장감 등과 같은 감정을 갖게 되는 상태이다. 따라서 이 단계는 첫 번째 단계의 상황이 갈등당사자들에게 실제로 작용하여 현실화되는 단계라고 할 수 있다.

③ 행동단계: 갈등당사자들이 대립하여 상대방의 목표달성행동을 방해하거나 이익확장의도를 좌절시키려고 함으로써 갈등이 행동으로 표출되는 상태이

다. 이 단계에서 갈등당사자들은 갈등해결을 위한 노력도 동시에 하게 된다. 갈등당사자들이 갈등해결을 위해 사용할 수 있는 기본적인 방법으로는 경쟁 · 협조 · 타협 · 회피 · 적응 등이 있다.

④ 결과단계: 이상과 같은 단계를 거쳐서 발생한 갈등은 반드시 어떤 결과를 가져온다. 즉 갈등은 개인과 집단 그리고 조직 모두에게 도움이 되는 긍정적인 결과를 가져오든지, 그렇지 않으면 이들 모두에게 해가 되는 부정적인 결과를 가져오게 된다.

10-4 | 집단갈등의 관리

1. 집단갈등의 원인과 조직유효성

1) 집단갈등의 원인

집단갈등은 흔히 집단 사이의 커뮤니케이션이 원활하게 이루어지지 않기 때문에 발생한다. 그러나 집단 간에 발생하는 갈등의 원인을 이러한 탓으로만 돌릴 수는 없다. [그림 10-5]에서 보는 바와 같이 집단 간에는 여러 가지의 요인이 복합적으로 작용하여 갈등을 만들어낸다[Reitz, 1977: 400; March and Simon, 1958: 121-129].

(1) 상호의존성

상호의존성이란 집단들이 각기 목표를 달성하는 데 있어서 서로 정보를 제공하거나 협조관계를 유지하는 등 협력행동을 필요로 하는 정도를 말하는데, 이것이 집단갈등을 유발하는 중요한 원인이 된다. 특히 조직 내의 한정된 자원과 활동시간에 대한 상호의존성이 클 때 집단 간 갈등의 가능성은 커진다. 즉, 조직에서 집단들이 활용할 수 있는 인적 · 물적 자원은 한정되어 있거나 부족하기 마련인데 이와 같은 자원에 대한 경쟁이 갈등을 만든다. 집단들이 서로 자기의 몫을 최대한

▌그림 10-5▐ 집단갈등의 원인

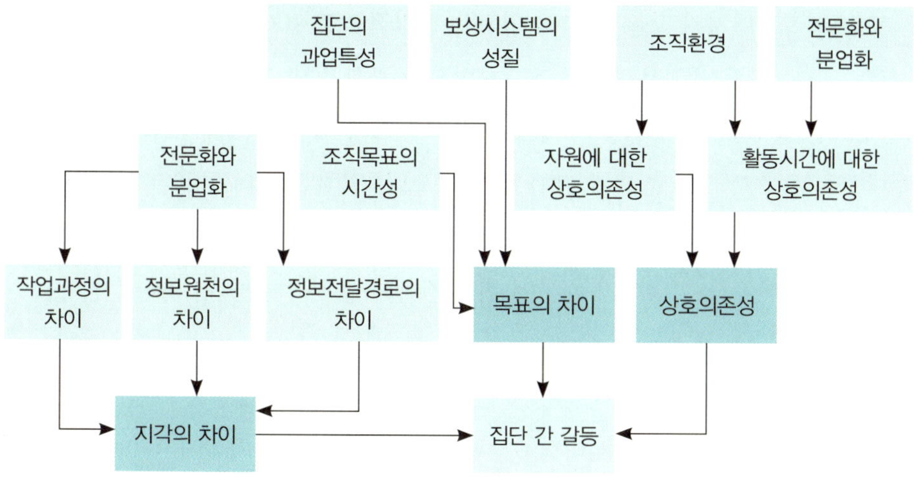

많이 확보하려고 하거나 이미 확보된 몫을 빼앗기지 않으려고 저항하는 과정에서 다툼이 벌어지게 되는 것이다.

또한 기능이 전문화되고 분업화될수록 한 집단의 활동시간이 다른 집단의 작업과 성과에 크게 영향을 주기 때문에 갈등이 발생한다. 예컨대 구매부서와 생산부서, 그리고 생산부서와 영업부서는 활동시간에 대한 상호의존성이 특히 크다고 할 수 있다. 따라서 이들 부서 간에 구매나 생산에 대한 시간의 조정이 이루어지지 않게 되면 갈등이 발생하게 된다.

(2) 목표의 차이

집단들이 추구하는 목표의 내용과 성격이 서로 다를 때 집단갈등이 발생할 가능성은 커진다. 집단들은 같은 조직의 한 부분으로서 전체 조직의 목표달성에 기여하고 있지만, 그 과정에서 집단마다 추구하는 목표가 서로 일치하지 않으면 집단들은 동일한 문제에 대해 서로 다른 시각을 갖고 접근하기 때문에 갈등이 발생할 소지가 큰 것이다. 집단 간의 목표차이는 특히 조직 내의 한정된 자원과 보상시스템에 문제가 있는 경우에 더욱 커지게 된다. 예를 들면, 조직 내에 자원이 부족하면 집단들은 자신의 목표달성에 필요한 몫을 될 수 있는 한 많이 확보하기 위해 각자 목표의 정당성을 앞세우고 다른 집단과의 목표차별화를 강조하기 때문에 목표의 차이가 더욱 커지게 된다.

또한 최고경영자가 모든 부서의 업적을 전반적으로 평가하여 보상하지 않고 부서별로 다른 기준을 적용하여 평가 · 보상하면 보상을 받기 위해 설정하는 부서들의 목표는 당연히 차이가 날 수밖에 없다. 이 밖에 집단 자체의 과업특성 때문에 추구하는 목표가 다른 집단과 다를 수도 있으며, 전체 조직의 목표가 장기적인 면보다는 단기적인 면에 치중하는 경우에 집단들은 저마다 자기의 업적을 위해 자기본위적인 목표를 설정하기 때문에 집단 간에 목표의 차이를 가져오게 된다.

(3) 지각의 차이

조직의 기능이 전문화 · 분업화될수록 집단들의 지각에 차이가 나타나면서 갈등이 발생한다. 집단 간 지각차이는 주로 다음과 같은 세 가지 측면에서 많이 나타난다.

첫째, 작업과정에 대한 지각의 차이이다. 예컨대, 고객의 신용을 확보하기 위해서 될 수 있는 대로 반품을 많이 받아 처리하는 것이 영업부서에서는 당연한 일이지만, 생산원가를 절감하고 생산량을 최대화하려는 생산부서에서는 이것이 자기 부서의 성과를 저해하는 작업으로 지각되어 두 집단 간에 마찰이 생기게 된다.

둘째, 정보원천의 차이가 집단 간 지각차이를 가져온다. 예컨대, 판매량의 감소현상에 대해 생산성과 품질의 저하에서 그 원인을 찾으려는 영업부서와 영업활동의 부진과 유통경로상의 문제에서 그 원인을 찾으려는 생산부서 사이에는 문제의 발생원인과 해결방법을 서로 다르게 인식하고 이해함으로써 마찰이 빚어지는 경우가 있다.

셋째, 정보가 서로 다른 경로를 통해서 전달됨으로써 집단 간 지각차이를 가져온다. 정보가 유통되는 경로는 매우 다양하다. 정보는 조직 내의 공식적인 경로를 거쳐 전달되기도 하고 비공식적인 경로를 통해 루머(rumour)의 형태로 전해지기도 한다. 또는 공식적 경로라 할지라도 매우 복잡한 과정을 거쳐 전달되기도 하고 짧은 시간에 간단히 전달되기도 한다. 따라서 같은 내용의 정보라도 저마다 다른 경로를 거치면서 크게 변질되어 상대방이 실제와는 전혀 다르게 해석하는 경우가 생긴다. 이렇게 정보가 왜곡되면 집단 간에 근거 없는 불신과 적대감이 형성되어 결국은 갈등으로 발전한다.

2) 집단갈등의 수준과 조직유효성

조직의 규모가 커지고 기능이 전문화 · 분업화될수록 집단 간에 발생하는 문제들이 많아지고, 따라서 집단 간 갈등도 더욱 심화된다. 특히 변화가 빠르고 불확실한 환경에 처해 있는 조직에서는 집단 간의 자원에 대한 상호의존성, 목표차이, 지각차이 등 집단 간에 작용하는 갈등요인들을 더 많이 안고 있기 때문에 갈등이 발생할 가능성이 매우 높다고 할 수 있다. 따라서 이러한 조직의 경영자는 집단갈등이 조직의 목표와 성과에 어떻게 영향을 미치는지를 이해하고 이를 효과적으로 관리해나가야만 한다.

집단갈등은 다른 유형의 갈등과 마찬가지로 조직에 도움이 되기도 하고 해가 되기도 한다. 집단갈등의 이러한 양면성은 그동안 여러 연구들을 통해 입증되고 있다. 그러면 갈등이 조직에 도움이 되는 상황과 오히려 해가 되는 상황은 어떻게 구분해야 하는가? 이러한 두 상황을 명확히 구분하는 것은 매우 어려운 문제이지만 이것을 갈등의 수준과 결부시켜서 생각하면 이해하는 데 도움이 된다. 즉, 조직에 갈등이 거의 없는 경우에는 조직이 환경변화에 적응하기 어려워 조직의 유효성이 떨어지게 된다. 그리고 이러한 상태가 지속되면 조직의 생존 자체가 위험하게 될 수도 있다. 반면에 갈등의 정도가 너무 높은 경우에도 조직의 유효성을 떨어뜨리는 것은 물론이고 조직이 최악의 국면을 맞을 수도 있다. 따라서 조직에서는 항상 집단 간에 적정수준의 갈등이 유지될 때 가장 바람직하다고 할 수 있다.

[그림 10-6]은 집단갈등의 정도와 조직유효성 사이에 어떤 관계가 있는지를 보여준다. 여기에서 알 수 있듯이 조직 내에 집단갈등이 거의 없거나 반대로 그 정도가 너무 높은 것은 모두 바람직한 현상이 아니라고 할 수 있다. 따라서 조직유효성을 향상시키고 이에 필요한 집단의 행동을 유지하기 위해서는 적당한 정도의 갈등을 조성 · 유지하는 것이 필요하다[Hellriegel 등, 1986: 889-935].

▌그림 10-6▐ 집단 간 갈등의 수준과 조직유효성의 관계

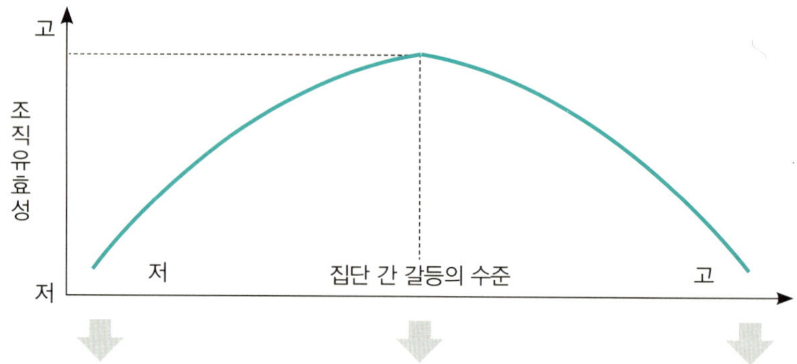

갈등수준	낮음	이상적	높음
영향	역기능적	순기능적	역기능적
집단행동	• 환경변화에 대한 적응력의 둔화 • 무사안일적 • 침체적 • 의욕상실	• 환경변화에 대한 신속한 적응력 • 창의적 • 변화지향적 • 활발한 문제해결행동 • 적극적 목표달성행동	• 혼란 • 분열 • 상호조정의 결여 • 목적의식의 결여
조직유효성	낮음	높음	낮음

2. 집단갈등의 관리방안

여러 원인에 의해 발생하는 집단갈등은 그 정도에 따라서 긍정적 · 부정적 결과를 가져온다. 따라서 집단 간의 과도한 갈등은 부정적인 결과로 나타나기 때문에 감소시키는 노력이 필요하며, 반대로 집단 간에 갈등이 너무 없을 때에는 조직에 활력을 불어넣어 줄 수 있을 정도까지 이를 촉진시킬 필요가 있다. 집단 간 갈등을 관리하는 방법은 매우 다양하다. 여기에서는 먼저 갈등해결의 기본방식을 살펴본 다음, 집단갈등을 해결하는 구체적인 방법들에 대하여 알아보기로 한다.

1) 갈등해결의 기본방식

개인이나 집단이 갈등에 직면하면 나름의 방식으로 갈등을 처리하게 된다. 토마스(K.W. Thomas)는 이러한 점에 착안하여 갈등해결을 위한 기본방식으로 경쟁 · 적응 · 타협 · 협조 · 회피 등의 다섯 가지를 제시하고 있다[Thomas, 1976: 889－935].

이들 갈등해결의 기본방식은 [그림 10－7]에서 보는 바와 같이 협조성(cooperativeness)과 독단성(assertiveness)이라는 두 차원의 조합에 의하여 분류한 것이다. 협조성이란 상대방의 관심사를 만족시키려는 의도를 말하며, 독단성이란 자기의 관심사를 충족시키려는 의도를 말한다. 따라서 이들 다섯 가지의 갈등해결방식은 각기 다음과 같은 성격을 지닌다.

❚ 그림 10-7 ❚ 갈등해결의 기본방식

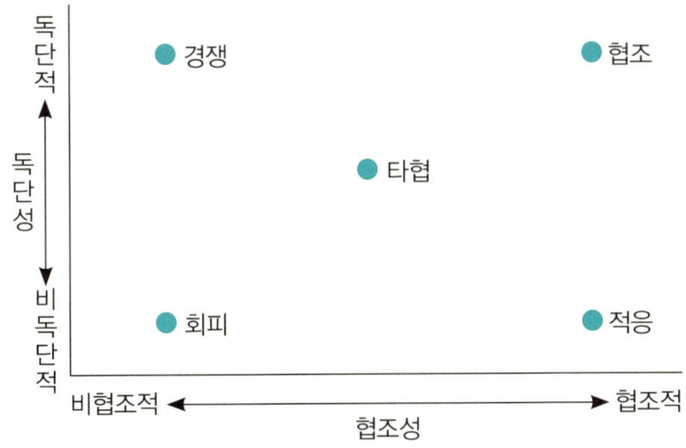

① 경쟁(competition): 자신의 관심사를 충족하기 위해 조직 내의 공식적 권한을 이용하여 상대방을 제압해 버림으로써 갈등을 해결하는 방식이다. 이 방식은 신속하고 결단력 있는 행동이 절대로 필요하거나 비용절감이나 규칙강요와 같이 인기 없는 조치의 시행이 요구될 때, 또는 경쟁을 통하지 않고 자신의 이익을 챙기려는 사람들이 많은 상황에서 사용할 때 효과적이다.

② 적응(accomodation): 자신의 관심사는 접어두고 상대방의 관심사를 충족시키는 데 보다 적극적으로 나서는 방식이다. 이 방식은 논쟁점이 자신보다는 상대방에게 더욱 중요한 것이거나 다음 논쟁점에 대한 사회적 신용을 얻을 필요가 있을 때, 그리고 상대방과 안정된 관계를 유지하는 것이 특히 중요

한 상황에서 사용할 때 효과적이다.

③ 타협(compromise): 양측이 상호교환과 양보를 통해 자신들의 관심사를 부분적으로 충족하는 방식이다. 이 방식은 복잡한 논쟁점에 대해 잠정적 해결안을 얻으려고 하거나, 시간적 압박 때문에 임기응변적인 해결안을 찾으려고 할 때, 또는 양측의 권력(power)이 비슷하여 다른 방식으로는 상호배타적인 목표를 달성하기가 어려운 경우에 사용할 때 효과적이다

④ 협조(collaboration): 양측의 관심사를 모두 만족시키려는 방식이다. 이 방식은 양측의 관심사가 모두 중요한 것이어서 타협을 보기가 어려운 상황에서 통합적인 해결안을 발견해야 할 때, 그리고 목표 자체가 배우려는 데 있거나 양측의 관여를 확보하려고 하는 것일 경우에 비교적 효과적이다.

⑤ 회피(avoidance): 갈등의 논쟁점으로부터 물러나거나 이를 피함으로써 자신과 상대방의 관심사를 모두 무시하는 방식이다. 이 방식은 현재의 논쟁점보다는 다른 논쟁점이 더 시급한 것일 때, 자신의 관심사를 충족시킬 수 있는 기회가 없다는 것을 느꼈을 때, 사람들을 진정시키고 생각을 가다듬게 할 필요가 있을 때, 그리고 갈등당사자들보다는 다른 사람들이 갈등을 더욱 효과적으로 해결할 수 있는 경우에 적합하다.

2) 구체적인 갈등해결방법

다음은 경영자들이 실제로 조직에서 이용할 수 있는 갈등해결의 구체적인 방법들에 대해 알아보기로 하자. 그러나 실제 이용될 수 있는 갈등해결방법은 수없이 많기 때문에 이들 모두를 하나하나 설명하는 것은 상당히 어려운 일이다. 따라서 여기에서는 여러 방법들을 일반적 해결방법, 구조적 해결방법, 인간관계적 해결방법, 촉진적 해결방법 등으로 나누어 살펴보도록 하겠다.

(1) 일반적 해결방법

집단갈등을 조직에서 발생하는 일반적인 현상으로 보고 해결방법을 모색하는 것이 일반적 해결방법이다. 이 방법은 주로 갈등의 원인을 파악하여 해결책을 찾

는 데 초점을 두고 있다. 보편적으로 사용되고 있는 몇 가지 방법을 들면 다음과 같다.

① **대면**: 이것은 집단 간 갈등의 가장 보편적인 해결방법이다. 이 방법은 집단들의 대면회합을 통하여 갈등의 원인이 되고 있는 문제들을 분석하고 상호 간의 입장을 밝히며 오해도 해소함으로써 상호 간의 이해를 증진시키고 갈등을 감소시키는 방법이다. 대면(confrontation)은 집단 간 커뮤니케이션상의 문제나 상호 간의 오해 등에 의한 갈등을 해결하는 데는 매우 효과적인 방법이다. 그러나 집단 간의 이념적 문제나 감정적 문제로 발생한 갈등을 해결하는 데는 한계가 있다[이학종, 1992: 261].

② **상위목표의 설정**: 집단 간의 갈등이 상호 간에 양립될 수 없는 목표로부터 연유된 경우에는 상위목표(superordinate goal)를 설정하여 집단들 사이에 상호의존관계가 형성되도록 함으로써 갈등을 감소시킬 수 있다. 상위목표는 집단들이 서로 힘을 합치지 않으면 달성될 수 없는 매우 가치 있고 매력적인 목표이다. 따라서 이러한 목표를 도입하면 집단들은 각기 독립적인 존재라는 시각에서 벗어나 모두 보다 큰 집단의 일부라는 생각을 갖게 됨으로써 협동적인 분위기가 조성된다. 이 방법은 집단 간 갈등을 해결하는 데 있어서 상당히 효과적인 방법으로 주목받고 있다. 그러나 이 방법이 성공하기 위해서는 상위목표를 설정할 때 그것이 각 집단에서 모두 바람직하고 매력적이어야 하고, 협동을 필요로 하는 것이어야 하며, 달성가능한 것이어야 하고, 나아가 목표를 달성한 다음에는 반드시 어떤 보상이 주어져야 한다는 제약점을 지니고 있다[Scherif and Sherif, 1969: 228－262; Szilagyi and Wallace, 1980: 264].

③ **자원의 확대**: 집단 간의 갈등이 한정된 자원 때문에 발생하는 경우에 활용자원을 확대(expanding resources)시킴으로써 갈등을 해결할 수 있다. 이 방법은 갈등당사자들을 모두 만족시킬 수 있기 때문에 갈등을 해결하는 데 있어서 매우 효과적이다. 그러나 여기에는 조직이 항상 충분한 자원을 확충하는 일이 그렇게 쉽지 않다는 현실적인 제약이 따른다.

④ **공동경쟁대상의 설정**: 갈등을 일으키고 있는 집단들에게 모두 위협이 되는

적을 만들어 주어 이에 공동으로 대항하도록 하는 것도 집단 간 갈등을 해결할 수 있는 방법이다. 이 방법은 '상위목표의 설정'과 비슷하다고 할 수 있다. 공동의 적(common enemy)이 생기게 되면 서로 적대적 관계에 있던 집단들은 힘을 합쳐 적을 물리치는 데 전력을 기울이기 때문이다. 예를 들면, 경쟁업체에서 새로운 제품을 개발하여 시장에서의 위치가 불안해진 기업은 그 경쟁업체를 공동의 적으로 등장시켜 기업 내 부서들의 상호협조를 유도할 수 있다[박내회, 1990: 266]. 그러나 이 방법은 공동경쟁대상으로부터의 위협이 없어지는 경우에는 집단 간의 갈등이 재현될 가능성이 있다[이학종, 1992: 261].

(2) 구조적 해결방법

구조적 해결방법은 조직의 각종 제도(system)나 구조를 이용하여 집단 간 갈등을 해결하는 방법이다. 이 방법은 일반적 해결방법과 더불어 집단갈등을 해결하는 데 많이 사용되고 있으며 갈등당사자들을 격리시킴으로써 갈등을 회피하려는 성질을 지니고 있다. 비교적 대표적인 것을 살펴보면 다음과 같다.

① **규정과 절차의 설정**: 이것은 가장 간단한 해결방법으로서 갈등을 사전에 예측하고 이를 해결하기 위한 규정(rules)이나 절차(procedures)를 설정하여 갈등이 악화되는 것을 피하는 데 그 목적이 있다. 규정과 절차는 집단 간에 문제가 발생할 때마다 회합이 필요 없이 즉시에 문제를 해결함으로써 조직의 안정을 유지해 주는 역할도 한다.

② **권한계층의 개입**: 이것은 집단 간 갈등에 당사자들보다 높은 계층의 경영자가 개입하여 자기의 권한을 이용해 해결하는 방법이다. 예를 들면, 생산부서와 영업부서 사이에 마찰이 있는 경우에 그들보다 높은 계층의 경영자는 지시와 명령을 통해 마찰을 중단시킬 수 있다. 이 방법은 심화된 갈등을 신속하게 처리할 수 있는 효과는 있으나 갈등을 근본적으로 해결할 수 없다는 문제를 안고 있다.

③ **조직의 재설계**: 조직구조 자체를 변경함으로써 집단 간의 갈등을 해결할 수 있다. 즉 조직에서는 연결조정역(liaison roles), 태스크포스(task forces),

프로젝트팀(project teams) 등과 같은 조직을 두어 집단들 사이의 상호관계를 조정함으로써 갈등을 피하거나 감소시킬 수 있다. 이 방법은 갈등을 관리하는 데 있어 다른 방법들에 비해 매우 효과적이다. 그러나 조직을 재설계하는 데는 많은 시간과 비용이 소요되며 조직의 형태에 따라서 나름의 한계도 나타난다.

④ **청원제도의 활용**: 갈등은 구성원 개인이나 집단이 고충사항을 자유롭게 제출할 수 있는 공식적 경로를 둠으로써 해결할 수도 있다. 만약 개인이나 집단이 상급자나 동료 또는 다른 집단에 의해 권리를 침해당한 경우 이들은 조직 내의 청원제도(appeal system)를 통해 고충을 호소하고 시정을 요구함으로써 가해자와의 마찰이 표면화되는 것을 방지할 수 있다. 이 경우 청원은 차상급자나 최고경영층 또는 제3자인 노동중재인에게 제출된다. 청원제도는 특히 노사 간의 갈등을 해결하는 데 효과적으로 활용할 수 있는 방법이다.

⑤ **직무의 재설계**: 직무의 구조를 집단 간의 상호작용을 촉진시킬 수 있는 방향으로 개편함으로써 갈등을 감소시킬 수 있다. 사람들 사이에 상호작용이 많으면 많을수록 공통의 관심사와 유대감이 증가하므로 상호 간의 협조가 촉진된다[박내회, 1990: 265]. 따라서 직무의 내용과 방법 그리고 직무 간의 관계를 재설정하여 상호작용을 촉진시키면 갈등의 가능성은 그만큼 줄어든다. 예컨대, 직무순환(job rotation)을 통해 특정 집단의 구성원을 다른 집단으로 이동시키면 집단의 내부구조가 변하게 되기 때문에 집단들 간에 갈등을 가져왔던 원인들이 없어지고 상호협조의 관계가 형성된다.

⑥ **합리적인 평가기준과 보상시스템의 확립**: 각 집단에 대한 평가기준과 보상시스템이 달라서 갈등이 발생한다면 경영자는 모든 집단들을 합리적으로 공평하게 평가하고 보상할 수 있는 기준과 체계를 마련해야 한다. 예를 들면, 품질관리부서에 대한 평가기준을 불량품을 많이 찾는 데 둔다면 제조부서와의 갈등을 피할 수 없게 된다. 이 경우 품질관리부서의 평가기준이 불량품을 얼마나 잘 예방하는가 하는 것이라면 제조부서와 갈등을 빚을 소지가 줄어들 것이다.

⑦ **갈등집단의 통합**: 갈등을 일으키고 있는 집단들을 하나로 통합하는 것도 갈등해결의 방법이 될 수 있다. 특히 상호의존성이 높은 집단 간에 갈등이 악화되어 전체 조직에 계속적으로 좋지 않은 영향을 미칠 때 이들을 통합시킴으로써 갈등의 소지를 없앨 수 있다[박내회, 1990: 267].

(3) 인간관계적 해결방법

집단갈등은 구조적 측면에서 뿐만 아니라 인간적 측면에서 해결하여야 할 경우도 상당히 많다. 왜냐하면 갈등의 많은 부분은 사람과 사람의 관계에서 빚어지기 때문이다. 이러한 인간관계에 기인하는 갈등을 해결하는 데는 제14장에서 다루고 있는 여러 가지 조직개발기법들을 이용할 수 있다. 따라서 여기서는 그 밖에 보편적으로 많이 사용되는 방법 몇 가지를 살펴보도록 하겠다. 집단 간 갈등의 인간관계적 해결방법은 주로 집단 간의 협조에 초점을 두고 있다.

① **설득**: 논리적인 주장과 사실의 확인을 통해 상대방의 태도를 변화시켜 호의적이 되도록 함으로써 갈등을 해소시키는 방법이다. 설득은 문서나 영상과 같은 간접적인 방식보다는 직접 상대방과 얼굴을 맞대고 이루어지는 대면설득이 보다 효과적이다. 왜냐하면 이것이 집중력이 크고 상대방으로 하여금 설득자의 신뢰성을 확인할 수 있는 기회를 갖게 만들기 때문이다. 또한 성공적인 설득이 되기 위해서는 상대방이 설득자를 신뢰할 수 있게 해야 하며, 설득자가 설득을 통해 얻는 것이 별로 없다는 것을 상대방이 느낄 수 있도록 해야 한다.

② **협상**: 당사자들이 서로 양보를 통해 합의점에 도달하는 방법이다. 갈등해결이 결국 양측의 양보가 필요하다는 점에서 협상은 갈등을 해결하는 훌륭한 방법이라고 할 수 있다. 협상이 성공하면 갈등이 해결된다. 그러나 협상이 성공적으로 이루어지기 위해서는 여러 가지의 조건들이 충족되어야 하는데 그 중에서 가장 중요한 것은 협상당사자들의 기본적 자세라고 할 수 있다[신유근, 1985: 421]. 즉, 양측이 모두 상대방을 이겨내려는 경쟁적 자세일 경우에는 양보의사가 없기 때문에 협상이 어렵게 된다. 그러나 문제를 해결하려는 자세를 가지고 협상에 임하면 쉽게 합의점에 도달할 수 있다.

③ **제3자에 의한 조정**: 설득이나 협상으로 집단 간의 갈등이 해결되지 않는 경우에는 제3자의 조정이나 중재가 도움이 된다. 예를 들면, 기업조직에서 노사 간에 분쟁을 해결하기 위한 협상이 잘 안 될 때에는 제3의 조정자나 중재자가 개입하는 경우가 많다. 이때 조정자의 역할은 매우 중요하다. 조정자는 사전에 갈등당사자들을 개별적으로 만나 문제의 성격을 파악하고 조정과정을 계획해야 한다. 그리고 당사자들이 적극적으로 해결하려는 동기를 조성하고 대면을 통해 상호 간의 이해와 협조를 유도하여야 한다.

(4) 촉진적 해결방법

조직 내에 갈등이 너무 적을 경우에 조직은 무기력한 상태에 빠지고 환경변화에 둔감하게 되어 오히려 부정적인 결과를 가져올 수 있다. 따라서 이러한 경우에는 어느 정도까지는 갈등을 촉진 내지는 조장할 필요가 있다.

집단갈등을 조성하기 위해서 경영자가 취할 수 있는 방법은 매우 다양하다. 예를 들면 기존의 구성원과 상이한 태도, 가치관, 배경 등을 지닌 구성원집단을 조직에 영입한 다음에 전혀 새롭고 어려운 과업을 할당하여 침체된 조직을 뒤흔들어 놓을 수 있는 분위기를 조성하게 되면, 그동안 현상유지에만 급급하여 무사안일에 빠져 있던 집단들이 혼란을 겪게 되고 이에 따라 변화가 유도될 수 있다. 또한 집단갈등을 촉진하는 조직특성을 이용할 수도 있다. 즉 노동의 분업화, 기능의 전문화, 과업의 의존성, 제한된 자원, 업적평가 등과 같은 조직특성을 적당히 조정 · 통제함으로써 집단갈등을 효과적으로 촉진할 수 있다.

이 밖에 다음과 같은 방법들도 집단갈등을 촉진하는 데 도움이 된다[박내회, 1990: 267].

① **의사소통경로의 통제**: 경영자는 조직 내의 의사소통경로를 유효적절하게 이용함으로써 갈등을 촉진할 수 있다. 내용이 모호하거나 위협적인 정보는 갈등을 조장하는 경향이 있다. 예컨대, 어떤 부서를 폐쇄한다든가 예산삭감이 있을 것이라는 정보는 부서의 구성원을 잔뜩 긴장시키며 다른 부서와의 갈등을 유발시키는데, 이러한 긴장이나 갈등은 각 부서의 구성원으로 하여금 보다 분발하게 하는 자극제로서 작용하기도 한다. 또한 경영자는 비공식적

인 경로를 거쳐 정보를 전달할 때에 정보의 내용과 정보전달자를 신중히 선택함으로써 갈등을 효과적으로 촉진할 수 있다. 조직구성원은 부족한 정보는 주로 비공식적 경로를 통해 얻으려는 경향이 있다. 따라서 집단들이 공통적으로 알고 싶어 하는 정보를 다른 내용을 추가하거나 내용의 일부를 삭제하는 방법으로 정보의 모호성을 증대시켜 믿을 만한 사람을 통해 은밀하게 유포시키면 집단들 사이에 갈등이 조성된다.

② 경쟁의 조성: 집단들 사이에 경쟁을 조성함으로써 갈등을 촉진할 수 있다. 물론 경쟁이 약속된 규칙 내에서 완전히 공정하게 이루어진다면 이것이 갈등으로 발전하지는 않을 것이다. 그렇지만 많은 경우에 있어서 경쟁은 힘에 의해 좌우되기 때문에 갈등을 빚는 원인으로 작용하게 된다. 그러나 경영자가 경쟁을 조성하여 갈등을 자극할 때에는 세심한 주의가 필요하다. 경쟁의 도가 너무 지나치게 되거나 본래의 목적과는 전혀 다른 방향으로 확대되는 경우에는 이것이 악성갈등으로 발전하여 오히려 조직에 해가 될 수 있기 때문이다.

탄성(彈性)과 소성(塑性), 그리고 파괴(破壞) OB Story & Case 10

철로 만들어진 재료를 양쪽에서 잡아당겨 끊어지게 만드는 과정을 살펴보면 탄성영역과 소성영역을 차례로 거쳐 파괴에 이른다.

재료에 센서를 부착해 힘을 주면서 늘어나는 길이를 측정해 보자. 처음 일정 정도까지는 가하는 힘에 비례해 재료가 늘어난다. 힘을 5kg 줄 때 0.1mm 늘어났다면 10kg 가하면 0.2mm 늘어난다. 늘어난 길이가 육안으로는 잘 안 보일만큼 작고, 힘을 제거하면 원래의 길이로 돌아간다. 여기가 탄성영역이다.

그런데 힘을 점점 더 많이 주다 보면 아주 약간의 힘을 줬는데도 길이가 쭉 늘어나는 순간이 있다. 이때는 힘을 제거해도 다시 원상태로 돌아가지 않는다. 여기가 소성영역이다. 소성영역에서 힘을 약간만 더 주면 재료는 완전히 파괴된다. 콘크리트나 유리처럼 깨지는 물질 일부를 제외하면 자연계 대부분의 재료는 이러한 과정을 통해 파괴에 이른다.

정상적인 세상은 대부분 안정적인 탄성영역에서 움직인다. 한강다리 위를 수많은 자동차가 지나다니지만 자동차의 무게 때문에 일어나는 미세한 변화는 차가 지나가면 곧바로 원상태로 돌아와 다리가 밑으로 늘어지는 일이 없다. 제품시장도 안정적일 때는 일시적인 충격에 출렁거렸다가도 얼마 지나지 않아 곧 회복되곤 한다.

그런데 충격이 탄성범위를 벗어나면 얘기는 달라진다. 사회든 회사든 파벌 간의 대립, 구성원 간의 의견충돌이나 갈등이 있을 수 있다. 탄성영역의 충돌이라면 싸움이 끝나고 화해하면 아무 일 없었던 듯 다시 화합할 수 있다. 그러나 겉으로는 화해해도 서로의 앙금이 가시지 않고 전과 같은 동료애를 기대할 수 없는 상태가 된다면 소성영역의 변형이 일어나고 있다고 볼 수 있다. 그래도 여기까진 아직 파괴된 상태는 아니다. 아직은 손쓸 여지가 있다. 파괴는 사회가 혼란해지고 조직이 붕괴되는 단계에 이르는 것이다.

기계공학의 소성학(塑性學)은 소성영역의 힘으로 무엇인가를 새롭게 만들기 위한 학문이다. 요즘 기업인들이 자주 외치는 '위기를 기회로'라는 슬로건도 이와 같은 이치로 이해하면 될 것 같다. 아직 손쓸 여지가 있을 때 심기일전하여 더 새로운 것을 모색하자는 외침으로 자연현상에도 부합하는 바람직한 몸부림이라고 할 수 있다.

자료: 양종서, 기계이야기, 중앙일보, 2007년 8월 25일자 요약 · 수정

토의문제

01 조직에서 발생하는 집단 간 갈등을 탄성영역 · 소성영역 · 파괴 등 세 단계로 나누어 설명해 보아라.

02 갈등이 파괴단계에 이르지 않게 하려면 어떻게 해야 하는가? 탄성영역단계와 소성영역단계에서 갈등을 어떻게 관리해야 하는가?

OB Lounge 6

개기일식皆旣日蝕

허연 낮달이
제 작은 품속으로
해를 유혹한 날
온 세상이 암흑이 되었다

-벌건 대낮에 웬 짓거리야!

텃밭 두렁에 나와 햇볕을 쬐던
각시해바라기
돌담 너머로 머리 들이밀며
발끈 했다

Chapter 11

Organizational Behavior

권력과 조직정치

Key Word

- 권력(勸力, Power)
- 임파워먼트(Empowerment)
- 조직정치(組織政治, Organizational Politics)
- 정치행위(政治行爲, Political Behavior)
- 권력획득전략(勸力獲得戰略)

학습중점

- 권력의 개념과 원천을 숙지한다.
- 권력행사자의 권력행사과정과 권력획득방법을 이해한다.
- 권력형성의 요인과 권력이 한 집단으로 집중되는 과정을 이해한다.
- 권력수용자의 특성, 권력획득을 위한 협력전략에 대해 논의한다.
- 임파워먼트의 중요성과 전략적 실행방안을 이해한다.
- 조직정치의 성격, 조직정치행위의 과정과 촉진요인을 이해한다.
- 권력쟁취를 위한 정치적 전략을 이해한다.
- 정치행위의 효과적 관리방안에 대해 논의한다.

11-1 | 권력의 성격과 원천

1. 권력의 개념과 성격

1) 권력의 개념

물리학의 에너지(energy)라는 개념과 마찬가지로 '권력'은 사회과학의 가장 기본적이고 핵심적인 개념이라고 할 수 있다. 그러나 조직행동론에서 권력이 중요한 연구분야로 관심을 받기 시작한 것은 최근의 일이다. 그동안 권력이란 개념이 주로 지배 · 착취 · 억압 · 부패 등과 같은 개념들과 연결되어 부정적인 의미로 받아들여졌기 때문이다. 그렇지만 조직에는 권력이 엄연히 존재하고 있고 구성원이 이것을 획득하고 행사하는 행동이 조직과정과 조직유효성에 영향을 미치고 있는 사실을 감안할 때 이에 대해 정확하게 인식하고 올바르게 대처하는 일은 매우 중요한 문제가 아닐 수 없다.

권력(power)은 정확하게 정의하기가 어려운 개념이다. 권력이 다른 개념들과 같이 사용되는 경우에는 그 의미를 명확하게 구별하기 어려울 때가 많고, 권력의 실체가 무엇인가 하는 문제에 대해서도 학자들 간에 주장하는 바가 서로 다르기 때문이다. 예컨대, 권력은 힘 · 강제력 · 설득력 · 영향력 등과 구별되기도 하고, 이 모든 것을 포괄하는 의미로 사용되기도 한다. 그리고 권력을 절대적인 것으로 보기도 하고, 상대적인 것으로 보기도 한다. 또한 학자들은 이것을 힘의 합법적인 사용과 연관시키기도 하고, 어떤 경우에는 비합법적인 사용만을 가리키기도 한다. 그럼에도 불구하고 학자들은 오랫동안 권력의 개념을 명확하게 하기 위해 많은 노력을 기울여 왔다.

베버(M. Weber)는 권력을 "사회구성원으로서의 개인이 다른 사람이나 집단의 저항에도 불구하고 자기의 의지대로 관철시킬 수 있는 가능성"이라고 하였으며 [Henderson and Parsons, 1947: 152], 노드(W. Nord)는 "갈등관계에 있는 여러 목표들 중에서 어느 특정한 목표를 달성하기 위하여 가용자원의 분배에 영향력을 행사할 수 있는 능력"으로 보았다[Nord, 1987]. 또한 최근에 로빈스(S.P. Robbins)는 권력에 대해 "A가 원하는 것을 B가 하도록 A가 B의 행동에 대해 영향력을 행사할 수 있는 잠재적 능력"이라고 정의를 내리고 있다[Robbins, 1989: 339-340].

권력에 대한 대표적인 정의들을 종합하여 볼 때, 권력은 "개인이나 집단이 다른 개인이나 집단으로 하여금 자기가 원하는 방향으로 행동하게 만드는 능력"이라고 할 수 있다.

2) 권력의 성격

위에서 살펴본 권력의 정의를 통해 어렴풋이 알 수 있듯이 권력은 다음과 같은 성격을 가짐으로써 다른 개념들과 구별된다.

첫째, 권력은 '사회적'인 성격을 지닌다. 개인이나 집단이 권력을 얻는다는 자체는 다른 사람이나 집단과 상호작용을 통해 사회적인 관계가 이루어진다는 것을 의미한다.

둘째, 권력은 '동태적'인 성격을 지닌다. 개인이나 집단의 권력은 상황과 시간에 따라서 항상 변화한다. 조직 내의 권력구조는 언제나 상황에 따라서 바뀌며, 개인과 집단이 형성하고 있는 권력 또한 상황이 변하고 시간이 지남에 따라서 많은 차이를 보이게 된다.

셋째, 권력은 권한이나 영향력과는 다른 성격을 가지는 개념이다. 권한(authority)은 조직의 규범에 따라서 '합법성이 인정된 권력(legitimate power)'이다. 다시 말해서 권한은 조직 내의 공식적인 역할과 지위에 의해서 개인과 집단에게 부여되는 합법적인 힘을 말한다. 그러나 권력은 개인과 집단의 특질을 통해 형성되는 것으로서 반드시 공식적인 역할이나 지위에 의해서 합법적으로만 획득되지 않는다. 따라서 권력은 권한보다 더 포괄적인 개념이며, 권한은 권력의 한 부분에 속한다고 볼 수 있다.

또한 영향력(influence)은 "개인과 집단에게 실제로 영향이 가해지는 과정, 즉 개인과 집단이 의도된 방향대로 움직이도록 행동적 · 심리적으로 영향을 가하는 과정"을 말한다[Allen and Porter, 1983: 2−3]. 따라서 영향력 역시 '권력보유자가 의도하는 방향으로 행동하게 만드는 잠재력 또는 능력'을 가리키는 권력과는 엄밀한 의미에서 구분된다. 권력은 잠재력 또는 능력을 가리키는 정적인 성격을 갖는 반면에, 영향력은 그러한 잠재력 또는 능력을 실제 행동으로 옮기는 동적인 성격을 갖는다.

3) 권력과 리더십

권력은 리더십과 매우 밀접한 관계에 있다. 리더십은 "일정한 상황에서 집단이나 조직의 목표를 달성하기 위해 개인이나 집단의 행동에 영향력을 행사하는 과정"이라고 할 수 있는데, 리더가 이러한 영향력을 행사할 수 있는 것은 권력을 가짐으로써 가능한 것이다. 다시 말하면, 리더가 구성원의 노력을 통합하여 조직목표를 달성하는 데 있어 핵심적인 역할을 하는 것이 바로 권력이다.

권력과 리더십은 '영향력의 행사와 목표달성의 수단'이라는 점에서 서로 비슷한 것 같으나 사실상 다음과 같은 몇 가지의 측면에서 차이가 있다[Robbins, 1989: 340].

① 목표일치성의 차이: 권력은 조직의 목표와는 단지 의존적인 관계에 있다. 권력은 조직목표의 달성을 위해 사용될 수도 있고 사용되지 않을 수도 있다. 그러나 리더십은 목표지향적이다. 따라서 리더는 목표와 반드시 일치할 것을 요구하며 영향력을 행사한다.

② 영향력이 미치는 방향의 차이: 권력은 조직구성원의 지위나 상하관계와는 상관없이 모든 방향으로 그 영향력이 미치게 된다. 그러나 리더십은 특별한 경우를 제외하고는 영향력의 행사가 리더에서 부하에게로 하향적으로 이루어진다.

③ 연구관점의 차이: 권력에 관한 연구는 '부하로부터 복종을 얻어내는 전술'이라든가 '집단과 집단 사이에 작용하는 힘' 등과 같이 복잡하고 광범위한 곳에 초점을 두지만, 리더십의 연구는 '리더와 부하 간의 상호관계'나 '상황에 따른 효과적인 리더십유형' 등과 같은 비교적 단순하고 좁은 범위에 초점을

두는 것이 보통이다.

2. 권력의 원천

이상에서 살펴본 바와 같이 권력은 집단이나 조직에서 행사되는 영향력의 기초가 되는 개념으로서 특히 리더십 연구의 핵심을 이룬다. 여기에서는 이러한 권력은 무엇을 근거로 만들어지는지, 즉 권력의 원천은 무엇인지에 대해 알아보기로 한다.

일찍이 프렌치(J.R. French)와 레이븐(B.H. Raven)은 개인이 갖는 권력의 원천을 다음의 다섯 가지로 분류하였다[French and Raven, 1960: 607-623].

① **합법적 권력(legitimate power)**: 공식적 지위로 획득되는 권한이다. 이러한 권력은 직권을 의미하는 것으로서 국가나 사회에 따라서는 문화적 가치나 일반적으로 인정된 사회구조로부터 나오기도 한다.

② **보상적 권력(reward power)**: 조직이 주는 보상의 분배를 통제할 수 있는 능력으로부터 획득된다. 보상적 권력은 보상이 권력수용자에게 의미가 있는 상황에서만 영향력을 발휘할 수 있다.

③ **강압적 권력(coercive power)**: 통제나 처벌을 할 수 있는 능력에서 나오는 권력이다. 상사의 부하에 대한 경고, 해고, 징계 등은 강압적 권력이 행사되는 좋은 예이다.

④ **전문적 권력(expert power)**: 어떤 특정한 분야나 상황에 대해 가지고 있는 개인의 높은 지식으로부터 얻게 되는 권력이다. 예를 들면, 상급자는 하급자보다 많은 직무경험과 지식을 갖추었다는 점에서 전문적 권력을 행사한다. 그러나 하급자도 전문적 지식과 기술이 있는 경우에는 상급자에게 전문적 권력을 행사할 수 있다.

⑤ **준거적 권력(reference power)**: 개인의 특별한 자질이 다른 사람들에게 매력 또는 흡인력으로 작용할 때 얻게 되는 권력이다. 예컨대, 개인이 뛰어난 웅변술, 인간관계능력, 높은 도덕성 등과 같은 자질을 가지고 있어 사람들이

존경하고 따른다면 그는 사람들에게 준거적 권력으로 영향력을 행사하는 것이다.

이들 다섯 가지 권력의 원천 중에서 합법적 · 보상적 · 강압적 권력은 주로 조직의 직위에서 나오는 것이라 하여 직위권력(position power)이라고 하고, 전문적 · 준거적 권력은 개인에게서 나오는 것이라 하여 개인적 권력(personal power)이라고 한다[Schermerhorn 등, 1985: 544-545], 최근에는 여기에 얻기 힘든 정보를 얻을 수 있어 사람들에게 큰 영향력을 행사할 수 있는 것으로 '정보적 권력(information power)'을 포함시키기도 한다[Lewicki and Litterer, 1985: 241-242].

그런데 이들 여섯 가지 권력의 원천은 모두 개인에 국한된 것이라고 할 수 있다. 조직에서는 권력관계가 집단 간에도 형성될 수 있다. 예를 들면, 조직에서 한 부서는 다른 부서의 활동을 결정하거나 변화시킬 수 있는 보다 강력하고 많은 권력을 획득할 수 있는 것이다.

그러면 한 부서가 어떻게 권력을 획득하여 다른 부서에게 행사하게 되는 것일까? 즉, 집단적 권력은 무엇을 근거로 하여 이루어지는가? 아래에서는 이에 대해 상세히 살펴보기로 하자.

11-2 | 권력행사과정과 권력획득방법

1. 권력행사의 과정

권력을 사용하여 실제로 상대방에게 영향력을 미치는 과정은 권력행사자와 권력수용자에 관한 몇 가지 요인들에 의하여 결정된다. 먼저 권력행사자의 권력은 권력의 원천, 조직의 상황, 권력획득전략 등과 같은 요인들에 의해 형성된다. 또한 이렇게 형성된 권력을 행사하는 권력행사자의 영향력을 권력수용자는 복종 ·

동일시 · 내면화 등의 과정을 통해 받아들이게 되는데, 그 영향력을 수용하는 정도는 권력수용자의 특성에 의해 영향을 받는다. 그리고 이러한 일련의 과정을 거쳐서 권력행사자 권력의 실제적인 크기가 결정된다.

[그림 11-1]은 조직에서의 권력의 흐름을 하나의 모형으로 나타낸 것이다. 이 모형을 중심으로 권력이 형성되고 행사되는 과정을 좀 더 자세히 살펴보면 다음과 같다[Szilagyi and Wallace, 1987: 284].

▎그림 11-1 ▎ 권력의 형성과 행사 과정

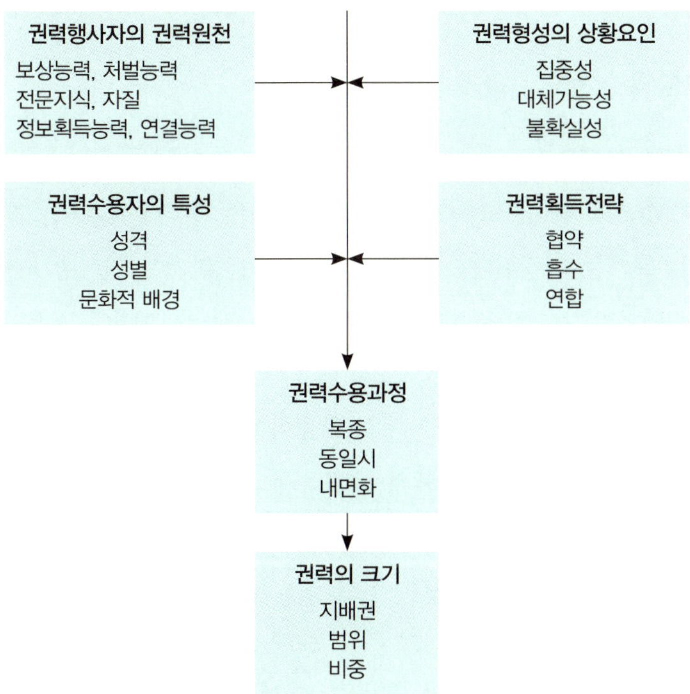

자료: Szilagyi, A.D. Jr. and Walace, M.J. Jr.(1987), *Organizational Behavior and Performance*(Glenview Ill.: Scott Foreman and Co.), p.233.

1) 권력행사자의 권력원천

권력행사자는 상대방에게 영향력을 행사하기 위해서 권력이라는 수단을 필요로 한다. 따라서 권력행사자는 개인적인 노력을 통해 또는 조직 내의 지위를 이용하여 강력한 권력을 보다 많이 보유할 필요가 있다.

일반적으로 권력은 권력행사자의 보상능력 · 처벌능력 · 전문지식 · 자질 · 정보획득능력 · 연결능력 등을 통해 형성된다. 이 중에서 연결능력에 의한 권력, 즉 연결권력(connection power)은 권력행사자가 조직 내외의 영향력 있는 중요한 인물과의 교섭력이나 연줄을 가지고 있다는 사실에 기초를 둔 권력이다. 높은 연결권력을 가진 사람이 상대방에게 영향력을 행사할 수 있는 것은 상대방이 유력한 권력보유자와의 관계로부터 나오는 이익을 취하고 불이익은 피하려 하기 때문이다. 그 밖의 권력의 원천에 대해서는 위에서 살펴보았으므로 설명을 생략한다.

2) 권력형성의 상황요인과 권력의 집중과정

(1) 권력형성의 상황요인

권력의 형성은 집단이 처해 있는 상황의 영향을 받는다. 집단의 권력 크기는 집단 간 의존관계로 결정된다. 그리고 집단 간 의존관계는 권력행사자와 권력수용자가 노출되어 있는 상황조건에 의해 형성된다. 권력행사자와 권력수용자의 의존관계에 영향을 미치는 상황요인으로서 대표적인 것을 살펴보면 다음과 같다.

① 집중성(centrality): 집중성은 부서의 활동이 조직 내에서 얼마나 중심적인 것인지를 가리키는 것으로 다음의 두 요소에 의해서 결정된다. 하나는 작업흐름의 광역성(pervasiveness)인데, 이것은 한 부서가 다른 부서의 작업흐름과 연결되는 정도를 가리킨다. 연결되는 정도가 넓을수록, 즉 광역성이 클수록 작업흐름의 집중성은 높아지고 보다 많은 권력을 획득 · 행사할 수 있게 된다. 다음은 작업흐름의 즉시성(immediacy)이다. 즉시성이란 한 부서의 작업이 조직의 최종 제품에 미치는 영향력의 속도와 강도를 말한다. 작업의 즉시성이 높을수록 집중성 역시 높아지고 보다 많은 권력을 획득 · 행사할 수 있게 된다.

② 대체가능성(substitutability): 조직 내에서 한 부서가 다른 부서의 활동을 대신 수행할 수 있을 때 대체가능성이 높다고 말한다. 따라서 부서의 작업이 대체가능성이 낮을수록 대체가능성이 높은 부서에 비해 상대적으로 많은 권

력을 획득 · 행사할 수 있게 된다.

③ 불확실성(uncertainty): 조직은 언제나 불확실한 환경에 직면하게 된다. 불확실성은 정보의 부족뿐만 아니라 시장조건이 변하여 의사결정의 성공 여부를 예측할 수 없을 때 주로 발생한다. 따라서 집단 내에서 불확실성을 효과적으로 처리하고 통제할 수 있는 능력은 권력의 형성에 영향을 미친다. 불확실성을 효과적으로 다루어 조직이 확실성을 갖도록 해줄 수 있는 집단은 다른 집단에 비해 보다 많은 권력을 획득 · 행사할 수 있게 된다.

(2) 권력의 집중과정

위에서 살펴본 권력형성의 상황요인과 권력형성의 관계는 히닝스(C.R. Hinings)와 그의 동료들이 제시한 권력의 '전략적 상황이론(strategic contingency theory)'에 근거를 두고 있다. 즉 이들은 집단의 권력은 다른 집단과의 의존관계에 의해 형성되며, 이러한 의존관계는 작업흐름의 집중성, 활동의 대체가능성, 환경의 불확실성 등 세 가지 요인의 조합으로 결정된다는 것을 알아냈다[Hickson 등, 1971: 216−229].

[그림 11−2]는 히닝스 등이 연구결과를 토대로 제시한 모형으로서 권력이 조직 내에서 하나의 집단으로 집중되는 과정을 보여준다.

그림 11-2 조직 내 권력의 집중과정

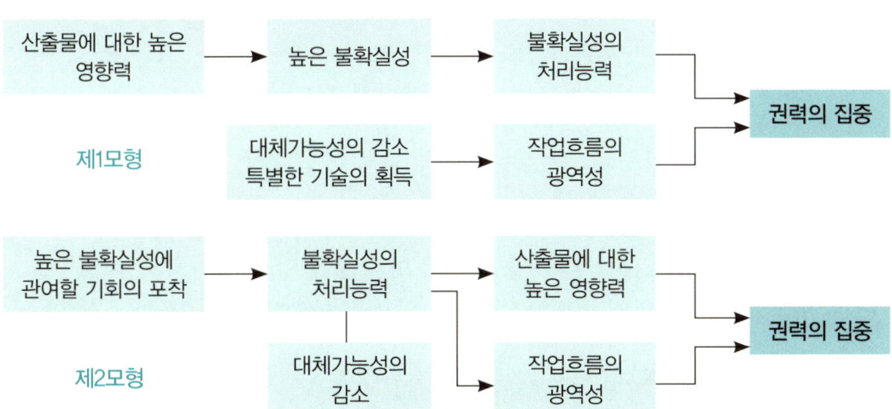

① 권력집중의 제1모형: 조직 내의 한 집단이 조직 전체의 생산물에 크게 영향을 미치게 되면 이 집단은 자연적으로 환경의 불확실성에 직면하게 된다. 그리고 이 집단은 점점 불확실성의 처리능력이 향상됨에 따라 다른 부서는 결국 이 집단의 작업을 대체할 수 있는 가능성이 줄어든다. 또한 대체가능성이 줄어듦에 따라 이 집단이 다른 집단들의 작업흐름과 연결되는 범위, 즉 작업흐름의 광역성이 높아지게 됨으로써 이 집단의 권력은 상대적으로 점점 더 커지게 된다.

② 권력집중의 제2모형: 조직 내의 어떤 작업이 불확실성에 직면하게 되면 이를 처리하는 집단이 생기게 된다. 그리고 그러한 불확실성을 처리하는 능력은 한편으로는 조직 전체의 산출물에 대해 더 큰 영향력을 미치게 되고, 다른 한편으로는 작업흐름의 광역성을 높이게 되어 이 집단의 권력이 상대적으로 커지게 된다.

3) 권력수용자의 특성

권력행사자가 행사하는 권력의 크기는 권력수용자의 개인적 특성에 따라 달라진다. 권력의 크기에 영향을 미치는 권력수용자의 특성으로는 성격, 성별, 문화적 배경 등이 중요하다.

① 성격: 권력수용자가 영향력을 받아들이는 정도는 개인의 성격에 따라 큰 차이가 있다. 예컨대, 관계욕구가 높거나 불확실성을 회피하려는 사람은 권력행사자의 영향력을 비교적 쉽게 받아들이는 경향이 있다. 그리고 자신감이 강한 사람이 영향력을 쉽게 수용하는 것은 권력을 많이 가지고 있는 사람에 의해 영향을 받을수록 자신의 개인적 목표를 달성하는 것이 용이해진다고 생각하기 때문이다.

② 성별: 성별(sex) 역시 권력수용자가 영향력을 받아들이는 정도에 영향을 미친다는 연구가 있다. 권력에 대한 초기의 연구에서는 여성이 남성에 비하여 독립적 성향이 훨씬 약하기 때문에 권력행사자의 영향력을 쉽게 수용하는 경향이 있다고 주장한다. 그러나 성역할에 대한 상동적 태도(sex-role stereotype), 즉 편견이 없어지면서 그러한 주장은 설득력이 줄어들었다.

③ 문화적 배경: 권력수용자의 문화적 배경도 영향력의 크기를 결정하는 중요한 요인이다. 예를 들면 개인의 개성 · 독립성 · 다양성 등을 바람직하게 보는 서양문화에서는 사람들이 권력행사자의 영향력을 달갑지 않게 생각한다. 그러나 협동 · 순응 · 희생정신 등을 중요하게 생각하는 동양문화에서는 권력행사자의 강력한 영향력을 기꺼이 수용하려는 태도를 보이는 경우가 많다.

4) 권력획득을 위한 협력전략

권력은 권력행사자의 권력원천, 조직의 상황요인, 권력수용자의 개인적 특성 등에 의해서 결정되기도 하지만 그 외에도 권력행사자의 '권력획득을 위한 협력전략'을 생각할 수 있다.

협력전략이란 두 개 이상의 집단이 다양한 방식으로 협력관계를 형성하여 상대방에 대한 불확실성을 제거 · 통제함으로써 일정한 수준의 권력을 획득하고 행사하려는 전략이다. 예를 들면, 기업의 영업부서는 생산부서와 협력관계를 형성하여 제품의 품질 · 납품기일 · 재고량 등에 대한 불확실성을 감소시킴으로써 고객들과 신뢰관계를 형성 · 유지할 수 있고 판매량을 끌어올릴 수 있게 된다. 그리고 그러한 성과는 영업부서가 조직 내에서 필요한 자원을 확보하는 데 강력한 힘으로 작용하게 된다.

권력행사자의 권력획득을 위한 협력전략으로는 기본적으로 다음과 같은 세 가지 유형이 있다.

① 협약(contracting): 두 개 이상의 집단이 상호 간의 불확실성을 감소시키기 위해 일정기간 동안의 상호작용 또는 활동을 사전에 통제하기로 약속하는 것을 말한다. 협약은 보통 이해관계에 있는 당사자들 사이의 협상을 거쳐서 이루어진다. 대표적인 예로 노사 간의 단체교섭에 의한 협약을 들 수 있다. 노동자집단과 사용자집단은 항상 이익이 상충되는 부분이 있기 때문에 서로에 대해 불확실한 상황에 직면하게 된다. 따라서 이들은 단체교섭이라는

일련의 협상과정을 통해 양방이 모두 만족할 수 있는 단체협약을 이끌어 내려고 노력한다. 일단 단체협약이 이루어지면 노사는 모두 협약기간 동안에는 서로에 대한 불확실성을 제거하고 안정적인 관계를 유지하여 각자의 이익을 보호하는 데 필요한 일정한 수준의 권력을 획득하게 된다.

② 흡수(co-option): 한 조직이 외부의 조직이나 집단을 자기 조직의 의사결정구조 안으로 끌어들임으로써 불확실성을 감소시키는 전략이다. 예를 들면, 정유회사의 경우 원유생산회사를 매입 또는 합병하는 방법으로 그 회사를 흡수함으로써 생산량의 감소나 수요초과로 인한 공급부족에 관계없이 원유를 장기적 · 안정적으로 공급받을 수 있게 된다. 그러나 흡수전략은 집단의 불확실성을 감소시키는 데 효과적이기는 하지만 협약전략에 비해 신중을 기해야 한다. 왜냐하면 흡수되는 집단이나 조직 역시 어느 정도의 의사결정권을 갖게 되기 때문에 어떤 경우에 있어서는 오히려 문제를 일으키거나 조직 전체에 강력한 영향력을 행사하는 등의 부정적인 결과를 가져올 수도 있기 때문이다.

③ 연합(coalescing): 조직과 조직 또는 집단과 집단끼리 결합하거나 협력관계를 맺음으로써 불확실성을 감소시키는 전략이다. 이 전략은 협약과 흡수가 모두 불가능하거나 집단 상호 간의 의존도를 제거하지 못하여 여전히 높은 불확실성에 직면하는 경우에 주로 사용된다. 예를 들면, 같은 제품을 생산하는 경쟁기업끼리 연합하여 시장의 불확실성을 통제하거나, 복수정당제를 채택하고 있는 국가에서 소수당끼리의 연합을 통해 다수당에 영향력을 행사하는 것은 모두 이러한 연합을 이용하여 불확실성을 감소시키기 위한 전략이라고 볼 수 있다.

5) 권력수용과정

이상에서 살펴본 여러 요인들에 의해 형성된 권력은 권력수용자에게 영향력으로 작용한다. 그러나 권력행사자가 아무리 강력한 권력을 가지고 있다고 할지라도 권력수용자가 그것을 받아들이지 않는다면 권력은 영향력으로서의 힘을 발휘할 수 없게 된다. 따라서 권력행사자는 권력수용자가 무엇 때문에 영향력을 받아들이려고 하는지를 알아야 한다. 권력수용자가 권력행사자의 영향력을 받아들이는 이유는 다음과 같은 권력수용과정에 따라 큰 차이를 보인다[Kelman, 1958: 51-60].

① 순종(compliance): 권력수용자가 권력행사자의 영향력을 받아들이는 가장 큰 이유의 하나는 그로부터 보상을 기대하거나 처벌을 피하기 위해서이다. 이러한 이유로 권력을 수용하는 과정을 순종이라고 한다. 따라서 권력행사자가 권력수용자에게 영향력을 행사하여 순종을 얻어내기 위해서는 보상으로서의 가치가 있는 여러 자원을 통제할 수 있는 충분한 능력이 있어야 하고, 권력수용자의 행동과 권력수용결과를 면밀히 관찰하고 평가할 수 있어야 한다.

② 동일화(identification): 권력행사자와 보다 친밀하고 만족스러운 관계를 유지·발전시키려는 욕구가 강한 권력수용자는 동일화 과정을 거쳐 그의 영향력을 받아들인다. 이런 사람은 특히 도덕성이나 인간관계능력 등과 같은 권력행사자의 개인적 자질에 많은 매력을 느낀다. 때문에 그러한 능력을 지니고 있다고 생각되는 사람과 좋은 관계를 유지하는 데 높은 가치를 부여하고 스스로 영향을 받기를 원한다.

③ 내면화(internalization): 내면화는 권력행사자의 태도나 행동이 권력수용자의 가치체계에 부합될 때 발생한다. 권력수용자는 권력행사자의 주장이나 요구가 자신의 가치체계에 부합하거나 합당한 것으로 생각되고 또 그것이 내재적 보상을 가져다준다고 믿을 때 내면화의 과정을 통해 영향력을 받아들이게 된다. 예를 들면, 부하가 상급자의 논리적인 설득이나 훈계에 승복하여 자신의 태도를 바꾸는 경우인데, 이때의 태도변화는 동일화의 경우보다 훨씬 더 심층적으로 이루어진다. 이러한 내면화에 의한 영향력의 수용은 권력행사자가 신뢰할 수 있고 그 행동이 정당해야 한다는 전제가 따른다.

이상에서 살펴본 세 가지의 권력수용과정과 권력원천의 관계를 정리하면 [표 11-1]과 같다.

표 11-1 ⟪ 권력수용과정의 특징

권력수용 과정	권력원천	권력수용자가 영향력을 받아들이는 이유	상황적 요구
순종	보상적 권력 강압적 권력 정보적 권력	보상을 기대하고 처벌을 회피하기 위한 욕구가 강할 때	권력행사자는 보상과 처벌에 필요한 자원을 통제할 수 있는 능력이 있어야 한다.
동일화	준거적 권력	권력행사자와 만족스런 관계를 유지 · 발전시키기 위한 욕구가 강할 때	권력행사자는 권력수용자가 매력을 느낄 수 있는 자질이 있어야 한다.
내면화	전문적 권력 합법적 권력	자기의 가치체계와 일치하거나 내면적 보상의 욕구가 강할 때	권력행사자는 권력수용자로부터 신뢰를 받을 수 있어야 한다.

자료: Szilagyi, A.D. Jr. and Wallace, M.J. Jr., *op. cit.*, p.296.

6) 권력의 크기

위에서 살펴본 바와 같이, 권력행사자가 행사하는 권력의 크기는 여러 요인들에 의하여 결정된다. 그리고 그렇게 결정되는 권력의 실제 크기는 지배권, 범위, 비중 등의 차원으로 이해하는 것이 일반적이다[박내회, 1989: 332－334].

① 지배권(domain): 권력의 영향을 받는 사람 또는 집단의 범위를 말한다. 지배권이 넓어진다는 것은 권력의 크기가 그만큼 커진다는 것을 의미한다.

② 범위(scope): 범위는 권력의 주체인 권력행사자가 동원할 수 있는 '자극의 폭'과 영향력을 받아들이는 개인이나 집단, 즉 권력수용자가 보이는 '반응의 폭'을 말한다. 예를 들면, 상사가 부하직원이 수행하는 업무에 관해서만 영향력을 행사할 수 있고 업무 밖의 문제에 대해서는 영향력을 미칠 수 없다면 권력의 범위는 업무에 관한 것으로 한정된다.

③ 비중(weight): 권력의 강도 또는 수준을 의미한다. 즉, 비중은 영향력을 받아들이는 권력수용자의 행동을 얼마나 효과적으로 지배할 수 있는가 하는 것을 나타내는 것이다. 권력의 비중은 0에서부터 극대점까지의 어느 한 점에 위치한다고 볼 수 있다. 즉 비중이 0일 때에는 상대방에게 전혀 영향을 미칠 수 없기 때문에 권력으로서의 의미가 없고, 극대점에 이르면 상대방의 행동을 완전히 지배하는 통제의 상태에 이르게 된다.

권력의 크기는 상대적인 개념이지만 그 크기의 변동은 위의 세 가지 차원 중에서 어느 하나나 그 이상이 변화된 것을 의미한다. 그러나 조직에서 권력의 크기를 논의할 때에는 다음과 같은 두 가지 사항을 항상 염두에 두어야 한다.

첫째, 권력의 크기는 상황이 바뀐다고 하여 급격히 변화하는 것은 아니라는 것이다. 권력의 변화를 가져오는 요인은 갑작스런 변혁의 과정을 거친다기보다는 점진적으로 변화한다.

둘째, 어느 한 시점을 기준으로 할 때 조직 내 권력의 크기는 고정된 것으로 보아야 한다. 즉, 단기적으로 권력의 크기는 제로섬이론(zero-sum theory)이 성립된다. 만약 조직에서 어느 한 사람 또는 한 집단이 권력을 얻게 되면 이들과 상호작용의 관계에 있는 다른 개인이나 집단은 그만한 크기의 권력을 상실하게 되어 상대적으로 약화된다. 이와 같이 권력은 조직 내에 일정한 크기로 존재하는데 구성원은 그것을 얼마만큼씩 나누어 갖는 것이다. 그러나 장기적으로 보면 권력의 전체적 크기는 시간에 따라서 변화한다.

2. 권력획득의 방법

조직 내에서 권력은 어떻게 획득되고 이용되는가? 사실 다른 사람에게 영향력을 행사하기 위한 것은 모두 권력획득을 위한 전략이나 전술이라고 할 수 있기 때문에 그 방법은 수없이 많을 수밖에 없다. 따라서 여기에서는 기업조직의 경영자들에 의해 사용되는 방법들 중에서 비교적 대표적인 것을 중심으로 살펴보기로 한다[Kotter, 1979].

(1) 구체적인 자원의 획득과 통제

권력을 획득한다는 것은 다른 사람들에게 영향력을 행사할 수 있는 잠재능력을 얻는 일인데, 이를 위한 가장 확실한 방법 중의 하나가 실제적이고 구체적인 자원을 확보하고 통제하는 것이다. 예를 들면 다른 사람들이 필요로 하는 예산, 인적자원, 건물, 설비 등을 확보하거나 관리하는 것이 바로 그런 방법이다. 전쟁으로 보급품이 부족한 상황에서는 작전을 담당하고 있는 지휘관보다도 보급계의 부사관이 더 많은 권력을 행사할 수 있는 것은 식량을 비롯한 각종 물자를 관리하고 통제할 수 있는 능력을 갖고 있기 때문이다.

(2) 정보유통경로의 통제

조직에서 합리적인 의사결정이나 문제해결에 있어서 가장 중요한 것은 정확하고 유용한 정보를 얻어내는 일이다. 따라서 그러한 정보나 그 유통경로를 장악하거나 통제함으로써 강력한 권력을 획득 · 행사할 수 있다. 특히 현대와 같이 복잡하고 빠르게 변화하는 사회적 환경에서는 정보를 장악할 수 있음으로써 다른 어떤 자원을 갖고 있는 경우보다 훨씬 강력한 권력을 행사할 수 있게 된다.

(3) 우호적인 관계의 유지

경영자는 또한 상사 · 동료 · 부하와의 인간관계를 통해 권력을 획득할 수 있다. 이 방법은 앞의 두 방법보다는 효과가 크지 않다고 생각될 수도 있으나 영향력의 장기적 · 전체적 측면을 고려할 때 이것 역시 효과적인 방법 중의 하나라고 할 수 있다.

경영자가 인간관계를 통해 권력을 획득하기 위해서는 먼저 구성원과 호의적인 관계를 유지하여 그들로부터 신뢰를 얻을 수 있도록 노력해야 한다. 이러한 호의적 관계를 유지함으로써 경영자는 권력형성에 필요한 자원과 정보를 확보 · 통제할 수 있는 수단을 보다 용이하게 획득할 수 있기 때문이다. 구성원과 우호적인 관계를 유지하는 것은 특히 의존관계의 필연성이 강조되는 현대의 조직사회를 고려할 때 권력을 획득하는 데 있어서 매우 중요한 방법이 된다.

(4) 의무감의 형성

권력을 획득하고 유지하는 방법으로 다른 사람들에게 의무감을 갖게 하는 방법이 있다. 사람들은 타인에게서 관심이나 도움을 받게 되면 보통 어떤 방법으로든지 보답해야 한다는 생각을 갖게 된다. 특히 관심이나 도움을 준 사람이 자기에게 강력한 영향력을 발휘하는 상사인 경우에는 그러한 생각은 '반드시 그의 뜻에 따라야 한다'는 의무감으로 발전하게 된다.

경영자는 이 방법을 이용하여 짧은 시간 내에 큰 노력을 기울이지 않고 권력을 획득 · 유지할 수 있다. 예를 들면, 부하의 집안에 경사나 슬픈 일이 있을 때 진심으로 함께 축하해 주거나 슬픔을 함께 나눈다면 경영자가 소비하는 시간은 길어야 몇 시간에 불과하지만 부하는 항상 고맙게 상사를 따라야 한다는 의무감을 갖게 된다.

(5) 전문지식의 획득과 활용

사람들은 보통 특정 분야에 대한 전문적인 능력이 있는 사람을 존경하고 따르는 경향이 있다. 특히 과거에 비해 구성원의 더 높은 전문성이 요구되고 있는 오늘날의 조직에서 전문적 능력은 권력을 획득 · 유지하는 데 매우 중요한 위치를 차지한다.

그러나 조직에서 권력을 획득하고 행사하기 위해서는 전문지식을 학습하는 데 그쳐서는 곤란하고 그것을 활용하여 다른 사람들의 눈에 띄는 가시적 성과를 얻을 수 있어야 한다. 예를 들면, 대학의 교수들은 모두 특정한 분야에서 고도의 전문지식을 가지고 있는 사람들이다. 그런데 어느 교수가 다른 교수들에 비해 동료나 학생들로부터 존경을 받는 것은 자기의 전문지식을 활용하여 조직의 문제를 해결하거나, 연구논문을 학술지에 자주 발표한다든지 또는 저서를 가지고 직접 학생들을 가르친다든지 하는 등의 가시적인 성과가 있기 때문이다. 이와 같이 전문적인 능력으로 권력을 획득 · 유지하고 영향력을 행사하기 위해서는 그러한 능력을 다른 사람들의 눈에 띄게 하고 그 성과를 가급적 널리 전파시키기 위한 노력이 필요하다.

(6) 일체감의 형성

경영자는 부하와 일체감을 형성함으로써 권력을 보다 많이 획득하고 유지할 수 있다. 리더와 부하 간의 일체감은 주로 부하가 의식적 · 무의식적으로 리더를 이상적이고 신뢰할 수 있는 사람이라고 느낄수록 더욱 강해진다. 조직에서 경영자가 부하와 일체감을 형성하는 방법은 매우 다양한데, 우리나라의 조직에서 흔히 볼 수 있는 현상이 혈연 · 지연 · 학연 등을 이용하는 것이다. 즉 신입사원의 채용이나 부하의 승진에 관여하는 경영자는 친인척이나 같은 고향 사람 또는 같은 학교 출신자를 선호하는 경향이 있는데, 이는 자기와 그러한 관계로 맺어진 부하는 일체감을 가지고 전적으로 자기를 신뢰하거나 따를 것으로 생각하기 때문이다. 이 외에도 경영자가 부하로 하여금 당면한 문제에 스스로 강력하게 대처할 수 있게 하거나 어떤 의미 있는 일을 하고 있다고 느끼게끔 할 수 있다면 일체감의 형성을 통한 매우 강력한 권력을 갖게 된다.

(7) 종속감의 형성

구성원은 일반적으로 조직 내의 어느 사람에게 종속되어 있다고 느끼면 느낄수록 그에게 더 협조적이 된다. 구성원은 조직 내의 다른 사람들보다는 자기가 종속되어 있는 상사로부터 인정이나 도움을 받을 수 있어야 보다 유리하다고 생각하기 때문이다. 따라서 경영자들은 종종 부하들이 자기에게 종속되어 있다는 생각을 갖도록 함으로써 권력을 얻으려고 노력한다.

예를 들면, 기업의 최고경영자가 불시에 자기의 개인적인 생각이나 아이디어를 각 계층의 경영자들에게 제시한 다음 그것을 실행에 옮기고 그 결과를 반드시 보고하도록 요구하는 경우를 볼 수 있는데, 이는 바로 부하로 하여금 그에게 종속되어 있다는 강렬한 느낌을 갖도록 함으로써 보다 강력한 권력을 획득 · 유지하려는 전략의 하나라고 생각할 수 있다.

3. 권력의 위양과 임파워먼트

1) 임파워먼트의 의의

지금까지 권력은 한쪽의 권력이 커지면 다른 쪽의 권력은 그만큼 작아진다고 생각하는 제로섬(zero-sum)적인 인식이 지배해 왔다. 그러나 최근에는 권력에 대한 인식이 포지티브섬(positive-sum) 또는 상생(win-win)이 가능한 것으로 인식이 전환되고 있다. 이러한 변화의 현상을 가장 잘 표현하고 있는 개념이 임파워먼트(empowerment)이다. 임파워먼트는 시민권리운동, 흑인의 투표권저항운동, 노조활동, 민권운동단체, 여성해방운동 등과 같은 개념들과 함께 주로 정치학과 사회학의 분야에서 먼저 출발한 개념이다[Vogt and Murrell, 1990].

조직행동론에서 임파워먼트의 개념이 주목을 받기 시작한 것은 빠르게 변화하는 조직환경 때문이라고 할 수 있다. 즉 조직환경이 외적으로는 경쟁이 더욱 치열해져 신속한 의사결정과 유연성이 요구되고 있고, 내적으로는 보다 자율적인 통제와 몰입을 요구하는 방향으로 변화하였기 때문에 이에 부합되는 권력의 재정립이 필요하게 되었다.

따라서 임파워먼트는 급격하게 변화하고 있는 조직환경에서 구성원에게 변화를 주도하고, 창의성과 혁신성을 배양하도록 함으로써 능력신장과 조직유효성을 높이는 데 기여할 수 있게 하는 개념으로 이해할 수 있다. 그러나 임파워먼트는 단순히 내용이나 하나의 과정만으로 파악하기는 힘든 개념이다[정해주, 1998]. 임파워먼트에 대해 학자들은 구성원의 활력을 조성하기 위해 권한을 부여하는 과정, 또는 조직 내의 일정한 권한의 배분이나 법적 파워를 부여하는 과정으로 보기도 하고[박내회, 1997], 의미성 · 역량 · 자기결정성 · 효과성 등의 요소집합이 과업에 대한 동기부여를 증진시키는 개인의 심리적인 차원으로 인식하기도 하며[Conger and Kanungo, 1988; Spreitzer, 1995], 권위위양 · 동기부여 · 조직개발 · 학습 · 참여 등과 관련이 있다고 보기도 한다[김우택, 1996].

이러한 의미들을 종합해 볼 때, 임파워먼트는 조직에서 구성원의 역량을 높이기 위해 구성원에게 자율적 책임과 권한을 위양하고, 이를 수행할 수 있는 능력을 키워주어 진취적으로 도전하게 하는 일종의 동기부여적 개념이라고 할 수 있다.

2) 임파워먼트의 실행

조직에서 임파워먼트를 효과적으로 실행하기 위해서는 전략적으로 다양한 실행방안을 마련할 필요가 있다. 임파워먼트의 성공적 실행을 위한 전략적 방안으로 중요한 것을 살펴보면 다음과 같다.

① **정보의 공개와 공유**: 임파워먼트가 성공적으로 실행되기 위해서는 직무에 요구되는 각종 정보의 공개와 공유가 필수적이다. 정보의 공개와 공유는 자신의 일이 얼마나 중요하고, 무엇이 요구되는지를 스스로 느낄 수 있게 하며, 나아가 신뢰감을 증진시킨다는 측면에서 임파워먼트를 촉진시킨다[Randolph, 1995: 19-32; 백기복, 2000: 354].

② **구조화를 통한 자율성 증진**: 임파워먼트의 개념에 부합되는 비전의 수립, 새로운 의사결정절차와 보상시스템의 설정, 훈련강화 등을 제도화할 수 있는 구조적 시스템을 구축하여 구성원이 자율적으로 실행할 수 있게 해야 한다[Randolph, 1995: 19-32; 박원우, 1997: 131].

③ **변화와 학습을 중시하는 조직문화 구축**: 임파워먼트는 새로운 아이디어를 생각해 내고 과거의 관행에 얽매이지 않고 새로운 행동방식을 실험해 나가야 하기 때문에 변화와 학습을 중시하는 조직문화의 구축이 필수적이다. 따라서 조직은 위험을 감수하고 업무를 추진하는 동안 발생할 수 있는 실패에 대해서도 인정하고 격려하는 문화를 가져야 한다[Clutterbuck, 1994: 52].

3) 임파워먼트 측정 설문

▣ 다음은 임파워먼트에 관한 질문입니다. 각 항목별로 귀하의 생각과 가장 일치 하는 곳에 '✓'표를 해 주십시오.

	전혀 그렇지 않다	보통이다	매우 그렇다
1. 내가 하고 있는 일은 나에게 매우 중요하다.	├───┼───┼───┼───┤		
2. 나의 업무와 관련된 활동은 나에게 의미 있는 것이다.	├───┼───┼───┼───┤		
3. 내가 하고 있는 일은 나에게 의미가 있다.	├───┼───┼───┼───┤		
4. 내가 하고 있는 일은 우리 부서 업무에 중요한 의미를 갖는다.	├───┼───┼───┼───┤		

5. 내가 지금 하고 있는 일은 나의 목표달성에 매우 도움이 된다.
6. 나는 업무를 수행할 수 있는 나의 능력에 대해 자신이 있다.
7. 나는 나의 직무에 필요한 기술과 지식에 숙달되어 있다.
8. 나는 우리 부서의 목표를 성공적으로 달성할 자신이 있다.
9. 나는 어려운 업무도 성공적으로 처리할 수 있는 능력이 있다.
10. 나는 나의 업무를 어떻게 수행해 나갈 것인가를 스스로 결정할 능력이 있다.
11. 나는 나의 직무를 수행하는 데 있어 상당한 독립성과 재량을 가지고 있다.
12. 나는 업무상의 목표를 내 스스로 결정한다.
13. 나는 나의 직무를 수행하는 데 필요한 방법들을 내가 선택한다.
14. 나는 나의 부서에서 일어나는 많은 일을 통제할 수 있다.
15. 나는 나의 부서에서 일어나는 일에 대하여 영향력을 발휘할 수 있다.
16. 나는 나의 부서 업무수행방법의 결정 및 변경에 상당한 영향력을 발휘할 수 있다.
17. 나는 나의 부서 목표달성에 상당한 영향력을 행사할 수 있다.

OR Humor 10 꼼수

승진 심사가 있는 날 두 심사관이 승진대상자 두 명에 대해 애기를 하면서 자기 후배를 먼저 승진시키려고 상대방이 양보하기를 바랐지만 소용이 없었다.

결국 한 사람이 이런 제안을 했다.

"이봐, 이거 확실해 졌네. 우리 두 사람이 승진문제에서 요지부동으로 서로 맞서고 있다는 것 말야. 그러니 우리가 던지는 표는 상대방을 죽여 버린다고, 그래서 하는 말인데 우리 서로 시간을 허비할 것 없이 심사관을 사퇴하면 어떻겠어?"

상대방이 이에 적극 호응하면서 두 사람은 헤어졌다. 잠시 후 이 이야기를 듣고 있던 사람이 그 친구에게 말했다.

"거 페어플레이 정신을 살린 제안이군!"

"그런 게 아닐세, 오늘 이렇게 약속한 게 벌써 세 번째란 말야."

자료: 한국경제, 2010년 11월 7일자 수정

11-3 | 조직정치

1. 조직정치의 성격

조직에서 권력을 한 개인이나 집단이 의도적으로 추구할 때 정치가 형성된다. 오늘날의 조직은 그 성격상 정치의 장이 되는 것을 피할 수 없다. 조직 내의 부족한 자원과 제한된 직위에 대한 어쩔 수 없는 경쟁상황은 구성원으로 하여금 어떤 형태로든 개인적인 이익을 보호하고 확대하기 위한 정치행위를 외면할 수 없게 만들고 있기 때문이다. 따라서 최근에 학자들은 조직을 하나의 '정치시스템(political system)'이라고 말하기도 한다.

조직에서의 정치행위가 이렇듯 자연적이고 필연적인 현상이기는 하지만 과도

한 정치행위는 결코 바람직한 결과를 가져다주지 않는다. 조직 내에 정치현상이 만연하면 조직의 합리성이 그것에 의하여 대체되고 능력이 있는 구성원이 정치에 능한 사람들에게 가리게 된다. 심지어는 올바른 생각을 가지고 있는 많은 사람들이 정치의 희생물이 되는 사태도 발생하게 된다. 이렇게 되면 많은 구성원은 소외되거나 불만을 갖게 되어 결국 조직의 화합된 분위기는 무너지고 조직유효성 또한 크게 위협받게 된다[신유근, 1985: 400-401]. 따라서 경영자는 조직 내의 정치현상을 정확하게 파악하고 적절히 관리해야 할 필요가 있는 것이다.

조직정치(organizational politics)란 "조직에서 인정되지 않는 목적을 달성하려고 하는, 또는 인정된 것이라 할지라도 인정되지 않는 영향력을 이용하여 그 목적을 달성하려고 하는 행위"를 말한다[Mayes and Allen, 1997: 672-677]. 또는 "조직구성원이 개인적인 이익을 얻기 위해 상대방에게 공식적인 권한 이외의 영향력을 행사하는 과정"이라고도 정의된다[Robbins, 1989: 353].

조직정치의 개념과 함께 조직정치의 성격에 대해 좀 더 자세히 살펴보면 다음과 같다.

첫째, 정치는 권력과는 성격이 다른 개념이다. 즉 권력이 하나의 잠재적 영향력 또는 능력이라는 정태적인 개념인 데 반하여, 정치는 그러한 권력이 발전되고 이용되는 활동이 포함된 보다 동태적인 개념이라고 할 수 있다. 또한 정치를 합법적 권력을 의미하는 권한과 연관시켜 본다면 공식적 권한에 근거하는 영향력의 행사는 정치행위라고 볼 수 없다. 즉 정치행위는 공식적 권한의 범위 밖에서 이루어지는 영향력행사과정과 관계가 있다. 따라서 정치행위(political behavior)는 영향력의 행사가 공식적 권한에 근거하여 이루어지는 비정치행위(non-political behavior)와 구별된다.

둘째, 조직에서의 정치는 권력도 그렇듯이 반드시 나쁜 것만은 아니라는 것이다. 전통적인 낡은 정책이나 목적에 도전하는 집단이나 집단연합에 의해 조직의 생존 여부가 결정되는 경우도 있다. 또한 정치는 변화에 신속하게 대처하게 해 준다든지, 공식적 권한이 행사되지 못하는 경우 이를 대신해 준다든지 하는 순기능적 역할을 수행하기도 한다. 따라서 정치행위의 성격은 그것이 조직에 대해 순기능적으로 작용할 것인가 또는 역기능적으로 작용할 것인가 하는 두 가지 측면으로 이해되어야 한다.

[그림 11－3]에서 보는 바와 같이 조직에서의 정치행위는 그것이 조직의 이익이나 목표에 부합되는 경우에는 순기능적으로 유리하게 작용한다. 그러나 그것이 조직의 이익이나 목표와는 관계가 없이 오직 개인의 이익과 목표만을 추구하기 위한 것이라면 조직에 대해 역기능적으로 불리하게 작용한다.

그림 11-3 정치행위의 역할

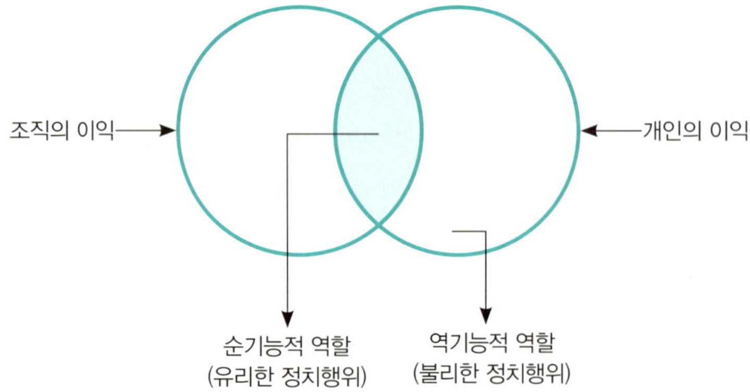

2. 권력과 정치행위

정치행위는 앞에서 살펴본 권력 · 영향력 · 권한 등과 매우 밀접한 관계를 갖고 있다. 조직 내에서 이루어지는 정치행위는 매우 다양하고 복잡하기 때문에 그것과 관련된 모든 측면을 명확하게 설명하는 것은 어려운 일이다. 그러나 정치행위가 궁극적으로는 영향력을 행사하여 개인적인 목적을 달성하려는 일련의 과정이라는 사실에 비추어 볼 때, 정치행위가 이루어지는 과정은 결국 개인이나 집단이 어떤 권력이나 권한을 어떤 의도에서 어떻게 행사하려고 하는가 하는 측면에서 설명될 수 있다. 이에 관하여 샤인(V.E. Schein)은 권력과 관련된 여러 변수들을 연결시켜 조직에서 정치행위가 이루어지는 과정을 설명하는 하나의 모형을 제시하였다.

샤인에 의하면, 구성원이 조직의 목표와는 아무런 관계가 없거나 조직에서 인정되지 않는 개인의 목표를 달성하려는 의도를 가지고 있는 경우에 그러한 실제의 의도를 위장하기 위한 어떤 수단을 사용하게 된다고 말한다. 다시 말하면, 구성원은 자기의 의도가 조직에서 바라는 것과 일치하지 않는 경우에는 그러한 본래의 의도를 감출 수 있는 동시에 다른 사람들이 볼 때 조직이 추구하는 것과 동일한 목표를 추구한다고 느낄 수 있는 수단을 사용한다는 것이다. 이와 같이 구성원이 개인적인 목적을 달성하기 위해 선택하는 영향력행사의 수단은 그가 어떤 권력을 얼마나 가지고 있는가 뿐만 아니라 어떤 의도에서 영향력을 행사하려고 하는가에 따라서도 달라진다고 할 수 있다. 그리고 샤인은 그러한 과정에서 개인이나 집단이 어떤 수단을 어떻게 선택하는가에 따라서 정치행위의 결과가 결정된다고 강조한다[Schein, 1977: 69].

[그림 11−4]는 샤인에 의해 제시된 모형으로서 조직에서 정치행위가 이루어지는 과정을 보여준다.

▮ 그림 11-4 ▮ 정치행위의 과정

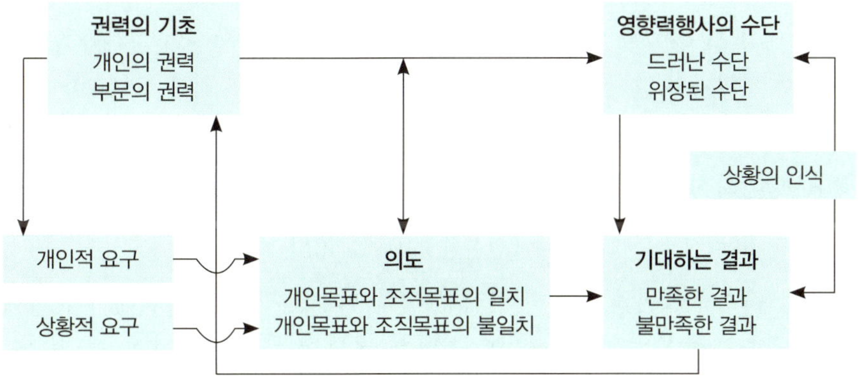

3. 조직정치의 촉진요인

조직 내에 정치행위가 만연하면 조직 전체에 바람직하지 않은 영향을 미치게 된다. 따라서 경영자는 구성원의 정치행위를 과도하게 만드는 요인을 찾아내어 이를 적절히 통제하고 관리해야 한다. 조직에서 과도한 정치행위를 불러일으키는 요인들은 무수히 많다. 여기에서는 개인적 요인과 조직적 요인으로 나누어 살펴보기로 하겠다.

1) 개인적 요인

조직에서 정치행위를 불러오는 개인적 요인은 대부분 개인의 성격과 같은 심리적 특성과 관계가 있다.

① **외재론자**: 외재론자(externals)는 자기의 운명이 외부적 요인에 의하여 결정된다고 믿는 사람이다. 이러한 사람은 자기의 행동이 다른 사람이나 조직에 미치는 영향에 대해서는 크게 관심을 두지 않고 기회와 운과 조직환경 등이 자기에게 미치는 영향만을 중요하게 생각한다. 따라서 이러한 성격을 지닌 구성원이 정치행위를 통해 개인적 목적을 달성하려고 할 때에는 그러한 행위가 조직에 어떤 결과를 가져다줄 것인가에 대해서는 관심을 기울이지 않기 때문에 정치행위가 과도하게 이루어지게 된다[Robbins, 1989: 355].

② **권력욕구**: 경영자가 과업을 성공적으로 수행하기 위해서는 권력에 대한 욕구가 어느 정도 있어야 한다. 그러나 권력욕구가 특히 강한 사람은 이것이 쉽게 채워지지 않기 때문에 끊임없이 정치행위를 시도하게 된다. 따라서 권력욕구가 강한 구성원이 자기 자신을 절제하지 못하거나 권력행사의 방향이 조직의 밖이 아닌 안으로 향하게 되면 '사단형성' 과 같이 조직에 역기능을 미치는 결과를 가져온다[신유근, 1985: 402].

③ **수용욕구**: 구성원 중에는 개인적인 이익이나 권력을 얻기 위해서가 아니고 단순히 상사와 동료들에게 인정을 받으려는 의도에서 정치행위를 하는 경우가 있다. 일반적으로 수용욕구가 강한 사람이 이러한 목적에서 정치행위를 시도하는 경향이 있는데, 주로 타인에게 호의를 베푸는 것이 여기에 해당된다. 그러나 이러한 종류의 정치행위는 조직에 큰 해가 되지는 않는다.

④ **정서적 불안정**: 개인의 불안정한 정서가 정치행위를 불러오는 원인이 된다. 정서가 불안정한 사람은 자기가 하는 일에 자신감을 갖지 못하기 때문에 자기의 기술이나 능력보다는 정치에 의존하여 개인적 부족함을 메우려고 노

력하는 경향이 있다. 이런 사람은 주로 조직에서 정치적 연합을 구성하거나 파벌을 조성하여 다수의 힘을 빌려 자기의 부족함을 메우려고 한다. 이렇게 이루어지는 정치행위는 조직에 불리하게 작용하는 것이 보통이다[DuBrin, 1984: 382-384].

2) 조직적 요인

조직에서 정치행위를 불러오는 조직적 요인은 상당히 다양하다. 조직 내의 모든 환경적 요소들이 구성원의 개인적인 이익이나 목표와 밀접하게 연결되어 있기 때문이다. 조직적 요인은 경우에 따라서는 개인적 요인보다도 정치행위를 더욱 과격하게 만드는 원인이 되기도 한다. 정치행위를 야기하는 조직적 요인 중에서 다음과 같은 것들이 비교적 중요하다[Robbins, 1989: 356-357).

① **역할모호성**: 역할모호성이란 조직에서 구성원의 권한과 직책 그리고 과업 등이 명확하게 규정되어 있지 않고 불분명한 것을 말한다. 조직에서 개인의 역할이 불분명하면 정치행위가 나타나기 쉽다. 그러한 상태에서는 구성원이 자기의 개인적 이익을 추구하는 데 크게 제약을 받지 않기 때문이다. 따라서 구성원의 역할이 모호하면 할수록 정치행위는 더욱 과도하게 이루어진다.

② **객관적 성과기준의 결여**: 조직에서 개인이나 집단의 성과를 객관적으로 측정·평가하는 경우에는 정치행위가 필요하지 않게 된다. 구성원이 자기의 능력을 충분히 인정받을 수 있기 때문이다. 그러나 조직에는 과업의 특성상 그 성과를 객관적으로 측정·평가하기가 어려운 경우가 있다. 예를 들면 스탭이 하는 일이 그러한 경우에 해당되는데, 이들은 자기가 잘하고 있다는 것을 증명하기가 어렵기 때문에 노력에 대한 인정을 받기 위한 방편으로 정치행위를 하게 된다. 또한 조직에서 성과에 대한 평가가 불공정하게 이루어지면 구성원은 똑같은 이유에서 정치에 참여하게 된다. 조직 내에 이러한 원인에 의한 정치행위가 만연하면 조직 전체에 큰 해를 끼치게 된다.

③ **제로섬식 보상분배**: 제로섬식의 보상분배는 반드시 어느 한쪽이 희생되는 결

과를 가져오기 때문에 구성원은 수단과 방법을 가리지 않고 자기의 이익을 확보하려고 한다. 조직에서 보상분배가 '제로섬(zero-sum)' 방식으로 이루어지면 구성원은 자기와 경쟁관계에 있는 사람을 모함하거나 교묘한 방법을 사용하여 먼저 보상을 차지하려고 든다. 따라서 이러한 방식의 보상분배는 구성원 사이에 적대관계가 조성되어 정치행위가 만들어지는 원인이 된다.

④ 민주적 의사결정방식: 민주적인 의사결정은 경영자가 많은 권한을 위양하게 만든다. 그러나 대부분의 경영자는 권한을 피나는 노력과 투쟁의 결과라고 생각하기 때문에 다른 사람에게 쉽사리 넘겨주려 하지 않는다. 그런데도 불구하고 조직분위기가 민주적인 의사결정방식을 선호하는 방향으로 형성되어 권한을 위양하지 않으면 곤란하게 된 경우에는 교묘한 방법을 동원하여 자기의 권한과 영향력을 빼앗기지 않으려고 한다. 예를 들면, 표면적으로는 위원회나 집단토의 등과 같은 방식으로 의사결정을 하는 것처럼 꾸며놓고 실제로는 의사결정 분위기를 교묘히 조정하거나 조작하여 자기의 영향력을 행사한다.

⑤ 피라미드 조직구조: 조직이 피라미드(pyramid) 구조로 되어 있으면 조직에서 높이 올라갈수록 승진폭이 좁아지는데, 이러한 현실은 자원확보경쟁과 함께 구성원이 조직 내에서 권력에 대한 경쟁을 하지 않을 수 없게 만든다. 권력이 없이는 높은 위치에 오를 수 없기 때문이다. 또한 권력이 없는 경영자는 필요한 자원을 자기나 부하들을 위해 확보할 수 없다. 따라서 조직에서 나타나는 권력투쟁은 어떤 면에서 불가피한 현상이라고 할 수 있다[신유근, 1985: 402].

4. 권력획득전략과 정치행위의 관리

1) 권력획득을 위한 정치적 전략

조직에서 목표를 달성하기 위해서는 반드시 권력이 필요하다. 때문에 구성원은 그것이 조직에서 인정되는 것이든 인정되지 않는 것이든 다양한 수단과 방법을 동원하여 권력을 획득하려고 노력한다. 그러나 조직에서 인정되는 방법으로 권력을 획득하는 데는 한계가 있기 때문에 구성원 사이에 정치적 방법을 통한 권력획득투쟁이 벌어지기도 한다.

조직에서 권력획득을 위한 정치적 전략은 무수히 많다고 하겠으나 그 중에서 비교적 많이 이용되는 것을 들면 다음과 같다[박내회, 1989: 351; 신유근, 1985: 403-404].

(1) 권력층과의 유대형성

권력 쟁취를 위한 정치적 전략의 가장 기본적인 방식은 권력을 쥐고 있는 사람들과 유대관계를 형성하는 것이다. 예컨대, 기업의 경영자들이 정부의 고위관리와 친밀한 관계를 맺음으로써 자신의 이미지를 높이려고 한다든지, 기업의 하위계층 경영자가 사장의 비서나 스탭들과 친밀한 관계를 맺어 기업 내에서 자기의 영향력을 키우려고 하는 행위 등이 이에 해당된다.

(2) 분할 후 지배

이 전략은 비교적 오래된 정치적 전략으로 반대자들이 자기에게 불리한 연합을 형성하지 못하게 하면서 영향력을 행사하는 전략이다. 예컨대, 기술개발부서의 부장이 생산부장과 영업부장을 갈라놓고 각각에 대한 영향력을 크게 만들 수 있다. 그러나 이 방식은 자칫 잘못하면 두 부서의 반목을 깊게 하여 조직에 파국적 결과를 가져올 수 있다.

(3) 환영 후 장악

이 전략은 '마키아벨리원칙(Machiavellian principles)'에 근거를 두는 것으로서 반대자를 설득하여 자기편으로 따뜻하게 맞아들인 다음에 권력을 완전히 장악하는 방법이다. 예를 들면, 집권당이 다른 소수당을 흡수할 때 처음에는 대대적인 환영행사를 통해 용기와 안전감을 심어준 다음에 그들을 완전히 장악한다든지, 한 기업이 경쟁관계에 있는 기업을 인수하려고 할 때 피인수기업 측의 거부반응을 미리 차단하기 위해 그 대표자를 정중히 대하고 따뜻하게 환영한다든지 하는 행위는 모두 이러한 전략의 일환으로 볼 수 있다.

(4) 점진적 영역확보

상대방으로부터 강력한 저항이 있는 경우에는 한꺼번에 큰 영향력을 행사하기가 어렵다. 이러한 경우에 권력행사자는 시간을 두고 점진적으로 조금씩 상대방의 세력을 잠식하는 방법을 사용하여 권력을 확보할 수가 있다. 이 전략은 상대방의 입장에서 보면 처음에는 권력행사자의 영향력이 매우 미미하여 신경을 쓰지 않지만 결국에는 결정적인 권력을 잃게 된다.

(5) 정보의 확보 및 제공

이 전략은 상대방에게 필요한 정보를 먼저 확보하여 그들에게 제공해 줌으로써 권력을 획득하는 방법이다. 필요한 정보를 제공받은 상대방은 보답해야 한다는 생각을 가지게 되기 때문에 비교적 쉽게 영향력을 받아들이게 된다.

(6) 외부전문가의 이용

권력을 강하게 행사하려는 개인이나 집단은 자기의 입장에 동조하는 전문가를 이용하기도 한다. 예를 들면, 기업의 영업부서에서는 마케팅전문가를 초빙하여 자기의 주장을 대변하도록 함으로써 기술개발부서와 생산부서에 대한 자기의 요구를 관철시킬 수 있다.

(7) 의사일정의 통제

이것은 자기에게 중요하고 핵심적인 의제는 뒤로 미루어 두었다가 적당한 시기에 슬며시 다루는 전략이다. 즉, 회의참가자들이 처음에는 쉽게 해결이 나지 않는 문제에 대해 열중하게 만들어 김을 뺀 다음에 중심적인 의제를 다루게 되면 큰 어려움 없이 자신의 목적을 달성할 수 있게 된다.

(8) 제한적인 문호개방

이 전략은 부하들을 의사결정과정에 제한적으로 참여시킴으로써 권력을 확보 · 유지하려는 방법이다. 예컨대, 경영자는 특정한 문제에 대해 자기의 생각과 같은 하급자만 의사결정과정에 참여시켜 영향력을 충분히 행사하면서 자신의 의도대로 문제를 해결할 수 있다.

2) 정치행위의 관리

조직에서 나타나는 정치행위는 양면적인 결과를 가져다준다. 연구결과에 따르면 과도한 정치행위는 구성원의 직무만족과 조직몰입 정도를 떨어뜨리고, 스트레스 · 이직의도 · 결근율을 증가시키며, 직무성과 · 생산성 · 조직시민행동을 저하시키는 것으로 나타나고 있다. 정치행위가 조직 내에 만연하면 정치적 조직문화가 형성되면서 구성원의 관심이 자기의 과업이나 생산성에 집중되기보다는 패거리를 만들거나 권력자에게 줄서기에 집중되기 때문에 조직의 경쟁력이 약화되는 결과를 가져오게 된다[백기복, 2014: 260-261].

하지만 정치행위가 부정적이지만은 않다. 조직 내에 비판세력이 형성됨으로써 건설적인 결과가 나타나기도 한다. 건전한 비판은 조직에 활력을 주고 중요한 의사결정이 잘못될 수 있는 위험을 줄여준다. 정치행위가 구성원의 창의력을 향상시킨다는 연구결과도 있다.

이와 같은 정치행위의 양면성은 조직에서 정치행위를 효과적으로 관리해야 하는 필요성을 말해준다. 조직에서 나타나는 정치행위는 방법만 달리 할 뿐이지 결코 사라지지 않는다. 따라서 이를 억제하려고 하기보다는 효과적으로 관리하는 것이 중요하다. 조직 내 정치행위를 관리하는 방법은 그 원인과 상황에 따라 다양하게 개발할 수 있을 것이다.

정치행위를 관리하는 데 있어 한 가지 중요하게 고려할 수 있는 방법으로 '조직공정성(organizational justice)'을 들 수 있다. 즉 조직 내에 분배공정성 · 절차공정성 · 상호작용공정의 문화가 제도적으로 정착되어 조직 내에 정의로운 조직문화가 구현되면 구성원이 과도한 정치행위를 통해 사적 이익을 확보하려는 생각과

의도를 스스로 포기하게 된다.

또한 조직의 윤리기준을 강화하는 것도 파괴적인 정치행위를 방지하는 방법이다. 윤리적 투명성은 불확실성을 제거하는 바탕이 되기 때문에 조직 내에 정치행위가 만들어지는 환경과 조건을 없애준다. 또한 엄격한 윤리기준을 실천하여 조직의 대외 신뢰성을 높이면 구성원도 이에 호응하여 정치행위를 자제하고 조직의 대외 이미지를 좋게 하려고 노력하게 된다.

승부조작 OB Story & Case 11

스포츠에서 승부조작의 가능성을 통계학적으로 접근한 사람이 스티븐 레빗이다. 그는 『괴짜 경제학(Freakonomics)』에서 일본 스모를 분석했다. 1989년 1월부터 2000년 1월까지 스모선수 281명이 벌인 32,000천 건의 시합에 관한 데이터를 추려냈다. 스모선수의 경기에 부정한 거래가 오갔을 개연성이 크다는 결론을 내렸다.

스모는 우리의 씨름 천하장사에 해당하는 요크즈나가 속한 마쿠우치(幕内)를 정점으로 주료(十兩)를 포함한 상위 리그와 그 밑의 하위 리그로 나뉜다. 주료 안에 들어야 월급도 받고 '인간답게' 산다. 그 이하 품계의 선수는 월급 한 푼 없이 허드렛일로 보낸다. 한 대회에서 15경기 중 8승 이상을 거둬야 승격된다. 레빗은 7승7패 전적의 선수들이 8승을 위해 벌인 마지막 경기를 주목했다. 이들은 8승6패 선수, 9승5패 선수와 겨뤘을 때 각각 80%와 73.4%의 승률을 기록했다. 평소 50%에 불과한 승률이 80%로 치솟은 배경에는 일부러 져줬기 때문이라고 추론했다. 돈이든, 다음번에 져주기로 했든 보상의 약속이 작동했다는 것이다. 이를 '인센티브의 유혹'이라고 했다.

레빗의 주장이 스모계에서 실제로 확인돼 일본 열도가 발칵 뒤집혔다. 선수들이 돈을 주고받으며 조작했다는 사실이 최근 드러났다. 일본의 국기(國技)인 스모가 '짜고 치는 고스톱'이었다는 데 일본 국민은 충격에 빠졌다. 일본 총리는 "일본인들에 대한 배신"이라고 했다. 스모가 존폐의 기로에 섰다고 한다.

스포츠는 '각본 없는 드라마'를 연출한다. 경기 결과에 대한 불확실성이란 전제조건이 충족될 때 그렇다. 조작된 승부는 거짓 환희와 감동에 빠뜨리는 배신이자 죄악이다. 하지만 일부러 져주거나, 심판 또는 상대선수를 매수하는 승부조작은 약방의 감초처럼 현실 속에선 종종 벌어진다. 우리나라도 유사한 혐의에서 자유롭지 못하다. 얼마 전 쇼트트랙에서 국가대표 선발을 둘러싸고 '짬짜미승부'가 드러났고, 'e스포츠'는 프로게이머들의 승부조작 추문으로 얼룩졌다. 축구와 농구에서도 잡음이 심심치 않게 이어진다. 조작의 유혹이 운동선수에게만 있겠는가. 직장에서도 순위는 중요하다. 추락이냐 상승이냐의 갈림길에서 부정한 유혹은 달콤하게 다가온다. 순간의 치명적 유혹을 뿌리치지 못하면 본인도, 조직도 다 망할 수 있다는 걸 스모파문은 보여준다.

자료: 중앙일보, 분수대, 2011년 2월 9일자 수정

토의문제

01 스포츠계에서 벌어지는 승부조작을 정치행위라고 할 수 있는가?

02 기업에서도 승진이나 업적평가 등에서 승부조작과 같은 순위 바꾸기가 벌어질 수 있다. 이때 동원되는 권력은 어디서 나오는가? 이런 행위를 근절하는 방법은 무엇인가?

조·직·행·동

Part 04

조직시스템수준의 조직행동

Organizational Behavior

Organizational Behavior

Chapter 12

Organizational Behavior

조직구조와 조직구조설계

Key Word

- 조직구조(組織構造, Organizational Structure)
- 조직구조의 복잡성(複雜性, Complexity), 공식화(公式化, Formalization), 집권화(執權化, Centralization), 분권화(分權化, Decentralization)
- 조직설계(組織設計, Organization Design)
- 분업(分業, Division of Labor), 부문화(部門化, Departmentation), 권한위양(權限委讓, Delegation of Authority), 통제폭(統制幅, Span of Control)

학습중점

- 조직구조의 성격과 그 구성요소를 숙지한다.
- 조직구조를 설계하는 데 고려해야 하는 기본요소를 숙지한다.
- 조직구조설계에 대한 이론과 관점의 차이를 이해한다.
- 조직구조의 기본형태를 숙지한다.
- 조직구조의 형태별 특징과 장 · 단점에 대해 논의한다.

12-1 | 조직구조의 성격과 구성요소

1. 조직구조의 성격

조직구조(organizational structure)는 "조직 내의 직무 또는 부문 사이에 형성된 일정한 관계"를 말한다. 조직구조는 매우 단순한 것일 수도 있고, 복잡한 것일 수도 있다. 예를 들면, 기업조직의 경우에 사장과 몇 명의 종업원만 있을 수도 있고, 그 종업원이 사장의 가족으로 이루어질 수도 있다. 이러한 조직구조에서 과업과 권한의 할당 및 협조관계는 상당히 단순해진다. 그러나 기업의 업무가 점차 다양해짐에 따라 종업원의 수가 증가하게 되면 사장은 더 이상 혼자의 힘으로는 종업원을 지휘 · 통제할 수 없다는 것을 느끼게 되어 몇 개의 필요한 계층과 부문을 증설하고 그것을 관리할 수 있는 단위책임자를 두게 된다. 이때부터 기업에는 점차 비교적 복잡한 조직구조가 형성되기 시작한다.

만일 기업의 사업이 계속 확대되면 조직구조는 분업의 필요에 따라 부문을 수평적으로 더욱 확대해야 할 뿐만 아니라 수직적 계층 역시 증설해야 할 필요가 있게 된다. 그렇게 되면 조직구조는 더욱 복잡해지고 부문들과 계층들 간의 협조 역시 점차 곤란하게 된다. 그리고 이러한 상황이 계속되어 어느 수준에 도달하면 조직은 반드시 그 구조를 새롭게 변화시켜야만 실제의 수요에 적응할 수 있게 된다. 예컨대, 기업이 다각화경영을 목적으로 사업부제조직으로 바꾼다든지, 신제품개발을 위해서 프로젝트조직을 신설한다든지, 또는 조직의 안정성과 기동성을 모두 고려하여 매트릭스조직으로 탈바꿈한다든지 하는 것이다. 이러한 조직구조들은 모두 비교적 높은 수준의 형태에 속하는 것으로서 뒤에서 상세히 논의하도록 하겠다.

2. 조직구조의 구성요소

조직구조는 보통 복잡성 · 공식화 · 집권화의 세 가지 요소로 구성된다. 이 구성요소들은 조직의 형태와 특성이 결정되는 데 영향을 미친다고 해서 조직특성변수라고도 부른다.

1) 복잡성

복잡성(complexity)은 조직에서 과업의 분화가 이루어지는 정도를 말한다. 복잡성은 기본적으로 세 방향에서 일어난다. 수평적 분화, 수직적 분화, 그리고 지역적 분산이 그것인데, 이들은 조직의 복잡성을 증가시키는 원인이 된다.

① 수평적 분화(horizontal differentiation): 수평적 분화는 조직이 서로 다른 부서나 전문화된 하위단위를 가지는 정도를 말한다. 일반적으로 조직 내에 전문적인 지식이나 기술을 필요로 하는 직무와 직종의 수가 많으면 많을수록 조직은 수평적으로 더욱 복잡해진다. 조직 내에 전문영역별로 단위가 형성되고 부서의 수가 많아지면 구성원의 다양한 전문성과 목표지향성으로 말미암아 의사소통이 더욱 어려워질 뿐만 아니라 경영계층에서 구성원의 활동을 조정하는 일도 점점 더 힘들어지기 때문이다[김남현, 1985: 82; Robbins, 1983]. 이와 같이 수평적 분화는 직무전문화(job specialization) 및 부문화(departmentation)와 밀접한 관계가 있다.

② 수직적 분화(vertical differentiation): 수직적 분화는 조직 내의 계층의 수, 즉 조직계층의 깊이를 가리키는 말로서 과업의 분화가 상하관계를 가지고 이루어지는 것을 말한다. 수직적 분화는 조직 내의 명령계통과 관련되는 개념으로 위계(hierarchy)라고도 한다. 최고경영층과 최하위계층 사이에 계층의 수가 많아질수록 조직은 수직적으로 더욱 복잡하게 되어 의사소통의 왜곡가능성이 그만큼 더 커지며, 경영자들의 의사결정을 조정하는 일과 구성원의 작업활동을 감독하는 것 또한 점점 더 어려워지게 된다.

③ 지역적 분산(spatial differentiation): 지역적 분산은 조직의 물리적인 시설과

인력이 지리적으로 흩어져 있는 정도를 말한다. 조직의 사무실, 공장, 구성원이 지역적으로 분산되어 있을수록 의사소통 · 조정 · 통제가 어려워지기 때문에 복잡성 역시 증가하게 된다.

이상에서 살펴본 복잡성의 세 방향을 종합해 보면, 통제폭이 일정하다고 할 때 수평적 분화의 정도가 클수록, 계층의 수가 많을수록, 그리고 부서가 지역적으로 분산되어 있을수록 조직의 복잡성은 더욱 증가한다고 할 수 있다[박내회, 1989: 401].

2) 공식화

공식화(formalization)란 조직 내의 직무가 표준화되어 있는 정도를 말한다. 다시 말하면, 이는 구성원의 행동이나 태도가 문서화된 규칙이나 절차 등에 명시되어 있는 정도를 의미한다. 고도로 공식화되어 있는 조직은 구성원이 언제, 무엇을, 어떻게 해야 하는지를 미리 규정해 놓은 규칙 · 직무기술서 · 규정 · 절차 등을 많이 만들어 놓고 있다. 반면에 공식화의 수준이 낮은 조직은 사전에 규정된 절차나 규칙이 상대적으로 적어 구성원이 직무를 수행하는 데 있어 자기의 의사대로 상당한 재량권을 발휘할 수 있다. 직무수행에 관한 개인의 재량권은 사전에 조직에 의해 정형화된 활동의 총량과 반비례한다. 따라서 표준화의 정도가 크면 클수록 구성원 개인의 직무수행에 대한 재량권은 그만큼 적어진다. 이는 표준화가 구성원이 대안적 행동을 취할 가능성뿐만 아니라 그것을 고려할 필요성을 제거시키기 때문이다.

공식화의 정도는 조직마다 다르며 같은 조직 내에서도 직무의 성격에 따라 매우 상이하게 나타난다. 일반적으로 단순하고 반복적인 직무일수록 공식화의 정도가 높으며, 고도로 전문화된 직무일수록 공식화될 가능성은 그만큼 줄어든다. 또한 조직 내의 계층이나 기능부문에 따라서도 공식화의 정도는 다르다. 조직의 상위계층으로 올라갈수록 공식화의 정도는 줄어드는데, 이것은 상위계층에 속하는 사람일수록 창의적인 해결책이 요구되는 활동과 관계되므로 많은 재량권이 필요해지기 때문이다. 그리고 생산부문의 직무는 판매부문이나 연구개발부문의 직무보다는 더 공식화되어 있다. 생산부문의 직무는 비교적 안정적 · 반복적이기 때문에 일반적으로 표준화되어 있는 반면에, 판매부문은 고객의 욕구변화에 대응하기 위해 유동적이어야 하며, 연구개발부문의 경우도 기술변화에 대하여 항상 창의적으로 대처해 나가야 하기 때문이다.

조직에서는 여러 가지 방법을 이용하여 구성원의 행동을 표준화할 수 있다. 일반적으로 비교적 널리 활용되고 있는 방법으로는 다음과 같은 것들이 있다[김남현, 1985: 108-115].

① **선발**: 조직은 일련의 선발과정을 통해 조직 내의 직무를 성공적으로 수행할 수 있는 사람과 그렇지 못한 사람을 구별해낸다. 선발과정에는 전형적으로 지원서 · 시험 · 면접 · 신원조회 등과 같은 평가방법들이 포함된다. 지원자들은 선발과정의 각 단계에서 조직이 요구하는 기준에 모두 적합하다는 평가를 받아야만 최종적으로 선발될 수 있는데, 이는 조직이 선발을 통하여 구성원의 행동을 규제한다는 것을 의미한다.

② **역할요구**: 모든 직무는 '역할담당자는 어떻게 행동해야 한다'는 요구에 따라 수행된다. 예를 들면, 직무분석을 통해 조직에서 수행되어야 할 직무와 직무수행을 위해 필요한 구성원의 행동을 규정한다. 이와 같이 조직이 '수행해야 할 직무'를 확인하고 그 직무수행에 필요한 '바람직한 행동'을 규정하는 것은 역할요구(role requirement)가 구성원의 행동을 규제하는 데 큰 역할을 한다는 것을 나타낸다.

③ **규칙, 절차, 방침**: 규칙(rules)은 구성원이 해야 할 행동과 해서는 안 될 행동을 명시한 문서이다. 절차(procedures)는 과업을 수행하는 데 있어 구성원이 반드시 지켜야 할 일련의 순서를 나타낸다[박영배 · 이승영, 1992: 147-148]. 그리고 방침(policies)은 구성원이 내리는 의사결정에 대해 제약조건이 무엇인지를 말해주는 안내서이다.

④ **훈련**: 훈련(training)은 구성원이 작업 또는 직무에 대해 필요한 기술 · 지식 · 태도 등을 갖도록 일정한 방향으로 학습시키는 것을 의미한다. 여기에는 직장내훈련(on-the-job training)과 직장외훈련(off-the-job training)

이 있다.

⑤ 의식: 의식(rituals)은 일종의 '인정의 과정(proving process)'을 말한다. 조직은 이와 같은 의식을 통해 구성원의 행동을 표준화하고 그들이 조직에 대해 강한 충성심을 갖고 몰입하게 만든다.

3) 집권화

집권화(centralization) 또는 분권화(decentralization)는 의사결정권이 조직 내의 어느 한 곳에 집중되어 있는 정도를 말한다. 만일 권한위양의 정도가 낮아서 의사결정권이 최고경영층에 집중되어 있다면 그 조직은 집권화조직에 속한다고 할 수 있다. 반대로 각 계층의 경영자가 높은 정도의 권한위양을 단행하여 의사결정권의 많은 부분이 하부계층으로 위양되어 있다면 그 조직은 분권화조직에 속한다. 이와 같이 집권화 또는 분권화는 어느 특정 경영자의 권한위양 정도만을 말하는 것이 아니라 전체조직의 차원에서 일컫는 것으로서 조직의 기본적인 경영철학을 나타낸다.

집권화와 분권화는 권한의 집중 또는 분산의 상대적인 정도를 의미한다. 따라서 완전히 집권적인 조직도 없고, 완전히 분권적인 조직도 없다. 모든 조직들은 이 양극단의 사이에 위치한다.

한 조직의 집권화 또는 분권화의 정도를 측정하는 것은 사실상 어렵다. 그러나 다음과 같은 지표를 통해 조직의 집권화정도 또는 분권화정도를 파악할 수 있다[Dessler, 1980: 151-152].

① 하부계층에 의한 의사결정의 수: 하부계층에 의해 이루어지는 의사결정의 수가 많을수록 분권화 정도는 높아진다.

② 의사결정장소와 문제발생장소의 거리: 이 두 장소 사이의 거리가 가까울수록 분권화 정도는 높아진다. 예를 들면, 어느 지역의 고객에 문제가 발생했을 경우에 회사의 최고경영층에 보고하여 해결해 주도록 요청하지 않고 현지 영업소에서 자체적으로 처리할 수 있다면 이 회사의 분권화 정도는 매우 높다고 할 수 있다.

③ 같은 계층 경영자의 의사결정이 포함할 수 있는 업무기능의 범위: 이 범위가 넓을수록 분권화 정도는 높아진다. 예를 들면, A회사의 어느 계층 경영자는 마케팅 · 인사 · 생산 등의 문제에 대하여 의사결정을 할 수 있는 데 반하여, B회사의 같은 계층의 경영자는 마케팅의 문제에 대해서만 의사결정을 할 수 있다면, A회사의 분권화 정도는 B회사에 비해 높다고 할 수 있다.

④ 상급자로부터 받는 지시의 수: 하급자가 의사결정을 하기 전에 상급자로부터 받는 지시의 수가 적을수록 분권화의 정도가 높아진다.

⑤ 경영자의 자유재량의 정도: 기업의 정책, 규정, 절차 등이 허락하는 경영자의 자유재량이 클수록 분권화 정도는 높아진다.

⑥ 상급자에게 보고하는 범위: 부서책임자가 상급자에게 보고하는 범위가 작을수록 분권화 정도는 높다고 할 수 있다. 예를 들면, A회사의 부서책임자들은 반드시 6개월에 한 번씩 해당부서의 투자회수율을 상급자에게 보고하는 데 반하여, B회사의 부서책임자는 생산 · 마케팅 · 재무와 같은 업무활동에 대한 상세한 내용을 수시로 상급자에게 보고해야 한다면, A회사의 분권화 정도는 확실히 B회사에 비하여 높다고 할 수 있다.

조직이 집권화를 도입하는 것이 유리한지 또는 분권화를 도입하는 것이 유리한지를 결정하는 일은 매우 어렵다. 왜냐하면 집권화와 분권화는 반드시 조직의 상황과 환경 등 여러 요인들을 고려하여 결정해야 하기 때문이다. 집권화와 분권화에 영향을 미치는 요인으로 비교적 대표적인 것을 들면 다음과 같다.

① 조직의 규모: 조직의 규모는 가장 기본적으로 고려해야 할 요인이다. 왜냐하면 분권화의 발전은 원래 대규모 조직의 경영상 필요성에 의하여 이루어졌기 때문이다. 따라서 작은 규모의 조직은 자연적으로 집권화조직에 속한다고 할 수 있다. 그러나 예외적인 경우가 있다. 연구에 의하면 매우 큰 규모의 철강이나 제지기업에서는 여전히 기능식의 집권화조직의 형태가 일반적인 것으로 나타나고 있는데, 이러한 기업조직에서는 조직의 탄력성보다는 생산과 제조의 효율성이 더욱 중요하기 때문이다[許士軍, 1985: 261].

② 제품조합: 제품라인이 많거나 다각화 정도가 비교적 높은 기업조직은 제품

에 따라 시장 · 생산 · 판매의 특성과 나타나는 문제가 각기 다르기 때문에 집권적인 방식은 부적합하게 된다. 챈들러(A.D. Chandler)는 실제로 많은 기업들이 다각화전략을 채택하면서 조직이 분권화되는 경향이 있음을 발견하였다[Chandler, 1962: 335].

③ **시장의 분포**: 시장이 널리 분포되어 있거나 시장구조가 복잡하면 중앙집권적 경영방식은 부적합하게 된다. 집권적 경영방식을 통해서는 의사소통이 효과적으로 이루어지지 않고 현지의 환경이나 수요의 특수한 상황에 적응할 수 없기 때문이다. 이러한 경우는 조직이 지리적으로 분산되어 있을 때에도 똑같이 적용된다.

④ **업무기능의 성질**: 같은 조직 내라고 할지라도 업무기능에 따라 집권화 또는 분권화의 정도가 다르게 나타난다. 일반적으로 마케팅과 생산기능에는 분권화가 적합하며, 재무기능에는 집권화가 더 적합하다고 할 수 있다.

⑤ **직무의 성질**: 일반적으로 직무의 성질이 일상적이고 규칙적인 경우에는 집권적 방식으로 의사결정을 하는 것이 적합하며, 범위가 일정하지 않거나 규칙적이 아닌 직무에 대한 의사결정은 그 권한을 하부계층에 위양하는 것이 더 바람직하다[Hage and Aiken, 1969].

⑥ **구성원의 특성**: 직무의 성질은 구성원의 특성과 관계가 있다. 일반적으로 비일상적인 직무는 동시에 전문성을 필요로 하는 직무에 속하는데, 이러한 직무를 담당하는 구성원은 교육수준이 높고 독자적인 판단과 의사결정을 선호하는 경향이 있다. 따라서 이와 같은 사람들로 구성된 조직은 분권화의 경향이 두드러지게 나타난다. 반대로 구성원이 비전문적이고 교육수준이 낮은 조직은 집권화가 더욱 적합하다고 할 수 있다.

⑦ **외부환경**: 조직이 불안정하고 예측하기 어려운 환경에 노출되어 있으면 분권화의 경향이 강하게 나타난다. 그리고 조직의 생존이 정부나 노동조합 또는 원료공급자와 같은 외부의 특정 집단의 영향을 크게 받는다면 집권화의 경향이 비교적 두드러지게 나타난다[Inkson 등, 1973].

이상의 내용을 종합하면 분권화에 적합한 상황은 일반적으로 공통점이 있음을 알 수 있다. 즉 조직의 경영이 비교적 큰 탄력성을 필요로 하고, 신속한 반응과 창의성 및 능동성을 필요로 하는 경우에는 분권화가 적합하다. 또한 규모가 비교적 크고, 제품라인이 많으며, 시장구조가 복잡하고, 직무상의 변화가 많고, 외부환경이 예측하기 힘든 경우에도 분권화조직을 채택하는 것이 적합하다. 특히 이런 상황들은 앞으로 대부분의 조직들이 당면해야 하는 경우이다. 따라서 조직들이 분권화를 채택하는 경향이 갈수록 높아진다는 것을 미루어 짐작할 수 있다.

12-2 | 조직구조설계의 기본요소와 관점

1. 조직구조설계의 기본요소

여기에서는 조직구조를 설계(design)하는 데 있어서 기본적으로 고려해야 하는 요소인 분업, 부문화, 권한위양, 통제폭에 대해 살펴보도록 한다.

1) 분업

조직구조를 설계하는 데 있어 먼저 고려해야 할 것은 '분업(division of labor)'에 관한 문제이다. 전체 조직이 수행하여야 할 직무를 어느 한 사람이 전부 도맡아서 처리할 수는 없고 반드시 여러 사람이 분담하여 수행해야 한다. 또한 직무는 어떤 원칙에 의거하여 세분한 후 작업자가 비교적 작은 부분을 담당할 수 있게 해야만 나름의 소질을 발휘하고 기술을 숙련시킬 수 있으며, 조직은 '전문화(specialization)'의 이익을 창출할 수 있게 된다. 이러한 분업과 전문화의 원칙은 고전경제학으로부터 전통적 경영이론에 이르기까지 매우 중시되어온 개념이다.

분업의 원칙에서 조직구조를 본다면, 한 조직의 전체 과업은 성질이 다른 여러 구체적인 작업으로 구분해야 할 뿐만 아니라 이들 분업을 다시 특정의 단위나 부문으로 조합해야 한다. 그리고 동시에 일정한 권한과 책임을 단위나 부서의 경영자에게 부여하여 주어진 과업을 책임지고 달성할 수 있게 해야 한다. 따라서 분업과 전문화의 개념에 이어서 요구되는 것이 바로 '부문화'에 대한 문제이다.

2) 부문화

부문화(departmentation)는 구체적으로 어떤 구상이나 원칙에 따라 개별적인 작업 또는 직무를 조합하는 과정이다. 그러나 부문화를 단순히 같은 성질의 작업들을 한 곳에 모아놓은 것으로 생각해서는 안 된다. 그러한 생각은 자칫 작업을 통해 달성해야 할 목적을 무시하게 되거나 조직 전체 과업과의 연관성을 소홀히 하기 쉽다. 즉, 나무만 보고 숲을 보지 못하는 것과 같이 효율을 위해 효과는 잃어버리는 잘못을 저지르게 된다.

기본적으로 부문화는 '목적을 기초로 하는 부문화'와 '내부의 과정이나 기능을 기초로 하는 부문화'로 분류된다.

(1) 목적별 부문화

목적을 기초로 하는 부문화는 다시 제품 · 고객 · 지역의 세 가지 요소를 기초로 하는 부문화로 나뉜다.

① 제품별 부문화: 제품별 부문화는 조직 내의 많은 직무가 관련 제품이나 서비스를 근거로 서로 다른 부문으로 조성되는 것을 말한다. 제품 또는 서비스에 관계되는 생산과 판매 및 기타의 직무는 모두 효과적인 협조를 얻기 위해 특정 제품부문경영자의 책임하에 귀속된다. 이렇게 조성된 부문은 제품의 특성에 맞게 이 방면의 전문인력과 설비를 충분히 이용할 수 있다. 이러한 조직구조를 이용하는 조직은 규모가 상당히 큰 경우가 보통이며 여러 종류의 서로 다른 제품선을 가진다. 따라서 부문들은 각자 독립적인 경영형태를 취하며 이익과 손실에 대한 책임을 부담하게 된다.

② 고객별 부문화: 서로 다른 유형의 고객에게 제공해야 할 서비스의 성질이 다르고 그에 따라 작업방식에 현저한 차이가 나타나는 경우에는 고객별 부문화(departmentation by customer)의 방식을 도입할 수 있다. 조직이 일반 소비자와 산업사용자와 같은 유형의 고객을 모두 가지고 있다면 조직활동

을 고객별로 나누어 부문화하는 것이 보다 효과적이다.

③ **지역별 부문화:** 조직의 시장범위가 매우 넓고, 지역에 따라 수요가 다르고, 경영방식을 달리 해야 할 필요가 있는 경우에는 조직의 활동을 지역별로 나누어 부문화하게 된다.

이상의 세 가지 목적별 부문화 방식은 공통적인 장 · 단점을 가지고 있다. 장점으로는 서로 다른 다양한 수요에 효과적으로 대처할 수 있으며, 고객들에게 비교적 양호한 서비스를 제공할 수 있다. 또한 기업의 계획과 통제가 용이하다.

단점으로는 항상 인원과 설비가 중복되므로 투자와 비용이 증가하고, 그러한 인원과 설비를 충분히 그리고 효과적으로 이용할 수 없게 된다.

(2) 기능별 · 작업과정별 부문화

① **기능별 부문화:** 기능별 부문화는 업무기능(business function)을 기초로 하여 직무를 조합하는 것을 말한다. 기업조직의 경우에는 생산 · 마케팅 · 재무 · 인사 등이 기본적인 업무기능을 이루게 되지만, 조직의 업무기능을 어떻게 분류해야 하며 기능 간의 상대적 중요성은 어떠한가 하는 것은 조직의 성질에 따라 달라진다. 그러나 기능별 부문화가 업무기능을 기초로 설계된다는 것은 변할 수 없는 것이다.

② **작업과정별 부문화:** 작업과정별 부문화는 직무를 그 진행과정에 따라 조합하는 방식을 말한다. 예를 들면, 공장조직은 절삭 · 성형 · 용접 · 연마 · 조립 등과 같은 생산과정을 기초로 부문화된다.

기능과 작업과정을 기초로 부문을 설치하는 방식도 공통적인 장 · 단점을 가지고 있다. 장점으로는 이러한 부문화 방식은 모두 분업효과를 발휘할 수 있으며, 구성원은 동일한 작업이나 유사한 작업을 행하는 동료들과 접촉할 수 있는 기회가 비교적 많음으로 전문지식과 기술을 향상시킬 수 있다. 또한 같은 용도의 기계와 설비를 한 곳에 집중시켜 효과적으로 이용할 수 있다.

단점으로는 각자 자기의 직무에만 전념하게 되어 부문과 부문 간의 협조와 의사소통이 어려워진다. 또한 자기 부문의 이해관계만을 강조하는 나머지 조직 전체의 이익을 외면하는 결과를 가져올 수 있다.

(3) 혼합형 부문화

이상에서 살펴본 여러 부문화 방식은 실제로는 가장 간단한 기본적 유형에 불과한 것이다. 따라서 실제로 응용할 때에는 일반적으로 동시에 몇 가지 방식을 혼합하여 조직구조를 설계하게 된다. 예를 들면, 규모가 큰 기업에는 사장 밑에 제품별로 몇 개의 부문을 설치하고, 각 제품부문에는 다시 기능별로 여러 단위를 설치한다. 또한 각 기능단위는 그 성질에 따라 서로 다른 기초로 부문화할 수 있다. 즉 마케팅부문은 지역을 기초로 하고, 생산부문은 과정을 기초로 하며, 또 인사부문은 서비스의 대상을 기초로 부문화할 수 있을 것이다. [그림 12-1]은 이러한 혼합형 부문화의 예를 보여준다.

Organizational Behavior

그림 12-1 혼합형 부문화

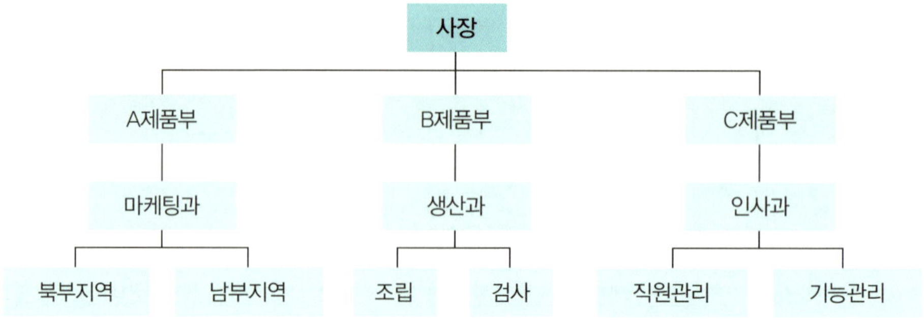

3) 권한위양

(1) 권한위양의 중요성

권한위양(delegation of authority)은 하급자가 상급자를 대표하여 필요한 직무를 수행할 수 있게 상급자가 하급자를 지정하여 어떤 권한과 책임을 부여하는 것을 말한다. 권한위양은 '있는' 또는 '없는' 상태가 아닌, 권한이 얼마만큼 주어지는가 하는 '권한부여의 정도'를 말한다. 따라서 권한위양이 낮다는 것은 하급자는 반드시 대부분의 일을 상급자의 지시에 따라 수행하게 하는 것을, 그리고 권한위양이 높다는 것은 상급자가 많은 과업을 하급자에게 맡겨 스스로 처리할 수 있게 하는 것을 의미한다.

상급자는 하급자에 대해 권한을 위양하는 동시에 그것에 상당하는 책임을 부여한다. 따라서 하급자는 반드시 상급자에게 주어진 만큼의 책임을 부담해야 한다. 그러나 여기서 주목해야 할 것은 부하가 그러한 책임을 부담한다고 해서 상급자가 자신이 부담해야 할 책임에서 벗어난다는 것이 아니라는 것이다. 왜냐하면 상급자는 부하가 그에게 책임을 부담하는 것과 마찬가지로 그 부분의 책임을 다시 자기의 상사에 대하여 부담해야 하기 때문이다. 따라서 권한위양은 단순히 부하가 자기의 차상급자를 대신하여 책임을 부담하는 관계에 그치지 않고 한 계층 더 증가된 책임부담의 관계를 가져온다.

권한위양의 이점은 명확하다. 권한위양은 경영자의 직무부담을 경감시킨다. 경영자는 권한위양을 통해 일상적이고 잡다한 직무를 처리하는 데 소요되는 시간과 노력을 절약할 수 있게 된다. 또한 권한위양은 불필요한 의사소통을 감소시킨다. 경영자는 결정권을 상황을 가장 잘 이해하는 하급자에게 부여한다. 그러면 하급자는 상급자에게 보고할 필요가 없으며 상급자는 또한 자신이 결정해야 할 필요가 없게 된다. 따라서 책임지고 실행해야 할 사람이 결정할 수 있게 함으로써 실제의 상황과 필요성에 부합할 수 있게 된다. 권한위양의 또 하나 이점은 하급자가 비교적 큰 책임을 부담할 수 있게 함으로써 미래의 경영자를 양성할 수 있다는 것이다.

초기의 행동과학자들은 권한위양을 통해 부하에게 비교적 많은 책임을 부여하면 그들의 성취욕구를 만족시킬 수 있기 때문에 동기부여의 효과를 얻을 수 있다고 생각했다. 그러나 최근의 연구결과는 반드시 그렇지만은 않다는 것을 보여준다. 즉, 사람에 따라서는 상급자의 상세한 지시에 따라서 직무를 수행함으로써 오히려 큰 안전감을 느끼며, 권한위양을 크게 하면 오히려 곤혹감과 함께 스트레스를 받기도 한다. 그러나 그런 사람은 일반적으로 관리적 책임을 담당하기에는 부적합하다고 할 수 있다.

(2) 권한위양의 장애요인

권한위양은 그 필요성과 여러 가지 이점에도 불구하고 종종 부족하게 이루어지는 경우가 있는데, 그것은 다음과 같은 장애요인 때문이라고 할 수 있다.

첫째, 하급자의 능력이나 경험이 중대한 직책을 담당하기에는 부족함에도 불구하고 그에게 일체의 권한과 책임을 부여한다면 상급자가 하급자에게 같은 명령이나 지시를 여러 번 되풀이해야 하거나 중대한 착오를 저지르는 결과를 가져오게 된다. 이러한 상황에서는 우선 하급자를 훈련시키거나 직무를 이동시킨 후에 권한위양을 단행해야 한다.

둘째, 직무의 중요성이나 긴급성 때문에 경영자 자신이 직접 처리해야만 하는 경우에는 권한위양이 쉽지 않게 된다.

셋째, 상급자 자신이 경영자는 자기의 직무를 직접 처리해야만 하고 하급자는 상급자가 제시하는 문제에 대해서만 대답해야 한다고 믿는 사람이라면 직무수행에 대한 권한을 하급자에게 위양할 수 없게 된다.

넷째, 부하의 일에 세세하게 간여하면 할수록 자신의 중요성이 그만큼 부각된다고 생각하는 경영자는 일체의 직무를 직접 처리하고 어떠한 문제이든지 간에 모두 자신이 해결하려고 한다.

다섯째, 자기의 지위에 대하여 안전감이 부족하다고 느끼는 경영자는 권한위양이 너무 많이 되면 조직 내 자신의 지위가 불리하게 된다고 생각한다. 이러한 경우에 하급자는 모든 일을 상사에 의지하여 처리하면 큰 잘못은 저지르지 않게 된다고 생각하게 되며, 조직에 도움이 된다고 할지라도 상사에게 불리한 행동은 하지 않으려고 한다.

여섯째, 직접 명령이나 지시를 내림으로써 권력욕구를 충족하는 상급자는 권한위양을 충분히 하지 않게 된다.

일곱째, 하급자가 과거의 경험으로 진정한 권한을 얻을 수 없다는 사실을 알게 되면 효과적인 권한위양은 이루어지지 않는다. 다시 말하면, 권한위양의 여부에 관계없이 사실상 상급자가 모든 일을 결정한다면 하급자는 유명무실한 권한위양에 대해 관심을 보이지 않을 뿐더러 심지어는 자기에게 주어지는 권한을 거절하는 상황이 발생하기도 한다.

여덟째, 하급자가 과오를 범하는 것을 두려워하게 되면 진정한 권한위양이 이루어지기 어렵다. 자신의 과오나 낮은 성과에 대해 처벌받는 것을 두려워하는 하급자는 될 수 있는 한 상급자의 명령에 따라서 일을 처리하려고 한다. 따라서 그와 같은 하급자에 대한 권한위양은 큰 효과를 기대할 수 없게 된다.

아홉째, 조직 내에 필요한 자원이나 정보가 부족하면 하급자는 자기에게 위양된 권한을 행사하기가 어렵게 된다.

열째, 권한이 위양되면 하급자는 수행해야 할 과업이 증가한다. 따라서 하급자가 불어난 과업을 완성하는 데 따른 적당한 동기부여가 이루어지지 않는다면 권한위양의 효과를 기대하기가 어렵게 된다.

(3) 권한위양 장애의 극복

권한위양은 조직이 '집단의 결집된 힘'을 지속적으로 발휘할 수 있게 하는 하나의 비결이라고 할 수 있다. 그러나 위에서 살펴본 여러 상황에서는 상급자가 지나치게 많은 권한을 가지게 됨으로써 조직유효성이 발휘되는 것을 방해하게 된다. 따라서 그와 같은 상황에 처하게 되면 경영자는 그 원인을 규명하고 권한위양을 방해하는 장애를 극복할 수 있는 방법을 찾아야 한다.

첫째, 하급자의 전문성과 그것의 기여가능성을 인식할 수 있는 기준을 설정하여야 한다.

둘째, 긴급하고 중요한 일이라도 경영자 자신이 직접 처리하거나 사사건건 간여하기보다는 그러한 직무일수록 사전에 충분한 시간적 여유를 가지고 권한위양을 통해 하급자가 자기의 지식과 지혜를 활용할 수 있게 해야 한다.

셋째, 훈련과 지도 그리고 동기부여를 통해 하급자가 스스로 책임을 담당할 수 있는 능력을 갖추도록 해야 한다.

넷째, 양호한 통제시스템을 개발하여 하급자가 어떤 문제나 어려움에 부딪치는 것을 신속하게 파악할 수 있어야 한다.

다섯째, 하급자의 고의가 아닌 과오는 용인해야 한다.

여섯째, 한편으로는 하급자가 스스로 결정할 수 있도록 매우 엄하게 다그쳐야 하는 동시에, 다른 한편으로는 그들이 문제나 어려움을 용이하게 해결할 수 있도록 진심으로 협조하여야 한다. 하급자의 실수나 과오에 대하여 애매한 태도를 취해서는 안 된다.

일곱째, 반드시 부담해야 할 책임과 달성해야 할 성과를 하급자가 명확하게 인식할 수 있게 해야 한다.

여덟째, 하급자가 직책을 수행하는 데 필요한 자원에 대해 주의와 관심을 기울여야 한다. 그렇지 않으면 능력이 있는 하급자라 할지라도 주어진 책임을 충분히 담당할 수 없게 된다.

아홉째, 책임을 완수한 하급자에게는 충분한 보상을 제공해야 한다.

열째, 조직구조가 권한위양에 유리하게 되어 있는지를 파악해야 한다.

4) 통제폭

통제폭(span of control)은 관리폭(span of management) 또는 감독폭이라고도 하며 조직구조를 설계하는 데 반드시 고려해야 할 중요한 개념이다. 통제폭은 한 명의 경영자가 감독할 수 있는 부하의 수를 말한다. 고전조직이론에 의하면 경영자 한 사람의 통제폭이 너무 크면 부하들을 효과적으로 감독할 수 없다고 한다. 모든 부하의 활동은 경영자를 통해 통합되기 때문에 부하의 수가 너무 많게 되면 경영자는 효과적인 협조를 이끌어낼 수 없게 된다는 것이다. 그러나 이러한 생각은 당시의 이론이 규정이나 과정 또는 부하의 자발적인 협조 등과 같은 경영자 이외의 또 다른 협조방법에 대해서는 전혀 고려하지 않았음을 보여준다.

오래 전부터 많은 경영이론가들은 '최적의 통제폭'을 찾아내기 위해 노력하였다. 데이비스(K. Davis)는 최고경영자가 감독하는 부하는 그와 마찬가지로 경영층에 속하는 사람들이므로 그 통제폭은 비교적 작아야 하기 때문에 3~9명 사이가 적당하며, 하부계층의 경영자가 감독해야 하는 부하는 일선작업자들이기 때문에 통제폭을 30명까지 증가시킬 수 있다고 말한다[Davis, 1968].

이러한 주장은 통제폭의 크기는 사실상 여러 요인들에 의해 결정되는 것이지 고정적으로 설정하여 보편적으로 적용할 수 있는 표준이 결코 아니라는 것을 의미한다. 한 사람의 경영자가 효과적으로 감독할 수 있는 통제폭의 크기는 최소한 다음과 같이 세 가지 측면의 요인들을 고려해야 한다.

(1) 개인적 요인

① **경영자 개인의 선호**: 경영자가 강렬한 '권력욕구'를 가지고 있다면 그가 원하는 통제폭은 비교적 클 것이다. 그러나 경영자가 강한 '관계욕구'를 가지고 있다면 너무 많은 수의 부하는 원치 않을 것이다. 부하의 수가 적을수록 의견을 교환하고 이해할 수 있는 기회가 많아지기 때문이다.

② **경영자의 능력**: 능력이 많은 경영자의 통제폭은 커진다고 할 수 있다.

③ **부하의 능력**: 부하들이 능력이 많으면 경영자의 통제폭 역시 증가한다.

(2) 직무적 요인

① **경영자의 직무특성**: 경영자가 많은 시간을 계획이나 다른 부서와의 의사소통 또는 비관리적인 직무를 수행하는 데 소비하여야 한다면 부하를 감독하는 데 필요한 시간은 자연적으로 감소하므로 통제폭은 작아질 수밖에 없다.

② **부하의 직무특성**: 부하의 직무가 항상 상사와 협의하여야 하는 성질의 것이라면 경영자의 통제폭은 자연히 감소하게 된다.

③ **부하 직무의 유사 정도와 표준화 정도**: 직무의 유사 정도와 표준화 정도가 높을수록 경영자의 통제폭은 커지게 된다.

④ **부하 간 직무의 관련성 정도**: 직무의 관련성 정도가 클수록 경영자를 필요로 하는 감독과 협조의 시간이 많아지므로 통제폭은 상대적으로 감소한다.

(3) 환경적 요인

① **기술적 요인**: 대량생산방식에서는 통제폭이 상당히 증가한다. 그러나 수공생산방식에서는 통제폭이 감소하게 된다.

② **지리적 요인**: 부하들의 작업장소가 분산되어 있으면 통제폭은 자연히 감소하게 된다.

이상에서 알 수 있듯이 통제폭의 크기는 많은 요인들의 영향을 받는다. 따라서 통제폭은 일정한 숫자로 고정하여 획일적으로 적용할 수 있는 것이 아니며 개별적인 상황에 따라 그에 적합하게 결정해야 한다.

2. 조직구조설계의 이론과 관점

조직구조는 다양한 요소들을 기초로 하여 설계된다. 그러나 어떤 조직구조가 가장 효과적인가는 관점이 다를 수 있다. 여기에서는 구체적인 조직구조의 형태를 살펴보기 전에 먼저 조직구조 설계의 기본이론과 그 관점에 대해 알아보도록 하겠다.

1) 고전학파와 행동학파의 조직이론

먼저 고전학파의 대표적인 조직이론으로는 베버(M. Weber)의 '계층조직모형'이 있다. 계층조직모형은 조직구조 · 지위 · 권한 · 공식규정 등이 모두 구체적이고도 명확하여야 하며, 구성원은 반드시 조직 내의 지위, 즉 직위에 적합한 전문기술을 지녀야 하고, 개인의 사적인 감정에 치우치지 않고 규정에 근거하여 합리적으로 의사결정을 내려야 한다고 강조한다. 베버는 이러한 조직형태가 기계와 마찬가지로 매우 신속하고 효과적이며 엄격하고 신뢰할 수 있다고 말한다.

베버와 같은 시기에 또는 조금 후에 나타난 경영학자와 조직학자들, 예를 들면 테일러(F.W. Taylor), 페이욜(H. Fayol), 우르윅(L.F. Urwick) 등이 제시한 이론 역시 나름의 특색을 지니고 있다. 그러나 이들 이론의 기본적 관점, 즉 분업 · 통제폭 · 지휘통일 등과 같은 일정한 원칙을 강조하는 것은 베버의 이론과 같다고 할 수 있다. 따라서 이들 이론은 다 같이 고전조직이론으로 분류된다.

고전학파의 조직이론은 그 후 행동학파로부터 맹렬한 공격을 받는다. 행동학파는 고전학파의 조직구조모형이 지나치게 기계화되었기 때문에 '인간적 측면'을 무시했다고 비판한다. 그리고 그들은 조직은 일종의 사회시스템으로서 재화나 서비스를 효과적으로 생산해야 하는 동시에 구성원의 다양한 욕구를 충족시켜야 한다고 주장하다. 조직은 경제적 측면뿐만 아니라 사회적 측면도 동시에 지닌다는 것이다.

행동학파는 이렇게 조직이 지니고 있는 사회적 의의와 구성원의 심리적 욕구 및 지각적 차이를 중시한다. 그들은 조직구조의 설계는 합리성과 이론적 요소만을 고려해서는 안 되고, 공식적인 구조 · 권한 · 규정과 같은 방법에만 의존하여 구성원의 행동을 통제하려 해서도 안 된다고 말한다. 이러한 것들보다 더욱 중요한 것은 소집단 · 동기 · 지각 · 상호작용 등과 같은 많은 비공식적 요소라는 것이다.

초기의 행동학자들은 자신들이 주장하는 조직모형을 구체적으로 제시하지는 않았다. 그러나 근래에 와서 그들이 주장하는 바에 따라 점차 '유기적 모형(organic model)'이라는 조직구조가 나타나게 되었다. 이것은 고전학파에 속하는 '기계적 모형(mechanic model)'과는 상대적 개념의 조직구조라고 할 수 있다[Bennis, 1966].

유기적 모형에 의하면 조직에서 권한과 책임의 할당은 될 수 있는 한 공식화와 고정화를 피하고 과업의 필요성에 따라 탄력적으로 이루어져야 한다. 그리고 구성원 각자의 직무는 세분화하거나 일상화하기가 쉽지 않으며 반드시 그 내용의 광범위성과 다변성에 유의해야 한다. 또한 경영자의 리더십은 지휘계통을 통해 부여된 권한과 같이 엄격해서는 안 되고 협조와 연결의 필요성에 기초해야 한다.

학자들은 사실상 기계적 모형과 유기적 모형을 조직구조의 양극단으로 생각한다. 따라서 유기적 모형에 가까운 조직은 개별적인 직무에 대해 상세한 규정을 두지 않고 조직의 탄력성과 적응능력을 위해 일방적인 지휘계통이 아닌 협조적인 커뮤니케이션 네트워크를 개발할 것을 강조한다. 이에 반하여 기계적 모형에 가까운 조직은 바로 유기적 조직과는 상반되는 점을 강조한다. 일반적으로 기능적 조직은 기계적 모형에 가까운 조직구조이며, 프로젝트조직은 유기적 모형에 가까운 구조라고 할 수 있다[Shetty and Carlisle, 1972].

2) 상황이론

모든 조직은 기계적 형태와 유기적 형태가 각기 다른 정도로 조합된 방식을 나타낸다. 그러면 우리는 최적의 조합방식을 찾아낼 수 있는가?

일반적인 판단에 의하면 유기적 조직이 '인간'의 요소를 중시하고 비교적 이상적인 조직개념에 가깝기 때문에 가장 훌륭한 조직방식이라고 단정하기가 쉽다. 그러나 근래의 많은 연구결과는 문제가 그렇게 단순하지만은 않다는 사실을 보여준다. 즉, 어떤 조직구조가 가장 적합한가는 상황에 따라 달라진다. 다시 말하면, 모든 상황에 보편타당하게 적용할 수 있는 하나의 조직구조는 결코 존재하지 않는다는 것이다. 조직이론에서 이와 같이 '상황'요소를 특별히 강조하는 이론을 '상황이론(contingency theory)'이라고 하며, 이러한 관점과 입장에서 조직문제를 연구하는 것을 '상황적 접근방법(situational approach)'이라고 한다.

조직구조설계의 상황이론은 조직구조는 반드시 기술과 환경요인을 고려하여 설계되어야 한다는 점을 강조한다. 그동안 많은 학자들은 조직구조를 결정하는 데 영향을 미치는 요인은 일반적으로 다음과 같은 네 방면으로부터 파생되고 있음을 알아냈다[박영배, 2010: 419-425; Shetty and Carlisle, 1972: 38-45].

① **경영자의 개인특성과 경영철학**: 경영자, 특히 최고경영자의 사업경영에 대한 정의, 경쟁방식, 경영철학 등은 모두 직·간접적으로 조직이 선택해야 하는 조직구조의 형태에 영향을 미친다. 챈들러(A.D. Chandler)가 제시한 "조직구조는 전략에 따라 결정된다(structure follows strategy)"는 이론은 바로 이러한 관점을 나타낸다. 여기서 경영자가 전략을 어떻게 수립하고 또 의사결정을 어떻게 내리는가는 경영자 자신의 배경·지식·경험·가치관과 밀접한 관계가 있는 것이다.

② **과업의 성질**: 여기서 말하는 과업의 성질은 조직목표를 달성하기 위한 기술조건을 가리킨다. 기술조건은 직무의 할당, 작업흐름의 경직성, 권한의 위양 등에 영향을 미치기 때문에 결국은 조직구조의 형태에까지 영향을 주게 된다. 또한 기술조건과 동시에 고려해야 할 것은 조직규모이다. 조직규모는 조직 내의 협조·명령·통제 등의 방식에 영향을 미치기 때문에 자연적으로 조직구조와도 밀접한 관계를 갖게 된다.

③ **환경적 특성**: 조직구조에 영향을 주는 중요한 환경적 특성으로는 환경의 변화 속도와 불확실성 정도를 들 수 있다. 일찍이 갈브레스(J. Galbraith)는 미국 보잉사(Boeing Co.)를 실례로 들어 조직구조의 변화와 외부환경의 관

계를 설명하고 있다. 즉, 1964년 이후에 세계의 항공시장이 빠르게 확대됨에 따라 많은 불확실성의 요인들이 증가하게 되었다. 따라서 보잉사는 이러한 변화에 적응하기 위해 한편으로는 기업 내의 여러 기능부문을 강화시켰으며, 동시에 제품과 공정설계부문의 연결작업을 전담하는 전문단위를 설치하였고, 각종 임시적 과업집단을 두어 기능부문 간에 원활한 협조가 이루어질 수 있게 하였다.

④ **구성원의 욕구**: 많은 연구들은 조직구성원의 욕구(needs)가 완전히 같지 않다는 사실을 보여준다. 예를 들면, 같은 조직 내에서 전문직에 종사하는 구성원은 비전문직의 구성원에 비해 직무의 자주성과 의사결정 참여 그리고 성취감의 충족을 더욱 중시한다. 또한 구성원은 각기 서로 다른 성장욕구와 사회적 욕구를 지니고 있기 때문에 똑같은 작업조건에서 얻는 만족의 정도가 달라진다[Hackman and Lawler, 1971]. 따라서 조직구조를 설계하는 데 있어서는 구성원 욕구의 구성상태를 고려해야 한다.

OR Humor 12 **모델하우스**

어떤 악덕 아파트 건축업자가 죽어서 염라대왕 앞으로 갔다. 염라대왕은 천국과 지옥을 보여 주면서 가고 싶은 곳을 택하라고 했다.

지옥은 그가 상상하고 있던 것과 너무 달랐다. 모두가 춤을 추면서 거기에 있는 것을 즐거워하고 있었다.

반면 천국은 사람들이 하루 종일 기도만 하는 듯해 너무 재미없어 보였다. 그래서 그는 지옥을 선택했다.

그런데 아까 본 지옥과는 달리 사람들이 너무나 고통스러운 얼굴을 하고 있었다. 그는 염라대왕에게 따졌다.

"아니, 이게 어떻게 된 겁니까. 염라대왕도 거짓말을 하시나요?" 그러자 염라대왕이 이렇게 말했다.

"인마, 아까 보여준 건 모델하우스였어!"

자료: 중앙경제, 2011년 7월 8일자 수정

12-3 | 조직구조의 기본형태

1. 라인조직

라인조직(line organization)은 일명 직계조직 또는 군대식조직이라고도 부르는 것으로서 과업의 분화라든가 부문화가 진전되지 않은 매우 단순하고 초보적인 조직형태이다. 이러한 라인조직은 산업화의 초기시대에 많이 볼 수 있었던 조직형태이다. 오늘날에도 창업단계에 있는 극히 작은 규모의 기업이나 중소기업에서 많이 찾아볼 수 있다.

보통 라인조직의 목표는 비용절감과 같은 효율성과 생산성의 제고에 두게 된다. 라인조직은 위계질서 및 분업의 원리에 따라 부서가 분화되며 동시에 동일하거나 유사한 기능들을 한데 모아 통합관리하는 부문화가 이루어져 [그림 12−2]에서 보는 바와 같이 좀 더 효율적으로 일하기 위해 생산부, 영업부 등의 기능별로 조직이 짜여진 형태가 나타난다.

일반적으로 라인조직에서는 구성원이 직접적인 접촉관계 속에서 일을 하는 경우가 많아 비공식적이며 비관료적인 성격을 띠게 되고 커뮤니케이션도 비공식적인 경로가 많이 이용된다. 그러나 점차 몇몇 부서들 간에 커뮤니케이션이 공식화되기 시작한다. 또한 거의 모든 구성원이 경영자와 개인적인 접촉을 가질 수 있을 정도로 관계가 밀접하기 때문에 경영자의 개인적 통제를 받게 된다. 라인조직은 특히 명령통일의 원칙, 전문화의 원칙, 통제폭의 원칙, 권한위양의 원칙, 권한과 책임 대응의 원칙 등과 같은 전통적인 조직원칙이 충실히 지켜지는 조직이다.

라인조직은 신속한 기동성과 강력한 추진력을 가지고 있다는 점, 경영자에게 개인능력 발휘의 기회가 제공된다는 점, 일사불란한 지휘가 가능하여 개별부서의 조정이 용이하다는 점 등이 장점이다. 그러나 경영환경 변화를 탐지하는 능력과 혁신적인 태도를 촉진하는 데 한계가 있고, 대규모 조직이 갖출 수 있는 시너지효과를 기대하기 힘들다는 것이 단점으로 지적된다. 이러한 장점과 단점을 고려할 때 라인조직은 경영환경이 불안정하여 불확실성이 높은 상황, 조직규모가 큰 상황에서는 그렇지 않은 상황에서보다 덜 효과적이다[신유근, 1996: 223-224].

▌그림 12-2▐ 라인조직

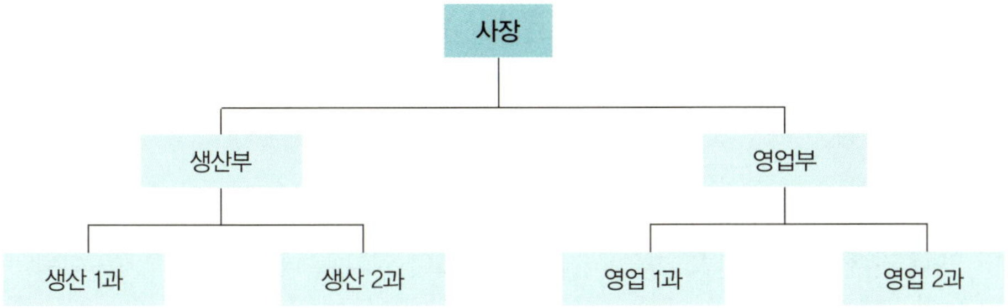

2. 라인스탭조직

시장점유율이 커지고 구성원도 많아지면 경영자가 혼자서 조직내부의 일들을 관여하기가 어려워진다. 즉, 조직의 규모가 더 커지고 제품계열의 수가 많아지면서 기존의 라인기능만으로는 모든 업무수행이 불가능하기 때문에 라인업무를 지원할 수 있도록 스탭기능이 분화되어 발달하게 된다. 기업조직의 경우에 규모가 비교적 작은 기업에서는 흔히 최고경영자가 개인스탭을 두지만, 규모가 큰 기업에서는 최고경영자가 경영정책을 수립하고 주요 결정을 행하는 데 도움이 되도록 하기 위해 [그림 12-3]에서 볼 수 있는 것처럼 종합조정실 · 경영기획실 · 비서실 등과 같은 스탭부서를 두기도 하고 아예 경영연구소 · 기업문화연구소 등과 같은 방식으로 독립성을 강화하기도 한다. 이와 같은 라인스탭조직의 주요 목표는 효율성과 생산성을 제고하는 데 두어진다[신유근, 1996: 224-226].

라인(line)은 조직에서 경영목표를 달성하기 위해 필요한 업무를 수행하는 데 있어서 직접적인 권한과 책임을 갖고 있는 부서나 직위를 말한다. 일반적으로 제조업의 경우 조직도상에서 제품을 제조하는 생산부문, 제품을 판매하는 영업부문 등을 라인이라 하고 구매부서나 자금부서, 인사부서 등을 스탭이라고 한다. 그러나 점차 조직의 규모가 커지면 이들 인사 · 자금 · 구매부서도 라인으로서의 성격을 갖게 되어 다시 이들 부서 내에 라인권한과 스탭권한을 가진 직위들이 나타나게 된다[Robbins, 1991: 290].

라인스탭조직의 특징은 명령통일의 원칙과 전문화의 원칙을 조화시켜 경영의 대규모화, 즉 경영관리기능의 복잡화에 대응할 수 있게 만들어졌다는 점이다. 또한 많은 부문들을 효과적으로 조정 · 통합하기 위해서 개인적 통제가 아닌 공식적인 통제가 실시된다. 예를 들어, 최고경영층과 현장부문들 간에 조정과 통제를 위한 정보시스템이 설치 · 운용되며, 커뮤니케이션이 문서를 통해 이루어지는 등 공식화된다. 이런 공식화와 함께 전략적인 조직운영 및 업무와 일상적인 조직운영 및 업무 간에 과업의 분화가 정착되는데, 최고경영자는 계획과 전략만을 담당하고, 운영에 관계되는 것은 중간경영자에게 위임한다.

라인스탭조직은 종합적인 의사결정을 위한 정보의 축적과 활용이 가능하며, 라인은 스탭에게서 유익한 조언과 권고를 받을 수 있고, 자기의 업무에 전념할 수 있다는 장점이 있다. 그러나 라인과 스탭 간에는 대립이나 갈등이 발생할 여지가 크고, 효율성과 생산성을 높이기 위해 많은 부문과 계층이 생겨나면서 조직이 비대해지고 관료제(bureaucracy)가 촉진된다. 이런 관료제가 과도하게 진전되면 조직이 경직되어 구성원의 창의성이 억제되고 결과적으로 조직발전의 원동력인 혁신이 위축되는 '관료제의 비능률(red tape)'의 상황에 부딪치는 것이 일반적이다. 라인스탭조직은 조직이 대규모화되는 초기상황, 경영환경이 안정적이고 확실성이 높은 상황에서 효과적인 조직형태이다.

▌그림 12-3▐ 라인스탭조직

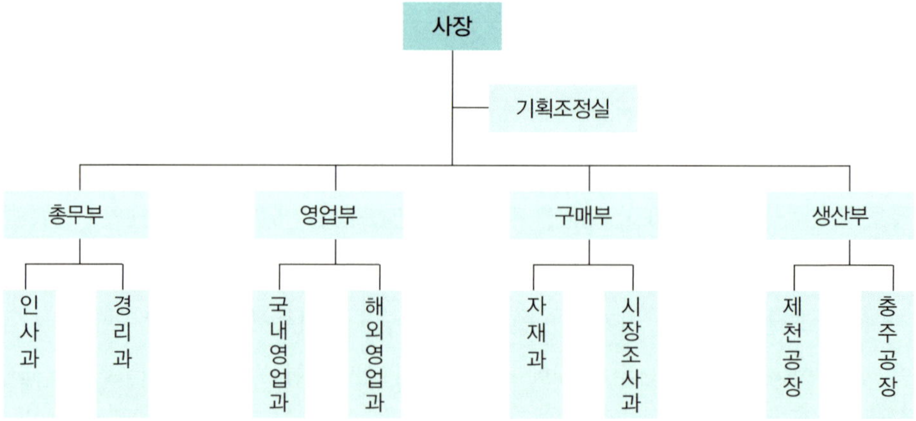

3. 사업부제조직

라인조직이나 라인스탭조직은 그 자체의 한계 때문에 비교적 큰 분권화를 실시하기가 어렵다. 따라서 조직의 규모가 커지고 제품과 시장이 복잡하게 된 후에는 분권화의 필요성에 부응하기 위해 제품이나 시장 또는 지역을 기초로 하는 부문화의 경향이 나타나게 되었다. 이러한 부문화에 의해서 형성된 부문을 사업부(devisions)라고 하는데, 이것은 오늘날 대형기업들이 가장 많이 채택하고 있는 조직형태라고 할 수 있다.

사업부제조직(divisionalized organization)은 다음과 같은 두 가지의 기본적 특징을 지니고 있다.

첫째, 제품에 관련되는 경영활동은 대부분 해당 사업부문의 책임자에 의해 장악된다. 따라서 사업부문의 책임자는 비교적 완전한 권한을 행사할 수 있다.

둘째, 사업부문은 상당히 자주적이고 독립적인 지위를 가진다. 따라서 사업부문은 하나의 독립적인 조직과 마찬가지로 많은 일을 주어진 권한 내에서 스스로 결정하고 처리할 수 있다.

기업조직의 경우 모든 사업부는 각기 나름의 공정설계 · 제조 · 마케팅 등의 부문을 가지고 있다. 그러나 기업본부(본사) 역시 일련의 중요한 권한을 보유한다. 즉, 기업목표, 전략적 계획, 기본경영정책, 재무정책, 회계제도, 기업합병, 중대한 자본지출계획, 최고경영층의 인사, 노사관계, 공공관계 등에 관한 권한은 대부분 기업본부에서 보유하게 된다. 기업본부의 이러한 방면에 있어서의 의사결정은 각 사업부 경영의 선결조건과 골격을 이루게 된다. 즉, 사업부는 각기 기업본부의 지도하에 자신의 업무를 독립적으로 진행하게 된다. [그림 12-4]는 이러한 사업부제조직의 기본적인 틀을 보여준다.

▌그림 12-4▐ 사업부제조직

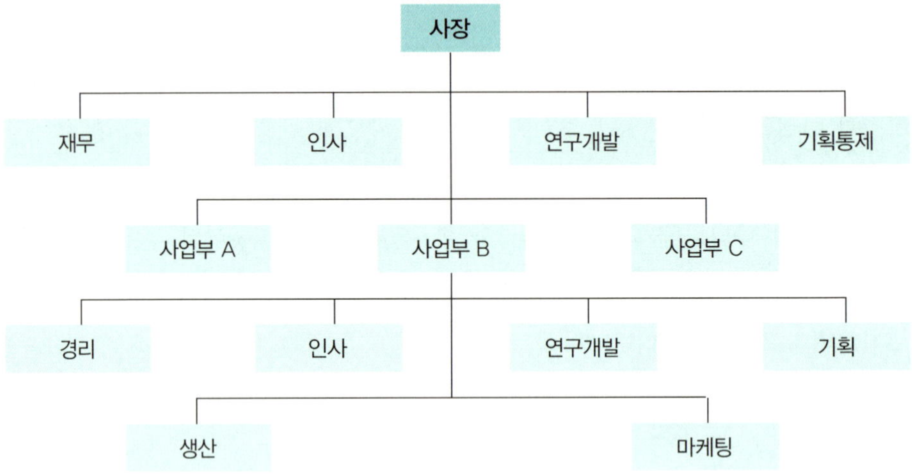

사업부 자체에서 분권화를 채택할 것인가 또는 집권화를 채택할 것인가 하는 문제는 역시 상황에 따라서 달라진다. 어떤 사업부는 기능조직과 같이 매우 집권적 경영방식을 채택하기도 한다[Whisler, 1964: 314-333]. 그러나 대부분의 사업부는 한 번 이익분권화의 과정을 거쳤기 때문에 복잡 정도가 전에 비하여 상당히 감소하게 되고, 의사소통과 협조가 필요한 구성원의 수와 정보유통량 역시 크게 감소한다. 따라서 중대한 의사결정과 행동이 전에 비하여 상대적으로 신속하게 이루어진다.

사업부제조직의 가장 큰 이점은 역시 경영통제가 용이하고도 효과적으로 이루어진다는 데 있다. 이익이나 투자회수율과 같은 재무목표하에서 각 사업부의 성과와 기여도가 모두 명확하게 나타나기 때문이다. 그리고 이러한 각 사업부의 성과와 기여도의 명확성은 또한 사업부의 구성원, 특히 경영자에 대하여 중요한 동기부여의 요인으로 작용하게 된다.

그러면 대형조직이라면 모두 이러한 사업부제조직을 도입하는 것이 좋은가? 그에 대한 대답은 부정적이다. 다음과 같은 많은 원인들이 부정적으로 작용하기 때문이다.

첫째, 사업부제조직은 조직 전체의 업무를 자연적으로 서로 다른 사업부문으로 분할할 수 있고 또 각 사업부는 독자적인 사업단위로서의 역할을 담당하며 이익중심점(profit center)의 구실을 할 수 있어야만 의의가 있게 된다. 그러나 많은 조직의 업무성질은 그렇게 분할하기가 부적합하기 때문에 이러한 조직구조를 도입할 수 없게 된다.

둘째, 사업부제조직에서 이익이나 투자회수율과 같은 표준을 각 사업부문을 통제하기 위한 수단으로 삼는다면 역시 문제가 있게 된다. 기업의 예를 보면, 장기적 이익을 달성하기 위해 어떤 지출을 증가시키면 사업단위의 이익은 오히려 감소하는 경우가 있다. 이러한 때에는 사업단위의 불만이 증가하게 된다. 또한 어떤 사업단위는 이익을 증대시키기 위해 삭감해서는 안 될 지출까지도 삭감하는 경우가 있는데, 이러한 행위는 결국 다른 사업부와 기업 전체에 피해를 주게 된다.

셋째, 사업부제조직에서는 때때로 본부조직에서 각 사업부문에 대하여 구매나 공정설계와 같은 공통적인 업무를 지원하면서 사업부문들은 반드시 그러한 지원을 받아들여야 한다고 강제적으로 규정한다. 따라서 각 사업부문들이 외부로부터 보다 저렴하고 양호한 서비스를 발견하고서도 본부조직의 규정 때문에 그것을 이용할 수 없는 경우에는 많은 문제가 발생하게 된다. 또한 본부조직의 경우에도 만일 그러한 지원에 대한 강제규정을 행사하지 않으면 어떤 중요한 정책을 집행하는 데 없어서는 안 될 지원단위를 유지할 수 없게 된다.

넷째, 사업부제조직의 가장 큰 문제점은 최고경영자와 사업부문책임자의 태도에 관한 것이라고 할 수 있다. 사업부문책임자는 본사의 최고경영자의 의사에 따라서 수동적으로 행동하거나 눈앞의 이해관계만을 고려해서는 안 되고 반드시 책임지고 있는 업무를 능동적으로 수행하면서 장기적인 이익에 대해 전반적으로 고려해야 하며, 최고경영자는 사업부문책임자를 충분히 신뢰하고 지지하며 불필요한 간섭을 하지 말아야만 이익분권화제도가 효과적으로 운용될 수 있다.

4. 프로젝트조직

제2차 세계대전 이후에 정부기관과 기업을 포함하여 많은 대형조직들은 위에서 설명한 여러 조직형태를 가지고는 구체적이고 중대한 과업을 효과적으로 완성할 수 없다는 것을 깨닫기 시작하였다. 다시 말하면, 기능이나 과정을 기초로 부문화한 조직에서는 커뮤니케이션과 협조가 힘들거나 완만하게 이루어질 뿐만 아니라 그러한 기능부문이나 과정부문을 계속 유지해야 하는가도 문제가 된다. 또한 어떤 특수한 과업을 수행하기 위해 조직 내에 장기적으로 유지할 필요가 없는 공식부문을 특별히 설치해야 할 경우에도 그때마다 전체의 조직부문을 대대적으로 개편하게 되어 인력과 재력을 증대시켜야 하는 부담이 따르게 된다. 따라서 이러한 문제들을 해결하기 위하여 '프로젝트팀(project team)' 또는 '태스크포스(task force)'라고 하는 조직구조가 나타나게 되었다.

미국에서는 이러한 프로젝트팀의 조직형태가 국방과 우주개발계획에 처음으로 응용되었다. 그리고 그 후에 이러한 조직형태는 기타의 특정 목적과 시간적 제한이 필요한 중대한 계획에도 응용할 수 있게 되었다. 예를 들면, 기업의 신제품개발 · 연구개발 · 시장개발 등과 같은 성질의 계획에 있어서 프로젝트팀은 효과적으로 응용될 수 있다. 프로젝트팀은 일반적으로 다른 부문들과는 독립적으로 최고경영자의 밑에 설치되어 한 사람의 전문적인 프로젝트경영자의 책임하에 관리된다. 그리고 팀은 주어진 과업을 달성하는 데 필요한 각종 전문인력으로 구성된다. 이러한 팀의 가장 큰 특색은 그 지위가 독립되어 있고 과업이 매우 구체적이라는 것이다. [그림 12-5]는 이러한 프로젝트조직의 기본적인 형태를 보여준다.

이러한 프로젝트조직은 전체 조직 내에서 여러 가지의 지위를 가질 수 있다. 극단적인 예로, 프로젝트팀은 최고경영자의 스탭에 불과하여 명령이나 지휘의 권

그림 12-5 프로젝트조직

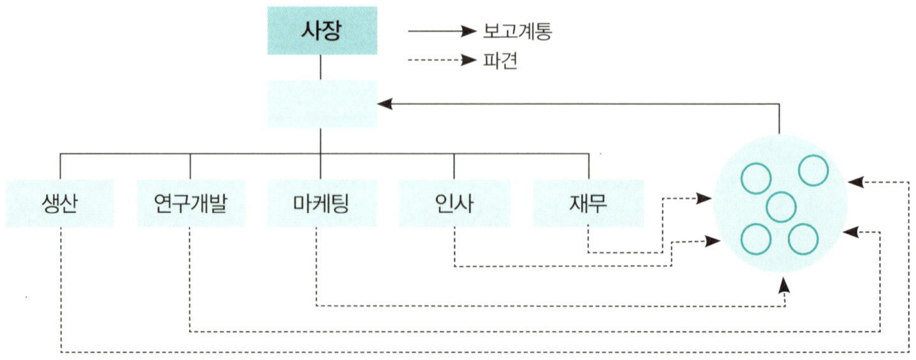

한이 주어지지 않고 모든 일을 최고경영자나 원래의 기능부문을 거쳐 실행해야 하는 경우도 있고, 프로젝트조직의 책임자가 완전한 권한을 부여받아서 자체의 인원과 설비를 가지고 모든 직무를 나름으로 수행하기도 한다.

프로젝트조직의 가장 큰 장점은 다음과 같다[Hopkins, 1975].

첫째, 상당한 신축성이 부여되기 때문에 과업의 상황과 필요에 따라서 설치와 해산 그리고 확충과 긴축이 비교적 자유롭다. 따라서 전체 조직의 구조와 업무에 영향을 미치지 않는다.

둘째, 구성원은 일상적 업무의 영향을 받지 않기 때문에 주어진 과업을 완성하는 데 온 힘을 집중할 수 있다.

셋째, 필요에 따라서 여러 방면의 인재와 전문가를 흡수하여 그들의 지식을 충분히 활용할 수 있다. 따라서 창의적이고 과학적인 계획에 가장 적합하게 응용할 수 있다.

넷째, 주어진 과업이 구체적이고 명확하기 때문에 팀의 구성원은 비교적 큰 성취감과 만족감을 가진다.

그러나 이러한 조직방식에 문제가 없는 것은 아니다. 예를 들면 다음과 같은 사항은 특별히 주의해야 한다.

첫째, 프로젝트팀과 조직의 공식부문 사이에 충돌이 발생하기 쉽다. 특히 팀의 구성원이 공식부문에서 파견되는 경우에는 공식부문이 계획과 직무를 수행하는 데 지장을 받게 된다.

둘째, 프로젝트팀의 구성원은 주어진 과업을 달성하는 데에만 열성적인 노력을 기울임으로써 그의 조직에 대한 영향이나 대가가 가치가 있는지에 대해서는 무관심하기 쉽다. 다시 말하면, 구성원은 자신의 직무에 대하여 감정적으로 되기 때문에 객관성을 잃어버리기 쉽다.

셋째, 프로젝트팀은 반드시 최고경영자의 지지를 받을 수 있어야 한다. 그러나 최고경영자가 프로젝트팀의 활동에 대한 관심이 과도하여 사사건건 간섭하게 되면 조직의 신축성과 창의성의 장점을 해치게 된다.

넷째, 프로젝트팀이 일정한 성과를 달성한 후에는 조직 자체가 해체됨으로써 원래의 성과와 노력이 계속적으로 지지받지 못한다. 따라서 모처럼 이룬 성과를 그르치게 되거나 용두사미의 결과를 가져올 수 있다. 이러한 현상은 특히 신제품을 개발하기 위한 과업에서 빈번히 발생한다.

5. 매트릭스조직

라인조직이나 라인스탭조직과 같은 효율성지향의 조직과 사업부제조직이나 프로젝트조직과 같은 유연성지향의 조직 사이에서 효율성과 유연성 목표를 동시에 달성할 수 있는 조직형태의 필요성이 대두되면서 매트릭스조직이라는 조직구조가 등장하게 되었다.

매트릭스조직(matrix organization)은 한편으로는 생산 · 재무 · 마케팅 · 인사 · 공정 · 자재 · 노무 등과 같은 전통적인 기능부문 또는 과정부문이 있고, 다른 한편으로는 최고경영자에 직접 속해 있는 프로젝트팀이 있다. 프로젝트팀의 구성원은 대부분 원래의 기능부문으로부터 파견된다. 그러나 프로젝트가 진행되는 기간 동안에는 프로젝트팀의 경영자에게 귀속된다. 이러한 조직방식하에서 원래의 기능부문경영자는 종적인 권한을 행사하게 되고, 프로젝트팀의 경영자는 각 기능부문을 초월하여 횡적인 권한을 행사하게 된다. [그림 12-6]은 이와 같은 매트릭스조직구조를 보여준다.

매트릭스조직은 기술과 시간에 좌우되며 고도로 전문화된 재화나 용역을 소량 주문생산하고 판매하는 조직, 고도의 정보처리가 요구되는 불확실성에 직면하는 조직, 그리고 인적 · 물적 자원의 제약을 다루어야 하는 조직 등에 적용될 때 그 장점이 크게 나타난다. 그러나 매트릭스조직은 이중적 지휘체계에 의해 발생할 수 있는 역할갈등과 역할모호성 때문에 구성원이 큰 스트레스를 받게 되며, 많은 이해관계를 가진 사람들이 얽혀 있기 때문에 의사결정 자체가 복잡해지고, 기능부서와 프로젝트 구성원 사이에 권력투쟁이 발생하는 등 적지 않은 문제점도 동시에 가지고 있다.

그림 12-6 매트릭스조직

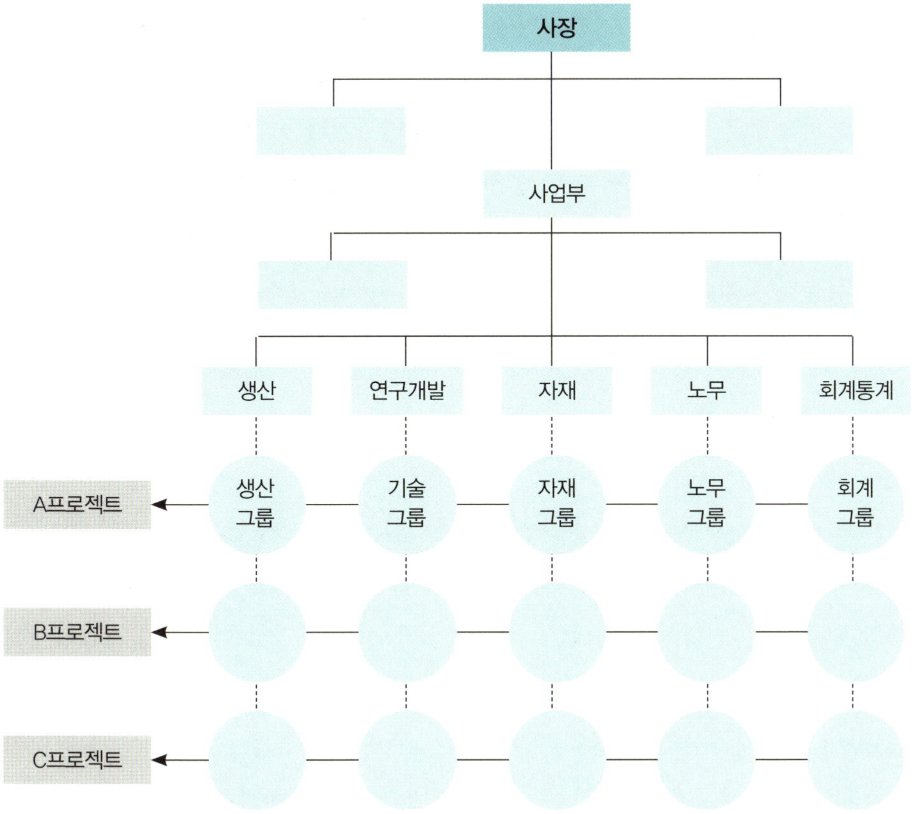

6. 자유형조직

자유형조직(free-form organization)은 생존하기 위해서 필요하면 끊임없이 형태를 변화시키는 아메바와 같은 조직구조이다. 자유형조직은 위계, 엄격한 권한규칙, 명령계통, 상하관계의 공식화 등을 크게 강조하지 않는다. 따라서 전통적인 기능부문 대신에 이익중심점이 이용된다. 이익중심점들은 결과지향적이고 목표달성을 위한 하나의 전체적인 팀으로 관리된다. 또 참여 · 팀워크 · 자기통제 · 자율성을 통한 유효성이 강조된다. 다시 말하면, 각 이익중심점은 상이한 방식으로 설계될 수 있다. 그런 점에서 이러한 조직구조에서는 구성원의 행동적 측면에 비중을 많이 둔다[신유근, 1985: 548].

자유형조직은 급격한 시장요구의 변화에 신축성 있고 창의적으로 대처할 수 있다는 것을 큰 장점으로 들 수 있다. 그러나 그러한 고도의 신축성과 빠른 적응속도는 오히려 조직의 효율적인 변화를 어렵게 만들거나 심지어는 적응방향을 잃어버리게 할 수도 있다는 위험도 함께 지니고 있다. 이러한 형태의 조직은 전체적으로는 집권화된 통제를 하고자 하고 또 실제의 활동은 분권화를 시키고자 하기 때문에 컴퓨터에 의한 정보시스템을 구축하는 것이 필수적이라 할 것이다.

7. 네트워크조직

네트워크조직(network organization)은 첨단의 정보통신기술을 활용하여 조직의 유연성과 유기적 연계성을 극대화함으로써 새로이 출현하는 기술이나 사회적 유행 및 조류변화에 신속히 적응할 수 있게 설계된 가장 현대적인 조직형태이다[Robbins, 1990; 신유근, 1996: 249-250].

네트워크조직은 실제의 물리적인 공간이 존재하지 않는다는 것과 핵심영역이나 필요한 기능을 외부와 하나의 망으로 엮는 조직형태이다. 가상조직(virtual organization) 또는 모듈조직(module organization)으로 불리기도 한다.

전통적인 계층조직이 피라미드구조를 취하면서 자본과 설비를 중시하고, 보상과 처벌을 통해 구성원을 관리하며, 명령과 지시에 의한 직접적 통제방식을 중요한 관리수단으로 하는 데 반하여, 네트워크조직은 수평적으로 연계된 구조와 사람과 정보를 중시하고, 참여에 의해 구성원을 관리하며, 자기관리에 의한 통제방식을 중요한 관리수단으로 한다. 따라서 네트워크조직은 구성원 개개인의 전문지식과 자율권을 기초로 하여 개인능력 발휘의 극대화와 사업부문 간 의사소통의 활성화를 도모하는 데 매우 적합한 조직형태라고 할 수 있다.

네트워크조직은 [그림 12-7]에서 보는 바와 같이, 제품컨셉트나 독특한 디자인 또는 최신기술 등과 같은 핵심적 분야만을 보유하고 그 밖의 제품생산이나 판매유통 등과 같은 기능은 다른 외부 조직들과 네트워크를 형성함으로써 소수인력으로도 종래의 대규모조직과 같은 경영활동을 수행한다. 따라서 전통적으로 구성원의 수로 판단하던 조직규모의 개념이 네트워크조직에서는 '네트워크 확장'으로 바뀌게 되었다.

네트워크조직의 장점으로는 자원중복과 투자를 줄이고, 시장의 상황변화에 신속히 대응할 수 있으며, 극히 적은 자산과 인력으로 조직을 운영할 수 있고, 컴퓨터와 통신기술을 활용하여 조직 내에 원활한 커뮤니케이션이 이루어지도록 연결된 통신 네트워크를 통해 정보를 축적하고 신속하게 처리하도록 조직의 학습능력을 향상시킬 수 있다는 점을 들 수 있다.

그러나 네트워크조직에서는 경영자가 생산과정을 직접 통제할 수 없기 때문에 생산과정에서 왜곡이 발생할 수 있고, 구성원이 정보를 처리하고 해석하는 능력이 부족하면 조직운영이 극도로 비능률적이 된다는 단점이 있다[신유근, 1996: 252-253].

네트워크조직은 소비자의 욕구가 유행에 따라 급변하거나 새로운 기술이 급속히 변화 · 발전하는 단계에 있는 산업에 매우 적합하다. 최근에는 패션산업 · 영화산업 · 출판산업 · 생명공학산업 등에서 주로 찾아볼 수 있다.

▌그림 12-7▐ 네트워크조직

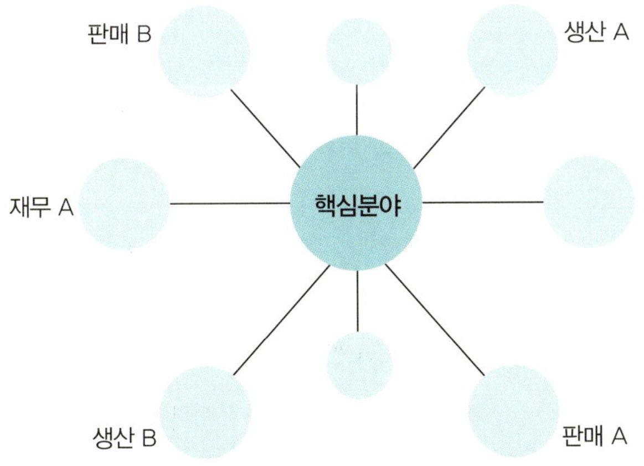

자료: Kreitner, R. and Kinicki, A. 1995; 신유근(1996), p.251 수정

OB Story & Case 12 탈(脫): 틀에서 벗어나기

좋은 기업을 만들기 위한 조직의 창조적 파괴가 화제가 되고 있다. 사람이 조직을 위해 희생하는 것이 아니라 조직이 사람을 위해 존재하면서도 기업의 이익과 가치를 창출할 수 있는 '좋은 조직'에 대한 방안이 다각적으로 모색되고 있다. 이러한 변화는 기존의 관념을 뛰어넘는다. 관행을 벗어버린, 그 중심에 자율과 열정이 자리 잡고 있는 '탈조직' 현상이 나타나고 있는 것이다.

게임산업을 기반으로 성장한 국내 기업인 엔씨소프트 등도 창조성과 자율적인 기업분위기를 통해 성장했다. 휴가와 재충전의 기회를 다양하게 줌으로써 창조성과 자율적 분위기를 고취시킨다. 구글도 기존의 틀을 깬 혁신적인 조직을 운영한다. 특히 직원들이 잘 먹어야 한다며 사내에 전용 요리사를 둘 정도로 개방적이다.

사실 대부분의 기업조직은 여전히 지휘 · 보고체계가 규정화된 정형적인 조직으로 되어 있다. 위계질서와 기능별 편성을 원칙으로 하는 20세기형 군사형 모델을 따른다. 예컨대 사장부터 말단 사원에 이르기까지 책임과 권한에 의해 질서정연한 서열을 유지하고 총무 · 서무 · 영업 등과 같이 기능에 따라 조직을 구분한다.

그러나 급변하는 사회에서 이러한 조직구조는 기업의 효율성을 보장하기 어렵다. 기업이 조직의 유연성과 혁신을 전제로 하지 않는 한 생존하기 어렵기 때문이다. 이 두 가지는 서로 보완하면서 상승작용을 일으킨다. 어느 하나라도 결여되면 이제 기업은 살아남기가 불가능하다. 탈조직화가 대세인 것이다.

전문가들은 "기업은 앞으로 더 짧은 시간 안에 더 많은 과업을 수행해야 하고, 그렇게 하기 위해서는 조직의 유연성과 혁신이 필수적이며 정형적이지 않는 조직형태가 필요하다"고 강조하며 "조직의 틀보다는 '시간당 부가가치'의 명확한 평가 잣대로서 조직구성원에게 하고자 하는 의욕과 신바람을 불러일으켜야 한다"고 말한다.

탈조직의 핵심은 바로 수평적 리더십이다. 제품에 대한 고객들의 충성기간이 짧아진 지금과 같은 상황에서는 다양한 아이디어 분출과 빠른 의사결정이 기업경쟁력을 유지하는 관건이다. 고객중심의 시장에서는 기존의 관료적 조직을 대표하는 피라미드형 조직을 뒤집어 역피라미드형 조직이 되게 하고, 고객과의 접점에 있는 일선 현장직원들로부터 중간관리자와 최고경영자들이 얼굴과 시선을 고객이 있는 방향으로 돌리도록 해야 한다.

끊임없이 변화하는 시장환경에서는 그때그때 적합한 조직유형이 필요하다. 그러면 미래지향적 조직의 유형은 어떤 모습일까?

첫째, 신뢰가 조직의 핵심이 되는 '액체조직'이다. 액체조직은 급변하는 시장환경에 액체처럼 유연하게 적응하기 위한 방법으로 직원들의 근무장소, 근무시간, 근무태도 등에 제약을 두지 않는 열린 조직형태를 취한다. 이 조직에서는 사람을 유일한 창조적 주체로 보기 때문에 동기부여와 성취감 제고를 통해 자발적으로 이루어지는 자율통제를 유도한다. 전문가들은 "모든 위대한 사업은 믿음에서 출발한다"고 말한다. 직원들을 과감하게 믿음 전략으로 이끄는 신뢰의 조직유형이 미래의 성공을 약속하는 좋은 토양이 될 수 있다.

둘째, 간소함과 유연성이 핵심이 되는 '아메바조직'이다. 아메바조직은 조직규모가 커짐에 따라 조직을 분화하여 독립적으로 운영하는 것을 말한다. 예컨대 제품을 판매하는 영업부는 지역을 기준으로 새로운 아메바로 분열할 수 있고, 공장에서는 공정별로 분열할 수 있다. 그 아메바는 이익을 내면 살아남아서 번성하게 되고, 이익을 내지 못하면 자연적으로 소멸한다. 따라서 아메바조직에서는 리더의 책임하에 철저히 매출과 비용을 정산하고 수익을 창출해야 한다.

셋째, 속도가 핵심이 되는 '1인조직'이다. 미래에는 조직의 물리적 규모는 부차적인 문제가 된다. 중요한 것은 변화에 대응하고 실행하는 속도다. 토론하고, 분석하고, 합의하고, 명령을 하달하는 시간이 급변하는 시대에는 사치다. 동일한 개념체제, 동등한 이해속도, 공통의 목표의식을 가진 구성원이 서로의 생각을 텔레파시처럼 읽어내고 움직여야 한다. 조직구성원 하나하나가 기업가가 되는 1인조직에서 1인기업가는 탁월한 실무능력과 남이 흉내낼 수 없는 노하우를 상품으로 개발해야 하고, 같은 분야의 수많은 사람들과 돈독하고 생산적인 네트워크를 형성해야 하며, 끊임없는 자기혁신을 통한 '퍼스널 브랜딩(personal branding)' 전략으로 자기 이름을 하나의 브랜드로 특화하여 자신만의 시장가치를 창출해야 한다.

자료: CHIEF EXECUTIVE(2011), Vol.101, 4호, pp.76-86 요약

토의문제

01 탈조직화의 시대에 국내 기업들이 추구해야 할 적합한 조직구조 형태는 무엇인가?

02 미래에는 전통적인 피라미드형 조직구조가 완전히 사라질 것인가?

OB Lounge 7

겨울강

강이 앓는 소리를 내면서
잠을 못 이루고 있었다.

강을 가로질러 급히 오가는
부산한 소리가 들렸다.

동 틀 무렵,
꽁꽁 얼어붙은 강 위에 어지럽게 흩어진
발자국들이 있었다.

발자국들 사이로 커다란 둔벙 하나도 보였다.

함박눈이 내리기 시작했다.

다르랑, 다르랑,
어디서 코고는 소리가 들린 듯 했다.

Chapter 13

Organizational Behavior

조직문화와 학습조직

Key Word

- 조직문화(組織文化, Organizational Culture)
- 조직문화의 특성론적 접근(特性論的 接近), 상황론적 접근(狀況論的 接近), 하위문화연구(下位文化研究)
- 조직학습(組織學習, Organizational Learning)
- 학습조직(學習組織, Learning Organization)
- 학습조직모형(學習組織模型, Learning Organization Model)

학습중점

- 조직문화의 개념, 기능, 구성요소를 숙지한다.
- 조직문화에 영향을 미치는 요인, 조직문화의 유형을 숙지한다.
- 조직문화 유형별로 효과적일 수 있는 조직구조와 업종에 대해 논의한다.
- 조직문화를 연구하는 접근방법들 간의 차이를 이해한다.
- 조직학습과 학습조직의 개념을 숙지한다.
- 학습조직모형을 통해 학습조직을 구축하는 데 필요한 요건을 이해한다.
- 학습조직을 구축하는 데 요구되는 문화적 특성을 이해한다.

13-1 | 조직문화의 성격과 구성요소

1. 조직문화의 성격

1) 조직문화의 개념

조직행동론에서 조직시스템의 특성을 파악하는 개념의 하나로 조직문화(organizational culture)가 있다. 이것은 사회에는 사회문화가 있고 개인에게는 인격이 있듯이 조직에도 하나의 인격체로서의 독특한 성격이 존재한다는 것을 나타낸다. 따라서 개인과 사회구성원의 행동을 개인의 인격과 사회의 문화적 특성으로 예측 · 평가할 수 있는 것처럼 조직시스템 전체의 행동은 조직문화를 통해 예측하고 평가할 수 있다.

인류학과 사회학에서 중점적으로 연구되어 온 문화(culture)는 사회구성원이 공유하고 있는 가치관, 신념, 이념, 관습, 규범 그리고 지식과 기술체계 등을 총칭하는 거시적이고 종합적인 개념으로서 사회구성원의 행동에 영향을 미친다[Light and Keller, 1975: 82]. 문화는 사회구성원의 행동과 사회체계를 형성하는 다양한 단위들을 연결하고 조정하는 역할도 한다[Parsons, 1973: 33−46].

이러한 거시적인 문화의 개념을 사회체계를 구성하고 있는 미시적인 조직시스템 수준에 적용한 것이 조직문화의 개념이다. 따라서 조직문화는 한 조직의 구성원이 공유하고 있는 가치, 신념, 이념, 관습, 규범, 전통, 지식, 기술 등을 포함하는 종합적인 개념으로서 구성원과 조직시스템 전체의 행동에 영향을 미치는 기본요소라고 할 수 있다[이학종, 1986: 134].

그러나 조직문화에 대한 보다 구체적인 개념은 학자들의 관점에 따라 조금씩 다르게 정의되기도 한다. 예를 들면, 조직문화는 구성원이 공유하는 가공품(artifacts), 관점, 가치 그리고 가설이라고 정의되기도 하고[Dyer, 1985: 204], 구성원이 모두 공유하는 행동패턴, 관습, 상징(symbols), 태도, 일을 처리하는 규범적 방법(normative ways) 등의 혼합체로서 하나의 조직을 다른 조직들과 구별짓는 것으로 정의되기도 한다[Tunstall, 1985: 45]. 샤인(E.H. Schein)은 조직문화에 대한 여러 정의를 검토한 후에 조직문화를 “조직이 외부환경에 적응하고 조직 내부의 문제를 해결하는 데 기본전제(basic assumptions)가 되는 개념”이라고 정의하면서, 이러한 전제는 오랜 기간을 통해 그 타당성과 유효성이 입증됨으로써 새로운 구성원에게 전수되어 상황판단과 문제해결을 하는데 정확히 사고하고 지각하며 분석하는 방법으로 이용된다고 말한다[Schein, 1985: 6].

위의 정의들을 종합하면, 조직문화는 조직과 그 구성원의 행동에 기본전제가 되는 고유한 가치 · 신념 · 규범 · 관습 · 행동패턴 등의 총체로서, 오래 지속되면서 상황판단과 문제해결을 하는 데 있어서 하나의 조직을 다른 조직과 구별할 수 있게 해준다고 할 수 있다.

2) 조직문화의 기능

현대사회에서 조직문화는 조직이 지속적으로 발전하고 유지되는 데 중요한 기능을 한다. 조직문화는 조직구성원의 행동에 길잡이가 되기도 하고, 조직의 전략수립과정에 영향을 미치기도 하며, 조직의 성과를 결정하는 결정적 조건이 되기도 한다. 그렇지만 훌륭한 조직문화는 조직에 유리하게 작용하지만, 조악하게 조성된 조직문화나 환경조건에 어울리지 않는 조직문화는 오히려 조직에 해가 되기도 한다. 이러한 조직문화의 순기능과 역기능에 대해 좀 더 자세히 살펴보면 다음과 같다.

(1) 조직문화의 순기능

조직문화는 조직구성원과 조직 자체에 여러 면에서 도움이 된다고 알려지고 있다. 연구에 의하면 조직문화는 특히 다음과 같은 순기능이 있는 것으로 나타나고 있다[Smircich, 1983].

① **정체성의 제공**: 조직문화는 구성원에게 행동기준을 제공한다. 따라서 구성원은 그 기준에 따라 한 방향으로 사고하고 행동하면서 조직의 가치를 공유하게 되고 문화적으로 동화된다.

② 조직몰입의 강화: 구성원이 조직의 강한 문화에 동화되면 그 조직문화를 더욱 신뢰하고 자랑스럽게 생각하게 된다. 즉, 조직문화는 조직의 가치와 목표에 대한 집단학습 효과를 통해 구성원의 조직몰입을 강화시킨다.

③ 조직안정성의 향상: 조직문화는 다양한 규범 · 관습 · 의식 등으로 구성원의 행동을 통제한다. 이러한 행동지침을 어기거나 따르지 않는 구성원은 강력한 제재대상이 된다. 조직문화는 이러한 방식으로 구성원의 문화적 동질성을 강화하면서 조직의 안정성을 높여준다.

④ 환경적응력의 강화: 현대사회에서 조직이 살아남기 위해서는 급변하는 다양한 환경에 적응하거나 조직 스스로 환경을 통제할 수 있어야 한다. 잘 발달된 조직문화는 구성원의 강화된 협동정신과 응집력을 통해 환경변화에 신속하게 대처하면서 경우에 따라서는 그 환경을 자기에게 유리하게 변화시키기도 한다.

(2) 조직문화의 역기능

조직문화가 언제나 조직에 도움이 되지만은 않는다. 어떠한 형태의 조직문화라도 때에 따라서는 오히려 조직에 해가 되기도 한다. 조직문화의 역기능에는 주로 다음과 같은 문제들이 포함된다[Robbins and Jude, 2007: 516-518].

첫째, 조직변화에 장애가 된다. 기존의 훌륭한 조직문화는 역동적으로 변하는 새로운 조직환경에 적응하는 데 어려움이 따른다. 구성원이 오랫동안 지속되어 온 조직문화에 깊숙이 동화되어 있으면 새로운 환경에 적응하기 위한 조직변화를 받아들이는 것을 꺼리게 되고, 경우에 따라서는 그것에 강하게 저항하기도 한다.

둘째, 조직 내의 다양성을 해친다. 경영자가 인종, 나이, 성별 등과 같은 구성원의 다양성을 통해 조직의 활성화를 꾀하려고 할 때에는 조직문화가 방해가 된다. 구성원이 기존의 강한 조직문화에 획일적으로 동화되면 개인의 개성이나 독특한 재능을 발휘할 의지를 잃어버리기 때문이다. 이러한 현상은 조직에 새로 유입되는 구성원에게서도 나타난다. 왜냐하면 조직에 들어오면 가장 먼저 조직의 핵심적인 문화적 가치를 받아들이는 데 치중해야 하기 때문이다.

셋째, 조직 간의 인수합병에 걸림돌이 된다. 조직은 때때로 여러 목적으로 인수합병을 통해 다른 조직과 한 몸이 되기도 한다. 이러한 경우에 인수나 합병의 대상이 되는 조직들의 문화가 서로 크게 구별이 된다면 문제가 된다. 최근의 연구에 의하면 문화적인 융화 여부가 인수합병의 성패에 크게 영향을 미치는 것으로 나타나고 있다.

2. 조직문화의 구성요소

조직문화는 여러 요소로 구성된다. 그리고 그 구성요소들은 전체적인 연관관계 속에서 조직과 구성원의 행동에 영향을 미친다. 여기에서는 파스칼(R.T. Pascale) 등이 제시한 '7S모형'과 샤인(E.H. Schein)의 '의식적 구성요소'를 중심으로 조직문화의 구성요소에 대해 살펴보기로 한다.

1) 조직문화의 7S모형

조직문화의 7S모형은 [그림 13-1]에서 보는 바와 같다. 파스칼 등은 일본과 미국의 우량기업들을 연구한 후에 기업의 조직문화가 다음과 같은 일곱 가지 요소들로 구성된다고 보았다[Pascale and Athos, 1982: 123-126; Peters and Waterman, 1982: 6-78].

① **가치와 상위목적**: 조직이 전통적으로 중시하여 왔고 구성원에게 지속적으로 주입해 온 조직의 이념적 · 전략적 목적, 전통적 문화가치, 인간관, 조직관, 세계관 등을 말한다.

② **전략**: 조직의 장기적인 목적과 계획 그리고 이를 달성하기 위한 자원의 장기적 배분패턴을 말한다.

③ **구조**: 조직의 전략을 수행하는 데 필요한 틀로서 조직구조, 직무설계, 권한관계 등 구성원의 역할과 상호관계를 나타내는 조직의 구조적 특성을 말한다.

④ **제도**: 조직의 의사결정과 운영에 틀이 되는 관리제도와 절차 등과 같은 여러 시스템을 말한다. 여기에는 조직의 기본가치와 일관성을 가지며 장기적

인 전략의 목적을 달성하는 데 적합한 보상과 인센티브시스템, 정보와 의사결정시스템, 계획과 목표설정시스템, 그리고 결과의 측정 · 조정 · 통제 등이 포함된다.

⑤ 구성원: 조직의 인력구조, 구성원의 능력 · 전문성 · 가치관 · 신념 · 욕구 · 동기 · 지각 · 태도 · 행동패턴 등을 의미한다.

⑥ 기술: 조직의 각종 생산설비, 정보처리를 위한 하드웨어(hardware)와 소프트웨어(software), 그리고 구성원에 대한 동기부여 · 갈등관리 · 강화 · 통합조정 · 변화관리 등의 기술과 기법을 말한다.

⑦ 관리스타일: 리더십스타일과 같은 구성원을 이끌어 나가는 전반적인 조직관리 방식을 말한다. 관리스타일은 구성원의 행동과 상호관계, 조직분위기 등에 직접적으로 영향을 주는 요소이다.

그림 13-1 기업문화의 구성요소

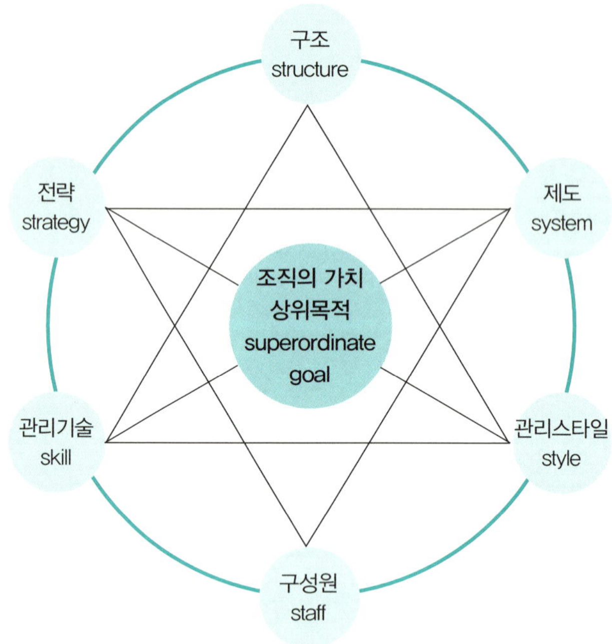

2) 조직문화의 의식적 구성요소

조직문화를 구성원과 조직시스템 자체의 행동으로 나타나는 거시적인 개념으로 볼 때 여기에는 몇 가지 수준의 의식체계가 작용한다. 이러한 관점에서 샤인(E.H. Schein)은 조직문화의 구성요소를 구성원의 일반적인 의식수준에 따라 가공품과 창조물, 가치, 기본전제 등으로 분류하였다. [그림 13−2]는 구성원의 의식수준과 조직문화 구성요소들 간의 상호관계를 보여준다[Schein, 1984].

① **가공품과 창조물**: 이것은 조직문화의 첫 번째 구성요소로서 표면적으로 나타나고 눈으로 볼 수 있는 물질적 · 상징적 · 행동적 인공창조물이다. 여기에는 조직의 제품과 기술, 기구와 도구, 방침과 규율, 서류, 전통과 일화, 의례와 예식, 그리고 구성원의 행동패턴 등이 포함된다. 이와 같은 가시적인 것들은 조직의 문화적 특성이 형성되는 데 직접적이고 결정적인 요인으로 작용한다.

② **가치**: 조직문화의 두 번째 구성요소인 가치는 구성원이 일반적으로 인식하고 있는 행동의 지침으로서 가시적 수준의 인공적 가공품과 창조물을 지배하는 것이다. 구성원이 조직 내에서 느끼는 개인에 대한 존중, 창의성과 참여에 대한 중요성, 개방적 의사소통 등은 가치의 좋은 예이다.

③ **기본전제**: 이것은 조직문화의 세 번째 구성요소로서 가치와 밀접한 관계에 있는 개념이다. 기본전제는 구성원이 인식하고 있는 '선의식적 가치(preconscious value)'라고 할 수 있다. 따라서 기본전제는 기업은 이익을 내야 한다든가, 연장자를 존경해야 한다는 것과 같이 구성원이 너무도 당연하게 받아들이는, 즉 무의식적인 행동지침들이다. 조직문화의 구성요소로서의 기본전제는 조직과 환경의 관계, 현실 · 시간 · 공간의 본질, 인간의 본성, 인간활동의 본질, 인간관계의 본질 등 몇 가지 측면에서 분석된다. 첫째로, 조직과 환경의 관계란 조직이 환경을 지배한다고 가정하는지, 또는 환경에 지배받고 있는지, 그렇지 않으면 조직과 환경은 상호조화관계에 있는지 등에 대한 기본전제이다. 둘째로, 현실 · 시간 · 공간의 본질은 구성원이 근본적으로 이를 결정하는 위치에 있는지 또는 사후에 발견하는 위치에

있는지, 그렇지 않으면 자연히 알게 되는 수동적인 위치에 있는지 등에 대한 기본전제이다. 셋째로, 인간의 본성은 맥그리거(D. McGregor)의 X이론과 Y이론 같은 기본전제를 말하며, 인간의 활동에는 무엇이 올바르고 무엇이 그릇된 행동인지에 대한 기본전제가 적용된다. 마지막으로 인간관계의 본질에는 구성원 상호 간의 권력관계와 영향관계, 그리고 협조관계와 경쟁관계를 중심으로 역시 올바르고 그릇된 관계에 대한 기본전제가 적용된다.

이상의 가시적 · 인지적 · 잠재적 수준의 구성요소들은 서로 밀접한 관계를 맺고 있다. 잠재적 수준의 기본전제는 인지적 수준에서 구성원의 가치관 · 사고방식 · 지각에 영향을 주고, 나아가서는 가시적 수준에서 구성원의 태도와 행동의 형성 그리고 조직시스템 전체의 문화 형성에 결정적인 역할을 하게 된다. 그리하여 발전적 · 보수적, 적극적 · 소극적, 개방적 · 폐쇄적, 분권적 · 집권적 등 표면적으로 나타나는 조직의 특징은 이러한 행동경향을 중시하는 구성원의 공유가치와 이를 당연한 행동으로 자연스럽게 받아들이는 기본전제에 의하여 계속 뒷받침됨으로써 조직의 문화적 특성으로 정착된다[이학종, 1992: 387].

그림 13-2 조직문화의 의식적 구성요소

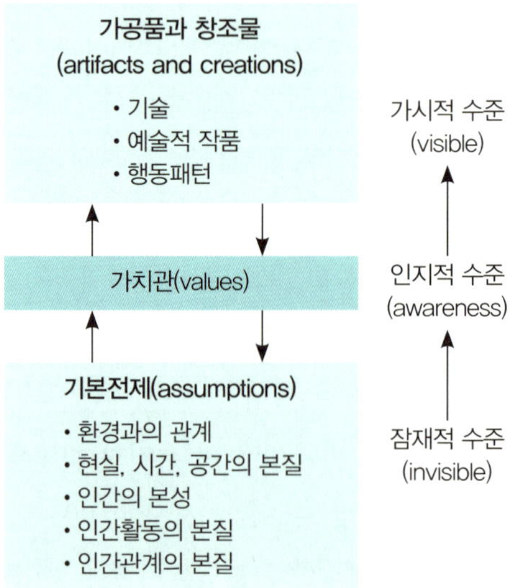

13-2 | 조직문화의 영향요인과 유형

1. 조직문화의 영향요인

여러 학자들의 견해를 종합하여 볼 때, 조직문화가 형성되는 데 영향을 미치는 요인은 조직의 외적 환경요인과 내적 환경요인으로 구분하여 살펴보는 것이 이해하는 데 도움이 된다.

1) 외적 환경요인

기업과 같은 하나의 조직은 전체사회의 한 부분일 뿐만 아니라 업종과 관련된 산업(industry)의 한 부분이다. 따라서 조직문화는 그의 상위시스템인 사회문화와 산업문화로부터 많은 영향을 받는다[이학종, 1989: 27－29].

① 사회문화(societal culture): 조직이 속해 있는 문화권, 즉 사회문화가 사회구성원과 다양한 집단 그리고 조직시스템의 행동에 영향을 준다는 것은 의문의 여지가 없다. 사회문화와 조직문화의 관계는 문화비교적인 관점에서 연구되고 있는데, 이는 사회수준의 거시적 문화가 사회를 구성하고 있는 개인과 집단 그리고 조직시스템의 행동을 이해하고 예측하는 데 매우 중요한 변수가 되고 있음을 의미한다.

② 산업문화(industry culture): 산업은 사회문화를 구성하는 한 부분이지만 또한 기업과 같은 조직들의 상위시스템으로써 조직문화에 영향을 미친다. 산업문화는 상품과 고객의 성격, 생산기술과 기술의 변화, 산업구조체계와 산업의 생명주기 등에 의해 그 특성이 결정된다. 이러한 요소들은 특정 산업의 목적 · 전략 · 경영방식 등에 작용하여 독특한 산업문화를 형성하게 되고, 이러한 산업문화는 또한 그 산업에 속하는 조직들의 행동과 문화에 영향을 미친다.

2) 내적 영향요인

사회문화와 산업문화는 하나의 상위시스템으로써 이에 속해 있는 조직의 행동과 문화형성에 중요한 영향요인으로 작용한다. 그러나 같은 사회환경과 산업환경에 속해 있는 조직들도 나름의 독특한 문화를 형성한다. 독창적인 조직문화의 형성에 영향을 미치는 요인은 매우 다양하지만, 그 중에서 비교적 대표적인 것을 살펴보면 다음과 같다.

① **창업자 또는 최고경영자의 경영이념**: 경영이념이 조직이 시작될 때부터 존재하는 것인가 아니면 조직이 어느 정도 성장한 후에 발생한 것인가 하는 문제에 대해서는 논란이 많다. 그러나 어떻든 간에 조직을 현시점까지 이끌어 온 창업자나 최고경영자가 조직문화에 지대한 영향을 미친다는 것은 확실하다고 할 수 있다. 실제로 창업자의 경영이념이 그대로 조직이 지향하는 가치로 나타나는 경우가 많고 그가 조직을 세우고 역경을 헤쳐 오는 과정에서 생성된 조직탄생설화와 일화들은 조직문화의 중요한 요소를 이룬다[신유근, 1985: 479].

② **조직의 역사와 멤버십**: 조직의 역사와 구성원의 안정성 여부가 조직문화 형성에 영향을 미친다. 샤인(E.H. Schein)은 상당한 정도의 긴 역사와 안정적인 멤버십(membership)이 복잡한 사회적 이해를 발전시키는 데 필수적이라고 강조한다[Schein, 1985]. 실제로 많은 조직들의 독특한 조직문화는 그들의 오랜 역사적 전통과 안정적인 고용관계를 통해 발전되고 있음을 알 수 있다.

③ **경영전략과 관리체계**: 조직은 주어진 환경에 적응하면서 성장한다. 따라서 조직의 이념과 문화적 가치가 조직의 성장전략과 얼마나 적합성이 있는가에 따라서 독특한 조직문화의 개발가능성이 결정된다. 예를 들면 기업이 고도의 성장전략을 추구할수록 자율적인 사업개발과 분권경영을 이념화해야 하는 동시에 도전과 창의성 그리고 개발중심의 문화적 가치를 강조해야 한다. 따라서 이러한 기업은 보다 적극적이고 창조적인 조직문화가 개발 · 발전될 소지가 많다고 할 수 있다. 또한 조직문화가 개발 · 정착되려면 경영이

념과 전략에 부합되는 문화적 가치를 모색하는 것은 물론 이를 실천 · 강화하는 관리체계가 정립되어야 한다. 관리체계는 넓은 의미에서 조직구조, 재무 · 회계 등의 경영정보시스템, 리더십 · 인력개발 등과 같은 인적자원관리 시스템을 포함한다[Fombrum 등, 1984: 206].

이상에서 조직문화의 형성에 영향을 미치는 요인들을 크게 조직의 외적 환경요인과 내적 영향요인으로 구분하여 살펴보았다. 이밖에 기업의 지리적 위치, 건물 등의 유형적 환경, 대표문화의 존재 여부 그리고 사업규모와 제품의 수명주기 등도 조직문화의 형성에 영향을 미치는 요인이라고 할 수 있다. 또한 이렇게 형성된 조직문화는 그것이 조직의 존립에 도움이 될수록, 구성원의 행동을 간소화시키고 예측가능하게 하여 줄수록, 구성원 사이의 대인관계상의 문제에 발생되는 예외적인 혼란을 최소화시킬수록, 조직의 중심적 가치와 일체성(identity)을 명확하게 하여 줄수록 더욱 강화되고 발전하게 된다[Feldman, 1984].

2. 조직문화의 유형

조직문화는 그 특성에 따라 몇 개의 유형으로 분류할 수 있다. 조직문화유형의 분류는 조직특성과 조직유효성의 관계를 상황에 따라 이해하고 예측하는 데 도움이 된다. 여기에서는 몇몇 학자들이 조직문화유형을 일정한 상황에 따라 분류 · 제시하고 있는 두 가지 방식을 살펴보기로 한다.

1) 딜과 케네디의 분류

딜(T.E. Deal)과 케네디(A.A. Kennedy)는 기업조직의 '경영활동의 위험도'와 '의사결정결과의 피드백 속도'라는 두 가지 차원을 기준으로 하여 조직문화를 [그림 13-3]에서 보는 바와 같이 네 가지 유형으로 분류하고 있는데 그 내용은 다음과 같다[Deal and Kennedy, 1982: 107-123].

① **남성적 문화**: 남성적 문화(tough-guy, macho culture)는 경영활동을 전개

함에 있어 위험부담이 높고, 의사결정행동에 대한 결과가 신속하게 나타나며, 개인주의적 색채가 짙은 조직문화이다. 따라서 이것은 위험도가 높고 수익이 빨리 돌아오는 사업환경에 속하는 기업에 적합한 조직문화라고 할 수 있다. 이러한 조직문화의 특성을 지니는 분야로서는 건설업, 화장품업, 광고업, 벤처비즈니스, 텔레비전사업, 영화, 출판, 스포츠 및 레저산업 등이 있다.

② 열심히 일하고 노는 문화: 열심히 일하고 노는 문화(work hard play hard culture)는 위험부담이 비교적 낮고 피드백이 빨리 이루어지는 환경에서 주로 형성되는 조직문화이다. 이러한 조직문화에서 구성원은 자기의 노력을 그대로 대가로 연결시킬 수 있다. 이와 같은 조직문화의 특성을 나타내는 분야로는 부동산업, 컴퓨터회사, 자동차판매업, 방문판매업, 백화점, 대중소비품과 사무용품제조업 등을 들 수 있다.

③ 투기적 문화: 위험도가 매우 높고 투기적인 결정을 내리며 그 성공 여부의 결과는 수년이 지나야 알 수 있는 환경에서 형성되는 조직문화이다. 투기적 문화(bet－your company culture)의 특성이 강하게 나타나는 분야로는 석유탐사, 보험업, 비행기제조업, 건축업, 컴퓨터설계업 등이 있다.

④ 과정문화: 과정문화(process culture)는 위험부담이 매우 낮고 피드백이 매우 느리게 이루어지는 환경에서 주로 형성되는 조직문화이다. 이러한 조직문화에서는 구성원은 수행하고 있는 업무의 절차와 과정을 중시해야 하며 작은 일이라도 완벽을 기해야 한다. 그러나 일에 대한 결과를 아는 것이 곤란하여 그 성패를 판단하기가 매우 어렵게 된다. 따라서 일 처리에 대한 과오를 즉시 교정할 수 없게 되며 절차만을 중시하게 됨에 따라 관료주의적인 타성에 빠질 위험이 있다. 관료문화(hierarchical culture)의 조직특성을 나타내는 분야로는 금융기관, 정부기관, 전력회사, 제약회사, 은행 등이 대표적이다.

그림 13-3 딜과 케네디의 조직문화유형

위험도 \ 피드백	빠름	늦음
높음	남성적 문화	투기적 문화
낮음	열심히 일하고 노는 문화	과정문화

2) 킴벌리와 퀸의 분류

킴벌리(J.R. Kimberly)와 퀸(R.E. Quinn)은 인간의 욕구와 지각에 대한 가정에 기초하여 조직문화를 관료문화, 개발문화, 합리적 문화, 집단문화 등 네 가지의 유형으로 분류하였다. 그리고 이들 문화유형의 특성을 [표 13-1]에서 보는 바와 같이 여러 항목으로 나누어 설명하고 있다[Kimberly and Quinn, 1984: 295-313]. 킴벌리와 퀸의 이와 같은 분류방식은 문화비교적인 관점에서 서로 다른 사회문화배경을 지니는 국가나 지역들 사이의 조직특성을 비교하는 데에도 매우 유용하다.

① 관료문화(hierarchical culture): 인간의 안정성에 대한 욕구에 기초하는 문화를 말한다. 따라서 사람들은 공식적인 규칙과 규제가 강화되어야만 조직의 요구에 따를 것으로 생각한다. 관료문화의 조직에서는 감독과 통제가 중요하게 되고 구성원은 주로 안전과 질서를 바란다. 또한 리더는 보수적이며 신중해야 하고, 주로 기술에 관한 지식을 제공하며, 조직의 기본구조가 유지되기를 바란다.

② 개발문화(developmental culture): 인간의 변화가능성에 대한 욕구에 기초하는 문화를 말한다. 따라서 사람들은 성장과 자극 그리고 다양성과 같은 그들이 수행하는 과업의 중요성과 이상적 요구 때문에 조직목표를 달성하기 위하여 노력한다고 생각한다. 리더는 항상 여러 가지 위험을 감수할 수 있는 능력을 지녀야 하며, 필요한 자원을 획득하는 데 많은 시간을 할애해야

표 13-1 《《 킴벌리와 퀸의 조직문화유형

특성항목	관료문화	개발문화	합리적 문화	집단문화
지향성	안정	변화	성과	친화
동기부여	안전	성장	능력	애착
리더십	보수적	위험감수	지시적	관심
의사결정	책임	적응성	효율성	참여
중심가치	통제	자원획득	생산성	인적자원개발
조직유형	피라미드조직	유기적 조직	A이론조직	Z이론조직

자료: Kimberly, J.R. and Quinn, R.E.(1984), *Management Organizational Transitions*(Illinois: Irwin), p.299.

한다. 개발문화는 유기적인 조직에서 많이 나타난다.

③ 합리적 문화(rational culture): 인간의 성과달성에 대한 욕구에 기초하는 문화를 말한다. 따라서 개인의 목표가 분명하고 성과에 따라 보상이 주어질 것으로 예상한다면 사람들은 조직의 요구에 따를 것으로 생각한다. 또한 이러한 문화에서는 목표관리(MBO)에서와 같이 합리적인 계획과 목표가 중요하고 의사결정의 효율성이 강조되므로 리더는 마땅히 지시적이며 목표지향적이어야 하고, 구성원이 생산성을 높일 수 있도록 격려해야 한다. 이러한 조직문화의 유형은 주로 미국의 사회문화적 특성을 반영하는 A이론조직에서 많이 나타난다.

④ 집단문화(group culture): 인간의 친화에 대한 욕구에 기초하는 문화이다. 따라서 개인들은 애착심과 멤버십의 중요성에 의하여 조직에 공헌하리라고 생각한다. 이러한 조직문화에서의 의사결정은 구성원의 참여에 의하여 집단적으로 이루어지며, 리더는 관심적 · 후원적이어야 하며, 구성원의 상호작용을 용이하게 해주어야 한다. 집단문화는 사회문화적 특성을 많이 반영하고 있는 Z이론조직에서 많이 나타난다.

3. 조직문화의 연구

1) 조직분위기와 조직문화

조직분위기와 조직문화는 그 구성요소에 있어서 공통점이 많다. 따라서 이들 두 개념을 같은 의미로 사용하는 경우가 많이 있다. 그러나 엄밀한 의미에서 조직분위기와 조직문화는 몇 가지 측면에서 중요한 차이가 있다.

첫째, 조직분위기는 구성원이 지각하는 조직에 대한 인상을 강조하는 반면에, 조직문화는 구성원과 조직시스템의 행동에 영향을 주는 기본가치와 전제를 강조하고 있다[Ouchi, 1981: 195].

둘째, 조직분위기는 조직문화를 형성하는 한 요소로 보는 견해가 있다. 즉, 조직문화를 형성하는 것은 조직분위기와 조직의 전통이다. 조직의 전통에는 조직의 전통적 가치관, 즉 조직의 가치판단기준 · 이념 · 신념 · 행동패턴 등이 포함된다. 따라서 조직문화는 조직분위기의 개념에 조직의 전통적 가치가 결합된 좀 더 거시적이고 포괄적인 개념이다.

셋째, 연구접근방법에 있어서 조직문화는 조직분위기에 비해 조직성과를 높이기 위한 구성원의 행동과 전체 조직시스템의 행동을 개발하는 데 더 중점을 둔다. 그리고 학문적 기반에 있어서 조직문화와 조직분위기는 심리학과 사회학에 크게 의존하고 있다. 그러나 이들 학문과 더불어 조직문화는 조직분위기에 비해 인류학에 훨씬 더 많이 의존하고 있다[이학종, 1989: 73].

조직문화에 관한 체계적인 연구는 1970년대 말에 시작되어 1980년대에 와서야 본격적으로 논의되기 시작한 데 반하여, 조직분위기에 대한 연구는 1960년대에 시작되어 지금까지 많은 연구와 이론이 축적되어 왔고, 그 과정에서 조직문화의 이론적 기반을 형성하는 데 많은 도움을 주었다.

이와 같이 조직분위기와 조직문화는 여러 가지 면에서 차이가 있으나 다 같이 조직이 전체적으로 고유하게 지니고 있는 특성을 나타낸다. 따라서 조직특성으로서의 조직분위기와 조직문화는 조직을 하나의 인격체, 즉 행동주체로 인식하여 구성원과 전체 조직시스템의 행동을 이해 · 예측하고 나아가 조직성과를 가능하는 데 있어 매우 중요하다.

2) 조직문화연구의 접근방법

조직문화에 대한 연구는 특정한 문화의 특성을 가지고 있는 조직이 그렇지 않은 조직보다 높은 성과를 가져온다는 특성론적 접근과, 이에 반해 높은 성과를 내는 조직의 문화특성이라 하더라도 다른 조직에서 그 조직의 상황과 적합하지 않다면 같은 결과를 가져올 수 없다는 상황론적 접근, 그리고 한 조직에는 하나의 문화만 존재하는 것이 아니고 집단이나 부서 등에 따라 하위문화가 존재하며 그러한 하위문화들 사이에 어떤 관계가 있는지를 규명하려는 연구로 나누어 설명할 수 있다.

(1) 특성론적 접근

조직문화에 대한 특성론적 접근법은 특정한 문화적 특성이 어느 조직에서나 일반적으로 높은 성과를 가져온다는 입장을 말한다. 즉, 혁신성과 유연성을 촉진할 수 있는 핵심적인 가치관의 조직문화를 가지고 있는 조직의 성과가 높다고 인식하는 것이다[Barney, 1986: 656-665]. 이와 관련하여 초우량기업 조직의 문화적 특성으로 강한 가치관과 신념이 반영된 행동지향성, 고객지향성, 자율성과 기업가정신, 사람에 의한 생산성향상, 독특한 전통가치의 중시, 중점경영, 간소한 조직, 자율과 통제의 균형 및 조화 등과 같은 요소들이 공통적으로 제시되기도 한다[Peters and Waterman, 1982]. 또한 생산적인 조직은 일반적으로 투명성이 있고, 응집력이 강하고 또한 개방적인 조직문화를 가지고 있다고 주장하기도 한다[Akin and Hopelain, 1985: 19-32].

이와 같이 특성론적 접근에 의한 조직문화 연구에서는 특정한 문화특성의 존재여부가 조직성과와 밀접한 관계가 있는 것으로 설명되며, 그러한 문화특성이 조직에서 강하게 나타날수록 조직성과에 미치는 영향도 그만큼 커진다는 것을 암묵적으로 가정하고 있다[Saffold, 1988: 546-558].

조직문화에 대한 특성론적인 연구에서 중심적인 위치를 차지하고 있는 분야가 바로 '강한 문화(strong culture)'에 관한 연구이다. 강한 문화의 연구에서는 조직문화의 강도가 조직성과와 밀접한 관계가 있는 것으로 강조된다[Denison, 1997: 5-22; Franke 등, 1991: 165-173]. 즉 강한 문화가 조직성과의 향상을 가져오는 결정적인 요인이라는 것이다.

문화강도와 조직성과에 관한 연구들을 살펴보면, 강한 문화는 규범적 통합에 의해 효과적인 조직통제를 가능케 함으로써 조직성과를 향상시킬 수 있다는 것이 일반적인 견해이다. 왜냐하면 강한 공유가치는 구성원으로 하여금 조직활동에 대한 통일된 지각을 형성하게 만드는데, 이것이 조직통제과정에 긍정적인 영향을 미치기 때문이다. 하지만 문화적 통제가 너무 지나치면 구성원의 저항을 불러와 결국 성과를 낮추기도 한다는 연구도 있다. 이는 강한 공유가치가 급변하는 경영환경에 적응하고 학습하는 구성원의 능력을 오히려 크게 제한함으로써 부정적인 영향을 미칠 수 있기 때문이다[Gorden and DiTomaso, 1992: 783-798].

(2) 상황론적 접근

조직문화에 대한 상황론적 접근법은 조직문화특성과 상황요인들 간의 적합성이 클 때 조직의 성과가 높아진다고 보는 입장이다. 즉, 단순히 어떤 조직의 문화가 우수한 경제적 성과를 가져다주었다고 해서 동일한 문화를 가진 다른 모든 조직에서도 성과가 높게 나타나는 것이 아니라는 것이다. 더 나아가 한 조직의 우수하고 강한 조직문화는 조직으로 하여금 경쟁적 환경변화를 지각하지 못하거나 경쟁적 활동을 수행하지 못하게 할 수도 있기 때문에 오히려 조직의 유효성을 상당히 감소시킬 수 있다[Riley, 1983: 414-437; Wiener, 1988: 5 34-545]. 그러므로 조직문화는 조직의 환경, 전략, 리더십, 인사관행 등의 조직변수와 조화를 이루어야 높은 조직성과를 낼 수 있다고 보는 것이 상황론적 접근법이다. 주로 조직문화를 유형별로 분류하고 조직변수들과의 적합 여부와 조직성과의 상관관계를 살펴보는 연구들이 여기에 속한다.

해리슨(R. Harrison)은 조직의 문화특성이 그 문화의 이념적 지향성과 일치해야 한다고 보고 복잡하고 변화하는 환경에 효과적으로 대처하여 높은 조직성과를 가져다 줄 가능성이 높은 문화유형은 과업문화이고, 위험하고 위협적이며 경쟁적인 환경에서 효과적인 문화유형은 권력문화이며, 경제적 안정을 성취하는 정도의 기대수준을 가진 사회에서 조직의 내부적 통합과 노력의 조정을 통해 높은 조직성과를 가져오게 하는 데 공헌할 가능성이 가장 높은 문화유형은 인간문화라고 주장한다[Harrison, 1972: 119-128].

한편, 최근에는 기업조직을 대상으로 하여 조직문화유형과 조직전략변수 간의 적합 여부에 따른 조직성과의 차이를 분석하는 연구가 눈에 많이 띈다. 이와 같은 연구는 조직문화유형과 기업의 전략유형 사이의 적합 정도에 따라 재무성과가 어떻게 다른지를 실증적으로 분석하는 데 초점을 맞추는데, 일반적으로 기업의 전략유형과 문화유형이 적합한 관계에 있는 기업들이 그렇지 못한 기업들에 비해 대체로 재무성과가 높게 나타나고 있다[최만기, 1994: 283-328].

세포드(S.A. Saffold)도 기업의 문화와 성과 간의 관계에 관한 모형을 개발하고 그 모형에 전략적 적합 개념을 적용하여 전략과 문화 간의 적합 여부에 따라 기업의 성과가 달라짐을 강조하고 있다[Safford, 1988]. 그리고 기업이 전략을 변경하여 다른 산업으로 침투하려고 할 때 기업은 자신의 문화적 특성을 고려하여야 한다고 주장하면서 기업의 문화와 전략의 조화 내지 일치를 위한 전략적 기업문화계획에 관한 상황모형을 제시한 연구도 있다[Deshpande and Parasuraman, 1986: 28-37]. 이 모형에 따르면 남성문화는 도입기전략과, 투기문화는 성장기전략과, 일 잘하고 잘 노는 문화는 성숙기전략과 그리고 과정문화는 쇠퇴기전략과 적합관계를 가진다.

이와 같이 조직문화의 상황론적 입장에서는 한 조직의 우수한 특정 문화가 다른 문화보다 더 효과적이라고 말할 수 없으며, 조직문화의 유효성은 주어진 환경, 기술, 전략 등과 조화를 이룰 때 비로소 높아진다고 주장한다. 그러므로 조직문화가 조직상황과 적합하지 않다면 그 조직문화는 효과적이라고 할 수 없으며, 나아가 그와 같은 조직문화는 기업의 전략적인 사고와 행동을 방해할 수도 있다는 것이다.

(3) 하위문화에 관한 연구

조직문화에 대한 접근에서 하위문화에 대한 연구는 "발전하는 조직들은 전반적으로 탁월한 조직문화를 가지고 있으며, 그러한 문화는 구성원의 행동을 결정하면서 동시에 다양한 하위문화들이 존재한다"는 관점이다. 즉 관리에 기초한 집단문화, 작업에 기초한 집단문화, 물리적 거리의 가까움에 기초한 집단문화 등이 존재한다는 것이다[Dimitris 등, 1990: 261-283].

하위문화에 관한 시각은 대체적으로 두 가지로 나뉜다. 하나는 조직문화에 대한 일반적 가정으로서 주어진 조직 내에서 문화는 동일시되어 질 수 있다고 보는 시각인데, 여기에서 연구자들은 조직 내에 존재하는 다양한 문화보다는 조직문화를 동일시하는 것에 더 초점을 두고 있다. 이러한 단일문화론적 시각에서는 한 조직에 단 하나의 문화가 존재하며 그것은 주로 최고경영층의 문화인 것으로 가정한다. 즉 최고경영자가 조직의 과업, 전략, 구조를 결정하듯이 문화적 규범, 신념, 가치관도 결정하여 조직 내에 전파시키며, 구성원은 그것을 수용하여 조직 내에는 그 문화만이 존재하는 것을 가정하는 시각이다. 그러므로 단일문화론자들의 조직문화에 대한 연구의 기본적인 시각은 대부분의 구성원이 동일한 문화를 공유한다는 것이다. 이와 같은 관점에서는 조직의 가치나 신념 등의 가치적인 측면에서 공감대가 형성되거나 공유된 문화를 가진 조직이 전체조직에서 정체성의 차이가 많이 나는 조직보다 집단 간 행동에 긍정적인 영향을 미친다. 그리고 집단들 사이의 경계는 조직의 성과에 부정적으로 작용하기 때문에 조직의 성과를 높이기 위해서는 집단 간의 경계를 약화시켜야 한다.

다른 하나는 문화는 다양한 가치 · 가정 · 믿음 · 이상을 포함한다고 보는 시각이다. 그레고리(K.L. Gregory)는 일찍이 조직 내 다양한 문화는 문화갈등을 촉발하는데 이것은 모든 조직에서 자연스러운 현상이라고 설명하고 있다[Gregory, 1983: 359-376]. 샤크만(S.A. Sackmann)도 하위문화의 존재를 인정하는 다원론자의 입장에서 하나의 조직 내에 여러 문화가 생성될 수 있음을 주장한다[Sackmann, 1992: 140-161]. 즉, 하나의 전체 문화 속에 다양한 하위문화가 존재한다는 것이다. 이러한 연구의 주요 관심사는 문화 간의 차이가 개인, 조직과정, 조직성과에 미치는 영향을 규명함으로써 하위문화에 대한 이해와 수용을 통해 조직 내 문화적 다양성이 주는 단점을 최소화하고 장점을 극대화하는 것이다.

OR Humor 13 감옥과 직장

감옥과 직장은 다음과 같은 차이가 있다.

- 감옥에선 죄수들에게 8×10피트짜리 방이 제공된다.
  직장인들에겐 6×8피트짜리 칸막이가 주어진다.
- 감옥에선 가족과 친구들의 면회가 허용된다.
  직장에선 가족, 친구들과 전화조차 하기 어렵다.
- 직장인은 교통비와 식비 등 대부분의 비용을 스스로 부담해야 하고, 월급에서 빠져나간 세금은 죄수들을 부양하는 데 쓰인다.
- 감옥에는 가끔 가학적으로 구는 간수들이 있다.
  직장에선 그들을 상사라고 부른다.

자료: 서울경제, 2010년 4월 12일자 수정

13-3 | 학습조직

1. 학습조직의 성격과 연구

1) 학습조직의 개념과 특성

무한경쟁시대라 일컬어지는 현대사회는 과학기술의 급속한 발전과 고객욕구의 다변화 등이 원인이 되는 환경의 불확실성이 갈수록 커지고 있다. 이에 따라 기업과 학계에서는 조직문화의 변화와 혁신을 통해 핵심역량을 강화하는 데 많은 노력을 기울이게 되었다.

얼마 전까지만 해도 조직문화에 대한 관심은 주로 우량기업 조직들의 문화특성을 찾아내고, 이를 벤치마킹하는 데 초점이 맞추어져 왔다. 그러나 최근에는 급격하게 변화하는 환경에서는 우량기업 조직의 문화적 특성을 단순히 모방하는 수준에서는 기대하는 목표를 달성할 수 없다는 것을 인식하게 됨으로써 기존의 타성적 문화를 혁신할 수 있는 변화를 추구하고, 나아가 이러한 혁신적 변화가 필요할 때 언제든지 나타날 수 있는 문화를 구축하는 데 관심을 보이기 시작했다.

이러한 흐름은 조직의 문제를 사후에 해결하는 것이 아니라 환경변화에 따라 발생하는 다양한 현상의 본질을 파악하고, 문제를 일으키는 근본원인을 사전에 진단하여 장기적인 해결책을 강구하려는 노력이다. 즉, 기존의 정보와 지식의 진부화가 빠르게 진행되는 현대의 조직환경에서는 이를 해결할 수 있는 조직차원의 학습능력이 필수적으로 요구된다는 것이다. 학습조직은 이러한 노력의 일환으로 등장한 개념이다.

학습조직의 개념은 조직학습(organizational learning) 이론을 토대로 형성되었다. 조직학습은 조직에서 일어나는 특정의 학습유형을 설명하기 위해 사용하는 개념이다. 아지리스(C. Argyris)는 조직학습에 대해 "오류를 발견하고 수정하는 과정"으로 정의하고 있다[Argyris, 1977: 5−17]. 다른 학자들은 이것을 "보다 나은 지식과 이해를 통해 행동을 개선하는 과정"으로 보기도 하고[Fiol and Lyles, 1985: 803−813], "정보처리를 통한 잠재적 행동의 변화"로 정의하기도 한다[Huber, 1991: 88−115]. 이러한 정의를 종합하면 조직학습은 "조직의 환경적합성을 증대시키기 위해 새로운 지식, 신념, 가치, 능력을 탐색 · 창출하고 이용하는 과정"으로 이해할 수 있다[권석균, 1995: 121−164].

그러므로 학습조직(learning organization)은 구성원이 새로운 환경에 적응할 수 있도록 조직학습의 과정을 적극적 · 지속적으로 변화시킬 수 있는 조직을 의미한다고 할 수 있다. 이러한 생각은 학습조직에 대한 다른 정의에서도 언급되고 있다. 예컨대, 학습조직에 대해 "지식을 창출 · 획득 · 확산시키고 새로운 지식과 통찰력을 반영하여 조직의 행동을 수정하며 잘못된 지식을 폐기하는 데 능숙한 조직"[Garvin, 1993], "조직학습을 강화하고 극대화하기 위해 구조와 전략을 궁극적으로 구축하는 조직"[Dodgson, 1993], 그리고 "조직구성원이 실제로 원하는 성과를 달성할 수 있도록 지속적으로 능력을 확대하고, 참신하고 포괄적인 사고력을 기르며, 집단적 열망을 자유롭게 표현하고 공유하는 학습방법을 끊임없이 창출하는 조직"[Senge, 1990] 등과 같은 정의들이 바로 그것이다.

이러한 개념정의들을 종합해 보면 조직학습은 "조직수준에서 학습이 이루어지는 그 자체, 즉 조직수준 학습의 내용 · 과정 · 결과 등을 포함하는 가치중립적인 개념이며, 학습조직은 이러한 조직학습이 잘 이루어지는 조직을 의미하는 것으로 가치판단적인 개념"이라고 할 수 있다.

학습조직의 특징을 기존의 조직특성과 비교하여 정리하면 [표 13－2]에서 보는 바와 같다.

표 13-2 《 학습조직의 특성

특성항목	기존조직	학습조직
단계	많음	적음
구조	기능중심, 수직적	과정중심, 수평적
전문성	단기능	다기능
경계선	고정적	투과가 가능
공동체의식	통제에 의한	신뢰와 목표공유에 의한
관계	관료적	대응적
권한의 소재	집중	분산
책임소재	타인에게 전가함	스스로가 떠안음
정보의 활용	정보의 독점	정보의 공유
정보의 흐름	공식적 의사소통	비공식적 의사소통
변화에 대한 반응	경직, 지연	유연, 신속

자료: 신영욱(1996), "학습조직과 정보기술, 학습조직의 이론과 실제," 삼성경제연구소, p.341.

2) 학습조직의 연구

학습조직에 관한 연구는 크게 개념연구, 사례연구, 실증연구로 구분할 수 있다. 그러나 이들 연구의 공통적인 관심은 학습조직을 활성화하기 위한 방안을 모색하고 그 유효성을 입증하는 것이다. 따라서 학습조직에 대한 연구들은 주로 학습조직이 활성화되고 지속되는 데 대한 영향요인과 그 성과를 규명하는 데 초점을 둔다.

학습조직의 영향요인에는 학습몰입 · 비전공유 · 개방성 · 신뢰 · 위험감수 등과 같은 문화적 특성요인, 리더십 · 조직구조 · 인사제도 등과 같은 조직시스템요인, 그리고 경쟁자 · 고객 · 기술진보 등과 같은 외부환경특성요인이 제시되고 있다.

학습조직의 성과에는 조직몰입, 조직혁신, 구성원 단결력, 기술적 효과, 학습효율성, 재무적 효과, 직장생활에 대한 만족, 경제적 성과와 비가시적 성과 등과 같은 다양한 지표들이 사용되고 있다[Farrell, 1999; 손태원 · 전상길, 1997: 297－325; 신상문, 1999].

조직학습과 학습조직은 아직까지 개념정의, 영향요인, 성과 등에 대한 통합적인 이론체계가 정립되지 않는 상태이기 때문에 앞으로 다양한 연구시도가 필요한 분야이다. 최근에 이루어지고 있는 조직학습과 학습조직에 대한 연구는 크게 두 가지 접근방법으로 구분할 수 있다.

하나는 조직학습과 학습조직 개념을 직접 측정하는 방법이다. 이것은 조직학습과 학습조직의 현상에 대한 개념적 모델을 제시하고 여기에 포함된 변수들을 조작화하여 측정하는 방법이다. 이러한 시도는 조직학습과 학습조직의 현상에 실증적으로 접근한다는 점에서 그 의의를 찾을 수 있다.

다른 하나는 조직학습과 학습조직화의 정도를 사용하여 학습문화 내지는 학습분위기와 같은 개념을 통해 간접적으로 측정하는 것이다[Hurley and Hult, 1998; Baker and Sinkula, 1999]. 이러한 접근방법은 조직학습과 학습조직 자체에 대한 개념적 모델을 근거로 하지 않는다는 점에서 한계가 있으나, 아직까지 그 이론체계가 명확하게 정립되지 않은 상황에서 간접적으로나마 조직학습과 학습조직화 정도를 파악하는 데에는 도움이 된다[박영배 · 박형권, 2003]. 예를 들면, 아래와 같은 '학습지향성'에 대한 설문을 사용하여 측정하는 방법이 여기에 해당된다.

3) 학습조직 측정 설문

▣ 다음은 학습지향성에 관한 질문입니다. 귀하의 생각과 가장 일치하는 곳에 '✓'표를 해 주십시오.

	전혀 그렇지 않다		보통이다		매우 그렇다
1. 우리 회사는 기업의 학습능력을 경쟁우위의 핵심요소로 생각한다.					
2. 우리 회사는 학습을 기업의 지속적 개선을 위한 주요 가치로 생각한다.					
3. 우리 회사는 새로운 아이디어를 학습하고 이를 실험 · 적용하는 것을 매우 중시한다.					
4. 우리 회사는 학습을 기업생존을 위한 필수요소로 생각한다.					
5. 우리 회사는 환경변화에 적응함에 있어 학습을 최우선가치로 생각한다.					
6. 우리 회사는 기업의 핵심가치와 목표가 잘 명시되어 있다.					
7. 우리 회사의 대부분 종업원들은 기업비전에 대해 공감대를 형성하고 있다.					
8. 우리 회사의 모든 종업원들은 회사가 추구하는 기업목표를 잘 인식하고 있다.					
9. 우리 회사의 경영자는 종업원과 기업의 비전을 공유해야 한다고 생각한다.					
10. 우리 회사의 경영자는 종업원들이 자신의 경영방식에 대해 비판하는 것을 꺼려하지 않는다.					
11. 우리 회사는 기존 경영방식에 대한 발전적 비판을 인정하고 이를 수용하고자 노력한다.					
12. 우리 회사는 과거의 성공에 집착하거나 안주하지 않고 항상 새로운 것을 추구한다.					
13. 우리 회사는 기업경영에 대한 창의적 · 혁신적 의견을 높이 평가한다.					
14. 우리 회사에서는 창의적 사고가 매우 중시된다.					

2. 학습조직모형과 학습조직의 구축

1) 학습조직의 모형

학습조직을 구축하기 위해서는 조직학습을 가능하게 하는 다양한 기반과 요건을 조직 내 · 외적으로 마련해야 한다. 따라서 학습조직을 구축하기 위한 기반과 조직구성원이 습득해야 할 지식이나 기술에 해당하는 제도적 · 정책적 지원이 확보되어야 한다. 여기에서는 생게(P.M. Senge)의 학습조직모형을 통해 이러한 문제에 대해 살펴보기로 한다.

생게가 제시한 학습조직모형은 다섯 가지 하위개념으로 구성되어 있으며, 그 특징은 변화관리와 관련하여 기존의 조직행동이론들을 통합적으로 다룬다는 것이다[손태원, 1996: 182–210]. [그림 13–4]는 다섯 가지 하위구성개념과 기존의 이론들의 연관성을 보여주는데 이에 대하여 상세히 살펴보면 다음과 같다.

① **전문적 소양**(personal mastery): 자신의 비전과 현재상태 사이에 나타나는 차이를 줄이기 위해 끊임없는 학습활동을 전개하고, 이를 통해 삶 전반에 걸쳐 전문가적 수준이 되는 것을 의미한다. 따라서 전문적 소양은 단순히 특정한 직무를 수행하는 데 필요한 정보와 지식을 습득하는 것만을 의미하는 것이 아니라 인생 자체를 창조적으로 개척하는 과정에서 삶 전반에 걸쳐 전문가적 수준이 되는 것을 의미한다.

② **사고모형**(mental model): 학습조직 구축을 위한 철학적 기반으로서 현실인식과 행동양식에 영향을 미치는 기본가정, 일반화된 인식기반, 그리고 인지적 심층구조를 의미한다. 따라서 사고모형은 그 변화가 매우 어려운 문제인데, 이를 원활하게 하기 위해서는 개개인의 신념체계나 세계에 대한 가정이 어떻게 형성되고, 이것이 실천적 행동에 어떠한 영향을 미치고 있는가를 이해하기 위해 노력하고, 다양한 관점의 사고체계를 수용하여 조직구성원 모두에게 도움을 주는 호혜적인 관계를 확립할 필요가 있다.

그림 13-4 학습조직모형과 기존이론과의 관계

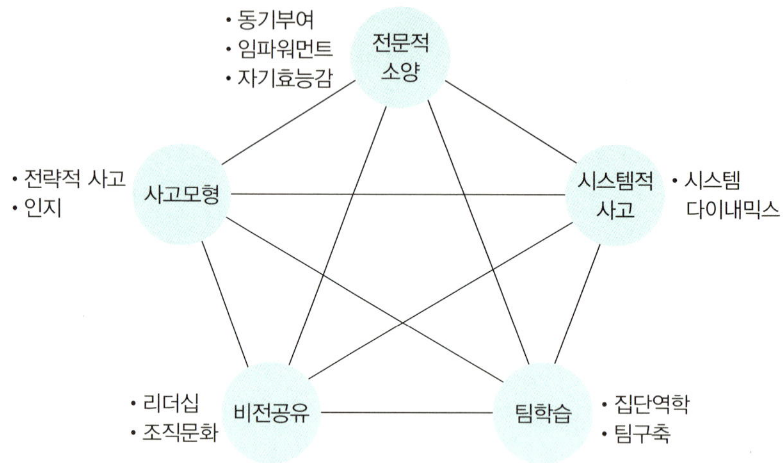

③ 비전공유(sharing vision): 조직이 추구하는 방향이 무엇이며, 그것이 왜 중요한 것인지에 대해 모든 구성원이 공감대를 형성하는 것을 의미한다. 비전공유는 조직이 나아가야 하는 방향을 제시한다는 점에서 이에 대한 몰입이 반드시 요구된다. 따라서 비전은 수립과정에서 리더와 구성원 간의 일체감을 형성하여 전체 구성원의 적극적인 참여를 유도하는 등의 참여적 조직문화의 정착이 요구되며, 동시에 변혁적 리더십의 역량이 요구된다.

④ 팀학습(teamearning): 조직이 추구하는 공동의 목적을 달성하기 위해서는 구성원 모두가 개인적인 전문성을 갖추어야 할 뿐만 아니라 이를 조화시킬 수 있어야 한다. 따라서 학습조직이 구축되기 위해서는 팀학습의 활성화가 필수적이다. 팀학습의 핵심적인 요소는 대화와 토론 문화의 정착으로 서로 대조적인 관점이 제시되더라도 비판과 수용을 통해 더욱 생산적인 활동이 전개될 수있는 방안을 지속적으로 모색하여야 한다.

⑤ 시스템적 사고(systems thinking): 부분보다는 전체를 보고 전체에 포함된 부분들 사이의 역동적 관계를 이해하며, 이 관계가 불규칙하게 변화하는 과정을 포착하기 위한 사고방식인 동시에 문제를 해결하는 방법을 말한다. 즉, 시스템적 사고는 특정 현상에 대해 단편적이고 수동적으로 대응하는 것이

아니라 현상에 복잡하게 얽혀 있는 구조적 복잡성을 통찰할 수 있는 사고방식이다.

2) 조직문화와 학습조직의 구축

위에서 살펴본 바와 같이 학습조직은 자유롭고 창의적인 변화와 혁신을 추구하는 만큼 고정된 모형이 존재하지는 않는다. 즉, 학습조직은 조직의 모습과 구성원의 역할이 어떠해야 하는가에 대한 일종의 태도 혹은 철학이라고 할 수 있다[박경원 · 김희선, 1998: 324]. 학습조직으로의 변화는 조직을 바라보는 관점, 사고방식 등과 더불어 새로운 조직문화로의 전환을 의미한다. 그러므로 학습조직이 되기 위해서는 조직학습을 촉진하는 문화적 특성요인인 학습몰입, 개방성, 비전공유 등이 필요해진다.

① 학습몰입(learning commitment): 조직이 환경변화에 적응하는 데 필요한 학습에 대한 신앙과 수용성을 의미한다. 즉 학습몰입은 학습을 유지시키는 기본가치로서 조직 내에서 학습활동이 당연한 것으로 여겨지고 있는지, 학습수용문화가 환경이해능력을 향상시키는 데 필수적이라는 신념을 가지고 있는지 하는 것과 밀접하게 관련된다[Galer and Van der Heijden, 1992: 5－12]. 조직 내에 학습에 대한 이러한 몰입이 없다면 학습은 거의 발생하지 않는다[Sinkula 등, 1997: 305－318].

② 개방성(open－mindedness): 전통적인 사고모형(mental model)에 대해 문제를 제기할 수 있는 열린 분위기를 의미한다. 사고모형은 구성원의 사고방식과 행동습관을 통제하고 있는 기본가정과 인식구조 등의 총체를 의미한다. 따라서 조직이 그러한 사고모형에 대해 문제를 제기하는 개방성을 가지고 있지 않다면 구성원의 낡은 사고방식과 행동습관은 바뀌지 않기 때문에 새로운 개념을 창출하는 것이 어려워진다. 따라서 개방성은 오랜 기간 지속되고 있는 조직의 낡은 관례, 가정, 신념 등을 폐기하기 위한 학습, 즉 폐기학습이 이루어지는데 없어서는 안 될 조직가치라고 할 수 있다.

③ 비전공유(vision shared): 조직이 추구하는 방향이 무엇이며 그것이 왜 중요

한지에 대해 모든 구성원이 공감하는 것을 의미한다. 비전공유는 학습방향을 제시하기 때문에 선행학습(proactive learning)의 중요한 토대가 된다. 따라서 학습방향에 대한 몰입과 동의가 없는 조직은 학습에 대한 동기부여가 부족하게 된다. 학습몰입과 개방성이 조직의 성향(propensity)에 영향을 주는 반면에 비전공유는 학습의 방향(direction)에 영향을 미친다. 따라서 이론과 실제를 일치시키는 완전한 학습지향성을 구축하기 위해서는 조직의 '성향'과 '방향' 모두를 추구하는 것이 매우 중요하다.

인간존중 조직문화 OB Story & Case 13

한화그룹은 기업 성장사와 M&A가 함께해 왔다. 그동안 한양유통 · 대한생명 · 솔라원 등을 인수하며 유통업 · 레저산업 · 석유화학산업 · 보험시장 · 태양광사업에 진출했다. 이처럼 M&A를 통해 기업이 성장하려면 이질적인 두 기업이 하나로 합해지는 과정에서 포용과 상호이해 등이 필수요소이다. 지금까지 한화그룹이 지나온 과정을 보면 '인간존중'의 조직문화가 바탕에 자리잡고 있다.

1952년에 설립된 한화그룹은 신용과 의리를 기업정신으로 삼고 실천해 왔다. 한화그룹에는 신용과 의리를 바탕으로 사람을 소중하게 여기는 조직문화가 이어져 내려오고 있으며 기업경영에도 중요한 원칙으로 적용되고 있다.

이와 함께 한화그룹은 동반성장 철학이기도 한 '함께 멀리' 정신을 실천하며 사람에 대한 믿음과 의리를 강조하는 조직문화도 갖고 있다.

한화그룹 김승현 회장은 얼마 전 한화건설이 시공하는 이라크 비스마야 신도시 건설 현장을 둘러보고 한화건설과 협력업체 임직원, 제3국 근로자를 격려했다. 이때 김 회장이 임직원을 위해 광어회 600인분을 한국에서 공수해 만찬에 내놔 환호를 받았다는 얘기는 유명하다.

한화그룹의 신용과 의리를 통한 인간존중의 조직문화는 2010년에 발생한 천안함 폭침 사건의 유가족을 직원으로 채용하고, IMF 외환위기 당시 계열사를 매각하면서 그 임직원의 고용을 승계시켰다거나, 대규모의 비정규직을 정규직으로 전환시킨 데에서도 나타나고 있다.

자료: 중앙일보, 2015년 5월 28일자

토의문제

01 한화그룹에서 '인간존중 조직문화'가 형성된 배경은 무엇인가?

02 한화그룹의 '신용과 의리'를 바탕으로 하는 인간존중 조직문화는 개인의 '능력과 존엄성'을 최고의 가치로 여기는 인본주의 조직문화와 어떻게 다른가?

Chapter 14

Organizational Behavior

조직변화와 조직개발

Key Word

- 조직변화(組織變化, Organizational Change)
- 계획적 변화(計劃的 變化, Planned Change)
- 구조적 변화(構造的 變化, Structural Change),
  행동적 변화(行動的 變化, Behavioral Change),
  기술적 변화(技術的 變化, Technological Change)
- 조직개발(組織開發, Organizational Development)
- 표면적 개입기법(表面的 介入技法, Suface Intervention),
  심층적 개입기법(深層的 介入技法, In-Depth Intervention)

학습중점

- 조직변화를 불러오는 요인과 조직변화의 방향을 이해한다.
- 조직변화 관리모형을 통해 조직변화의 실행절차를 숙지한다.
- 조직변화의 전략에 관한 문제에 대해 논의한다.
- 조직변화에 대한 저항은 왜 나타나는지를 이해한다.
- 조직개발의 목표와 기본가정을 숙지한다.
- 조직개발의 개입기법을 개인수준 · 집단수준 · 조직수준별로 이해한다.
- 조직개발기법들의 특징과 문제점에 대해 논의한다.

14-1 | 조직변화

1. 조직변화의 추진요인과 방향

오늘날과 같이 급변하는 환경 속에서 조직은 항상 변화를 요구받는다. 조직의 변화는 조직 자체의 힘으로 통제할 수 없는 상황에서 어찌할 수 없게 만들어지기도 하고, 스스로의 필요에 의해서 인위적으로 이루어지기도 한다. 전자와 같은 변화를 비계획적 변화라 하고, 후자와 같은 변화를 계획적 변화(planned change)라고 한다. 이 중에서 특히 관심을 기울여야 할 것은 계획적 변화이다. 조직은 필요할 때 계획에 따라 원하는 모습으로 변화할 수 있어야 하기 때문이다[박영배, 2010: 476].

조직의 변화가 이미 과거에 이루어진 것이라면 크게 문제가 되지 않는다. 앞으로 일어날 변화라 할지라도 불가항력적인 경우에는 가능한 한 변화의 성격을 사전에 짐작하거나 그에 대한 대책을 마련하는 데 그칠 수밖에 없다. 그러나 조직변화가 계획적으로 이루어진다면 적극적이고 능동적으로 최선의 방법을 모색할 수 있게 된다. 따라서 여기서 다루게 될 조직변화는 모두 조직에서 인위적으로 이루어지는 계획적 변화를 의미한다. 먼저 조직변화의 필요성을 불러오는 요인과 그 방향에 대해 살펴보자.

1) 조직변화의 추진요인

조직변화(organizational change)를 결심하게 만드는 요인은 매우 다양한데, 크게 외적 추진요인과 내적 추진요인으로 나누어 볼 수 있다.

(1) 외적 추진요인

조직변화의 외적 추진요인은 조직의 외부환경 속에서 나타난다. 외적 추진요인으로 비교적 중요한 것을 살펴보면 다음과 같다.

① 시장: 소비자의 소득수준과 구매행동이 변하거나 경쟁자가 새로운 제품을 개발하고 판촉활동을 강화하는 경우에 조직은 어떤 변화를 통해 그에 대처해야만 시장에서 경쟁우위를 유지할 수 있게 된다.

② 자원: 인력 · 원자재 · 에너지 · 자금 등과 같은 자원의 조건이 달라지면 조직의 경영활동은 직접적으로 영향을 받는다. 따라서 조직은 새로운 자원조건에 걸맞게 조직구조와 생산방식을 바꿔야 한다.

③ 과학기술: 조직이 여러 가지의 투입물을 산출물로 전환하는 과정에서 과학기술의 역할은 매우 중요하다. 생산방식이나 제조기법은 물론 컴퓨터와 정보시스템과 같은 분야의 과학기술은 오늘날 대부분의 조직에서 혁신적 변화를 주도하는 대표적인 요인이 되고 있다.

④ 사회 · 경제여건: 정치권력의 분포, 인구의 구성, 정부의 경제 · 투자 · 무역 · 조세 등에 대한 정책, 사회대중의 기업에 대한 태도, 국제경제와 무역여건 등과 같은 사회 · 경제 여건 또한 조직변화를 불러오는 중요한 요인으로 작용한다.

(2) 내적 추진요인

조직변화의 필요성을 불러일으키는 조직 내부의 요인도 외적 요인들 못지않게 매우 다양하다. 조직 내부의 구조적 · 기술적 · 행동적 문제들은 모두 현재의 조직구조나 경영방식에 대한 변화압력으로 작용한다. 예를 들면, 조직 내의 의사결정과정이 너무 길어서 비효율적이거나, 커뮤니케이션을 방해하고 왜곡하는 상황이 빈번하게 나타나거나, 외부환경에 대한 피드백이 빠르게 이루어지지 않거나, 또는 경영자가 지나치게 독선적이어서 구성원의 사기가 떨어지거나 하는 문제들은 모두 어떤 변화를 추구하게 만드는 중요한 요인들이다.

2) 조직변화의 방향

조직변화의 계획이 단순히 변화에 대한 규칙을 정하거나 지시를 내리는 것에 그쳐서는 기대하는 효과를 얻을 수 없다. 조직변화는 먼저 조직의 구성요소를 이해한 다음에 어떤 방향으로 착수할 것인지가 검토되어야 한다. 그리고 조직변화의 효과는 구성요소들 간의 상호작용을 통해 어느 한 방향으로 시작된 변화가 조직 전체에 확산된 다음에야 기대할 수 있다.

레비트(H.J. Leavitt)에 의하면 조직변화는 조직의 구성요소인 조직의 구조, 구성원의 행동, 그리고 조직에서 사용되고 있는 여러 기술을 변화시키는 것을 일컫는다. 이들 요소는 기본적으로 상호작용에 의해 하나의 통합체계를 형성하고 있기 때문에 어느 한 요소의 변화는 다른 요소의 변화를 가져오게 된다. 따라서 조직변화에서 중요한 문제는 변화를 "어떤 상황에서 어떤 방향으로 시작해야 최대의 효과를 기대할 수 있는가" 하는 것이다[Leavitt, 1965: 114−116]. 조직변화의 세 가지 방향에 대하여 좀 더 자세히 살펴보면 다음과 같다.

(1) 구조적 변화

구조적 변화(structural change)는 조직 내의 직무구조와 권한관계를 변화시켜 조직 전체의 유효성을 증대하는 데 목적을 둔다. 구조적 변화는 주로 다음과 같은 측면의 변화를 추구한다.

① **직무설계의 변화**: 직무를 새롭게 설계하는 것은 직무의 내용이나 작업방법을 바꾸는 일을 말한다. 새로운 직무설계는 직무 자체의 변화뿐만 아니라 사용하고 있는 기술, 구성원의 인간관계와 직무만족에도 변화를 가져온다.

② **부문화방식의 변화**: 부문화방식을 달리 하면 조직 내의 권한과 책임의 흐름이 바뀐다. 예컨대, 생산 · 마케팅 · 재무 · 인사 등과 같은 업무기능을 기초로 만들어진 조직구조를 제품이나 고객을 기초로 하는 부문화로 재편성하면 각 부문의 권한과 책임이 전에 비하여 크게 증가하게 된다.

③ **라인과 스탭관계의 변화**: 조직에서 스탭이 단순한 자문의 성격만을 갖는 독립된 단위인지 또는 업무부문에 예속되어 있는 단위인지에 따라 스탭과 라인 간의 관계에 많은 차이가 있게 된다. 전자의 경우에 스탭은 라인의 명령을 받지 않고 라인에게 명령할 수도 없다. 그러나 후자의 경우에는 스탭은 반드시 해당 업무부문 경영자로부터 지휘와 감독을 받아야 한다. 따라서 조직에서는 필요한 경우에 라인과 스탭의 관계를 새롭게 설정함으로써 다른 측

면의 변화와 함께 조직유효성의 증대를 꾀하기도 한다.

(2) 행동적 변화

행동적 변화(behavioral change)는 조직변화를 구성원의 행동이나 태도를 바꾸는 방향에서부터 시작하는 것을 말한다. 이러한 행동적 변화는 "구성원의 행동이 바뀌면 조직의 구조와 기술 역시 따라서 바뀐다"는 가정에서 출발한다.

행동적 변화 계획에서 사용되는 기법은 대부분 레윈(K. Lewin)에 의해 제시된 '행동변화모형'에 근거를 두고 있다. 행동변화를 위한 기법은 뒤에서 상세히 다루기로 하고 여기에서는 행동변화모형에 대해 살펴본다. 레윈에 의하면 조직의 변화담당자는 다음의 세 단계를 거쳐서 구성원의 태도와 행동을 변화시킨다 [Lewin, 1951].

① **해빙**(unfreezing): 해빙은 구성원이 변화에 대해 준비를 하도록 만들어 주는 단계이다. 따라서 여기에서는 변화의 동기를 부여하게 되는데 다음과 같은 절차를 통해 구성원이 새로운 행동패턴을 받아들일 태세를 갖추도록 하는 것이 중요하다. 첫째, 변화의 대상을 원래의 작업장소, 사회적 관계, 그리고 정보의 원천으로부터 격리시킨다. 둘째, 그들에게 제공해 온 사회적 지원을 중단한다. 셋째, 지금까지의 태도와 행동은 가치가 없는 것이라는 점을 인식하게 한다. 넷째, '보상과 변화 의지의 연관성' 그리고 '벌과 변화에 대한 저항의 연관성'을 인식시킨다.

② **변화**(changing): 변화의 단계에서는 행동변화가 실제로 일어나게 만드는 데 중점을 둔다. 따라서 변화대상자에게 새로운 행동패턴을 제시하고 학습을 통해 그것을 습득하도록 한다.

③ **재동결**(refreezing): 구성원이 습득한 새로운 행동패턴은 강화시켜야만 반복적인 것으로 굳어지게 된다. 따라서 재동결의 단계에서는 사회적인 지지나 보상을 제공함으로써 새로 습득된 행동패턴이 바람직한 행동으로 정착되게 만든다. 이러한 강화작용이 없으면 바뀐 행동패턴은 시간이 지남에 따라 소멸될 위험성이 커진다.

(3) 기술적 변화

기술적 변화(technological change)는 조직에서 사용되고 있는 기술에 변화를 줌으로써 조직 전체의 변화를 유도하고 조직유효성을 높이는 데 목적을 둔다. 여기서의 기술은 기계설비뿐만 아니라 작업기술과 관리기술까지 포함하는 매우 포괄적인 개념이다.

일반적으로 조직에서 새로운 기술을 도입하는 목적은 경제적 효율성을 향상시키려는 것이다. 그러나 기술적 변화 계획에서는 새로운 기술을 사용함으로써 조직구조와 구성원의 행동에 변화를 가져오는 일이 중요해진다. 실제로 많은 조직에서 컴퓨터를 사용하거나 자동화생산시스템을 도입함으로써 조직구조와 구성원의 행동이 따라서 변하는 예를 어렵지 않게 볼 수 있다. 최근에는 기업들이 발전된 과학기술을 효과적으로 이용하기 위해 전통적인 조직구조를 프로젝트팀이나 네트워크조직과 같은 보다 신축성이 크고 권한위양이 많이 이루어지는 형태로 바꾸기도 한다.

이상에서 살펴본 조직변화의 세 가지 방향 중에서 구조적 변화에 대해서는 제12장 '조직구조와 조직구조설계'에서 상세하게 살펴보았다. 기술적 변화에 대하여는 공학, 경영과학 등의 분야에서 별도의 연구가 이루어지고 있고 경영학에서도 OR, 경영정보시스템(MIS)에서 다루어지고 있기 때문에 자세한 설명은 생략한다. 따라서 아래에서는 행동적 변화에 초점을 두는 조직개발에 대해 중점적으로 살펴본다.

3) 시스템개념과 조직변화

위에서 살펴본 조직변화의 방향을 통해 조직도 하나의 유기체라는 것을 이해할 수 있다. 조직은 자체에 구조 · 인간 · 기술 등과 같은 서로 연결되어 있는 요소들을 가지고 있으면서 환경변화에 적응하기 위해 자신을 계속 변화시키기 때문이다. 따라서 조직의 생존은 그것을 구성하고 있는 하위시스템들 사이에, 조직과 다른 시스템 사이에, 그리고 조직과 상위시스템 사이에 어떻게 균형을 유지할 것인가 하는 문제와 직결된다. 이러한 균형관계에 문제가 발생하면 조직의 건강이나 유지상태가 크게 위협을 받게 된다[Hackman and Suttle, 1977: 24-25].

시스템개념에 따르면 조직은 외부의 힘을 빌려 능동적으로 시스템들 중의 어느 하나에 변화를 줄 수 있다. 물론 처음에는 그러한 변화가 조직 내의 균형상태를 위협하기 때문에 반드시 저항을 받게 된다. 그러나 변화가 일단 기정사실로 받아들여지면 조직에는 새로운 균형상태를 유지하기 위한 어떤 힘이 자연적으로 형성되어 다른 시스템으로 변화가 확산된다. 그리고 이러한 과정을 거쳐 전체적인 변화를 맞게 된 조직은 새로운 내적 일치상태, 즉 균형상태를 회복하면서 변화된 환경에 적응하게 된다.

2. 조직변화의 실행과 관리

1) 조직변화의 관리모형

계획적인 조직변화는 일반적으로 몇 개의 단계를 거쳐 실행된다. [그림 14-1]은 하나의 대표적인 '조직변화의 관리모형'으로서 조직변화를 실행하는 데 요구되는 여러 단계를 보여준다[Donnelly 등, 1975: 266-291]. 그림에는 나와 있지 않지만 이 모형의 배후에는 여러 환경요인이 있어 조직에 대해 변화의 압력을 끊임없이 가하고 있음을 의미한다. 따라서 조직 자체의 통제시스템이나 다른 경로에서 얻은 정보를 정리 · 분석하여 조직에 대한 다양한 변화압력을 이해하고 그것에 어떻게 반응할 것인가를 결정해야 한다.

그림 14-1 조직변화의 관리모형

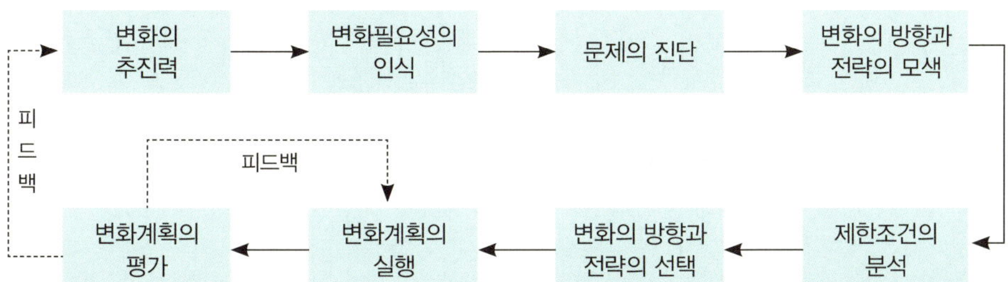

'조직변화의 관리모형'의 여러 실행단계도 결국은 변화압력에 대한 반응단계라고 할 수 있다. 이들 단계에 대해 자세히 살펴보면 다음과 같다.

(1) 변화의 추진력

변화의 추진력은 조직이 변화를 시도하도록 만드는 힘을 말한다. 이에 대해서는 위에서 상세히 살펴보았으므로 여기에서는 설명을 생략한다.

(2) 변화필요성의 인식

조직에 변화의 필요성이 있음에도 불구하고 그것을 발견하지 못하면 돌이킬 수 없는 심각한 상황이 올 수 있다. 따라서 조직은 변화의 필요성을 조기에 인식할 수 있는 방법을 찾아야 한다. 예를 들면 기업조직의 경우에 이윤, 판매량, 시장점유율, 각종 재무적인 지표, 종업원의 사기조사 등과 같은 정보의 피드백기능을 적절히 활용하면 조직이 안고 있는 문제점을 이해하고 변화의 필요성을 일찍 감지하는 데 도움이 된다.

(3) 문제의 진단

앞의 단계에서 발견된 문제가 조직이 당면하고 있는 실제의 문제일 수만은 없다. 예를 들면, 기업에서 종업원이 작업을 게을리 한다고 해서 그것을 꼭 작업동기가 부족하기 때문이라고 단정할 수는 없다. 그러한 현상은 생산공정의 설계가 잘못되어 나타난 것일 수도 있고, 상사의 지나치게 엄격한 감독방식에 반발하기 위한 고의적인 행동일 수도 있으며, 또는 여러 원인이 복합적으로 작용한 결과일 수도 있다. 따라서 조직은 문제의 실상을 정확하게 파악할 필요가 있다.

문제의 진단 단계에서는 주로 다음과 같은 질문에 대한 해답을 찾으려는 노력이 이루어진다.

첫째, 무엇이 진정한 문제인가?

둘째, 그러한 문제를 해결하기 위해서는 무엇을 변화시켜야 할 것인가?

셋째, 변화 후의 상황은 어떠할 것인가?

넷째, 변화의 효과는 어떻게 측정할 것인가?

(4) 변화의 방향과 전략의 모색

조직변화는 여러 방향에서 다양한 전략을 통해 이루어진다. 따라서 경영자는 변화의 목표를 달성하는 데 도움이 되는 모든 방향과 전략들을 개발해야 한다.

(5) 제한조건의 분석

변화의 방향과 전략을 선택하고 실행하는 데 있어서 조직은 많은 조건들의 제약을 받게 된다. 따라서 조직에서는 먼저 이러한 제한조건들에 대한 분석이 이루어져야 하는데 어느 조직에서나 공통적으로 중요하게 생각해야 할 조건으로 다음의 세 가지를 들 수 있다[Filley and House, 1969: 423-434].

① **경영자의 태도**: 변화프로그램은 반드시 최고경영층의 신뢰와 지원을 얻거나 최소한 반대는 없어야 성공할 수 있다. 또한 경영자의 리더십스타일 자체가 변화의 표적이 될 수도 있다. 따라서 요구되는 새로운 리더십스타일이 경영자의 성격이나 태도와 갈등을 일으키면 변화프로그램을 실행하기가 어렵게 된다.

② **조직의 기본정책과 정부의 법규**: 조직에서 조직변화의 일환으로 새로운 생산기술과 설비를 도입하고 구성원을 크게 감축하는 것이 조직의 기본정책과 정부의 노사관련 법규에 위배되면 변화를 실행에 옮기기가 어려워진다.

③ **조직문화**: 조직문화는 한 조직의 구성원이 공유하고 있는 행동규범과 가치관을 말한다. 따라서 변화의 방향과 전략이 그러한 조직문화와 일치하지 않으면 구성원의 강한 저항에 부딪치게 된다.

(6) 변화의 방향과 전략의 선택

변화의 제한조건을 분석한 후에는 변화의 기본방향을 설정한다. 그리고 변화의 기본방향에 따라 변화를 진행하기 위해서 다음과 같은 몇 가지 전략적인 문제를 고려해야 한다. 이러한 전략적 문제에 대해서는 아래에서 별도로 자세히 살펴보기로 하겠다.

① **어디서부터 시작할 것인가**: 변화의 목표가 조직 전체를 변화시키는 데 있다면 조직의 어느 계층부터 시작할 것인지, 또는 아래와 위로에서 동시에 착수할

것인지 등을 고려해야 한다.

② **전반적으로 진행할 것인가, 점진적으로 진행할 것인가**: 변화의 전반적 프로그램은 사전에 변화과정을 세밀하게 계획하고 하나하나 실행에 옮기는 것을 말한다. 전반적 프로그램은 때로 외부의 전문가들에 의해 설계되어 이미 다른 조직에서 실행된 적이 있는 것이 이용되기도 한다. 그리고 점진적인 진행은 사전에 아무런 계획을 세우지 않고 전문가들이 문제를 진단 · 분석 · 토론 · 검토하는 일련의 과정을 통해 실제의 상황에 맞게 진행하는 것을 말한다.

③ **변화의 속도는 어떻게 할 것인가**: 이는 일시적으로 신속하게 변화의 목적을 달성할 것인가, 아니면 천천히 자신도 모르는 사이에 변화하도록 할 것인가 하는 문제이다.

(7) 변화계획의 실행

변화계획을 실제 실행하는 데 있어서 반드시 고려해야 할 문제로는 다음과 같은 두 가지가 중요하다.

① **변화계획의 실행시기에 관한 문제**: 변화계획의 실행시기를 결정하는 요인은 상당히 많다. 그러나 특별한 경우를 제외하고는 일반적으로 일이 많거나 업무가 바쁜 때를 피하여 계획을 실행하는 것이 바람직하다.

② **변화의 범위에 관한 문제**: 변화의 범위는 변화전략에 따라 달라진다. 예를 들어, 변화를 부서별 · 계층별로 하나하나 진행할 것인지, 또는 조직 전체를 대상으로 동시에 그리고 일시적으로 진행할 것인지에 따라 변화의 범위가 달라진다.

(8) 변화계획의 평가

변화계획을 실행한 후에는 다시 그것을 평가하는 단계를 거쳐야 한다. 여기에서도 다음과 같은 두 가지의 문제를 고려해야 한다.

① **변화효과를 측정하는 문제**: 변화의 효과를 측정하기 위해서는 필요한 자료를 수집하는 방법을 마련해야 한다. 예컨대, 일반적인 자료는 기존의 정보시스템에서 수집할 수 있지만, 어떤 자료는 태도조사와 같은 보다 전문적인 방

법을 통해서만 얻을 수 있게 된다.

② 측정된 변화효과를 분석하는 문제: 이것은 변화효과가 나타난 시간, 변화효과의 크기, 그리고 변화효과의 지속시간 등과 관계가 있다. 변화효과를 정확히 분석하기 위해서는 어느 특정 시점에서 나타난 단편적인 결과만을 중시해서는 안 되며 효과가 지속되는 추세를 오랫동안 관찰해야 한다. 변화는 그 성격에 따라 처음에는 매우 현저하게 나타나지만 원래의 상태로 매우 빠르게 환원되기도 하고, 처음에는 변화의 정도가 현저하지는 않지만 점차 상승되어 안정적으로 장기간 지속되기도 하며, 또 어떤 변화는 처음에는 심지어 역효과를 보이다가 얼마간의 시간이 지난 다음에는 의외로 양호한 효과를 보이기도 하는 등 변화효과가 불규칙하고 예측하기 어렵게 나타난다.

2) 조직변화의 전략에 관한 문제

여기에서는 조직변화관리모형의 여섯 번째 단계에서 간단히 언급했던 조직변화의 전략에 관한 문제에 대해 좀 더 자세히 살펴보기로 한다.

(1) 변화의 시작

먼저 '변화를 어디서부터 시작할 것인가' 하는 문제에 대해 많은 학자들은 '하향적 전략'을 채택할 것을 주장한다. 이렇게 위에서부터 아래로의 변화를 강조하는 학자들은 대부분 조직개발프로그램은 반드시 조직 내부에 긴장을 조성하게 되기 때문에 먼저 최고경영자의 이해와 지원이 있어야만 계속 실행될 수 있다고 말한다. 그리고 조직에서는 하급자가 상급자의 행동을 모방하려는 경향이 있기 때문에 먼저 상급자의 행동을 변화시킨 다음에 하급자들을 대상으로 변화계획을 실행하면 변화효과는 자연히 증가한다는 것이다.

그러나 변화의 대상이 구성원의 행동이 아니고 조직구조나 기술이라면 먼저 밑에서부터 시작해야만 변화를 비교적 용이하게 진행할 수 있고 변화효과 역시 높게 나타난다. 어느 한 부서에서 변화의 효과가 현저하게 나타나면 다른 부서에서는 그러한 변화를 자연적으로 받아들이게 되며, 변화계획을 실행하는 중에 문제가 발생하더라도 그에 대한 대책을 마련하는 것이 비교적 쉽고 조직 전체의 업무에 큰 지장을 주지 않기 때문이다. 그러나 이러한 '상향적 전략'도 역시 최고경영자의 이해와 지원이 있어야 한다.

(2) 변화의 진행

다음으로 '변화를 전반적으로 진행할 것인가 또는 점진적으로 진행할 것인가' 하는 문제에 대해 살펴보자.

목표관리 · 직무충실화 · 감수성훈련 등과 같은 변화의 전반적 프로그램은 전문가나 전문기구에 의해 설계된 것으로서 과거에 이미 다른 조직에 사용되어 풍부한 경험과 자료가 축적되어 있다. 따라서 변화를 실행하는 과정에서 부딪칠 수 있는 문제점과 해결방법을 사전에 이해할 수 있다. 그러나 이러한 전반적 프로그램은 이미 설계되어 있는 것을 일률적으로 적용하는 방식을 취하기 때문에 부서나 조직에서 변화를 책임지고 있는 경영자의 참여가 부족하게 된다는 것이 가장 큰 단점이라고 할 수 있다. 즉, 경영자들은 이러한 프로그램은 전적으로 전문가의 책임하에 진행되어야 한다고 믿기 때문에 방관하는 태도를 취하게 된다. 그러한 상황에서는 진정한 변화가 이루어지는 것이 어렵게 된다.

점진적 프로그램 역시 전문가의 도움을 필요로 한다. 그러나 이 프로그램에서 전문가는 주로 자료를 수집하고 분석하는 일을 맡게 되며 프로그램의 실제적인 실행과정과 행동계획은 그러한 분석결과를 기초로 이루어지는 경영자와 전문가의 공동 노력에 의해 결정된다. 따라서 점진적 프로그램의 전략이 경영자들의 보다 많은 참여를 유도할 수 있고 프로그램을 실제 상황에 맞추어 실행할 수 있다는 것은 전반적 프로그램의 전략에 비하여 우수한 점이라고 할 수 있다. 그러나 점진적 프로그램을 실행하는 데는 많은 시간과 노력이 필요하고, 경영자들이 상당한 정도의 행동과학에 대한 지식과 소양을 갖추어야만 한다.

(3) 변화의 속도

마지막으로 '변화의 속도에 관한 문제'이다. 많은 사람들은 조직변화는 반드시 확고한 결심과 결단력을 가지고 신속하게 진행하는 것이 효과적이라고 주장한다.

사실 그러한 방법으로 성공한 사례도 적지 않다. 그러나 학자들은 그러한 방법이 조직의 단기적인 문제를 해결하는 데는 효과적이지만 '사람에 관한 문제'를 해결하는 데는 지극히 비효과적이라고 말한다[Blake and Mouton, 1969: 8-9].

또한 지나치게 느리게 이루어지는 변화 역시 바람직하지 않다. 변화가 매우 완만하게 진행되어 효과가 오래도록 나타나지 않게 되면 처음에는 매우 열성적이던 사람도 점점 변화에 무관심해지거나 냉담해지게 된다.

조직을 변화시키는 데 있어 적당한 속도를 찾는 일은 무엇보다도 중요하다. 그렇지만 이것은 쉬운 일이 아니다. 변화전문가라고 할지라도 외부에서 초빙된 사람인 경우에는 변화의 속도는 중요한 문제가 된다. 속도를 지나치게 빠르게 진행하면 구성원이 변화 자체를 받아들이기가 어렵게 되고, 반대로 속도를 지나치게 느리게 진행하면 자신이 오히려 조직에 동화되어 객관적인 위치에서 변화프로그램을 실행할 수 없게 된다.

3) 조직변화에 대한 반응

계획적 조직변화에서는 후에 나타날 수 있는 모든 반응을 예측하고 그 원인을 분석해야 한다. 그렇게 함으로써 변화프로그램의 성공적인 실행이 가능해 지고 프로그램 자체의 결함을 파악할 수 있게 된다. 변화에 대한 반응은 대체로 다음과 같이 세 가지의 방식으로 나타난다.

① **변화에 대한 저항**: 이는 변화에 반대할 때 나타나는 반응이다.

② **관망적 태도**: 변화 자체가 조직과 자신에게 어떤 영향을 미칠 것인지를 확실하게 판단할 수 없을 때 나타나는 반응이다.

③ **변화에 대한 적극적 지지**: 변화가 조직과 자신에게 모두 도움이 된다고 생각할 때의 반응으로서 변화를 촉진하는 역할을 한다.

여기서 변화에 저항하도록 하거나 변화를 촉진시키는 요인에 대하여 살펴보면 아래와 같다.

(1) 변화에 대한 저항요인

변화에 저항하는 행동은 아무런 원인이나 이유도 없이 나타나는 비이성적인 반응이 결코 아니다. 조직구성원이 변화에 저항을 보이는 것은 분명히 변화에 저항하도록 만드는 어떤 요인들이 있기 때문이다. 변화에 대한 저항요인을 개인 · 집단 · 조직의 세 측면으로 나누어 살펴보면 다음과 같다.

① 개인적 저항요인: 조직변화는 조직 내의 권력구조에 영향을 미칠 수 있다. 따라서 조직변화가 개인이 조직 내에서 누리고 있는 지위나 영향력을 약화시키는 경우에는 강한 저항에 부딪치게 된다. 그리고 변화가 개인의 가치관이나 안정감과 갈등을 일으킨다든지 동료와의 관계를 위협하게 된다면 역시 강한 반발을 불러일으킬 것이다. 또한 어떤 경우에 있어서는 반대의 원인이 변화를 원하지 않기 때문이 아니고 변화과정에서 하나의 협상조건으로 내세우기 위한 것일 수도 있다[Dalton 등, 1968]. 이 밖에 다음과 같은 사람은 변화에 대해 특히 강한 반발을 보이는 경향이 있다. 첫째, 개인적 경험을 매우 중시하는 사람은 변화로 인하여 증대하는 불확실하고 이해하기 어려운 요소들에 대해 심한 불안과 초조함을 느끼게 된다. 둘째, 위험을 감당할 능력이 부족한 사람은 항상 과거에 경험한 좋은 방법이 미래에도 역시 효과적일 것이라고 확신하는 경향이 있다. 셋째, 교육수준이나 지적능력이 낮은 사람은 변화가 요구하는 또 다른 인간관계 · 지식 · 기술 등과 같은 새로운 환경에 적응하기가 어렵기 때문에 변화에 대하여 두려움을 갖게 된다.

② 집단적 저항요인: 조직변화가 만일 작업집단의 규범이나 동료 사이의 관계를 파괴하려 한다면 집단의 강력한 반발에 부딪친다. 예를 들면, 영국의 한 탄광에서는 새로운 채탄법을 도입한 후에 오히려 광부들의 태업이 증가하고 생산성이 낮아지는 결과를 가져왔다. 이 회사는 후에 그 원인을 알아보는 과정에서 새로운 채탄법을 도입하면서 광부들이 위험한 작업장에서 동료들과 격리된 채 작업을 함에 따라 심리적으로 불안감을 느끼게 되었고 동료들과의 관계가 소원해졌기 때문에 큰 불만을 가지게 되었다는 사실을 깨달았다.

③ 조직적 저항요인: 변화에 대한 조직적 저항요인은 대부분 조직구조와 관계가

있다. 일반적으로 기계적 구조에서는 변화에 대한 저항이 강하게 나타난다. 그러한 조직구조에서는 현재의 상태를 유지하려는 경향이 강하기 때문이다. 또한 변화에 대한 저항은 '비공식적 가치구조'와 관계가 있다. 예컨대, 동료들 간의 화목을 중시하는 조직에서 조직변화를 통해 경쟁을 강요한다면 강한 저항을 불러일으키게 된다.

(2) 변화의 촉진요인

조직에는 변화에 저항하게 만드는 요인뿐만 아니라 변화를 촉진시키는 요인도 있다. 변화의 촉진요인도 개인 · 집단 · 조직의 측면에서 살펴보면 다음과 같다.

① **개인적 촉진요인**: 조직변화가 개인의 기대나 성향 등과 일치하면 변화프로그램은 적극적인 지지를 받는다. 예를 들면, 구성원의 대부분이 모험적이고 새로운 경험을 원하며 자기 자신을 적극적으로 표현하려는 성향이 강한 조직에서는 조직변화가 저항을 받지 않고 용이하게 이루어진다.

② **집단적 촉진요인**: 조직변화가 집단의 규범이나 구성원 간의 관계를 파괴하지 않고, 구성원이 변화 자체를 집단목표의 달성이나 집단문제의 해결을 위한 기회나 수단으로 생각하면 변화를 반대하지 않거나 오히려 변화를 적극적으로 수용하는 태도를 보인다.

③ **조직적 촉진요인**: 일반적으로 유기적 구조에서는 변화를 어렵지 않게 받아들인다. 예를 들면, 매트릭스조직이나 프로젝트조직과 같이 비교적 유기적 구조에 가까운 조직의 구성원은 심리적으로 이미 그러한 조직의 성격을 충분히 이해하고 있기 때문에 어떠한 변화프로그램이라도 거부감 없이 쉽게 받아들이는 경향이 있다.

14-2 | 조직개발의 성격과 목표

1. 조직개발의 성격

사람들은 평소 경영인력을 양성하는 데 필요한 훈련기법에 대해 큰 관심을 보인다. 그러나 그와 같은 훈련기법은 사람의 태도나 행동을 변화시키기 위한 것이라기보다는 지식이나 기술을 습득시키기 위한 학습방법에 속한다. 심리학자들은 그러한 훈련기법을 '표면적 개입기법(surface intervention)'이라고 부른다.

한 사람의 유능한 조직구성원이 되기 위해서는 특정의 지식이나 기술을 습득하는 것도 필요하다. 그러나 더욱 중요한 것은 급격히 변화하는 조직의 내외환경에 적응해나갈 수 있도록 새로운 태도와 신념 그리고 가치관을 지니는 일이다. 그렇지만 일단 형성된 태도 · 신념 · 가치관 등과 같은 특성을 다시 바꾼다는 것은 매우 복잡하고도 어려운 일이다. 근래에 와서 산업심리학자들이 주축이 되어 사람의 행동을 변화시키기 위한 여러 기법들이 개발되었는데 이것을 '심층적 개입기법(in-depth intervention)'이라고 한다. 그리고 조직행동론에서 이러한 기법들을 이용하여 조직구성원의 행동변화를 다루는 분야가 조직개발(Organizational Development: OD)이다.

OD는 "행동과학의 지식을 바탕으로 조직구성원의 태도 · 가치 · 신념 · 행동 등에 대한 계획적인 변화를 유도하여 조직유효성을 향상시키는 과정"이라고 할 수 있다. 따라서 행동과학의 지식, 계획적인 변화, 조직유효성의 개선이라는 세 가지 요소가 OD를 이해하는 데 있어 가장 핵심이 된다. 이 밖에 OD의 몇 가지 추가적인 성격을 살펴보면 다음과 같다[French and Bell, 1978: 68-84].

첫째, OD는 지속적인 상호작용의 과정이다. 여기에서 '지속적'이라 함은 단편적이고 응급처치용의 대처방안이 아니라 일련의 장기적이고 계속적인 개입행동을 통해 점차 변화를 꾀하고 성과를 얻으려는 것을 의미한다. 그리고 '상호작용의 과정'이라 함은 일련의 개입행동과 그에 대한 반응을 일방적인 인과관계가 아닌 서로 상호작용하여 나가는 관계로 파악해야 한다는 말이다. 이렇게 함으로써 OD

의 동태적인 과정, 즉 변화 그 자체뿐만 아니라 어떻게 해서 변화가 이루어지는가 하는 보다 중요한 사실을 이해할 수 있게 된다.

둘째, OD는 변화를 위한 규범적인 재교육전략이다. OD는 변화의 원천으로서 조직구성원의 신념 · 가치관 · 태도 등과 같은 요인을 중시한다. 따라서 변화담당자는 조직의 변화를 가져오기 위해서는 먼저 구성원의 신념 · 가치관 · 태도 등에 변화가 있어야 한다고 믿는다. 예컨대, 조직을 기계적 조직에서 유기적 조직으로 변화시키기 위해서는 구성원의 신념 · 가치관 · 태도를 개방적 · 신뢰적 · 자기통제적인 방향으로 변화시켜야 한다.

셋째, OD는 자료에 근거하는 계획적인 변화를 지향한다. OD의 실행과정에서는 '행동연구(action research)'라는 전략이 많이 사용된다. 행동연구는 조직에 대한 자료를 체계적으로 수집해서, 구성원에게 다시 피드백하여 행동계획을 수립하도록 하고, 행동이 이루어진 다음 또 다시 자료를 수집하여 결과를 평가하는 과정을 말한다. OD에서는 이러한 과정의 반복을 통해 조직이 점차로 한 단계씩 발전하게 된다는 것을 강조한다.

넷째, OD는 조직을 시스템적 접근방법의 관점에서 파악한다. 조직 내의 어떤 사건이나 문제를 보다 정확히 이해하기 위해서는 다른 사건이나 문제들과의 관계를 파악할 필요가 있다. 조직에서 일어나는 모든 사건 · 문제 · 현상들은 결코 개별적 · 고립적인 성격의 것이 아니고 상호 간에 밀접한 관계를 형성하고 있기 때문이다. 따라서 하나의 사건이나 문제를 분석할 때에는 하나의 원인에만 집착해서는 안 되고 여러 원인들을 동시에 고려해야 한다. 또한 그러한 특정한 사건이나 문제는 어느 하나의 대상에만 영향을 미치는 것이 아니고 조직 내에 존재하는 많은 대상 또는 현상에 대해 두루 영향을 미치게 된다. 마찬가지로 OD는 조직의 일부분이 아닌 전체의 변화를 추구한다. 이를테면 OD가 강조하는 사람중심의 변화는 구성원의 신념 · 가치관 · 태도 등에 대한 변화만을 목표로 하는 것이 아니라, 그러한 변화를 통해 조직의 기술과 구조를 포함하는 조직 전체의 변화를 추구하는 것이다. 즉, OD의 대상은 개인으로서의 구성원이 아니라 전체로서의 조직인 것이다.

다섯째, OD는 실제의 경험을 근거로 한다. OD의 모든 개입기법들은 추상적이 아닌 구체적이고 실제적인 행동을 통해 문제를 해결하는 데 중점을 준다. 즉, 경험으로부터 일반적인 이론을 이끌어 내려고 하는 것이다. 예를 들면, 조직 내의 커뮤니케이션을 개선하려고 할 때 OD프로그램에 참가한 사람들은 의사소통을 실제로 연출해 보고 나서 문제는 어디에 있고 개선방안은 무엇인지, 그리고 그러한 경험으로 무엇을 배울 수 있는지를 토의하게 된다.

여섯째, OD는 목표설정과 계획을 강조한다. OD를 통해 조직유효성을 향상시키는 한 가지 방법은 목표설정과 계획수립의 행동을 강조하면서 목표설정방법과 계획수립방법을 개선하는 것이다. 여기에는 "구성원이 구체적인 목표를 받아들이면 높은 성과를 얻게 되며, 계획과정에 구성원이 참여하면 보다 현실적인 계획을 수립할 수 있을 뿐만 아니라 계획을 실행하는 데 있어서도 구성원으로부터 실질적인 협조를 확보할 수 있다"는 믿음이 깔려 있다.

일곱째, OD는 작업팀(work team)을 강조한다. OD의 기본적인 믿음의 하나는 조직 내의 모든 일은 실제로 다양한 팀을 통해 이루어진다는 것이다. 따라서 팀 내에서 과업수행방법, 관계, 문화를 변화시킴으로써 조직을 개선시킬 수 있다고 본다.

2. 조직개발의 목표와 기본가정

1) 조직개발의 목표

사람은 조직의 가장 귀중한 자원인 동시에 개발과 유지 그리고 이용하기가 가장 힘든 존재이다. 사람들은 모두 나름의 발전목표가 있으며 그러한 개인목표는 조직의 목표와 일치할 수도 있고 일치하지 않을 수도 있다. 만일 한 개인의 목표와 조직목표 사이에 큰 차이가 발생한다면 그는 조직을 떠나려고 할 것이다. 그러한 사람이 어떤 이유로 조직에 계속 머문다고 할지라도 조직에 대한 기여도는 매우 제한적일 수밖에 없을 것이다. OD의 궁극적인 목표는 계획된 변화를 통해 조직행동의 전 과정에서 추구하고 있는 목표, 즉 "개인목표와 조직목표를 통합하여 조직유효성을 향상시킨다"는 데 있다. OD의 목표를 구체적으로 살펴보면 다음과 같다[French, 1978: 541－542].

① 조직구성원의 신뢰와 협동수준을 높인다.

② 조직의 문제를 공개적으로 제시하고 토론하는 기회를 증가시킨다.

③ 조직커뮤니케이션의 개방성과 진실성을 촉진한다.

④ 조직구성원의 사기와 만족도를 높인다.

⑤ 경영자의 리더십을 참여적 · 협동적 스타일로 변화시킨다.

⑥ 갈등을 억제하기보다는 갈등을 관리하는 데 중점을 둔다.

⑦ 상호의존적 집단들 사이의 기능적 갈등을 제거한다.

⑧ 조직구성원에 대한 여러 수준의 동기부여를 촉진한다.

⑨ 경영자의 정치행위를 줄인다.

⑩ 중대한 변화에 대한 신속한 대응능력을 키운다.

2) 조직개발의 기본가정

조직개발은 엄격히 말해서 나름의 독특한 '내용'이 있는 개입기법들을 이용하여 조직의 변화를 꾀하는 과정이라고 할 수 있다. 따라서 OD에서 이용되는 기법들은 강의나 직장내훈련 등과 같이 지식이나 기술을 습득시키기 위한 훈련기법과는 크게 다르다. 지식이나 기술의 습득을 위한 훈련기법들은 훈련의 내용에 제한을 두지 않는다. 그러나 OD는 조직개발의 목표에서 알 수 있듯이 인본주의적 · 민주적 가치를 지향하기 때문에 훈련내용 역시 그러한 기본가정을 전제로 하여 이루어진다. 예를 들면 OD는 'Y이론'의 가정을 기초로 하는 유기적 조직, 즉 개방성 · 신뢰성 · 자기통제 등이 강조되는 조직을 추구하기 때문에 훈련내용 또한 그러한 실질적인 기초 위에서 이루어진다. 따라서 폐쇄성, 불신, 외적 통제 등과 같은 태도와 가치관이 강조되는 전통적 · 기계적 조직에서는 OD를 시도하는 것이 어렵다. 그러한 조직과 OD는 그 추구하는 방향이 완전히 다르기 때문이다.

OD가 기초로 하는 기본가정 내지 기본전제를 개인 · 집단 · 조직 수준별로 요약하면 다음과 같다[Huse, 1980: 30－31].

(1) 개인에 대한 기본가정

① 개인의 성장과 발전에 대한 욕구는 후원적이고 도전성이 있는 환경에 서 충족될 가능성이 크다.

② 대부분의 사람들은 자기의 잠재력을 충분히 발휘하지 못하고 있다. 또한 사람들은 자신의 행동에 대해 책임을 질 능력이 있으며, 조직성과에 대해 긍정적인 기여를 할 수 있다.

(2) 집단에 관한 기본가정

① 집단은 개인에게 매우 중요하다. 개인은 집단활동을 통해 욕구를 충족시킬 수 있다. 동시에 개인은 항상 집단으로부터 행동상의 제약을 크게 받는다.

② 집단은 조직목표를 달성하는 데 기여할 수도 있고, 오히려 해가 될 수도 있다.

③ 사람들이 협력하여 개인의 욕구를 충족시키고 조직의 목표를 달성하기 위해서는 반드시 집단유효성을 높여야 한다. 집단유효성은 구성원들 사이의 상호협력과 리더의 효과적인 리더십스타일에 의해서 향상될 수 있다.

(3) 조직에 관한 기본가정

① 조직은 하나의 개방시스템이다. 따라서 조직의 어느 하위시스템에서의 변화는 다른 하위시스템에도 영향을 미친다.

② 사람들은 모두 개인의 감정과 태도에 따라 행동하려고 한다. 그러나 일반적인 조직문화는 구성원의 감정과 태도의 표현을 억제하기 때문에 문제해결, 직무만족, 개인의 자아실현 등에 대해 부정적인 영향을 미치게 된다.

③ 대부분의 조직에서 구성원 상호 간의 지원과 신뢰 그리고 협력이 충분히 이루어지지 않고 있다.

④ 조직에서 구성원이나 부문 사이의 경쟁은 경우에 따라 필연적으로 발생한다. 그러나 많은 경우 그것을 잘못 운용함으로써 개인과 조직 모두에게 불리하게 작용한다.

⑤ 개인 간 또는 집단 간의 갈등은 대부분 개인적인 원인에 의해서가 아니라

잘못된 조직설계에 의해 발생한다.

⑥ 갈등해소를 위한 공개적인 토의는 개인의 성장과 조직목표의 달성에도 도움이 된다.

⑦ 구성원의 감정을 중요한 요인으로 고려하게 되면 리더십스타일, 커뮤니케이션, 목표설정, 집단 간 협력, 그리고 직무만족 등을 개선하는 데 도움이 된다.

⑧ 조직구조와 직무는 개인 · 집단 · 조직의 욕구를 충족시킬 수 있게 설계할 수 있다.

OR Humor 14 긍정적 사고

한 직원이 회사에 큰 손해를 끼치자 사장이 노발대발했다.

"자네 월급에서 앞으로 30년 동안 매달 50만원씩 떼겠으니 그런 줄 알아."

사장실에서 나오자마자 그 직원이 아내에게 급히 전화를 걸어 알려줬다.

"여보, 나 30년 동안 퇴직 걱정 없어졌어!"

자료: 인크루트 자료실(http//people.incruit.com/news/newsview)

14-3 | 조직개발의 개입기법

1. 조직개발 개입기법의 분류

조직개발을 위한 개입기법(intervention)에는 많은 종류가 있다. 그리고 개입기법들은 변화의 내용이나 방법에 따라 분류할 수도 있고, 개인 · 집단 · 조직시스템 등 변화의 수준에 맞추어 분류할 수도 있다[French and Bell, 1978: 109−

115].

여기에서는 개입기법을 [표 14-1]과 같이 개인 · 집단 · 조직시스템 등 변화수준으로 분류하였다. 물론 개입기법을 단순히 개인 · 집단 · 조직시스템이라는 기준으로 분리하기는 어렵다. 많은 기법들은 동시에 여러 수준 또는 대상에 적용될 수 있기 때문이다. 따라서 이와 같은 분류는 개입기법 각각의 기본성질과 내용 및 적용빈도 등을 감안하여 편의상 분류한 것이다.

여기에서는 이들 개입기법 중에서 비교적 널리 사용되고 있는 것을 중심으로 살펴보기로 한다.

표 14-1 변화수준에 의한 개입기법의 분류

변화수준	변화의 중점	개입기법
개인	개인의 내재적 상태와 관계의 개선	• 감수성훈련 • 엔카운터그룹 • 생애 · 경력계획 • 형태적 접근
	개인의 직무관련행동의 개선	• 직무충실화 • 목표관리 • 근무시간변경 • 행동수정
집단	집단 내의 관계와 직무수행방법의 개선	• 상호작용분석 • 직무기대 • 과정자문 • 역할분석 • 팀구축
	집단 간의 관계와 직무수행방법의 개선	• 집단 간 팀구축 • 제3자 조정 • 조직거울
조직시스템	조직 운용방법의 개선	• 설문조사피드백 • 대면회합 • 근로생활의 질 향상 • 시스템4조직개발

2. 조직개발 개입기법의 활용

1) 개인수준의 개입기법

(1) 감수성훈련

감수성훈련(sensitivity training)은 T-그룹훈련(T-Group training)이라고도 부른다. 일반적으로 감수성훈련의 특징으로는 다음과 같은 내용을 들 수 있다[Tannenbaum, 1961: 23].

첫째, 훈련은 보통 10~15명 정도의 소집단형태로 이루어진다. 훈련시간 동안에 참가자들은 원래의 직무를 떠나 훈련에 전념할 수 있는 환경을 갖춘 별도의 장소를 이용하게 된다. 그러나 참가자들의 토론을 위한 공식적인 일정은 사전에 계획되지 않는다.

둘째, 토론은 훈련집단 내에서 발생하는 사건이나 문제에 국한하여 이루어진다. 즉, 과거의 사건이나 참가자들이 원래 속해 있는 부서에서 발생하는 문제는 토론의 대상이 되지 않는다.

셋째, 토론을 진행하는 동안에 의사일정을 정하려고 하거나 자신의 의사에 따라서 토론을 진행하려고 하는 사람이 있을 수도 있는데 훈련담당자는 그러한 일이 발생하지 않도록 유도하게 된다.

넷째, 훈련담당자는 참가자들의 리더로서 직접 토론에 참여하지 않고 주로 침묵을 지키면서 진행과정을 관찰한다.

다섯째, 훈련이 진행되는 동안 참가자들의 교육수준이나 직위의 차이는 중시되지 않는다.

감수성훈련은 개인이 자기의 행동에 대하여 깊이 그리고 객관적으로 인식하며 타인 행동이 나타내는 의미를 보다 민감하게 받아들일 수 있게 하는 데 목적이 있다. 따라서 훈련과정에서 참가자들은 각자 상호 간의 피드백을 통해 타인행동에 대한 자기의 느낌을 솔직히 표현해야 하고, 타인들의 토론대상이 되고 있는 참가자 역시 그에 대한 자기의 반응과 생각을 꾸밈없이 표현해야 한다. 이것을 '피드백에 대한 피드백(feedback on feedback)'이라고 한다. 참가자들은 이러한 과정에서 지금까지 자기가 견지해 온 생각과 방식이 잘못된 것이라는 사실을 발견하고 심리적으로 긴장감과 초조함을 느끼게 된다. 그리고 이러한 경험을 통해 보다 깊이 학습하게 된다.

감수성훈련은 일정한 주제나 공식적인 일정이 없이 진행되기 때문에 적어도 훈련의 초기에는 참가자들이 당황하거나 불편함을 느끼게 된다. 그렇기 때문에 감수성훈련의 효과는 참가자들의 성격과 밀접한 관계가 있다. 예를 들면, 자기방어(self-defense)의 의식이 너무 강하고 불확실성이나 모호함(ambiguity)을 용인하지 못하는 사람은 이 훈련에 참가하는 것이 부적합하다. 또한 서로를 너무 잘 알고 있는 사람들을 동시에 훈련에 참가시키는 것은 바람직하지 않다. 그러한 사람들은 자기의 생각을 서로 솔직하고 공개적으로 표현하기가 쉽지 않기 때문이다. 이 밖에 감수성훈련은 다음과 같은 문제점을 안고 있다.

첫째, 이 훈련은 항상 사람의 마음속 깊은 곳을 자극하기 때문에 잘못 운용하게 되면 참석자에게 큰 심리적 상처를 입히게 된다.

둘째, 이 훈련으로 참가자들의 태도와 행동을 변화시킬 수 있다고 하더라도 그들이 원래의 작업환경에 돌아와서도 변화된 태도와 행동이 계속 유지될 수 있는가 하는 것이다.

셋째, 태도와 행동의 변화가 조직목표를 달성하는 데 도대체 어떤 도움이 될 수 있는가 하는 것이다.

(2) 생애 · 경력계획

생애 · 경력계획(life-career planning)은 개인과 조직이 같이 노력하여 구성원의 생애목표와 경력계획을 수립하고, 개인의 목표와 조직의 전략적 목표를 통합함으로써 조직에 대한 구성원의 몰입(commitment)수준을 높이고, 구성원 자신의 적극적인 자기개발능력을 기르는 동시에, 조직의 성과를 향상시키려는 목적으로 개발된 개입기법이다.

구성원은 많은 시간을 조직에서 보내면서 능력과 기술을 중심으로 목표를 달성하려고 노력한다. 따라서 구성원은 자기의 목표와 조직에서 주어지는 기회를 서로 맞추어 가면서 직장은 물론 경력경로(career path)를 선택하게 되고, 여러 가지의 업무와 역할을 배정받으면서 어떤 발전과정을 거쳐 나가게 된다. 조직에서의 생활기간이 개인의 전체 생애에서 가장 중요한 부분을 차지하므로 조직에서 자기 자신을 실현해 보려는 것은 구성원의 자연적인 욕망이며, 조직도 이에 부응하여 구성원의 경력개발을 위해 적극적으로 노력하는 것이 조직의 사회적 책임으로 인식되기에 이르렀다[이학종, 1992: 465; Lippitt, 1970].

이와 같이 개인은 어디까지나 자기가 원하는 경력을 추구하고 싶어 하지만, 개인이 원하는 경력기회와 이상적인 경력경로를 조직이 항상 제공할 수 없고, 또 개인이 원래 의도한 경력이 경로에 따라 진행되었다 할지라도 이후에 성숙과정을 거치는 동안에 자기의 경력목표를 변경할 수도 있다. 그리고 조직도 항상 변하고 있으므로 전에는 없었던 새로운 경력기회와 경로가 많이 생길 수도 있다. 따라서 조직에서는 구성원 스스로 자기의 생애와 경력계획을 합리적으로 수립하고 또 정확하게 평가할 수 있도록 지도함으로써 그들의 능력을 체계적으로 개발할 필요가 있다. 생애 · 경력계획은 전통적으로 이러한 필요성에 의해 발된 개입기법이다.

생애 · 경력계획의 구체적인 실행단계를 살펴보면 다음과 같다[Huse, 1975: 266].

■ 제1단계

① 개인별로 백지에 횡선을 긋도록 한다. 이 선은 개인의 한 생애를 나타내는 생명선인 동시에 선의 길이는 개인의 경험과 미래의 희망을 의미한다.

② 선상에 자신이 현재 속해 있다고 생각되는 위치에 표시를 하도록 한다.

③ 전 생애를 통해 개인이 경험한 또는 경험할 것으로 예상되는 다음과 같은 사건을 열거하도록 한다.

- 경험한 것 중에서 가장 좋은 사건
- 직접 행한 일 중에서 바람직한 것
- 직접 행한 일 중에서 바람직하지 않은 것
- 행하지 않은 일 중에서 앞으로도 하기를 원하지 않는 것
- 배우고 싶은 일
- 앞으로 간직하고 싶은 가장 좋은 경험

- 앞으로 얻기를 원하는 인생에서 가치 있는 것(예: 지위, 부, 명예 등)
- 현재 시작하려고 생각하는 일

④ 훈련집단을 몇 개의 조로 나누어 이상의 자료에 대해 토론한다.

■ 제2단계

① 20분 동안에 자기가 죽은 후의 부고를 작성하도록 한다.

② 2인 1조로 하여 20분 동안에 상대방의 죽음을 애도하는 글을 쓰도록 한다.

③ 훈련집단을 다시 몇 개의 조로 나누어 이상의 자료에 대해 토론한다.

생애 · 경력계획의 실행방식은 이 밖에도 여러 가지가 있다. 그러나 어떤 방식을 사용하든지 개인의 적극적인 자기개발능력을 향상시키고 직무만족도를 높이며 직무와 개인생활을 합치시키는 등 조직의 전략적 목표와 상호 결합할 수 있게 하는 데 초점을 두어야 한다. 그리고 생애 · 경력계획을 실시하는 과정에서 변화담당자 또는 경력상담자(career counselor)는 다음과 같은 개입역할을 수행하여야 한다[Huse, 1975: 267].

첫째, 구성원이 지금까지의 자기 경력의 발전경로와 계기를 인식할 수 있도록 한다. 그리고 자기의 강점과 약점을 찾아내고 자기에 대하여 정확한 평가를 할 수 있도록 도와준다.

둘째, 구성원의 생활방식과 그들이 원하는 경력을 중심으로 하여 미래의 목표를 설정하도록 유도한다.

셋째, 구성원이 자기의 경력경로와 기간별 행동계획 등 구체적인 경력계획을 수립할 수 있도록 도와준다.

(3) 목표관리

목표관리(MBO)는 조직과 구성원의 목표를 통합하고 구성원의 동기를 유발시켜 직무성과를 향상시키고 나아가 전체 조직의 유효성을 높이는 데 있어서 매우 효과적인 기법이다. 조직목표와 구성원목표의 통합은 상급자와 하급자가 공동목표를 설정하는 과정을 거쳐 실현되고, 구성원의 동기유발은 구성원 개인의 목표가 공동목표를 설정하는 과정에 반영되고 목표달성이 정당한 보상으로 연결됨으로써 이루어지게 된다.

목표관리는 개인의 성격과 참여 그리고 권한위양 등이 강조되는 '참여관리(management by participation)'의 원칙을 응용한 경영기법의 하나로서 일반적으로 다음과 같은 단계를 거친다[吳定, 1984: 121-122].

■ 계획수립단계

① 목표관리추진조를 결성하여 필요한 계획과 훈련 그리고 실행가능성분석 및 협조 등과 같은 작업을 수행할 수 있도록 한다.
② 중간경영층 이상의 간부들에게 목표관리의 개념과 기본적인 방법을 주지시킨다.
③ 목표관리의 구체적 실행방법에 대해 계획을 세운다.
④ 목표관리의 적용대상과 범위를 정한다.

■ 준비단계

① 실행단위들이 필요한 계획을 수립하는 작업을 도와준다.
② 각 계층의 경영자들이 상급자와 하급자 간의 협력을 통해 단위목표와 개인목표를 설정하는 작업을 지도한다.
③ 교육훈련을 실시하여 하위경영자들이 목표관리를 실행하는 데 요구되는 지식을 습득할 수 있게 한다.

■ 실행단계

① 부문별로 구성원에게 목표관리를 실행하는 데 필요한 사항을 주지시킨다.
② 목표관리를 사전계획 · 집행 · 사후통제의 세 단계로 나누어 실행한다.
③ 목표관리를 추진함으로써 얻은 것과 잃은 것을 검토한다.
④ 목표관리평가회의를 통해 결과를 평가하고 개선방안을 토의한다.

조직은 목표관리를 통해 많은 것을 얻을 수 있다. 그러나 긍정적인 결과를 얻기 위해서는 목표관리를 실행에 옮기는 데 부딪치는 많은 장애와 문제점을 극복해야 한다.

모든 사람이 목표관리를 찬성하는 것도 아니다. 어떤 사람들은 목표관리를 실행한다고 해서 그 효과가 즉시 나타나는 것은 아니라고 주장한다. 즉, 목표관리의 효과는 실행환경과 실행방식 등이 적합한지의 여부에 달려 있다는 것이다. 따라서 많은 경우에 있어서는 목표관리가 실패할 수 있는 가능성 또한 크다고 할 수 있는데, 그러한 상황으로는 다음과 같은 것들이 중요하다.

① 최고경영자의 목표관리에 대한 진정한 인식과 이해의 부족: 최고경영자가 목표관리의 중요성을 인식하지 못함으로써 오직 목표관리의 채택만을 결정하고 그 후의 실제 실행에 관한 문제는 모두 하급자들에게 일임한다면 그러한 목표관리는 실패할 수밖에 없다. 목표관리는 최고경영자의 참여에 의한 계속적인 관심과 지원이 있는 경우에만 각 계층의 경영자들 역시 적극적으로 참여하고 잠재력을 충분히 발휘할 수 있기 때문이다.

② 충분한 사전교육의 결여: 비록 목표관리의 기본논리가 상당히 간단하고 명료하다 할지라도 그것을 실제의 직무상에 응용한다는 것은 쉬운 일이 아니다. 왜냐하면 목표관리를 효과적으로 실행하기 위해서는 종종 개인의 사고방식과 태도상의 변화가 요구되기 때문이다. 예를 들면, 목표관리에서는 경영자의 주의력을 성과를 달성하는 작업이 아닌 성과 그 자체에 집중시킬 것이 요구되는데, 그것이 경영자들에게는 결코 쉬운 일이 아니다. 따라서 목표관리는 상당한 시간의 교육과 훈련을 통해 구성원이 그것을 철저히 이해한 후에 실시되어야 성공할 수 있다.

③ 목표선택의 부당성: 예를 들어, 측정상의 편의만을 고려하여 단기목표나 너무 편협한 목표를 선정한다면 결국 중요한 장기목표를 소홀히 하는 결과를 불러오게 된다. 또한 비용절감의 목표를 달성하기 위해 반드시 필요한 기존의 공장설비를 보전하지 않거나 그 일을 뒤로 미루는 것과 같이 설정된 특정 목표만을 강조하게 되면 그 밖의 필요한 요구는 무시되는 결과를 가져온다.

④ 상급자와 하급자 관계의 악화: 상급자와 하급자 사이의 관계가 원만하지 못하

면 협의과정을 통해 모두 찬성할 수 있는 양호한 목표를 이끌어 내기가 어렵게 된다. 또한 상급자가 직접 목표를 하급자에게 하달하거나 하급자가 완전히 상급자의 결정에 복종하여 자신은 어떤 의견도 표시하지 못하면 목표관리는 유명무실한 것이 된다.

⑤ **실행기간 중 지속적 강화작용의 결여**: 행동과학과 목표관리에 관한 연구에 의하면 목표관리를 실행하는 기간 중에는 정기적인 강화작용이 필요하다. 예를 들면, 최고경영자는 정기적인 회의를 통해 목표관리에 대한 관심과 지지를 표명하고, 하부계층경영자들의 실행노력을 격려해 주고 노고를 치하해 주어야 한다. 또한 인사부문은 목표관리에 관한 훈련을 실시하거나 자료를 제공하여 각 부문의 경영자와 구성원이 목표관리에 대해 보다 정확하게 이해할 수 있도록 도와야 한다. 만일 이러한 강화작용을 위한 조치가 없으면 시간이 지남에 따라 사람들의 열의는 식게 되고 목표관리는 결국 실패하는 결과를 불러온다.

⑥ **문서작업의 지나친 강조**: 어떤 기업은 목표관리를 열성적으로 실행한다는 사실을 보여주기 위해서 각종 복잡한 서식을 대량으로 설계하여 각 계층의 경영자들이 서식에 따라 반복하여 서류를 작성하도록 만든다. 그 결과 대부분의 사람들은 그러한 서류를 작성하는 데 너무 많은 시간을 허비함에 따라서 결국에는 목표관리를 실행하는 데 반감을 갖게 되며, 나아가 목표관리 자체에 대해서도 거부감을 갖게 된다.

(4) 근무시간변경

최근에는 구성원의 사기와 직무효율을 높이고 구성원이 근무시간을 효과적으로 활용할 수 있게 하기 위한 방안의 하나로 '근무시간변경' 또는 '탄력적 근무시간제(flexible working hours)'를 도입하는 조직이 늘어나고 있다. 이 기법은 구성원에게 출근시간과 퇴근시간을 스스로 선택할 수 있는 권한을 부여함으로써 개인의 생활과 직무를 하나로 통합하여 시간을 나름으로 충분히 이용할 수 있게 할 필요가 있다는 데 착안한 것이다. 그리고 이는 "사람들은 자기가 좋아하는 일이 존중을 받으면 직무에 대해 보다 만족하고 조직에 대해서는 더욱 몰입하게 됨으로써 조직유효성을 증대시키는 효과를 가져 올 것"이라는 기본가정을 가지고 시작하는 것이다.

이 기법의 설계는 매우 간단하다. 조직은 전통적으로 실시해 온 고정적인 출퇴근시간을 핵심시간(core time)과 탄력시간(flexible time)으로 바꾸어 시행하면 된다. 여기서 핵심시간은 구성원이 모두 출근하여 필요한 직무를 수행해야 하는 시간을 말하고, 탄력시간은 구성원이 직무를 자기가 원하는 장소에서 수행할 수 있도록 자유롭게 선택할 수 있는 일부분의 시간이다. 그러나 여기서 유념해야 할 사항은 핵심시간에는 반드시 구성원이 모두 출근하여 근무해야 하며, 탄력시간에는 반드시 규정된 근무시간만큼 직무를 수행해야 한다는 것이다.

핵심시간과 탄력시간의 배정방식은 조직에 따라서 많은 차이가 있다. 예컨대, 조직은 필요에 의하여 탄력시간을 핵심시간의 앞부분과 뒷부분에 배정하든지, 또는 핵심시간을 둘로 나누고 그의 앞과 중간 그리고 뒤에 탄력시간을 배정하기도 한다.

근무시간변경은 개인과 조직 모두에서 큰 효과를 얻을 수 있기 때문에 미국, 일본, 프랑스, 덴마크, 영국, 핀란드, 오스트리아 등 많은 국가의 여러 기관과 기업에서는 오래전부터 조직개발을 위한 개입기법의 하나로 활용하고 있다. 그러나 다른 개입기법들과 마찬가지로 근무시간변경 역시 나름의 결점을 지니고 있다. 이 기법을 활용하려는 조직은 다음과 같은 문제점을 고려해야 한다.

① 조직의 운영비용이 증가한다.
② 구성원의 의사소통과 협조가 어렵게 된다.
③ 물건의 발송과 배달, 작업안전 등과 같은 직무에는 적용하기가 어렵다.
④ 하루하루의 성과를 공평하고 객관적으로 평가하기가 쉽지 않다.
⑤ 인사부문의 직무와 어려움이 증가한다.
⑥ 상급자가 부하들의 행동을 효과적으로 통제할 수 없게 된다.
⑦ 공급자, 소비자 등 조직과 관계가 있는 사람들에게 불편을 준다.
⑧ 상급자와 하급자의 관계가 소원하게 된다.
⑨ 이러한 혜택을 받지 못하는 구성원이 불만을 갖게 된다.

2) 집단수준의 개입기법

(1) 역할분석

역할분석(role analysis technique)은 집단구성원의 역할모호성과 역할갈등의 문제를 해결하고 개인의 역할수행행동이 집단 또는 조직의 목표와 합치될 수 있게 하는 데 목적이 있다. 따라서 새로이 형성된 집단에서 구성원의 역할이 불명확한 경우에는 이 기법을 통해 좋은 효과를 얻을 수 있다.

집단 내에서 역할모호성이 발생하는 큰 원인은 개인이 느끼는 자신의 역할과 다른 사람들이 그에게 기대하는 역할이 일치하지 않기 때문인데, 이러한 현상은 주로 개인의 권한 · 책임 · 과업 등이 명확하지 못하고 모호함으로써 발생한다. 또한 역할갈등은 개인이 실제 수행하는 역할이 자기의 능력수준에 미치지 못하는 것이거나 훨씬 높은 수준의 능력이 요구되는 것일 때, 그리고 실제의 역할과 능력 간에 관련성이 적을 때 발생하게 된다. 역할분석은 집단에서 나타나는 이러한 문제점과 그 원인을 규명하여 집단의 응집성과 기능을 개선하는 데 특히 도움이 되는 기법이다.

역할분석은 구성원 사이에 각자의 역할에 대한 합의가 이루어지면 더욱 생산적이고 만족하는 집단이 된다는 것을 전제로 하고 있는데, 그 실행과정은 다음과 같다[Dayal and Thomas, 1968: 473-506].

① **역할의 분석**: 역할담당자(role incumbent)는 자기의 역할이 존재하는 이유, 집단목표를 달성하는 데 있어서 그 역할이 차지하는 위치와 책임 등을 표로 만들어 제시하고, 다른 구성원은 토론을 통해 모든 사람이 동의할 때까지 제시된 사항을 수정 · 보완한다.

② **역할담당자의 타인에 대한 역할기대의 검토**: 역할담당자는 작업집단 내에서 자기의 역할에 대해 가장 영향을 미치는 다른 사람의 역할에 대한 자신의 기대 사항을 열거 · 제시한다. 그리고 모든 구성원은 역시 토론을 거쳐 그것을 수정하고 보완한다.

③ **타인의 역할담당자에 대한 역할기대의 분석**: 다른 구성원 또한 역할담당자에 대한 요구사항과 기대사항을 표를 만들어 제시하고, 토론을 거쳐 구성원이

모두 만족하게 될 때까지 이를 수정한다.

④ 역할담당자의 역할내용의 작성 및 보고: 역할담당자는 앞의 과정을 거쳐 합의된 자신의 역할에 대한 내용을 작성하여 다른 구성원에게 배부한다. 역할내용(role profile)에는 이 역할이 반드시 이행해야 할 활동, 이 역할과 다른 역할과의 책임관계, 이 역할의 다른 역할에 대한 기대 등과 같은 사항이 포함된 다.

⑤ 역할에 대한 검토: 또 다른 역할에 대한 분석을 시행하기에 앞서 모든 구성원은 제출된 이 역할의 내용을 다시 한 번 검토한다. 만일 모든 구성원이 역할내용을 받아들이게 되면 그것은 곧 역할담당자가 이행해야 할 활동으로 결정되고, 이에 대한 역할분석은 끝나게 된다.

역할분석으로 조직이 얻을 수 있는 효과로는 다음과 같은 것들이 있다[吳定, 1982: 159−160].

첫째, 구성원은 여러 역할에 대한 실제의 기능과 역할 간의 관계를 확실히 이해함으로써 서로 협조하는 분위기가 조성된다.

둘째, 구성원은 각기 다른 사람의 느낌과 기대를 명확히 파악하게 됨으로써 자기의 역할을 보다 원활히 수행하게 된다. 또한 그로부터 개인과 집단의 직무성과가 개선된다.

셋째, 집단 내의 모든 역할은 전체 구성원의 토론을 거쳐 분석 · 수정 · 검토되기 때문에 역할모호성과 역할갈등을 최소화시킬 수 있다. 따라서 집단을 관리하기가 용이하게 된다.

역할분석은 이상과 같은 이점뿐만 아니라 문제점도 지니고 있다. 예를 들면 역할담당자, 즉 역할을 분석당하는 개인은 통상 자신의 생각과 기대를 포기해야 하는 상황에 직면하게 되기 때문에 심리적으로 긴장하게 되고 심한 경우에는 좌절감에 빠지기도 한다. 또한 이 기법을 적용하여 조직 내의 모든 역할에 대한 분석이 요구되는 경우에는 많은 시간과 비용을 감당하기가 어렵게 된다.

(2) 팀구축

팀구축(team building)은 가장 중요한 조직개발기법의 하나로서 최근 많은 조직들로부터 주목과 지지를 받고 있는 기법이다. 이 기법은 항상 같이 업무를 수행하고 있거나 상호작용관계에 놓여 있는 개인들을 대상으로 구성된 집단에 대한 계획적인 개입활동을 통해 구성원의 과업성과와 집단 전체의 유효성을 향상시키는 데 초점을 두고 있다. 팀구축의 목적을 열거하면 다음과 같다[Behling and Schrisheim, 1976: 324-325].

첫째, 집단이 부딪치고 있는 문제를 진단한다.

둘째, 집단의 과업을 효과적으로 달성할 수 있는 방법을 개발한다.

셋째, 구성원의 효과적인 인간관계를 유지 · 발전시킨다.

넷째, 집단의 동태적 과정을 효과적으로 관리한다.

팀구축은 여러 측면에서 감수성훈련과 유사한 점이 있다. 즉, 감수성훈련과 마찬가지로 여기서도 참가자들은 일상적인 조직생활의 압력으로부터 벗어나 특별훈련에 참가하게 된다. 그리고 집단토론을 하는 동안 개방적이고 솔직한 견해와 반응의 교환이 이루어진다.

그러나 팀구축과 감수성훈련의 중요한 차이는 모임을 통해 이루어지는 토론의 내용과 그 목적에 있다. 감수성훈련의 궁극적인 목적은 조직유효성의 향상이지만 일차적으로는 구성원 개인의 개인적 · 사회적 통찰력을 높이는 데 목적이 있다. 반면 팀구축에서는 과업성과와 관련된 문제들에 대해 관심을 쏟는다. 따라서 팀구축 훈련 시에는 작업집단의 구성원은 생산성에 미치는 여러 요인들에 대해 토론하게 된다[신유근, 1985: 581].

팀구축의 실행과정은 개입하려고 하는 작업집단의 성격과 개입목적에 따라 차이가 있다. 그러나 이 기법은 일반적으로 레윈(K. Lewin)이 제시한 태도의 변화과정인 해빙 · 변화 · 재동결의 단계를 거쳐 이루어진다. 대기업에서 실제로 사용되는 하나의 전형적인 팀구축을 살펴보면 다음과 같은 과정을 거치고 있다[Nielsen and Kimberly, 1973; 신유근, 1992: 582].

① **팀 워크숍**: 생산팀들의 워크숍을 개최한다. 첫 단계의 목적은 여러 팀을 해

빙하고 변화를 수용할 준비를 갖추게 하는 데 있다.

② **자료수집**: 설문조사를 통하여 조직풍토, 감독행동, 일선감독자의 직무만족에 관한 자료를 수집한다.

③ **자료처리**: 변화담당자는 2단계에서 얻은 자료를 팀에 제시한다. 팀은 변화담당자의 참석하에 문제분야를 공개토론을 통해 우선순위를 정하고 변화를 위한 사전권고를 한다.

④ **행동계획**: 팀은 구체적인 변화방안을 개발하고 직무상에서 실제로 실행을 한다.

⑤ **팀구축**: 각 팀의 유효성에 대한 장애를 제거하기 위해서 전체 회동하여 장애제거수단을 개발하고 바라는 변화를 수행하기 위한 계획을 합의한다.

⑥ **집단 간 팀구축**: 목표성취에 상호의존적이었던 여러 팀 사이에 일정기간 동안 회합을 한다. 이 단계의 목적은 집단 간의 공유목표에 대하여 협조체제를 확립하고 그것을 전체조직으로 확대시키는 것이다.

최근에 팀구축을 이용하는 조직이 크게 늘고 있는데, 이러한 추세는 이 기법이 다른 조직개발기법들보다 생산성향상의 직접적인 통로가 되기 때문일 것이다. 그러나 조직에서 팀구축을 성공적으로 실행하기 위해서는 다음과 같은 조건이 충족되어야 한다[Bell and Rosenzweig, 1978: 392].

① 훈련에 다 같이 참가할 수 있도록 참가인원의 수를 적절히 제한한다.
② 참가자들이 훈련에 임하는 동안 조직생활의 압력을 받지 않도록 한다.
③ 집단이 부딪치고 있는 문제나 기회 중에서 중요한 것에 대해 토론한다.
④ 이들 문제 또는 기회는 참가자들이 모두 확인한 것이어야 한다.
⑤ 토론문제는 반드시 구조적인 것이어야 한다.
⑥ 토론문제는 실제의 해결방법과 행동계획을 모색할 수 있는 것이어야 한다.
⑦ 해결방법과 행동방안은 열의를 가지고 집행될 수 있는 것이어야 한다.
⑧ 행동방안은 실제결과와 예상결과의 차이가 사후에 평가 · 비교되어야 한다.

(3) 제3자조정

제3자조정(the third party peacemaking)은 변화담당자 또는 상담자의 적극적인 개입하에 집단 간의 갈등을 해결하고 쌍방의 관계를 개선하는 것을 목표로 한다. 이 기법은 집단과 집단뿐만 아니라 개인과 개인, 개인과 집단 사이에서 발생하는 갈등을 해결하는 데도 효과적으로 응용할 수 있는데, 이는 조직구성원 사이에서 발생하는 모든 갈등의 원인은 그 대상이 누구이든 간에 자원과 권력에 대한 경쟁, 이익의 분배, 그리고 상대방에 대한 적대감 등과 같이 대부분 유사한 성격을 지니기 때문이다.

제3자조정에서 제3자, 즉 변화담당자의 역할은 매우 중요하다. 갈등문제의 해결은 당사자들의 직접적인 대면으로 실현될 수 있다. 따라서 변화담당자는 제3자로서 사전에 당사자들을 개별적으로 면담하여 문제의 성격을 파악하고 효과적인 조정과정을 계획하여야 한다. 그리고 당사자들이 그들 사이의 갈등을 적극적으로 해결하려는 동기를 조성하고 대면을 통한 상호 간의 이해를 유도하여야 한다.

이 밖에 갈등해결을 위한 제3자로서 변화담당자가 갖추어야 할 요건으로는 다음과 같은 것들이 중요하다[French and Bell, 1978: 141－143].

첫째, 자문과정에 대한 고도의 전문지식이 있어야 한다.

둘째, 당사자의 개방적 의사소통에 장애가 되지 않는 중재자의 역할을 수행해야 한다.

셋째, 당사자의 상호작용과정을 적절히 통제해야 한다.

넷째, 당사자의 문제와 그 배경을 정확히 이해해야 한다.

다섯째, 개입을 통한 조정결과와 갈등해결방법에 대해 믿음을 가져야 한다.

제3자조정의 실제적인 실행과정은 집단 사이에서 발생하는 갈등의 성격에 따라 어느 정도 차이가 있지만 일반적으로 변화담당자는 다음과 같은 단계를 통해 조정을 실행하게 된다[Burke, 1982: 301].

① 갈등당사자들의 회합을 위한 의사일정을 설정한다.

② 당사자들이 건설적으로 의견을 교환할 수 있도록 필요한 사항을 준비한다.

③ 당사자들이 믿음을 가지고 의견을 교환할 수 있도록 협조한다.

④ 당사자들에게 특별한 토론진행방법을 제시한다.
⑤ 당사자들이 상대방의 관점을 정확히 이해할 수 있게 한다.
⑥ 당사자들의 의견이나 주장에 대해 옳고 그름을 지적해 준다.
⑦ 경우에 따라서는 보상을 통해 당사자들의 생산적 행동을 촉진시킨다.
⑧ 당사자들이 갈등의 원인을 객관적으로 진단할 수 있도록 돕는다.
⑨ 당사자들 간에 발생하는 감정대립의 상황을 우호적 상황으로 변화시킨다.
⑩ 당사자들이 행동변화의 합의에 도달하면 그 성과를 주기적으로 점검한다.

제3자조정은 이 방면에 전문지식을 가진 변화담당자가 제3자로 개입하기 때문에 당사자들이 보다 객관적으로 갈등의 원인을 파악하고 해결방법을 모색하게 되어 결과적으로 상호 간의 관계를 개선하는 데 매우 도움이 된다. 그러나 이 기법을 이용하기 위해서는 고도의 전문지식과 기술을 지닌 전문가가 필요한데 사실상 그러한 인재를 구하기가 쉽지 않으며, 특히 이 기법이 실패했을 경우에는 오히려 당사자들의 갈등이 더욱 악화될 수 있다는 약점을 동시에 지니고 있음을 기억해야 한다.

(4) 조직거울

조직거울(organization mirror intervention)은 집단 간의 갈등을 해결하여 관계를 개선하는 데 중점을 두는 개입기법이다. 이 기법의 특징은 집단 간의 관계를 향상시키는 방법으로 문제집단으로 하여금 다른 집단들과의 상호작용을 통해 자신의 문제점을 이해하고 그 해결방안을 모색하도록 하는 데 있다. 조직거울 기법의 실행과정을 요약하면 다음과 같다[吳秉恩, 1986: 452].

① 회합 전의 준비작업: 변화담당자는 문제를 느끼고 있는 집단, 즉 주인집단(host group)과 상대집단의 대표자들과 면담을 하여 집단 간의 문제에 관한 자료를 수집한다.

② 어항회의의 개최: 회합이 시작되면 변화담당자는 수집된 자료를 주인집단과 상대집단에게 제시한다. 그리고 주인집단과 상대집단의 구성원은 각자 상대방에게 나름의 느낌과 견해를 솔직하게 밝히고 그 내용을 서로 경청한다.

이와 같이 주인집단과 상대집단은 상대방의 견해를 듣고 서로 관찰하게 되는데, 이것이 마치 어항(fishbowl) 속의 물고기를 관찰하는 것과 비슷하다 하여 '어항회의'라고 부른다.

③ **혼합집단의 토의**: 주인집단과 상대집단의 구성원이 혼합된 몇 개의 소집단을 다시 구성하여 각자 주인집단과 상대집단 간의 문제를 진단하고 그에 대한 해결방안을 모색한다.

④ **전체회의의 개최**: 주인집단과 상대집단의 구성원이 모두 참여하는 전체회의를 개최하여 앞에서의 혼합집단들로 하여금 각자 진단한 문제와 그에 대한 해결방안을 제시하도록 한다. 그리고 모든 참여자들은 토론을 통하여 최종적으로 문제를 진단하고 구체적인 해결방안을 채택한다.

⑤ **효과분석**: 문제해결방안이 실행된 다음 그 실행진도와 결과를 분석하여 집단들 간의 관계가 실제로 개선되어 가고 있는지를 확인하고 적절한 대책을 강구한다.

조직 내의 작업단위들 사이에는 상호 간의 이해관계로 인한 다양한 문제가 항상 존재하기 마련이다. 그리고 그러한 문제는 집단 간 갈등을 유발하며 결국에는 상호 간의 관계까지도 악화시키게 된다. 조직거울은 그와 같은 집단 사이의 갈등과 악화된 관계를 해결 · 개선하는 데 매우 효과적인 기법이다.

학자들은 실제로 이 기법이 집단 간의 커뮤니케이션을 개선하고, 집단 간의 관계를 경쟁적 · 적대적 관계에서 협조적 · 우호적 관계로 발전시키며, 나아가 전체 집단의 작업성과를 증진시키는 데 매우 도움이 된다는 사실을 발견하였다. 그러나 이 기법을 성공적으로 적용하기 위해서는 다른 조직개발기법들과 마찬가지로 변화담당자의 전문가로서의 역할과 실행과정에 있어서 협조적 · 신뢰적 · 공개적 분위기의 조성을 통한 집단 간 개방적인 의사소통과 상호 간의 이해가 매우 중요하다는 것을 잊어서는 안 된다.

3) 조직시스템수준의 개입기법

(1) 설문조사피드백

설문조사피드백(survey feedback)은 말 그대로 설문조사를 통해 얻은 자료를 다시 피드백시키는 방법이다. 다시 말하면 이것은 설문지를 사용하여 구성원으로부터 조직의 문제에 관한 자료를 수집하고, 이것을 다시 구성원에게 피드백시켜 그들로 하여금 조직문제 해결방법을 모색하게 하는 기법이다. 이 기법은 조직개발프로그램을 실시하는 데 있어서 시간과 노력을 절감하고 조직의 강점과 약점에 관한 자료를 수집할 수 있다는 장점이 있다.

위에서 살펴본 감수성훈련이나 팀구축 등은 개인과 집단에 초점을 둔 조직개발기법으로서 참가자들은 자신과 조직에 대해 많은 것을 배우게 된다. 그러나 어떤 의미에서 이는 비효율적이다. 왜냐하면 제한된 수의 개인만이 참여하고 토론에는 많은 시간을 소모해야 하기 때문이다. 이에 반하여 설문조사피드백은 신중하게 설계된 설문지를 사용하여 수집한 자료를 다시 피드백시키는 방법으로 조직의 기능에 관한 정보를 신속하고 효율적으로 획득할 수 있다.

설문조사피드백은 일반적으로 다음과 같이 다섯 단계를 거쳐 이루어진다[Huse, 1975: 221-222].

① 제1단계: 최고경영층과 구성원의 대표가 같이 참여하여 조사의 중점과 문제의 범위 등을 결정하기 위한 사전계획작업을 진행한다. 이러한 사전계획작업은 일반적으로 외부에서 초빙된 전문가나 변화담당자의 협조하에 이루어진다.

② 제2단계: 신중하게 설계된 설문지를 일부의 구성원 또는 전체 구성원에게 배부하여 작성하도록 한다. 설문지는 표준양식을 이용할 수도 있고 조직에 맞게 새로 제작할 수도 있다. 그러나 어떤 경우든 설문항목은 조직의 주요 문제들을 진단할 수 있도록 설계되어야 한다.

③ 제3단계: 설문조사를 거쳐 자료를 수집한 다음 변화담당자는 자료를 분석하고 그 결과를 정리한다. 그리고 변화담당자는 조직문제의 진단방법을 건의하고 조직내부의 관계자들을 훈련시켜 자료분석기법을 터득할 수 있도록

한다.

④ 제4단계: 자료분석 결과를 먼저 조직의 최고경영층에 피드백시킨다.

⑤ 제5단계: 최고경영층은 바로 아래 계층의 구성원과의 회합을 통해 피드백된 자료를 검토하고 문제를 진단한 후에 문제해결을 위한 행동계획을 수립한다. 그리고 이들 자료를 다시 그 하부단위의 구성원에게 피드백시킨다. 그리고 하부단위의 구성원은 피드백된 자료를 근거로 해당 단위에 관한 문제점들을 검토하고 충분한 토론을 거쳐 문제해결을 위한 구체적 방안을 모색한다.

비교적 규모가 큰 조직에서는 자료의 피드백이 조직계층에 따라 위에서 아래로 단계적으로 이루어지는 것이 보통이다. 그리고 피드백은 외부에서 초빙된 변화담당자에 의해 실시될 수도 있고, 조직 내의 변화담당자나 계층경영자에 의해 직접적으로 실시될 수도 있다. 대부분의 경우에 있어서 조직 내 계층이나 단위의 구성원은 피드백된 자료를 근거로 자기 부서에 관한 문제만을 검토하고 토론을 통해 해결방안을 모색한다. 그런 다음 하위계층이나 하위단위의 구성원에게 관련자료를 피드백시킬 수 있도록 준비하게 된다.

설문조사피드백은 설문조사를 통해 조직의 업무기능에 관한 자료뿐만 아니라 구성원의 태도에 관한 자료까지도 수집할 수 있기 때문에 조직의 문제를 신속하고 광범위하게 파악 · 이해하는 데 도움이 되며, 융통성이 있어 성격이 다른 여러 조직의 많은 문제에도 이용할 수 있다. 그러나 이 기법은 통상 컴퓨터를 이용하여 자료를 처리하게 되기 때문에 비용이 많이 들고, 자료를 수집하는 시기와 수집된 자료를 다시 계층에 따라 피드백시키는 시기 사이에 시간적으로 큰 격차가 있기 때문에 문제를 처리하는 데 있어서의 효율성이 감소될 수도 있다. 이 밖에 이 기법을 보다 유용하게 이용하기 위해서는 다음과 같은 문제점을 극복해야 한다[신유근, 1985: 584].

첫째, 사용되는 설문지의 신뢰성과 타당성에 관한 문제

둘째, 구성원이 자기의 의사를 정직하게 표현하는 문제

셋째, 변화담당자의 자료의 해석과 기술능력에 관한 문제

넷째, 수집된 자료에 대한 최고경영자의 사용의사에 관한 문제

(2) 대면회합

대면회합(confrontation meeting)은 조직 내 계층경영자들의 회합을 통해 조직의 건전성(organizational health)을 신속하게 진단하고 문제점을 파악 · 해결하도록 하는 데 목적이 있다. 대면회합은 보통 언제든지 사용할 수 있는 기법이지만 조직이 다음과 같은 상황에 있을 때 특히 효과적이다[Beckhard, 1967: 149-155].

첫째, 모든 경영계층이 직무수행결과를 파악할 필요가 있다고 느낄 때
둘째, 짧은 시간 안에 조직개발을 실행하여야 할 경우
셋째, 최고경영자가 책임감을 갖고 사후조치를 약속할 때
넷째, 최고경영자가 문제해결을 위해 적극적으로 개입할 때
다섯째, 최고경영자가 조직상황을 신속하게 개선하려고 할 때
여섯째, 조직이 중대한 변화를 겪었거나 변화 중에 있을 때

대면회합의 시행과정은 상황에 따라 달라지거나 수정할 수도 있는데 보통 다음과 같이 여섯 단계를 거치게 된다[Beckhard, 1967; French and Bell, 1978: 151-152].

① **분위기의 설정(45분~1시간)**: 이 단계는 대면회합의 실행을 위한 준비운동단계로서 최고경영자는 회합의 목표와 문제점에 관한 자유로운 토론의 필요성을 참가자 전원에게 주지시킨다. 그리고 변화담당자는 의사소통의 필요성과 문제해결가능성을 설명한다.

② **정보의 수집(1시간)**: 여러 분야와 직위의 사람들을 구성원으로 하는 소집단(7~8인)을 구성한다. 그리고 각 집단별로 토론을 통해 모든 구성원이 동의하는 문제를 기록 · 정리한다. 이 단계에서 변화담당자는 각 집단들을 순회하면서 회의진행상황을 관찰하고 모든 구성원이 자유롭게 의견을 제시하도록 격려한다.

③ **정보의 공유(1시간)**: 집단들은 다시 한 자리에 모여 나름으로 확인 · 정리한 정

보를 모든 참가자들에게 보고한다. 그리고 참가자들은 보고된 모든 정보를 성격에 따라 분류한다.

④ 우선순위의 설정과 행동계획의 수립(75분): 참가자들은 다시 문제해결집단을 구성한다. 그런 다음 집단의 구성원은 토론을 통해 문제를 확인하고 문제의 중요성에 입각하여 우선순위를 결정한 후에 최고경영자가 가장 우선적으로 생각하는 문제가 무엇인지를 확인한다. 그리고 최우선순위의 문제를 해결하기 위한 행동계획을 수립한다.

⑤ 최고경영자의 즉각적인 사후조치(1~3시간): 네 번째 단계를 완료한 후에 최고경영자는 즉시 앞 단계에서 수립한 행동계획을 검토하고 다음의 행동계획을 수립하여 며칠 내로 그 내용을 전체 참가자들에게 전달한다.

⑥ 실행진도의 검토(2시간): 대면회합이 끝나고 4~6주가 경과한 다음에 모든 계층의 경영자들은 다시 회합하여 행동계획의 실행진도와 그 성과를 검토한다.

대면회합은 개인과 조직 모두에게 도움이 되는 기법이다. 이 기법은 특히 조직 내 각 부문 간의 개방적인 커뮤니케이션과 구성원의 문제에 대한 응집력의 증대를 통해 조직과정을 개선하고 조직의 건전성을 증진하는 데 매우 효과적이다. 그러나 최고경영자의 실행능력과 의지가 부족하거나 참가자들이 설정한 목표와 행동계획이 실제적이지 못한 경우에는 원하는 결과를 얻기가 어렵다.

OB Story & Case 14 포기하는 일이 습관인 사람

한 청년이 상담실을 찾았다. 그러나 몸은 청년이었지만 마음은 임종을 앞둔 사람과 다름없었다. 그는 무엇을 시작해서 끝을 맺어본 일이 없다며 그간의 고민을 털어놓았다. 듣고 보니 중도 포기로 점철된 삶이었다. 고교중퇴, 어학연수 중도포기, 자격증시험 중도포기… 어디 그뿐인가! 아르바이트나 운동을 해도 중간에 그만두고, 연애도 백일을 넘겨본 적이 없다고 했다. 심지어는 컴퓨터게임도 중간에 흥미를 잃어 이것저것 바꾸곤 했다. 힘들게 시작하고 쉽게 포기하는 습관이 자라면서 더 굳어진 것이다. 그가 삶에서 유일하게 끈기를 보여 온 것은 '귀찮고 힘든 일은 하지말자!'는 마음뿐이었다.

쉽게 포기하는 사람들에게는 하나같이 어떤 공통점이 있다.

첫째, 끈기와 맷집이 부족하다. 어려움을 이겨내야 한다는 것을 머리로는 알지만 몸으로 체득하지 못한 경우다.

둘째, 회피감각만 발달하고 선호감각이 발달하지 못했다. 이들은 하기 싫은 감각은 고도로 발달되었지만 자신이 무엇을 잘하는지 무엇을 원하는지에 대한 감각은 극도로 둔하다.

셋째, '흠 없는 성공'이나 '한방의 성공'을 바란다. 이들의 내비게이션은 직진만을 안내할 뿐 우회로를 찾지 못한다. 결국 '쉬운 성공을 원하는 마음' 곁에는 늘 '쉽게 포기하는 마음'이 그림자처럼 붙어 다닌다.

나는 그 청년에게 좀 더 다가가 앉았다. 그리고 그에게 눈사람을 만들 때 어떻게 하느냐고 물었다. 그는 눈 뭉치를 단단하게 뭉쳐서 굴리기만 하면 된다고 답했다. 나는 맞장구를 쳤다. "맞아요, 바로 그거예요!" 그와 나는 변화의 눈 뭉치가 될 만한 것을 찾았다. 무엇보다 긍정성 훈련이 필요했다.

자료: 문요한, "나, 리모델링", 중앙일보, 2007년 8월 24일자

토의문제

01 무슨 일을 맡겨도 쉽게 포기하는 사람이 당신의 직장 부하 중에 있다면 어떻게 하겠는가?
02 이런 성향의 사람을 변화시키는 데 도움이 되는 OD기법은 무엇인가?

OB Lounge 8

가을의 꽃

아름답지 않은 꽃이 어디 있으랴.
이유 없이 아름다운 꽃이
이 세상 어디 있으랴.
가을의 꽃이 아름다운 것은
꽃잎 사이사이에
빛을 숨겼기 때문이다.
마른 바람이 찾아와
요술쟁이의 손놀림으로 그 빛 속에
사랑의 반짝임을 흩뿌리며
사역을 마다 않기 때문이다.

멀리서 숨죽이며 다가 온
지친 여인의 주름진 미소가
여전히 아름다운 것은
해진 옷깃 틈틈이
빛을 달고 왔기 때문이다.
아프도록 뜨거웠을 그 빛의 열정이
떠나보낸 사랑의 씨앗을
고스란히 품고 있기 때문이다.

이제 바람 차가운 날에
꽃잎 떼어버리고 소리도 없이
자취 감추려는 가을의 꽃이
이토록 아름다운 것은
두고 온 가지 끝 비어 있던 자리에
작은 빛으로
사랑의 큰 생명을 빚어내어
남겨두었기 때문이다.

참고문헌

[국내문헌]

강영순 · 김희철(2003), LMX질의 선행요인과 결과요인, 인사관리연구, 27(4), pp.253-274.

권석균(1995), 조직학습의 이론적 조망, 인사조직연구, 3(1), pp.121-164.

김남현 역(1985), 경영조직론: 조직이론과 구조의 설계, 경문사.

김우택(1996), 조직구성원의 역량제고를 위한 임파워먼트 과정에 관한 연구, 서강대학교 대학원 박사학위논문.

박경원 · 김희선(1999), 조직이론강의: 구조, 설계 및 과정, 대영문화사.

박내회(1989, 1990), 조직행동론, 박영사.

박내회(1997), 임파워먼트: 다수준의 과정개념-개념의 이해와 실천수단에 대한 소고, 서강경영논총, 8(12), 서강대학교, pp.127-145.

박영배(2008), 현대기업과 조직행동, 법문사.

박영배(2010), 현대조직행동관리: 조직행동과 다문화관리, 도서출판 청람.

박영배(2012), 현대인적자원관리: HRM전략 & 다문화관리, 도서출판 청람.

박영배 · 박형권(2003), "조직의 학습지향성이 조직성과에 미치는 영향과 상황요인의 조절효과에 관한 연구", 인사관리연구, 27(2), pp.83-109.

박영배 · 이상우(2013), "호텔종업원의 감정노동이 팔로워십과 조직시민행동에 미치는 영향", Tourism reserch, 38(3), pp.1-18.

박용헌(1982), 한국인의 의식구조와 가치관, 의식개혁의 필요성과 실천방향, 사회정화위원회.

박원우(1997), 임파워먼트: 개념정립 및 실천방법 모색, 경영학연구, 26(1), pp.115-138.

백기복(2014), 조직행동연구(제6판), 창민사.

손태원(1996), 학습조직과 시스템 사고: 학습조직의 이론과 실제, 삼성경제연구소

손태원 · 전상길(1997), Senge의 학습조직모형에 대한 실증적 연구: A Taxonomic

Approach, 한국기업의 변화와 혁신, 한국인사 · 조직학회, 다산출판사.

스티븐 로빈스 · 티모시 저지 · 김태열 · 박기찬 · 박원우 · 이덕로(2014), 조직행동론(제15판), (주)피어슨에듀케이션코리아.

신상문(1999), 지식경제시대의 경영전략으로서의 학습조직: 유용성 검증과 국가수준으로의 확장, 서울대학교 대학원 박사학위논문.

신유근(1985, 1992), 조직행위론, 다산출판사.

신유근(1996), 조직론, 다산출판사.

신유근(1999), 인간존중의 경영, 다산출판사.

양창삼(1991), 조직행동론, 민영사.

이상주(1986), 해방 40년: 가치의식의 변화와 전망, 서울대사회과학연구소 사회과학총서.

이재연 · 차동옥(2003), 신뢰의 영향요인 및 결과에 관한 연구, 인사관리연구, 27(3), pp.251-280.

이학종(1986), 기업문화와 조직개발: 이론과 기법, 법문사.

이학종(1989), 기업문화론: 이론, 기법, 사례연구, 법문사.

이학종(1992), 조직행동론: 이론과 사례연구, 세경사.

임준철 · 윤정구(1999), 부하에 의해 인지된 상사의 변혁적 및 거래적 리더십이 부하의 혁신성향에 미치는 영향: 자기효능감의 매개역할을 중심으로, 인사조직연구, 7(1), pp.1-42.

임창희(2008), 조직행동(4판), 비엔엠북스.

정해주(1998), 임파워먼트가 직무만족 및 조직몰입에 미치는 영향에 관한 연구, 서울대학교 대학원 석사학위논문.

최만기(1994), 기업의 전력유형, 문화유형 및 재무성과에 관한 실증연구, 경영학연구, 24, pp.1-39.

[국외문헌]

徐文光(1982), "我國未來管理人才的創造力實證研究," 中華民國 國立交通大學 管理科學研究所 碩士學位論文.

吳秉恩(1986), 組織行爲論, 華泰書局, 台北.

吳定(1982), 機關管理, 台北華視中華出版社, 台北.

吳定(1984), 組織發展: 理論與技術, 天一圖書公司, 台北.

許士軍(1985), 管理學, 東華書局, 台北.

Adams, J.S.(1965), "Toward an Understanding of Inequity," *Journal of Abnormal and Social Psychology*, Vol.67(November), pp.422–436.

Adorono, T., Frenkel–Brunswik, F., Levinson, D., and Sanford, R.(1950), *The Authoritarian Personality*, New York: Harper and Brothers.

Akin, G. and Hopelain, D.(1985), "Finding The Culture of Productivity," *Organizational Dynamic*, Vol.7, No.2, pp.19–32.

Alderfer, C.P.(1969), "An Empirical Test of a New Theory of Human Needs," *Organizational Behavior and Human Performance*, (May), pp.147–175.

Allen, R.W. and Porter, L.W.(1983), *Organizational Influence Processes*, Glenview, Ill.: Scott, Foresman and Company.

Anderson, N.H. and Barrios, A.A.(1961), "Primacy Effects in Personality Impression Formation," *Journal of Abnormal Social Psychology*, Vol.63, pp.346–350.

Anderson, N.H.(1973), "Application of a Linear–Serial Model to a Personality–Impression Task Using Special Presentation," *Journal of Personality and Social Psychology*, Vol.10, pp.354–362.

Andrisani, P.J. and Nestel, C.(1976), "Internal–External Control As a Contributor and Outcome of Work Experience," *Journal of Applied Psychology*, Vol.61, pp.156–165.

Argyris, C.(1977), "Double Loop Learning in Organizations," *Harvard Business Review*, Vol.55, pp.115–125.

Asch, S.E.(1946), "Forming Impressions of Personality," *Journal of Abnormal and Social Psychology*, Vol.41, pp.258–290.

Ash, P.(1954), "The SRA Employee Inventory: A Statistical Analysis," *Personnel Psychology*, Vol.7, pp.337–364.

Baehr, M.E.(1954), "A Factorial Study of the SRA Employee Inventory," *Personnel Psychology*, Vol.7, pp.319–336.

Bales, R.F.(1950), *Interaction–Process Analysis: A Method for the Study of Small Groups*, Reading, Mass.: Addison–Wesley.

Bandura, A. and Walters, R.H.(1963), *Social Learning and Personality Development*, New York: Holt, Rinehart and Winston.

Barnard, C.I.(1938), *The Function of the Executive*. Cambridge, Mass: Harvard University Press.

Barney, J.B. and Hansen, M.H.(1994), "Trustworthiness as a Source of Competitive Advantage," *Strategic Management Journal*, Vol.15, pp.175–190.

Barney, J.B.(1986), "Organizational Culture: Can It Be a Source of Sustained Competitive Advantage?," *Academy of Management Review*, Vol.11, No.3, pp.656–665.

Baron, R.A.(1983), *Behavior in Organization: Understanding and Managing the Human Side of Work*, Boston: Allyn and Bacon, Inc.

Bass, B.M.(1965), *Organizational Psychology*, Boston: Allyn and Bacon.

Bass, B.M.(1985), *Leadership and Performance beyond Expectation*, New York: Free Press.

Bass, B.M. and Avolio, B.J.(1990), "The Implications of Transactional and Transformational Leadership for Individual, Team, and Organizational Development," *Research in Organizational Change and Development*, Vol.4, pp.231–272.

Bateman, T.S. and Organ, D.W.(1983), "Job Satisfaction and the Good Soldier: The Relationship Between Affect and Employee Citizenship," *Academy of Management Journal*, Vol.26, No.4, pp.586–595.

Becker, B.W. and Connor, P.E.(1981), "Personal Value of the Heavy User of Mass Media," *Journal of Advertising Research*, Vol.21, No.5(Oct.), pp.37–43.

Becker, T.E. and Vance, R.J.(1993), "Construct Validity of Three Types of Organizational Citizenship Behavior: An Illustration of the Direct Product Model with Refinement," *Journal of Management*, Vol.19, No.3, pp.663–682.

Beckhard, R.(1967), "The Confrontation Meeting," *Harvard Business Review*, Vol.45(March–April), pp.149–155.

Beehr, T.A and Newman, J.E.(1978), "Job Stress, Employee Health and Organizational Effectiveness: A Facet Analysis, Model and Literature Review," *Personnel Psychology*, Vol.31, pp.665-699.

Behling, O. and Schriesheim, C.(1976), *Organizational Behavior: Theory, Research and Application*, Boston: Allyn and Bacon, Inc.

Bell, C.H., Jr. and Rosenzweig, J.(1978), *Highlights of an Organization Improvement Program in a City Government*, In French, W.L., Bell, C.H., Jr., and Zawacki, R.A. eds., *Organization Development: Theory, Practice and Research*, Dallas, Texas: Business Publications.

Bendix, R.(1956), *Work and Authority in Industry*, N.Y: John Wiley and Sons.

Bennis, W.G. and Shepard, H.S.(1965), "A Theory of Group Development," *Human Relations*, Vol.9, pp.415-457.

Bennis, W.G.(1966), "Organizational Developments and the Fate of Bureaucracy," *Industrial Management Review*(Spring).

Bennis, W.G.(1969), *Organization Development: Its Nature, Origins, and Prospects, Reading*, Mass.: Addison-Wesley Publishing Co.

Berelson, B. and Steiner, C.A.(1964), *Human Behavior*, New York: Harcourt, Brace and World.

Berlo, D.K.(1960), *The Process of Communication*, New York: Holt, Rinehart and Winston.

Bertalanffy, L.(1950), "The Theory of Open Systems in Physics and Biology," *Science*(January), pp.23-29.

Blake, R.R. and Mouton, J.S.(1969), *Building a Dynamic Corporation through Grid Organization Development*, Reading, MA: Addison-Wesley.

Blake, R.R. and Mouton, J.S.(1964, 1978), *The Managerial Grid*, Houston: Gulf Publishing Co.

Booth-Kewley, S. and Friedman, H.S.(1987), "Psychological Predictors of Heart Disease: A Quantitative Review," *Psychological Bulletin*(May), pp.232-233.

Boulding, K.E.(1956), "General Systems Theory: The Skeleton of Science," *Management Science*(April), pp.197-208.

Bruner, J.S. and Tagiuri, R.(1954), "The Perception of People," In Lindzey, E., ed., *Handbook of Social Psychology*, Reading, MA: Addison-Wesley.

Burke, W.W.(1982), *Organization Development: Principles and Practices*, Boston: Little, Brown and Company.

Burnam, M.A., Pennebarker, J.W., and Glass, D.C.(1975), "Time Consciousness, Achievement Striving and Type A Cornory-Prone Behavior Pattern," *Journal of Abnormal Psychology*, Vol.84, pp.76-79.

Burns, J.M.(1987), *Leadership*, N.Y.: Harper and Row.

Cannon, W.B.(1979), "Organization for Physiological Homeostasis," *Psychological Review*, Vol.9, pp.339-430.

Cattell, R.B.(1973), "Personality Pinned Down," *Psychology Today*(July), pp.40-46.

Chandler, A.D.(1962), *Strategy and Structure*, Cambridge, MA: The M.I.T. Press.

Christie, R. and Geis, F.L.(1970), *Studies in Machiavellianism*, New York: Academic Press.

Chung, K.H. and Megginson, L.C.(1981), *Organizational Behavior: Developing Managerial Skills*, N.Y: Harper and Row.

Clutterbuck, D.(1994), *The Power of Empowerment*, Kogan Page.

Coddington, A.(1968), *Theories of Bargaining Process*, Chicago: Aldine.

Coffey, R.E., Athos, A., and Reynolds, P.A.(1975), *Behavior in Organizations*, Englewood Cliffs, N.J.: Prentice-Hall.

Cohen, A.R., Fink, S.L., Gadon, H., and Willits, R.D.(1976), *Effective Behavior in Organizations*, Homewood, Ill.: Richard D. Irwin.

Cohen, S.(1980), "The Aftereffects of Stress on Human Performance and Social Behavior: A Review of Research and Theory," *Psychological Bulletin*, Vol.88, pp.82-108.

Conger, J.A. and Kanungo, R.N.(1987), "Toward a Behavioral Theory of Charismatic Leadership in Organizational Settings," *Academy of Management Review*, Vol.12, No.4, pp.637-647.

Conger, J.A. and Kanungo, R.N.(1988), "The Empowerment Process: Integrating

Theory and Practice," *Academy of Management Review*, Vol.13, pp.471-482.

Costanzo, P.R. and Shaw, M.E.(1966), "Conformity as Function of Age Level," Child *Development*(December), pp.177-190.

Costello, T.W. and Zalkind, S.S.(1963), *Psychology in Administration*, Englewood Cliffs, N.J.: Prentice-Hall, Inc.

Daft, L.R.(1999), *Leadership: Theory and Practice*, Dryden Press.

Dahl, R.A.(1957), "The Concept of Power," *Behavioral Science*, Vol.2, pp.201-215.

Dalton, G.W., Barnes, L.B. and Zaleznik, A.(1968), *The Distribution of Authority in Formal Organization*, Boston: Graduate School of Business Administration, Harvard University.

Davis, G.A.(1971), "Instruments Useful in Creative Behavior and Creative Talent," *Journal of Creative Behavior*, Vol.5(Third Quarter), pp.162-165.

Davis, K.(1953), "Management Communication and the Grapevine," *Harvard Business Review*, (Sept.-Oct.), p.45.

Davis, K.(1968), "Success of Chain-of-Command Oral Communication in a Manufacturing Management Group," *Academy of Management Journal* (December), pp.379-381.

Dayal, I. and Thomas, J.(1968), "Operation KPE: Developing a New Organization," *Journal of Applied Behavioral Science*(Oct./Nov./Dec.), pp.473-506.

Deal, T.E and Kennedy, A.A.(1982), *Corporate Culture: The Rites and Rituals of Corporate Life, Reading*, Mass.: Addison-Wesley.

Deborah, B.B. and Robert, N.S.(1999), "Resistance and Cooperation: A Response to Conflict over Job Performance," *Human Relations*, Vol.52, pp.1029-1053.

Delbecq, A., Van de Van, A., and Gustafson, D.(1975), *Group Techniques for Program Planning*, Glenview, Ill.: Scott, Foresman and Company.

Denison, D.R.(1997), *Corporate Culture and Organizational Effectiveness*, Ann Arbor, MI: Aviat Inc.

Deshpande, R. and Parasuraman, A.(1986), "Linking Corporate Culture to Strategic Planning," *Business Horizons*(May–June), pp.28–37.

Dessler, G.(1980), *Organization Theory: Integrating and Behavior*, Englewood Cliffs, New Jersey: Prentice–Hall, Inc.

Dimitris, B., Jhon, A., Mantes, Y. and Kefalas, A.G.(1990), "Culture Gap in Greek Management," *Organization Studies*, Vol.11, No,2, pp.261–283.

Doney, P.M., Canon, J.P. and Mullen, M.R.(1998), "Understanding the Influence of National Culture on the Development of Trust," *Academy of Management Review*, Vol.23, pp.601–620.

Donnelly, J.H., Jr., Gibson, J.L. and John, M.(1975), *Fundamentals of Management: Functions, Behavior, Models*, Dallas, TX: Business Publications.

Drucker, P.F.(1974), *Management: Tasks, Responsibilities, Practices*, London: Heinemann.

Druckman, D.(1977), "Social–Psychological Approaches to the Study of Negotiation," In Druckman, D. ed., *Negotiation: Social–Psychological Perspectives*, London: Sage Publications.

DuBrin, A.J.(1984), *Foundation of Organizational Behavior*, Englewood Cliffs, N.J.: Prentice–Hall, Inc.

Dyer, G.W., Jr.(1985), The Cycle of Cultural Evolution in Organization, In Kilmann, R.H., et al. eds., *Gaining Control of the Corporate Culture*, San Francisco: Jossey–Bass.

Earns, J.D.(1973), *Stress in Industry*, London: Priory Press.

Etzion, D.(1984), "Moderating Effects of Social Support on the Stress–Burnout Relationship," *Journal of Applied Psychology*(November), pp.615–622.

Evan, W.M.(1965), "Conflict and Performance in R&D Organization," *Industrial Management Review*, Vol.7, pp.37–45.

Farrell, M.A.(1999), "Antecedents and Consequences of a Learning Orientation," *Marketing Bulletin*, Vol.10, pp.38–51.

Fayol, H.(1949), *General and Industrial Management*, London: Sir Isaac Pitman and Son, Ltd.

Feldman, D.C.(1984), "The Development and Enforcement of Group Norms," *Academy of Management Review*, Vol.9, pp.48–50.

Ferris, K.R. and Aranya, N.(1983), "A Comparison of Two Organizational Commitment Scales," *Personnel Psychology*, Vol.38, pp.112–123.

Ferster, C.B. and Skinner, B.F.(1957), *Schedules of Reinforcement*, New York: Appleton Century–Crofts.

Festinger, L.(1957), *A Theory of Cognitive Dissonance*, Stanford, CA: Stanford Univ. Press.

Fiallel, D. and Rusbult, C.E.(1981), "Exchange Variable as Predictors of Job Satisfaction, Job Commitment, and Turnover: The Impact of Rewards, Costs, Alternatives and Investment," *Organizational Behavior and Performance*, Vol.27, No.28, pp.78–95.

Fiedler, F.E.(1967), *A Theory of Leadership Effectiveness*, N.Y.: McGraw–Hill.

Filley, C.A. and House, R.J.(1969), *Managerial Process and Organizational Behavior*, Glenview, Ill.: Scott, Foresman.

Fiol, C.M. and Lyles, M.A.(1985), "Organizational learning," *Academy of Management Review*, Vol.10, pp.803–813.

Fishbein, M. and Ajzen, I.(1975), *An Introduction to Theory and Research*, Reading, Mass.: Addison–Wesley.

Fleishman, E.A. and Harris, E.F.(1962), "Patterns of Leadership Behavior Related to Employee Grivance and Turnover," *Personnel Psychology*, Vol.15, pp.43–56.

Fleishman, E.A.(1973), *Twenty Years of Consideration and Structure*, In Edwin A., Fleishman, E.A. and Hunt, J.G., eds., Current Developments in the Study of Leadership, Carbondale: Southern Illinois University.

Follett, M.P.(1924), *Creative Experience*, London: Longmans, Green and Co.

Fombrum, C.J., Tichy, N.M. and Devanna, M.A.(1984), *Strategic Human Resource Management*, New York: John Wiley and Sons.

Bass, B.M.(1985), *Leadership and Performance beyond Expectation*, New York: Free Press.

Franke, R.H., Hofstede, G., and Bond, M.H.(1991), "Cultural Roots of

Economic Performance: A Research Note," *Strategic Management Journal*, Vol.12, No.1, pp.165–173.

Freedman, J.L., Sears, D.O. and Carlsmith, J.M.(1978), *Social Psychology*, 3rd ed., N.J.: Prentice–Hall, Inc.

French, J.R. and Raven, B.H.(1960), *The Bases of Social Power*, In Catwright, D. and Zander, A.F., Group Dynamics, 2nd ed., Evanston, Ill.: Row, Peterson and Co.

French, W.L. and Bell, C.H., Jr.(1978), *Organizational Development*, 2nd ed., Englewood Cliffs, N.J.: Prentice–Hall, p.14.

French, W.L.(1978), *The Personnel Management Process*, 4th ed., Boston: Houghton Mifflin Co.

Friedman, M. and Roseman, R.(1974), *Type A Behavior and Your Heart*, New York: Alfred A. Knopf.

Galer, G. and Van der Heijden, K.(1992), "The Learning Organization: How Planners Create Organizational Learning," *Marketing Intelligence and Planning*, Vol.10, pp.5–12.

Garvin, D.A.(1993), "Building a Learning Organization," *Harvard Business Review*, Vol.71, pp.78–91.

Geis, F.L. and Moon, T.H.(1981), "Machiavellianism and Deception," *Journal of Personality and Social Psychology*, Vol.41, pp.766–775.

Ghiselli, T.E.(1971), *Exploration in Managerial Talent*, Pacific Palisades, Calif.: Goodyear.

Gilbert, G.R. and Hyde, A.C.(1988), "Followership and Federal Worker," *Public Administration Review*(November.), pp.962–968.

Gibson, J.L., Ivancevich, J.M. and Donnelly, J.H., Jr.(1982), *Organizations*, Plano, Texas: Business Publications, Inc.

Gilbson, J.L., Ivancevich, J.M. and Donnelly, J.M., Jr.(1982), *Organizations: Behavior, Structure, Processes*, 4th ed., Plano, Texas: Business Publications, Inc.

Gorden, G.G. and DiTomaso(1992), "Predicting Corporate Performance From Organizational Culture," *Journal of Management Studies*, Vol.29, pp.783–

798.

Gordon, W.J.(1965), "Operational Approach to Creativity," *Harvard Business Review*, (November–December), pp.41–51.

Gouldner, A.W.(1954), *Patterns of Industrial Bureaucracy*, N.Y.: The Free Press of Glencoe.

Graen, G.B. and Uhl–Bien, M.(1995), "Relationship–Based Approach to Leadership: Development of Leader–Member Exchange(LMX) Theory of Leadership over 25 Years: Applying Multi–Level Multi–Domain Perspective," *Leadership Quarterly*, Vol.6, No.2, pp.219–247.

Gregory, K.L.(1983), "Native View Paradigms: Multiple Culture and Conflicts in Organization," *Administrative Science Quarterly*, Vol.28, No.3, pp.359–376.

Guest, R.H.(1965), "Men and Machines: An Assembly–Line Worker Looks at His Job," *Personnel*, Vol.42(May), p.6.

Guilford, J.P.(1971), "Some Misconceptions Regarding Measurement of Creative Talents," *Journal of Creative Behavior*, Vol.5, p.86.

GuHackman, J.R. and Lawler, E.E.(1971), "Employee Reactions to Job Characteristics," *Journal of Applied Psychology*, Vol.55, pp.259–286.

Hackman, J.R. and Oldham, G.R.(1975), "Development of the Job Diagnostic Survey," *Journal of Applied Psychology*, Vol.60, p.161.

Hackman, J.R. and Suttle, J.L.(1977), *Improving Life at Work: Behavioral Science Approaches to Organizational Change*, Santa Monica, CA: Goodyear.

Hage, J. and Aiken, M.(1969), "Routine Technology, Social Structure and Organizational Goals," *Administrative Science Quarterly*, Vol.14, pp.366–376.

Hammer, W.C. and Orang, D.W.(1978), *Organizational Behavior: An Applied Psychological Approach*, Dallas, Texas: Business Publications, Inc.

Harrigan, K.R.(1988), "Going Ventures and Competitive Strategy," *Strategic Management Review*, Vol.9, pp.137–160.

Harrison, R.(1972), "Understanding Your Organization's Character," *Harvard*

Business Review, (May–June), pp.119–128.

Hawkins, L. and Preston, P.(1984), "Analysis of the Communication," In Dunham, R.B., *Organizational Behavior, People and Process in Management*, Richard D. Irwin, Inc.

Haynes, M.E.(1985), *Practical Time Management: How to Make the Most of Your Most Perishable Resource*, Tulsa, OK: Pennwell Book.

Heider, F.(1958), *The Psychology of Interpersonal Relations*, New York: John Wiley.

Hellriegel, D., Slocum, J. and Woodman, R.W.(1986), *Organizational Behavior*, 4th ed., St. Paul, Minn.: West Publishing.

Henderson, A.M. and Parsons, T.(1947), *Max Weber: The Theory of Social and Economic Organization*, New York: Free Press.

Hersey, P. and Blanchard, K.H.(1982), *Management of Organizational Behavior: Utilizing Human Resources*, 4th ed., Englewood Cliffs, N.J.: Prentice–Hall, Inc.

Hershey, R.(1966), "The Grapevine... Here to say. But Not beyond Control," *Personnel*, Vol.43(January–February), pp.62–66.

Herzberg, F.(1968), "One More Time: How Do You Motivate Employee?," *Harvard Business Review*, Vol.46, No.1(January–February), pp.53–62.

Hickson, D.J., Hinings, C.R., Lee, C.A., Scheneck, R.H., and Pennings, J.M.(1971), "A Strategic Contingencies' Theory of Inter–organizational Power," *Administrative Science Quarterly*, Vol.16, pp.216–229.

Hodgetts, R.M. and Altman, S.(1979), *Organizational Behavior*, W.B. Saunders Co.

Holland, J.L.(1973), *Making Vocational Choices: A Theory of Careers*, Englewood Cliffs, N.J.: Prentice–Hall.

Homans, G.C.(1950), *The Human Group*, New York: Harcourt Brace Jovanovich.

Homans, G.C.(1961), *Social Behavior: Its Elementary Forms*, New York: Harcourt Brace and World.

Hopkins, D.S.(1975), "The Role of Project Teams and Venture Groups in New

Product Development," *Research Management*, Vol.18(January), pp.7-12.

Hoppock, R.(1935), *Job Satisfaction*, New York: Harper and Row.

House, R.J.(1971), "A Path-Goal Theory of Leader Effectiveness," *Administrative Science Quarterly*, No.16, pp.321-338.

House, R.J.(1977), "A 1976 Theory of Charismatic Leadership," In Hunt, J.G. and Larson, L.L. eds., *Leadership: The Cutting Edge*, Carbondale: Southern Illinois University Press.

House, R.J. and Mitchell, T.(1974), "Path-Goal Theory of Leadership," *Journal of Contemporary Business*(Autumm). pp.81-97.

Howell, P., Strauss, J. and Sorensen, P.F.(1975), "Research Note: Cultural and Situational Determinants of Job Satisfaction among Management in Liberia," *Journal of Management Studies*(May), pp.225-227.

Huber, G.P.(1991), "Organizational Learning: The Contributing Process and Literatures," *Organization Science*, Vol.2, pp.88-115.

Hurley, R.F. and Hult, T.M.(1998), "Innovation, Market Orientation, and Organizational Learning: An Integration and Empirical Examination," *Journal of Marketing*, Vol.57, pp.53-70.

Huse, E.(1975), *Organization Development and Change*, St. Paul, Minnesota: West Publishing Co.

Huse, E.F.(1980), *Organization Development and Change*, 2nd ed., St. Paul, Minn.: West Publishing.

Inkson, J.H., Pugh, D.S. and Hickson, D.J.(1973), "Organizational Context and Structure: An Abbreviated Replication," *Administrative Science Quarterly*, Vol.15, pp.318-329.

Johns, G.(1983), *Organizational Behavior: Understanding Life at Work*, *Glenview*, Ill.: Scott, Foresman and Co.

Jones, G.R. and George, J.M.(1998), "The Experience and Evolution of Trust: Implication for Cooperation and Teamwork," *Academy of Management Review*, Vol.23, pp.531-546.

Jones, G.R.(1983), "Transaction Costs, Property, Rights, and Organizational

Culture: An Exchange Perspective," *Administrative Science Quarterly*, Vol.28(September), p.454.

Jung, C.G.(1967), *The Development of personality*, New York: Pantheon.

Kalleberg, A.L.(1977), "Work Values and Job Rewards: A Theory of Job Satisfaction," *American Sociological Review*, Vol.42, pp.124–143.

Katz, R.L.(1955), "Skill of an Effective Administrator," *Harvard Business Review*, (January–February), pp.33–42.

Kaufman, P.J.(1987), "Commercial Exchange Relationships and the Negotiator's Dilemma," *Negotiation Journal*, Vol.3, No.1(January).

Kaufmann, S.(1985), *Mediation to Resolve Conflict: Theory, Experimentation and Case Studies*, Ph. D. Abstract, Carnegie–Mellon University.

Kelley, R.E.(1994), *The power of followership*, NY: Doubleday Dell.

Kelly, H.H.(1971), *Attribution in Social Interaction*, Morristi, N.J.: General Learning Press.

Kelman, H.C.(1958), "Compliance Identification and Internalization: Three Processes of Attitude Change," *Journal of Conflict Resolution*, Vol.2, pp.51–60.

Kimberly, J.R. and Quinn, R.E.(1984), *Managing Organizational Transitions*, Illinois: Irwin.

Kluckhohn, C.(1951), "Values and Value Orientation in the Theory of Action: An Exploration in Definition and Classification," In Parsons, T. and Shiles, E.A., *Toward a General Theory of Action*, Cambridge, Mass.: Harvard University Press.

Koontz, H. and O'Donnell, C.(1979), *Principles of Management*, 6th ed., New York: McGraw–Hill Book Co.

Kotter, J.P.(1979), *Power in Management*, N.Y.: American.

Kougherty, J.E. and Pfaltzgraft, R.L., Jr.(1981), *Contending Theories of International Relations: A Comprehensive Survey*, 2nd ed., New York: Harper and Row Publishers.

Kreitner, P. and Kinick, A.(1995), *Organizational Behavior*, 3rd ed., Homewood: Irwin Inc.

Lawler, E.E. and Suttle, J.L.(1973), "Expectancy Theory and Job Behavior," *Organizational Behavior and Human Performance*(June), pp.483–502.

Lawrence, P. and Lorsch, J.(1967), *Organization and Environment*, Boston: Division of Research, Graduate School of Business Administration, Harvard University Press.

Leavitt, H.J.(1965), "Applied Organization Change in Industry," In March, J.C. eds., *Handbook of Organization*, Chicago: Rand Mcnally.

Levitin, T.(1973), "Values," In Robinson, J.P. and Shaver, P.R., *Measurer of Social Psychological Attitudes*, Michigan: University of Michigan.

Lewicki, R.J. and Bunker, B.B.(1996), "Developing and Maintaining Trust in Work Relationships," In Kramer, R.M. and Tyler, T.R., eds., *Trust in organization Frontiers of theory and research*, Sage Publications.

Lewicki, R.J. and Litterer, J.A.(1985), *Negotiation*, *Homewood*, Ill: Richard D. Irwin.

Lewin, K.(1951), Field Theory in Social Science, New York: Harper Torch Book.

Liden, R.C., Wayne, S.J. and Stilwell, D.(1993), "A Longitudinal Study in the Early Development of Leader–Member Exchange," *Journal of Applied Psychology*, Vol.78, pp.662–647.

Light, D. Jr. and Keller, S.(1975), *Sociology*, New York: Alfred A. Kropf.

Likert, R.(1961), *New Pattern of Management*, New York: McGraw–Hill Book Company Inc.

Likert, R.(1967), *The Human Organization*, New York: McGraw–Hill.

Lippitt, G.L.(1970), "Developing Life Plans: A New Concept and Design for Training and Development," *Training and Development Journal*(May), p.3.

Litwin, G.H. and Stringer R.A., Jr.(1968), *Motivation and Organization Climate*, Boston: Harvard Graduate School of Business Administration.

Lock, E.A.(1968), "Toward a Theory of Task Motivation and Incentives," *Organizational Behavior and Human Performance*, Vol.3, No.2, pp.157–189.

Lock, E.A.(1973), "Satisfaction and DisSatisfaction among White Collar and Blue

Collar Employee," *Journal of Applied Psychology*, Vol.58, pp.67–76.

Lock, E.A.(1976), "The Nature and Causes of Job Satisfaction," in Dunnette, M.D. ed., *Handbook of Indudtrial and Organizational Psychology*, Chicago: Rand McNally.

Luchins, A.S.(1957), "Primacy–recency in Impression Formation," In Havland, C.I. *The Order of Presentation in Persuasion*, New Haven, Conn: Yale Univ. Press.

Luthans, F. and Kreitner, R.(1975), *Organizational Behavior Modification*, Glenview Ill.: Scott, Foresman Co.

Luthans, F. and White, D.(1971), "Behavior Modification: Application to Manpower Management," *Personnel Administration*(July–August), pp.41–47.

Luthans, F.(1981), *Organizational Behavior*, 3rd ed. New York: McGraw–Hill Book Co.

Luthans, F.(1985), *Organizational Behavior*, 4rd ed. New York: McGraw–Hill Book Co.

Mackinnon, D.W.(1967), "Assessing Creative Persons," *Journal of Creative Behavior*, Vol.l(Summer), pp.303–304.

Manz, C.C. and Sims, H.P., Jr.(1990), "Superleadership: Beyond the Myth of Heroic Leadership," *Organizational Dynamics*, (Spring), p.5.

Marcaulay, S.(1967), "Non–Contractual Relations in Business: A Preliminary Study," *American Sociological Review*, Vol.28, pp.55–67.

March, J.G. and Simon, H.A.(1958), Organizations, N.Y.: John Wiley and Sons.

Maslow, A.H.(1943), "A Theory of Human Motivation," *Psychological Review*, Vol.50, pp.370–396.

Maslow, A.H.(1970), *Motivation and Personality*, New York: Harper and Row.

Mayes, B.T. and Allen, R.W.(1997), "Toward a Definition of Organizational Politics," *Academy of Management Review*, Vol.2, pp.672–677.

Mayo, E.(1933), *The Human Problems of an Industrial Civilization*, N.Y: Macmilan.

McCormick, E.J. and Ilgen, D.(1980), *Industrial Psychology*, 7th ed., Englewood

Cliffs, N.Y.: Prentice-Hall.

McGregor, D.(1961), "The Human Side of Enterprise," McGraw Hill.

Melcher, A.J. and Beller, R.(1967), "Toward a Theory of Organization Communication," *Academy of management Journal*, Vol.10(March), pp.35-52.

Merton, P.K.(1957), "Bureaucratic Structure and Personality," In *Social Theory and Social Structure Reviewed*, N.Y.: The Free Press of Glencoe.

Miller, N.E. and Dollard, J.(1941), *Social Learning and Imitation*, New Haven, Conn: Yale University Press.

Moreno, J.L.(1953), *Who Shall Survive?*, 2nd ed., New York: Beacon House.

Motowidlo, S.J., Packard, J.S., and Manning, M.R.(1987), "Occupational Stress: Its Causes and Consequences for Job Performance," *Journal of Applied Psychology*(November), pp.619-620.

Mowday, R.T., Poter, L.W. and Steer, R.M.(1982), *Employee-Organization Linkages: The Psychology of Commitment, Absenteeism, and Turnover*, New York: Academic Press.

Munsterberg, M.(1913), *Psychology and Industrial Efficiency*, Boston: Houghton Miffin.

Nielsen, W.R. and Kimberly, J.R.(1973), "The Impact of Organizational Development on the Quality of Organizational Output," *Academy of Management Proceedings*, pp.528-529.

Nord, W.R.(1969), "Dreams of Humanization and the Realities of Power," *Academy of Management Review*(July), p.675.

Nord, W.R.(1987), "Dreams of Humanization and the Realities of Power," *Academy of Management Review*(July), p.675.

Organ, D.W.(1988), *Organizational Citizenship Behavior: The Good Soldier Syndrome*, Lexington, MA: Lexington Books.

Organ, D.W., Podsakoff, P.M., MacKenzie, S.P.(2006), *Organizational Citizenship Behivior: Its Nature, Antecedents, and Consequences*, Lodon: Sage Publications.

Osborn, A.F.(1953), *Applied Imagination*, New York: Chales Scribner's Son.

Ouchi, W.(1981), *Theory Z, Reading*, Massachusetts: Addison-Wesley Publishing Co.

Parsons, T.(1973), "Culture and Social System," In Schnieder, L.ed., *The Idea of Culture in the Social Science*, London: Cambridge University Press.

Pascale, R.T. and Athos, A.G.(1982), *The Art of Japanese Management*, New York: Warner Communication Co.

Pavlov, I.(1927), *Lectures on Conditioned Reflexes*, New York: International.

Peters, T.J. and Waterman, R.H. Jr.(1982), *In Search of Excellence: Lessons from America's Best-Run Companies*, New York: Harper and Row.

Podsakoff, P.M., MacKenzie, S.B., Moorman, R.H. and Fetter, R.(1990), "Transformational Leader Behaviors and Their Effects on Followers' Trust in Leader, Satisfaction, and Organizational Citizenship Behaviors," *Leadership Quarterly*, Vol.2, pp.107-142.

Pruitt, D.G.(1986), "Trends in the Scientific Study of Negotiation and Mediation," *Negotiation Journal*, Vol.2, No.3(July), pp.237-244.

Pyke, D.L. and North, H.Q.(1969), "Probes of the Technological Future," *Harvard Business Review*, Vol.47(May-June), pp.68-82.

Raia, J.R. and Osipow, S.H.(1970), "Creative Thinking Ability and Susceptibility to Persuasion," *Journal of Social Psychology*, Vol.28(December), pp.181-186.

Randolph, A.(1995), "Navigating the Journey to Empowerment," *Organizational Dynamic*, Vol.23, pp.19-32.

Ratiu, I.(1983), "Thinking Internationally: A Comparison of How International Executives Learn," *International Studies of Management and Organization*, Vol.13, No.1-2(Spring-Summer), pp.139-150.

Raudepp, E.(1981), "Exercises for Creative Growth," *Sucess Unlimited*(February), pp.46-47.

Reitan, H.T. and Shaw, M.E.(1964), "Group Membership, Sex Composition of the Group, and Conformity Behavior," *Journal of Social Psychology*(October), pp.45-51.

Reitz, H.J.(1977), *Behavior in Organization*, Homewood, Ill.: Richard D. Irwin,

Inc.

Reitz. H.J.(1981), *Behavior in Organizations*, Rev. ed., Homewood, Ill.: Richard D. Irwin, Inc.

Riley, P.(1983), "A structuralist Account of Political Cultures," *Administrative Science Quarterly*, Vol.28, pp.414-437.

Robbins, S.P.(1990), *Organizational Theory*, 3rd ed., Englewood Cliff, N.J.: Prentice-Hall, Inc.

Robbins, S.P.(1991), *Management*, 3rd ed., Englewood Cliff: Prentice-Hall, Inc.

Robbins, S.P.(1983), *Essential of Organizational Behavior*, Englewood Cliffs, N.J: Prentice-Hall.

Robbins, S.P.(1983), *Organization Theory: The Structure and Design of Organizations*, Englewood Cliffs, N.J.: Prentice-Hall.

Robbins, S.P.(1989), *Organizational Behavior: Concept, Controversies, and Applications*, 4th ed., Prentice-Hall International, Inc.

Robbins, S.P. and Judge, T.A.(2007), *Organizational Behavior*, Twelfth Edition, Pearson International Edition.

Roethlisberger, F.R. and Dickson, W.J.(1939), Management and the Worker, Cambride, Mass: Harvard University Press.

Rognes, J.K.(1987), *Lateral Intergroup Management in Organization: A Test of a Negotiation Model*, Ph.D. Abstract, Northwestern University.

Rokeach, M.(1951), *The Nature of Human Values*, New York: The Free Press.

Ronen, S.(1978), "Personal Values: A Basis for Work Motivational Set and Work Attitude," *Organizational Behavior and Human Performance*, Vol.28, pp.80-107.

Rose, R.L. and Veiga, J.F.(1984), "Assessing the Sustained Effect of a Stress Management Intervention Anxiety and Locus of Control," *Academy of Management Journal*, Vol.27, No.1(March), pp.190-198.

Rotter, J.B.(1966), "Generalized Expectations for Internal versus External Control of Reinforcement," *Psychological Monographs*, Vol.80, No.609.

Ruben, D.H. and Ruben, M.J.(1985), "Behavioral Principles on the Job: Control or Manipulation?," *Personnel*(May), p.61.

Ruenstein, A.H. and Haberstoh, C.J.(1986), *Some Theories of Organization*, Homewood, Ill.: Richard D. Irwin, Inc.

Sackmann, S.A.(1992), "Culture and subculture: An analysis of organizational knowledge," *Administrative Science Quarterly*, Vol.34, pp.140–161.

Saffold, G.S.(1988), "Culture Trait Strength and Organizational Performance: Moving Beyond Strong Culture," *Academy of Management Review*, Vol.13, pp.546–558.

Salancik, G.R. and Pfeffer, J.(1977), "Gets Power and How They Hold on to It: A Strategic–Contingency Model of Power," *Organizational Dynamics*, Vol.5, pp.3–21.

Sayles, L.R.(1957), *Research in Industrial Relation*, *Industrial Relations Association*, N.Y: Harper and Row.

Schein, E.H.(1984), "Coming to a New Awareness of Organizational Culture," *Sloan Management Review*(Winter), pp.3–7.

Schein, E.H.(1985), Organizational Culture and Leadership, San Francisco, Calif: Jossey–Bass Publishers.

Schein, V.E.(1977), "Individual Power and Political Behaviors in Organization: An Inadequately Explored Reality," *Academy of Management Review*, Vol.2, p.69.

Scheldon, M.(1971), "Investments and Involvement as Mechanisms Producing Commitment to The Organization," *Administrative Science Quarterly*, Vol.16, pp.143–150.

Scherif, M. and Sherif, C.W.(1969), *Social Psychology*, New York: Harper and Row.

Schermerhorn, J.R., Jr., Hunt, J.G. and Osborn, R.N.(1985), *Managing Organizational Behavior*, 2nd ed. New York: John Wiley and Son.

Schriesheim, C.A., Neider, L.L. and Scandura, T.A.(1998), "Delegation and Leader–Member Exchange: Main Effect, Moderators, and Measurement Issues," *Academy of Management Journal*, Vol.41, pp.298–318.

Schwab, D.P. and Cumming, L.L.(1970), "Theories of Performance and

Satisfaction: A Review," *Industrial Relations*, Vol.9, pp.408–430.

Scott, W. and Mitchell, T.(1976), *Organization Theory: A Structure and Behavioral Analysis*, Homewood, Ill: Richard D. Irwin, Inc.

Scudder, J.N.(1986), *The Use of Threats as a Complience–Gaining Strategy in Bargaining Situation of Varying Power and Incomplete Information*, Ph.D. Abstrate, Indiana University.

Seashore, S.E. and Taber, T.D.(1975), "Job Satisfaction and Their Correlates," *American Behavior and Scientists*, Vol.18(January–February), p.346.

Sechrest, L.(1976), "Personality", In Rosenzweig, M.R. and Porter, L.W. eds., *Annual Review of Psychology*, Vol.27(Palo Alto, CA: Annual Reviews), p.10.

Selznick, P.(1949), *TVA and the Gross Roots, Berkeley*, Calif.: University of California Press.

Senge, P.M.(1990), *The Fifth Discipline: The Art and Practice of the Learning Organization*, New York: Doubleday.

Shae, M.E.(1971), *Group Dynamics: The Psychology of Small Group Behavior*, McGraw–Hill Book Co.

Shetty, Y.K. and Carlisle, H.M.(1972), "A Contingency Model of Organizational Design," *California Management Review*, Vol.15, pp.38–45.

Shull, F.A., Delbecq, A.L. and Cummings, L.L.(1970), *Organizational Decision Making*, New York: McGraw–Hill.

Simon, H.A.(1957), *Model of Man*, New York: John Willy & Sons.

Simon, H.A.(1976), *Administrative Behavior*, 3rd ed., New York: The Free Press–Hall, Inc.

Simon, H.A.(1977), *The new Science of Management Decision*, Rev. ed., Englewood Cliffs, N.J.: Prentice–Hall.

Sinkula, J.M., Baker, W. and Noordewier, T.G.(1997), "A Framework for Market–Based Organizational Learning: Linking Values, Knowledge and Behavior," *Journal of the Academy of Marketing Science*, Vol.25, pp.305–318.

Skinner, B.F.(1977), *Contingencies of Reinforcement*, East Norwalk, C.T:

Prentice–Hall, Inc.

Smith, H.W.(1981), *Strategies of Social Research*, 2nd ed., Englewood Cliffs, N.J: Prentice–Hall, Inc.

Smith, M.L. and Kruger, L.M.(1993), "A Brief Summary of Literature on Leadership," *Bulletin of School of Education*, Indiana University, Vol.9, pp.3–80.

Smircich, L.(1983), "Concept of Culture Organizational Analysis," *Administrative Science Quarterly*, pp.339–358.

Snow, C.P.(1959), *The Two Cultures and the Scientific Revolution*, London: Cambridge University Press.

Snyder, G.H. and Diesing, P.(1977), *Conflict Among Nations*, princeton.

Spears, L.C.(1995), *Reflection on leadership: How R.K. Greenleaf's Theory of Servant Leadership Influenced Today's Top Management Thinkers*, New York, John Wiley & Sons.

Spranger, E.(1928), *Types of Man*, New York: Stechert Habner.

Spreitzer, G.M.(1995), "Psychological Empowerment in the Workplace: Dimensions, Measurement, and Validation," *Academy of Management Journal*, Vol.38, pp.1442–1465.

Steers, R.M. and Rhodes, S.R.(1978), "Major Influences on Employee Attendance: A Process Model," *Journal of Applied Psychology*, Vol.63, pp.391–407.

Steers, R.M.(1977), *Introduction to Organizational Behavior*, 2nd ed., Glenview, Ill.: Scott Foresman and Company.

Steers, R.M.(1988), *Introduction to Organization Behavior*, 3rd. ed., Scott, Foresman Company.

Stern, L.W., Bagozzi, R.P. and Dholakia, R.P.(1977), "Mediational Mechanisms in Interorganizational Conflict," In Daniel Druckman ed., *Negotiation: Social–Psychological Perspectives*, London: Sage Publications.

Stogdill, R.M.(1948), "Personal Factors Associated with Leadership: A Survey of Literature," *Journal of Leadership*(January), p.63.

Stogdill, R.M.(1974), *Handbook of Leadership: A Survey of Theory and*

Research, New York: Free Press.

Swanda, J.(1979), *Organizational Behavior*, Sherman, California: Alfred Publishing Company, Inc.

Szilagyi, A.D., and Wallace, M.J.(1980), *Organizational Behavior and Performance*, 2nd ed., Goodyear Publishing Company.

Szilagyi, A.D., Jr. and Wallace, M.J.(1983), *Organizational Behavior and Performance*, 2nd ed. Santa Monica, Calif: Goodyear Publishing Company.

Szilagyi, A.D., Jr. and Wallace, M.J., Jr.(1987), *Organizational Behavior and Performance*, 4th ed. Glenview, Ill.: Scott, Foresman and Co.

Tagiuri, R.(1967), "Purchasing Executive: General Manager or Specialists?" *Journal of Purchasing*(Aug.), pp.16–21.

Tannenbaum, R., Weschler, I.R. and Massarik, F.(1959), *Leadership and Organization: A Behavioral Science Approach*, New York: McGraw–Hill Book Co.

Tannenbaum, R., Weschler, L.R. and Massarik, F.(1961), *Leadership and Organization: A Behavioral Science Approach*, N.Y: McGraw–Hill.

Tead, D.(1935), *The art of Leadership*, New York: McGraw–Hill Book Co.

Terpstra, V.(1978), *The Cultural Environment of International Business*, Cincinnati, OH.: South–Western Publishing Co.

Thibaut, J.W. and Kelley, H.H.(1959), *The Social Psychology Group*, New York: John Wiley and Sons.

Thomas, K.W.(1976), "Conflict and Conflict Management," In Dummett, M.D., ed., *Handbook of industrial and organizational Psychology*, Chicago: Rand McNally.

Thompson, J.D.(1976), *How Company Plan*, N.Y: American Management Association.

Tolman, E.C.(1932), *Purposive Behaviors in Animals and Men*, N.T: Appleton Century Crofts.

Torrance, E.P.(1971), "Is Bias against Job Changing Bias Giftedness?," *Gifted Child Quarterly*, Vol.15(Winter), pp.244–248.

Tunstall, W.B.(1985), *Tunstall, Breakup of the Bell System: A Case Study in Cultural Transformation*, San Francisco: Josssey-Bass.

Ulachak, F.L., Nathanson, L. and Gillian, P.B.(1981), *Small Group Problem Solving: An Aid to Organizational Effectiveness*, Mass: Addison-Wesley.

Vogt, J.F. and Murrell, K.L.(1990), *Empowerment in organizations: How to speak exceptional performance*, San Diego, CA: Prefer and Company.

Vroom, V.H. and Yetton, P.W.(1973), *Leadership and Decision Making*, Pittsburgh: University of Pittsburgh Press.

Vroom, V.H.(1960), "The Effect of Attitude on Perception of Organizational Goals," *Human Relations*, Vol.13, pp.229-240.

Vroom, V.H.(1964), *Work and Motivation*, N.Y.: John Wiley & Sons.

Wahba, M.A. and Bridwell, L.G.(1976), "Maslow Reconsidered: A Review of Research on the Hierarchy Theory," *Organizational Behavior and Human Performance*, Vol.15, pp.212-240.

Walberg, H.J. and Welch, W.W.(1967), "Personality Characteristics of Innovative Physics Teachers," *Journal of Creative Behavior*, Vol.1(Spring), pp.163-171.

Wanous, J.P. and Zwany, A.(1977), "A Cross-Sectional Test of Need Hierarchy Theory," *Organizational Behavior and Human Performance*, Vol.18, pp.78-97.

Warren, J.R.(1966), "Birth Order and Social Behavior," *Psychological Bulletin*, Vol.65, pp.38-49.

Webber, R.A.(1979), *Management: Basic Elements of Managing Organizations*, Homewood, Richrd P., Inc.

Weber, M.(1947), *The Theory of Social and Economic Organization*, New York: Oxford University Press.

Wherry, R.J.(1954), "An Orthogonal Rerotation of the Beahr and Ash Studies of the SRA Employee Inventory," *Personnel Psychology*, Vol.7, pp.365-380.

Whisler, T.L.(1964), "Measuring Centralization of Control in Business Organization," In Coper, W.W., Leacitt, H.J. and Shelly, M.W.(1964), *New Perspectives in Organization Research*, N.Y: John Wiley and Son.

White, R. and Lippett, R.(1960), "Leader Behavior and Member Reaction in The Social Climates," In Cartwright, D. and Zander, A.F., eds., *Group Dynamics*, Evanston, Illinois: Row, Peterson and Company, pp.539–540.

Whitlock, F.A., Stoll, J.R. and Rekhdahl, R.J.(1977), "Crisis, Life Events and Accidents," *Australian and New Zealand Journal of Psychiatry*, Vol.11, p.127.

Wiener, Y.(1988), "Forms of Value System: A Focus on Organizational Effectiveness and Cultural Change and maintenance," *Academy of Management Review*, Vol.13, No.4, pp.534–545.

Williamson, O.(1993), "Calculativeness, Trust, and Economic Organization," *Journal of Law & Economics*, Vol.34, pp.453–502.

Wortman, M.S.(1986), "Strategic Management and Changing Leader–Followers Roles," *Journal of Applied Behavior Science*, Vol.18, pp.371–383.

Young, M.C.(1971), "Age and Sex Difference in Problem–Solving," *Journal of Gerontology*, Vol.26, No.31, pp.333–336.

Zartman, W.I. and Berman, M.R.(1982), *The Practical Negotiator*, New Havan and Londen: Yale University Press.

Ziller, R.C.(1965), "Toward a Theory of Open and Closed Group", *Psychological Bulletin*, Vol.64, pp.164–182.

Zucker, L.(1986), "Production of Trust: Institutional Sources of Economic Structure," *Reserch on Organizational Behavior*, Vol.8, pp.53–111.

OB Lounge 9

노스님의 눈깔사탕

큰절 암자에 사시는 노스님이
가끔씩 절 아래 동네에 내려오시면
고샅길 옆 빈터에
동네 아이들을 모두 불러 모아 놓고
알록달록한 눈깔사탕을 한 알씩 나눠주셨다.
사탕 맛을 본 아이들은
노스님 뒤를 졸졸 따라다니며
사탕 한 알 더 달라고 졸라댔다.
그럴 때마다 노스님은
꼬불꼬불한 소나무지팡이를 끌고
휘청휘청 달아나시면서
호주머니 속을 뒤집어 보이며 소리치셨다.
– 봐라, 이제 사탕 없다!
  이담에 또 보자구나.
  부모님 말씀 잘 듣고 있거라.

노스님이 노환으로 입적하신 후
몸에서 사리가 나왔느니 안 나왔느니
동네 어른들 말이 많았다.
밭일 나간 식구들이 출출해진 오후
새참 감자를 찌려고
마른 콩깍지로 아궁이에 불을 지피던
어머니가 혼잣말로 중얼거리셨다.
– 아이고, 그 몸에서
  사리가 나올 리 없지.
  당신 뼛속까지 다 파내서
  아이들 줘버렸는디
  남은 게 어디 있었을려구!
  말라비틀어진 빈 콩깍지 속이나
  노스님 빈 몸뚱이 속이나
  뭐 다를 게 있겄어!

찾아보기

Organizational Behavior

[ㅇ]

[ㅈ]

▌저자소개▐

[저자약력]
- 한양대학교 공과대학 졸업
- 성균관대학교 경영학 석사
- 타이완 중국문화대학교 대학원 합작경제학과 수학
- 타이완 국립정치대학교 경영학 박사
- 세명대학교 경영학과 학과장 역임
- 세명대학교 법경학부장 · 경상학부장 역임
- 세명대학교 교무처장 역임
- 세명대학교 경영행정대학원장 · 대학원장 역임
- 대한경영학회 · 한국인사관리학회 이사 역임
- 한국생산성학회 상임이사 역임
- 한국중소기업학회 · 한국인적자원개발학회 부회장 역임

현재) 세명대학교 경영학과 교수

[주요저서]
- 비교경영론: 조직행위와 문화(공저, 법문사, 1990)
- 최신통계학(공저, 교우사, 1995)
- 현대경영학원론: 경영이론과 사례연구(교우사, 1997)
- 현대기업과 경영관리(도서출판 청람, 2009)
- 중소기업과 현대경영[제2판](도서출판 청람, 2012)
- 현대인적자원관리: HRM전략 & 다문화관리(도서출판 청람, 2012)
- 알기쉬운 경영학(공저, 도서출판 청람, 2013)
- [시집]기말고사 끝난 오후(책나무출판사, 2013)
- 글로벌비교경영학: 글로벌경영 · 다문화관리(도서출판 청람, 2015)

  외 저서 및 학술논문 다수

조직행동

2016년 3월 10일 1판 1쇄 발행
2018년 3월 10일 1판 2쇄 발행

저　　자 | 박영배
발 행 인 | 이수영
발 행 처 | 도서출판 청람
서울시 마포구 독막로 288(대흥동, 세양상가 109호)
전　　화 | 02)3272-2601(대)~2
팩　　스 | 02)3272-2603
이 메 일 | crbooks@daum.net
홈페이지 | www.crbooks.co.kr
등　　록 | 2000년 8월 26일 제6-0509호

ISBN 978-89-5972-487-1 93320　　[정가 29,000원]